DOM HELDER CAMARA
PROFETA-PEREGRINO DA JUSTIÇA E DA PAZ

EDVALDO M. ARAÚJO

DOM HELDER CAMARA PROFETA-PEREGRINO DA JUSTIÇA E DA PAZ

Pensamento teológico e antropológico

DIRETOR EDITORIAL:
Marcelo C. Araújo

REVISÃO:
Leonardo do Nascimento Meira

COORDENAÇÃO EDITORIAL:
Ana Lúcia de Castro Leite

DIAGRAMAÇÃO:
Juliano de Sousa Cervelin

COPIDESQUE:
Bruna Marzullo

CAPA:
Fernanda Barros Palma da Rosa

© Ideias & Letras, 2012

EDITORA
IDEIAS&
LETRAS

Rua Diana, 592, Conj. 121, 12° andar
Perdizes –São Paulo-SP
CEP 05019-000
Tel. (11) 3675-1319
vendas@ideiaseletras.com.br
www.ideiaseletras.com.br

2ª reimpressão, 2013

Dados Internacionais de Catalogação na Publicação (CIP)
(Câmara Brasileira do Livro, SP, Brasil)

Araújo, Edvaldo M.
Dom Helder Camara. Profeta-Peregrino da justiça e da paz. Pensamento teológico e antropológico / Edvaldo M. Araújo. – Aparecida, SP: Ideias & Letras, 2012.

ISBN 978-85-7698-130-5
1. Antropologia cristã 2. Bispos – Brasil – Biografia 3. Camara, Helder, 1909-1999 – Crítica e interpretação 4. Cristianismo – Filosofia 5. Homem (Teologia cristã) 6. Teologia pastoral I. Título.

11-11908   CDD-253

Índices para catálogo sistemático:

1. Dom Helder: Pensamento teológico e
antropológico: Interpretação crítica 253

SUMÁRIO

Agradecimentos 11
Apresentação...13
Abreviações e Siglas..17
Introdução 21

Parte I: Dom Helder: Sinais dos tempos, sinais de Deus 29

Capítulo I: Caminhos de conversão. Converter-se na humildade 31
1. Primeira fase: formação familiar e primeiros anos de presbitério
(1909-1936)..31
    1.1. Formação familiar..31
    1.2. Formação sacerdotal 36
    1.3. Ordenação sacerdotal e primeiros anos de presbítero.............45

2. Segunda fase: do apostolado oculto à descoberta dos pobres
(1936-1964)..54
    2.1. Funcionário Público: Apostolado oculto (1936-1946) 54
    2.2. Ação Católica Brasileira (1946-1951) 63
    2.3. "In Manus Tuas" – A Descoberta dos Pobres (1952-1964) 71
        2.3.1. Criação e consolidação da CNBB 71
            A. Encontros Regionais da CNBB................................78
            B. Comissão Central da CNBB.....................................82
            C. Assembleias Gerais 83
            D. Iniciativas e apoios da CNBB 84
                a. Movimento de Educação de Base – MEB..............84
                b. Lei de Diretrizes e Bases (LDB)
                da educação nacional 85
                c. Sindicatos rurais 86
             E. Helder como secretário da CNBB 87

2.3.2. A Criação do CELAM e a descoberta dos pobres 89

    2.3.2.1. Criação do CELAM..90

    2.3.2.2. A descoberta dos pobres 94

A. Cruzada de São Sebastião..95

B. Banco da Providência 98

C. Comunidade de Emaús 100

2.3.3. Nos bastidores do Concílio Vaticano II (1962-1965) 102

A. Grupo de Domus Mariae 105

B. Grupo Igreja dos pobres 107

    2.3.3.1. Helder e os pronunciamentos pessoais no tempo

do Concílio 109

A. Pronunciamentos..109

B. Cartas Circulares..121

    2.3.4 Transferência para Recife 124

Capítulo II: Sinais dos tempos, sinais de Deus (1964-1999)..... 131

1. Tomada de Posse..132

2. Noite sombria: Ditadura Militar (1964-1985)...........................141

    2.1. Nos primórdios da Ditadura Militar (1964-1968) 143

    2.2. Anos de conflitos com o Regime Militar (1969-1985)..........156

        2.2.1. Quaisquer que sejam as consequências....................162

        2.2.2. Campanha de ataques e difamações 164

        2.2.3. Campanha contra Dom Helder no exterior X prêmio Nobel.... 171

        2.2.4. Censura – Lei do silêncio. Morto civilmente 174

3. Pastor arquidiocesano 180

    3.1. Operação Esperança...184

    3.2. Encontro de Irmãos..186

    3.3. Movimento Ação, Justiça e Paz.......................................188

4. Participação em Medellín e Puebla...197

5. Profeta do terceiro mundo...204

6. O silêncio do pastor (1985-1999) 215

    6.1. A sucessão: sinais dos tempos, sinais de Deus 216

    6.2. A batalha do Dom (Quixote) continua...............................220

    6.3. Uma nova postura pastoral na Arquidiocese de Olinda e Recife.......222

    6.4. Falecimento..226

Parte II. Evangelizar na realidade de injustiça 227

Capítulo III: Evangelizar promovendo a humanização 229
1. Evangelizar: o processo histórico da compreensão do termo "evangelizar"...229
2. Finalidade: evangelizar é anunciar a todos a salvação convocando para a conversão e libertação.................................245
3. Conteúdo..252
   3.1. O anúncio da Santíssima Trindade, dimensão trinitária 254
      3.1.1. Deus Criador e Pai...254
      3.1.2. Humildade na encarnação redentora.......................255
      3.1.3. Humildade do Espírito Santo.................................264
   3.2. Dimensão antropológica 266
   3.3. Dimensão eclesiológica 274
4. O sujeito da evangelização...286
5. Destinatários 290
6. Contexto..299
7. Evangelizar e humanizar..312
   7.1. Relação com Deus 314
   7.2. Dimensão comunitária 316
   7.3. Dimensão histórica 316

Capítulo IV: A justiça como fundamento da paz 325
1. Dom Helder: Atuar pela justiça perspectiva mística...................326
2. Promover a Justiça – Missão da Igreja 332
3. Contexto de injustiça...352
   3.1. A situação de injustiça institucionalizada 352
      3.1.1. Problema social: injustiça institucionalizada em escala mundial...352
      3.1.2. Distância entre mundo desenvolvido e subdesenvolvido.....354
      3.1.3. Injustiça Institucionalizada: a injustiça no nível das estruturas 356
      3.1.4. O pecado social da injustiça institucionalizada e suas consequências 357
   3.2. A injustiça institucionalizada na América Latina.................362

3.2.1. Colonialismo interno: minorias privilegiadas e reforma agrária.... 363
3.2.2. Colonialismo externo 370
4. Fundamentos e princípios eclesiológicos para a justiça social 378
    4.1. Fundamentos 378
        4.1.1. Fé 378
        4.1.2. Caridade 382
    4.2. Princípios 384
        4.2.1. Igualdade 384
        4.2.2. Bem Comum 387
5. Realização da Justiça 396
    5.1. Desafio: promover a justiça nas estruturas sociais 396
    5.2. Contribuição cristã na promoção da justiça 398
        5.2.1. Conversão 402
        5.2.2. A primazia da caridade 405
        5.2.3. Não violência 407
        5.2.4. Conscientização 413
        5.2.5. Libertação 417
6. A justiça como fundamento da paz 422

Parte III: Construindo a paz através da justiça 435

Capítulo V: Revoluções necessárias 437
1. Revolução dentro da paz 437
    1.1. Mudança social: reforma, evolução, revolução? 438
    1.2. A revolução armada 442
    1.3. Revolução Pacífica (Violência dos pacíficos) 448
2. Revolução socioeconômica 456
3. Revolução sociopolítica 475
    3.1. Capitalismo 476
    3.2. Socialismo Marxista 482
    3.3. Alternativa entre capitalismo e socialismo 490

Capítulo VI: Minorias Abraâmicas: construtores da nova sociedade 503

1. Pressão moral libertadora através das instituições 504
2. Minorias Abraâmicas 507
   2.1. Características dos participantes das Minorias Abraâmicas ..509
   2.2. Unir e interligar as Minorias Abraâmicas............................513
   2.3. Minorias Abraâmicas decisivas 522
      2.3.1. Minorias Abraâmicas nas Instituições Educacionais.....522
      2.3.2. Minorias Abraâmicas nas Instituições Religiosas 530
      2.3.3. Minorias Abraâmicas: Jovens......................................539

Conclusão 543

Anexos 559
Anexo 1 - Títulos 559
Anexo 2 - Prêmios 562
Anexo 3 - Órgãos de que participou 565

Bibliografia 568
1. Fontes...568
   1.1. Magistério Conciliar 568
   1.2. Magistério Pontifício 568
   1.3. Magistério Episcopal 569
   1.4. De Dom Helder Camara 571
      1.4.1. Livros..571
      1.4.2. Artigos..572
      1.4.3. Pronunciamentos...573
Pronunciamentos publicados 573
Pronunciamentos não publicados...581
   1.5. Sobre Dom Helder Camara..594
      1.5.1. Livros..594
      1.5.2. Artigos..596
2. Estudos...600
   2.1. Livros..600
   2.2. Artigos...609

Agradecimentos

À memória de meus pais: Manoel José de Araújo e Luiza Joana de Araújo.
À memória de meu irmão Edgard Manoel de Araújo.

À Congregação do Santíssimo Redentor (C.SS.R.).
A meus irmãos: Elson e Edileide,
A minha sobrinha Laryssa.
A amigos.

APRESENTAÇÃO

A figura do Bispo brasileiro Dom Helder Camara bem merece um estudo especial. Através de sua figura podemos captar aspectos fundamentais da vida da Igreja no século XX, quer pelo seu itinerário espiritual e apostólico, quer também pelos grandes eventos dos quais participou, quer ainda pelos conflitos que teve de viver como pastor da Igreja num tempo difícil.

A tese do Padre Edvaldo M. Araújo deseja apresentar uma pesquisa bastante completa sobre a figura e a doutrina de D. Helder no âmbito do estudo da Antropologia cristã. E devemos reconhecer que a sua tentativa foi bem sucedida.

Para realizar este trabalho, precisou, antes de tudo, tomar contato com a imensa bibliografia de D. Helder. Ele, com efeito, embora não fosse um teólogo de profissão, deixou-nos um rico patrimônio de escritos e conferências, ainda não publicados de maneira sistemática numa espécie de *Obras completas*, mas amorosamente recolhidos e catalogados. Desse vasto patrimônio emerge um verdadeiro gigante do espírito, com uma capacidade de escrever e de falar e com uma inspiração poética e profética que dão ao seu magistério a qualificação de uma teologia pastoral radicada na história e numa história não isenta de conflitos: o seu magistério é de certa forma universal, pelo interesse que sua figura suscitou e pela atenção com a qual foi seguida no mundo a sua aventura, especialmente no conflito com o regime do Brasil nos últimos anos do seu episcopado. Mas a bibliografia sobre D. Helder começa a ser também volumosa e digna de atenção, ainda que não tenha tido até este momento a sorte de ser aprofundada como merece com teses de Láurea capazes de garimpar seu pensamento.

Padre Edvaldo assumiu essa tarefa, e a própria dimensão do trabalho da sua tese demonstra que uma investigação desse tipo requer uma atenção não superficial ao personagem e à sua época, aos diversos aspectos da sua doutrina e à qualidade pastoral de seus escritos.

Certamente não se pode perceber o sentido do magistério de D. Helder sem percorrer a curiosa trajetória da sua história pessoal, a partir das suas raízes familiares. Sua evolução pastoral, na qual acontece uma verdadeira e própria "conversão", sugerida por um convite do Card. Gerlier, torna-se uma verdadeira revolução do coração, que o marca para sempre. O relato desta evolução é uma chave de abóbada para entender o personagem.

Na sua história pessoal são importantes e significativas as suas amizades, especialmente aquela mantida com Giovanni Battista Montini quando trabalhava na Secretaria de Estado e que prosseguiu durante todos os anos posteriores no pontificado de Paulo VI. Essa amizade singular, com um personagem da sabedoria e clarividência do Papa Montini, diz muito sobre a qualidade espiritual que se encontrou no pequeno bispo brasileiro, e foi também, para esse, uma garantia no meio das críticas que teve de enfrentar nos últimos anos do seu ministério episcopal.

Essa amizade remonta aos tempos da fundação da Conferência Episcopal para a América Latina (CELAM), que encontrou D. Helder entre os primeiros protagonistas dessa providencial instituição, da mesma forma como colaborou para o nascimento da Conferência Nacional dos Bispos do Brasil (CNBB).

Helder Camara foi um bispo conciliar, um bispo que participou do Concílio; viveu-o com discrição exterior, mas com eficácia; aplicou-o com paixão, especialmente através da linha que a Igreja latino-americana imprimiu ao ensinamento conciliar inculturado na história religiosa e política do subcontinente, a partir da Assembleia do CELAM em Medellín.

Sua fama – juntamente com a cruz e a perseguição – cresceu com a sua responsabilidade pastoral como Arcebispo de Olinda e Recife nos tempos difíceis da ditadura militar, para declinar no seu silêncio a partir da sua renúncia ao ofício pastoral em outros tempos e em outras circunstâncias da vida da Igreja e da nação brasileira.

Embora o trabalho de Edvaldo Araújo não tenha a pretensão de reconstruir cientificamente uma história, oferece os dados concretos de uma trajetória que está na base do ministério pastoral, da pregação e da teologia e antropologia de D. Helder.

A segunda parte da obra, de caráter doutrinal, surpreende-nos pela apresentação de uma coerente, ousada e às vezes profética reflexão teológica que, apoiada no Magistério dos Papas e do Vaticano II, à luz "dos sinais dos tempos", ou seja, da presença de Deus na história para a instauração do seu Reino, tenciona propor um sentido autenticamente humano e divino da evangelização e da missão, da paz diante da injustiça, com a coragem dos profetas e a paixão do pastor que vê o seu povo pobre e empobrecido, privado de seus direitos fundamentais, e traduz a paixão de Deus e a paixão pelo homem em favor da verdade e da vida.

É aqui que aparece no estudo de Edvaldo a veia teológica de Dom Helder, verdadeiro teólogo pastoral de uma teologia na história, nas circunstâncias concretas e na necessária denúncia das ações que vão contra Deus quando vão contra o projeto de Deus naqueles que são a sua imagem e semelhança.

A teologia de Dom Helder torna-se uma visão que podemos definir como universal e utópica, como a salvação proclamada pelos profetas, quando, com um olhar que, do Brasil, se estende à situação de pobreza e de injustiça, pensa, escreve, proclama as necessárias revoluções pacíficas e estruturais que devem transformar o mundo para torná-lo lugar da família de Deus e da fraternidade universal. Com essa visão, convoca todos os homens e mulheres de boa vontade, as instituições e as religiões para este grande projeto, que não é outro senão a grande visão da *Gaudium et Spes* do Vaticano II e o ambicioso sonho da *Populorum Progressio* de Paulo VI, sintetizada no seu não superado sonho evangélico, que tem como expressão-chave "a civilização do amor".

Essa esplêndida visão que nos oferece o estudo da antropologia teológica e social de Dom Helder Camara merecia ser aprofundada, sistematicamente documentada e ordenadamente proposta num estudo de caráter teológico.

Somos, portanto, gratos ao Pe. Edvaldo pela fadiga e pelo grande trabalho, e fazemos votos de que esta obra possa ser um ponto de referência para os estudos posteriores dedicados a esse grande pastor da Igreja do século XX e despertem a consciência, talvez um tanto adormecida, da paixão por Deus e pelo homem, por uma evangelização encarnada e uma paz que supere as injustiças. Também o pede o nosso mundo, que tem necessidade constante de ser sempre chamado a tomar consciência da caridade social do Evangelho em favor de todas as massas que vivem e sofrem, e são criaturas de Deus. É a missão da Igreja, portadora em seu coração da mesma missão dos apóstolos, os quais, como dizia Santo Irineu de Lião sobre os primeiros evangelizadores, foram "arautos da verdade e apóstolos da liberdade".

Pe. Jesús Castellano Cervera, ocd
Roma

ABREVIAÇÕES E SIGLAS

AA	Apostolicam Actuositatem, Decreto do Concílio Vaticano II sobre o apostolado leigo
AAS	Acta Apostolicae Sedis
ABI	Associação Brasileira de Imprensa
ABE	Associação Brasileira de Educação
ACB	Ação Católica Brasileira
ACO	Ação Católica Operária
ACR	Ação Católica Rural
AIB	Ação Integralista Brasileira
AI-5	Ato Institucional – 5
AG	Ad Gentes, Decreto do Concílio Vaticano II sobre a atividade missionária da Igreja
AL	América Latina
ALN	Aliança Libertadora Nacional
AP	Ação Popular
ARENA	Aliança Renovadora Nacional
CAL	Comissão para a América Latina
CCC	Comando de Caça aos Comunistas
CCE	Confederação Católica de Educação
CD	Christus Dominus, Decreto do Concílio Vaticano II sobre o múnus pastoral dos bispos na Igreja
CEAS	Centro de Estudos e Ação Social
CEBs	Comunidades Eclesiais de Base
CEDI	Centro Ecumênico de Documentação e Informação
CEDOHC	Centro de Documentação Helder Camara

CEHILA	Comissão de Estudos de História da Igreja na América Latina
CELAM	Conselho Episcopal Latino-americano
CEPAL	Comissão Econômica para a América Latina
CGT	Confederação Geral dos Trabalhadores
CICOP	Catholic Inter-American Cooperation Program
CLAR	Confederação Latino-Americana de Religiosos
CM	Comunicado Mensal, Boletim da CNBB
CNBB	Conferência Nacional dos Bispos do Brasil
CONTAG	Confederação Nacional dos Trabalhadores Agrícolas
CRB	Conferência dos Religiosos do Brasil
DOI – CODI	Destacamento de Operações de Informações e Centro de Operações de Defesa Interna
DOPS	Departamento da Ordem Política e Social.
DSN	Doutrina de Segurança Nacional.
DV	Dei Verbum, Constituição Dogmática do Concílio Vaticano II sobre a revelação divina
EN	Evangelii Nuntiandi, Exortação apostólica de Paulo VI
ESG	Escola Superior de Guerra
GRS	Revista Grande Sinal
GS	Gaudium et Spes, Constituição pastoral do Concílio Vaticano II sobre a Igreja no mundo de hoje
IBASE	Instituto Brasileiro de Análises Sociais e Econômicas
IBRADES	Instituto Brasileiro de Desenvolvimento
IPM	Inquérito Policial Militar
ISER	Instituto Superior de Estudos da Religião
ITER	Instituto Teológico de Recife
JEC	Juventude Estudantil Católica
JIC	Juventude Independente Católica
JOC	Juventude Operaria Católica
JUC	Juventude Universitária Católica

LAB	Latin American Bureau
LDB	Lei de Diretrizes e Bases
LEC	Liga Eleitoral Católica
LG	Lumen Gentium, Constituição dogmática do Concílio Vaticano II
LSN	Lei de Segurança Nacional
MDB	Movimento Democrático Brasileiro
MEB	Movimento de Educação de Base
MEC	Ministério de Educação e Cultura
MEDELLÍN	A Igreja na atual transformação da América Latina à luz do Concilio. Conclusões de Medellín
MM	Mater et Magistra, Encíclica de João XXIII
OA	Octogesima Adveniens, Encíclica de Paulo VI
OAB	Ordem dos Advogados do Brasil
Oban	Operação Bandeirantes
OP	Operação Esperança
Org.	Organizador
Orgs.	Organizadores
OssRm	Jornal L'Osservatore Romano, Città del Vaticano
PerspTeol	Perspectiva Teológica
PP	Populorum Progressio, Encíclica de Paulo VI
PT	Pacem in Terris, Encíclica de João XXIII
PUEBLA	Puebla. A evangelização no presente e no futuro da América Latina
QA	Quadragesimo Anno, Encíclica de Pio XI
RAE	Revista do Assistente Eclesiástico, da ACB
REB	Revista Eclesiástica Brasileira
RCV	Revista de Cultura Vozes
RN	Rerum Novarum, Encíclica de Leão XIII
S. Domingo	Nova evangelização – promoção humana – cultura cristã. Conclusões da IV Conferência Latino-Americana
s/d	sem data.
SEDOC	Serviço de Documentação

SERENE II	Seminário Regional Nordeste II
SIPRI	Stockholm International Peace Research Institute
s/n	sem número
SNI	Serviço Nacional de Informação
SUDENE	Superintendência do Desenvolvimento do Nordeste
TdL	Teologia da Libertação
TFP	Movimento Tradição, Família e Propriedade
UNCTAD	United Nations Conference for Trade in Development
UNE	União Nacional dos Estudantes

INTRODUÇÃO

A Igreja brasileira sofreu grande transformação no seu modo de pensar e agir após 1960. No seu pensar, é busca articulada uma teologia que usa não somente a mediação filosófica, mas também a mediação socioanalítica, que a conduz à percepção da estrutura antievangélica da injustiça institucionalizada. Não é mais simplesmente reprodução de um modo de pensar teológico europeu, mas descobrir o modo de pensar a partir do seu contexto. No seu agir, direcionou-se a uma inserção progressiva na realidade do empobrecido, fazendo uma opção decisiva por ele, trabalhando não só *por*, mas principalmente *com* e a partir de sua ótica, tendo como significativos exemplos: o MEB (Movimento Educacional de Base) e as CEBs (Comunidades Eclesiais de Base). Um dos líderes que impulsionaram um novo modo de ser Igreja no Brasil será o personagem central de nosso estudo: Dom Helder Camara.

Dom Helder Camara é considerado um dos grandes protagonistas da Igreja católica no século XX. Tem uma participação significativa na história da Igreja no Brasil desde 1940, na história da Igreja latino-americana desde 1955 e na história da Igreja católica desde o Vaticano II. Podemos visualizar a importância da ação de Dom Helder: na criação e desenvolvimento da CNBB; na criação e evolução do CELAM; na resistência da Igreja católica no Brasil após o golpe de 1964 e, por fim, como profeta do terceiro mundo a partir do Concílio Vaticano II.

Tema de pesquisa

Nosso enfoque de pesquisa será o pensamento antropológico e teológico de Dom Helder Camara. Para tal finalidade percorremos dois conceitos chaves no pensamento helderiano: evangelização e justiça.

Conceitos que, para ele, estão em constante sintonia devido à necessidade dos homens. Não se evangelizam seres abstratos, nem se salvam apenas almas, mas Deus fala e se dá a seres humanos concretos. Esses homens, principalmente no contexto latino-americano, encontram-se na realidade de injustiça, o que impele a estar a serviço da salvação integral da pessoa humana, a começar pelas excluídas e marginalizadas.

No conceito "evangelização" a Igreja reconhece sua graça, vocação própria e mais profunda identidade (cf. EN 14). Percorrendo o pensamento de Dom Helder sobre evangelização poderemos verificar qual a concepção de Deus anunciada e a concepção do ser humano, que é chamado a viver seguindo Jesus Cristo e convocado a continuar o Redentor, orientando-se para o Reino de Deus através da concretização da Boa-Nova em Boa Realidade.

O segundo elemento chave no caminho que nos levará a conhecer o pensamento antropológico e teológico de Dom Helder é a justiça. A realização da justiça na sociedade contemporânea é um grande desafio para o qual se necessita espírito crítico e inovador A justiça é critério axiológico normativo na ética da sociedade e do indivíduo, tendo como fundamento a pessoa humana em correlação com a sociedade. A busca de Dom Helder pela concretização da justiça é o parâmetro que nos conduzirá a conhecer o seu pensamento sobre a pessoa e a sociedade.

Na perspectiva cristã a justiça é vista a partir do evento histórico salvífico, no qual a mediação reveladora é a palavra de Deus, e, como consequência, o pensamento teológico leva à plenitude o sentido humano da Justiça. Perceberemos que, para Dom Helder, a necessidade de lutar pela justiça social é inspirada nos princípios do cristianismo; portanto, o empenhar-se pela justiça é um evento de fé.

No conceito de justiça temos um terceiro problema diante da realidade de miséria, de opressão: faltam condições mínimas e básicas para a vida humana, o que conduz à alienação – realidade estrutural definida como injustiça institucionalizada na qual surge a necessidade da luta pela libertação. Pontuaremos as propostas de Dom Helder para superar esse contexto emancipando e promovendo o ser humano em sua totalidade.

A articulação "evangelização e justiça", para Dom Helder, é elemento essencial no processo de humanização, sem o qual o homem não poderá resplandecer plenamente como imagem e semelhança de Deus.

Expomos os critérios metodológicos e as limitações para a nossa pesquisa. O titulo de nosso tema de pesquisa é *"Sinais dos tempos, sinais de Deus": evangelizar na realidade de injustiça, o pensamento antropológico e teológico de Dom Helder Camara.* "Sinais dos tempos, sinais de Deus", em primeiro lugar, revela a mentalidade eclesial após o Concílio Vaticano II: buscar o diálogo com o mundo contemporâneo, descobrindo o sinal da presença e dos desígnios de Deus, que fala pelos sinais dos tempos. Para desempenhar sua missão, a Igreja,

> a todo momento, tem o dever de perscrutar os sinais dos tempos e interpretá-los à luz do Evangelho, de tal modo que possa responder, de maneira adaptada a cada geração, às interrogações eternas sobre o significado da vida presente e futura e de suas relações mútuas (GS 4).

Deste modo, a Igreja buscará "discernir nos acontecimentos, nas exigências e nas aspirações de nossos tempos, de que participa com os outros homens, quais sejam os sinais verdadeiros da presença ou dos desígnios de Deus" (GS 11). Em segundo lugar, esse foi o tema da homilia proferida por Dom Helder ao entregar o pastoreio da Arquidiocese de Olinda e Recife, na qual fez um balanço dos 21 anos de pastoral iluminada pela oitava bem-aventurança: "bem-aventurados os que são perseguidos por causa da justiça, porque deles é o Reino dos Céus" (Mt, 5,10). "Evangelizar na realidade de injustiça" foi o desafio enfrentado com coragem por Dom Helder e outros bispos do continente latino-americano e do terceiro mundo. O objetivo do trabalho será fazer uma investigação e reflexão de cunho antropológico-teológico sobre o pensamento de Dom Helder, sua base teórica, seu anúncio e sua busca de estar sempre em sintonia com os ensinamentos do magistério eclesial. Não pretendemos abarcar todo o pensamento de Dom Helder, mas nos fixaremos no campo antropológico-teológico; porém, reconhecemos que existe muita riqueza no pensamento de Dom Helder a ser estudada nos campos eclesiológico, mariológico, místico e da educação.

Nossa reflexão será uma abordagem analítica e sintética do pensamento de Dom Helder na perspectiva antropológica e teológica e terá como base de pesquisa as conferências de Dom Helder, na maioria inéditas ou apenas mimeografadas e distribuídas para um restrito número de agentes pastorais. Isso nos leva a optar metodologicamente pela citação dos textos de suas conferências, descobrindo as riquezas, a profundidade e, também, as "profecias" de Dom Helder.

Como critério metodológico, decidimos precisar o período da vida de Dom Helder que será aprofundado: 1964-1985. Em primeiro lugar por ser esse o ápice na evolução do seu pensamento antropológico-teológico. Em segundo lugar, por ser o período em que age não só como protagonista de um "novo modo de ser igreja no Brasil", mas também porque, a partir do Concílio Vaticano II, ganha notoriedade no exterior como defensor do terceiro mundo, tanto em nível eclesial como social. Em terceiro lugar, por ser esse o período em que exerce o ministério pastoral como arcebispo de Olinda e Recife. Nossa fonte principal de pesquisa, os pronunciamentos de Dom Helder, conduz-nos a perceber que é a partir de 1964 que Dom Helder se destaca como conferencista em nível internacional, atividade que exercerá até o ano de 1993.

Outra limitação/dificuldade do nosso trabalho surge a partir da própria autodefinição de Dom Helder, que não se considera um historiador, nem um teólogo, nem economista, nem sociólogo; enfim, não se sente especializado em nada.[1] Dom Helder pode ser definido como divulgador que se limita a expor os princípios teológicos, mas não como teórico sistemático. Princípios que expõe a partir da perspectiva do empobrecido e de sua vivência como pastor. Acreditamos que, analisando as suas conferências, é possível ir resgatando os princípios fundamentais antropológicos e teológicos de seu pensamento.

---

1 Cf. CAMARA, Helder. *Le conversioni di un vescovo.* Turim: Societá Editrice Internazionale, 1979, 216-217; GONZÁLEZ, José. *Helder Camara, il grido dei poveri.* Roma: Edizioni Paoline, 1976, 330.

Nossa reflexão pretende ser um esforço integrado de articular a dimensão antropológica e a dimensão teológica no pensamento de Dom Helder. Pretende ser uma leitura de elaboração teológica que quer perceber contextualmente seu pensamento.

Fontes de pesquisa

Serão três as fontes principais de nossa pesquisa: os pronunciamentos escritos de Dom Helder, os documentos eclesiais das décadas de 60 e 80 que versam sobre evangelização e justiça e livros que refletem sobre Dom Helder. Outros estudos são livros e artigos: a) outras obras de Dom Helder – meditações, crônicas, entrevistas; b) escritos sobre evangelização e justiça; c) escritos sobre a Igreja na América Latina.

As obras de Dom Helder podem ser divididas em quatro categorias: conferências, meditações, crônicas e entrevistas.

De 1964 a 1993, ele proferiu 509 conferências, tanto no Brasil como no exterior, tendo como temas principais: justiça, paz, não violência, integração Norte e Sul, colonialismo interno, colonialismo externo, fraternidade e direitos humanos. Dessas conferências, aproximadamente 150 foram organizadas e publicadas em livros: "Revolução dentro da Paz"; "Terzo mondo defraudato"; "Pobreza, abundancia y solidaridad"; "Espiral da Violência"; "Fame e sete di pace con giustizia"; "Violenza dei pacifici"; "Cristianismo, socialismo, capitalismo"; "Parole ai giovani"; "Utopias Peregrinas" e "Palavras e reflexões". A maioria de suas conferências encontra-se inédita, divulgada através de cópias mimeografadas, organizadas em apostilas pelo Secretariado Regional Nordeste 2 da CNBB e atualmente arquivadas no Centro de Documentação Helder Camara (CEDOHC). Suas conferências serão a nossa fonte principal de pesquisa, tanto as publicadas como as organizadas em apostilas.

As meditações são escritos de Dom Helder em forma de poesia feitas em suas vigílias noturnas em que reflete sobre: a vida, a natureza, concepções religiosas, a humanidade e acontecimentos cotidianos. No arquivo do Centro Dom Helder em Recife há aproximadamente 7.600

meditações-poesias. Algumas encontram-se em livros: "Mil razões para viver"; "Nossa Senhora do meu caminho"; "Prière pour les riches"; "Hoping against all hope"; "Em tuas mãos, Senhor"; "Quem não precisa de conversão?"; "Rosas para meu Deus"; "Família – missão de amor" e "O Deserto é fértil"[2].

A terceira categoria refere-se às crônicas, que são mensagens lidas por Dom Helder dirigidas à classe popular de sua diocese, durante o seu programa radiofônico matinal. Foram organizados dois livros com crônicas selecionadas: "Um olhar sobre a cidade" e "Um olhar sobre a cidade... olhar atento de esperança, de prece".

Entrevistas dadas por Dom Helder e organizadas em livros formam a quarta categoria. Dois livros são de cunho autobiográfico, organizados pelos seus interlocutores: "Le conversioni di un vescovo" e "¿Quien soy yo?". Um terceiro fala sobre o pensamento de Dom Helder a partir de trechos do Evangelho: "O Evangelho com Dom Helder". E outro sobre várias questões dos ouvintes de Dom Helder organizadas pela revista francesa *La Vie* que dá origem ao "Interrogativi per vivere".

Dom Helder é coautor do livro "Rinnovamento nello spirito e servizio dell'uomo", escrito com o Cardeal Léon Joseph Suenens. Não o incluímos nas categorias anteriores por ser uma reflexão feita em parceria, em função do movimento da renovação carismática.

Outra fonte importante são as obras sobre Dom Helder; muito já se escreveu sobre ele. Para fazer uma panorâmica mais adequada, podemos classificar tais trabalhos em quatro categorias. A primeira seria composta pelos escritos biográficos, que evidenciam sua origem nordestina, seu empenho pastoral e desejo de uma estrutura eclesial mais próxima do povo sofrido pela pobreza e violência institucionalizadas e a sua luta pelos direitos humanos em confronto com o contexto de não vida da realidade nordestina, brasileira e latino-americana. A segunda categoria de escritos sobre Dom Helder pode ser catalogada como di-

---

2 Id., *O Deserto é fértil*. Rio de Janeiro: Ed. Civilização Brasileira, 1979. Esse livro não é escrito em forma de meditação-poesia, mas é uma meditação que busca dar força às Minorias Abraâmicas, que, segundo Dom Helder, lutam por uma sociedade justa lutando contra toda esperança.

vulgação de suas ideias ou explicitação de seu ideário. Perpassam as conferências, entrevistas e pronunciamentos realizados em vários países, convocando os homens de boa vontade a se engajarem na luta por um mundo mais justo e fraterno, através da violência dos pacíficos. Identificamos na terceira categoria testemunhos sobre Dom Helder Camara. São edições comemorativas realizadas por ocasião de seus setenta e cinco anos de vida e de vinte anos como arcebispo de Olinda e Recife; em seus noventa anos e uma homenagem à sua memória. São escritos feitos por teólogos, historiadores e amigos, sublinhando a relevância de Dom Helder em sua atuação pelos direitos humanos e em prol de um mundo mais humano. A quarta categoria de escritos sobre o nosso protagonista refere-se aos estudos e teses realizados no campo da antropologia da Educação, da espiritualidade, e nos âmbitos social, político, eclesial e pastoral, evidenciando a relevância da atuação de Dom Helder em várias dimensões da vida humana.

Temática e divisão

Para desenvolver a nossa reflexão, dividimos o trabalho em três partes. Na primeira, "Dom Helder: sinais dos tempos, sinais de Deus", fazemos uma síntese biográfica de Dom Helder, contextualizando-o no âmbito sociopolítico e eclesial. No capítulo primeiro: "Caminhos de conversão. Converter-se na humildade", analisamos as duas primeiras fases da vida de Dom Helder: formação familiar e primeiros anos de presbitério (1909-1936) e a fase do apostolado oculto e da descoberta dos pobres (1936-1964). No capítulo segundo: "Sinais dos tempos, sinais de Deus", percorremos a etapa de sua vida como pastor da Arquidiocese de Olinda e Recife (1964-1985) e como bispo emérito (1985-1999). Na primeira parte, damos ênfase à sua base formativa e à evolução de seu pensamento, que passou por fases marcadas pela influência da cristandade e da Ação Integralista Brasileira; do humanismo integral de Jacques Maritain; do desenvolvimento integral do padre Lebret e de François Pierroux; e da Teologia da Libertação. Pretendemos demonstrar como suas obras e ações vão respondendo à evolução de seu pensamento.

Na segunda parte, "Evangelizar na realidade de injustiça", refletimos sobre os dois conceitos-temas centrais de nosso estudo: justiça e evangelização. No terceiro capítulo, "Evangelizar promovendo a Humanização", refletimos sobre o conceito-tema evangelizar. Nosso primeiro enfoque será a partir dos documentos da Igreja desde a década de 60 até meados da década de 80, respeitando o corte metodológico de nossa reflexão. Num segundo momento, refletiremos sobre os elementos importantes no anúncio do evangelho feito por Dom Helder, sua concepção trinitária, antropológica e eclesiológica. No quarto capítulo, "A justiça como fundamento da paz", pontuaremos sobre justiça. No primeiro momento a justiça será pensada a partir da Doutrina Social da Igreja. No segundo momento verificaremos como a justiça é um elemento essencial nos pronunciamentos de Dom Helder.

Na terceira parte, "Construindo a paz através da Justiça", depois de analisarmos o evangelizar e a justiça, aprofundaremo-nos no pensamento helderiano: o caminho para a realização de um mundo mais justo e mais humano e os forjadores da vida nova. No quinto capítulo, "Revoluções necessárias", veremos as propostas concretas de Dom Helder para a construção de uma nova sociedade baseada na justiça e na vivência do Evangelho. Diante da realidade de injustiça, Dom Helder propõe a urgência de revoluções que transformem as estruturas para possibilitar uma vida humana mais digna para todos. No capítulo sexto, "Minorias Abraâmicas: construtores da nova sociedade", refletimos sobre o papel das "Minorias Abraâmicas", segundo Dom Helder, homens de boa vontade que lutam pela justiça e pela paz "esperando contra toda esperança" no processo de humanizar o mundo sedento de paz e justiça.

Parte I

DOM HELDER

SINAIS DOS TEMPOS, SINAIS DE DEUS

"Bem-aventurados os que são perseguidos por causa da justiça, porque deles é o Reino dos Céus." (Mt 5,10)

Esta primeira parte tem por objetivo fazer uma síntese biográfica de Dom Helder, contextualizando-o no âmbito sociopolítico e eclesial. Dom Helder Camara é considerado um dos grandes protagonistas da Igreja católica no Brasil no século XX. "Escrever a biografia de Dom Helder é fazer a história da Igreja no Brasil desde 1940, a história da Igreja latino-americana desde 1955 e a história da Igreja católica desde o Vaticano II"[1]. Ao escrever a síntese biográfica de Dom Helder, queremos evitar o risco inerente às biografias: algumas são feitas para celebrar, outras para destruir. A nossa finalidade é compreender sua vida, suas obras e pensamento.

---

1 COMBLIN, José. "Dom Helder o novo modelo episcopal do Vaticano II", in POTRICK, Maria Bernarda (org.). *Dom Helder, pastor e profeta*. São Paulo: Ed. Paulinas, 1983, 24.

Para isso, buscaremos dar ênfase à sua base formativa e à evolução do seu pensamento, que passou por fases marcadas pela influência da cristandade e Ação Integralista Brasileira; do humanismo integral de Jacques Maritain; do desenvolvimento integral proposto pelo padre Lebret e François Pierroux; e da Teologia da Libertação. Pretendemos demonstrar como suas obras e ações vão respondendo à evolução de seu pensamento.

Decidimos dividir a sua vida em três fases, que correspondem aos deslocamentos geográficos e às opções tomadas a partir da evolução do seu pensamento.

O primeiro capítulo descreverá as duas primeiras. A primeira fase, que vai de 1909 a 1936, refere-se à sua formação familiar e aos primeiros anos de sacerdócio, período vivenciado em Fortaleza, Ceará. A segunda fase, de 1936 a 1964, vivida no Rio de Janeiro, narra o percurso do apostolado oculto, a descoberta dos pobres. O segundo capítulo corresponde à terceira fase de sua vida: de 1964 a 1999, período vivido na arquidiocese de Olinda e Recife, Helder destacou-se na defesa dos direitos humanos, lutando pela justiça, e se fez a voz dos que não têm voz.

CAPÍTULO I

CAMINHOS DE CONVERSÃO. CONVERTER-SE NA HUMILDADE

"Feliz de quem entende que é preciso mudar muito para ser sempre o mesmo."

Ao narrar a primeira fase da vida de Helder, buscamos compreender sua trajetória, enfatizando suas palavras nas entrevistas e depoimentos, e descobrindo suas opções e conversões.

1. PRIMEIRA FASE: FORMAÇÃO FAMILIAR E PRIMEIROS ANOS DE PRESBITÉRIO (1909-1936)

1.1 Formação Familiar

Helder Camara[1] nasceu em 7 de fevereiro de 1909, na cidade de Fortaleza, no estado do Ceará. Terra marcada pela seca e pela pobreza. Décimo primeiro filho dos treze do casal João Eduardo Torres Camara e Adelaide Rodrigues Pessoa. Para os padrões cearenses da época, sua família era considerada de classe média.[2]

---

1 O nome e o sobrenome de Helder Camara não são acentuados conforme a regra gramatical. Usaremos conforme o registro de nascimento e o desejo de Helder. Para as citações usaremos de acordo com a grafia escolhida pelo autor.

2 Sobre a formação familiar: Cf. CAMARA, Helder. *Le conversioni di un vescovo*. Turim: Societá Editrice Internazionale, 1979, 33-38; CAMARA, Helder. *¿Quien soy yo? Autocrítica*. Madrid: Ediciones Sigueme, 1978, 16; BROUCKER, José de. *Helder Camara, la violenza d'un pacifico*. Roma: Edizioni saggi ed esperienze, 1970, 8-10; TOULAT, Jean. *Dom Helder Camara*. Assis: Cittadella Editrice, 1990, 10-11; GONZÁLEZ, José. *Helder Camara, il grido dei poveri*. Roma: Edizioni Paoline, 1976, 39-42; PILETTI, Nelson e PRAXEDES, Walter. *Dom Helder Camara: entre o poder e a profecia*. São Paulo: Ed. Ática, 1997, 14-47.

A escolha do nome Helder é um caso à parte. Dona Adelaide queria dar-lhe o nome de José, nome do quinto filho do casal, morto na epidemia de Crupe em 1905. João Câmara, porém, não querendo mais usar nome de santo, buscou ser criativo e original. Após consultar o dicionário, escolheu o nome Helder, porto ao norte da Holanda, que significa céu sem nuvem, "céu de brigadeiro", sem complicação. Após o consentimento de Adelaide, Helder foi o nome escolhido. No entanto, nos momentos afetivos e naqueles em que Helder provava ser um bom garoto, a mãe o chamava de José. É interessante notar que, para as suas meditações-poesias e nas cartas aos amigos, Helder assinava como José e escolheu esse nome para dar ao seu anjo da guarda. Portanto, Helder era o nome oficial, e José, o nome da intimidade.

Helder, em suas lembranças, reconhece dever muito à sua formação familiar. Em suas recordações, faz referência a quatro pessoas que o marcaram profundamente: seu pai, sua mãe, seu irmão Gilberto e seu tio Carlos Câmara.

A INFLUÊNCIA PATERNA. João Eduardo Torres Câmara, filho do tenente João Eduardo Torres Câmara e Maria Sussuarana, nasceu em 9 de dezembro de 1872. Seu pai foi influente jornalista do jornal "A República", fundado e dirigido por ele com o objetivo de defender os interesses políticos da oligarquia local comandada pela família Acioli. Por indicação paterna, João era guarda-livros da casa Boris Frères, principal casa comercial do Ceará, pertencente aos irmãos Boris, de origem francesa e judaica. Ao mesmo tempo, escrevia para o Jornal "A República" uma coluna de crítica teatral. Por formação familiar, era franco-maçom, conciliando de modo pessoal maçonaria e catolicismo. Essa conciliação era caracterizada por uma reação anticlerical, e não antirreligiosa ou anticristã. Uma reação contra a Igreja em determinados campos e contra certo tipo de padres.

Helder, ao falar de seu pai, recordava fatos marcantes que o influenciaram. Uma primeira lembrança é que, durante o mês de maio, seu pai reunia a família e recitava o terço e a ladainha em latim. A segunda foi seu diálogo com o pai sobre sua vocação sacerdotal, quando tinha por volta dos oito ou nove anos de idade:

– Meu filho, escuto dizer que você quer tornar-se padre. Mas sabe realmente o que isto significa? Sabe que um padre não pode permitir-se de ser egoísta? Ser padre e ser egoísta é impossível. Eu sei que é impossível ser padre e continuar egoísta.... Os padres creem que quando celebram a Eucaristia é o próprio Cristo que está presente. Você já pensou nas qualidades que devem ter as mãos que tocam diretamente o Cristo?
– Pai, é um padre como disse o senhor que quero ser.
– Então se é assim, meu filho, que Deus te abençoe. Você sabe que não temos muito dinheiro, mas mesmo assim, veremos como podemos ajudar-te a entrar no seminário.[3]

Outro fato marcante foi quando sua irmã Marroquinha, prestes a tornar-se freira, pediu ao pai para abdicar da maçonaria, e ele lhe respondeu:

Filha, desejo participar dos sacramentos, desejo com todo o coração. Não tenho problemas com o credo, o recito, o sei de memória. Mas para eu renunciar a maçonaria significa trair a memória do meu pai, de toda a minha família. E lhe digo: nunca ninguém na maçonaria me ensinou alguma coisa contrária a Deus ou a Igreja, algum contravalor. Não absolutamente.[4]

A situação foi resolvida por um padre compreensivo, que entendeu a situação e pediu-lhe que apenas recitasse o credo com sinceridade.

Esses três fatos narrados por Helder nos ajudam a entender o cultivo de uma religiosidade simples, principalmente sua devoção mariana; seu ideal de sacerdócio, pelo qual procurou sempre afastar-se da tentação do egoísmo, definido futuramente por ele como o maior pecado da humanidade, e sua busca de estar inteiramente a serviço do povo e de suas necessidades.

A INFLUÊNCIA MATERNA. Dona Adelaide Rodrigues Pessoa nasceu em 9 de outubro de 1874, em São João dos Inhames, sertão do Ceará. Filha de João Pereira Pessoa e Adelaide Rodrigues Gentil.

---

3 CAMARA, H. *Le conversioni...*, 34.
4 Ibid., 35-36.

Devido à seca, sua família migrou para a cidade de Picos, Piauí, retornando mais tarde para São João dos Inhames. Frequentou a escola normal, capacitando-se para exercer o magistério. O Estado não tinha recursos para construir escolas e pagava um subsídio especial a quem destinasse uma parte da casa para sala de aula, uma espécie de escola pública em casa particular. Por isso, Dona Adelaide lecionava em sua casa para um grupo de aproximadamente sessenta meninas, e os seus filhos eram os únicos meninos da classe. Foi dona Adelaide quem desvendou os primeiros passos de alfabetização para Helder. Professora severa, exigia que os filhos dessem exemplo. Helder aprendeu com sua mãe a abertura, a humanidade e a compreensão das fraquezas humanas, como demonstram alguns fatos narrados por ele.

Ao ensinar a Helder, quando tinha cinco anos, sobre o corpo e a sexualidade, Adelaide disse: "Meu filho, você encontrará quem pense que isto aqui (apontava para o rosto) foi feito por Deus. Isto (e apontava os seios) não se sabe; e que o resto (seu gesto descia até os pés) foi criado pelo diabo... Não, meu filho, da cabeça aos pés tudo foi criado por Deus".[5]

Outro exemplo que Helder narra sempre ao falar de sua mãe:

> Um dia pretendeu mais do que as minhas possibilidades. Então, me coloquei a chorar. Aquela vez me levou para fora da escola, em nossa casa. Pensei que, talvez, seria a primeira vez que apanharia. Mas, quando estávamos a sós, me disse: "meu filho, perdoa-me: exigi muito de você". Naquela ocasião minha mãe me pediu perdão, porque estava convencida de haver cometido um engano. E é muito importante admitir isto: admitir que se erra, não?[6]

---

5 Ibid., 32.
6 BROUCKER, J. de. *Helder Camara, la violenza...*, 9.

Outro momento em seu aprendizado com a mãe faz-nos ver a maneira prática de catequizar o filho.

> Meu Filho! Cada vez que uma pessoa lhe aparece malvada, se chegamos, nos aproximamos, se nos esforçamos para conhecê-la por dentro, chegamos a descobrir que se trata sobretudo de fraqueza. É a razão pela qual o Cristo, no Calvário, disse daqueles que tinham cumprido o maior mal dos demais, que o haviam deixado sem vestes, que o haviam espancado e ferido: Perdoai-os, Pai, porque eles não sabem o que fazem...[7]

Esses três exemplos, entre outros narrados por Helder, demonstram a sabedoria de vida que sua mãe lhe ensinara. Para Helder, sua mãe não foi somente sua primeira professora, que lhe ensinou a ler e a escrever. Foi sua mestra nas "lições de vida", sua confidente em seus momentos de dificuldades, sua incentivadora na realização de seus sonhos. Sua mãe destaca-se como presença efetiva e afetiva em sua vida.

Helder, em seu processo formativo familiar, recebeu grande influência de seu irmão Gilberto, o primogênito, doze anos mais velho. Gilberto trabalhava nas agências dos Correios, tornou-se Bacharel em ciências jurídicas e sociais e publicava artigos jornalísticos. Era redator do Diário do Ceará, recebia guias de leituras publicados pelo jornal *Le Figaro* e livros em francês. Foi por causa de Gilberto que Helder adquiriu o gosto pela literatura francesa. Na época, Fortaleza vivia um clima francófilo. Helder cresceu nesse ambiente influenciado pela cultura francesa, aprendeu a ler e a falar fluentemente o francês, que desenvolveria ainda mais no seminário. Helder assim recorda a influência de Gilberto: "Quando estava sob influência do meu irmão Gilberto, o guia para as nossas leituras era o Figaro. Naquele tempo recordo de haver lido praticamente tudo de Sainte-Beuve, que para o meu irmão era o modelo clássico da crítica".[8]

---

7 Ibid., 9.
8 CAMARA, H. *Le conversioni...*, 37.

Outro personagem familiar que se destaca nas recordações de Helder é Carlos Câmara, seu tio paterno. Carlos fundou o grêmio dramático familiar em Fortaleza. Jornalista e comediógrafo, escreveu várias peças com razoável sucesso. Sobre o aprendizado com seu tio, Helder afirma:

> Quando meu tio Carlos Câmara criava os dramas ou as comédias, eu apreciava sobretudo os ensaios. Gostava de ver surgir a comédia. O autor era também o diretor. Escolhia os artistas e ficava nervoso quando um dos atores não sabia viver a comédia como ele havia sonhado. Então recitava no seu lugar, fazia a sua parte: "Hei, precisa fazer assim!" Para mim era mais importante que a comédia em si... Sentir a criação. Vibrava quando via aquele homem que não só era capaz de escrever uma obra, mas estava procurando colocá-la no caminho, fazê-la caminhar...[9]

Carlos Câmara influenciou-o no gosto pelas artes: teatro, música. Pela teatralidade de seus gestos, Helder aprendeu a falar com a expressão corporal.

No contexto geral, percebemos que o ambiente familiar de Helder influenciou-o no relacionamento com os meios de comunicação social. Seu pai, seu irmão e seu tio eram jornalistas. Com eles aprendeu a comunicar-se, a usar e a valorizar os meios de comunicação.

1.2. Formação Sacerdotal

Helder ingressou no seminário diocesano de Fortaleza em 1923.[10] A base intelectual recebida em sua família e na escola particular o favoreceu em sua vida no seminário. Visando sua preparação para entrar

---

9 Ibid., 37-38.
10 Sobre a formação sacerdotal: Cf. CAMARA, H. *Le conversioni...*, 43-77; CAMARA, H. *¿Quien soy yo?...*, 19-21; BROUCKER, J. de. *La violenza...*, 10-14; PILETTI, N. e PRAXEDES, W. *Dom Hélder Câmara...*, 48-78; TAPIA DE RENEDO, B. *Hélder Câmara: Segno di contradizione...*, 12-18; GONZÁLEZ, J. *Helder Câmara, il grido...*, 47-51; TOULAT, J. *Dom Helder Camara...*, 15-16.

no seminário, os pais o colocam em uma escola particular, onde ele frequenta as três primeiras séries do curso secundário. Helder reconhecerá mais tarde o valor da ajuda de dona Salomé Cisne, diretora, que fez o possível e o impossível para ajudá-lo a entrar no seminário.

O seminário diocesano estava sob a direção dos padres Lazaristas, Congregação da Missão. Cursou o seminário menor, a Filosofia e a Teologia. Durante esse período, teve dois reitores. O primeiro, Pe. Guilherme Vassen, holandês, foi um dos pioneiros a implantar no Brasil os círculos operários católicos. Com forte ardor missionário, demitiu-se da função de reitor do seminário para dedicar-se exclusivamente às missões. Em suas lembranças, Helder ressalta o discurso feito por ele em nome dos seminaristas na despedida do Pe. Guilherme: "Vá Padre, os seus filhos te olham como os filhos dos cruzados olhavam partirem seus pais... Te seguiremos com os nossos olhos.... Estaremos contigo com o coração".[11] É importante notar que nesse pequeno discurso Helder usa a imagem das cruzadas, que também será usada em seu apostolado sacerdotal no Rio de Janeiro, no trabalho com os favelados.

O segundo reitor foi o padre Tobie Dequidt, francês. Ele exerceu maior influência na vida de Helder. Tanto em nível formativo-intelectual quanto no amadurecimento humano. No nível intelectual, padre Tobie incentivava todos os seminaristas, principalmente Helder, no amor à literatura. Passava-lhe os livros franceses que recebia – Peguy, Maritain, Bernanos – e os livros de autores brasileiros – Jackson Figueiredo, Alceu Amoroso Lima, Leonel Franca, e ainda os poetas românticos. Embora incentivasse a leitura, padre Tobie preocupava-se com o conteúdo dos livros, como se vê em uma das histórias contadas por Helder sobre o seu tempo de seminário. O padre Tobie Dequidt entregou um livro a Helder que continham algumas páginas presas com clipes, significando a censura de ler aquelas páginas. Helder explica ao padre reitor que seria capaz de ler o livro saltando aquelas páginas, mas esse não seria o processo pedagógico mais aconselhável, pediu que lhe fosse permitido ler o livro por

---

11 CAMARA, H. *Le conversioni...*, 38.

inteiro e se houvesse alguma dúvida o procuraria para esclarecimento. O reitor reconheceu seu erro e aceitou a proposta de Helder.

Em sua formação seminarística, Helder reconheceu ao padre Tobie Dequidt a capacidade de abertura ao diálogo em busca da melhor forma pedagógica no processo formativo.

Outro exemplo importante para Helder aconteceu durante o seminário maior. De acordo com o costume da época, cada seminarista tinha sua escrivaninha com um tampão que permitia guardar os livros e o material escolar. Esta era fechada com um cadeado, que tinha duas chaves, uma para o reitor e outra para o seminarista. Certo dia Helder foi avisado por um companheiro seminarista que o Reitor mandara dizer-lhe que, se precisasse de algum material que estivesse faltando, fosse pedir a ele, pois estes estariam em suas mãos. Passaram-se duas semanas e, como Helder não fosse procurá-lo, o reitor o chamou. Helder começou explicando que não o procurou por respeito e admiração, pois não queria tratá-lo como um ladrão. O reitor, comovido e emocionado, reconheceu o erro de sua atitude, mas pediu a Helder que deixasse de escrever poesias. Helder contrapôs-se, dizendo-lhe que também ele, reitor, era poeta. Esse explica que a poesia era um perigo devido ao uso da imaginação, ao que Helder responde:

> A imaginação é um dom de Deus. Entre nós, quando se quer chamar alguém de um pobre homem, sem inteligência, dizemos que não tem imaginação. Porque imaginar é participar de uma forma totalmente especial do poder criador de Deus. Como o senhor pode ter medo, como pode estar contra a imaginação, um Dom de Deus?[12]

Explicando que a poesia conduz mais longe do que se deseja, pediu a Helder que não escrevesse até a ordenação sacerdotal. Pacto mantido e respeitado. Não sem maiores dificuldades para Helder. Depois do diálogo, o reitor devolveu as chaves a todos os seminaristas.

---

12 Ibid., 39.

Outro momento marcante para Helder foi quando, ao ser chamado pelo padre Tobie para ser notificado de sua admissão à primeira etapa para o sacerdócio, a tonsura, expressou o desejo de ser admitido como filho de Maria. Para ele, era inimaginável ser admitido para as etapas do sacerdócio e não ser aceito como filho de Maria. Sua candidatura sempre fora rejeitada por infringir o regulamento em sua conduta, principalmente no que dizia respeito à lei do silêncio. O padre reitor aceitou as explicações de Helder e, juntamente com ele, outros dezoito companheiros foram aceitos entre os Filhos de Maria. Desde o tempo do seminário, impor silêncio a Helder era ir contra sua natureza e torturá-lo psicologicamente.

Ainda como seminarista, ficou sabendo, através de alguns alunos do Instituto de Educação de Fortaleza, que a professora de psicologia, Edith Braga, estava ensinando materialismo, na verdade, o Behaviorismo. Com a aprovação do Reitor e dos professores, Helder escreveu um artigo contra a professora sob o pseudônimo de Alceu Silveira, em homenagem a Alceu Amoroso Lima e ao poeta Tasso da Silveira, publicado no jornal da cidade. A professora responde ao artigo e os dois entraram em debate através de artigos, movimentando os comentários na cidade, até 29 de junho de 1929, o dia em que o vigário geral de Fortaleza, Monsenhor Tabosa Braga, chamou Helder e o proibiu que continuasse a escrever. A primeira reação de Helder foi pensar que o vigário geral estava protegendo sua cunhada. Com uma "tempestade na cabeça", segundo Helder, resolveu permanecer na capela até o momento em que se sentisse calmo. Depois de duas horas e meia:

> Percebi naquele momento que o que me aparentava ser a defesa da verdade, a defesa da fé, não era mais que orgulho. Eu me preparava à tonsura no orgulho... A moral da fábula é que quando doamos ao Pai uma pequeníssima coisa, Ele nos restitui recompensa maravilhosa. Desde então, as grandes graças da minha vida eu recebo ou no dia da festa de Santa Marta, ou durante a semana que segue".[13]

---

13 Ibid., 114-116.

Durante seu período seminarístico, Helder lia muito, como já ressaltamos, sob a influência do reitor do seminário. Seu pensamento foi fortemente influenciado por dois autores: Jackson Figueiredo e Leonel Franca.

No seminário, ele liderou um pequeno grupo de estudantes que se autodenominavam "jacksonianos", discípulos de Jackson Figueiredo, jornalista, escritor, convertido ao catolicismo sob a influência de Dom Leme.[14] Jackson de Figueiredo se inspirava em Mauras, defendia a necessidade do cristianismo eficaz, empenhado e combativo, sinalizando a passagem de uma religião teórica, individual e pessoal para uma religião atuante no mundo. Jackson, a convite de Dom Leme, presidiu a revista *A Ordem* e o Centro Dom Vital. Escrevia artigos na defesa da legalidade, da ordem, da autoridade, do nacionalismo e do moralismo. Definia-se antiliberal e anticapitalista. Foi o leigo que mais influenciou a profunda renovação dos movimentos católicos no Brasil no início do século XX. Helder, ao recordar a influência de Jackson no tempo de sua juventude, disse:

> Recordo sempre uma frase, um pensamento de Jackson de Figueiredo que teve uma parte muito importante na minha vida, antes do meu sacerdócio e também depois. Fui ordenado sacerdote em 15 de agosto de 1931. Um ano antes, em 1930, aconteceu aquela que foi definida a 'revolução brasileira', partindo de São Paulo. Eu era absolutamente contrário àquela revolução, que terminou a conduzir Vargas ao poder. Era contra porque havia aprendido de Jackson de Figueiredo que "a melhor revolução é pior que a pior legalidade".[15]

Helder, influenciado por Jackson, defendera a autoridade, a ordem, a ordem social e a legalidade.

---

14 Dom Leme, Arcebispo de Olinda e Recife (1916-1921) e do Rio de Janeiro (1921-1942). Em 1921, fundou a revista A Ordem, e, em 1922, o Centro Dom Vital. Ambos os órgãos tinham como objetivo a propagação do apostolado católico na elite intelectual e a defesa dos valores católicos incentivando a agir de acordo com a proposta da Igreja na área social e política.
15 Camara, H. *Le conversioni...*, 55.

Outro autor que influenciou Helder foi Leonel Franca, padre jesuíta e escritor, cujo livro mais importante foi "Igreja, a reforma e a civilização". Em seus livros destaca-se a mentalidade apologética da contrarreforma. Defendendo a posição da Igreja, escreveu contra o modernismo, principalmente contra Hélio Oiticica, contra o divórcio, contra o movimento da Escola Nova, vindo dos Estados Unidos, denunciando o pragmatismo.

Helder o admirava muito. Quando chegou ao Rio de Janeiro, escolheu-o como diretor espiritual e assim foi até a morte de Leonel Franca. Ao avaliá-lo, Helder o considera vítima do pensamento da contrarreforma.

> Mas é estranho... Hoje, se se considera o conjunto dos livros de Leonel Franca, é fácil ver que aquela grande inteligência, aquele homem dotado de rara sensibilidade humana, aquele verdadeiro santo, foi vitima do pensamento apologético da Contrareforma. Não é por nada que o seu livro mais importante é "A Igreja, a Reforma, a Civilização". É um ataque ao protestantismo... Hoje, é fácil compreender que era um esforço de todo negativo.[16]

Entre as influências recebidas por Helder, como seminarista, encontra-se um dos personagens mais cultuados do sertão nordestino, o padre Cícero. Helder recorda uma lição, que marcou sua vida, no que se refere à imagem do sacerdote, e que se tornou uma busca constante em sua vida. Não somente as influências teóricas são importantes, mas também as influências práticas adquiridas nos exemplos concretos da vida. Nesse sentido, Helder recorda que recebeu a missão de, durante as férias, viajar pelo Ceará para recolher assinaturas para o jornal diocesano "O Nordeste". Em Juazeiro, depois de alguns dias sem nada conseguir, percebeu que sem o apoio do Pe. Cícero não conseguiria nada. No encontro com padre Cícero, Helder recebeu a seguinte resposta:

---

16 Ibid., 51.

Humanamente falando, não deveria fazer nada para este jornal, que me ataca duramente sem haver jamais mandado aqui um jornalista e sem conceder-me o direito de defender-me. Mas o senhor é um jovem seminarista, amanhã será sacerdote. Devo provar, não somente com palavras, mas com fatos, que no coração do cristão, e sobretudo do sacerdote, não deve haver lugar para uma só gota de ódio.[17]

"Nem ao menos uma gota de ódio no coração de um padre": essa frase tornou-se um dos objetivos espirituais de Helder ao longo de sua vida. Para ele, padre Cícero era profundamente humano, amava os pobres e era respeitado e amado pelo povo.

Prestes a assumir o ministério sacerdotal, Helder enfrentou uma forte crise vocacional. Durante o final do curso de teologia, passou pelo temor de não ser capaz de assumir as responsabilidades inerentes ao sacerdócio e, por outro lado, o medo de que a rotina esfriasse sua inquietação intelectual e seu inconformismo social. Como leigo poderia dedicar-se à ação política, seguindo o caminho de Jackson de Figueiredo e Alceu Amoroso Lima. Como sacerdote assumiria o ideal acalentado desde a infância. Primeiro pensou em deixar a vida sacerdotal de maneira definitiva. Depois, de modo temporário, para avaliar melhor suas dúvidas. Nesse período de crise, duas pessoas foram de fundamental importância para Helder: seu reitor, Tobie Desquidt, e sua mãe. Outro fator importante foi a descoberta de que, na obscuridade da noite, deve-se abrir a alma a Cristo através da oração.

Próximo a ser sacerdote, senti que seria empenhado por toda a vida. De outra parte, estava convicto de que tudo pode transformar-se perfeitamente em oração. Tudo! Mas, para ser capaz, era necessário fazer muito esforço, haver muitos encontros com Deus. Este é o segredo, a alma da minha vida: creio que uma das coisas mais importantes da minha vida seja salvar a nossa unidade mais profunda.[18]

---

17 Ibid., 25.
18 Tapia de Renedo, B. *Hélder Câmara: segno...*, 18.

Esse momento da crise de Helder é importante não só por descrever uma angústia que o acompanhava sempre no ministério sacerdotal, diante do empenho social, mas também por ser este o momento em que ele inicia suas vigílias noturnas. Helder, por toda a vida, às duas horas da manhã, acordou para meditar, durante duas horas, com o objetivo de integrar sua unidade interior com Deus. Escrevia suas meditações-poesias, como bispo e arcebispo preparava o próximo dia e, durante e após o Concílio Vaticano II, escrevia cartas aos amigos e colaboradores e suas conferências.

Helder, ao avaliar o seu período de seminarista, fez algumas importantes observações que nos ajudam a compreender suas posições no início de seu ministério sacerdotal.

Primeiro, quanto à estrutura do seminário, Helder recorda o afastamento da família e de certo medo do mundo, que infantilizava diante da necessidade de tomar posições:

> No meu tempo havia o seminário menor, depois o seminário maior. Algumas vezes tinha antes de tudo o pré-seminário e algumas vezes também o seminário de férias. Significa que sempre, a partir da mais tenra infância até o sacerdócio, o futuro padre era protegido, protegido, protegido. Depois, de um dia a outro, devia usar a sua liberdade sem a ter jamais exercitado e sem estar preparado. É estranho: naquele tempo nós, seminaristas, pensávamos que fosse de todo normal preparar-se a colocar-se a serviço do povo mantendo-se longe do povo por anos e anos. Onze, doze, treze anos...[19]

Em sua formação intelectual no seminário, durante o período de estudos de filosofia, aprendeu, sobretudo, a filosofia escolástica. Na Teologia, com forte acento apologético, aprendiam-se as heresias em sucessão cronológica, mas não se examinavam os problemas sociais, embora, na intimidade, alguns professores transmitissem germes de re-

---

19 CAMARA, H. *Le conversioni...*, 44-45.

novação e de abertura para as correntes do humanismo. Sua visão intelectual foi marcada pela visão da Contrarreforma:

> ... havíamos recebido a marca da Contrarreforma. Na Igreja tínhamos perdido muitíssimo tempo porque éramos preocupados em defendermo-nos. Éramos fortíssimos em apologia, mas uma apologia... É verdade, éramos capazes de confrontar os erros. Meu Deus, como sabíamos bem de memória todas as heresias! Seguíamos os traços nos longos séculos e éramos muito vigilantes contra todas as novas heresias. No meu seminário tinha uma grande mobilização – não da parte do reitor – contra o modernismo....
> Mas o que desejo sublinhar é que, quando o Espírito do Senhor soprou-nos a necessidade de aproximarmo-nos do povo, demo-nos conta de que frente ao povo e, sobretudo, frente aos mais simples, aos mais humildes, éramos e somos os estrangeiros, todos. Devemos aprender a linguagem dos homens, e não só a linguagem, também o modo de pensar. Saímos do seminário com uma mentalidade muito lógica. Éramos cartesianos, pensávamos por premissas e conclusões. Éramos silogistas, absolutamente silogistas. Mas não é assim que pensam os homens. O impacto com a realidade nos abalou.[20]

O tipo de formação intelectual dificultou o ministério pastoral principalmente no que se refere ao contato com o povo simples, pela falta de visão dos grandes problemas humanos e da necessidade do povo: "Quando pregávamos, a nossa linguagem era assim sofisticada, nutrida de literatura grega e latina, de filosofia, de teologia tomística que passava acima da cabeça dos fieis, muito, muito acima".[21]

A visão social defasada o fez pensar de forma simplista que o mundo seria sempre dividido em dois campos opostos: o capitalismo e o comunismo:

---

20 Ibid., 49.
21 *Ibid.*, 48.

O comunismo era intrinsecamente perverso, e o capitalismo o defensor da ordem cristã. No seminário recebia uma visão de mundo muito ingênua e muito pobre; isso me preparou a assumir em seguida as piores posições. Saí do seminário com ideias que hoje impressionam quando a encontro em outros. Porém isto me preparou também a não condenar, porque passei por aquela experiência... Devia viver muito e andar muito até descobrir que um sistema como o capitalismo, que coloca o lucro acima do homem, é também esse intrinsecamente mau.[22]

1.3 Ordenação Sacerdotal e Primeiros Anos de Presbítero

O contexto da década de 1930 no Brasil, época muito particular de renovação, pode ser caracterizado por uma tríplice revolução: política, cultural e religiosa.

A revolução política foi determinada pelo "movimento dos tenentes" que lutaram contra o monopólio do poder político da oligarquia rural (política do "café com leite") de São Paulo e Minas Gerais, estados que se alternavam na direção do governo brasileiro. Os tenentes apoiaram a revolução liberal que levou Getúlio Vargas ao poder. Em 1930, Getúlio Vargas assumiu a presidência até 1934, período definido como "governo provisório". Continuou como presidente até 1945: de 1934-1937 houve o "governo constitucional", e de 1937-1945 o "governo ditatorial".

A revolução cultural se iniciou em 1922 com a Semana de Arte Moderna em São Paulo. Jovens escritores e artistas, com o desejo de romper com a cultura tradicional, buscaram colocar a cultura brasileira em sintonia com as novas correntes do pensamento europeu e ao mesmo tempo valorizar a realidade brasileira. A partir desse momento, surgiu o brado de um espírito novo na arte brasileira. A semana de arte moderna pode ser vista como um movimento político e social devido à repercussão de suas ideias. Algumas mudanças provocadas na arte brasileira após a semana de arte moderna: na poesia, a liberdade criativa

---

22 *Ibid.*, 50-51.

questionou a métrica e a rima; na pintura, as novas formas de cores e temas se impuseram ao academicismo da tradição renascentista, e, na música, aconteceram mudanças na tonalidade e na melodia tradicional. Participaram dessa semana grandes nomes da cultura brasileira, como Graça Aranha, Oswald de Andrade, Mario de Andrade, Manuel Bandeira, Guilherme de Almeida, Gofredo Silva Telles, Anita Malfatti, Vicente Rego Monteiro, Di Cavalcanti, Villa-Lobos, Guiomar Novaes, Ronald de Carvalho, Menotti del Picchia. Com a Semana de Arte Moderna surge o movimento modernista.

A revolução religiosa foi caracterizada pela restauração da Cristandade – neocristandade, a terceira escolástica sob influência do pensamento de Jacques Maritain e Emmanuel Mounier. Com a proclamação da Republica em 1889, aconteceu a separação entre Estado e Igreja. A Igreja perde seu poder de influência na condução dos rumos da sociedade brasileira. A partir de 1921, com a liderança do Cardeal Leme, a Igreja busca maior atuação na sociedade, trabalhando em duas linhas. A primeira, na preparação educacional da elite brasileira para, através dela, cristianizar o povo, o Estado e a Legislação. Dois leigos católicos destacam-se: Jackson Figueiredo e Alceu Amoroso Lima. A segunda, dos "movimentos de massa", buscando demonstrar a força do catolicismo. Neste período, dão-se os primeiros passos para a valorização do leigo através da Ação Católica. A Igreja Católica conseguiu reconquistar, na prática, sua condição de religião oficial.

Helder foi ordenado, juntamente com oito companheiros, no dia 15 de agosto de 1931, festa da Assunção de Maria, na Igreja da Sé de Fortaleza, pela imposição das mãos de seu arcebispo, Dom Manuel da Silva Gomes.[23] Como Helder tinha apenas 22 anos e meio, e não 24, como exigia o Direito Canônico, recebeu permissão especial do Vaticano, como de costume para esses casos. Padre Helder Camara foi designa-

---

23 Sobre os primeiros anos de presbítero: Cf. Camara, H. *Le conversioni...*, 71-87; Camara H. *¿Quien soy yo?...*, 25; Broucker, J. de. *Helder Camara, la violenza...*, 17-20; Tapia De Renedo, B. *Hélder Câmara, segno...*, 24-25; González, J. *Helder Câmara, il grido...*, 57-61; Toulat, J. *Dom Helder Camara...*, 19; Piletti, N. e Praxedes, W. *Dom Hélder Câmara...*, 72-121.

do por Dom Manuel como assessor do Círculo Operário Cristão, fundado em Fortaleza pelo padre Guilherme Vassen, primeiro reitor de Helder. O objetivo do arcebispo era que Helder estivesse a serviço dos intelectuais e trabalhadores. Ao mesmo tempo, foi encarregado de organizar uma capela que se tornaria paróquia. Permanecendo em Fortaleza, ele volta a morar com sua família.

De 1931 a 1935, Helder organizou o movimento da Juventude Operária Católica (JOC), foi assistente eclesiástico da Liga dos Professores Católicos, professor de Religião, Filosofia e Psicologia. Juntamente com Severino Sombra, funda a Legião Cearense do Trabalho. Torna-se membro da Ação Integralista Brasileira (AIB) e responsável pela Liga Eleitoral Católica (LEC) no Ceará.

A criação e organização da Juventude Operária Católica (JOC), no Ceará, ocorreu em 1931. A JOC conseguiu organizar escolas e núcleos de diversão em Fortaleza, chegando a reunir 2000 crianças pobres em atividades de alfabetização e lazer. Em seu trabalho como organizador da JOC, Helder começou a atrair a atenção da sociedade de Fortaleza.

Helder, como Assistente eclesiástico da Liga dos Professores Católicos, defendia as reformas educacionais a partir das propostas da Igreja, segundo a mentalidade da neocristandade, escrevendo artigos para os jornais.

Para compreender a atuação de Helder como assistente eclesiástico da liga dos professores católicos do Ceará, faz-se necessário visualizar o contexto educacional neste período. Em 1924, foi fundada a Associação Brasileira de Educação (ABE) para impulsionar a ampliação da rede de escolas públicas com orientação laica, adaptada à industrialização e à urbanização. Em 1929, na 3ª conferência Nacional de Educação realizada em São Paulo, aparecem claramente duas correntes: uma com as propostas dos educadores liberais e outra com as propostas da Igreja católica. Em 1931, na 4ª Conferência Nacional de Educação no Rio de Janeiro, aparecem algumas sugestões para a nova política educacional no governo de Getúlio Vargas. Em 1932 é lançado o "Manifesto dos Pioneiros da Educação Nova", apoiado, entre outros, por Fernando de Azevedo, Anísio Teixeira, Lourenço Filho, Júlio de Mesquita Filho, Pascoal

Lemme, Francisco Venâncio Filho, Almeida Junior e Edgar Sussekind de Mendonça. Em 1933 foi criada a Confederação Católica de Educação, com o objetivo de defender a posição da Igreja em confronto com as propostas da "Nova Educação", que postulavam a gratuidade e a laicidade do ensino público e a obrigatoriedade do ensino elementar. A Igreja católica era contra tais propostas por acreditar que retiravam a educação das mãos da família e destruíam a liberdade de ensino. Em 1933, Helder publicou um artigo na revista A Ordem com o título *Educação progressiva*, criticando o livro homônimo de Anísio Teixeira. Durante a 6ª Conferência, em 1934, Helder defendeu, em sua palestra, a introdução do ensino religioso nas escolas públicas com o objetivo de promover a paz social e lutar contra o comunismo ateu. No final de sua conferência, Helder se retirou e convidou todos que concordassem com ele a fazer o mesmo, esvaziando assim o teatro José de Alencar. Após a 6ª conferência, Helder recebeu o convite para defender a posição da Confederação Católica de Educação nos estados do Maranhão e do Pará.

A FUNDAÇÃO DA LEGIÃO CEARENSE DO TRABALHO. Helder, juntamente com o tenente Severino Sombra, o tenente Jeová Mota e Ubirajara Índio do Ceará, fundou a Legião Cearense do Trabalho em outubro de 1931. Seguindo a influência do Corporativismo português de Salazar, tinham por objetivo educar e integrar a classe trabalhadora para que se organizasse na vida política social do país, criando uma nova ordem social no modelo do regime corporativo da Idade Média, afirmando-se anticapitalista, anticomunista e antiburguesa. Segundo Edgard Carone, a Legião Cearense do Trabalho foi "o mais consistente e organizado dos movimentos fascistas que antecederam o integralismo".[24]

A Legião Cearense do Trabalho começou com aproximadamente 9.000 legionários e atingiu 15.000 adeptos. Segundo Helder, o mo-

---

24 CARONE, Edgard. *A República Nova (1930-1937)*, São Paulo – Rio de Janeiro: Difel, 1976, 198.

vimento reuniu quase a totalidade dos trabalhadores de Fortaleza e criou outras células no Ceará. Com a finalidade de divulgar o ideário da Legião Cearense do Trabalho, os dirigentes lançaram o jornal O Legionário e a revista Bandeirantes, encerrada após apenas dois números. Escreveram artigos com o pseudônimo coletivo de Agathon, pseudônimo idêntico ao usado por jovens intelectuais franceses católicos liderados por Henri Massis, no jornal O Nordeste, combatendo as concepções intelectuais consideradas errôneas, principalmente contra o modernismo. Na busca de defender os trabalhadores contra os baixos salários ou o alto custo de vida, a Legião Cearense do Trabalho organizou algumas greves, sempre com sucesso duvidoso. A Legião Cearense do Trabalho e a JOC trabalhavam em conjunto, chegando-se a declarar o jocismo como semente legionária.

Em julho de 1933, Helder criou o Sindicato Operário Católico Feminino, que reunia mulheres humildes e simples que exerciam trabalhos domésticos: lavadeiras, engomadeiras, domésticas, cozinheiras, etc. Esse sindicato recebeu forte rejeição da elite de Fortaleza, pois essa entendia que tal empreendimento

- promovia a sindicalização das mulheres;
- visava somente a promoção pessoal de Helder;
- colocava as funcionárias contra as patroas.

Além disso, havia também o receio de que se elaborasse uma tabela de preços. Helder defendeu-se e esclareceu publicamente o objetivo do sindicato das mulheres. Após um ano, o sindicato contava com dez núcleos que funcionavam como escolas, visando a alfabetização, educação religiosa e nacionalista e a educação estética.

A PARTICIPAÇÃO NA AÇÃO INTEGRALISTA BRASILEIRA – AIB. A Ação Integralista Brasileira (AIB) foi fundada por Plínio Salgado com a publicação do "Manifesto de Outubro" em 7 de outubro de 1932. De inspiração fascista, pregava a valorização da Pátria, a defesa da tradição e da família, os valores militares e declarava-se contra o capitalismo e o comunismo.[25] Para difundir o integralismo em todo o Brasil, Plínio Salgado entrou em contato com pessoas e movimentos que trabalhavam no mesmo sentido. No Ceará, o primeiro convidado para ser o chefe da ação integralista foi o tenente Severino Sombra, que estava exilado em Portugal por ter sido contra a Revolução de 1930 e integrante do movimento que levara Getúlio Vargas ao poder, além de ter apoiado a revolta constitucionalista de 1932 em São Paulo. A princípio, Severino Sombra era contra o movimento da Ação Integralista Brasileira, por não concordar que o movimento fosse submetido à direção unipessoal de Plínio Salgado, e não aceitava que os membros da Legião Cearense do Trabalho participassem do movimento integralista. Jeová Mota e Ubirajara Índio do Ceará também foram convidados e aceitaram participar da Ação Integralista. Helder Camara, com a permissão do arcebispo Dom Manuel, ingressou na Ação Integralista e se tornou secretário de estudos da AIB no Ceará. Por sua militância intensa, Helder foi considerado "o maior propagandista do integralismo em seu estado, fundando núcleos de militantes nas cidades do interior, organizando manifestações de rua e comícios, dando palestras e cursos e publicando artigos sobre a doutrina integralista".[26]

A PARTICIPAÇÃO NA LIGA ELEITORAL CATÓLICA – LEC. Durante o governo que se iniciaria após a "revolução" de 1930 com o denominado "Estado Novo", Getúlio Vargas foi pressionado pela "Revolução Constitucionalista" de 1932 a convocar as eleições para a Assembleia Nacional Constituinte. Como Dom Sebastião Leme, Cardeal Arcebispo do Rio de Janeiro, era contrário à criação de um partido católico (acreditava que os termos 'partido' e 'católico' eram incompatíveis), buscou-se, quando da eleição da Constituin-

---

25 Sobre a Ação Integralista Brasileira – AIB, ver: VASCONCELLOS, Gilberto. Ideologia Curupira – análise do discurso integralista. São Paulo: Ed. Brasiliense, 1979; CHASIN, José. O Integralismo de Plínio Salgado – forma de regressividade do capitalismo hipertardio. São Paulo: Livraria Editora Ciências Humanas Ltda., 1978; MONTENEGRO, João Alfredo de Souza. O integralismo no Ceará: variações ideológicas. Fortaleza: Imprensa Oficial do Ceará, 1986.
26 PILETTI, N. e PRAXEDES, W. Dom Hélder Câmara..., 87.

te, a criação da Liga Eleitoral Católica (LEC), uma denominação suprapartidária, com o objetivo de "instruir, congregar e alistar o eleitorado católico" e "assegurar aos candidatos dos diferentes partidos a sua aprovação pela Igreja", o que se provou uma ação indireta e eficaz.[27]

Para entrar na lista da LEC, os candidatos deveriam assumir os 10 princípios do programa proposto por ela, entre os quais se destacam: a indissolubilidade do casamento; o ensino religioso facultativo nas escolas públicas; a assistência eclesiástica às Forças Armadas; o reconhecimento do casamento religioso para efeitos civis; o direito de voto dos religiosos (excluídos na Constituição de 1891); lei que garantisse a repressão contra as propagandas consideradas subversivas ou comunistas. A LEC, sob a direção de Alceu Amoroso Lima, comprometia-se a divulgar e apoiar os candidatos comprometidos com os princípios católicos. Segundo Helder:

> A Igreja constitui deste modo uma considerável força eleitoral. Os candidatos, todos os candidatos, prestaram muita atenção à Liga e assinavam de boa vontade o seu programa. Era para eles uma espécie de obrigação, se queriam ser eleitos. Queriam que os seus nomes constassem entre os que a Liga anunciava nos jornais ou nas rádios.[28]

A LEC conseguiu fazer eleger a maioria dos deputados constituintes, que, por sua vez, conseguiram aprovar a maioria das propostas da Igreja Católica na Constituição. A Constituição decretou novas eleições nos estados, a serem realizadas em 14 de outubro de 1934, para a eleição de uma nova Câmara Federal e para as Assembleias Constituintes Estaduais.

No Ceará, para coordenar a ação da LEC visando as eleições de 1934, Dom Manuel nomeou Helder. Segundo Helder, Dom Manuel

---

27 Cf. BEOZZO, José Oscar. "A Igreja entre a revolução de 1930, o Estado novo e a redemocratização", in *História geral da Civilização Brasileira*. Tomo III, vol. 4. São Paulo: Difel, 1984, 302-306.
28 CAMARA, H. *Le Conversioni...*, 83.

considerava o sistema da LEC nacional muito vago; por isso, formulou uma lista dos candidatos, indicando os nomes para todos os cargos a serem eleitos: governador, senadores e deputados. A missão de Helder se restringia a ir a todas as cidades e vilas para dizer "estes são os nossos candidatos e vocês devem votar neles".[29] Com essa atitude, a LEC no Ceará conseguiu eleger o governador, a maioria dos deputados federais, a maioria dos deputados estaduais; os socialistas e comunistas não conseguiram eleger nenhum representante. Foi somente no Ceará que a LEC não teve o caráter suprapartidário, devido à militância política da Igreja no seio do integralismo e a aliança com os coronéis do interior para disputar as eleições, agindo na prática como um partido político. Helder, analisando posteriormente a ação da LEC, afirma: "aquilo que me fere hoje, quando repenso o grande período da Liga, é que essa não se preocupava com a defesa dos direitos da pessoa humana, dos oprimidos, mas somente com a defesa dos costumes e da religião. Era a visão daqueles tempos...".[30]

O governador Menezes Pimentel, eleito com o apoio da LEC do Ceará, informado da atuação de Helder junto ao eleitorado, de sua influência no movimento integralista e na Igreja diocesana, convidou-o a participar do governo como Diretor da Instrução Pública do Ceará, cargo hoje equivalente a Secretário de Educação do Estado. Helder, querendo manter-se fiel à promessa que fizera ao eleitorado de não buscar interesses e benefícios, recusa o convite, mas, ao comunicar o fato ao arcebispo, recebe a ordem de aceitar o convite devido à importância do cargo e os benefícios que traria à Igreja Católica: "Não, nenhuma discussão, você deve ser o diretor da Diretoria de Instrução. É Deus que o quer porque... o quer seu bispo".[31] Ao retornar ao governador para aceitar o cargo, em obediência ao arcebispo, impõe a condição de que na Diretoria de Instrução não haveria interferências políticas, como o apadrinhamento de professores, e que nenhum professor seria transferi-

---

29 Ibid., 84.
30 Ibid., 87.
31 Ibid., 85.

do ou perseguido por apoiar ou ser contra o governador. Condição aceita, Helder foi empossado como Diretor da Instrução Pública do Ceará em 5 de junho de 1935.

Ao iniciar o trabalho como Diretor da Instrução, pede e obtém a orientação de Lourenço Filho. No pequeno período em que exerceu o cargo, Helder conseguiu regulamentar o ensino religioso facultativo nas escolas públicas, realizar o II Congresso Católico Regional do Estado e colaborar com a instrução de crianças pobres. Por seu trabalho e devido à relação com os meios de comunicação, ganhou projeção política, incomodando os outros secretários e o governador.

No final de 1935, com somente cinco meses e dezesseis dias no cargo, Helder pediu demissão. A sua decisão de demitir-se foi tomada por três motivos: pela frustração de ver que o seu pedido de que não haveria concessões políticas na transferência de professores não era praticado; pela possibilidade de ruptura entre o governo e os integralistas; e pela possibilidade de perder o apoio do arcebispo na disputa entre os integralistas e o governo. Helder, com a autorização do arcebispo, aceita o convite feito por Lourenço Filho para trabalhar na Secretaria de Educação do Distrito Federal, Rio de Janeiro. O "convite" de Lourenço Filho para Helder trabalhar como assistente técnico de educação foi feito atendendo ao pedido do próprio Helder, que desejava sair de Fortaleza. Lourenço ajudou-o motivado pela amizade e, também, por motivos políticos, para fortalecer-se com o apoio da Igreja. O arcebispo de Fortaleza entrou em contato com Dom Leme, cardeal arcebispo do Rio de Janeiro, cuidando dos acertos da transferência de Helder para a arquidiocese do Rio de Janeiro.

Nesse primeiro período (1909-1935) da vida de Dom Helder, percebemos sua base formativa, familiar e sacerdotal. Sobressaem: seu interesse pelo social (pela participação da Igreja na sociedade, sob influência das ideias de Jackson Figueiredo, e pela admiração da atuação do Cardeal Leme como liderança da Igreja no Brasil) e sua espiritualidade (reintegrar sua unidade com Deus). No início de seu ministério sacerdotal, Helder destaca-se como defensor dos princípios da Igreja na área educacional no Ceará e no Nordeste e como expoente político do integralismo.

2. SEGUNDA FASE: DO APOSTOLADO OCULTO À DESCOBERTA DOS POBRES (1936-1964)

Dividiremos esta fase da vida de Dom Helder em quatro momentos. O primeiro, de 1936 a 1946, tem como característica fundamental seu empenho como funcionário público. No segundo, de 1946 a 1951, iniciam-se suas atuações propriamente sacerdotais, como definiu o próprio Helder, principalmente à frente da Ação Católica. No terceiro, de 1952 a 1964, no qual se inicia seu ministério episcopal, ressaltaremos seu desempenho à frente da CNBB, a criação do CELAM e a descoberta dos pobres, e sua participação no Concílio Vaticano II. E no último momento sublinharemos sua transferência para Recife. Nessa segunda fase, veremos que Dom Helder começa a se destacar como um dos protagonistas da Igreja católica: a partir de 1946, na Igreja do Brasil; de 1955, na Igreja latino-americana; e de 1962 em diante, na Igreja universal, dando os primeiros passos nos bastidores do Concílio.

2.1 Funcionário Público: Apostolado Oculto (1936-1946)

Helder chegou ao Rio de Janeiro em 16 de janeiro de 1936. Em sua primeira reunião com o Cardeal Leme, esse lhe pediu que sua militância na Ação Integralista Brasileira fosse encerrada, pois o engajamento partidário público dos padres não era permitido na Arquidiocese. Segundo Helder, a exigência do Cardeal veio ao encontro de seu pensamento, que começava a mudar e a olhar o mundo de modo muito diverso, começava a sentir os primeiros sinais de desencanto com a doutrina e a prática do integralismo. Deixar o integralismo por exigência do Cardeal era um ótimo argumento para escapar das pressões dos amigos integralistas que não concordavam com seu afastamento. É interessante notar que o fato de o arcebispo de Fortaleza estar do lado do governador no desencontro com os integralistas foi um dos motivos que levaram Helder a querer sair de Fortaleza, Ao chegar ao Rio, ele aceita a exigência do Cardeal de abandonar a militância pública do integralismo sem nenhuma objeção. [32]

A Constituição de 1934 estabeleceu que um presidente eleito pelo voto direto assumiria em 3 de maio de 1938. Em 1936 os candidatos potenciais eram: Armando Salles Oliveira, governador de São Paulo; José Américo de Almeida, escritor paraibano (sua principal obra: "A bagaceira"); Plínio Salgado, fundador da AIB; e Osvaldo Aranha.

Em 1º de outubro de 1937, o presidente Getúlio Vargas, apoiado por um grupo político e pelas Forças Armadas, decide continuar no poder usando o argumento de uma conspiração judaico-comunista para a tomada do poder e a destruição da Igreja e da família: o Plano Cohen, elaborado pelo militar integralista Capitão Olímpio Mourão Filho e divulgado pelo Departamento de propaganda do governo como de autoria comunista. Getúlio Vargas solicita ao Congresso Nacional o estabelecimento do "Estado de Guerra".

Em 10 de novembro 1937, Getúlio Vargas, apoiado pelo General Góes Monteiro, chefe do Estado Maior do Exercito, e por Eurico Gaspar Dutra, Ministro da Guerra, ordena o fechamento do Congresso, cancela as eleições e, com um golpe político, funda o Estado Novo, período marcado pelo autoritarismo e corporativismo. Vargas impõe a "Constituição Polaca", constituição semelhante à da Polônia, de modelo fascista, e, em 1943, decreta a Consolidação das Leis de Trabalho, imitação da "Carta di Lavoro" de Mussolini. Os Anos de Getúlio Vargas significaram: o processo de imigração interna (rural-cidade), diminuição da emigração externa (internacional); unificação

---

32 Como funcionário público: Cf. Camara, H. *Le conversioni...*, 71-111; Camara, H. *¿Quien soy yo?...*, 26-30; Broucker, J. de. *Helder Camara, la violenza...*, 21; Blazquez, F. *Hélder Camara, el grito...*, 31-32; Tapia de Renedo, B. *Hélder Câmara, segno...*, 28-31; González, J. *Helder Câmara, il grido...*, 59-74; Toulat, J. *Dom Helder Camara...*, 23; Piletti, N.e Praxedes, W. *Hélder Câmara...*, 121-153.

do espaço econômico com o fim das barreiras e alfândegas internas; incentivo à industrialização com a licença de importação; incentivo à mão de obra.

Getúlio Vargas conseguiu o apoio do Cardeal Leme, que via na ditadura um mal menor diante da ameaça comunista. Na articulação entre a Igreja e o Estado, Helder tinha participação como intermediário. Alguns dias antes do golpe, Plínio Salgado recebeu de Francisco Campos a missão de apresentar uma cópia da "Nova Constituição" ao Cardeal Dom Leme; Plínio entregou a cópia para que Helder a levasse ao Cardeal. Dom Leme pediu a Helder que o episódio não viesse a público por não querer tornar-se cúmplice do golpe político.

Em meados de 1937, Plínio Salgado convidou Helder a participar do Conselho Superior da Ação Integralista Brasileira, formado por 12 membros. Na estrutura do Integralismo, estaria abaixo do chefe nacional, Plínio Salgado, e acima dos órgãos dirigentes: câmara dos 40 e câmara dos 400. Helder consulta o Cardeal Dom Leme, que, após avaliar o crescimento do Integralismo, a proximidade de Plínio com Vargas e a possibilidade de o movimento chegar ao poder, concorda com a participação de Helder, com a condição de que o seu nome não constasse na lista oficial (seria o assistente eclesiástico) e evitasse ser identificado publicamente como integralista. Plínio e Helder concordaram com a condição. Plínio esperava ser convidado a participar do governo de Getúlio Vargas após o golpe, mas, em 3 de dezembro de 1937, Getúlio Vargas decretou a dissolução de todos os partidos e a proibição de quaisquer símbolos, gestos e uniformes identificadores. Os integralistas reagiram e romperam com o governo. Por duas vezes cercaram o palácio da Guanabara, em janeiro e maio de 1938; o exército interveio, alguns foram mortos e Plínio se exilou em Portugal.

Sobre a sua participação no integralismo, Helder a definiu como pecado de juventude, devido à visão simplista do mundo dividido em dois: capitalismo e comunismo, no qual escolheu o mal menor: "se pensava na época, e para mim tratava-se de autêntica convicção, que o mundo se estivesse preparando a um choque decisivo entre a esquerda e a direita, entre o fascismo e o comunismo. Eu me aliei à direita".[33] Após essa nova ruptura com o integralismo, Helder fez uma balanço de sua vida e reviu suas posturas.

Ao chegar ao Rio, Helder trabalhou por alguns meses como assessor de Lourenço Filho no Instituto de Educação do Distrito Federal. Depois, a convite de Everardo Backheuser, fundador da Confederação Católica de Educação, começou a trabalhar no Instituto de Pesquisas Educacionais do Distrito Federal, como chefe da Seção de Medidas e Programas, onde atuou até fevereiro de 1939, sendo responsável pelos programas adotados nas escolas e pelos testes de inteligência e aproveitamento aplicados nas escolas públicas do Rio de Janeiro, que contavam de 120.000 a 150.000 alunos.

No segundo semestre de 1938, o Ministério da Educação e Saúde promoveu um concurso para técnico em Educação. Helder, sentindo-se moralmente obrigado a fazer o exame, pediu e teve a permissão do Cardeal Leme. No concurso, Helder apresentou uma tese baseada nos testes que elaborava e aplicava pelo Instituto de Pesquisa Educacionais. Avaliando esse episódio, o próprio Helder fez uma autocrítica:

> A tese que apresentei no concurso era uma vergonha, uma coisa espantosa. Não desejei conservar nenhum exemplar e sobretudo não queria que alguém o encontrasse. Era um estudo do conjunto sobre os testes que havia feito e aplicado em todas as escolas do Distrito Federal... Acreditava ingenuamente que se podia alcançar no exame e avaliar objetivamente a educação e a pessoa humana...[34]

Aprovado no concurso como técnico de educação, começa a trabalhar como chefe da Seção de Inquéritos e Pesquisa do Instituto Nacional de Estudos Pedagógicos – INEP. Depois passou por várias repartições do Ministério da Educação e Saúde, pelas diretorias de ensino primário, secundário e superior.

Não se sentindo contente com a vida de funcionário, de burocrata, por não corresponder aos seus anseios sacerdotais, Helder

---

33 GONZÁLEZ, J. *Helder Cámara, il grido...*, 59.
34 CAMARA, H. *Le conversioni...*, 100.

pediu, com a intermediação de Alceu Amoroso Lima, a permissão do Cardeal Leme para demitir-se do cargo no Ministério de Educação, argumentando que essa função poderia ser mais bem desenvolvida por um leigo. O Cardeal negou, demonstrando a necessidade da Igreja em contar com alguém dentro desse Ministério. Somente alguns anos depois, com aprovação de Dom Jaime Barros Câmara, sucessor de Dom Leme na Arquidiocese, Helder demitiu-se do cargo no Ministério de Educação e Saúde, no primeiro semestre de 1946. Para Helder, não foi trabalhando no Ministério da Educação que descobriu o que significa a educação, mas sim ao visualizar as necessidades do povo:

> Muitas vezes me esquecia que formar homens significa dizer despertar o espírito humano, ampliar a visão humana, alargar o coração humano, vencer o egoísmo. Mas a imersão nas favelas, o encontro com a maior miséria, o estudo dos problemas do povo com a Ação Católica e com os bispos me fez descobrir progressivamente as exigências de uma verdadeira educação.[35]

Mesmo não exercendo nenhum cargo público, Helder continuou a colaborar na área educacional. Entre 1953 e 1963 foi membro do Conselho Nacional de Educação, órgão normativo do Ministério de Educação; de 1962 a 1964, foi membro do Conselho Federal de Educação, órgão criado pela Lei de Diretrizes e Bases de 20 de dezembro de 1961. Segundo Helder, eram cargos honoríficos.

Ao mesmo tempo em que atuava como funcionário público no Ministério da Educação e Saúde, Helder exercia várias atividades apostólicas e intelectuais. Foi redator-chefe da Revista Brasileira de Pedagogia, órgão oficial da Confederação Católica Brasileira de Educação; escreveu artigos para "A Ordem" – do Centro de Dom Vital; como professor, ensinou Didática geral e administração escolar na faculdade católica, origem da Pontifícia Universidade Ca-

---

35 CAMARA, H. *Le conversioni...*, 102.

tólica do Rio de Janeiro – PUC-RJ, e ensinou psicologia na Faculdade de Letras e Filosofia do Instituto Santa Úrsula. No âmbito arquidiocesano, foi membro do conselho arquidiocesano de ensino religioso e diretor técnico do ensino religioso da arquidiocese. Em colaboração com o padre Álvaro Negromonte, adotou o método da "Escola Nova" na catequese paroquial. No âmbito nacional, foi designado pelo cardeal para dirigir o secretariado de Educação da Ação Católica Brasileira.

Em 1936 o Cardeal Dom Leme nomeou Helder diretor técnico do ensino religioso da Arquidiocese, para colaborar com o Cônego José Maria Moss Tapajós, diretor do ensino religioso. Sua função era modernizar os métodos do ensino catequético da arquidiocese. No início Helder organizou as maratonas catequéticas, tendo como base os testes aplicados por ele na Secretaria de Educação para as escolas elementares. Na busca por modernizar o ensino catequético, usou seus conhecimentos pedagógicos e sobre a psicologia da adolescência, tentando adequar o ensino catequético ao cotidiano dos jovens. Para esse trabalho teve a colaboração do padre Álvaro Negromonte, propondo uma catequese não mais baseada na memorização, mas que incentivasse a reflexão e o empenho concreto a partir da fé, adotando o método da Escola Nova na Catequese, método combatido por Helder anteriormente nos congressos nacionais de educação. Desse modo, colaborou com o Cardeal Leme em sua proposta de renovação pastoral na formação educacional das elites.

O forte vínculo de Helder com a Ação Católica iniciou-se em 1936, quando foi nomeado pelo cardeal Dom Leme como secretário de Educação da Ação Católica Brasileira. Exerceu seu trabalho assessorando as escolas confessionais, pregando retiros e dando palestras nos grupos paroquiais.

Helder recebeu o convite de Dom Leme feito através do diretor da Faculdade Católica, fundada em 1941, Pe. Leonel Franca, para ser professor. Sua primeira reação foi dizer que preferia ser aluno. O cardeal

Dom Leme lhe impôs aceitar a lecionar. Helder lecionou didática geral e administração escolar.

Em 1942, na Faculdade de Letras sob a responsabilidade das Irmãs Ursulinas, Helder lecionou Psicologia para as religiosas e professoras da faculdade e também na universidade para os estudantes: "o meu trabalho consistia no ajudar as religiosas a compreender melhor os seus alunos, a compreender a vida, a compreender o mundo. Alegrava-me muito, era verdadeiramente um trabalho educativo e sacerdotal".[36]

Nesse período, Helder descobriu a valorização do apostolado oculto. No primeiro ano em que lecionava na Faculdade de Letras das Irmãs Ursulinas, Helder conheceu Virginia Cortes de Lacerda, sua aluna, tornaram-se amigos e começaram a estudar e a trabalhar juntos. Helder lhe passava as meditações-poesias do "Padre José" que escrevia durante as vigílias.[37] Diariamente encontravam-se e refletiam juntos sobre os assuntos que pudessem ajudá-los, tanto no campo espiritual quanto no campo cultural. Desses encontros diários nasceu a ideia de reunir um grupo de pessoas para refletir juntos. Todas as sextas-feiras o grupo se reunia na casa de Virgínia. O grupo valorizava a percepção do "apostolado oculto", significando que as dimensões escondidas do apostolado, a humildade e as pequenas coisas, são partes essenciais que permanecem invisíveis. Faziam parte deste grupo: Virginia, Cecília Monteiro, Marina Araújo e outras jovens da Ação Católica. Foi formado outro grupo acompanhado por Helder com os mesmos objetivos na paróquia do Sagrado Coração no bairro de Botafogo. Mais tarde, ambos formariam um único grupo. Esse grupo de amigos e colaboradores de Helder faz parte importante de sua história pessoal; para eles eram endereçadas as cartas conciliares, escritas durante o Concílio Vaticano II.

---

36 Ibid., 111-112.
37 Virginia comenta com o Padre Leonel Franca sobre as meditações do "Pe. José", que, após uma conversa com Helder, pediu para lê-las. Para Helder, as suas meditações eram como flores, que nasciam, vinham, eram oferecidas e depois deviam desaparecer. Padre Leonel, após a leitura das meditações aconselhou Helder a não destruí-las, mas a confiar a Virginia. Virginia, sem que Helder soubesse, passou a datilografar e organizar as meditações em apostilas. Pouco antes de sua morte, Virginia entregou para Cecília Monteiro, secretária de Helder, todas as meditações em seu poder. Cf. CAMARA, Helder. *Le conversioni...*,112-113.

Nesse período consolida-se a amizade entre Helder e Alceu Amoroso Lima, "pensador de presença marcante no seio da intelectualidade brasileira e na Igreja católica".[38] A amizade entre os dois iniciou-se no final de 1928, após a morte de Jackson Figueiredo, quando, a convite de Dom Leme, Amoroso Lima assume a direção do Centro Dom Vital e da revista A Ordem, e Helder, seminarista na época, escreveu uma carta para Alceu. O importante para Helder foi que Alceu respondeu de próprio punho, o que o deixou orgulhoso; foi nessa carta que Alceu indicou o tenente Severino Sombra. A partir desse momento Helder passou a ler atentamente os artigos de Alceu e começou a seguir o seu pensamento. Nos anos 30, Alceu Amoroso Lima esteve na confluência da revolução cultural, política e religiosa. Movido pela amizade, ajudou Helder em várias situações difíceis. Entre elas, citamos três exemplos marcantes na vida do bispo.

Alceu Amoroso Lima introduziu o pensamento de Jacques Maritain no Brasil, o que lhe trouxe sérios problemas com o cardeal do Rio de Janeiro. Helder e Távora intermediaram junto a Dom Jaime: "Meu Deus! Quantas vezes com o meu irmão no sacerdócio e depois no episcopado, José Vicente Távora, devíamos ir ao Cardeal Câmara para pedir compreensão por Amoroso Lima. O cardeal não tinha nenhuma dúvida sobre a pessoa e sobre suas intenções".[39] Sobre a força moral, espiritual de Alceu, Helder disse:

> Amoroso Lima soube que coisa diz, para um cristão, ser suspeito na própria Igreja e da parte dessa sofreu muito, mas isso o tornou ainda maior. Para mim e a todos que o conhecem dá a impressão de ser cada dia mais jovem. É feito de mármore, tem uma força moral verdadeiramente extraordinária. Hoje é somente ele que pode escrever e publicar no Jornal do Brasil a verdade, sobre quem a censura não ousa colocar as mãos, e isso pode ser somente pelo respeito imposto de moral

---

38 FERRARINI, Sebastião Antônio. *A imprensa e o bispo vermelho (1964-1984)*. São Paulo: Ed. Paulinas, 1992, 52.
39 CAMARA, H., *Le conversioni...*, 64.

absoluta, e também pelo fato de que Amoroso Lima sempre atacou e firmemente denunciou as injustiças, as opressões, as mentiras...[40]

Foi nos intercâmbios e sob a influência de Alceu que Helder fez a sua primeira revolução mental. Nos anos de 1942 e 1943, reviu sua visão religiosa, política, social, num período conturbado da história do século XX, dentro das piores páginas da história da humanidade, em plena segunda guerra mundial. No Brasil, surgia forte movimento de redemocratização, em confronto com o Governo de Getúlio Vargas.

Duas obras literárias colaboram para a transformação pessoal de Helder. Em 1936, seguindo indicação de Alceu Amoroso Lima, Helder leu o "Humanismo Integral" de Jacques Maritain, inteirou-se da proposta de aproximação entre catolicismo e democracia e da condenação de todas as formas de totalitarismo. Maritain propôs uma nova visão de vida cristã para o mundo, com a predominância da democracia – um novo humanismo em que fosse respeitado o pluralismo político e religioso e a encarnação do cristão no mundo caracterizada por sua ação. Isso influenciou Helder a buscar um novo estilo de santidade. Essa proposta de Maritain somou-se ao conhecimento do personalismo de Emmanuel Mounier, que demonstrara a falácia dos movimentos totalitários, especificamente o fascismo. As três falácias fundamentais dos movimentos totalitários:

1) abandona o liberalismo por um capitalismo de estado, que segue conservando as tarefas de todo capitalismo;

2) entrega o movimento operário ao totalitarismo ditatorial do estado, e

3) não é mais que um pseudo-humanismo e um pseudo-espiritualismo que esmaga o homem sob as tiranias de certas espiritualidades.

Com a leitura do "Manifesto ao serviço do personalismo", Helder descobre que, apesar do entusiasmo coletivo, nada se ganha com a passagem

---

40 Ibid., 65.

da democracia liberal e representativa para um regime totalitário, pois, sem uma proposta social que proporcione o encontro da pessoa consigo mesma, ela seguirá despossuída de si própria e desencontrada do outro.

A outra obra que colaborou com a nova postura de Helder foi a "Francisco de Asis y la revolución social".[41]

Em 1943, três documentos escritos por Helder – "A escolha de Deus"; "Reminiscências do púlpito" e "Declarações testamentárias"[42] – demonstram sua frustração por estar longe do povo e ser transformado em funcionário público, assim como sua vontade de transformação interior, espiritual e intelectual e sua busca de um novo estilo de vida. Nesse período, Helder faz uma "revolução copernicana" em sua consciência política e em sua consciência de missão como sacerdote.

2.2 Ação Católica Brasileira (1946-1951)

No contexto político, o ano de 1945 significou o fim do Estado Novo. Com a deposição de Vargas, José Linhares assumiu o governo de 1945 a 1946 e, realizadas as eleições, Eurico Gaspar Dutra governou de 1946 a 1951. O Brasil viveu a confluência das mudanças ocorridas durante a II Guerra Mundial: o aumento da migração do campo para a cidade, o processo de desenvolvimento econômico e a organização política dos trabalhadores sob influência do partido Comunista do Brasil. Em 1946, o Brasil ganhou uma nova constituição.

No contexto eclesial, com a morte do Cardeal Leme, em 1942, Dom Jaime Câmara[43] assume o arcebispado do Rio de Janeiro. Sem a força da liderança do Cardeal Leme, o episcopado brasileiro encontrava-se acéfalo. O poder de decisão eclesiástico foi fragmentado,

---

41 PINTO, Ernesto. *Francisco de Asis y la revolución social*, Montevideo: Mosca Hermanos Editores, 1940.

42 Documentos encontrados em MARQUES, L. *Il carteggio...*, 29-30.

43 Dom Jaime de Barros Câmara nasceu em 1894 no estado de Santa Catarina. Foi bispo de Mossoró em 1935, arcebispo de Belém do Pará em 1941, transferido para o Rio de Janeiro em 03/07/1943, nomeado cardeal por Pio XII em 1946 e morreu em 1971.

dependendo do poder dos bispos em suas dioceses. Com isso, tinha-se a diminuição da influência política da igreja na sociedade como um todo, fato agravado com o esvaziamento da zona rural, área tradicional de influência da igreja. Nesse período, a influência da Igreja católica na sociedade brasileira via-se ameaçada por dois grandes inimigos com forte acesso à massa: o partido comunista do Brasil (fundado em 1918) e o aumento das alternativas religiosas: o Kardecismo (presente desde 1865), os cultos afros (umbanda e candomblé) e os movimentos pentecostais (a partir de 1911). Embora com a constituição de 1946 a Igreja tenha conseguido confirmar a aliança com os poderes públicos para a manutenção dos privilégios, descobriu-se a necessidade de criar novas formas pastorais e novas formas de atuação dos leigos na sociedade.

Em 1946, Dom Jaime Câmara autorizou Helder a pedir exoneração no cargo no Ministério da Educação. Nesse mesmo ano, Dom Jaime indicou à nunciatura o nome de Helder para ser o seu bispo auxiliar; durante a consulta, o seu nome encontrou dificuldade de aceitação, devido a seu antigo compromisso com o integralismo.[44]

Em 1946, livre dos trabalhos burocráticos no Ministério da Educação, Helder começou a trabalhar ativamente em trabalhos específicos do ministério sacerdotal, no qual se destaca o seu empenho junto à Ação Católica Brasileira – ACB. A Ação Católica Brasileira iniciou-se no Brasil em 1923 em resposta ao apelo do Papa Pio XI. Com o incentivo de Dom Leme em 1935, a ACB se organizou nacionalmente. Segundo Raimundo Caramuru de Barros, a história da ACB pode ser dividida em quatro etapas marcantes. Na primeira etapa, de 1935 a 1945, a ACB segue o modelo italiano, organizando-se em quatro ramos fundamentais: a Liga Feminina Católica, (homens da) Ação Católica, Juventude Católica Brasileira (JCB) e a Juventude Feminina Católica (JFC), além da busca por organizar a Juventude Operária Católica e a Juventude Universitária Cristã. Nesse primeiro período a ACB desperta, princi-

---

44 Cf. CASTRO, Marcos de. *Dom Helder, o bispo da esperança*. Rio de Janeiro: Ed. Graal, 1978, 39-40.

palmente na classe média, vários grupos de reflexão com o objetivo de aprofundar a fé e de participar como membros ativos do Corpo Místico, através do conhecimento da Doutrina. A segunda etapa, de 1946-1950, foi o momento de crise e transição. A ACB buscava novos caminhos que satisfizessem as exigências da realidade brasileira e a consciência dos leigos, sacerdotes e bispos mais lúcidos. É a definição dos movimentos especializados. Na terceira fase, de 1950 a1960: a ACB foi integrada pelos movimentos especializados, organizados autonomamente a partir de uma organização geral. A segunda e terceira etapas foram marcadas pela consciência da ruptura existente entre os diversos meios sociológicos e o cristianismo. Os movimentos especializados têm como objetivo evangelizar nesses diversos meios sociológicos: rural (JAC), operário (JOC), estudantil secundarista (JEC), estudantil universitário (JUC) e meios independentes (JIC). Os movimentos desenvolveram a consciência de sua missão e de sua fidelidade aos meios sociais a que estavam vinculados. Do método Formação-Ação passou-se ao método Ver-Julgar-Agir. A pedagogia desse método proporcionou aos militantes uma formação sólida, tornando-os mais fecundos e consequentes seus engajamentos na sociedade. Na quarta etapa, de 1960 em diante, a percepção da evangelização do próprio meio exigia reformas de estruturas, a descoberta da responsabilidade evangélica na construção do mundo. O Engajamento político dos militantes.[45]

Helder organizou a 1ª Semana Nacional da Ação Católica, de 31 de maio a 9 de junho de 1946, e os bispos participantes, por delegação do episcopado nacional, elaboraram e aprovaram o Plano Nacional de Social.[46] Após essa semana, Helder, a serviço da ACB, viajou por várias dioceses para acompanhar o desenvolvimento da Ação Católica e

---

45 Sobre a participação de Dom Helder na ACB: Cf. CARAMURU DE BARROS, R. *Brasil, uma Igreja em renovação*. Petrópolis: Ed. Vozes, 1967, 20-22; CAMARA, H. *Le conversioni...*, 124-125; PILETTI N. e PRAXEDES, W. *Dom Hélder Câmara...*, 163-198.

46   Cf. "Manifesto do episcopado brasileiro sobre a Ação Social", in *REB* 6 (1946), 479-484. Sobre a Semana, cf. "Conclusões do I Congresso Nacional da Ação Católica Brasileira", in *REB* 6 (1946), 938-950.

conseguiu conquistar a confiança dos bispos para a unificação nacional da ACB.

Em 1947, no 2º Congresso Nacional da ACB, realizado em Belo Horizonte, de 31 de agosto a 7 de setembro, contando com a presença de 29 bispos, decidiu-se criar o Secretariado Nacional da ACB, com o objetivo de integrar nacionalmente as atividades realizadas em cada diocese. Helder assumiu o cargo de secretário. Esse congresso foi considerado um marco histórico da ACB por seu caráter unificante. Helder assim recordou da criação do secretariado:

> Recordo que naquele dia os bispos disseram "é um círculo vicioso: você se lamenta de não ser ajudado pelas dioceses, se não há a ajuda das dioceses, é porque não se constitui um secretariado geral apto a executar os serviços para as dioceses, e se não se constitui este secretariado, é porque não há ajuda das dioceses... Então agora lhe lançamos um desafio: procure organizar e trate de criar um secretariado eficiente, e então nos ajudaremos".[47]

Helder contará com o apoio dos bispos ligados à ACB, entre eles Dom Vasconcelos Motta, cardeal de São Paulo, e do núncio apostólico Monsenhor Chiarlo. Nesse Congresso foram eleitos: Dom Jaime Câmara, como Assistente Nacional, cargo honorífico, e Helder como Vice-assistente nacional. Para facilitar a unificação da ACB, foi criada a revista do Assistente eclesiástico, sob a direção de Helder, para a formação doutrinária e divulgação de atividades da ACB em todo o país. Portanto, após o Congresso, Helder foi o Vice-assistente nacional, responsável pelo secretariado e pela revista. A nomeação oficial como vice-assistente do secretariado nacional da ACB aconteceu em 30 de julho de 1947. Em poucos meses o secretariado demonstrou ser instrumento capaz de "assegurar uma articulação real e eficiente entre os organismos nacionais e os organismos diocesanos da Ação Católica".[48]

---

47 CAMARA, H. *Le conversioni...*, 124.
48 QUEIROGA, G. *CNBB...*, 173, nota 16.

Para assessorá-lo na secretaria da ACB, Helder reúne uma equipe, em sua maioria jovens da ACB pertencentes a classe média da zona sul do Rio de Janeiro: Cecília Goulart Monteiro, Aglaia Peixoto, Maria Luiza Monat Jardim, Edgard Amarante, Ilda Azevedo Soares, Leida Felix de Souza, Jeannete Pucheu, Mariana Araújo, Nair Cruz de Oliveira, Vera Jacoud, Cecília Arraes, Carlina Gomes, Yolanda Bittencourt, Celso Generoso, Célia Borja, Franci Portugal. Essa equipe colaborou com Helder até 1964 no Rio de Janeiro. Helder atuava como bispo auxiliar e arcebispo auxiliar e como secretário-geral da CNBB.

Em 1948, durante o Congresso Eucarístico Nacional, acontece a 3ª Semana Nacional da ACB, em Porto Alegre.[49] Nessa semana, diante das propostas de reestruturação da ACB, visualizaram-se claramente duas correntes de pensamento dentro do episcopado: uma corrente que pregava a incompatibilidade entre fé e participação social, e a outra corrente que defendia a responsabilidade social do catolicismo. No início de 1948, o padre José Vicente Távora fundou na arquidiocese do Rio de Janeiro a Juventude Operária Cristã (JOC), colocando em prática o método Ver-Julgar-Agir, desenvolvido pelo padre Cardjin, belga, em 1924, e adotado na França em 1927 por iniciativa do "Abbé" Guerrin. Helder, sob influência do pensamento de Jacques Maritain, "Humanismo Integral", e do método proposto por padre Cardjin, defendia a reestruturação da ACB e participava da segunda corrente. As críticas contra a reestruturação da ACB tinham como artífices: Plínio Correia de Oliveira, padre Antônio de Castro Mayer, padre Geraldo Proença Sigaud, que eram contra a atuação social e defendiam o modelo italiano da ação católica baseada nos quatro ramos. Helder assim refletiu sobre as críticas recebidas:

> O grande problema é que entre nós brasileiros, bem como
> em toda parte, a Hierarquia tem uma posição... estranha em re-

---

49   Sobre a 3ª Semana da ACB, cf. *REB* 8 (1948), 994-998; *RAE* 8 (1948), 99-106; *RAE* 10 (1948), 82-93, *RAE* 14 (1948), 10-13. Sobre a carta circular da Comissão episcopal da Ação Católica Brasileira, in *REB* 9 (1949), 214-216; ACB comissão episcopal, "Normas práticas decorrentes da "Mediator Dei", in *REB* (1949), 216-218.

lação à política. Quando se trata de política no sentido genérico da palavra, do serviço para aquilo que vem chamado ao bem comum, diz-se que os cristãos têm o dever de fazer política, que é uma exigência do Evangelho. Mas, ao mesmo tempo, se têm o temor de cair na política de partido, no concreto, a tomada de posição contra o governo, contra a ordem constituída.[50]

O pano de fundo da discussão foi a preferência da Igreja por uma política que une a uma que separa. Nesse sentido, Helder afirmou:

> Sim, mas se esquece que, se não se toma posição pelos oprimidos, se toma posição pelos opressores. É muito difícil permanecer neutro. No nosso caso, a neutralidade, sobretudo nas regiões e nos setores nos quais as injustiças são mais clamorosas, é verdadeiramente impossível.[51]

Helder e Távora começam a articular junto ao episcopado a reestruturação e a alteração dos estatutos da ACB. Em 1949, Pe. Távora funda o regional Nordeste da JOC sob o argumento da necessidade de que na atividade pastoral fossem respeitadas as diferenças regionais do país.

Em 1950, durante a 4ª Semana nacional da ACB,[52] realizada no Rio de Janeiro, acontece a reforma dos estatutos, que reconhecem oficialmente os movimentos especializados. Surgem: Juventude Estudantil Católica (JEC), Juventude Universitária Católica (JUC), Juventude Agrária Católica (JAC), Juventude Independente Católica (JIC) e Juventude Operária Católica (JOC), agora oficialmente vinculada a ACB.

Ainda em 1950, Helder organizou a 1ª Semana Ruralista da ACB, realizada em Caxambu-MG. O documento, redigido por Hel-

---

50 CAMARA, H., *Le conversioni...*, 125.
51 Ibid., 125.
52 A Quarta Semana da ACB – Rio de Janeiro: cf. ROSSI, Agnello. "IV Semana Nacional da Ação Católica", in *REB* 10 (1950), 749-752; *RAE* 28 (1950), 78-86; *RAE* 34-35 (1950), 5-122. Sobre a Quinta Semana realizada em Recife, no mês de julho de 1951, consultar: *RAE* 38 (1951), 11-15; *RAE* 41 (11951), 4- 18.

der, assinado e publicado pelo bispo Dom Inocêncio Engelke como carta pastoral, afirmava: "Conosco, sem nós ou contra nós se fará a reforma agrária".[53] Há dois depoimentos que comprovam a autoria de Helder:

> A Semana Nacional da Ação Católica de 1950, em Campanha (MG), havia sido dedicada à questão rural, tendo as conclusões do encontro sido redigidas pelo então assistente geral da Ação Católica Brasileira, Pe. Hélder Câmara, e publicada sob a forma de carta pastoral pelo bispo do lugar, Dom Inocêncio Engelke.[54]

> Pe. Helder colocou nos lábios e na pena do bispo diocesano Dom Inocêncio Engelke a frase lapidar, que faz parte da carta pastoral dirigida por esse bispo a seus diocesanos, em grande parte fazendeiros: "conosco, sem nós ou contra nós, se fará a reforma rural".[55]

O documento é marco na história da Igreja católica no Brasil em termos de reflexão política de soluções para os problemas sociais do país. Segundo Aspásia Camargo: "nele delineia-se uma visão pioneira, que prenuncia a nova Igreja".[56] O documento faz a constatação da perda da influência da Igreja junto aos operários da cidade e revela a preocupação de não perder também o trabalhador rural que vive em situação infra-humana. O texto mostra a preocupação política e social de Helder, que propôs, a partir dos princípios cristãos, que os católicos deveriam antecipar-se à revolução e à legislação social, efetuando um programa mínimo de ação social.

---

53 Carta Pastoral de Dom Inocêncio Engelke (bispo de Campanha-MG, 10/09/1950), in: CNBB, *Pastoral da Terra*, Estudos da CNBB 11. São Paulo: Ed. Paulinas, 1981, 43-53

54 Beozzo, J. *A Igreja do Brasil, de João XXIII a João Paulo II – De Medellín a Santo Domingo*. Petrópolis: Ed. Vozes, 1994, 46.

55 Caramuru de Barros, R. *Para entender a Igreja no Brasil. A caminhada que culminou no Vaticano II (1930 –1968)*. Petrópolis: Ed. Vozes, 1994, 107.

56 Camargo, Aspásia de Alcântara. "A questão agrária: crise e poder e reformas de base (1930-1964)", in *História geral da Civilização Brasileira*. Tomo III, vol. 3. São Paulo: Editora Difel, 1983, 145.

Helder, em 1952, assume a direção da ACB, sendo o assistente nacional, conseguindo uma maior autonomia da Ação Católica em relação aos bispos e dioceses. Segundo Bruneau, "dessa forma, a organização leiga não estava submetida às prioridades e diretrizes de cada bispo local. Os seus líderes podiam funcionar no interesse geral... Podendo responder as solicitações do meio segundo suas próprias orientações e prioridades".[57]

Helder assim avalia a importância que teve a ACB na Igreja no Brasil:

> Nós temos uma imensa gratidão pela Ação Católica. Foi o nosso seminário, o nosso noviciado, formou alguns dos nossos melhores militantes, preparou o Concílio. Evidentemente depois do Concílio, não podia mais se tratar somente de reconhecer aos leigos o direito, a honra, a glória de participar do apostolado da hierarquia. Não. O Concílio reconheceu o papel insubstituível e especifico dos leigos. O leigo não se define mais negativamente: não é mais aquele que não é clérigo, há um papel e uma definição sua própria.[58]

Mas percebe a inviabilidade do tipo de atuação da Ação Católica após o Concílio Vaticano II e Medellín. Primeiro: "Hoje me parece impossível pensar a operar as verdadeiras mudanças a partir do vértice, da 'cúpula', ... as verdadeiras mudanças partem da base".[59] Segundo: "Um passado que era indispensável... Mas hoje nenhum leigo se preocupa somente de 'participar' do apostolado da hierarquia. Os leigos sabem ser Igreja".[60]

---

57 BRUNEAU, Thomas. O catolicismo brasileiro em época de transição. São Paulo: Ed. Loyola, 1974, 199.
58 CAMARA, H., Le conversioni..., 129.
59 Ibid., 130.
60 Ibid., 130.

2.3 "In Manus Tuas" – A Descoberta dos Pobres (1952-1964)

Acolhendo a indicação de Dom Jaime Câmara, Helder foi eleito pelo Vaticano como bispo em 3 de março de 1952, e lhe foi atribuída a diocese titular de Salde (Bugia, Bugie) – as ruínas de Salde encontram-se atualmente no território da diocese de Constantina, Norte da África. Em 20 de abril de 1952, foi consagrado bispo auxiliar do Rio de Janeiro na Igreja da Candelária. Segundo Caramuru de Barros, "o testemunho de vida e o papel de destaque que começava a desempenhar na articulação da Igreja no Brasil quebraram finalmente as últimas resistências".[61] As resistências tinham como referência a participação de Helder no movimento integralista. Helder escolheu como lema episcopal "In Manus tuas",[62] sugerido por José Vicente Távora. "In Manus tuas", deixar-se guiar pela mão de Deus, conduziu-o a descobrir os pobres, a escutar o seu clamor e a lutar pela justiça.

2.3.1 Criação e consolidação da CNBB

Nos primórdios da criação da CNBB está a colaboração de Helder ao núncio apostólico Dom Chiarlo. Dom Chiarlo, no final de 1948, convida Helder para um colóquio no qual expressa sua preocupação:

> ... os núncios estão muito fechados nas mãos dos conselheiros locais, e, desgraçadamente, com os meus conselheiros não tenho tido muita sorte. Mas agora estudei bem a questão e estou

---

61 CARAMURU DE BARROS, R. "Perfil e trajetória de Dom Helder no século XX", in CARAMURU DE BARROS, R. e OLIVEIRA, L. (Orgs.). *Dom Helder: artesão...*, 28.

62 Dom Helder escreveu duas meditações-poesias com este tema. Através delas podemos perceber o significado do lema episcopal para ele: *In Manus tuas* "Só Tu / e mais ninguém/ me poderias soprar / lema tão feliz, / que resume, a cada instante, / minha miséria total / e minha riqueza em tuas mãos. / Nada peço e nada recuso. / Não ouso e nada temo. / Decides por mim. / Ages por mim". CAMARA, H., *Mil razões para viver.* Rio de Janeiro: Editora Civilização Brasileira, 1985, 82. *In Manus Tuas – II* "Tenho a Confiança de dizer-Te / que uma das homenagens mais puras / que Te presto / é aceitar, a cada instante, / não ver um palmo diante dos olhos. / Que rumo tomará minha vida? / Que sucederá em cinco anos? / Em um ano? / Em uma tarde? / Em uma hora? / Em um segundo?...". Ibid., 83.

seguro de que você será um bom conselheiro. Peço-lhe que venha ver-me todos os sábados para ajudar-me a examinar os problemas brasileiros.[63]

Desse modo, Helder tornou-se conselheiro do núncio apostólico no Brasil, ajudando a refletir sobre os assuntos da Igreja no Brasil: a relação entre Igreja e Estado, as dificuldades pastorais e também as nomeações dos futuros bispos. O convite do núncio a Helder deveu-se à bem sucedida organização do Secretariado Nacional da Ação Católica e ao bom relacionamento com os bispos, bem como à capacidade de discutir os mais graves problemas com ponderação e simpatia com os interlocutores.

Durante os seus diálogos com o núncio apostólico, aos sábados, Helder apresenta um projeto: "O Brasil tem a necessidade de uma conferência dos bispos. Necessita colocar uma secretaria ao seu serviço. Os bispos não têm a possibilidade de ler, de estudar. Uma secretaria com os especialistas para analisar e estudar os problemas ajudaria os bispos a tomar as decisões".[64] A ideia-projeto de uma conferência episcopal nacional surgiu no diálogo com José Vieira Coelho, advogado e dirigente da Ação Católica em Minas Gerais, durante a Segunda Semana Nacional da Ação Católica em Belo Horizonte. Essa conferência tinha como intuito facilitar uma atuação mais organizada e unificada dos bispos brasileiros para superar as dificuldades geográficas (devido à imensa área brasileira); o número reduzido do clero, e as dificuldades de comunicação entre as dioceses. O modelo da conferência episcopal seria o secretariado nacional da ACB.

Em 1950, contando com o apoio do núncio Dom Chiarlo, de Dom Jaime Câmara, cardeal do Rio de Janeiro, de Dom Carlo Vasconcellos Motta, cardeal de São Paulo, e de vários bispos contatados durante a 4ª semana da ACB, participou do 1° Congresso Mundial do Apostolado

---

63 BROUCKER, J. de. *Helder Camara, la violenza...*, 22.
64 BROUCKER, J. de. *Helder Camara, la violenza...*, 22.

Leigo a convite do monsenhor Sergio Pignedoli, levando na bagagem a proposta da criação da conferência episcopal.[65]

Seguindo as orientações do núncio apostólico, ao preparar a contribuição brasileira para o Congresso dos Leigos conforme aos 18 temas do programa, Helder termina com a mesma conclusão: "tudo isto permaneceria sem efeito e será impossível enquanto não houver uma conferência nacional de bispos do Brasil".[66] Para facilitar a missão, o núncio encarrega Helder de entregar a correspondência da nunciatura para o Vaticano, dando-lhe a possibilidade de se encontrar com monsenhor Montini, que viria a ser o papa Paulo VI, e dá-lhe também uma carta de recomendação, na qual esclarecia que Helder tinha toda a confiança da nunciatura e dos bispos do Brasil. Ao chegar a Roma, Helder entregou, na secretaria de Estado do Vaticano, a correspondência e o documento com os textos. Teve o seu primeiro encontro com Montini, que se comprometeu a chamá-lo após a leitura do documento.

No dia 21 de dezembro de 1950, embora a cúria romana já estivesse em período de férias, aconteceu o encontro de Helder e Montini. Esse segundo encontro entre Helder e Montini marcou o início de uma grande amizade entre dois homens de fé, solidificada no tempo com simpatia e sinceridade. Segundo Helder, já no início do encontro compreendeu que Montini lera atentamente o documento, assinalando os pontos principais. Montini afirmou estar convencido da necessidade da criação da conferência nacional dos bispos, mas colocou uma interrogação:

---

65   Sobre a participação de Dom Helder na CNBB: cf. Camara, H. *Le conversioni...*, 93-171; Broucker, J. de. *Helder Camara, la violenza...*, 22-27; González, J. *Helder Câmara, il grido...*, 86-87; Toulat, J. *Dom Helder Camara...*, 24-69; Piletti N. e Praxedes, W. *Dom Hélder Câmara...*, 223-268; Castro, M. *Dom Helder...*, 54; Blazquez, F. *Hélder Camara, el grito...*, 53-62; Caramuru de Barros, R. *Brasil uma Igreja...*, 12-14; Id., "Perfil e trajetória...", 32-36; Queiroga, G. *CNBB...*, 165-191; Guimarães, Almir Ribeiro. *Comunidades de Base no Brasil: uma nova maneira de ser Igreja*. Petrópolis: Ed. Vozes, 1978, 19-20; Azevedo, Marcello de Carvalho. *Comunidades de base e inculturação da fé*. São Paulo: Ed. Loyola, 1986, 44-46; Teixeira, F. *A gênese...*, 97-111.
66   Camara, H., *Le conversioni...*, 140.

Olha, monsenhor, eu estou convencido da necessidade, antes, da urgência de se criar uma conferência dos bispos do Brasil, mas tenho ainda uma última dúvida: trata-se de uma conferência dos bispos, mas, baseado em tudo que li e ouvi, em tudo aquilo que sei, necessariamente o secretário desta conferência dos bispos será o senhor, Padre Helder Camara. Não tem outro, o senhor é naturalmente a pessoa indicada para preencher esta função. Mas o senhor não é bispo...[67]

A pergunta foi vista por Helder como um teste endereçado a saber de algum interesse pessoal escondido em almejar o episcopado, ao que respondeu:

Desculpe-me, monsenhor Montini, mas o senhor é o único a não ter o direito de exprimir esta hesitação, esta dúvida, porque, salvo engano da minha parte, nem o senhor é bispo e todavia, mediante o seu trabalho na secretaria de Estado, o Senhor serve-se do senhor no serviço ao Santo Padre, a ligação entre todos os bispos do mundo. Porque não poderei também, sem ser bispo, servir Cristo e sua Igreja funcionando de elo para um grupinho de bispos em um pequeno ângulo do mundo?[68]

Um dos principais argumentos usados por Helder a Montini para a criação da conferência dos bispos foi a relação entre a Igreja e o Estado:

Olha, no Brasil temos a possibilidade de criar um modelo quase ideal de relação entre a Igreja e o Estado. O catolicismo, entre nós, não tem o estatuto da religião oficial, mas há um grande respeito recíproco entre Igreja e governo, e trabalhamos em um espírito leal de colaboração. Uma conferência

---

67 Ibid., 142.
68 Ibid., 142-143.

episcopal constituiria um instrumento para facilitar ainda mais esta colaboração.[69]

Monsenhor Montini comprometeu-se a apoiar a proposta da conferência episcopal. No final do encontro, Helder entregou um anteprojeto do estatuto para a conferência. Segundo González, no final do encontro, Montini teria dito: "temo, meu amigo, que tudo isto que estamos idealizando não possa deixar de provocar suspeitas aqui neste ambiente. Porque, sabe, o centralismo romano... Em todo caso, a causa me parece conveniente, até onde me é possível, asseguro-lhe que pode contar com meu apoio".[70]

Após quase um ano sem a resposta de aprovação para a conferência dos bispos, aproveitando que Helder devia acompanhar a delegação de leigos para o congresso mundial do Apostolado de leigos a Roma em 1951, Dom Chiarlo o faz portador da mala diplomática, a fim de novamente se encontrar com Montini. Ao vê-lo, Monsenhor Montini disse: "Estamos em dívida com o Brasil, mas lhe prometo que dentro de dois meses a conferência dos bispos será concretizada".[71]

No dia 14 de outubro de 1952, com a presença ou representação dos vinte arcebispos do Brasil e com a participação do núncio apostólico, é fundada a Conferência Nacional dos Bispos do Brasil – CNBB, tendo como 1º presidente Dom Carlos Carmelo de Vasconcellos Motta, arcebispo cardeal de São Paulo. A Comissão Permanente era formada pelos cardeais Dom Jaime Câmara e Dom Vasconcellos Motta e por três arcebispos: Dom Vicente Scherer, Dom Mário de Miranda Vilas Boas e Dom Antônio Morais de Almeida Júnior, sendo Dom Helder, bispo auxiliar do Rio de Janeiro, aclamado como secretário-geral. Foram criados seis secretariados nacionais: Educação, Ação Social, Ensino Religioso, Seminários e Vocações Sacerdotais, Apostolado Leigo e Liga Eleitoral Católica. Segundo Queiroga:

---

69 Ibid., 93.
70 GONZÁLEZ, J. *Helder Câmara, il grido...*, 76.
71 CAMARA, H., *Le conversioni...*, 144.

... o secretário-geral, sob a aparência de mero executor, fica tendo de fato uma influência que ultrapassa de muito a dos demais cargos da CNBB. Ele é o cérebro da conferência. Com efeito, o presidente da Comissão Permanente da CNBB não tem atribuições definidas. A Comissão Permanente – composta de cardeais e arcebispos responsáveis por Igrejas de envergadura, dispersas no Brasil - não têm condição de se reunir frequentemente, nem o E52 (estatuto de 1952) determina prazo dentro do qual se deva reunir.

(...) Cremos não exagerar dizendo que, na prática, a ação da CNBB se confunde, então, o mais das vezes, com a do secretário-geral e seus colaboradores. Ele é o bispo que detém pessoalmente maior soma de atribuições, o único permanentemente presente no centro em que ocorrem as informações, os problemas, os apelos à ação. E, no caso do primeiro secretário-geral, D. Helder Câmara é certamente o bispo que mais estava afinado com os objetivos da CNBB, o mais convencido da importância dessa para a Igreja no Brasil, o mais empenhado em levá-la a bom termo, porque com ela está identificado desde suas origens.[72]

O plano de organização do secretariado geral e dos demais secretariados apresenta as necessidades da Igreja e a urgência de uma ação planejada, que deve ser coordenada pelas forças apostólicas. A atuação reforça a necessidade de trabalhar junto aos organismos de reflexão e decisão da política nacional e internacional, para que sejam inspirados pela Doutrina Social da Igreja.

Na 1ª reunião da CNBB foi feita a doação para o orçamento conjunto da ACB e da CNBB. A ACB conseguia maior autonomia ao ser financiada diretamente pela CNBB; na prática, retirou-se o controle dos

---

72 QUEIROGA, G. *CNBB...*, 193.

bispos diocesanos. A ACB tinha Dom Helder como assistente nacional do movimento. Desse modo, Dom Helder tinha a participação e a liderança ativa nas duas instituições eclesiais mais importantes na Igreja brasileira naquela época, a CNBB e a ACB.

No processo de consolidação, entre 1952 e 1964, a CNBB realizou cinco assembleias gerais e oito encontros e reuniões regionais com o objetivo primordial de estudar a situação brasileira, para orientar sua atuação conjunta. Esse período caracterizou-se pela intensificação da corresponsabilidade episcopal em face de situações e problemas comuns; pelo apoio e estímulo dos bispos à tomada de consciência e maior participação dos leigos na vida eclesial; e por uma ação decisiva dos bispos em favor da promoção do homem e das reformas socioeconômicas.

Em sua relação com o Estado, a Igreja entrou em uma nova fase, marcada pela cooperação estreita em termos de justiça social e na busca de um desenvolvimento mais humano, tendo em Helder uma participação importante nesse processo de cooperação. Nos anos 50, Helder estava profundamente influenciado pelas ideias de Louis-Joseph Lebret, economia e humanismo, em que o modelo econômico adquire legitimidade quando está a serviço do ser humano como um todo e de todos os homens. Essas ideias foram retomadas por Paulo VI na Populorum Progressio ao defender que o modelo econômico deve integrar, em um todo, o político, o econômico, o social e o cultural – separá-los é desumanizante.

Na preparação da criação da CNBB e depois em sua solidificação, contando com a colaboração da Ação Católica e com a proteção da nunciatura, Helder convocava reuniões regionais dos bispos, para favorecer o conhecimento entre eles e compreender os grandes problemas humanos de sua região.

No processo de consolidação da CNBB, merece destaque o apoio do núncio apostólico Dom Armando Lombardi. Dom Armando Lombardi foi, "provavelmente, o Núncio de maior envergadura e visão que o Brasil já teve em todo o século XX, a tal ponto que Paulo VI pensava em nomeá-lo como Secretário de Estado após o término do Concílio Vaticano II".[73] Helder desempenhou o papel de conselheiro, como fizera com o núncio anterior, de 1954 a 1964, período em que Dom Lombardi foi núncio apostólico do Brasil, reunia-se com ele todos os sábados e o considerava como um irmão. Em seu período de Núncio, Dom Armando apoiou a CNBB, visitou a maioria das dioceses do país; teve papel fundamental na renovação da hierarquia eclesial brasileira, indicando a nomeação de 109 bispos e 24 arcebispos, e na criação de 16 prelazias, 48 dioceses e 11 arquidioceses. Dom Helder foi acusado por padres e bispos de usar sua proximidade com o núncio para promover, na hierarquia eclesiástica, amigos e seguidores.

Uma visão geral da atuação da CNBB nos ajudará a compreender a importância de Dom Helder para a Igreja no Brasil durante o período em que exerceu o cargo de secretário-geral da CNBB. O objetivo de Helder era que as ações da Igreja no campo social completassem as iniciativas do governo brasileiro. A atuação de Helder nos anos 50 tinha como perspectiva que na Igreja no Brasil houvesse uma atuação conjunta do episcopado e revalorização da colaboração entre Igreja e Estado.

A. Encontros Regionais da CNBB

Durante esse período foram realizados vários encontros e reuniões regionais que "abordaram, quase sempre, temas socioeconômicos para marcar a posição e o apoio do Episcopado em face de novas transformações a empreender".[74] Para os encontros regionais, Helder contava com o apoio e a colaboração de Dom José Távora, Dom Manuel Pereira da Costa e Dom Eugênio Sales.

Entre os encontros regionais destacamos os dois do Nordeste. O primeiro encontro do Nordeste, de 21 a 26 de maio de 1956, realizado em Campina Grande, Paraíba, teve como objetivo a análise dos problemas sociais, econômicos e religiosos. Isso significava tentar um

---

73 Caramuru de Barros, R. "Perfil e trajetória...", 29-30.
74 Caramuru de Barros, R. *Brasil uma Igreja...*, 10.

primeiro equacionamento dos problemas dessa área, castigada pelo flagelo da seca e mantida numa situação de subdesenvolvimento; em relação ao centro-sul do país, buscava-se chegar ao plano integrado entre os órgãos atuantes na região.

Helder, secretário-geral da CNBB, pediu ao presidente do Brasil que os organismos do governo Federal tivessem uma participação efetiva nos trabalhos, o que envolveu cinco ministérios e aproximadamente 30 diretorias de instituições-chaves governamentais. Esse encontro contou inclusive com a participação, no último dia, do presidente Juscelino Kubitschek, que, no discurso de encerramento, reconhecia que naquele encontro inaugurava-se um novo e frutuoso relacionamento de cooperação entre Igreja e Estado, duas instituições, em suas áreas específicas, a serviço do ser humano. No comunicado final do encontro, os bispos afirmam:

> A ninguém cause estranheza ver-nos envolvidos com problemas de ordem material. Para o homem, a unidade substancial de corpo e alma, a inter-relação entre questões espirituais e materiais é constante.[75]

O segundo encontro dos bispos do Nordeste foi realizado em Natal de 24 a 26 de maio de 1959. Os bispos declaram o apoio e a colaboração ao esforço governamental e técnico para garantir maior participação do povo no processo de desenvolvimento.

O resultado concreto dos encontros dos bispos do Nordeste e da colaboração com o governo foi a criação da SUDENE pelo presidente Juscelino Kubitschek, em 15 de dezembro de 1959, com o decreto de lei 3.692, que declara os objetivos do órgão:

> Estudar e elaborar um plano de desenvolvimento do Nordeste; coordenar e controlar os projetos a encargo do gover-

---

75 O Encontro dos Bispos do Nordeste, em Campina Grande, *REB* 16 (1956), 503. Provavelmente o texto foi redigido por Dom Helder, pois se percebe uma linguagem típica helderiana: "a ninguém cause estranheza".

no federal na região; executar diretamente ou por contrato os projetos de aproveitamento dos meios aprovados; controlar a execução dos programas de assistência técnica, nacional ou estrangeira.[76]

Sobre as reuniões do Nordeste e a criação da SUDENE, Helder recordava:

> Aqui no Nordeste podíamos constatar que a diferença que nos separava do sul industrializado era sempre maior. Tinha inclusive o perigo de ruptura, de separação entre estes dois países diversos. Então, com os técnicos do governo, conseguimos demonstrar que as ajudas federais concedidas ao Nordeste eram muito dispersas, espalhadas, que faltava uma visão de conjunto da economia da região, que sobretudo faltava o organismo que devia ser o motor do desenvolvimento do Nordeste. Assim a Igreja, naquele momento, foi verdadeiramente a origem da criação da SUDENE, a Superintendência para o Desenvolvimento do Nordeste.[77]

O projeto de desenvolvimento do Nordeste planejado pelo governo federal e apoiado pelos bispos fracassou por razões bem claras: ordem tecnoburocrática; na ordem política, a proposta contrariava os interesses da base econômica, que dava sustentação às oligarquias estaduais; e o interesse de fazer da SUDENE um meio para a preservação dos privilégios das oligarquias nordestinas e de uma estrutura de favorecimento ao clientelismo. O próprio Helder reconheceu mais tarde:

> Naquele tempo estava convencido que através de órgãos como a SUDENE podíamos verdadeiramente mudar as estruturas. O primeiro superintendente da SUDENE foi Celso Fur-

---

76 CAYUELA, J. Dom Hélder Cámara, Brasile: um Vietnam Cattolico?, Bolonha: Nigrizia, 1970, 56.
77 CAMARA, H. *Le conversioni...*, 94.

tado, um grande tecnocrata. Tinha projetado todo um plano de reforma de base, que começava com a reforma agrária. Mas rapidamente compreendi que não existiam nem a vontade nem os meios políticos necessários para a realização desta reforma, sobretudo da reforma agrária; então se pensou em criar as condições para a transformação através da industrialização do Nordeste.[78]

O projeto de desenvolvimento do Nordeste através da industrialização também não obteve os resultados esperados, pelo contrário:

> Mas Kubitschek, os seus técnicos e também todos nos éramos ingênuos, por exemplo, frente ao problema das multinacionais. Não discerníamos a aliança que estava constituindo-se entre os grandes, as enormes companhias multinacionais que vinham em nossa ajuda e os grupos privilegiados no interior do Brasil. Sem querer, tínhamos contribuído à contaminação, ao reforço das estruturas injustas impostas ao povo. Por isto hoje devemos pensar a libertação, contribuir à libertação do povo.[79]

Outros encontros regionais:
- O Encontro dos prelados da Amazônia em 1952.
- A Reunião dos arcebispos, bispos e prelados do Vale São Francisco, realizado de 25 a 28 de agosto de 1952 em Aracaju-SE.
- A 2ª Reunião dos Prelados da Amazônia, em Belém-PA, de 15 a 08 de novembro de 1957.
- A reunião dos bispos da Bacia do Rio Doce, realizada de 04 a 07 de julho em Coronel Fabriciano-MG.

---

78 Ibid., 95.
79 Ibid., 97.

- A reunião do Episcopado do estado de São Paulo, em São Paulo, de 5 de dezembro de 1961.
- A reunião dos bispos do estado de Minas Gerais, três províncias eclesiásticas, em Belo Horizonte, de 19 a 21 de dezembro.

B. Comissão Central da CNBB

Outro fator importante da CNBB foi a atuação da comissão central. Destacamos dois momentos importantes.

A Comissão Central da CNBB reuniu-se de 3 a 5 de maio de 1961. Refletindo sobre a encíclica *Mater et Magistra*, estudaram a situação do meio rural brasileiro e a posição da Igreja. Publicaram um documento com perspectivas concretas como exigências evangélicas para o desenvolvimento agrário. Sobre o documento, Caramuru de Barros afirma:

> O documento lançado pela Comissão não se limitou a analisar o problema rural, mas abriu perspectivas concretas, apresentadas como exigências evangélicas para o desenvolvimento agrário. Estas perspectivas diziam respeito: à implantação, no meio rural, de uma infra-estrutura indispensável ao desenvolvimento; à modernização das técnicas agrícolas; à absorção, em outros setores de atividade econômica, da mão-de-obra liberada pela modernização progressiva da agricultura; à promoção de uma política econômica rural, abrangendo o regime fiscal, o crédito, o seguro social, o controle dos preços, o desenvolvimento das indústrias de transformação, a modernização dos estabelecimentos agrícolas. O mesmo documento recomendava, ainda, de modo particular: a Ação Católica Rural; a

sindicalização rural; as frentes agrárias e o Movimento de Educação de Base.[80]

De 10 a 14 de julho de 1962, a Comissão Central discutiu a urgência das reformas de base a serem aplicadas no país.

Em 1963, a CNBB publicou documento sobre a aplicação da *Pacem in Terris*. A partir da consciência evangélica, faz uma análise da situação brasileira, indicando as linhas fundamentais das diversas reformas a serem efetuadas: reforma agrária e promoção rural; reforma da empresa; reforma tributária; reforma administrativa; reforma eleitoral; reforma educacional. O documento retoma e explicita a necessidade e o sentido da ação da Igreja no campo socioeconômico e sublinha a grande responsabilidade dos leigos e sua missão nesse processo de transformação.

C. ASSEMBLEIAS GERAIS

As assembleias gerais da CNBB, realizadas a cada dois anos, refletiram sobre vários temas, procurando delinear as orientações para a renovação da Igreja. Os elementos essenciais dessas reflexões foram: o apoio e o estímulo à tomada de consciência da realidade brasileira e à maior participação dos leigos na vida da Igreja, principalmente através da Ação Católica; e a atitude em favor da promoção do homem e das reformas socioeconômicas. Destacamos a Assembleia Geral da CNBB realizada em 5 de abril de 1962, que aprovou o Plano de Emergência, proposta de renovação de estruturas internas e diretrizes para a atuação da Igreja no campo socioeconômico.

O "Plano de Emergência" (PE) atendeu a um apelo do Papa João XXIII quanto à preparação dos fiéis para receberem o Concílio Vaticano II. O Plano de Emergência partiu da necessidade de renovação

---

80 CARAMURU DE BARROS, R. *Brasil uma Igreja...*, 15.

pastoral e da integração de todas as forças vivas da Igreja buscando renovar os aspectos mais urgentes na vida da Igreja e na sua presença e atuação na sociedade. Tinha como pontos significativos: a atualização da paróquia; a renovação da diocese; a valorização da Igreja particular; a ênfase da colegialidade episcopal e da inserção pastoral dos ministérios e carismas da Igreja.

D. INICIATIVAS E APOIOS DA CNBB

O apoio da CNBB foi decisivo para o nascimento e consolidação de várias associações e movimentos eclesiásticos e exerceu também influência ativa junto ao governo federal, através de documentos que normalizam a vida da sociedade brasileira. Destacamos três fatos em que a participação de Helder foi importante: Movimento de Educação de Base; Lei de Diretrizes e Bases da educação nacional; sindicatos rurais.

a. Movimento de Educação de Base (MEB)

O Movimento de Educação de Base (MEB) era a experiência de educação popular através do rádio visando atingir as populações carentes. Começou em 1958, na diocese de Natal, com Dom Eugênio Sales, seguindo o modelo existente das escolas radiofônicas em Sutatenza (Colômbia), dirigidas pelo padre José Joaquim Salcedo. Tinha como objetivo promover a educação dos trabalhadores rurais. Nasceu com a proposta de ser uma alternativa às ligas camponesas, ou seja, numa perspectiva anticomunista. Em 1959 a diocese de Aracaju adotou essa experiência.

Em 8 de novembro de 1960, Dom José Vicente Távora propôs a expansão do movimento à Comissão Central da CNBB. A sua expansão contou com a participação da Representação Nacional das Emissoras Católicas – RENEC e da Secretaria de Ação Social da CNBB, cujo diretor, na época, era Dom Eugênio Sales – iniciador do Movimento no Brasil. Para alcançar uma abrangência significativa, era necessário o apoio do Governo Federal. Em 11 de novembro de 1960, Dom Vicente Távora e Dom Helder, secretário-geral da CNBB e conselheiro do Ministério de Educação, apresentaram o projeto ao Presidente Jânio Quadros. Em 21 de março de 1961, a CNBB assinou convênio com o Governo Federal para a implantação do MEB em áreas subdesenvolvidas do Norte, Nordeste e Centro-Oeste do país, passando a ser financiado pelo governo. Em dois anos, o MEB atingiu a atuação em 60 dioceses com 7.353 escolas radiofônicas. Durante os nove anos de existência (1961-1970), o MEB teve como presidente Dom Távora.

O objetivo central do MEB, no início, era a educação popular e a evangelização, a promoção humana, visando a educação integral, a evangelização dos adultos desenvolvendo a consciência política, social e religiosa. Devido à situação de pobreza e miséria das áreas atingidas, aos poucos foram sendo introduzidos aspectos sociais e políticos com o objetivo de conscientização crítica da realidade e era usada a "pedagogia do oprimido" proposta por Paulo Freire. Iniciava-se o processo da educação integral: a alfabetização dos adultos desenvolvendo a consciência política, social e religiosa. A conscientização que envolve a luta pela transformação da sociedade.

O Movimento de Educação de Base lançou sementes importantes na redefinição da atuação crítica dos cristãos no interior da Igreja e da sociedade brasileira. Significou o incentivo à participação dos leigos na Igreja, à articulação dialética entre a prática pastoral e a prática política, bem como ao compromisso com os pobres.[81]

b. Lei de Diretrizes e Bases (LDB) da educação nacional

Outra atuação importante de Helder como secretário-geral da CNBB e conselheiro do Ministério de Educação foi durante a trami-

---

81 TEIXEIRA, F. *A gênese...*,107.

tação e aprovação da Lei de Diretrizes de Bases – LDB da educação nacional de 1961, que demarcava os objetivos e prioridades da atuação do Estado na área educacional.

Durante a tramitação do projeto da LDB no congresso, um primeiro projeto apresentado por Lacerda com o apoio e orientação de Dom Jaime recebia forte rejeição da corrente liderada por Anísio Teixeira e Darcy Ribeiro, que desde os anos 30 defendiam a escola pública laica para todos e eram contra as verbas para as escolas particulares. Dom Helder, Armando Falcão, líder do governo na Câmara, e Santiago Dantas apresentaram um projeto com um conteúdo mais moderado que, ao mesmo tempo, defendia os interesses essenciais da Igreja.

A sua proximidade com o governo de Juscelino Kubitschek fez prevalecer os interesses da Igreja na área da educação: a equivalência entre os diplomas das escolas particulares e públicas; educação religiosa como componente do currículo das escolas públicas; direito das escolas particulares de receber verbas públicas e presença de representantes da Igreja nos corpos de decisão do Ministério de Educação. A LDB, cujo projeto dera entrada no Congresso em 1948, foi assinada pelo presidente João Goulart em 20 de dezembro em 1961. Em janeiro de 1962, Dom Helder foi nomeado para compor o Conselho Federal de Educação, ocupando o cargo até 1964.

c. Sindicatos rurais

Em 1955, no estado de Pernambuco, nasceram as Ligas Camponesas como "associação civil", criadas por Francisco Julião sob inspiração marxista, para defender o trabalhador rural. Para combater as ligas camponesas de orientação marxista, criaram-se os sindicatos rurais, frutos do esforço em conjunto por parte da Igreja e do Estado. Pela Igreja tiveram atuação importante: Dom Helder, Dom Eugênio e Dom Fernando Gomes; pelo Estado: o presidente João Goulart e o ministro do trabalho. Incentivaram a fundação de sindicatos rurais, federações estaduais e, em 1963, criou-se a Confederação Nacional dos Trabalhadores Rurais.

No histórico do processo de criação dos sindicatos vemos que, em setembro de 1961, alguns bispos lançavam o Movimento de Sindicalismo Rural, iniciado na Arquidiocese de Natal, tendo como objetivos: criação dos sindicatos rurais e formação de líderes para a promoção do homem rural. O movimento de criação dos sindicatos aconteceu rapidamente na maioria dos estados brasileiros. No Nordeste, os sindicatos rurais formaram-se na maioria dos estados, que depois criaram as Frentes Agrárias junto ao Governo para a oficialização do sindicalismo rural. Também em 1961 a Arquidiocese de Recife criou o serviço de Orientação Rural de Pernambuco. A Arquidiocese de Goiânia, com Dom Fernando Gomes, criou a Frente Agrária Goiana – FAGO. Na Arquidiocese de Porto Alegre, Dom Edmundo Kunz, bispo auxiliar de Porto Alegre, criou a Frente Agrária Gaúcha – FAG.

E. Helder como secretário da CNBB

Dom Helder, como secretário da CNBB, de 1952 a 1964, estava convencido de que no Brasil existia a situação quase ideal da relação entre Igreja e Estado. Ele foi o principal agente da Igreja no diálogo de colaboração e apoio com o Estado. Apoiou o desenvolvimentismo de Kubitscheck, as propostas de reformas de base de Goulart.

A sua intimidade pessoal com o poder político era tão forte que teve acesso ao número do telefone privado de cinco presidentes da República: Getúlio Vargas, Café Filho, Juscelino Kubitschek, Jânio Quadros e Goulart. Recebeu de Juscelino Kubitschek o convite para ser o Ministro da Educação e prefeito do Rio de Janeiro, e de Jânio Quadros para ser o vice-presidente. Sempre conseguia a colaboração e o apoio do Governo Federal para as necessidades eclesiais. Getúlio Vargas no Congresso Eucarístico, Juscelino Kubitschek nos encontros do Nordeste. Helder foi emissário de Kubitschek do convite feito ao Papa para participar da Inauguração de Brasília. Em momentos decisivos da política brasileira, encontrou-se com os presidentes:

com Getúlio Vargas, em 1954, quatro dias antes do seu suicídio; com Goulart, poucos dias antes do golpe, para alertá-lo da situação.

O próprio Helder reconhecia como um equívoco a relação entre Igreja e Estado, pois, desse modo, a Igreja era conivente com as injustiças sociais, que, no Brasil, eram estruturais. A preocupação da Igreja era manter a autoridade e a ordem social:

> Hoje, penso com certa tristeza em nosso modo de conceber a relação da Igreja com o Estado... Não compreendíamos que trabalhar assim estreitamente unidos com o governo constituía uma aprovação da ordem constituída e uma indireta aprovação das injustiças que a ordem constituída perpetuava.[82]

A mudança de mentalidade ocorreu após o Concílio Vaticano II e Medellín ao concluir que na América Latina a injustiça é institucionalizada, assim como a força do colonialismo interno e externo. Em sua avaliação pessoal, Helder afirmou:

> Ah, eu compreendo perfeitamente que, para os grupos privilegiados e mesmo para os governos da América Latina, a mudança foi muito brusca: a Igreja passou de sustentadora do *status quo*, sustentadora da chamada ordem social, à denunciadora das injustiças, à encorajadora de todo um esforço de promoção humana.[83]

A mudança não está em lutar pela promoção humana, mas no enfoque: de a partir do poder político para a partir do oprimido; e do objetivo de uma visão reformista para uma visão de mudança estrutural.

Dom Helder, como Secretário-Geral da CNBB de 1952 a 1964, foi elemento chave em sua fundação, crescimento e desenvolvimento. A CNBB tornou-se uma entidade viva dentro da Igreja e da sociedade, buscando responder aos desafios enfrentados. Dom Helder

---

82 CAMARA, H., *Le conversioni...*, 94.
83 CASTRO, M. *Dom Helder...*, 56.

pôde desenvolver dentro da CNBB sua capacidade carismática de estimular, inovar e inspirar: através de sua coordenação reuniu um grupo de jovens bispos ativos, que complementavam a liderança carismática e colaboravam no processo de renovação da Igreja e de sua força participativa na sociedade, visando o bem comum do ser humano.

2.3.2 A Criação do CELAM e a descoberta dos pobres

A criação do CELAM e a descoberta dos pobres realizada por Helder têm como ponto de partida o Congresso Eucarístico. No final de 1952, a Arquidiocese do Rio de Janeiro foi escolhida para ser a sede do 36° Congresso Eucarístico Internacional a ser realizado em 1955. Dom Jaime escolheu Helder para a coordenação geral do congresso.

Helder foi nomeado por Dom Jaime Câmara presidente da Comissão organizadora. Contava com a colaboração de Dom José Távora e da equipe de amigos da ACB. Para a realização desse grande evento buscou e conseguiu o apoio do Governo Federal: o presidente Getúlio Vargas se dispôs a ajudar em tudo que fosse necessário e nomeou o embaixador General Coelho Lisboa para a missão. Recebeu também o apoio de Mendes de Moraes, prefeito do Rio de Janeiro.

Durante o período de preparação para o congresso eucarístico, o país viveu uma forte crise política provocada pela campanha de Carlos Lacerda contra o governo, o que culminou com o suicídio de Getúlio Vargas em 24 de agosto de 1954. Ainda durante a preparação do congresso em 2 de abril de 1955, Dom Helder foi nomeado arcebispo auxiliar do Rio de Janeiro, cargo que exerceu até março de 1964.

Para a infraestrutura do Congresso, os governos Federal e Municipal preparam o aterro da baía de Guanabara, que pertencia ao Museu de Arte Moderna (que fez a cessão temporária do local para a realização do congresso). A parte financeira do congresso contou com doações de famílias ricas do Brasil.[84] Para a realização e durante o congresso, de 17 a 24 de junho de 1955, Dom Helder mostrou mais uma vez a sua capacidade de mobilizar todos os segmentos da sociedade, principalmente a do Rio de Janeiro, mesmo aqueles que não compartilhavam a fé católica. O evento conseguiu extraordinário sucesso, e Helder consagrou-se "definitivamente como líder de estatura nacional, além de proporcionar-lhe uma penetração fora do comum na Arquidiocese do Rio de Janeiro".[85]

2.3.2.1 Criação do CELAM

Segundo Helder, durante o segundo encontro com Montini sobre a criação da conferência episcopal nacional, ele se aproveitou da ocasião e fez uma nova sugestão:

> Excelência, de toda a América Latina, sem dúvida é no Brasil que é mais difícil conseguir a experiência de uma conferência episcopal nacional, porque é o maior país, onde existe o maior número de dioceses e de bispos e onde existem as mais diversas situações entre uma região e outra. Mas se a experiência tornar-se realidade, então talvez se pudesse pensar em uma conferência continental, com um secretariado a serviço dos bispos de toda a América Latina.[86]

---

84 Sobre a criação do CELAM e a descoberta dos pobres, cf. CAMARA, H. *Le conversioni...*, 145-164; CARAMURU DE BARROS, R. "Perfil e trajetória...", 38-40; PILETTI, N. e PRAXEDES, W. *Dom Hélder Câmara...*, 210-254; TOULAT, J. *Dom Helder...*, 31-39; B. TAPIA DE RENEDO, *Hélder Câmara, segno...*, 40-43.
85 CARAMURU DE BARROS, R. *Para entender...*, 125.
86 CAMARA, H., *Le conversioni...*, 144.

Durante os preparativos para o 36º Congresso Eucarístico Internacional, no final de 1954, Helder recebeu uma carta de Montini declarando:

> ... a preparação do Congresso Eucarístico está muito avançada para que se possa pensar em convocar para o Rio de Janeiro, no final do congresso e como fruto do congresso, uma primeira assembleia latino-americana dos bispos que poderia ser eventualmente o início de uma conferência latino-americana?[87]

Dom Helder encarregou Dom Vicente Távora de continuar os preparativos para o congresso e começou a organizar a assembleia dos bispos latino-americanos, que daria origem ao Conselho Episcopal Latino-Americano (CELAM).

A primeira Conferência Geral do episcopado latino-americano aconteceu no Rio de Janeiro, de 25 de julho a 4 de agosto de 1955, e contou com a participação de aproximadamente 100 bispos. Os bispos perceberam a necessidade de adequar melhor a Conferência às condições específicas da realidade latino-americana e que a ação pastoral respondesse aos desafios da realidade. Sugeriram quatro propostas concretas: superar a falta de sacerdotes, promovendo as obras vocacionais e colocando em ênfase o trabalho de cooperação dos grupos da Ação Católica; organizar a catequese para combater a ignorância religiosa; preocupar-se com os problemas sociais e promover a reforma das estruturas, educando o senso social dos católicos; ajudar a população indígena, promovendo a integração dos índios à civilização moderna. Decidiram pela criação do Conselho Episcopal Latino-Americano – CELAM.[88] O artífice do CELAM foi Dom Manuel

---

87 Ibid., 144.
88 Documento da I Conferência Episcopal Latino-Americana, in CELAM, Episcopado Latino-americano conferencias generales: Rio de Janeiro, Medellín, Puebla, Santo Domingo – Documentos Pastorales, San Pablo, Santiago do Chile 1993, 33-82.

Larraín Errazuriz, bispo de Talca (Chile), "provavelmente o bispo hispano-americano de maior visão e abertura ao longo do século XX".[89]

A primeira reunião plena do CELAM aconteceu na cidade do México em novembro de 1956. Dom Jaime Câmara foi eleito o Presidente; Dom Manuel Larraín, o 1º vice-presidente; e Dom Helder Camara, o 2º vice-presidente. Helder foi ainda o 2º vice-presidente de 1959 a 1960 e de 1961 a 1963, e o 1º vice-presidente de 1964 a 1965.

Dentro do CELAM, é importante ser ressaltada uma proposta de Helder para verificar-se a sua preocupação em relação ao diálogo entre o mundo desenvolvido e o mundo subdesenvolvido. Em 1954, com o apoio de Dom Armando, núncio apostólico, e consultando Montini, subsecretário de Estado do Vaticano, Dom Helder, em audiência com o Papa Pio XII, apresentou a proposta de um maior aprofundamento nas relações entre a Igreja latino-americana e a Igreja norte-americana. Nas palavras de Helder:

> Santo Padre, permita-me que lhe apresente uma sugestão. O senhor sabe que as Américas têm problemas comuns. Se o senhor puder então apoiar um pequeno encontro, que eu imaginaria em Washington, entre seis bispos dos Estados Unidos, seis do Canadá e seis da América Latina... E deixe-me dizer claramente que não se trataria de modo algum, para nós, bispos da América Latina, de pedir dinheiro ou pedir padres. Não. Tratar-se-ia unicamente de começar a estudar em comum os problemas das Américas. Há entre nós, Santo Padre, na América Latina, problemas que nunca poderão ser resolvidos sem a compreensão e a colaboração efetiva de nossos irmãos da América do Norte. É necessário conseguir que os bispos americanos e canadenses tenham a coragem de tomar consciência das injustiças que esmagam o continente latino-

---

89 CARAMURU DE BARROS, R. "Perfil e trajetória...", 29.

-americano e de mobilizar a força espiritual que representa a Igreja da América do Norte...[90]

Pio XII aceitou a proposta, condicionando-a à aprovação de Tardini, subsecretário de Estado do Vaticano para questões externas, e Montini.

A reação dos bispos norte-americanos foi a de pensar que o encontro teria como objetivo pedir dinheiro, ao que Helder escreveu esclarecendo: "aquilo que pedimos é a vossa compreensão, estudar juntos os problemas que não são simplesmente problemas latino-americanos, mas problemas de toda a América".[91] Com a presença do presidente da Pontifícia Comissão para a América Latina – CAL, Dom Antonio Samoré, de seis bispos da América Latina (entre eles, Dom Dario Miranda, presidente do CELAM, Dom Manuel Larraín e Dom Helder), seis dos Estados Unidos e seis do Canadá, reuniram-se em Washington de 2 a 3 de novembro de 1959, já no pontificado de João XXIII. A reunião teve duas ações práticas. A primeira, devida à intervenção de Dom Samoré (sob protestos e indignação de Helder), que, querendo dar um cunho prático ao encontro, estabeleceu que a Igreja Norte-Americana, por 10 anos, contribuísse com o envio de um milhão de dólares anuais e de 10% dos leigos, religiosas e sacerdotes. Para a coordenação dessa ação foi criada a secretaria para a América Latina, depois denominada Latin American Bureau – LAB, tendo como presidente o Cardeal Cushing, arcebispo de Boston. A segunda ação foi a criação do Programa de Cooperação Católica Interamericana (Catholic Inter-American Cooperation Program – CICOP), com o objetivo de ser o fórum de intercâmbio de ideias e experiências entre a Igreja latino-americana, os Estados Unidos e o Canadá, para promover maior entendimento, apreciação, respeito, interesse mútuo e realizações conjuntas. O CICOP era financiado pelo Latin American Bureau.

---

90 CAMARA, H. *Le conversioni...*, 145.
91 CAMARA, H. *Le conversioni…*, 145.

2.3.2.2 A descoberta dos pobres

No final do Congresso Eucarístico do Rio de Janeiro (1955), Helder teve um encontro marcante com o Cardeal Gerlier, de Lyon – França, que significou uma guinada em sua vida. Assim Dom Helder narra as palavras do Cardeal Gerlier:

> Eu tenho insistido em vê-lo porque tenho qualquer coisa que em consciência devo dizer-lhe antes da minha partida. Eu tenho certa experiência de organização. Então posso dizer que este Congresso, assim como se desenvolveu, é realizado porque por trás deste havia uma mente organizativa. Eis o motivo pelo qual pretendi este encontro. Permita-me falar-lhe como um irmão, um irmão no batismo, um irmão no sacerdócio, um irmão no episcopado, um irmão em Cristo: Irmão Dom Helder, porque não coloca todo este seu talento de organizador, que o Senhor lhe deu, ao serviço dos pobres? Você deve saber que o Rio de Janeiro é uma das cidades mais belas do mundo. Mas é também uma das mais espantosas, porque todas essas favelas, neste quadro de beleza, são um insulto ao Criador.[92]

Ao que Helder responde: "É uma guinada na minha vida! Verá que me consagrarei aos pobres. Não estou convencido de possuir capacidades excepcionais de organizador, mas tudo aquilo que o Senhor me doou eu o colocarei ao serviço dos pobres".[93] Helder definiu esse encontro assim:

> A graça do Senhor veio a mim através da presença do Cardeal Gerlier. Não simplesmente através das palavras que pronunciava; tinha

---

92 Ibid., 162.
93 Ibid., 162.

a presença de toda uma vida, de toda uma convicção. E a graça do Senhor me revirou. Tinha caído aos pés do cavalo, como Saulo no caminho de Damasco.[94]

Sua dedicação começa imediatamente. Com a permissão de Dom Jaime Câmara, Helder faz a doação de todo o material usado no congresso, principalmente a madeira, aos favelados, e inicia o seu trabalho nas periferias do Rio de Janeiro.

Helder, sendo fiel à promessa que fizera ao Cardeal Gerlier, começa a consagrar-se aos pobres, de corpo e alma. Três empreendimentos para três desafios: Cruzada São Sebastião, para problema de habitação popular; Banco da Providência, para as necessidades financeiras; Emaús, para reabilitar os marginais.

A. CRUZADA SÃO SEBASTIÃO

Em 29 de outubro de 1955 nascia a Cruzada São Sebastião,[95] com o objetivo de propiciar uma solução humana e cristã ao problema das favelas na cidade. Dom Helder percebeu que, no contexto desumano das favelas, era impossível uma educação autêntica e cristã, e que esses locais eram focos da agitação social e manipulação comunista. Em sua concepção de ação social, buscou pequenas reformas, não se tratando simplesmente de assistência, mas de buscar reerguer a pessoa humana. O homem que vive em situação de miséria não pode alcançar a plenitude da vida. A preocupação com o comunismo não é somente uma

---

94 Ibid., 162.

95 Cruzada São Sebastião: o nome do empreendimento tem como referência São Sebastião, patrono do Rio de Janeiro. O termo "Cruzada", como reconheceria mais tarde o próprio Helder, demonstrava que, na época, ele estava ainda vinculado a uma mentalidade de cristandade medieval: o termo foi criticado pelo Papa João XXIII, que, segundo Helder, disse: "vê-se que você não conhece o Oriente Médio! Se você tivesse conhecido o Oriente Médio, não se teria servido desta palavra 'cruzada' para o seu trabalho de libertação dos pobres! Porque, mau grado aquilo que frequentemente dizem os historiadores, aquelas malditas cruzadas escavaram um fosso muito difícil de preencher entre nós e os mulçumanos". CAMARA, H. Le conversioni..., 163.

preocupação apologética, mas com o ser humano, porque o comunismo nega a dimensão transcendental. Em seu empreendimento, Helder contou, mais uma vez, com o auxílio do grupo de colaboradores da ACB e também buscou e conseguiu o apoio financeiro do Governo Federal, através do Presidente Café Filho, sob a condição de que, durante o seu governo, fosse urbanizada a primeira favela.

Para alcançar o objetivo de proporcionar uma vida mais digna, humana e cristã aos favelados, Helder teve como proposta inicial transferi-los para prédios de apartamentos construídos em terrenos cedidos pelo Governo Federal. A primeira experiência foi com a favela da praia do Pinto, chamada "República do Mengo", assim descrita por Helder: "plantada como um fungo no coração da cidade, mas também no coração de um rico e elegante bairro da capital".[96] O bairro em questão era o Leblon, na zona sul da cidade do Rio de Janeiro. É interessante perceber que o objetivo de Helder não era o de deslocar os favelados para a periferia da cidade, como, por exemplo, foi a proposta de Carlos Lacerda, governador do Rio de Janeiro em 1960 (afastar os favelados da zona sul para revalorizar o mercado imobiliário). "Nós começamos a construir os prédios imediatamente próximos ao local, a nossa ideia era que, para superar a luta de classes, precisávamos aproximar as classes entre si. Por isso queríamos sistematizar os pobres, lá mesmo onde habitavam os ricos".[97]

Simultaneamente à construção dos prédios, desenvolveu-se um programa de preparação das famílias para as novas condições de habitação, desde as coisas práticas (uso da água corrente, manutenção dos apartamentos) até normas de socialização. Dom Helder, assessorado por assistentes sociais e consultando os moradores, estabeleceu algumas normas de conduta a serem respeitadas pelos homens, mulheres e crianças.

Outra preocupação de Dom Helder e seus colaboradores era que o empreendimento não se tornasse um círculo vicioso; por isso, fi-

---

96 CAMARA, H. *Le conversioni...*, 164.
97 Ibid., 164.

cou decidido que cada família transferida para o seu apartamento teria o barraco destruído, evitando a ocupação por outra família (visando cancelar o insulto ao Criador, como o cardeal Gerlier definia as favelas).

A Cruzada São Sebastião, com o apoio financeiro do Governo de Café Filho e Juscelino Kubitscheck, com donativos e com o planejamento de autofinanciamento, realizou: a construção de uma escola em Lins de Vasconcelos; o financiamento da instalação de água em 13 favelas; a construção do centro de abastecimento São Sebastião, tipo Ceasa; a construção de 910 apartamentos na praia do Pinto e 46 apartamentos no Morro Azul, até o final de 1963; escolas com cursos: regular, supletivos, profissionalizantes, alfabetização de adultos; instalação de caixas d'água, redes de luz e esgoto, farmácias comunitárias e formação de lideranças locais.

Pela iniciativa da Cruzada São Sebastião, Helder recebeu várias acusações de assistencialismo e incoerência por apoiar politicamente o Governo, que não queria e não fazia a reforma, e críticas por melhorar a condição de vida nas favelas em vez de mudá-las do centro da cidade. O principal crítico de Helder foi Carlos Lacerda, que afirmava que a raiz das favelas era a migração dos nordestinos, o que só poderia ser revolvido com a reforma de base, especialmente a reforma agrária. Ao que Helder lhe respondia:

> É verdade que se necessita ir às causas deste êxodo e desta miséria, e que não haverá solução eficaz sem uma reforma agrária, mas não é uma boa razão para esquecer aqueles que já estão na cidade, vitimas da má distribuição da terra e da má industrialização da agricultura.[98]

Mais tarde, Dom Helder reconheceria a falência do projeto das cruzadas – duplicaram-se as favelas. Mas, por outro lado, o trabalho da Cruzada fez com que o Rio de Janeiro voltasse os olhos para as favelas

---

98 Ibid., 166.

– até aquele momento, oficialmente, as favelas não existiam. Esse foi o grande valor da Cruzada São Sebastião: fez ver que o problema social existia e que quem ali morava era um povo sofredor, vítima de uma estrutura injusta.[99]

Dom Helder avaliava assim a sua obra:

> Não tenho ilusões; as minhas obras, porquanto necessárias, não são outro que paliativos. A verdadeira causa das favelas não está aqui, mas no ambiente rural. É a miséria que empurra os camponeses para as grandes cidades. No Rio ou em São Paulo nos sentimos em pleno século XX, enquanto no interior se tem a impressão de viver ainda na época das colônias portuguesas. Os trabalhadores do campo não têm mais uma verdadeira casa, alimentam-se e se vestem com nada; sobretudo, falta-lhes um mínimo de educação, e ali os fazem trabalhar sem contrato. É um nível de vida infra-humano... O país necessita urgentemente de reformas sociais.[100]

B. BANCO DA PROVIDÊNCIA

Dom Helder criou mais um empreendimento a favor dos pobres. No mês de outubro de 1959, foi fundado o Banco da Providência, com o objetivo de distribuir aos mais necessitados bens e serviços que se tornavam supérfluos aos de classe média e ricos. A ideia surgiu ao ver as inúmeras pessoas que o procuravam no Palácio São Joaquim em busca de ajuda para as necessidades de emergência. O banco foi criado com a proposta de centralizar as doações e coordenar as atividades filantrópicas. Para a concretização do projeto, Helder conseguiu o apoio de seu

---

99 Cf. CASTRO, M. *Dom Helder...*, 65-66.
100 TOULAT, J. *Esperance en Amerique du Sud*, Decleé De Brouwer Editions S.O.S., Paris 1968, 260-261.

grupo de colaboradores, de políticos, empresários, profissionais liberais, membros da alta sociedade do Rio de Janeiro, pequenos e médios comerciantes e amigos. Com o slogan: "Ninguém é tão pobre que não tenha o que oferecer. Ninguém é tão rico que não precise de ajuda", colocava em evidência que todos podem colaborar de acordo com suas possibilidades, doando aquilo que têm disponível para suprir as necessidades dos mais aflitos.

O Banco da Providência investia dois terços de sua arrecadação em obras de promoção humana, através dos centros da Providência, inseridos nas zonas de maior miséria, propriciando formação profissionalizante, creches, centros de atendimento para crianças e idosos, distribuição de alimentos e atendimento ambulatorial. Na área econômica realizava pequenos empréstimos, com juros abaixo do mercado bancário, para aqueles que passavam por dificuldade. Enfim, o Banco da Providência realizava serviços nas áreas de saúde, habitação, educação e transporte, além de oferecer orientação profissional, assistência jurídica e ajuda aos desempregados através dos postos de trabalho. O Banco realizava também campanhas para as situações de emergência, como a campanha: "O Orós precisa de nós", de 1959, para ajudar a população que se viu em estado de emergência após o rompimento do grande açude construído na cidade. Pelo sucesso do Banco da Providência, os banqueiros do Rio elegeram Dom Helder o "banqueiro do ano" e o homenagearam com o título de "sócio honorário" da Federação dos Bancos Brasileiros.

Vinculada ao Banco da Providência nasceu a Feira da Providência, com o objetivo de arrecadar fundos para os trabalhos assistenciais coordenados pelo banco. Iniciou-se como bazar de produtos de luxo destinados à elite do Rio de Janeiro, realizado no hotel Copacabana Palace. Com a quantia arrecadada, o banco conseguia manter suas atividades durante o ano. A ideia foi se popularizando e, em 1961, aconteceu a 1ª Feira da Providência realizada no Clube Piraquê, da Marinha do Brasil. A adesão da população a esse evento fez com que se procurasse um espaço maior; em 1965, a feira passou a ser realizada ao ar livre, próximo à lagoa Rodrigo de Freitas. Em 1978, foi transferida para um espaço maior, sendo realizada no Rio Centro até hoje.

A feira da Providência é realizada anualmente com a duração de três dias, com a venda de artigos finos e populares, arrecadados através de doações. A renda das vendas é destinada para o Banco da Providência. Na feira realizam-se, também, eventos culturais, espetáculos beneficentes com a participação de atores e cantores. Há ainda a participação de vários países com seus produtos e culinárias.

C. COMUNIDADE DE EMAÚS

A Comunidade de Emaús foi criada em 1959 com o objetivo de "reabilitar marginais, que a sociedade e as autoridades competentes consideravam irrecuperáveis".[101] Dom Helder inspirou-se no padre Henri Antoine Groués, conhecido como padre "Abbé Pierre", que fundara na França "Os companheiros de Emaús". Com sua amizade e apoio, esse padre francês ajudou a criar no Rio de Janeiro um centro de integração social. Em 1963, o padre "Abbé Pierre" enviou ao Rio o engenheiro nuclear Jean Ives Olichon para assumir a direção do centro. O trabalho consistia em "recolher" mendigos, alcoólatras e pequenos marginais, dando-lhes possibilidade de reabilitação. Em poucos anos, a comunidade de Emaús tornou-se ponto de referência pelo seu trabalho de reeducação e formação profissional, recuperando os marginais da sociedade.

O trabalho de Helder junto aos pobres na Arquidiocese do Rio de Janeiro estava permeado por uma mentalidade assistencialista e desenvolvimentista. Visualizava como causa da pobreza a falta de educação e o subdesenvolvimento, com uma visão da realidade setorial, sem visão da totalidade e sem referência causal. Buscava solucionar o problema com a ajuda assistencial e programas de autoajuda, tendo como estratégia a ação setorial: ensino técnico, cooperativas; ou seja,

---

101 CARAMURU DE BARROS, R. "Perfil e trajetória...", 40.

a ação social era vista como uma preparação para a evangelização e muitas vezes como suplência. Em linguagem popular significava "dar um peixe ao faminto" e, ao mesmo tempo, procurar "ensinar-lhe a pescar". Mais tarde o próprio Helder avaliou seu trabalho com uma nova visão, demonstrando que se vive em guerra contra as injustiças, e o trabalho assistencialista, às vezes, torna-se necessário na luta pela sobrevivência.

> Dedico 80% do meu tempo ao desenvolvimento integral, à promoção humana e cristã do meu povo. Mas a experiência demonstra que existe um determinado percentual da massa a que falta condições mínimas para a autêntica promoção. Símile esforço se impõe de exercer o paternalismo, e eu o faço sem titubear. Desejo a justiça e a transformação de estruturas. Mas isso não se obtém do hoje ao amanhã. Como é possível, sem obter que tal justiça se realize e as estruturas cessem de ser aquilo que eram, ver o povo faminto, nu, sem saúde, sem esperança e sem trabalho, que se permaneça indiferente, como se essas coisas não existissem? Não faltam aqueles que pregam o "quanto pior, tanto melhor", no sentido de que qualquer ajuda contribui a retardar o processo de revolução das massas. Foi nesse contexto que usei a imagem dos "feridos de guerra", tão mal interpretada, conscientemente ou inconscientemente. A batalha pacífica almeja a promoção humana. Feridos de guerra são aqueles 20% que são incapazes de promoção. Na medida em que esses não sejam um obstáculo para o esforço mais importante – a batalha decisiva –, na medida em que seja possível, o povo leva sobre os ombros os "feridos de guerra".[102]

---

102 GONZÁLEZ, J. *Helder Câmara, il grido...*, 331.

2.3.3 Nos bastidores do Concílio Vaticano II (1962-1965)

Apesar de não ter feito nenhum pronunciamento na Basílica de São Pedro, onde se desenvolviam os plenários conciliares, Helder foi um dos bispos mais atuantes nos bastidores do Concílio. Atuou nos grupos *Domus Mariae* e Igreja dos Pobres e através de seus pronunciamentos, nos quais buscava dialogar e refletir sobre os problemas e desafios da Igreja visando a sua renovação e inserção no mundo moderno. Dom Helder explica a sua não intervenção no plenário devido ao seu trabalho junto à CNBB, ao CELAM e ao grupo do Domus Mariae:

> Tinha que fazer aquele trabalho, que me parecia importantíssimo e perfeitamente em linha com o apostolado oculto. Podia permanecer tranquilo e não tinha nenhuma necessidade de fazer intervenções na Basílica. As presenças invisíveis desenvolveram uma parte importante na Basílica.[103]

Para Helder, o Concílio significou

> ... a singular aventura do 'Dom', como era carinhosamente chamado pelos amigos, durante os quatro anos do Concílio Vaticano II (1962 a 1965), que o transformariam do relativamente pouco conhecido arcebispo auxiliar do Rio de Janeiro num dos personagens mais influentes na cena internacional da Igreja contemporânea.[104]

O Concílio Vaticano II foi anunciado por João XXIII em 25 de janeiro de 1959. Na fase preparatória, Helder foi consultor da comissão dos bispos e governos da diocese. Iniciou a sua preparação pessoal em junho de 1959, ao receber o documento da comissão antepreparatória.

---

103 CAMARA, H. *Le conversioni...*, 177.
104 J. BEOZZO, "Dom Helder Camara e o Concílio Vaticano II", in ROCHA, Zildo (Org.). *Helder, o Dom: uma vida que marcou os rumos da Igreja no Brasil*. Petrópolis: Ed. Vozes, 2000, 103.

A fase de preparação do Concílio para os padres conciliares foi confusa devido à escassez de informação, ao desconhecimento do trabalho de outras comissões, bem com permeada de segredos. Segundo Beozzo,

> esta escassa presença e o forte segredo imposto a todos os trabalhos preparatórios fez com que o Concílio, até praticamente às vésperas, não significasse nada de mais palpável, nem mesmo para os bispos. O atraso no envio dos "schema" preparatórios, fazendo com que, a dois meses de abertura do Concílio, nada estivesse ainda em mãos dos padres conciliares do Brasil, gerou apreensões e dúvidas. Estaria o Concílio já comprometido por aqueles que não o viam com bons olhos e detinham imenso poder em Roma?[105]

Após uma reunião em Roma durante a preparação do Concílio, Helder retornou ao Brasil com a sensação de que o Concílio estava tomando um rumo diferente daquele que ele sonhava, a manifestação da colegialidade episcopal. Os sinais indicavam que o secretário-geral do Concílio estava se preparando para dirigir o Concílio como um maestro dirige a orquestra.[106]

Ao chegar, em 7 de outubro de 1962, quatro dias antes da abertura do Concílio, juntamente com aproximadamente 130 padres conciliares brasileiros, Dom Helder foi procurado por Dom Manuel Larraín,[107] que lhe narrou como seria o procedimento da abertura do Concílio, na qual a Comissão Central, na pessoa do secretário-geral, Dom Pericle Felice, proporia aos padres conciliares que, com o objetivo de ganhar tempo, prevendo a falta de conhecimento entre os padres conciliares e seguin-

---

105 Beozzo, J. A Igreja no Brasil, de João XXIII a João Paulo II – de Medellín a Santo Domingo. Petrópolis: Ed. Vozes, 1994, 73.

106 Sobre a atuação de Dom Helder nos bastidores, cf. Camara, H. *Le conversioni...*, 172-175; Beozzo, J. "Dom Helder...", 107; Caramuru de Barros, R. "Perfil e trajetória...", 47; Piletti, N. e Praxedes, W. *Dom Hélder Câmara...*, 278-279; Toulat, J., *Dom Helder Camara...*, 44-46; Gauthier, Paul. *O concílio e a Igreja dos pobres*, Petrópolis: Ed. Vozes, 1987, 126-138.

107 Segundo Dussel, o bispo latino-americano que mais teve influência no Concílio Vaticano II. No Concílio participaram 601 bispos latino-americanos, representando 22% dos padres conciliares e 50 peritos nas comissões de estudo, que se somavam a 216 peritos da Europa e 318 peritos de Roma. Cf. Dussel, E. *Caminhos...*, Vol. I, 79-80.

do as orientações do Papa João XXIII, cada comissão conciliar devia ser composta por 16 bispos eleitos e 4 bispos nomeados pelo papa, e em cada comissão deveria haver representantes de maior número possível de países; por isso, os padres conciliares deviam votar na lista preparada anteriormente pelo secretário-geral.

Na visão de Larraín e Helder, esse procedimento impediria desde o início o exercício da colegialidade no Concílio. Estrategicamente buscaram o apoio de dez cardeais para conseguir um tempo maior, a fim de que houvesse um conhecimento entre os padres conciliares e para indicar os membros das comissões. Começaram com os cardeais franceses – Dom Veuillot, arcebispo de Paris e presidente da Conferência Episcopal Francesa, e Dom Etchegaray, secretário-geral da Conferência Episcopal Francesa –, que aceitaram a proposta, acolhida também por Dom Silva Henríquez, Cardeal arcebispo de Santiago do Chile.

Durante a abertura do Concílio,[108] após a introdução feita por Dom Pericle Felice, Dom Achille Lienart pediu para pronunciar-se e expôs ao plenário na Basílica de São Pedro a proposta sugerida por Dom Larraín e Dom Helder; outros seis cardeais manifestaram o apoio. Com certo constrangimento, Dom Pericle aceitou o procedimento sugerido pelos cardeais e adiou por quatro dias a votação da lista. Depois de conseguir que a lista prévia para as comissões não fosse votada e, também, algumas mudanças do regulamento, Dom Helder e Dom Larraín conseguiram articular com os bispos do CELAM e algumas conferências episcopais a composição de uma nova lista de nomes para as comissões conciliares.

Dom Helder, como secretário-geral da CNBB, Assistente Nacional da ACB e 2° vice-presidente do CELAM, tinha uma visão geral do Brasil e da América Latina com seus valores e problemas; além disso, tinha um bom contato com os latino-americanos e membros da Ação Católica

---

108 Segundo Dom Clemente Isnard, nas solenidades de abertura do Concílio, ao ver os mais de 2.000 bispos durante o solene cortejo de entrada na Basílica de São Pedro e com a pompa da cerimônia Dom Helder teria ironicamente exclamado: "que Constantino cavalgava pelos adrios da Basílica". Cf. ISNARD, Dom Clemente. "Dom Helder e a Conferência dos Bispos", in ROCHA, Zildo (org.). *Helder, o dom...*, 99.

no mundo, principalmente os franceses. Isso lhe proporcionaria a base para o Domus Mariae.

A. GRUPO DA DOMUS MARIAE[109]

A partir da experiência da reunião dos padres conciliares latino-americanos e de outros países para a elaboração da lista das comissões, nasceu a ideia de formar um grupo informal, para que pudessem trocar ideias teológicas e pastorais, informações e debater propostas visando ajudar o andamento do concílio: nascia o grupo da *Domus Mariae*. Participavam do *Domus Mariae* representantes das seguintes conferências episcopais: França, Camarões, Tanzânia, Alemanha, Holanda, Índia, Canadá, Zaire (Congo), Chile, Austrália, Inglaterra, Rodésia (Zimbábue), Equador, Filipinas, Espanha, Itália e CELAM.

Para que não houvesse suspeita de que as reuniões do *Domus Mariae* fossem um concílio paralelo ou com o objetivo de conspiração, em nome do grupo, Dom Helder busca a proteção do Cardeal Suenens, convidando-o a participar das reuniões. Sobre a proteção de Suenens ao grupo, Helder declara:

---

109 *Domus Mariae* é o nome do colégio onde estavam hospedados os padres conciliares brasileiros e colocado à disposição para as reuniões do grupo. O grupo ficou conhecido também por "gruppo di martedì" (grupo da terça-feira), o dia das primeiras reuniões, ou "gruppo di venerdì" (grupo da sexta-feira), o dia escolhido posteriormente; "interconferência", por congregar representantes de várias conferências; "grupo dos 22", o número das conferências participantes no início – na quarta sessão do Concílio esse número atingiu aproximadamente 30. Dom Helder preferia chamá-lo de "Ecumênico" em suas cartas conciliares. Segundo ele, a estruturação do Grupo *Domus Mariae* começou com a ajuda providencial de Dom Veuillot e de Dom Etchegaray. O convite "oficial" para a participação no grupo de reflexão partia do CELAM e a conferência episcopal da França colaborava com o suporte técnico e organizacional. Além do *Domus Mariae*, outros três grupos informais se reuniram durante o Concílio: o *Coetus Argentino*, o *Coetus Internationalis Patrum* e um grupo que se reunia no hotel Americano. Sobre o grupo *Domus Mariae*, cf: CAPORALE, R. *Vatican II: lês hommes du concíle. Étude sociologique sur Vatican II*. Paris: CERF, 1965, 88 ss; GROOTNAERS, J. "Une forme de concértation episcopale au concíle Vatican II – "La conference des Vingt-Deux" (1962-1965), in *Revue d'Historie Ecclésiastique* 91 (1966), 66-112; NOEL, P. C. "Gli incontre delle conferenze episcopali durante il Concílio. II "Gruppo della Domus Mariae", in FATTORI, Maria Teresa e MELLONI, A. *L'evento e le decisioni – studi sulle dinamiche del Concílio Vaticano II*. Bologna: Il Mulino, 1997, 95-133.

Durante o Concílio o meu caro Padre Miguel, como chamava o Cardeal Suenens, deu-nos uma colaboração ideal. Apoiavanos quando as reuniões de sexta-feira eram objeto de interpretações tendenciosas e sugeria iniciativas quando se anunciavam dificuldades no caminho do Concílio.[110]

Para assessorar a reflexão do grupo *Domus Mariae*, Helder, Larraín e o padre Houtart, de Louvain, Bélgica, secretário de Helder no Concílio, conseguiram reunir os melhores teólogos e peritos para que trabalhassem colaborando com os bispos. Esse grupo de teólogos recebeu o nome de *"Opus Angeli"*; colaboravam durante as sessões do Concílio e, nos intervalos, forneciam textos alternativos, intervenções a serem lidas na Basílica de São Pedro. E também assessoravam em questões complexas, ao elaborar "modos" substitutivos aos esquemas submetidos à votação. Durante as quatro sessões do Concílio foram realizadas aproximadamente 90 conferências no *Domus Mariae*: na 1ª sessão do Concílio, as dez conferências aconteceram de modo ocasional e informal; após a 2ª sessão, aconteceram sistematicamente. Foram vinte e cinco na segunda sessão; vinte e cinco na terceira sessão e trinta na quarta.

As reflexões do *Domus Mariae* muito contribuíram para o Concílio Vaticano II. Segundo Comblin: "pode-se dizer que a maioria do Concílio estava se alimentando e estruturando no Domus Mariae".[111] Na mesma linha, afirma Caramuru de Barros: "este grupo foi o responsável pela preparação e amadurecimento de diversas questões-chaves, emanadas do Concílio, e funcionava como uma matriz geradora e promotora de ideias capazes de conduzir a uma renovação da Igreja".[112] De outro lado, a participação dos bispos no *Domus Marie* enriqueceu as igrejas particulares em que estes atuavam. No caso da Igreja no Brasil, segundo Luiz Carlos Marques,

---

110 CAMARA, H., *Le conversioni...*, 177.
111 COMBLIN, J. "Dom Helder...", 33.
112 CARAMURU DE BARROS, R. "Perfil e trajetória...", 45.

para a maioria dos bispos brasileiros, constitui uma aproximação com a teologia mais atual da melhor escola europeia, mas também com a experiência do Oriente cristão, com as tradições protestantes e ortodoxas e com a incipiente reflexão pastoral e teológica latino-americana.[113]

A importância do grupo *Domus Mariae* foi assim sintetizada por Helder: "Os encontros não oficiais, nos quais os bispos de todos os continentes se encontraram e conversaram fraternalmente, são tão importantes quanto os debates formais na Basílica".[114]

B. Grupo "Igreja dos pobres"

Organizado pelo padre Paul Gauthier e Marie-Therese, o grupo "Igreja dos Pobres" tinha como objetivo: aprofundar o tema da pobreza na Igreja, buscando inserir a perspectiva de uma Igreja comprometida com os pobres em todos os documentos conciliares.

O grupo era presidido pelo cardeal Gerlier de Lyon e constituído por bispos e peritos preocupados com a situação do terceiro mundo e a importância dos pobres no cristianismo e que conheciam o trabalho dos padres operários e o descobrimento do mundo dos pobres; por bispos missionários na África, Ásia e América Latina; por participantes da Ação Católica, preocupados com o aspecto social da missão; e por bispos próximos à espiritualidade dos irmãos e irmãzinhas de Charles de Foucald dos padres operários. Da América Latina participavam Dom Larraín, Dom Mc Graft, bispo do Panamá. Destacamos a presença do Patriarca Maximus IV e do Cardeal Lercaro de Bolonha. Entre os peritos do Concílio destaca-se a presença do Pe. Yves Congar, teólogo, autor do livro *Pour une èglise servante et pauvre*. A expressão "Igreja

---

113 Marques, L. *Il carteggio...*, 76.
114 Toulat, J. *Dom Helder Camara...*, 44.

servidora e pobre" também denominava o grupo. Helder assim comenta a expressão:

> Agrada-me muito aquela expressão que vem dos nossos irmãos franceses: "A Igreja servidora e pobre". O Espírito Santo nos interpelou, convocou-nos e abriu nossos olhos sobre o dever dos cristãos, mas sobretudo dos bispos, de fazer como Cristo, que pertence a todos e se identificou com os pobres, com os oprimidos, com todos aqueles que sofrem. Começamos a procurar de que modo a Igreja, mas antes de tudo cada um de nós, pode ser "servo e pobre".[115]

No início Dom Helder teve receio de participar do grupo, por pensar que esse limitava-se à concepção romântica da pobreza; mas, ao conhecer melhor o objetivo do grupo, aderiu e foi assumindo o papel de liderança.

O grupo refletia temas como a relação entre Cristo e os pobres; a necessidade da Igreja ser conforme ao Cristo pobre; como libertar a Igreja de todos os compromissos terrenos; de que modo assegurar a presença no mundo do trabalho; como colocar em prática a encíclica *Mater et Magistra*.

No final do Concílio o grupo assinou, na Catacumba de São Calisto, o "Pacto das Catacumbas", um elenco de compromissos práticos a serem assumidos na vida cotidiana e na missão: o compromisso com os pobres, através da vida de pobreza evangélica e da priorização da dedicação aos pobres. Durante o Concílio o grupo não conseguiu alcançar seu objetivo, mas o Pacto das Catacumbas teve grande repercussão espiritual e profética. Os frutos dessa reflexão podem ser vistos em alguns documentos. "Mensagem dos Bispos do Terceiro Mundo", de 15 de agosto de 1967, foi assinado por 17 bispos, entre eles 8 brasileiros. E no documento de Medellín, n° 14, sobre eclesiologia, reflete-se sobre

---

115 CAMARA, H. *Le conversioni...*, 178.

a pobreza na Igreja. Sobre o grupo, assim testemunha Dom Antônio Fragoso, bispo emérito de Crateús em entrevista a Beozzo:

> O grupo começou na primeira sessão. Tínhamos como secretários Paul Gauthier e Marie-Therese Lescase. O tema era a Igreja e os pobres, começando pela identidade entre Jesus e os pobres. Lembro-me do argumento central, quando afirmamos a identidade Jesus e o pão consagrado: "isto é meu corpo!" Nós o adoramos e tiramos consequências para nossa espiritualidade, liturgia e tudo mais. Quando se afirma a identidade entre ele e os que não têm pão, casa, nós não tiramos as consequências para a espiritualidade, liturgia, ação pastoral. Lembro-me de que, na sessão final, fomos celebrar numa das Catacumbas a eucaristia final. Assinamos um compromisso com os pobres: dar uma atenção prioritária aos pobres (não ter dinheiro em banco, patrimônio), e esse compromisso chegou a ser assinado por 500 bispos.[116]

2.3.3.1 Helder e os pronunciamentos pessoais no tempo do Concílio

A. Pronunciamentos

Durante o Concílio, Helder, nos seus documentos e pronunciamentos, demonstrou ter alguns objetivos bem claros: abrir espaço ao diálogo e cooperação entre o Norte (mundo desenvolvido) e o Sul (mundo subdesenvolvido), com a temática do Terceiro Mundo (pobreza); por uma Igreja mais evangélica e ecumênica e próxima aos pobres; uma

---

116   J. Beozzo, "Dom Helder...", 106-107.

Igreja empenhada no desenvolvimento dos povos; pela promoção da paz e cooperação internacional.

Durante o período conciliar, Dom Helder expressou a sua visão nos bastidores através de cinco pronunciamentos.

No primeiro, "Intercâmbio de ideias com nossos irmãos no episcopado",[117] após a primeira sessão do Concílio, provavelmente em janeiro de 1963, Dom Helder escreveu uma carta-documento aberta, dirigida aos bispos conciliares, revelando o conteúdo programático de sua proposta para o Concílio Vaticano II.

O segundo, "Perspectivas de novas estruturas da Igreja",[118] é uma conferência realizada por Dom Helder durante o concílio, provavelmente no *Domus Mariae*, sem data específica; segundo o arquivo do CEDOHC em 18 de novembro de 1964.

O terceiro, "Aquilo que o Concílio não podia dizer",[119] é uma conferência de Dom Helder realizada em 14 de novembro de 1965, durante a IV sessão do concílio. Prestes ao encerramento do Concílio Vaticano II, Helder fez uma avaliação pessoal enfocando o diálogo Norte-Sul e a participação da Igreja. Afirmou que o Concílio dizia muito "com suas palavras e com os seus silêncios". Com suas palavras, propunha a renovação eclesial, teológica, litúrgica, missionária e ecumênica. A Igreja colocou em relevo a ideia fecunda do Povo de Deus, sublinhou a colegialidade episcopal e abriu espaço para os leigos. Sobre a presença da Igreja no mundo, começou o essencial: a capacidade de dialogar com todos os homens. Com o silêncio, tão importante quanto aquilo que foi dito, o Concílio refutou qualquer condenação convencida de que era hora de diálogo, evitou todo tipo de palavra que pudesse ser interpretada como "porta fechada", como fim de diálogo.

---

117 Camara, H. "Dialogo con la chiesa Ufficiale", in Id., *Fame e sete di pace con giustizia (Per arrivare in tempo)*. Milão: Massimo, 1970, 59-95.
118 Id., "Perspectivas de novas estruturas da Igreja", in Documentatie Centrum Concilie (DO-C), *Novas estruturas da Igreja, (Temas Conciliares IV)*. Lisboa: Livraria Morais Editora, 1966, 7-21.
119 Id., "Quello che il Concilio non poteva dire", in Id., *Terzo mondo defraudato*. Milão: Edizioni P.I.M.E., 1974, 47-57.

O quarto, "Um pós-concílio à altura do Vaticano",[120] foi a Conferência à Imprensa, que aconteceu em Roma, no dia 1º de dezembro de 1965, durante a IV sessão do Concílio. Helder declarou a importância de se continuar o Concílio Vaticano no processo de renovação de Igreja e em seu diálogo com o mundo moderno.

O quinto, "A mão de um filho em uma ferida sagrada",[121] foi um artigo escrito em 1964. O texto reflete sobre a conivência da administração da Igreja com as finanças do mundo capitalista e com a exploração dos países subdesenvolvidos. Conclui afirmando a necessidade da intervenção divina para libertar a Igreja desses vínculos.

Helder buscava em seus pronunciamentos aquilo que lhe era peculiar: dialogar. E desta sua busca de diálogo no período conciliar destacamos os pontos principais que procurou defender durante e após o Concílio.

O primeiro ponto é a sua proposta de diálogo com a Igreja, na qual defende a colegialidade episcopal e a reforma da cúria do Vaticano:

> Eu prevejo a feliz apresentação da tese da colegialidade, que cria o contexto natural para a infalibilidade e o primado do Papa. Prevejo a revisão dos limites da cúria romana, que deve ser para o Santo Padre aquilo que a cúria diocesana é para os bispos. Tenho a intenção de apresentar medidas práticas para evitar passar de um excesso de centralização a um excesso de descentralização.[122]

Nas medidas práticas sugeridas, Dom Helder defende a consolidação das conferências episcopais nacionais e continentais, sugerindo a criação das conferências episcopais continentais (Europa, Ásia, Oceania, América do Norte); a criação de um Senado Episcopal, para dar suporte ao Papa em suas funções de magistério e governo da Igreja. A criação do Senado era para Helder consequência natural da colegialidade episcopal. O órgão seria composto pelos membros do colégio

---

120 Id., "Um pós-concílio à altura do Vaticano", in arquivo do CEDOHC..
121 Id., "A mão de um filho em uma ferida sagrada", in arquivo do CEDOHC.
122 CAMARA, H. "Dialogo...", 59.

cardinalício, que residiriam em suas dioceses em contato constante com a base (povo), sendo porta-vozes dos desejos e aspirações da Igreja. Na prática, sua proposta visava diminuir o poder e a tutela que a cúria romana exercia sobre os bispos. Para que os bispos pudessem exercer bem a colegialidade, Helder sugeria o fim da figura dos "bispos seminaristas":

> ... o Santo Padre não tem nenhum interesse, para não dizer outra coisa, em haver na chefia das dioceses e nas direções das conferências bispos seminaristas. Não deveria existir bispos seminaristas. Não se trata de comportamentos ditados pela arrogância ou pelo orgulho. Trata-se de assumir a responsabilidade que Deus confiou. Comunicando-nos – sem algum mérito de nossa parte, é verdade – a plenitude do sacerdócio e fazendo-nos entrar na colegialidade episcopal. [123]

Dom Helder explica o termo "bispos seminaristas":

> ... esta afirmação remonta aos tempos em que os seminaristas eram menores e faltavam as condições afetivas para poder dialogar. A coisa fundamental é que se viva, em plenitude, a corresponsabilidade entre todo o povo de Deus. Mas é evidente que, quando se impõe a formação de leigos adultos na fé e a formação dos religiosos e sacerdotes à altura do Vaticano II, os bispos não podem ser menos...[124]

Sobre o Senado junto ao Papa, Helder coloca os elementos norteadores de seu pensamento e exemplifica como ele deveria ser. Distingue o Senado Plenário – composto pelos cardeais, pelos patriarcas e um bispo eleito de cada conferência episcopal, que teria a função de eleger o Papa,

---

123 Ibid., 61.
124 GONZÁLEZ, J. *Helder Câmara, il grido...*, 325.

de colaborar na organização de novos concílios ecumênicos e pronunciar-se na elaboração de documentos pontifícios – do Senado Executivo, escolhido pelo Papa para um mandato de dois anos entre os membros do senado plenário (10% do conjunto), que seria convocado, ao menos uma vez por ano, para examinar os problemas mundiais da Igreja.

Sobre a reforma da cúria, deseja "a cúria romana como organismo executivo ao serviço tanto do Papa e do seu Senado, quanto das comissões pós-conciliares".[125] E defende a internacionalização da cúria para facilitar a mobilidade na sua direção, maior abertura da cúria à reflexão dos teólogos e criação de um organismo na cúria para visualizar as injustiças mundiais:

> Imaginai um serviço que fosse antena muito sensível, capaz de captar violências sofridas no mundo inteiro por grupos humanos, ou mesmo por pessoas, sem olhar a raça, condição política, fé religiosa ou posição ideológica. E a antena, sem desorbitar da sua própria função, faria o possível por dar uma repercussão universal a angústias, talvez anônimas e sem possibilidades de defesa.[126]

Helder defende a colegialidade que favoreça o laicato adulto e o papel dos teólogos como sucessores dos profetas e dos doutores:

> Nós, os Bispos, somos muito ufanos de ser os Sucessores dos Apóstolos. E quem são os Sucessores dos Profetas e dos Doutores? Existe aqui um problema teológico para aprofundar. Muito provavelmente, a relação numa e noutra sucessão não será idêntica.
>
> Mas é preciso reconhecer aos teólogos um lugar mais explícito na Igreja. Não se trata de discutir dignidades. Todavia, a Igreja terá a ganhar se cada Hierarquia experimenta preparar,

---

125 Ibid., 10.
126 Ibid., "Perspectivas...", 11.

ajudar e utilizar, para glória de Deus e o bem dos homens, grupos de teólogos que se poriam em contato com outros especialistas, filósofos, sociólogos, economistas, psicólogos, etc.

E quando se fala de teólogos, é preciso pensar também em teólogos leigos, homens e mulheres.[127]

A segunda preocupação de Helder foi a participação da Igreja no "Diálogo do século", entre o mundo desenvolvido (Norte) e o mundo subdesenvolvido (Sul), partindo de dados que constatam que dois terços da humanidade vivem no contexto de subdesenvolvimento e da fome e que são em sua maioria pagãos, enquanto o um terço da humanidade da parte do mundo desenvolvido é formado por cristãos ou sob a influência cristã ("coisa triste", segundo Helder). Convoca os bispos dos cinco continentes a refletir e a buscar soluções diante da injustiça social coletiva que golpeia dois terços da humanidade. Dom Helder recorda neste ponto a Encíclica de João XXIII, *Mater et Magistra,* que afirma ser este o mais grave problema social de nossa época, e o documento proposto pela FERES, feito pelo padre Houtard, "Igreja da América Latina na hora do Concílio". A Igreja tem o direito e o dever de empenhar-se de modo sério e sistemático, promovendo o diálogo entre os países desenvolvidos e subdesenvolvidos, de sacudir os ricos não para pedir esmolas, mas justiça social, esforçando-se por criar um clima menos egoísta e mais rico de senso humanitário e espírito cristão.

Não faltam significativos movimentos parciais. Não falta nem mesmo um embrião de consciência coletiva. Mas permanece muito a fazer se não queremos dar uma falsa impressão de conivência com uma ordem social injusta e ultrapassada.[128]

---

127 Ibid., 15.
128 Id., "Dialogo...", 70.

Ao falar sobre o diálogo entre o mundo desenvolvido e subdesenvolvido, propõe: "Talvez, Paulo VI, o Papa lúcido, ajude a marcha dos acontecimentos, dando ao mundo a Encíclica sobre o mito do 'desenvolvimento': evidentemente que a palavra mito é empregada no sentido de esperança a realizar. De horizonte novo a abrir, de possibilidades concretas a obter".[129] Aqui está a ideia-proposta que seria atendida pela Encíclica *Populorum Progressio*.

Enfocando o Concílio a partir da visão dos dois terços da humanidade que vivem na pobreza e na miséria, analisou os passos dados e apontou o caminho necessário. Afirmou que a Igreja reexaminou sua posição diante da liberdade de consciência e defendeu a liberdade religiosa, demonstrando o respeito e o amor à liberdade. Porém era necessário recordar-se que dois terços da humanidade encontravam-se em condição subumanas, que não lhes permitia compreender o verdadeiro sentido da liberdade. A Igreja deu novas diretivas sobre a ordem econômica e social, demonstrando o amor à ordem, mas dois terços da humanidade conheciam sob o nome de ordem a situação de injustiça desumana: a ordem significava a "desordem estratificada". A Igreja demonstrou sua angústia diante da ameaça da guerra, desejando a paz, porém dois terços da humanidade estavam imersos na condição de pré-guerra, no subdesenvolvimento. Diante dos dois terços da humanidade que vive sem liberdade, na condição de desordem estratificada e em estado de pré-guerra, é que a Igreja é chamada a assumir sua responsabilidade.

Helder apontou a responsabilidade da Igreja em participar do Diálogo do Século – entre mundo desenvolvido e mundo subdesenvolvido – e indicou sugestões concretas para a Igreja latino-americana (referência ao Sul) e para a Igreja da América do Norte (referência ao Norte). Dentro do diálogo Norte-Sul, a Igreja na América Latina "tem uma missão particularmente grave no esforço de restabelecer o equilíbrio do mundo e promover a justiça na escala

---

129 Id., "Perspectivas...", 16.

mundial. Isso depende do fato de que ela é a metade da estrada entre o mundo desenvolvido e o mundo subdesenvolvido".[130] O subdesenvolvimento é uma situação indigna da criatura humana, constitui um insulto ao Criador. A Igreja latino-americana deveria esforçar-se para levar um testemunho humano e cristão aos irmãos no subdesenvolvimento. Visando "agir como exigência de responsabilidade pastoral consistente na necessidade de salvar homens concretos em situações concretas, e não espíritos desencarnados",[131] Dom Helder sugeriu medidas concretas:

a) estimular o desenvolvimento integral;

b) tomar posição a favor das massas subdesenvolvidas, procurando ajudá-las a tornar-se povo;

c) dispor de terras, principalmente improdutivas e sem destinação social;

d) levar o apoio moral aos movimentos de não violência;

e) estimular no interior do país o diálogo entre as zonas desenvolvida e subdesenvolvida. Enfim, a hierarquia latino-americana deveria inspirar, estimular a independência econômica e social.

Sobre a responsabilidade da igreja da América do Norte, Helder disse que não pretendia dar uma lição à hierarquia eclesial da Igreja norte-americana, mas falar com a humildade de criatura humana e na filiação divina. Para ele, "no caso de extrema necessidade, os bens tornam-se comuns; assim, no caso de extrema gravidade de uma situação, a responsabilidade torna-se comum".[132] Para Helder, era grande a responsabilidade do Estados Unidos diante do mundo e da Igreja dentro dos Estados Unidos. Diante da situação econômica social do mundo, os Estados Unidos precisavam converter-se, reexaminando o problema do desenvolvimento integral, analisando com profundidade a política

---

130 Id., "Quello...", 51.
131 Ibid., 53.
132 Ibid., 52.

internacional do comércio; o país se encaminharia à paz e à destruição dos depósitos das armas nucleares. E sugeriu concretamente que:

a) as universidades estudassem as bases para a reformulação de uma política internacional humana e justa;

b) os setores dos meios de comunicação social ajudassem os americanos a conscientizar-se de que o colonialismo econômico permanece sempre grave e irrespirável;

c) os grupos de empresários ajudassem a exigir que as leis *antitrust* existentes nos Estados Unidos fossem aplicadas no comércio com o terceiro mundo.

Ainda pediu a colaboração dos políticos, porque pertencem às zonas de decisões, e dos chefes espirituais das diversas religiões, cujas vozes encontram grande ressonância.

Concluiu as sugestões para a Igreja latino-americana e norte-americana dizendo:

> Se em cada país do mundo desenvolvido e do mundo subdesenvolvido, mas, de modo especial, se em cada país da América, a hierarquia, sem alguma pretensão de prestigio, de monopólio ou de liderança, com o apoio direto do Santo Padre em plena sintonia com todos os chefes espirituais amantes da justiça e da paz, exigir a justiça como condição para a paz e estimular o real diálogo entre os mundos, chegaremos, talvez, em tempo para ajudar a salvar o mundo da mais grave catástrofe que tenha sofrido.[133]

Helder expôs o seu pensamento sobre como superar a ameaça do comunismo. Relembra que o capitalismo canta a liberdade, mas a esma-

---

133 Ibid., 55-56.

ga; canta a ordem, mas mantém uma pseudo-ordem baseada na injustiça; canta a paz, mas suscita uma pré-guerra. Segundo ele, para superar a ameaça do comunismo, é necessário praticar a justiça social em defesa da pessoa humana, através do desenvolvimento harmonioso e integral do mundo.

O terceiro tópico que mereceu destaque em seus pronunciamentos foi a "Igreja servidora e pobre". Helder partia da tese de que, no percorrer da história, antes de empreender as reformas em profundidade, a Igreja sempre se defrontou com a pobreza. Seguindo a linha do grupo "Igreja dos Pobres", à qual fez referência, propôs medidas concretas para a busca permanente de uma Igreja servidora e pobre, o que, mais do que o exame dos pontos doutrinais, favoreceria, segundo ele, o encontro dos irmãos separados. Nas medidas práticas, sugeriu a supressão de títulos pessoais (eminência, beatitude, excelência) e de objetos que simbolizam a nobreza (brasão episcopal, insígnia); a simplicidade de vida, através do modo de vestir, da habitação (não mais palácio episcopal): simplicidade dos templos, que não fossem sustentação do poder, mas que tivessem estilo e modelo de construção belos e dignos, de tal forma que o luxo não ofendesse os pobres. Para Helder, o essencial era a mentalidade:

> Tenhamos a coragem de um exame de consciência e de vida: tínhamos talvez assumido uma mentalidade capitalista, métodos e comportamentos que andariam beníssimo para os banqueiros, mas que não são talvez adequados a quem é um outro Cristo?[134]

A mudança de mentalidade conduziria a rever o uso do patrimônio e das propriedades da Igreja, a rever o comportamento que privilegia os ricos:

---

134 Id., "Dialogo...", 89-90.

O ideal seria que, diante dos ricos – sem humilhar, sem ferir, sem sombra de ódio, sem exagerar, dirigindo-se de preferência a grupos restritos –, não falsificássemos nem redimensionássemos muito as duras admoestações que Jesus Cristo nos deixou. Que diante do Juiz esses não possam acusar-nos de ter sido de acordo e coniventes, e condescendentes diante das ofertas recebidas. Conta-se que São Francisco de Paula, tendo recebido as moedas de ouro do rei de Nápoles, que tinha apenas realizado usurpações e injustiças, quebrou meticulosamente uma moeda, da qual saiu sangue. Não terão suor e sangue as doações que recebemos?[135]

A mudança de mentalidade exige um aprofundamento da teologia da pobreza. E o exemplo de uma Igreja servidora e pobre deveria começar a partir do episcopado:

Nós, os excelentíssimos, temos necessidade de uma excelentíssima reforma... Nós já temos muito de uma Igreja que quer ser servida, que exige sempre ser a primeira, que não tem o realismo e a humildade de aceitar a situação do pluralismo religioso; que proclama, oportuna e inoportuna, ter o monopólio da verdade! Temos muito de bispos príncipes que permanecem longe do povo, e também do clero![136]

Helder convidava os bispos a aproveitar a missa de enceramento do Concílio para realizar o gesto simbólico de despir-se da cruz episcopal de ouro ou de prata e adotar um estilo de vida de acordo com a simplicidade evangélica.

---

135 Ibid., 90-91.
136 Id., "Um pós-concílio à altura do Vaticano", in BROUCKER, J. de. *Helder Camara, la violenza...*, 32.

Outro ponto que mereceu destaque é a sua preocupação com os leigos, partindo dos seguintes pressupostos:

- a Igreja como comunidade de fiéis e, ao mesmo tempo, Igreja-Instituição;
- a função ativa dos leigos para guiar a história e o mundo de Deus em Cristo;
- a missão hierárquica que dá à Igreja a sua estrutura e a participação do leigo na dignidade do Corpo de Cristo;
- o princípio hierárquico é o princípio comunitário.

Dom Helder propôs a participação dos leigos na vida da Igreja como adultos na fé, ressaltando a missão específica que Deus reserva aos leigos posicionados no ponto de encontro entre a Igreja e o mundo. Helder propôs a participação de leigos a começar na segunda sessão do Concílio, para definir a especificidade dos leigos na vida da Igreja e em prospectiva do mundo atual. E pensando em sua proposta do Senado junto ao Papa, propôs a presença de leigos como porta-vozes do laicato. Para que isso acontecesse, dever-se-ia estimular a formação dos leigos e colaborar para a abertura de novos horizontes. "As audácias de hoje preparam os comportamentos normais do amanhã".[137] Ao pensar nos leigos como adultos na fé, ressaltou a importância da catequese e propôs a sua reforma no sentido amplo da formação cristã, saindo do formalismo dos manuais e envolvendo todas as formas da presença da Igreja no mundo, a partir de uma análise profunda do contexto da realidade. Para tal fim sugeriu o método ver-julgar-agir, oriundo da Ação Católica. Citou como exemplo a experiência colombiana da educação de base através das escolas radiofônicas.

> Não se trata de uma simples catequese formal, porque se teve o bom senso de verificar que havia antes de

---

137 Ibid., 32.

tudo um trabalho preliminar, humano e cristão, para se realizar: aquele de elevar milhares de criaturas humanas que se encontram em uma situação subumana; aquele de ajudar a conquistar os pressupostos da liberdade (para que coisa serve falar de liberdade e dos direitos do homem a quem não tem casa, nem verdadeiro alimento, nem roupas decentes, nem um mínimo de educação, de tempo livre ou de assistência religiosa, nem tão pouco um mínimo de garantia de emprego?).[138]

Enfim, propôs uma catequese encarnada que ensinasse os valores humanos e cristãos.

B. CARTAS CIRCULARES

As cartas circulares eram uma "espécie de diário íntimo".[139] Durante as quatro sessões do Concílio, Helder escreveu 297 cartas circulares; 7 dessas, escritas na 1ª sessão, foram perdidas.[140] Os destinatários das cartas circulares eram as pessoas que faziam parte do grupo de colaboradores de Dom Helder a partir dos anos 40 na ACB, que depois o ajudaram na CNBB a partir de 1952 e em suas obras pastorais na Arquidiocese do Rio. Após sua transferência para o Recife, seus novos colaboradores passaram a receber as cartas circulares. Os seus colaboradores eram chamados de "Família de São Joaquim", em referência ao palácio da cúria arquidiocesana do Rio. Após a sua transferência para Recife, Dom Helder mudou o nome coletivo, buscando abranger as "famílias": Rio e Olinda-Recife foram chamados de "Família Mece-

---

138 Ibid., 71-72.
139 BEOZZO, J. "Dom Helder...", 103.
140 Dom Helder Camara, Obras completas Vol. I/Tomo I, Recife, Editora Universitária UFPE, 2004.

jana", "Família Mecejanense e Olindo-Recifense", "Família Joanica", "Família Giovanina", "Família Mecejanense". Dom Helder escrevia as cartas circulares, em sua maioria, durante as vigílias que fazia todas as noites, durante a madrugada, de duas às quatro da manhã, tempo de oração, contemplação, meditação. Elas "testemunham a profundidade espiritual aperfeiçoada de uma simplicidade impressionante".[141]

As cartas expressam o carinho e o cuidado pastoral de Helder para com sua família. Nelas aparecem aspectos espirituais, afetivos e a preocupação com a formação e crescimento teológico. Helder indica "os autores e obras que alimentavam o seu pensamento, enriquecendo a sua visão da realidade e fecundando, em parte, a sua fértil e teatral imaginação".[142] Em segundo lugar, verifica-se a sua preocupação com que os membros de sua equipe sejam conscientes do papel dos leigos cristãos e de poderem participar ativamente nos debates conciliares – está preparando-os para o futuro da Igreja pós-Concílio. Em terceiro lugar, verifica-se a sua preocupação como secretário-geral da CNBB. Ao perceber que o Concílio é o ambiente ideal para a maturação da CNBB, incumbiu-se de promover sistematicamente momentos de estudos, contando com a colaboração de grandes peritos internacionais, tanto no Pio Brasileiro como no *Domus Mariae*. Helder informou aos seus colaboradores sobre a promoção do grupo de estudo, o *"Opus Angeli"*, grupo de peritos que colaboravam na reflexão dos padres conciliares no *Domus Mariae*; sobre as reuniões do *Domus Mariae*, através das cartas circulares, é possível seguir o roteiro das conferências e das reflexões do "grupo dos pobres".

Nas cartas circulares pode-se entrar na intimidade de Dom Helder, conhecer suas impressões, desejos e projetos durante o Concílio. Em primeiro lugar, verificar o desenvolvimento dos vínculos de amizades, de confiança e colaboração entre os bispos, descobrindo a importância

---

141 MARQUES, L. *Il carteggio...*, 68. Helder escrevia de próprio punho à sua secretária Cecília, que fazia a transcrição, datilografando-as em várias cópias a carbono, e pessoalmente as distribuía aos familiares.
142 Ibid., 69.

do intercâmbio pessoal. Em segundo lugar, pode-se constatar o percurso de renovação intelectual e teológica, através do contato com os mais importantes teólogos da metade do século XX. Em terceiro lugar, pode-se ver a sua alegria ao descobrir a riqueza das tradições eclesiais nas cerimônias litúrgicas africanas e orientais. Em quarto, pode-se ver as suas angústias e ansiedades, como, por exemplo, sobre sua transferência para uma arquidiocese residencial (narrada na carta circular de 13-14 de outubro de 1962, dois anos antes de concretizar-se). Segundo Luis Carlos Marques:

> As cartas circulares de Helder Camara se impõem, e não somente pelo seu volume, mas principalmente pela qualidade da vivência que conservam. Podem-se colher aqui informações de primeira mão válidas para diversas reconstruções, seja da história da Conferência Episcopal Brasileira e do Conselho Episcopal Latino-Americano, seja dos principais grupos informais que tanto peso tiveram no desenvolver do Concílio. Os já citados Ecumênico, Opus dei Angeli, o grupo da Igreja Servidora e Pobre. Nos escritos de Camara pode-se seguir o desenvolvimento dos temas tornados hoje correntes no discurso teológico e pastoral, como por exemplo os temas de opção pelos pobres, aquele da não violência ativa e da paz e até um tema proibidíssimo hoje, aquele da ordenação das mulheres.[143]

Após o Concílio, a vida de Dom Helder adquiriu uma nova forma de ser, enraizada na figura episcopal conciliar: "o que o Concílio lançou foi a missão profética do bispo, a sua palavra dirigida ao mundo, à sociedade como sociedade. Foi precisamente a forma que Dom Helder quis dar ao seu ministério episcopal".[144] Durante e após o Concílio, Dom Helder manteve uma postura crítica diante da burocracia eclesiás-

---

143 Ibid., 738.
144 COMBLIN, J. "Dom Helder...", 35.

tica e a suntuosidade que circunda o Papa. No seu processo de amadurecimento ocorreu uma nova mudança de mentalidade: se de 1952 a 1964 era definido como o "Bispo das favelas", devido ao seu assistencialismo, ou como o "profeta do desenvolvimento", por sua coloração com o Governo para pedir às autoridades as reformas profundas, reformas de base principalmente para o Nordeste, a partir de 1964 passou a lutar por mudanças estruturais da sociedade. Dom Helder fez a passagem do comportamento assistencialista ao politicamente engajado, de luta para a transformação estrutural dos mecanismos de dominação e exploração que geram a pobreza e a miséria. Nos anos 60 e 70 foi conhecido como "advogado do terceiro mundo" por sua luta pelo desenvolvimento integral, lutando pela justiça contra uma "ordem social" que, na verdade, significa uma desordem para o povo, e combatendo a dominação econômica social em prol da verdadeira liberdade.

2.3.2 Transferência para Recife

A mudança de mentalidade de Helder, seu anseio em sempre responder aos desafios pastorais através de uma postura política e social, trouxe divergências pastorais com Dom Jaime, e ambos perceberam que não era possível continuar a trabalhar juntos.[145]

Segundo Helder, a percepção clara da necessidade da separação aconteceu no dia da festa de São Vicente de Paulo em 1960. O cardeal celebrou a missa solene, e Dom Helder fez a homilia, aproveitando a ocasião para apresentar ao cardeal a sua visão global sobre os problemas sociais. Afirmando que não era importante recordar aquilo que São Vicente havia feito, mas refletir sobre o que faria hoje São Vicente,

---

145 Sobre a transferência de Dom Helder para Recife, cf. Camara, H. *Le conversioni...*, 203; Broucker, J. de. *Helder Camara, la violenza...*, 26-27; Tapia de Renedo, B. *Hélder Câmara, segno...*, 44-54; González, J. *Helder Câmara, il grido...*, 94-100; Tapia de Renedo, B. *Hélder Câmara proclama...*; 17-18; Piletti N. e Praxedes, W. *Dom Hélder Câmara...*, 287-294; Caramuru de Barros, R. "Perfil e trajetória...", 47-48; Toulat, J. *Dom Helder Camara...*, 41-43; Camara, H. *¿Quien soy yo?...*, 36-39; Ferrarini, S. *A imprensa...*, 143.

quais seriam suas principais manifestações de caridade. Concluiu afirmando que a caridade de São Vicente consistiria em fazer justiça. Depois dessa homilia, o cardeal compreendeu que os dois estariam sempre mais distantes. Passado certo tempo, o Cardeal comunicou a Helder que a única maneira de continuar a serem bons amigos seria a separação. Deveriam fazer como Paulo e Barnabé. A separação entre os dois foi amigável e de comum acordo.

As suas divergências com o Cardeal foram assim resumidas por Helder: "quando recitávamos o Credo, as nossas vozes procediam em uníssono. Quando se tratava de julgar as questões sociais, não havia possibilidade alguma de acordo".[146] E continua:

> Pouco a pouco começou a constituir-se para ele motivo de preocupação a nossa divergência de perspectiva no campo social. Para ele, o maior problema do mundo é o comunismo. Donde deriva, em parte, a sua cegueira anticomunista. Para mim, o mais grave problema social dos nossos dias é a distância, cada dia maior, entre países desenvolvidos e países em fase de subdesenvolvimento.[147]

Helder já percebia anteriormente que a separação iria ocorrer, através de alguns acontecimentos. Em 1960, Dom José Távora, o "Eu", como o chamava Dom Helder, foi transferido para a diocese de Aracaju após o pedido de Dom Jaime. Assim analisou Dom Helder: "Um dia, ele perdeu a confiança do senhor Cardeal, e o vimos partir para Aracaju. Claro que eu, também, estava com os dias contados".[148] Dom Helder já estava na lista dos eclesiásticos acusados de favorecimento ao comunismo, por exigir cada vez mais que, diante das grandes questões nacionais, a resposta fosse a transformação social pelas reformas estruturais, reforma de base. Essa acusação continuaria: em 1963, durante a segunda sessão do Concílio, Dom Helder foi comunicado de que a Secretaria

---

146 González, J. *Helder Câmara, il grido...*, 92.
147 Ibid., 93.
148 Piletti, N. e Praxedes, W. *Dom Hélder Câmara...*, 289.

de Estado do Vaticano recebeu um dossiê acusando-o de comunista. Em fevereiro de 1964, Dom Jaime Câmara informou à cúria do Vaticano denúncias sobre o envolvimento político de Helder.

Em 1962, Dom Jaime conseguiu fazer de Dom Cândido Padim seu bispo auxiliar e também assistente nacional da Ação Católica, terminando assim o período de Helder à frente da Ação Católica. Também em 1962, em sua primeira "carta circular", de 13-14 de outubro de 1962, presume-se que Helder esperava a nomeação para uma arquidiocese residencial, pois nela dizia aos seus colaboradores:

> Até agora nada soube sobre mim. O senhor núncio, a partir de 2ª-feira (15), vai passar os dias sem sessão aqui, na *Domus Mariae*. Pretendo pedir-lhe novidades. Se é que existem. Felizmente, continuo em absoluto "*in Manu Domini*..."[149]

Um exemplo da mudança de postura de Helder é a entrevista que concedeu à NBC, rede de televisão americana, em janeiro de 1963, sobre a aliança para o progresso, na qual afirmou: "a aliança para o progresso está morta, mas eu desejo sua ressurreição", e apontou quatro causas de sua morte:

> As elites latino-americanas falam muito de reformas de base, mas chamam de comunistas aqueles que resolvem implantá-las de verdade; a instrumentalização desse Programa para o proveito próprio da classe política, devido à sua natureza estritamente governamental; a complexidade dos procedimentos burocráticos nas duas extremidades do processo; o reduzido volume de recursos alocados efetivamente ao desenvolvimento, pois proporção substancial desses recursos era destinada à defesa militar do mundo livre.[150]

---

149 CAMARA, H., obras completas, 6-7. *Carta- circular* 13-14/10/1962.
150 CARAMURU DE BARROS, R. "perfil e trajetória...", 43.

E conclui afirmando que investir na América Latina sem reformas de base seria como jogar dinheiro no mar. A partir desse momento, membros da elite brasileira se afastaram e negaram cooperação a Dom Helder.

O processo de separação ocorreu de forma sigilosa. Dom Jaime fez o pedido de transferência de Dom Helder ao Vaticano através da nunciatura apostólica. O núncio Dom Lombardi, amigo íntimo de Helder, foi o intermediário dessa questão. No início o Papa Paulo VI, com o apoio e sugestão de Dom Lombardi, pensou em transferi-lo para a arquidiocese de Salvador, Bahia, na qualidade de administrador apostólico com direito a sucessão. Salvador é uma diocese com sede cardinalícia, a nomeação para esta significaria também a possibilidade da nomeação a Cardeal após a morte do titular. Mas o Cardeal Arcebispo Dom Augusto Álvaro, já com 88 anos e doente, opôs-se, percebendo que tal situação lhe tiraria o comando da diocese, e ele ficaria apenas com o cargo honorífico. Ele alegou que existiam cardeais mais velhos e em plena atividade na cúria romana. Paulo VI preferiu não se impor e buscou outra diocese para Helder. A única possibilidade era a diocese de São Luís, no Maranhão. Por ser uma diocese pequena, essa mudança poderia ser interpretada como uma punição ou perda de confiança do Papa em Dom Helder.

Em março de 1964, Dom Helder estava em Roma para reuniões sobre a redação de documentos do Concílio. No dia 7 saiu sua nomeação oficial para a diocese de São Luis. Mas no mesmo dia faleceu Dom Carlos Coelho, arcebispo de Olinda e Recife, vitima de um choque anafilático durante uma cirurgia. O núncio, Dom Lombardi, escreveu imediatamente um telegrama ao Vaticano comunicando o fato. Segundo Dom Helder, no dia seguinte foi chamado pelo Papa, que, afirmando que via nesta situação um sinal de Deus, o nomearia para a arquidiocese de Olinda e Recife. Dom Helder lhe pediu que, em respeito à memória de Dom Carlos, esperasse para fazer a nomeação. A nomeação ocorreu em 12 de março de 1964. No dia 13, em audiência, Paulo VI lhe disse: "Sei que lhe custará muito sair de seu Rio e que aos seus colaboradores será também penosíssimo vê-lo partir. Quero que saibam que o Papa também sofreu. Mas tenha certeza de que tudo vai correr bem: quando uma criatura fica assim nas mãos de Deus, (Ele) opera maravilhas...".[151]

A nomeação de Dom Helder foi recebida como aprovação silenciosa e inequívoca da Santa Sé à linha pastoral trilhada por Dom Helder.

> A minha partida para Recife coincidiu com a revolução de 1964, mas para mim não foi o acaso ou as circunstâncias. Retenho que a Providência abriu um novo capítulo na minha vida. Revia o Nordeste, mas com um olhar novo. Chegava a Recife, sabia que chegava a um dos pontos-chaves do Terceiro Mundo. Recife é uma das capitais do Terceiro Mundo. Um horizonte completamente novo, uma nova vocação se abria diante de mim. Certo, permanecia completamente fiel ao serviço da Igreja de Cristo de Olinda e Recife, mas porque é impossível resolver os problemas locais se os países dos quais dependem não se convertem, fui chamado pelo Senhor a todo um trabalho missionário, e sob um plano internacional.[152]

No mesmo ano de 1964, aconteceu a segunda despedida de Helder do Rio de Janeiro. Durante a Terceira sessão do Concílio Vaticano II, aproveitando a presença de quase todos os bispos brasileiros em Roma, foi realizada a assembleia da CNBB para a elaboração e aprovação dos novos estatutos e a eleição da nova direção. Na conferência episcopal no contexto de polarização de ideias, havia um grupo contrário a Dom Helder e um grupo de bispos que o seguiam. O líder do grupo contrário a Dom Helder foi Dom José D'Ângelo Neto, bispo

---

151 PILETTI, N. e PRAXEDES, W. *Dom Hélder Câmara...*, 293.
152 CAMARA, H. *Le conversioni...*, 203. Conforme Mainwaring, "embora sua remoção do Rio fosse uma tentativa de silenciá-lo, surtiu efeito contrário, pois o libertou da dependência do cardeal conservador D. Jaime de Barros Camara (...). Enquanto um número cada vez menor de pessoas tinha coragem de criticar o Regime Militar, D. Helder denunciava o colonialismo interno e o empobrecimento generalizado". MAIWARING, Scott. *A Igreja católica e a política no Brasil*. São Paulo: Ed. Brasiliense: 1989, 116-117.

de Pouso Alegre-MG, considerado ultraconservador. Com o apoio e os votos dos bispos das prelazias (em sua maioria eram estrangeiros), impuseram uma derrota esmagadora a Dom Helder, assumindo os principais cargos na direção da CNBB. Para presidente da CNBB foi eleito Dom Agnello Rossi, de São Paulo; o candidato do grupo de Dom Helder era Dom Fernando Gomes, que também foi derrotado para os cargos de Primeiro e Segundo Vice-presidente, vencidos por Dom Avelar Brandão e Dom Penido, respectivamente. Dom Helder não conseguiu eleger-se secretário-geral – o eleito foi Dom José Gonçalves –; foi eleito somente e por maioria simples para o cargo de Secretário Nacional de Ação Social. Diante do quadro da nova diretoria da CNBB, Dom Helder comentou em suas cartas circulares à família Mecejanense:

> Não adianta querer negar que houve uma clara vitória ideológica. Venceu a reação... agora, em plena vigília, não seria sincero se não reconhecesse que na hora de perder o título de secretário-geral, a oferenda pesa. Sabia. Esperava. Era certa a substituição. Mas é a confirmação de minha partida do Rio. É uma separação a mais.[153]

Ainda em 1964, Dom Helder sofreu mais uma derrota. Durante a VII Assembleia Extraordinária da CNBB, realizada em Roma durante a sessão do Concílio, Dom Avelar Brandão foi eleito Delegado do Brasil no CELAM, e Dom Zioni, Secretário Nacional do Ministério Sacerdotal, vencendo Dom José Maria Pires e Dom José Delgado, respectivamente. Para Dom Helder, não ter sido reeleito era mais uma prova de humildade imposta pela vontade divina.

---

153 CAMARA, H. *Carta circular* 17/64 de 27-28 de setembro de 1964.

CAPÍTULO II

SINAIS DOS TEMPOS, SINAIS DE DEUS: (1964-1999)

A terceira fase da vida de Dom Helder iniciou-se com sua nomeação como Arcebispo de Olinda e Recife (1964-1985). Durante esse período, o Brasil estava sob o comando da ditadura militar. Dom Helder Camara destacou-se na defesa dos direitos humanos, sendo considerado o apóstolo da não violência, profeta do Terceiro Mundo. Lutando pela justiça, ele se fez a voz dos que não têm voz. Iniciamos este primeiro momento refletindo sobre a sua tomada de posse na Arquidiocese de Olinda e Recife, sublinhando o seu pronunciamento, que seria guia para o seu ministério de pastor arquidiocesano. Depois contextualizaremos o período sociopolítico e a relação da Igreja com o Estado para compreendermos melhor as tomadas de posição de Dom Helder diante do governo ditatorial militar e, dentro desse contexto, poderemos compreender a sua atuação como pastor arquidiocesano, sua participação em Medellín e Puebla e sua atuação como profeta do Terceiro Mundo. Nesta terceira fase, refletiremos também sobre o período de Dom Helder como bispo emérito (1985-1999). Após entregar o pastoreio da arquidiocese, continuou empenhado na luta pela justiça e pela paz e, ao mesmo tempo, viu em silêncio as mudanças na arquidiocese, devido a uma nova postura pastoral.

I TOMADA DE POSSE

Dom Helder foi nomeado para a Arquidiocese de Olinda e Recife num momento conturbado da história brasileira.[1] No dia 13 de março de 1964, realizou-se na central do Brasil, no Rio de Janeiro, o comício no qual João Goulart, apoiado por Leonel Brizola e Miguel Arraes, governador do Recife, defendia a reforma de base. Dom Helder descreveu a situação do governo de Goulart:

> Talvez um pouco manobrado de uma parte ou da outra, estava mais ou menos abertamente preparando uma revolução. Queria conservar a amizade dos generais, mas se apoiava nos sargentos; queria conservar o diálogo com os patrões, mas se apoiava nos trabalhadores. Acreditava poder contar com a Confederação Geral do Trabalho – CGT, como se fosse uma realidade, enquanto, de fato, a tradição sindical que nós conhecemos era somente o peleguismo.[2]

Já existiam fortes reações ao governo Goulart, principalmente entre os generais, que conspiravam um complô militar contra o governo. A Igreja Católica, principalmente a ala conservadora, organizou uma reação clara contra o Governo, baseada na mentalidade anticomunista. Reuniu em São Paulo, em dezenove de março, 500 mil pessoas na marcha da "Família com Deus pela liberdade". Essa manifestação teve o apoio do Cardeal Dom Jaime Câmara e a oposição do Cardeal Mota, arcebispo de São Paulo, e de Dom Helder Camara.

João Goulart voltou a defender a reforma de base no seu discurso aos sargentos, transmitido em cadeia nacional através do rádio e da te-

---

1 Sobre a tomada de posse de Dom Helder, cf. CAMARA, H. *Le conversioni...*, 202; CAMARA, H. *¿Quien soy yo?...*, 93-94; BROUCKER, J. de *Helder Camara, la violenza...*, 81; CASTRO, M. *Dom Hélder, o bispo da...*, 57; BLAZQUEZ, F. *Hélder Camara*, il grito..., 86-87; GONZÁLEZ, J. *Helder Câmara, il grido...*, 143-144; PILETTI, N. e PRAXEDES, W. *Dom Hélder Câmara...*, 294-297; TAPIA DE RENEDO, B. *Hélder Câmara, segno...*, 54.
2 CAMARA, H. *Le conversioni...*, 201.

levisão. Percebendo a gravidade da situação, logo na manhã seguinte, Dom Helder telefonou ao Cardeal Dom Carlos Carmelo Mota, Arcebispo de São Paulo e presidente da CNBB, que aceitou a proposta de Helder e imediatamente foi ao Rio de Janeiro para um encontro privado com o Presidente da República, com o objetivo de alertá-lo sobre a situação política e a evidente ameaça de golpe militar. Durante o almoço, que a pedido de Dom Mota e Dom Helder seria altamente reservado, o fotógrafo presidencial entrou e fotografa os três, sob o protesto de Helder e Mota, que foram assegurados por Goulart de que seria apenas para o seu arquivo pessoal. Alguns dias depois, em 24 de março de 1964, a foto foi publicada, no Jornal do Brasil, e usada como contraposição à marcha da Família, buscando demonstrar que duas personalidades expressivas da Igreja Católica, o Presidente e o Secretário-Geral da CNBB, eram aliados do Presidente. Esta foto custaria caro a Dom Helder e seria usada contra ele para a acusação de favorecimento ao comunismo. Mesmo percebendo a complicação da publicação da foto, Dom Mota e Dom Helder não se manifestaram publicamente. Sobre a proposta de Goulart, Helder avaliava:

> Parecia que não seguia um sério programa de reforma estrutural, que não havia um plano meditado para estabelecer um verdadeiro socialismo humano, mas que se tratasse infelizmente de um esquerdismo sentimental, que não se sabia a que coisa haveria conduzido, senão a uma aberta reação dos militares, isto é, a uma ditadura.[3]

Em 31 de março de 1964, iniciou-se o Golpe Militar com o deslocamento das tropas do General Olympio Mourão Filho (que em 1937 havia forjado o Plano Cohen, conhecido como a conspiração polaca para favorecer o golpe de Getúlio Vargas) de Minas Gerais para o Rio de Janeiro. Em 1º de abril a Junta Militar assumiu o Governo. Em 15

---

3 Ibid., 202.

de abril tomou posse o Marechal Humberto de Alencar Castelo Branco, chefe do Exército. João Goulart exilou-se no Uruguai. Na reação da Igreja frente ao Golpe Militar, "Revolução de 1964", perceberam-se três posições: o apoio (Dom Jaime Câmara), a expectativa (Dom Eugênio Sales e Dom Helder) e a rejeição total.

Alguns dias antes de assumir a Arquidiocese de Olinda e Recife, Dom Helder e Dom Eugenio Sales encontraram-se confidencialmente com o Marechal Castelo Branco, visando expor a situação de arbitrariedades, violências e injustiças durante a tomada de poder pelos militares. E relatam o depoimento de Dom Helder:

> Foi um encontro ótimo: o general reconhece que ódio gera ódio; que não é válido apelar para um mero anticomunismo policialesco; que ideias só com ideias se combatem... Em certo momento, queixou-se contra padres, que, esquecendo a evangelização, empolgam-se simplesmente com obras sociais... Dom Eugênio e eu pusemos os pingos nos is.[4]

Chegando a Recife em 11 de abril de 1964, Dom Helder foi recepcionado por Paulo Guerra, governador de Pernambuco (Miguel Arraes havia sido deposto pelos militares por apoiar o Governo de Goulart, e, em seu lugar, Paulo Guerra foi imposto); por Augusto Lucena, prefeito da Cidade; pelo General Justino Alves Bastos, comandante do IV Exército; pelo Brigadeiro Homero Souto e pelo Almirante Dias Fernandes. Após a recepção, Dom Helder percorreu a cidade em carro aberto, sendo recepcionado pelo povo.

No dia 12 de abril, na Basílica do Carmo, tomou posse da Arquidiocese de Olinda e Recife. Na celebração estavam presentes 17 bispos do Nordeste. Destaca-se no discurso de tomada de posse o seu conteúdo programático para a gestão da Arquidiocese, retomados os elementos de sua carta aberta aos bispos do Vaticano II. Sobre o discurso, Helder

---

4 PILETTI, N. e PRAXEDES, W. *Dom Hélder Câmara...*, 297.

esclareceu: "eu aproveitei da ocasião para expor com toda clareza minha posição porque sabia que, se Deus não me desse coragem naquele momento, depois seria demasiado tarde".[5]

A mensagem de Dom Helder em sua tomada de posse como arcebispo de Olinda e Recife continha cinco pontos: saudação fraterna, conversa clara faz bons amigos, responsabilidade grave dos cristãos nordestinos, conclusão geral e prece final. Dom Helder iniciou a sua mensagem fazendo a saudação fraterna, afirmando: "é uma graça divina descobrir os sinais dos tempos, estar à altura dos acontecimentos, corresponder de cheio aos planos de Deus".[6] Para Helder, ser nomeado para a Arquidiocese de Olinda e Recife era parte dos planos da Providência e abriu um novo capítulo de sua vida, revendo o Nordeste com um olhar novo, inserido na região, e principalmente a Recife, como um dos pontos chaves do Terceiro Mundo. Um novo horizonte abria-se, uma nova vocação se iniciava. E inspirado em Dom Leme, que, em 1916 escreveu a carta pastoral clássica, mudando a perspectiva da Igreja no Brasil, revelou a sua proposta. Apresentou-se como:

> Um nordestino falando a nordestinos, com os olhos postos no Brasil, na América Latina e no mundo. Uma criatura humana que se considera irmão de fraqueza e de pecado dos homens de todas as raças e de todos os cantos do mundo. Um cristão se dirigindo a cristãos, mas de coração aberto, ecumenicamente, para os homens de todos os credos e de todas as ideologias. Um bispo da Igreja católica que, à imitação de Cristo, não vem ser servido, mas para servir.[7]

---

5 CAMARA, H. ¿Quien soy yo?..., 41.
6 Id., "Mensagem de Dom Helder na tomada de posse como arcebispo de Olinda e Recife", in POTRICK, Maria Bernarda (org.). *Dom Helder. Pastor e profeta...*, 118.
7 Ibid., 118.

Em sua apresentação, Helder demonstrou o seu objetivo: ser servidor de todos.

No segundo ponto de sua mensagem, "conversa clara faz bons amigos", clarificou a universalidade do ministério episcopal, afirmando que o bispo é de todos.

> Ninguém se escandalize quando me vir frequentando criaturas tidas como indignas e pecadoras... Ninguém se espante me vendo com criaturas tidas como envolventes e perigosas, da esquerda ou da direita (...). Ninguém pretenda prender-me a grupo (...). Minha porta e meu coração estarão abertos a todos, absolutamente a todos. Cristo morreu por todos os homens: a ninguém devo excluir do diálogo fraterno.[8]

Em um momento crucial para o Brasil, Helder teve a coragem de afirmar-se aberto ao diálogo com todos, independentemente de qualquer rótulo ou classificação imposta por outros.

Afirmou onde estaria o seu foco de atenção: a exemplo de Cristo, teria um amor especial pelos pobres, "velando sobretudo pela pobreza envergonhada e tentando evitar que da pobreza se resvale para a miséria".[9] E sobre a miséria que aflige grande parte da população, disse: "a miséria é revoltante ou aviltante: fere a imagem de Deus que é cada homem; viola o direito e o dever do ser humano ao aperfeiçoamento integral".[10] E contra a miséria, que, ao seu ver, era um insulto ao Criador, Helder combateria buscando não apenas remédios paliativos, mas também e principalmente a transformação de estruturas:

> Mas não venho ajudar ninguém a se enganar, pensando que basta um pouco de generosidade e de assistência social.

---

8 Ibid., 119.
9 Ibid., 119.
10 Ibid., 119.

Sem dúvida, há misérias gritantes diante das quais não temos o direito de ficar indiferentes. Muitas vezes, o jeito é dar um atendimento imediato. Mas não vamos pensar que o problema se restringe a algumas pequenas reformas, e não confundamos a bela e indispensável noção de ordem, fim de todo progresso humano, com contrafrações suas, responsáveis pela manutenção de estruturas que, todos reconhecem, não podem ser mantidas.[11]

Note-se que Dom Helder usou as duas palavras da bandeira nacional: ordem e progresso, dando o seu significado amplo e, ao mesmo tempo, aludindo à instrumentalização da "ordem" para a manutenção de uma estrutura injusta que marginaliza e oprime o ser humano. Se contextualizarmos lembrando que a ditadura militar foi imposta "defendendo" a bandeira e o lema, é uma crítica sutil com endereço determinado, e alguns desses membros estavam ao seu lado para buscar o apoio ou controlar a crítica.

Reafirmou uma de suas preocupações: o diálogo entre o mundo desenvolvido e o mundo subdesenvolvido. E, a partir da perspectiva do Recife, afirmou que o subdesenvolvimento é o problema número um a ser enfrentado por todos, não de cima para baixo, impondo, mas despertando a conscientização, a autopromoção. Disse:

Se quisermos ir à raiz dos nossos males sociais, teremos que ajudar o país a romper o círculo vicioso do subdesenvolvimento e da miséria. Há quem se escandalize quando se afirma que este é o nosso problema social número um. Há quem pense em demagogia quando se fala em criaturas que se acham em situação que nem chega a ser humana.[12]

---

11 Ibid., 119-120.
12 Ibid., 120.

Na luta contra o subdesenvolvimento e a miséria, a Igreja tinha um papel especial. "A Igreja não se marginaliza da História. Ela vive no coração da História através de seus leigos livres, adultos e responsáveis".[13] E mesmo no contexto de ditadura militar, em que o medo se impunha, ele convocava:

> Tenhamos serenidade de espírito e coragem cristã para salvar ideias justas, encarnadas em expressões que, no momento, soam como palavras proibidas e feias. Cultura popular; conscientização; politização; autopromoção talvez sejam nomes a serem provisoriamente esquecidos e até trocados. Mas não podemos largar bandeiras certas pelo fato de andarem em mãos erradas.[14]

Com serenidade e coragem a Igreja estaria ao lado do povo no momento crucial da História. Para Helder, "seria escandaloso e imperdoável que as massas fossem abandonadas pela Igreja em sua hora mais dura, o que daria a impressão de desinteresse em ajudá-las a atingir um nível de dignidade humana e cristã, elevando-se à categoria de povo".[15] A seu ver, a Igreja estaria a serviço dos homens colaborando no processo de libertação, que começa no tempo e atingirá à plenitude na volta do Filho de Deus.[16]

No terceiro ponto falou sobre a "responsabilidade grave dos cristãos nordestinos". Afirmou a necessidade de acelerar a obra cristã de evangelização esforçando-se pelo desenvolvimento. No processo de evangelização, é preciso identificar o Cristo no homem a ser tirado da miséria:

> Por estranho que pareça, afirmo que, no Nordeste, Cristo se chama Zé, Antonio, Severino... *"Ecce Homo"*: eis o Cristo, eis o

---

13 Ibid., 120.
14 Ibid., 121.
15 Ibid., 121.
16 Cf. Ibid., 122.

Homem! Ele é o homem que precisa de justiça, que tem direito à justiça, que merece justiça.

Para conseguirmos que os oprimidos não se entreguem a violências estéreis e destruidoras, é preciso superar a aparência de covardia que consiste na impossibilidade de diálogo.[17]

Para o processo de evangelização, de humanização, de transformação social, a esperança se fazia necessária.

Que, ao invés de tanto medo e de tanto sobressalto, o homem saiba que, nos momentos mais difíceis, na escuridão mais escura, na noite mais noite, há o começo de uma luz... Que o homem, meu irmão de grandeza e de miséria, reencontre a Esperança![18]

O quarto ponto de sua mensagem tem o título "Conclusão Geral". Nela Helder enfocou o Concílio Vaticano II e algumas linhas mestras que guiariam o seu governo na arquidiocese: a reforma da Igreja e conversão pessoal, a colegialidade, o ecumenismo. Ressaltamos a primeira: a necessidade da reforma da Igreja facilitando o diálogo com todos e a conversão pessoal, que norteará a execução das outras.

A diferença que há entre o fariseu e o santo é sobretudo esta: o fariseu é largo consigo e estreito com os outros; quer todo o mundo a ir para o céu à força. O santo só é exigente consigo: com os pecadores, é largo como a bondade divina, sem limites como a misericórdia do Pai.[19]

---

17   Ibid., 123. É interessante notar que em Puebla (1979), ao fazer a análise da realidade sociocultural latino-americana, os bispos seguem a mesma linha de pensamento, afirmando que o contexto de extrema pobreza generalizada adquire, na vida real, feições concretas, nas quais se devem reconhecer as feições sofredoras de Cristo, que nos questiona e interpela: feições de crianças, de jovens, de indígenas, de camponeses, de operários, de subempregados e desempregados, de marginalizados, de anciãos. Cf. PUEBLA, 31-40.
18   Ibid., 124.
19   Ibid., 125.

No quinto ponto de sua mensagem, Helder, recordando João XXIII, faz uma prece para concluir sua mensagem.

O discurso de Dom Helder em sua tomada de posse na arquidiocese de Olinda e Recife primou pelo seu conteúdo. Demonstrou suas ideias sobre a ação de um bispo autêntico: pastor de homens concretos, ele queria ser e viver no compromisso cristão com Deus e com os homens, e por isso assumiu o compromisso de transformar o mundo a partir da ótica do pobre. Revelou sua preocupação social enfocando os problemas do Terceiro Mundo: miséria, subdesenvolvimento, violência, paz, injustiça, pobres. Afirmou sua independência política para a realização do projeto pastoral. Enfim, o discurso marcava sua inserção pastoral na opção pelos pobres e, diante do contexto histórico brasileiro, revelou a coragem de usar o tom profético: anunciando a Boa-Nova e denunciando as injustiças que massacram o homem. Segundo Severino Vicente da Silva:

> As palavras de posse de Dom Helder podem, e creio que em breve, ser vistas como uma nova pastoral – a pastoral de 1964. Uma redefinição do papel da Igreja e do católico brasileiro, assim como o fizera o antecessor Dom Leme. Em um momento de grande medo, de não exposição, Dom Helder expõe-se e assume o risco da crítica. Assumindo uma liberdade de ação que desgostaria a tantos que esperavam do bispo um apoio irrestrito às suas próprias posições políticas e ideológicas. Colocando-se historicamente e geograficamente, Dom Helder assume a diocese de Olinda e Recife, o Nordeste, o Brasil, o Mundo, o Terceiro Mundo.[20]

Dussel é ainda mais enfático ao comentar o discurso de Dom Helder:

---

20 SILVA, Severino Vicente da. "apresentação aos textos de dom Helder", in POTRICK, Maria Bernarda (org.). *Dom Helder pastor...*, 117.

... a 12 de abril dom Hélder Câmara pronuncia um discurso que, para mim, é um dos mais claros teologicamente, que já foram pronunciados na história da América; é realmente profético, à altura do de Montesino. (...). Creio que desde o Concílio Vaticano talvez não se tenha dito nada mais claro (...). Esta é a posição clássica do profeta cristão, que vai lutar contra o liberalismo burguês, que vai lutar também contra a injustiça do poder, seja este do tipo que for. Ao mesmo tempo também vai se levantar contra o marxismo ortodoxo e vai lhe dizer que não o pode aceitar por ser ateu, no sentido de que não é ateu mas panteísta: ao absolutizar o todo nega o outro, e ao negar o outro nega a Deus e chega ao totalitarismo, um egoísmo fatal para o próprio sistema".[21]

2 NOITE SOMBRIA: DITADURA MILITAR (1964-1985)

Ao refletirmos a atuação de Dom Helder no período histórico da ditadura militar é necessário visualizarmos também a posição da Igreja no Brasil diante desse contexto. Procurando contextualizar o período sociopolítico e a relação da Igreja com o Estado, compreenderemos melhor a posição de Dom Helder. Dentro desse contexto poderemos compreender a sua ação como pastor arquidiocesano, sua participação em Medellín e Puebla e sua ação como profeta do Terceiro Mundo.

O contexto político de 1961-1964 foi caracterizado por conflitos internos e situações ingovernáveis: dois presidentes que não conseguiram realizar seu projeto de governo; insatisfação dos militares; protestos de grupos conservadores e revolta popular. Jânio Quadros foi eleito pelo povo e assumiu no início de 1961, e no mesmo ano deixou o governo, renunciou vencido pelas "forças terríveis". Jânio teve o governo

---

21 DUSSEL, E. *Caminhos*..., vol. I, 84-85.

marcado por promessas de moralização. Neste período pesam os interesses multinacionais e associados. João Goulart, vice-presidente, com a renúncia de Jânio, foi ameaçado de não assumir, foi necessária muita negociação. As forças armadas garantiram seu desembarque, estava em viagem à China. Assumiu como presidente sob o regime parlamentarista, tomou posse em setembro de 1961, tendo como primeiro ministro Tancredo Neves. No mesmo ano foi realizado o plebiscito para decidir qual forma de governo vigoraria, vencendo o presidencialismo. João Goulart defendia reformas profundas, as reformas de base nas estruturas do país. Seu governo era considerado pelos militares e grupos conservadores como esquerdizante e abria a possibilidade do comunismo. Seu governo foi marcado por promessas e esperanças de reformas de base – ele governou aos solavancos, um caldeirão político em ebulição e eminente comoção nacional.[22]

Os militares assumiram o poder em 1964 e governaram até 1985. O governo militar pode ser divido em três etapas:

- 1ª etapa: 1964-1969. Castelo Branco e Costa e Silva, período de lançamento das bases do Estado de Segurança Nacional e da corporificação constitucional (1967);
- 2ª etapa: 1969-1974. Médici desenvolveu o modelo econômico e ampliou o aparato repressivo;
- 3ª etapa: 1974-1985: Geisel e Figueiredo, período das estruturas mais permanentes e flexíveis e da institucionalização do Estado em longo prazo.[23]

Para nossa reflexão o importante será a compreensão da relação entre Estado e Igreja no período ditatorial e a posição de Dom Helder – por isso, faremos a divisão do contexto a partir desta; assim, teremos

---

22 Cf. DREIFURS, René. *1964: a conquista do Estado*, Petrópolis: Ed. Vozes, 1987, 103; VIEIRA, Evaldo. *Estado e miséria social no Brasil. De Getúlio a Geisel*. São Paulo: Cortez, 1985, 143.
23 Cf. ALVES, Maria H. M. *Estado e oposição no Brasil (1964-1984)*. Petrópolis: Ed. Vozes, 1987, 185.

dois momentos, de 1964 a 1968 e de 1969 a 1985, tendo como divisor de águas o Ato Institucional 5.

2.1 Nos primórdios da ditadura militar (1964-1968)

O primeiro presidente do golpe militar foi o Marechal Humberto de Alencar Castelo Branco (1964-1967), "indicado" pelos militares e eleito pelos parlamentares em 1964. Três atos institucionais, que fundamentam e demonstram os objetivos do governo militar, marcaram o início do seu governo. O Ato Institucional 1 (AI 1), de 9 de abril de 1964, legitimou a tomada de poder e ao mesmo tempo desencadeou o processo de repressão em larga escala. O AI 1 implantou o governo militar com dois objetivos: o combate à subversão e às ideologias contrárias às tradições do povo e a luta contra a corrupção. Desse modo, segundo os militares, visavam a reconstrução econômica, financeira, política e moral do Brasil. O Ato Institucional 2 (AI 2) dissolveu os partidos políticos anteriores a 1964, ampliou os poderes dos Tribunais Militares. Esse ato institucional deu bases para a criação de um novo sistema partidário, bipartidário: Aliança Renovadora Nacional (ARENA) e o Movimento Democrático Brasileiro (MDB), que faria o papel de oposição. O Ato Institucional 3 (AI 3) decretou eleições indiretas para os governadores dos estados e a escolha e nomeação pelo Governo Federal dos prefeitos das capitais dos estados e de outras cidades importantes para a Segurança Nacional.

A pedra angular do regime ditatorial militar foi a Lei de Segurança Nacional, elaborada e aprovada no início do governo do General Castelo Branco, que teve sua origem na doutrina de segurança nacional. A Doutrina de Segurança Nacional foi gestada e cultivada após o fim da Segunda Guerra Mundial; portanto, no clima de guerra fria: mundo dividido em dois, Leste e Oeste. O Brasil, membro do bloco ocidental, aderiu à política – desenvolveu estratégias de defesa da doutrina Truman, que se baseava no equilíbrio – da não violência; a política dos Estados Unidos consistia em apoiar os povos livres que resistiam a todas as tentativas de dominação, através de minorias armadas ou por meio de pressões externas. A segurança nacional teve o seu conceito derivado de Defesa Nacional. Segurança e desenvolvimento eram o binômio chave da ideologia e do projeto de sociedade elaborado pela Escola Superior de Guerra – ESG. Três características principais: segurança interna (contra a guerra subversiva e a guerrilha); alinhamento de princípio com o bloco ocidental, sob hegemonia dos Estados Unidos; e o papel do Estado, um Estado forte, centralizado, administrado com o planejamento racional para a consecução dos objetivos nacionais e com forte influência na área econômica. O Governo Militar foi imposto a partir de dois pontos fundamentais: a segurança nacional e a necessidade de um programa de purificação ideológica e ética, para afastar definitivamente os elementos corruptos e subversivos. No início do governo ditatorial foram realizadas as "operações de limpeza, mobilização de forças repressivas, cassações. Nos primeiros meses 50.000 pessoas foram presas no Brasil".[24] No final do governo de Castelo Branco, em 1967, o congresso aprovou uma nova constituição, sob pressão do Executivo, dos militares. A Constituição de 1967 foi a institucionalização dos ideais e princípios do Golpe de 1964 e, ao mesmo tempo, assegurou a continuidade do Governo Militar. No mesmo ano cresceu a oposição ofensiva.[25]

A reação da Igreja de 1964 a 1968 diante do Governo Militar foi de aceitação. A maioria da hierarquia apoiou o Golpe de Estado e integrou-se com os setores dominantes da sociedade. O episcopado brasileiro pronunciou-se favoravelmente, apoiando o novo curso político do país, baseado na concepção do mundo dividido em dois: o Leste (ocidental cristão, de ideologia capitalista, sendo a força principal os EUA); e o Oeste (mundo oriental, de ideologia comunista, tendo como força principal a URSS). Portanto, a mentalidade anticomunista prevaleceu no episcopado ao apoiar o Golpe Militar. Logo depois do golpe militar, reformulou-se a cúpula da CNBB – o grupo de bispos liderados por Dom

---

24 Ibid., 52.
25 Sobre Dom Helder nos primórdios da ditadura: cf. Broucker, J. de *Helder Camara, la violenza...*, 77-78; Caramuru de Barros, R. "Perfil e trajetória...", 49; Ferrarini, S. *A Imprensa...*, 144; Piletti, N. e Praxedes, W. *Dom Hélder Câmara..., Ibid.*, 327-354; Ianni, Octavio. *Classe e nação*. Petrópolis: Ed. Vozes, 1986, 60.

Helder Camara, considerados progressistas e que apoiaram as reformas de base do governo anterior, foi desarticulado. A CNBB redirecionou o seu programa de atuação social; algumas propostas de trabalhos anteriores foram reformuladas ou arquivadas. Portanto, no Golpe Militar de 1964, a posição da Igreja inicialmente foi de dar o voto de confiança ao Governo, apesar das prisões arbitrárias de líderes cristãos, principalmente ligados aos movimentos da ACB e da Ação Popular.

Enfim, diante do Golpe Militar, verifica-se uma posição majoritária, mas não unitária. A maioria da hierarquia episcopal, conservadores e alguns moderados, apoiaram e legitimaram a ação dos militares. Outro grupo, moderados, inclusive Dom Helder, escolheu aguardar os acontecimentos para tomar uma posição: ficaram na expectativa e espera. Um terceiro grupo, minoritário, foi radicalmente contra.

Dom Helder, em seu pronunciamento na tomada de posse da Arquidiocese de Olinda e Recife, ao pontuar o seu programa de ação pastoral, nos deu um elemento chave para compreender a sua posição também com referência ao governo sociopolítico: salvar o homem na integralidade do seu ser.

Recife estava no centro da repressão do Golpe Militar. Por um lado, antes do Golpe, a presença de Miguel Arraes no governo do Estado, deposto pelos militares, e a atuação de Francisco Julião, preso nos primeiros dias, nas ligas camponesas, indicava o perigo comunista. Do outro, Helder chegando poucos dias depois do Golpe, tomando posição em defesa dos direitos humanos e dos presos políticos. Por isso Recife foi considerada o centro da resistência da Igreja face ao Regime Militar.

Dois dias após a tomada de posse de Dom Helder, os bispos do Nordeste fizeram um manifesto: Declaração dos Bispos do Nordeste.[26] Os bispos afirmaram que a Igreja, em sua missão, não está vinculada a regime ou a governo, mas dentro de suas possibilidades colabora com o bem comum; a Igreja não se identifica com vitórias ou derrotas, e sim com o evangelho. Pediram o justo tratamento para os presos políticos por cau-

---

26 Declaração dos Bispos do Nordeste, in *CM* 139-140 (1964), 37-40.

sa do golpe; demonstraram perplexidade diante da maneira como uma hierarquia, que se declarava partidária da democracia, podia aceitar um regime que era a radical negação dos princípios democráticos. E demonstraram também sua preocupação humanitária.[27] Declararam:

> Manifestamos, como pastores, um duplo anseio: que inocentes, eventualmente detidos em um primeiro momento de inevitável confusão, sejam quanto antes restituídos à liberdade; e que mesmo os culpados sejam livres de vexames e tratados com o respeito que merece toda criatura humana.

No início do Golpe Militar, Helder defendia as reformas de base e aguardava os acontecimentos, antes de declarar-se contra ou a favor. Logo após o Golpe, muitas pessoas foram presas, torturadas, exiladas ou desapareceram, sob acusação de comunismo ou subversão. Entre elas encontravam-se vários militantes católicos oriundos do MEB, dos movimentos da Ação Católica (JEC, JUC, JOC) e da Ação Popular. Em 1964, muitos bispos retiraram o apoio à JUC. Segundo Helder,

> se a Juventude Universitária se radicalizou e se criou a Ação Popular, foi porque acreditava que as encíclicas sociais não nasceram para ficar no papel..., esta radicalização tinha como primeiros responsáveis nós bispos, que não soubemos compreender...[28]

Diante dessas prisões, Dom Helder assumiu a posição de defendê-los, intercedendo pelos militantes católicos presos, atitude diferente da maioria dos membros da hierarquia eclesiástica (esses se declaravam a favor do golpe, agradecendo a Deus por evitar a ameaça comunista, e vários membros do episcopado omitiram-se diante dessas prisões).[29]

---

27 CENTRO DE PASTORAL VERGUEIRO, *Relações Igreja-Estado no Brasil*. São Paulo: Ed. Loyola, 1986, vol. 1, 27.
28 CAMARA, H. *Le conversioni...*, 128.
29 Sobre a maioria dos membros da hierarquia eclesiástica que se calaram, José Comblin afirma: "assim nasceu a acusação: a Igreja preparou-os e levou-os ao matadouro, e, quando aí

Esse foi o primeiro fator de confronto entre Dom Helder e os militares, chegando ao ponto de os militares pedirem para que cessasse de visitar os presos políticos, pedido negado por Helder, que continuou a lutar pelos direitos daqueles que se conscientizaram da importância do papel político no seio da Igreja. "Camara passou a ser também um símbolo de luta, um símbolo de um novo projeto de História".[30] Além da defesa dos direitos dos militantes católicos presos, outros episódios demonstram a posição, a visão e a coragem de Dom Helder. Por exemplo, após 15 de julho, quando foi libertado o Educador Paulo Freire, Helder manifestou a ideia de convidá-lo para assessorar a pastoral da Arquidiocese, com o objetivo de desenvolver seu método pedagógico na formação cristã.

Durante o ano de 1965, aconteceram alguns episódios que demonstram a preocupação do Governo Militar com o posicionamento de Dom Helder e a tentativa de limitar os danos e cercear suas ações. Em junho, Dom Helder encontrou-se com o Presidente General Castelo Branco, que propôs entendimento direto entre ele e a Igreja, evitando intermediários e possíveis "mal-entendidos". Na recepção ao Núncio apostólico, Dom Sebastião Baggio, em Recife, o General Lira advertiu a Helder que o exército não reconhecia ao arcebispo o direito de manifestar-se sobre política externa e de criticar os Estado Unidos. Em 4 de abril o embaixador brasileiro junto à Santa Sé, referindo-se à sua viagem a Paris, alertou-o sobre o perigo subversivo dos brasileiros exilados na França, buscando coibir o contato entre eles e o arcebispo com a justificativa de usar a sua pessoa para atacar o "governo revolucionário". Em maio o General Presidente Castelo Branco telefonou ao IV Exército, no Recife, para averiguar os boatos de que os militares planejavam a prisão de Helder.

Os anos de 1964 e 1965 foram marcados por tentativas de "diálogo" nos bastidores com o objetivo de intimidar. O ano de 1966 foi caracterizado pela ruptura entre Helder e o Governo Militar. Alguns

---

foram imolados, ninguém assumiu a defesa deles. Pelo contrário, em muitos lugares o clero e o episcopado manifestaram alívio e satisfação por se sentirem livres de militantes católicos que os incomodavam". COMBLIN, J. "Dom Helder...", 38.

30 FERRARI, S. *A imprensa...*, 155.

episódios iniciaram essa ruptura, mas o fator decisivo ocorreu em 14 de julho. Os bispos do regional do Nordeste II publicaram "O manifesto dos Bispos do Nordeste",[31] no qual afirmaram tomar conhecimento do manifesto da Ação Católica Operária (ACO) sobre a situação desumana em que vivem os trabalhadores do Nordeste[32] e do relatório apresentado pela Ação Católica Rural (ACR) e pela JAC sobre o meio rural nordestino. Os bispos agradeceram à ACO e à JAC pelos documentos tão objetivos e pela contribuição em prol da verdade e da justiça, e reafirmaram a solidariedade aos trabalhadores, especialmente àqueles que passam fome, sofrem pressões ou são vítimas de injustiças. Após a publicação do manifesto assinado por 15 bispos, dois por delegação,[33] desencadearam-se reações contra Dom Helder, o primeiro a assinar o documento, por parte dos militares, da imprensa e por pessoas ligadas ao Governo Militar. Iniciava-se o processo de acusação e difamação.

O General Itiberê Gurgel do Amaral, comandante da 10ª Região Militar, sediada em Fortaleza, Ceará, assinou duas circulares: "As atividades políticas e religiosas de Dom Helder" e "Missa em Iê-Iê-Iê, cantores Bossa Nova, Igreja". As circulares foram distribuídas a alguns padres nordestinos como documentos secretos, acusando Dom Helder de demagogo, vedete, comunista, agitador. As circulares acabaram sendo publicadas pela imprensa. O objetivo dos militares era buscar isolar Dom Helder

---

31 REGIONAL NORDESTE II – CNBB. "Manifesto dos Bispos do Nordeste", in CIRANO, Marcos. *Os Caminhos de Dom Helder, perseguições e censuras (1964-1980).* Recife: Ed. Guararapes, 1983, 19-20.

32 ACO, "Manifesto da Ação Católica Operária sobre a situação dos trabalhadores do Nordeste", in CIRANO, M. *Os caminhos...*, 21-26.

33 Assinaram o manifesto: Dom Helder Camara (Olinda e Recife); Dom José Maria Pires (João Pessoa); Dom Adelmo Machado (Maceió); Dom José Adelino (Garanhuns) também em nome de Dom Nivaldo Monte (Natal); Dom Manuel Pereira (Campina Grande); Dom Severino Mariano (Pesqueira); Dom Augusto Carvalho (Caruaru); Dom Antônio Campelo (Petrolina); Dom Manuel Lisboa (Nazaré da Mata); Dom Francisco A. Mesquita (Afogados da Ingazeira); Dom Francisco Xavier (Floresta); Dom Acácio Alves (Palmares); Dom José Lamartine Soares (Olinda e Recife) também por delegação de Dom Gentil Diniz Barreto (Mossoró). Os bispos tentaram publicar o manifesto no Jornal do Commercio, mas a publicação foi proibida pelas autoridades militares por considerarem o documento subversivo. No dia 16 de julho, o jornal publicou o editorial "Cristo, César e o templo" criticando a reunião dos bispos do Nordeste. Cf. JORNAL DO COMMERCIO, "Cristo, César e o templo", in *Jornal do Commercio.* Recife, 16 de junho de 1966; o editorial foi citado na íntegra por TAPIA DE RENEDO, B. *Hélder Câmara, segno...*, 85-86.

dentro da Igreja, demonstrando que a Igreja continuava pura e fiel, mas alguns de seus membros estavam querendo corrompê-la.[34]

A imprensa brasileira entrou no jogo proposto pelos militares de difamação e acusações contra Dom Helder. Principalmente os grandes grupos editoriais.

> Entre os jornais brasileiros que mais acusaram Dom Hélder, distorcendo suas declarações, se destacaram o Estado de São Paulo e O Globo. O único dos grandes jornais brasileiros que, a partir de 1967, não se empenhou em acusar o arcebispo ou distorcer os fatos foi o Jornal do Brasil. Esse comportamento do Jornal do Brasil tem uma justificativa puramente de ordem pessoal: É que Dom Basílio Penido, abade do Mosteiro de São Bento em Olinda – PE, desde a década de sessenta, é confessor dos proprietários do jornal e sempre interferiu junto a eles em favor de Dom Hélder.[35]

A atitude dos jornais O Globo e o Estado de São Paulo foi assim explicada por Ferrarini:

> Ao O Globo e O Estado de São Paulo – Jornal da Tarde, de tendências mais conservadoras, não convinha dar guarida formal ao discurso mais esquerdizante do Arcebispo. Para eles interessava mais tomar Helder Camara como objeto de ataque; era preciso denunciá-lo porque ele se insurgia contra os sustentadores de uma ordem que esses grupos editoriais representavam.[36]

Entre as pessoas que criticaram Dom Helder e o documento dos bispos do Nordeste, vemos: Dom Antônio de Castro Mayer, do movi-

---

34   Cf. Jornal do Brasil. "Exército acusa Padre Hélder de Agitador", in Jornal do Brasil, 1° Caderno, Rio de Janeiro, 12 de agosto de 1966, 1 e 2; O Estado de São Paulo, 13 de agosto de 1966; Bruneau, T. *O catolicismo*..., 329.
35   Cirano, M. *Os caminhos*..., 146.
36   Ferrarini, S. *A imprensa*..., 38.

mento Tradição, Família e Propriedade – TFP;[37] Carlos Lacerda, político; e Gustavo Corção. Um dos grandes acusadores foi Gilberto Freire.[38] A polêmica iniciada após a publicação do manifesto dos bispos do Nordeste continuaria até o início da década de 1980. Em vários artigos e entrevistas Freire acusava Dom de Helder de ser mais político que sacerdote, de ser demagogo ao utilizar a miséria do Nordeste, de ser contrário à "Revolução de 1964". Em suas acusações, comparou o arcebispo a Goebbels, chefe da propaganda nazista, e a Kerensky. Dom Helder respondeu a Gilberto Freire em carta aberta, na qual fez a distinção entre o Gilberto escritor de "Casa Grande e Senzala" e o Gilberto sem compreensão e perseguidor, e sem titubear escolheu o primeiro. Depois respondeu às acusações. A discussão entre Gilberto Freire e Dom Helder repercutiu na imprensa brasileira.

Uma das repercussões das reações contrárias a Dom Helder foi o boato de que o chanceler Juracy Magalhães teria pedido sua transferência de Recife em audiência com o Papa Paulo VI. Essa notícia chegou a preocupar alguns membros da hierarquia eclesiástica no Brasil. Diante de tantas reações contrárias a Dom Helder e ao "Manifesto dos Bispos do Nordeste", ocorreram manifestações de apoio e solidariedade a Helder e ao documento por parte de políticos e da Igreja. Leigos, padres e bispos e também membros de outras religiões fizeram um abaixo-assinado com 20 mil assinaturas.[39] Uma das mais surpreendentes defesas a

---

37 Ataque feito em texto publicado pelo Jornal O Estado de São Paulo, de 6 de outubro de 1966; depois Dom Mayer se explicaria aos bispos do Nordeste através de carta em 9 de outubro de 1966. A carta na íntegra encontra-se em TAPIA DE RENEDO, B. *Dom Hélder Câmara, segno...*, 89.

38 Citamos alguns artigos de Freire publicados pela imprensa acusando Dom Helder. FREIRE, Gilberto. *Diário de Pernambuco*. Recife, 21 de agosto de 1966, em que acusa as posições de Dom Helder; *Jornal do Commercio*. Recife: 28 de agosto de 1966, em que compara Helder a Goebbels; *Jornal do Brasil*. Rio de Janeiro, 26 de agosto de 1966, em que compara Helder a Kerenski. E a defesa de Helder: CAMARA, H. "Carta aberta a Gilberto Freire", in Apostila 12/8, 1-4, 1967.

39 Cf. Artigos: JORNAL DO BRASIL. "Afastamento de Helder preocupa católicos de Recife", Jornal do Brasil, Rio de Janeiro, 25 de agosto de 1966; DIÁRIO DE SÃO PAULO. "Cogitado afastamento de Dom Helder Camara", 17 de agosto de 1966; DIÁRIO DA MANHÃ. Recife, "Solidariedade a Dom Helder", Recife, 15 de agosto de 1966; ULTIMA HORA. "ARENA – RS também apoia a Igreja"; DIÁRIO DE NOTÍCIAS. "Não luta contra a subversão quem pactua com injustiças". Rio de Janeiro, 28 de agosto de 1966; JORNAL DO BRASIL. "Evangélicos apoiam bispos e denunciam opressão", in *Jornal do Brasil*, Rio de Janeiro, 18 de agosto de 1966. Os artigos estão resumidos em CIRANO, M. *Os*

Dom Helder foi a feita pelo Marechal Kruel: "o incidente entre o exército e Dom Hélder Câmara é uma intromissão deplorável dos militares na Igreja, que procura resolver os problemas sociais daquela região".[40]

No dia 15 de agosto de 1966, Dom Helder encontrou-se em Recife com o Presidente Marechal Humberto Alencar Castelo Branco, em reunião articulada pelo General Antônio Carlos Muricy, comandante da 7ª Região Militar. Alguns dias depois o General Gurgel do Amaral foi transferido de Fortaleza e o General Antônio Carlos Muricy de Recife. Em 25 de agosto de 1966 Dom Sebastião Baggio, Núncio Apostólico, reúne-se com o presidente Marechal Castelo Branco no Palácio das Laranjeiras e declara que os conflitos entre Igreja e Estado não passaram de um "mal entendido".[41]

No ano de 1967 aconteceram novas situações de conflito entre Dom Helder e o Governo Militar. O general Souza Aguiar, comandante do IV Exército, convidou Dom Helder para celebrar a missa de terceiro aniversário da "revolução", e Helder respondeu negativamente. No dia 1° de maio, dia do trabalhador, na vigília do lançamento do manifesto da Ação Católica "Nordeste, Desenvolvimento sem Justiça"[42], em seu pronunciamento, Dom Helder afirmou que o documento

nascido da angústia e do sentido de responsabilidade de um grupo de operários nordestinos é objetivo, sereno e meditado... Faço as minhas as suas preocupações, meus os seus protestos, anseios e apelos, minha sobretudo a sua esperança.[43]

---

caminhos..., 178-183.

40   Cf. Folha de São Paulo, 18 de agosto de 1966.

41   Cf. Jornal do Brasil. "Pe. Helder e presidente reúnem-se por uma hora em Recife", in Jornal do Brasil. Rio de Janeiro, 16 de agosto de 1966; Jornal do Commercio. "Núncio dá por encerrados os mal-entendidos", in Jornal do commercio. Rio de Janeiro, 26 de agosto de 1966. Artigos resumidos por Cirano, M. Os caminhos..., 178-183.

42   ACO. Nordeste, desenvolvimento sem Justiça. Prefácio de Dom Helder. O documento foi publicado em italiano: ACO. "Sviluppo senza giustizia", in Camara, H. Terzo mondo..., 121-160. Cópias do documento foram apreendidas pela Polícia Federal em 7 de julho de 1971.

43   Camara, H. "Nordeste, desenvolvimento sem justiça", in Apostila 12/2, 1.

E solidarizou-se em absoluto com o documento, enfatizando que esse era resposta antecipada à *Populorum Progressio*. A sua solidariedade absoluta ao documento rendeu-lhe inúmeras críticas através da imprensa.[44] Outro pronunciamento de Helder que teve grande repercussão aconteceu em 25 de setembro, quando a Assembleia Legislativa do Estado de Pernambuco conferiu a ele o título de Cidadão Pernambucano. No seu discurso,[45] ele recordou a história de Pernambuco em luta pela democracia conclamando a completar a abolição dos escravos, a reviver Guararapes, denunciou a situação de miséria, opressão e injustiça em que vivia a maioria da população nordestina. Novamente a repercussão foi grande com manifestações contra e a favor.

O ano de 1968 mal se iniciara e Dom Helder via-se envolvido em mais um conflito com o Governo Militar, desta vez com o Poder Judiciário. No discurso de encerramento do Primeiro Encontro das Federações de Trabalhadores Rurais realizado em Carpina, Pernambuco, em 26 de janeiro de 1968, Helder [46] alertou os trabalhadores de três perigos internos nos sindicatos (o pelego, os advogados desonestos e as ajudas financeiras que enfraquecem a luta dos trabalhadores) e de três perigos externos (os que exploram a justiça do trabalho, os que exploram a polícia e os que exploram a democracia). Depois criticou as injustiças sociais, defendeu a reforma agrária, exigiu a democracia e denunciou o espancamento e assassinato de trabalhadores rurais.

O advogado Adige Maranhão, sob a acusação de que Dom Helder ofendera a magistratura, entrou com uma interpelação judicial na 24ª vara civil do Recife, principalmente pela afirmação:

---

44 Cf. O ESTADO DE SÃO PAULO. "Propaganda subversiva", in *O Estado de São Paulo*. São Paulo, 4 de maio de 1967. No editorial o jornal condena a solidariedade de Helder ao manifesto. Editorial resumido por CIRANO, M. *Os caminhos...*, 189. GUDIM, Eugênio. "Ignorância especializada em economia – doutrinas econômicas de Dom Helder", in *O Globo*, Rio de Janeiro, 5 de maio de 1967, artigo resumido por CIRANO, M. *Os caminhos...*, 190.
45 Cf. CAMARA, H. "Exame de Admissão", in POTRICK, Maria Bernarda (Org.). *Dom Helder, pastor...*, 138-145. No dia 11 de setembro, Dom Helder recebeu o título de cidadão recifense na Câmara Municipal de Recife, onde pronunciou o discurso "Balanço de um Pastoreio", in Apostila, s/nº, 67-21.
46 Cf. Id., "Conversa clara faz bons amigos", in CARAMURU DE BARROS, R. e OLIVEIRA, L. de (Orgs.). *Dom Helder, o artesão da paz...*, 113-120.

O governo sabe que, sobretudo no interior, a polícia não tem meios de resistir ao ricaço local, manda-chuva, todo poderoso, que controla, direta ou indiretamente, a política, a polícia, o juiz de direito e os jurados.[47]

O objetivo da interpelação judicial era fazer com que Dom Helder revelasse os nomes dos advogados e juízes desonestos para em seguida abrir um processo por difamação e injúria. Dom Helder defendeu-se da interpelação judicial[48] e do Tribunal de Justiça.[49] Como não havia citado nomes, livrou-se de um possível processo judicial. Esse fato demonstrou para Dom Helder que estavam buscando fazer o possível para persuadi-lo a sair de Recife.

Em abril, durante a viagem à Europa para uma série de conferências nas quais defendia os movimentos de não violência, passando por Roma, durante o encontro com os padres estudantes brasileiros no Colégio Pio Brasileiro, Dom Helder afirmou: "minha eliminação é mais fácil do que se imagina, e pode ser que esta minha visita a Roma seja a última".[50] Essa afirmação repercutiu fortemente na imprensa brasileira.[51] O próprio Helder esclareceu que a afirmação foi feita de forma geral para descrever as reações contrárias aos movimentos de não violência que defendem a justiça social e a transformação da realidade.

Em maio o Jornal do Commercio divulgou a notícia de que o DOPS (Delegacia de Ordem Política e Social) do Recife fichou Dom Helder como agitador político, em virtude de suas constantes declarações prestadas à imprensa nacional e estrangeira.[52]

---

47 CAMARA, H. "Conversa clara...", 115.
48 Cf. Id., "Resposta à interpelação judicial", 9 de fevereiro de 1968, in Apostila 21/2, 1-4.
49 Cf. Id., "Resposta ao Tribunal de Justiça", 12 de fevereiro de 1968, in Apostila 21/1, 1-4.
50 PILETTI, N. e PRAXEDES, W. *Dom Hélder Câmara...*, 349.
51 Nos resumos dos jornais apresentados por Cirano aparecem 16 notícias referindo-se à afirmação de Dom Helder. Cf. CIRANO, M. *Os caminhos...*, 198-201. Inclusive a notícia sobre um pistoleiro arrependido: notícia publicada pelo Jornal do Commercio em 27 de abril de 1968, in CIRANO, M. *Os caminhos...*, 198.
52 Cf. JORNAL DO COMMERCIO. "Helder tem prontuário na polícia", in *Jornal do Commercio*, Recife, 23 de maio de 1968, 1° caderno, 1; PILETTI, N. e PRAXEDES, W. *Dom Hélder Câmara...*, 349-350.

Até o primeiro semestre de 1968, as tentativas de intimidar Dom Helder se davam através de acusações, difamações e deturpações de seus pronunciamentos publicados pela imprensa, ou por ameaças telefônicas. Por opção pastoral e seguindo os compromissos do grupo "Igreja dos Pobres", Dom Helder mudou-se do Palácio episcopal para uma residência simples adaptada na antiga sacristia da Igreja das Fronteiras. O palácio episcopal foi destinado ao atendimento dos pobres e do povo. Em outubro de 1968 grupos de extrema direita encontraram outra forma de pressioná-lo. Em três ocasiões sua residência na Igreja das fronteiras foi alvejada por tiros de revólver e metralhadora. Os atentados foram atribuídos aos membros da organização de direita "Comando de Caça aos Comunistas" – CCC.[53] Nas três ocasiões Dom Helder não se encontrava em sua residência; tais gestos foram para intimidá-lo e atingi-lo psicológica e moralmente. No final do ano, outra forma de intimidação: Dom Helder foi informado de que o General Malan, comandante do IV Exército, consultara o departamento jurídico da 7ª Região Militar para saber como enquadrá-lo na Lei de Segurança.

ATO INSTITUCIONAL 5. O general Costa e Silva, que assumiu em 1967 e governou até 1969, buscou continuar a implantação do Governo Militar, apoiado pela constituição aprovada no Governo Militar anterior. A sua maior dificuldade aconteceu na área sociopolítica, marcada pelas reações contrárias ao governo ditatorial, principalmente no ano de 1968: greves dos trabalhadores em Osasco-SP e Contagem-MG, protestos dos estudantes contra o Governo e a política pró-americana, a Marcha dos Cem Mil no Rio de Janeiro e a busca, pela esquerda radical, de depor o Governo. As reações criaram um círculo vicioso: repressão, reação, aumento da repressão, alguns movimentos de esquerda optando pela radicalização através da guerrilha. O Governo implantou então o Ato Institucional 5 (AI 5), aumentando o controle do Estado e a repressão.

---

53 Cf. DIÁRIO DE PERNAMBUCO. "Terroristas atiram contra a residência de Dom Helder", in *Diário de Pernambuco*, Recife, 25 de outubro de 1968, 1° caderno; DIÁRIO DE PERNAMBUCO. "Casa de Dom Helder voltou a ser alvejada por terroristas, desta vez em pleno dia", in *Diário de Pernambuco*, Recife, 19 de outubro de 1968.

Em seu pronunciamento sobre a relação Igreja e Estado, o general presidente Costa e Silva afirmou: "A doutrina social da revolução coincide com a doutrina social da Igreja. A revolução participa dos desejos da justiça social do povo".[54] E, também por outras afirmações, demonstrou ingerência do Governo nos assuntos eclesiásticos.

O AI 5, decretado em 13 de dezembro de 1968, deu total e arbitrário poder ao Presidente da República para garantir por todos os meios a estabilidade política e social. O AI 5 dissolveu o Congresso, decretou a eliminação do *"hapeas corpus"* para delitos políticos, suspendeu as garantias individuais, eliminou a liberdade da imprensa. Considerado pelos observadores "um golpe dentro do golpe de 1964", o AI 5 começava, na prática, a privar dos direitos civis e políticos os cidadãos e realizava a ruptura definitiva entre o povo e o poder civil, iniciando assim a realidade caracterizada pelo domínio do terror e de abusos por parte dos organismos do poder. Os militares obtiveram plenos poderes para eliminar a oposição: onda de cassações, intensificação da repressão e tortura.

Em 1969, o decreto lei 898 restabeleceu a pena de morte. No mesmo ano, o AI 13 autorizou o exílio político dos cidadãos. Nesse contexto político e social a Igreja mudou seu comportamento diante do estado.

Em suas reflexões, Dom Helder assim avaliava o AI5:

> Sobretudo em 1968, com o Ato Institucional n° 5, afirmou-se a vitória de uma nova geração e de uma nova mentalidade. Passou-se da revolução romântica à revolução tecnocrática, ou que ao menos quis ser científica.
>
> A revolução tecnocrática pretende formar, sob uma pretensa geopolítica do Brasil, uma ideologia da Segurança Nacional. Tudo é pensado em termos de Segurança Nacional: para começar, ocorre liberar o país de dois perigos, da corrupção e da subversão; depois se colocará em prática um plano de desen-

---

54 CENTRO DE PASTORAL VERGUEIRO. *Relações Igreja-Estado no Brasil*. São Paulo: Ed. Loyola, 1986, vol. I, 26.

volvimento completamente subordinado às exigências da Segurança Nacional.

A base de tudo tem a ideia de que a Terceira Guerra Mundial é inevitável. O inimigo será naturalmente o comunismo; os Estados Unidos conseguirão a vitória, e o Brasil deve então permanecer no campo dos Estados Unidos. Mas os Estados Unidos – e ao Brasil isso desagrada, mas deve prever cientificamente o fato – sairão da Terceira Guerra Mundial desfalecidos como a Inglaterra depois da Segunda: agora a geopolítica diz que a futura primeira potência mundial, o próximo império, será o Brasil. Esta é a teoria oficial que governa o Brasil.[55]

2.2. Anos de Conflitos com o Regime Militar (1969-1985)

Com o Governo Militar, e principalmente após o AI-5, o Estado fechou-se ao diálogo com a sociedade, regredindo política e socialmente. A Igreja, ao contrário, impulsionada pelo Concílio Vaticano II, abria-se para o diálogo com o mundo e buscava compreender e responder às novas exigências e necessidades do homem no mundo contemporâneo. O Estado e a Igreja viviam processos diferentes que geraram conflitos no seu relacionamento.

Após o AI-5 o Estado mudou de forma radical, já não sendo mais possível defini-lo como constituído por organismos intermediários; era poder monolítico dos militares e da elite econômica. Com duas características básicas: a lei de segurança nacional e o plano econômico. A ideologia e a práxis da Segurança Nacional se converteram em justificativa para os abusos do poder e classificou-se de subversivo quem se manifestava criticamente diante do Regime Militar. Tinha a privação dos direitos civis (cassações, detenções arbitrárias, torturas, mortes, investigações sumárias), fizeram com que, na realidade concreta, o Esta-

---

55 CAMARA, H. *Le conversioni...*, 204.

do se enfrentasse com o povo. Os cidadãos não eram considerados parte do poder político, econômico e social. O desenvolvimento pretendido era o desenvolvimento econômico, que devia ser alcançado a qualquer preço e para beneficiar uma pequena minoria adepta aos interesses coerentes com os grandes centros do poder internacional (político, econômico, militar), e não com os interesses do próprio povo. O "milagre brasileiro" valorizou o econômico acima do ser humano, evidenciando o empobrecimento das condições de vida das grandes maiorias do povo e o progressivo e alarmante enriquecimento de uns poucos. Diante dessa realidade social, política e econômica, o povo tomou consciência da injustiça em dois níveis: da situação política da ditadura, que acelerou o processo de exploração dos trabalhadores de acordo com os interesses da classe dominante, e da prática da repressão violenta como norma do exercício de poder.

Após 1964 e principalmente após o AI-5, a Igreja desvinculou-se do modelo anterior marcado pela colaboração e apoio ao Estado, vivenciou a sua autonomia, organizando-se e renovando-se. Ela entrava numa fase de amadurecimento, demonstrando coragem ao elaborar um projeto social para o país, especificando o papel da Igreja e dos cristãos. A Igreja progressivamente adquiriu um novo conhecimento do seu papel na sociedade e começou a munir-se de instrumentos novos, capazes de permitir o conhecimento dos problemas da realidade social política e econômica. Dialogava com as outras forças engajadas no processo de conquista da democracia do país e com a base da sociedade, marginalizada pelo Governo Militar.

A nova posição da Igreja,[56] após 1968, foi influenciada pela preocupação de traduzir os grandes princípios do ensinamento social da Igreja,

---

56 Sobre Dom Helder no conflito com o Regime Militar, cf. CAMARA, H. *Le conversioni...*, 210; CARAMURU DE BARROS, R. "Perfil e trajetória...", 54-58; CIRANO, M. *Os caminhos...*, 71-95; PILETTI, N. e PRAXEDES, W. *Dom Hélder Câmara...*, 374-442; TAPIA DE RENEDO. *Helder Câmara, il segno...*, 112-130; TOULAT, J. *Dom Helder Camara...*, 70-72; ABSALÃO, Sérgio. "O assassinato do Antonio Henrique", in POTRICK, Maria Bernarda (org.). *Dom Helder...*, 86-87; BERNAL, Sergio. La Iglesia del Brasil y el compromiso social..., 31-106; SOUZA LIMA, L. G. de. *Evolução política dos católicos...*, 64-67; SERBIN, K. *Diálogos na sombra...*, 121-122.

do Concílio Vaticano II, do sínodo episcopal de 1971, de Medellín e de Puebla, em orientações pastorais práticas encarnadas no contexto histórico de uma Igreja particular. São documentos que proporcionaram à Igreja do Brasil uma nova consciência social e a solidariedade com os menos favorecidos.

Ao traduzir em princípios a nova visão eclesiológica, a Igreja no Brasil fez algumas passagens decisivas no seu processo: passou de uma posição integrante do modelo de dominação política das classes dominantes para uma posição questionadora do *status quo*; de uma concepção do mundo conversadora para outra prevalentemente transformadora; passou de uma base social que compreendia a classe dominante e a classe média, relações sociais determinantes de seu comportamento político de apoio e colaboração ao estado, para uma base social que envolvia a classe operária e setores marginais da sociedade, relações decisivas para os novos compromissos de transformação das estruturas sociais; de uma concepção de mundo que visava pequenas reformas da estrutura social para uma que busca transformações sociais; de uma estrutura organizativa a partir de modelos importados que conduziam a um trabalho pastoral de imitação europeia para uma nova forma de ser Igreja, modificando estruturas e adaptando-se à realidade nacional, uma igreja, encarnada.

O conflito entre Igreja e Estado tinha dois fatores essenciais: a ideologia de Segurança Nacional, que se opunha aos direitos humanos, e o plano econômico, que favorecia a injustiça social. O primeiro deles envolve o problema dos direitos humanos violados pela arbitrariedade e violência do aparato repressor da concepção de Estado, suas forças e a ideologia da segurança nacional. A Igreja tomou consciência da injustiça do sistema ao utilizar o método ver-julgar-agir. O ver, clarificado pela análise sociológica, faz duas descobertas: que o Golpe de 1964 obedeceu a um plano concreto e usou a aplicação da ideologia de Segurança Nacional para implantar um modelo de sociedade incompatível com os valores cristãos; que o distanciamento do ideal de sociedade proposto dela Doutrina Social da Igreja não é acidental, mas estrutural.

O segundo fator de conflito é revelado pela consciência de injustiça social embutida nos programas de desenvolvimento econômico: distribuição de renda e política da modernização rural, que agravavam o sofrimento da população. Nesse processo a Igreja foi redescobrindo o interesse pela vida. Ao defender os direitos humanos e ao criticar o modelo de desenvolvimento econômico e tecnocrático que traz em seu seio a injustiça social, a sua preocupação central era o ser humano, a pessoa, não só o homem como membro da Igreja, ameaçado em sua fé, mas o ser humano todo, fonte de direitos inalienáveis, chamado a realizar-se plenamente.

Em sua preocupação com o ser humano, a Igreja afirmava a necessidade de mudança estrutural diante de um sistema sociopolítico e econômico gerador de injustiça e propiciador de violência, o que põe a Igreja em uma posição distinta: enfrenta o Estado que rompeu com o povo; coloca-se ao lado do povo. A Igreja assumiu o compromisso com a complexa realidade de que faz parte. Comprometer-se com a realidade implicava deixar-se interpelar por ela e tratar de transformá-la. Interpelação e transformação são referências aos grandes princípios da tradição cristã concernentes aos aspectos sociopolítico e econômico da sociedade.

A Igreja na sua ação social torna-se espaço para a população encontrar-se, espaço para a participação, o único centro de oposição institucional. "A partir do Ato Institucional n° 5 a Igreja tornou-se a única voz daqueles que não tinham voz dentro do regime autoritário".[57] Através da pastoral da terra, do CIMI, da pastoral operária e principalmente através das CEBs, "o único espaço que sobrou para as camadas populares se organizarem foi o espaço das CEBs".[58] A Igreja no Brasil assumiu um papel importante e profético, criticando o Regime Militar, denunciando a situações de repressão, tortura e ofensa aos direitos humanos, e defendos as vítimas do Regime. "A situação de agravamento

---

57 CARAMURU DE BARROS, R. "Perfil e trajetória...", 58.
58 BETTO, Frei E WANDERLEY, Luiz Eduardo. *Movimento popular, política e religião*. São Paulo: Ed. Loyola, 1985, 28.

da pobreza do povo, da violação dos direitos humanos e da repressão generalizada consolidou a urgência do compromisso e do engajamento social de setores da Igreja, particularmente aqueles envolvidos com as CEBs".[59] As CEBs dão a possibilidade ao povo de resgatar o poder da palavra. Nesse período, "a CEBs foi, indubitavelmente, a formadora da atual consciência civil brasileira, abrindo os espaços públicos para a ação solidária e transformadora da realidade dos empobrecidos, exigindo saúde, educação, trabalho, segurança e uso sustentável do meio ambiente".[60]

A Igreja, ao defender os direitos humanos e a justiça social, foi considerada como inimiga e subversiva. Essa ação da Igreja não passou impune e provocou uma reação por parte do Governo Militar, que começou a perseguir os líderes da Igreja; e a Igreja, por sua vez, respondeu consolidando e apoiando a posição desses líderes, ou seja, no nível institucional, a Igreja no Brasil, através da CNBB, mostrou-se solidária à evangelização encarnada na história e no contexto social do povo empobrecido. Criou-se um círculo: militância–repressão; consolidou-se a posição dos militantes, que aumentaram a influência na instituição, e a instituição se comprometeu. Mas a Igreja como instituição teve uma imunidade política devido à sua força moral e à capacidade de mobilizar a população, imunidade que foi transferida às pastorais.

Outro modo do agir da Igreja enfrentando o Governo Militar foi o de procurar construir um movimento de resistência ativo, pacífico. A *primeira* atitude de resistência foi a de procurar evitar a repressão contra os membros da Igreja (bispos, padres, religiosos, religiosas e leigos) e contra outros militantes: desenvolveram táticas para escaparem da vigilância e da repressão, algumas vezes protegendo revolucionários fugitivos e outros procurados pelas forças de segurança.

---

59 Teixeira, F. *Os Encontros...*, 23.
60 Iualianelli, Jorge Atílio Silva. "'Pega ele, Jesus': RCC e CEBs no Brasil, política e modernidade", in *REB* 59/233 (1999), 79.

A *segunda* atitude foi a de montar um serviço de informação recebendo dados de fontes confiáveis em todos os níveis da sociedade, informando-se sobre presos políticos e procurados, torturas e outras situações. Com as informações pressionavam-se as autoridades públicas sobre os abusos contra os direitos humanos e proviam-se de informações os políticos de oposição sobre a repressão. A *terceira* atitude foi a criação de uma rede informal de comunicações, com boletins e folhetos, pelos quais se divulgam as notícias, os documentos dos bispos e as informações sobre os direitos humanos. Desse modo, a Igreja contornava a censura e outras medidas repressivas e nutria a população com informações sobre a realidade do país. A *quarta* foi a capacidade de manter o diálogo com todos os que estavam contra o Regime Militar e buscavam a redemocratização do país: grupos revolucionários; membros de outras religiões, principalmente os pastores protestantes; as lideranças de sindicatos fechados ou sob intervenção; lideres de movimentos populares; intelectuais de oposição. O diálogo visava discutir o futuro e buscar estratégias de redemocratização e soluções para o país.[61]

Em contrapartida, o Governo Militar, no confronto com a Igreja, atuava com manobras de intimidação, censura no uso dos MCS, intensas campanhas de difamação sem conceder às vitimas a chance de defesa, invasão de instituições ligadas à Igreja, tentativa de cooptação pela oferta de honrarias e condecorações, interpretações malévolas das dimensões sociais do evangelho, prisões, torturas, deportações sumárias de estrangeiros que trabalhavam na Igreja, sequestros, execuções sumárias e assassinatos.[62]

Outra estratégia do Governo Militar foi a de usufruir da divisão de mentalidade dentro da Igreja. No processo de reorientação da Igreja do Brasil, não houve uma mudança radical de posição de um momento

---

61 Cf. Serbin, Kenneth P. Diálogos na sombra: bispos e militares, tortura e justiça social na ditadura. São Paulo: Companhia das Letras, 2001, 123-132.

62 Cf. Caramuru de Barros, R. "Perfil e trajetória...", 57-58; Serbin, K. *Diálogos na sombra...*, 122.

a outro, como de resto é normal em todo o processo institucional, nem em todos os aspectos, e muito menos em todos os segmentos eclesiais. A diversidade de posições que sempre existiu na CNBB se evidenciou. E o Governo Militar aliou-se fortemente aos segmentos conservadores eclesiais que respaldaram o Regime do qual se beneficiaram e apoiaram movimentos como "Tradição, Família e Propriedade", que se autodenominavam garantidores da ordem e da ortodoxia eclesial. A partir dessa aliança os militares sentiram-se intérpretes autênticos e defensores da doutrina eclesial, assumiram como missão a defesa da "civilização cristã", definindo-se como defensores da ortodoxia política e religiosa. Outra forma encontrada foi a de conceder maior liberdade às outras religiões, como a umbanda, o pentecostalismo protestante e a igreja presbiteriana.

2.2.1 Quaisquer que sejam as consequências

Segundo Dom Helder, há momentos cruciais em nossa vida em que nos deparamos com uma situação em que devemos ter a coragem de tomar uma decisão. Decisão a ser tomada a partir de nossas opções fundamentais. Sabemos que as consequências poderão ser graves, mas não podemos fugir da responsabilidade. Ou assumimos, ou nos escondemos.

Em 1970 Helder viajou para a Europa, de 19 de maio a 10 de junho, para uma série de conferências em Salisburgo, Áustria; Louvain e Bruxelas, Bélgica; Lyon e Orléans, França. Ao chegar a Paris a convite do centro católico dos intelectuais franceses (com o apoio das entidades movimento Pax Christi, Confederação de Protestantismo Francês e Comitê Católico Contra a Fome), um grupo de amigos o interrogou sobre a realidade do Brasil, especialmente sobre as torturas divulgadas pela imprensa francesa, e pediu que mudasse o tema da conferência para enfocar esse assunto. Consciente de que se não falasse perderia a força e autoridade moral ao denunciar injustiças que se passavam em outros países, Dom Helder deixou a conferência que havia preparado de lado[63] e, dirigindo-se para um público de aproximadamente 10.000 espectadores, falou praticamente de improviso a partir de um pequeno esquema.

Em sua nova conferência, "Quaisquer que sejam as consequências",[64] Dom Helder começou descrevendo o seu sentimento:

> Se eu não tivesse a coragem, esta noite, de falar franca e abertamente sobre o que se passa no Brasil, tenho a profunda impressão que eu perderia toda a audiência em Paris. Como ter, com efeito, a força moral de dizer a verdade sobre outros países, se eu tenho medo de dizer a verdade sobre o meu próprio país? E como esperar o desenvolvimento em escala mundial de "um movimento de violência dos pacíficos" se, com meu silêncio, eu traria a demonstração evidente da ineficácia da não violência? Então, eu falarei![65]

Dentro do seu esquema-método de conferências, ver – julgar – agir, Dom Helder apresentou a realidade no Brasil demonstrando a existência das torturas a partir de dois exemplos: o primeiro, do estudante Luis Medeiros de Oliveira, preso e torturado em Recife; o segundo, do padre Tito de Alencar, dominicano de 24 anos, preso e torturado, que após ser libertado, mas totalmente deprimido, cometeu o suicídio. Depois narrou o contexto político do país, afirmando que a violência n° 1 é a injustiça social, a violência dos opressores, que faz emergir a violência dos oprimidos, aquela dos movimentos de luta armada, a violência da juventude, que traduz a revolta dos oprimidos. No segundo momento Dom Helder convocou a julgar a realidade a partir da força da violência dos pacíficos. E no terceiro, "agir – o que podeis fazer", sugeriu três ações:

---

63 CAMARA, H. "Responsabilidade da França em face da revolução", in Apostila 31/6, 21-24.

64 Id., "Quaisquer que sejam as consequências", in CIRANO, M. *Os caminhos...*, 73-78. O texto original com comentários sobre a repercussão da conferência, mas com outro título: CAMARA, H. "Os homens morrem, não as ideias", in Apostila 31/7, 29-34.

65 Ibid., 73.

desenhai o mapa vivo da França, descobri as injustiças; informai-vos sobre a política internacional do comércio; trabalhai por uma conversa entre irmãos.

Foi a primeira vez que Dom Helder falou abertamente dos casos de torturas contra presos políticos realizados pelo Governo Militar em nome da ideologia da Segurança Nacional. E como previsto pelo título da conferência, as consequências vieram rapidamente. Podemos distingui-las em três tipos de reações: o ataque a Dom Helder através da imprensa; campanha contra Dom Helder no exterior denegrindo o seu nome para não ganhar o prêmio Nobel da Paz; proibição de qualquer referência ao nome de Dom Helder na imprensa.

2.2.2 Campanha de ataques e difamações

A primeira reação foi um ataque persistente e agressivo pela imprensa.[66] Se antes da conferência de Paris Dom Helder já conseguira alguns inimigos, que o denegriam nos meios de comunicação social, após foi um verdadeiro festival de ataques em que novamente destacam-se os jornais O Globo e O Estado de São Paulo, que receberam a companhia da revista O Cruzeiro e da TV Globo. Destacaremos entre as críticas as mais fortes.

O jornal O Estado de São Paulo publicou um documento que seria do monsenhor Álvaro Negromonte e que, segundo o jornal, foi encontrado nos pertences do sacerdote após sua morte.[67] O documen-

---

66 Ferrarini apresenta uma lista com aproximadamente 100 dos "adjetivos" que Dom Helder recebeu na imprensa, ressaltando que não é completa. Entre eles citamos: "líder da insubordinação, aprendiz de ditador, bolchevista, perigoso purpurado, contumaz agitador, líder comuno-nacionalista, subversivo dignitário, arcebispo da subversão, bispo vermelho, opiáceo revolucionário, Fidel Castro de batina, guerrilheiro eclesiástico, bispo totalitário, herdeiro espiritual de Antônio Conselheiro, Ícaro de batina, gnomo de batina, fuxiqueiro ardiloso, boneco falante, moderno saduceu, corruptor das consciências, carbonário incendiário, improvisado revolucionário, sereia verde, Rasputim de Recife e Olinda, carcará vermelho, Dener do figurino do ódio, Jânio Quadros eclesiástico, pastor de cobras, Kerenski, arcebispo de Moscou, garanhão da desordem social, príncipe da Igreja cubana". Cf. FERRARINI, S. A imprensa..., 157-158.

67 O ESTADO DE SÃO PAULO. "Documento revela quem é o arcebispo de Olinda", São Paulo, 28 de maio de 1970, in CIRANO, M. Os caminhos..., 153-154. O ESTADO DE SÃO PAULO, "Editorial", 28 de maio de 1970, in CIRANO, M. Os Caminhos..., 155-156.

to apontava as qualidades e defeitos de Dom Helder. Nos defeitos enumerava que: Dom Helder pertenceu a todos os movimentos que o podiam projetar, usou as pessoas para atingir os seus objetivos, entre eles, chegar ao arcebispado; era explorador da pobreza; desorganizado; mau caráter por não cumprir compromissos; falsificador ao forjar documento da CNBB para agradar João Goulart; demagogo em suas pregações. E no editorial, o acusava de difamar a imagem do Brasil no exterior pelas denúncias de tortura e ao dizer que o Brasil tinha uma"'longa tradição imperialista" e era sempre dependente de impérios. O texto segue afirmando que Dom Helder era antipatriota e sua atitude ficava mais clara por estar em plena campanha eleitoral para conseguir o Prêmio Nobel da Paz. Segundo Serbin, "a evidência, no entanto, sugere que a polícia produzira o documento consultando clérigos inimigos de dom Helder, segurou-o durante anos e depois o deixou vazar".[68]

Salomão Jorge, em texto polêmico, ofensivo e agressivo, compara a conferência de Dom Helder e a seleção brasileira de 1970, ganhadora da Copa do Mundo. Acusando Dom Helder de antipatriota, megalômano e esquerdista, um bispo vermelho que serve ao diabo, afirmou no parágrafo inicial:

> Só uma grande nação com as virtudes tradicionais da fraternidade, da justiça, da liberdade poderia mostrar ao mundo a juventude de que a Pátria se orgulha, com o espírito do porvir, que nasceu e cresceu à sombra da árvore da Cruz, a conquistadora da "deusa do ouro", ou seja, a taça Jules Rimet, na vitoriosa batalha pela 9ª Copa do Mundo. Aquela nação que um bispo vermelho, a serviço do diabo, vem mostrando às plateias da Europa e da América, como se fosse um vasto campo de concentração, onde os presos são torturados, as crianças fossam nas latas de lixo como

---

68 SERBIN, K. P. *Diálogos na sombra...*, 114.

porcos e os padres são mortos nas ruas como os índios nas selvas, dirigida por Torquemados ávidos de sangue, cujas forças armadas pream e dizimam os outros povos como corsários imanes, enfim uma nação, como a que D. Hélder Câmara reiterada e amiudamente pinta nas capitais estrangeiras, não poderia jamais apresentar a 800 milhões de pessoas a mocidade, sem complexos, sadia, heroica, lépida, inteligente, generosa, assombrosa, viril que fascinou e empolgou as multidões de todas as raças e credos, embriagando o mundo de admiração e entusiasmo. Se o Brasil fosse o que o aloucado padre esquerdista descreve nunca estaria em condições de apresentar os atletas invencíveis, cuja energia combativa se identifica com a energia nacional, a que realizou a unidade deste colosso e marcha, a passos largos, para o futuro.[69]

A sua tese era de que no Brasil não havia torturas porque ganhamos a Copa do Mundo e vice-versa. Salomão Jorge escreveu o livro "O diabo celebra a missa",[70] criticando a "Igreja comunista", principalmente Dom Helder.

A TV Globo chegou a alterar a sua programação para acusar Dom Helder. No dia 24 de agosto de 1970 interrompeu sua programação normal, a novela "Irmãos Coragem" (novela das 20h, horário considerado nobre da televisão brasileira. Na época a novela era campeã de audiência), para apresentar uma edição extraordinária do "Amaral Neto, o Repórter", na qual o repórter entrevistava um oficial do Exército que disse ter sido torturado como exercício de operação antiguerrilha. Amaral Neto afirmou que revistas estrangeiras divulgaram fotografias do exercício antiguerrilha como prova de que há torturas no Brasil, e que Dom Helder fizera o mesmo tipo de denúncia. Para provar o envolvimento

---

69   JORGE, Salomão. "Dom Helder e a copa do mundo", *O Estado de Paulo*, São Paulo, 30 de junho de 1970, in CIRANO, M. *Os caminhos...*, 135.
70   Cf. JORGE, S. *O diabo celebra a missa*. São Paulo: L. Oren Editora, 1969.

do arcebispo, Amaral Neto apresentou uma "montagem fotográfica" na qual Dom Helder, paramentado para a celebração eucarística, aponta na direção do oficial do exército sendo torturado numa cruz de madeira. Sem o direito de resposta e impedido de pronunciar-se sobre esse tema nos meios de comunicação social, Dom Helder procurou esclarecer a opinião publica através do boletim arquidiocesano.[71]

Após receber tantas críticas e acusações por sua conferência em Paris, Dom Helder respondeu às três principais.[72] Primeira: "quem fala assim contra o seu país, não lhe tem amor. Merece, então, ouvir: ame-o ou deixe-o", em referência ao slogan: "Brasil, ame-o ou deixei-o", ao que responde que amar ao país e ao povo foi o que o obrigou a falar; e, também, para salvaguardar a liberdade de denunciar os erros dos demais países, pois se faltasse com a coragem de revelar erros do próprio país não teria autoridade moral para denunciar erros de outros. Afirma que "quantas vezes, para salvar o doente é preciso usar o bisturi".[73] Em segundo, à críticas "quem fala assim sobre a violência armada só a condena por motivos táticos, por sua ineficácia no momento", Dom Helder argumenta que, em respeito ao auditório no qual se encontram muitos adeptos da violência, usa argumentos que possam entender e respeitar, procurando levá-los ao exame da eficácia, ou não, da violência armada. "Eles dizem que a violência dos pacíficos é utópica. Tentei provar que a violência armada parece realista e prática, mas é romântica, utópica e contraproducente".[74] À terceira crítica, "quem fala assim sobre os guerrilheiros e sequestradores revela convivência com eles", responde que por discordar da violência armada e condenar os métodos, têm a

---

71 Cf. CAMARA, H. "Declaração Pessoal de Dom Helder Camara", in *Boletim Arquidiocesano*, órgão oficial da arquidiocese de Olinda e Recife, vol. 1970-2, 27. SOARES, Dom José Lamartine. "A propósito de um programa de televisão", in *Boletim Arquidiocesano*, órgão oficial da arquidiocese de Olinda e Recife, vol. 1970-2, 25.
72 CAMARA, H. "Comentários do próprio Dom Helder à sua palestra em Paris", in Apostila 31/7, 29-30.
73 Ibid., 29.
74 Ibid., 29.

liberdade de dizer que "eles são sinceros, movidos não pelo ódio, mas pelo amor do seu povo".[75]

No turbilhão de acusações dois críticos-acusadores se destacaram: Abreu Sodré e Dom Sigaud. Um dos grandes acusadores de Dom Helder após a conferência de Paris foi Roberto Abreu Sodré, governador do estado de São Paulo. Em entrevista publicada no jornal O Globo,[76] afirmou que sempre que viajava ao exterior Dom Helder era "subvencionado" com o objetivo de promoção e de propaganda comunista. Dom Agnello Rossi, cardeal arcebispo de São Paulo e presidente da CNBB, enviou carta, publicada pelo O Globo,[77] a Abreu Sodré solicitando provas das acusações feitas a Dom Helder. Em 23 de outubro Sodré enviou carta-documento a Dom Agnello Rossi, também publicada pela imprensa, reiterando as acusações e enumerando as provas contra Dom Helder.

Em novembro de 1970 Dom Helder respondeu ao governador Sodré,[78] mas sua resposta não foi publicada pela imprensa de acordo com ordem de proibição da Polícia Federal (documento da Polícia Federal de 27 de novembro de 1970: "Por determinação superior, fica proibida divulgação pelos jornais, rádios e televisões da entrevista de Dom Helder em resposta às acusações de Abreu Sodré").[79] A resposta de Dom Helder consistia em se defender das acusações e refutar os documentos elencados por Abreu Sodré, que na verdade eram um elenco de artigos e notícias. Explicando o porquê de suas viagens, Helder esclareceu que o objetivo era colaborar para tomada de consciência dos países desenvolvidos da necessidade de mudanças profundas na política econômica e social. Em segundo lugar, mais uma vez, defende-se da acusação de ser antipatriota, ao denunciar o neocolonialismo como consequência do imperialismo econômico e falar da injustiça social no Brasil – é um dever moral de quem analisa e denuncia as injustiças sociais em todo o mundo.

---

75   Ibid., 29.
76   O GLOBO, Rio de Janeiro, 8 de outubro de 1970.
77   Ibid.
78   CAMARA, H. "A propósito das acusações do governador Sodré", in Apostila 33/4, 17-23.
79   CIRANO, M. Os caminhos..., 307.

As acusações contra Dom Helder não se restringiriam somente ao Governo Militar e pessoas ligadas ao pensamento de direita no âmbito social, mas vieram também do interior da Igreja, de membros eclesiásticos que defendiam a Ditadura Militar.

A batalha de Dom Sigaud contra Dom Helder e a "Igreja progressista" tem alguns precedentes interessantes. Em 1968, na IX Assembleia Geral da CNBB, Dom Candido Padim, bispo auxiliar do Rio de Janeiro e secretário da Educação da CNBB, apresentou o documento "A doutrina da segurança nacional à luz da Doutrina social da Igreja", denunciando a incompatibilidade da ideologia da segurança nacional com os critérios do ensinamento social da Igreja. O documento motivou Dom Sigaud a criticar Dom Helder e seus seguidores, que, segundo ele, representavam a minoria subversiva e esquerdista do clero – em entrevista publicada nos principais jornais do país em 24 de julho de 1968, ele afirmava a importância do Conselho de Segurança Nacional e a necessidade de colaboração entre Igreja e Estado. Essa entrevista foi a primeira acusação pública de um membro da hierarquia eclesiástica, parte do grupo considerado conservador, contra Dom Helder. No mesmo dia, Dom Sigaud e doze bispos enviam uma carta ao Presidente da República, o Marechal Artur da Costa e Silva, solidarizando-se com o Governo e afirmando o descontentamento com os pronunciamentos de clérigos e leigos de tendência esquerdista e subversiva. Em 11 de agosto de 1968, Dom Sigaud e Dom José D'Ângelo Neto, Dom Oscar de Oliveira, bispo de Mariana, e Dom Alexandre Gonçalves enviam documento ao Cardeal Agnello Rossi, presidente da CNBB, contendo sugestões para a CNBB. Em seu conteúdo o documento questionava o posicionamento social, político e teológico-eclesial de membros da Igreja brasileira.[80]

---

80 Cf. SIGAUD, Dom et alli., "Carta ao Presidente do Brasil", in CIRANO, M. *Os caminhos...*, 53-57. Assinaram a carta: Dom Geraldo de Proença Sigaud, arcebispo de Diamantina; Dom João Batista Costa, bispo de Porto Velho; Dom Delfim Pires, bispo de São João del Rei; Dom Antonio Mayer, bispo de Campos, Dom Manuel O. C. Cintra, bispo de Petrópolis; Dom José Veloso, bispo auxiliar de Petrópolis; Dom Antonio Zoltera, bispo de Pelotas; Dom José D'Angelo Neto, arcebispo de Pouso alegre; Dom José Vasquez Dias, bispo de Bom Jesus do Guarqueia; Dom

Em agosto de 1970, Dom Sigaud fez um novo ataque contra Dom Helder: em sua viagem a Europa enviou uma carta a Dom Heinrich Tenhumberg, bispo de Munster, com o objetivo de conseguir com que os bispos alemães retirassem o apoio à candidatura de Dom Helder ao prêmio Nobel da paz de 1970. A carta, segundo Dom Sigaud, foi escrita motivada pela tristeza e preocupação de quando o mundo soubesse a verdade sobre Dom Helder Camara. Com esse intuito, descreveu a vida de Dom Helder distinguindo três períodos em sua vida: período fascista (1932-1940), período de transição do fascismo para o comunismo (1940-1952) e período de colaboração com o comunismo (1953-1970). Após descrever os períodos, afirmou que Dom Helder, através do álibi da não violência, derramou óleo no fogo e abriu o caminho à violência, além de apresentar treze afirmações que demonstrariam tal definição.[81] Dom Heinrich Tenhumberg respondeu a Dom Sigaud através de uma carta afirmando não poder tomar posição diante das acusações por não conhecer satisfatoriamente Dom Helder, mas disse que durante o Concílio Vaticano II, no seu relacionamento com Helder, teve a impressão de se tratar de uma personalidade idealista e profundamente sincera. Propôs que a CNBB estabelecesse uma comissão para examinar as acusações ou pedir à Santa Sé que estabelecesse a comissão, para evitar o escândalo de uma discussão entre bispos. E comunicou o não recebimento dos documentos que provariam as acusações.[82]

Dom Helder, ao tomar conhecimento da carta de Dom Sigaud, que não lhe enviara uma cópia, como afirmava, e da resposta de Dom Te-

---

Guido Castelo, prelado de Mendes; Dom Bernardo Nolher, bispo de Paranaguá e Dom Jackson Prado, bispo de Feira de Santana. Ver também: SIGAUD, D. et alii., "Documento enviado à CNBB", in CIRANO, M. Os caminhos..., 55-60.

81 SIGAUD, D. "Carta de Dom Sigaud ao bispo de Munster", in CIRANO, M. Os caminhos..., 61-65. As principais acusações de Dom Sigaud foram: 1) afirmar que a América Latina se encontra em estado de opressão, através da violência do sistema de colonialismo interno; 2) procurar conscientizar os pobres, a fim de que sejam convencidos de serem miseráveis, explorados, colonizados; 3) ensinar que uma violência passiva deve ser respondida por uma violência ativa; 4) afirmar preferir a solução pacífica mas respeitar aquele que prefere a solução forçada; 5) afirmar que a supremacia da América do Norte é tão má como a dos Russos; 6) Aprovar o reconhecimento da China através das Nações Unidas (ONU) e a aceitação de Cuba na Organização dos Estados Americanos (OEA); 7) declarar que o socialismo pode ser aceito por um católico; 8) desmoralizar o Governo brasileiro quando diz que usa as torturas como arma política. SIGAUD, "A carta...", 63-64.

82 Cf. TENHUMBERG. "Resposta a Sigaud", in Apostila 32/4, 1.

nhumberg, escreveu uma carta em 19 de setembro de 1970, endereçada a Dom Tenhumberg, aos bispos, padres e leigos da Alemanha. Na carta ele não respondeu diretamente as acusações de Dom Sigaud alegando dois motivos: por ser inglório, quando há problemas mais graves e importantes para a humanidade, ficar girando sobre si; e por não querer prolongar o triste espetáculo. Na carta afirmou que já teria respondido tais acusações na conferência de Bonn em 23 de outubro de 1970 e pediu para não se julgar o episcopado brasileiro e mesmo Dom Sigaud pela atitude infeliz em Trier, e terminou agradecendo o apoio da Alemanha à candidatura ao prêmio Nobel da Paz.[83]

O confronto de mentalidades entre Dom Sigaud e Dom Helder é importante para compreender o contexto da Igreja no Brasil durante o período militar, pois eles representam duas linhas de pensamento: uma de colaboração total, outra de resistência motivada pela defesa dos direitos humanos. Do ponto de vista do Governo Militar, Dom Sigaud aparecia como líder de uma Igreja e Dom Helder de outra, ao ponto de os militares afirmarem que acreditavam na Igreja de Dom Sigaud e não na de Dom Helder, igreja subversiva.[84]

2.2.3 Campanha contra Dom Helder no exterior x Prêmio Nobel

Apesar de todos os ataques e difamações, Dom Helder continuava firme em sua luta a favor dos direitos humanos e pela justiça social. A sua voz tinha grande repercussão no Brasil a ponto de o embaixador americano Charles Elbrick, embaixador sequestrado pelos guerrilheiros, declarar que Dom Helder seria o candidato ideal para a presidência do Brasil, uma alternativa viável ao Regime Militar. No exterior, o seu nome foi indicado para o prêmio Nobel da Paz de 1970 por grupos de parlamentares da Holanda, Suécia, França e Irlanda, além de René

---

83 Cf. CAMARA, H. "Resposta de Dom Helder Camara", in M. CIRANO, *Os caminhos*..., 66-67.
84 Cf. COMBLIN, J. "Dom Helder...", 37.

Cassin, prêmio Nobel da paz de 1968, e cinco milhões de assinaturas de trabalhadores latino-americanos e da confederação latino-americana sindical cristã. Em 1970 Jakob Sverdrup, consultor do comitê Nobel, afirmou em seu relatório sobre Dom Helder: "a sua mensagem de não violência, na América Latina de hoje, pode ser considerada como tendo importância para a conservação da paz, porque representa uma alternativa realística ao aumento do terrorismo e dos movimentos guerrilheiros. Ele possui prestígio e importância, o que faz com sua mensagem seja ouvida tanto no Brasil como fora do território nacional".[85]

O Governo Ditatorial Militar, acreditando que tal nomeação seria catastrófica para os seus objetivos, buscou de todas as formas inviabilizar a candidatura de Dom Helder, através de difamações nos meios de comunicação social e principalmente se aliando a empresários noruegueses para influenciar o comitê do parlamento norueguês. Dois empresários noruegueses ligados ao Governo Militar brasileiro foram de suma importância na campanha contra Dom Helder: o empresário Tore Munch, dono de um jornal em Bergen e outro em Oslo, o "Mogenposten", amigo de dois membros do comitê; e o empresário Hennin Boilessen, presidente do grupo ultraconhecido em 1969 por financiar a OBAN (Operação Bandeirante), formada oficiosamente por militares e policiais para intensificar a repressão dos opositores do Regime Militar. Ele foi morto em 15 de abril de 1971 pelo grupo de guerrilha urbana Ação Libertadora Nacional (ALN). O embaixador brasileiro Jaime de Souza Gomes, em Oslo, usou inclusive o argumento de que Dom Helder poderia tornar-se presidente do Brasil e atribuir o prêmio seria uma forma de aumentar seu prestígio e que, por haver uma plataforma de governo reformista, o futuro do Brasil seria incerto para os investidores estrangeiros. A campanha do Governo brasileiro surtiu os efeitos desejados. O prêmio Nobel da paz de 1970 foi para Worman Bourlag, professor dos EUA, especialista em fisiologia das plantas, que instituiu a "revolução verde": desenvolvimento do trigo e do arroz.

---

85 PILETTI, N. e PRAXEDES, W. *Dom Hélder Câmara...*, 378.

Nesse sentido, é importante o depoimento do ex-embaixador Vasco Mariz, que participou de ações para evitar que Dom Helder recebesse o Prêmio Nobel da Paz. Na ocasião, Vasco Mariz ocupava a chefia do Departamento Cultural do Itamaraty e foi chamado pelo embaixador Jorge de Carvalho, que lhe incumbiu a missão de convocar uma reunião com os embaixadores dos países escandinavos (Noruega, Suécia, Dinamarca e Finlândia) para explicar o quanto seria prejudicial e danoso para a imagem internacional do governo militar a concessão do prêmio a Dom Helder. Por isso, pedia aos embaixadores que solicitassem a seus governos que interviessem junto à Fundação Nobel para evitar a escolha de Dom Helder. Dias depois, os embaixadores telefonaram avisando que seus governos tinham a tradição de não interferir em temas relacionados ao Nobel e, por isso, não poderiam colaborar com o governo militar.

Vasco Mariz continua o seu depoimento afirmando que soube, através do chefe do Serviço de Informações do Itamaraty, Alarico Silveira, que, posteriormente, foram convocados os presidentes e diretores de todas as empresas escandinavas no Brasil, como a Volvo, a Scania Vabis, a Ericsson, a Facit, a Nokia e outras. Foi-lhes solicitado que interviessem junto à Fundação Nobel para evitar a concessão do prêmio a Dom Helder. Após a negação da intervenção no processo de escolha por parte dos presidentes e diretores das empresas, o general que presidia a reunião anunciou que, se não interviessem e Dom Helder recebesse o prêmio, as empresas no Brasil não poderiam remeter mais nem um centavo de lucros para as respectivas matrizes. Vasco Mariz relata também que um ex-embaixador do Brasil em Estocolmo afirmou que, enquanto houver alguém na diretoria da Fundação Nobel que se recorde do esforço feito pelo Brasil para não receber um prêmio Nobel, dificilmente outro brasileiro será condecorado com o prêmio.*

Dom Helder foi indicado para o prêmio Nobel da paz nos três anos seguintes e novamente, em 1971, houve uma nova campanha de bastidores,

---

* MARIZ, Vasco. *Temas da política internacional: ensaios, palestras e recordações diplomáticas*, Topbooks Editora, Rio de Janeiro 2008, 140-142.

silenciosa e eficiente, coordenada pelo embaixador em Oslo, em nome do Governo brasileiro (Presidente General Emilio Garrastazu Médici), para neutralizar a candidatura. O Prêmio Nobel da paz de 1971 foi para Willy Brand, alemão demolidor do muro da vergonha. Em 1972 o comitê não escolheu nenhum ganhador para o prêmio da paz. Em sua quarta indicação, para o prêmio de 1973, perdeu para Henry Kissinger (EUA) e Le Duc Tho (Vietnã), que receberam o prêmio pelas negociações para o fim da guerra do Vietnã. A repercussão pela instrumentalização política do prêmio Nobel da Paz gerou protestos em grande escala, fazendo com que Le Duc Tho renunciasse ao premio e Henry Kissinger mandasse um representante recebê-lo.

Em protesto, a Associação da Juventude Norueguesa lançou uma campanha pela criação do "Prêmio Popular da Paz". A ideia foi acolhida pela Suécia, Dinamarca, Finlândia, Holanda, Bélgica, Áustria e Itália, que recolheram fundos chegando ao total de um milhão e meio de coroas norueguesas. A Alemanha, na época Alemanha Ocidental, criou também o seu prêmio Popular da Paz, arrecadando dois milhões de marcos. Ambos os prêmios tiveram a nomeação pelo voto popular, vencendo Dom Helder Camara. Em 10 de fevereiro de 1974, em Oslo, Noruega, Dom Helder recebeu o prêmio popular da paz, entregue pelo prefeito e pelo bispo, com a presença de 1.500 convidados. A cerimônia foi transmitida pela "Eurovisão" para 30 países. Em 11 de fevereiro de 1974, em Frankfurt, Dom Helder recebeu outro prêmio popular da paz. A soma dos dois prêmios atingiu três vezes mais que o prêmio Nobel da Paz, e o dinheiro foi usado por Dom Helder para financiar o assentamento dos sem-terra da Operação Esperança.

2.2.4 Censura – Lei do silêncio. Morto civilmente

O terceiro meio de reação contra Dom Helder após a sua conferência de Paris foi a censura a qualquer menção do seu nome nos meios de comunicação social. A partir de sua conferência em Paris, o cerco foi se fechando. No primeiro momento, o Departamento de Polícia Federal agiu apoiado no decreto-lei da censura prévia, praticada com a presença de censores nas redações dos jornais, periódicos e revistas, ou pela emissão de comunicados que proibiam a divulgação de determinadas notícias. Censuravam os depoimentos de Dom Helder, que buscava esclarecer-se diante dos ataques veiculados pela imprensa. Como atesta o documento de 1 de setembro de 1970: "De ordem do Sr. Ministro da Justiça ficam proibidos em todos os órgãos de imprensa, rádio e televisão, publicações e divulgação de entrevistas, artigos e reportagens de D. Hélder Camara".[86] A estratégia era a de permitir os ataques a Dom Helder nos meios de comunicação social sem permitir que ele se defendesse.

Durante o período militar, Dom Helder, entre os membros da Igreja Católica, foi o que mais sofreu críticas, censuras e perseguições, seja por parte dos militares ou por parte dos intelectuais ligados ao Governo Militar. Nesse período, "atacar a Dom Helder passou a ser uma credencial que simbolizava o apoio irrestrito ao Governo Militar".[87] Mas a estratégia foi vista como antiprodutiva, pois mesmo as acusações projetavam a imagem de Dom Helder como perseguido pelo Governo Militar e o fortificavam para o prêmio Nobel da paz.

A solução encontrada foi revelada no documento de 9 de outubro de 1970: "De ordem do Sr. Ministro da Justiça, ficam proibidas quaisquer manifestações, imprensa falada, escrita e televisada, contra ou a favor de Dom Hélder Câmara. Tal proibição é extensiva nos horários de televisão reservados à propaganda política".[88] O nome de Dom Helder estava proibido de aparecer sob qualquer pretexto em todos os veículos dos meios de comunicação social; era a lei do silêncio, ou seja, era considerado morto em vida. Dom Helder assim sintetizou esse momento em sua vida: "era absolutamente proibido de aparecer em qualquer jornal, em qualquer revista, em qualquer rede radiofônica ou televisiva, a mínima retificação ou a mínima defesa. Depois se pensou que fazer de mim uma vítima

---

86 Documentos de censura contra D. Helder Camara, documento da Polícia Federal aos Meios de Comunicação Social 01/09/1970, in Cirano, M. *Os caminhos...*, 307.

87 Piletti, N. e Praxedes, W. *Dom Hélder Câmara...*, 386.

88 Documento da Polícia Federal, in Cirano, M. *Os caminhos...*, 307. Essa proibição foi reiterada várias vezes: em 15 de setembro de 1971; 23 de agosto de 1973, 4 de fevereiro de 1974, 8 de fevereiro de 1974, 5 de maio de 1974, 18 de julho de 1975. Cf. Cirano, M. *Os caminhos...*, 309-311. Essas foram as notas enviadas em geral, existem outras para casos específicos e para revista e jornais em particular. Cf. Cirano, M. *Os caminhos...*, 307-311.

fosse ainda muito, e então se proibiu de citar também somente o meu nome. Era e estou condenado à morte civil. Não existo. Mas aceito".[89] A sua "morte civil" foi declarada durante os ataques, vigorando assim uma imagem negativa de Helder: antes "não existir" para os brasileiros.

É verdade que nesse período algumas tentativas foram feitas para "ressuscitá-lo" nos meios de comunicação social. Em junho de 1972, a revista Politika fez uma entrevista com Dom Helder, mas foi proibida pela Polícia Federal de publicá-la. A revista Cadernos de Opinião publicou em 1975 o texto da conferência de Dom Helder "O que faria São Tomás de Aquino, o comentador de Aristóteles, diante de Karl Marx?"[90] realizada na universidade de Chicago, EUA. De acordo com o imperativo do AI5 a revista foi proibida de circular.

A lei do silêncio imposta pelo Governo Militar a Dom Helder mexeu em um dos pontos nevrálgicos de sua vida. Oriundo de família de jornalistas, ele sempre teve um bom relacionamento com os jornalistas, valorizava e sabia usar os meios de comunicação social para divulgar suas mensagens, dando uma grande repercussão àquilo que fazia. Basta lembrar que uma das críticas-acusações a sua pessoa durante o Regime Militar era o de ser considerado vedete. O silêncio imposto a Dom Helder assim foi definido por Alceu – "Tristão de Ataíde": "Há silêncios que falam eloquentemente. O silêncio imposto a Dom Helder grita aos nossos ouvidos!".[91]

De 1970 a 1977, Dom Helder comunicou-se com o povo apenas pelo boletim arquidiocesano, informativo mimeografado restrito à arquidiocese de Olinda e Recife e pelo seu programa de rádio na emissora local, muitas vezes sendo obrigado a mudar de horário.

Somente em 24 de abril de 1977 a "morte civil" de Helder começou a cair. O silêncio foi rompido com a publicação da entrevista feita pela jornalista Divane Carvalho, repórter da sucursal do jornal do Brasil em Recife, com o título "Quanto mais negra é a noite, mais carrega em si a madruga-

---

89 CAMARA, H. *Le conversioni...*, 219.
90 Id., "O que faria São Tomás de Aquino, comentador de Aristóteles, diante de Karl Marx?", in POTRICK, Maria Bernarda (org.). *Dom Helder...*, 151-160.
91 ATAÍDE, Tristão de, citado por FRAGOSO, Frei Hugo. "Dom Helder, profeta do perdão evangélico", in ROCHA, Zildo (org.). *Helder, o dom...*, 199.

da", publicada pelo Jornal do Brasil no caderno especial de domingo. Nessa entrevista realizada quando Dom Helder completava 25 anos de episcopado, ele avalia o seu ministério eclesial: "Nunca me senti um pastor simplesmente de almas. Sou um pastor de homens, de criaturas humanas. Com alma, corpo e todas as consequências. A mim interessam cada vez mais os grandes problemas humanos! Isto me parece, inclusive, uma obrigação evangélica".[92] A entrevista abordava vários temas importantes em sua vida: a sua militância política; sua passagem pelo integralismo, o seu posicionamento sobre o capitalismo e comunismo; a relação Igreja-Estado antes e depois do golpe de 1964; o papel da Igreja e do sacerdócio no mundo atual; as suas viagens ao exterior; as suas relações com a imprensa, analisando as acusações de ser comunista e o "silêncio" imposto a ele.[93]

Somente em setembro de 1981 Dom Helder concedeu a primeira entrevista na televisão, no programa "Etcetera", a Ziraldo, amigo e colaborador desde os tempo de Helder no Rio de Janeiro, quando como cartunista elaborava os cartazes da Feira da Providência e também as cartilhas do MEB. No início da década de 80, com o começo da abertura democrática no Brasil, Dom Helder deixava de ser considerado "mau elemento" e recebia artigos de elogio de O Globo e O Estado de São Paulo. Recebia prêmios: Prêmio Mahatma Ghandi, oferecido pela TV Globo em 31 de dezembro de 1982. Os adversários (Wanderkolk Wanderley, Gilberto Freire, Nelson Rodrigues) mudavam de posição em reportagem da Veja de setembro de 1980. Aqueles que o criticaram e o acusaram duramente durante a fase mais dura do Regime Militar perderam a motivação de pano de fundo: estar bem com o Governo Militar massacrando os que denunciavam as injustiças.

---

92 CAMARA, H. "Quanto mais negra é a noite mais carrega em si a madrugada", entrevista a Divane Carvalho – Jornal do Brasil, em 24 de abril de 1977, in Apostila 38.
93 Mesmo continuando a lei da censura prévia e o AI5, após a entrevista ao Jornal do Brasil outros jornais e revistas publicaram notícias e entrevistas de Dom Helder. Jornal A TRIBUNA, "Pela justiça social esperamos contra qualquer esperança", Santos, 8 de agosto de 1977; revista O CRUZEIRO, "Dom Helder: ataque e defesa no fim do silêncio", Rio de Janeiro, 7 de janeiro de 1978, 16-21; Revista STATUS, "Dom Helder o arcebispo proibido: eu faria o jogo do comunismo se continuasse a usar a Igreja como ópio do povo", São Paulo, abril de 1978, 6-15; FOLHA DE SÃO PAULO, "Não estou só! D. Helder", caderno folhetim, São Paulo, 25 de junho de 1978; revista VEJA, "A eternidade começa aqui", São Paulo, 13 de setembro de 1978, 3-6; revista VEJA, "A maldição revogada", São Paulo, 17 de setembro de 1980, 32-35.

Apesar de todas as acusações, difamações, perseguições e ameaças, Dom Helder não sofreu com a prisão e tortura, mas sofreu uma tortura indireta. Alguns de seus colaboradores foram exilados, presos, torturados, sendo um deles assassinado. Desses casos, escolhemos dois para ilustrar as perseguições sofridas por seus colaboradores. O primeiro é o de uma prisão. O padre Marcelo Carvalheira, ex-diretor do Instituto de Teologia do Recife (ITER), no início de novembro de 1969 encontrava-se em Porto Alegre, Rio Grande do Sul, para um curso organizado pela CNBB. Durante o fim semana, ao colaborar na Paróquia da Piedade, foi preso, juntamente com o pároco, sob a acusação de ligação com frei Betto. Padre Marcelo e frei Betto foram transferidos para o DOPS em São Paulo no final de novembro de 1969. Padre Marcelo foi libertado em 30 de dezembro. A ideia dessa ação contra o padre Marcelo era a de criar uma corrente para implicar Dom Helder e o movimento guerrilheiro, com os seguintes elos: Carlos Marighela – Frei Betto, Frei Betto – Pe. Marcelo, Pe. Marcelo – Dom Helder. O segundo caso: de morte. No dia 26 de maio de 1969, padre Antonio Henrique, auxiliar de Dom Helder, coordenador da pastoral da juventude da arquidiocese, após a reunião com pais e filhos no bairro de Parnamirim, ao voltar a casa, segundo testemunhas, foi sequestrado, provavelmente por membros da CCC (Comando de Caça aos Comunistas). Na manhã de 27 de maio o corpo foi encontrado no campus da cidade universitária, com sinais de torturas, amarrado e enforcado, com três tiros na cabeça e uma punhalada na garganta.

Saber-se perseguido diretamente através dos seus colaboradores, sacerdotes e leigos, pode ser uma tortura indireta, mas deixa marcas profundas.

> Não sei como haveria reagido à tortura, não se pode saber. Não julgarei nunca aqueles que cedem sob torturas; é impossível imaginar aquilo que se torna quando se é esmagado, espedaçado. Mas tenho a presunção de pensar e de dizer que haverei preferido mil vezes ser torturado, antes de saber que vinham sendo torturados meus colaboradores....

(...)

É uma coisa absolutamente terrível. Quantas vezes fui procurar notícias nos hospitais, nas prisões, até nos necrotérios para procurar e às vezes, infelizmente, para identificar meus colaboradores desaparecidos, padres ou leigos. Para ser sincero devo dizer que estas práticas diretas contra mim através daqueles que me estavam próximos duraram muitos anos, são agora terminadas. Os meus colaboradores não são mais ameaçados diretamente.[94]

O período de 1964 a 1985, diante do contexto sociopolítico e econômico-cultural, demonstra a coragem de Dom Helder e de seus colaboradores, que assumiram a voz dos que não tinham voz, não para possuí-la, mas para resgatá-la através da luta pela justiça e pelos direitos humanos. Outros membros importantes da hierarquia eclesiástica adotaram outra postura, como nos revelam Piletti e Praxedes: "politicamente dom Eugênio tinha ligação com as autoridades do Regime Militar, mas não houve rompimento de amizade com Dom Helder. Dom Eugênio, em diálogo com Dom Helder, afirma: 'Estou onde você estava, onde você nos colocou'".[95] Em sua autocrítica, Dom Helder avalia a diferença de postura de dois períodos de sua vida (1952 a 1964 e 1964 a 1985) e os critérios e motivações de sua mudança de perspectiva:

Um dos graves pecados de omissão de minha vida (melhor diria, falta de visão) eu o cometi, sobretudo, ao longo dos meus doze anos de secretário-geral da CNBB (mas claro que bem antes da CNBB já o vinha cometendo): estava convicto de que, no Brasil, vivíamos a situação ideal quanto às relações entre Igreja e Estado: sem religião oficial e sem concordata, havia respeito mútuo e leal colaboração entre Estado e Igreja.

---

94 Camara, H. *Le conversioni...*, 210.
95 Piletti, N. e Praxedes, W. *Dom Hélder Câmara...*, 444.

Agi, amplamente, dentro dessa perspectiva. Ajudei a firmá-la no meio de nossos bispos. É a posição exata de dom Vicente Scherer, de meu Patriarca e de tantos outros....

Hoje, quando me veem em posição diferente, eles não entendem e chegam a pensar que, após 1964, posto de lado pelas ligações com a situação anterior, caí em frustração....

Fosse quem fosse o presidente da República, minha posição após o Concílio mudaria. Como não perceber que a posição antiga levava, facilmente, a não perceber, e, portanto, a não denunciar injustiças gravíssimas?... Tantas vezes tenho repetido e não cansarei de fazê-lo: preocupados em ajudar a manter a ordem social, nem parecíamos perceber que se trata antes de uma desordem estratificada. Na prática, servíamos de suporte a estruturas de escravidão, e, com melhores intenções, pregávamos religião-ópio para o povo, vivíamos uma religião alienada e alienante.[96]

3 PASTOR ARQUIDIOCESANO

Dom Helder assumiu a arquidiocese de Olinda e Recife dentro do contexto da Ditadura Militar e sob a influência do Concílio Vaticano II. Em seu governo arquidiocesano, ao longo de vinte e um anos, procurou aplicar as ideias programáticas defendidas por ele durante o Concílio e no seu discurso de tomada de posse, e em consonância com a Igreja latino-americana nas propostas de Medellín e Puebla, bem como nas diretrizes pastorais da CNBB.[97]

---

96   Ibid., 444-445. "Patriarca" era como Dom Helder chamava carinhosamente Dom Eugenio.
97   Sobre Dom Helder como pastor arquidiocesano, cf. CAMARA, H. *Le conversioni...*, 188-215; BROUCKER, J. de. *Helder Camara, la violenza...*, 88-95; CAYUELA, J. *Hélder Cámara...*, 299-317; BLAZQUEZ, F. *Helder Câmara, il grito...*, 124-130; MARIN, R. *Dom Helder Camara...*, 158-310; PILETTI, N. e PRAXEDES, W. *Dom Hélder Câmara...*, 352-393; PINHEIRO, José Ernanne. "Dom Helder Câmara, como arcebispo de Olinda e Recife. Um depoimento pastoral", in POTRICK, Maria Bernarda (Org.). *Dom Helder...*, 48-53; ROCHA, Abelardo B. da e FERREIRA, Glauce Chagas. *Um furacão varre a esperança, o caso D. Hélder*, Fundarpe, Recife, 1993, 55-57; CASTRO, Gustavo do Passo. *As comunidades do Dom, um estudo de CEBs de Recife*. Recife: Fundação Joaquim Nabuco – Editora Massangana, 1987, 87-88; COMISSÃO DE JUSTIÇA E PAZ. "A Comissão de Justiça e Paz

Durante o seu ministério episcopal à frente da arquidiocese de Olinda e Recife, três características se sobressaem: o governo colegiado, a valorização dos leigos, a integração do Nordeste em nível eclesial.

Seguindo sua proposta de descentralização na organização eclesial, Dom Helder criou o governo colegiado com vigários episcopais para as várias áreas da pastoral: religiosas, clero, leigos, meios de comunicação social. Sendo assim, o governo colegiado tinha representantes das diversas frentes de pastoral. Criou o conselho presbiteral, como descentralização do poder e como exigência de assumir a comunhão e a participação. Completavam o quadro organizacional da arquidiocese a Coordenação pastoral, o Conselho pastoral, o Conselho presbiteral e o Conselho de Administração e a Assessoria Técnica para assuntos patrimoniais.

A segunda característica do pastoreio de Dom Helder foi a valorização dos leigos através do apoio aos movimentos, principalmente nas zonas mais conflitivas da área social e da conjuntura sociopolítica e econômica do país: os operários, os universitários, tendo como exemplo significativo a ACO (Ação Católica Operária). Destacamos o serviço exercido pelo SEDIPO durante a Ditadura Militar.

Em 1974 foi criado o Serviço de Documentação e Informação Popular (SEDIPO), com o objetivo de apoiar no campo da documentação e informação popular da arquidiocese, com base em orientação da CNBB. No contexto da Ditadura Militar, tinha a coragem de passar informações dos acontecimentos do país, superar a censura e informar ao povo. A informação dava-se através da divulgação dos documentos da CNBB sobre a realidade brasileira, do reprocessamento de recortes de jornais e algumas publicações com temas específicos: "1º de maio", "Custo de vida", "Questão da terra", e do Boletim Atualidade e Movimento Popular, informativo mensal, com dez números anuais, subsídio para a reflexão popular. Foi praticamente o único veiculo de denúncias às injustiças sociais e de conscientização dos setores populares.

---

na arquidiocese de Olinda e Recife – 1979/1983", in Potrick M. (Org.), *Dom Helder...*, 112-113; Schutz, Roger. *Violência dos Pacíficos*. Porto: Ed. Perpétuo Socorro, 1972; Fragoso, Antonio; Barbé, Domingos; Camara, Helder et alli. *A firmeza permanente*, Loyola-Vega, 1977.

O governo colegiado e a valorização do leigo proporcionaram o espaço para o amadurecimento do clero e do leigo, proporcionando a partilha de dons e a possibilidade de caminhar juntos como Igreja, concretizando a comunhão e a participação eclesial. Nesse contexto, é significativa a frase do pastor metodista Fred Morris na homenagem de 90 anos de Dom Helder: "Mas eu quero agradecer a Dom Helder pelo que ele não fez. Dom Helder foi um pastor discreto e soube trabalhar de forma a respeitar a iniciativa dos outros. Ele nunca coibiu qualquer iniciativa de serviço e de ajuda ao povo de Deus".[98]

A terceira preocupação de Dom Helder foi a integração eclesial regional para que as igrejas locais pudessem atuar em conjunto, buscando encarnar-se na realidade do povo nordestino, preocupação esta que encontrou ressonância na criação do Secretariado Regional do Nordeste II da CNBB, formado pelos estados de Rio Grande do Norte, Paraíba, Pernambuco e Alagoas. O secretariado do Nordeste II exerceu um papel pioneiro na animação da pastoral do Nordeste II, caracterizando-a por áreas sociais, tentando valorizar e dinamizar os movimentos apostólicos. Também proporcionou vez e voz na criação do espaço para a criatividade.

Dentro da integração regional recordamos a preocupação com a formação dos seminaristas, com a criação do Seminário Regional Nordeste II (SERENE II) e Instituto de Teologia do Recife (ITER).

Em 2 de maio de 1965, foi inaugurado o SERENE II. Em seu pronunciamento Dom Helder partiu da seguinte premissa: "Esta Casa preparará sacerdotes para evangelizar. Mas não se evangelizam seres abstratos, intemporais e residentes no vácuo. Evangelizam-se criaturas humanas, concretíssimas, inseridas no espaço e no tempo".[99] Descreveu o papel do seminário regional:

A esta altura, é fácil compreender e aceitar que o Seminário Regional do Nordeste se destine a formar padres para o desenvolvimento, entendido este em seu sentido pleno.

---

98 Morris, Rev. Fred. "A importância da vida e do ministério de Dom Helder Camara", in Rocha, Zildo (Org.). *Helder, o Dom...*, 89.

99 Camara, H. "Inauguração que vale um símbolo", in Caramuru de Barros, R. e Oliveira, L. (Orgs.). *Dom Helder: o artesão...*, 98.

Nesta casa, serão estudado problemas ligados à filosofia e à teologia do desenvolvimento. (...).

Nesta Casa, velhos temas teológicos e filosóficos serão reexaminados, ao lado de novos, em clima ecumênico e em clima de Vaticano II, e à luz da experiência do Terceiro Mundo. (...).

Enquanto o Seminário Regional do Nordeste estiver tentando ficar à altura da responsabilidade histórica que Deus lhe confia, o povo de Deus, residente nesta região, buscará sensibilizar as forças vivas do Nordeste para que em conjunto, ajudem esta porção do Terceiro Mundo a de fato arrancar-se do subdesenvolvimento.[100]

Em 1967, os bispos do Nordeste decidiram que "o Seminário Regional do Nordeste não seria mais um lugar geográfico, mas uma plêiade de equipes sob a orientação e coordenação de uma equipe de educadores que fariam a unidade da formação e o aprofundamento necessário".[101] Após diálogo com o Vaticano, a experiência do grande seminário deu espaço para um novo tipo de formação, em 15 comunidades pequenas de seminaristas em Olinda, em 1968. A proposta era reaproximar os futuros padres do povo; iniciava-se a formação inserida.

O Instituto de Teologia do Recife – ITER foi criado em 1968, aberto às congregações religiosas e leigos, e também a todos os que pretendiam estudar teologia: cristãos, não cristãos, agnósticos e ateus. Na aula inaugural do ITER, Dom Helder assim o descreveu: "O ITER é caminho aberto, que tanto desce de Deus aos homens, como sobe dos homens a Deus, e liga homens e homens".[102] O ITER como centro de estudos teológicos foi "espaço de intercâmbio para os que buscavam um aprofundamento da fé e para a reflexão dos dados da fé a partir da realidade do Nordeste".[103] Como arcebispo, Dom Helder foi membro da comissão supervisora do seminário e do instituto de teologia.

---

100 Ibid., 103-104.
101 PINHEIRO, J. "Dom Helder...", 48.
102 CAMARA, H. "Eu sou o caminho...", in Apostila 17/3, 1-6.
103 PINHEIRO, J. "Dom Helder Camara como arcebispo de Olinda e Recife (1964-1985)", 87.

O SERENE II e o ITER demonstram o quanto a formação sacerdotal em consonância com a realidade e como preparação para responder aos desafios do mundo contemporâneo era importante para Dom Helder.

Ao refletir sobre o pastoreio de Dom Helder na arquidiocese de Olinda e Recife faz-se necessário considerar sua preocupação primordial – o povo – e sua atuação junto ao Cristo, que, no nordeste, chama-se "Zé, Antônio, Severino... Ecce Homo: eis o Cristo, eis o Homem! Ele é o homem que precisa de justiça, que tem direito à justiça, que merece justiça".[104] Três movimentos foram criados para colaborar no resgate da vida do povo sofrido: operação esperança; encontro de irmãos; e movimento Ação, Justiça e Paz.

3.1 Operação Esperança

A Operação Esperança foi lançada oficialmente em julho de 1965. Na prática, nasceu durante a situação de desespero da população ribeirinha na enchente causada pela inundação do rio Capibaribe, atingindo Recife e cidades vizinhas. De imediato organizou-se uma grande campanha para arrecadar roupas e alimentos para socorrer as milhares de pessoas desabrigadas. A grande solidariedade demonstrada na hora do sofrimento do povo inspirou-lhe a criação de uma organização que ajudasse a população carente.

Para a realização do projeto foi organizado o Encontro do Nordeste em julho de 1965, com a presença de aproximadamente 500 pessoas de todas as classes sociais, para discutir o plano de desenvolvimento do Nordeste elaborado pela SUDENE e buscar perspectivas para o combate a miséria. Dom Helder demonstrava mais uma vez sua capacidade de organizar e capitalizar as forças, reunindo membros do Governo Militar, engenheiros, assistentes sociais, empresários, fiéis de várias religiões. Na conclusão do encontro ficou decidida a criação da Operação Esperança com os seguintes objetivos:

---

104 Camara, H. "Mensagem de tomada de posse...", 91.

1) estimular o processo de conscientização na descoberta do homem como pessoa e como criador de cultura e procurando de inserir-lhe uma postura crítica na comunidade; 2) descobrir e formar os líderes leigos; 3) analisar a situação da comunidade e fazer todo o possível para que os recursos sejam proporcionais às necessidades; 4) organizar a ação política com a intenção de a integrar no processo de desenvolvimento.[105]

A Operação Esperança como organização social foi registrada em cartório, tendo como 1º presidente eleito Dom Helder e como membros da diretoria um representante do estado, um do município e um da SUDENE.

A Operação Esperança continuou o atendimento às vítimas da enchente, à população do mangue e dos alagados, atendendo a suas necessidades básicas de moradia e de infraestrutura: foram construídos e recuperados os canais da cidade, novos aterros e ampliação das redes de água, luz e esgoto. No total foram reconstruídas 7.000 habitações. Após resolver os problemas de moradia e saúde, a Operação Esperança organizou-se em quinze setores dos alagados e do mangue, atingindo uma população de aproximadamente 100.000 pessoas. Visando a promoção humana, foi organizada a formação de mão de obra para favorecer o ingresso no mundo do trabalho, bem como a formação educacional e conscientizadora através do MEB.

A Operação Esperança tinha como característica básica favorecer a auto-organização das comunidades em associações de moradores, na perspectiva de torná-los responsáveis pelo próprio destino. Inúmeros conselhos de moradores nasceram a partir dessa experiência.

Em 1971 a Operação Esperança promoveu assentamentos rurais, por intermédio da compra dos engenhos Ipiranga, no Cabo, e Taquari, em Sirinhaém, zona canavieira do Estado, com recursos recebidos da Misereor (Alemanha) e Adveniat (Holanda). Em 1974, com o dinheiro dos prêmios Popular da Paz de Oslo, Noruega e Frankfurt, aproxima-

---

105 González, J. *Helder Câmara, il grido...*, 189.

damente 300 mil dólares foram investidos na compra de um terceiro engenho de 810 hectares no município de Amaraji. Os três engenhos revelam o empenho em uma das preocupações principais de Dom Helder: o problema da terra e do trabalho para o homem do campo.

No caso da Operação Esperança, essas pequenas comunidades resolveram não adquirir oficialmente o caráter de cooperativa, porque infelizmente isso cria complicações, ao lado de algumas facilidades. Mas há o espírito cooperativo. Porque o que se quer provar é que, quando criaturas humanas trabalham a própria terra, trabalham o que é seu, trabalham com outro entusiasmo. E o que se espera, apesar de todas as dificuldades, é que essa experiência, que não tem pretensão de resolver um problema que só a reforma agrária resolveria, chame a atenção para o modelo de vida das pequenas comunidades. É só chamar a atenção, o mínimo que se pode fazer por ora. Mas pelo menos não se fica parado.[106]

Outra iniciativa da Operação Esperança foi proporcionar a assessoria jurídica para as pequenas comunidades da área rural.

3.2 Encontro de Irmãos

O Encontro de Irmãos, movimento de evangelização conscientizadora, iniciou-se durante a semana de evangelização, de 23 a 30 de março de 1969, em preparação para a Páscoa, com o objetivo de conduzir toda a arquidiocese a um clima de conversão. A semana de evangelização foi promovida pela equipe de catequese da arquidiocese, seguindo o exemplo do MEB, a formação conscientizadora através do rádio. O primeiro passo foi

---

106 CASTRO, M. *Dom Hélder...*, 132.

o de preparar, com antecedência, os monitores, membros escolhidos na comunidade. O segundo momento foi a semana de evangelização: pelo rádio, Dom Helder refletia sobre os temas fundamentais do cristianismo. Após escutar a reflexão do arcebispo os grupos, orientados pelos monitores, que tinham em suas mãos o manual, respondiam as perguntas orientadoras que ligavam os temas com a Palavra de Deus e com a vida. Várias paróquias da diocese aderiram à semana de evangelização, que contou com aproximadamente 50 grupos de reflexão. O êxito da iniciativa levou ao crescimento do movimento. Surgiram novos monitores e novos grupos, espalhando-se pela arquidiocese e pelas dioceses vizinhas. Durante muitos anos Dom Helder fez questão de comandar o programa de rádio para a reflexão dos grupos.

O Encontro dos irmãos pode ser considerado a matriz e o próprio movimento eclesial de base da Arquidiocese de Olinda e Recife, pela característica de sua fórmula: reunião de pequenos grupos dos moradores das áreas populares para discutir temas fundamentais do cristianismo e do Evangelho e debater os problemas da comunidade. Segundo Azevedo:

> As Comunidades Eclesiais de Base (CEBs) são hoje uma componente eclesiológica significativa, do ponto de vista *teológico*, *pastoral* e *institucional*. *Teologicamente*, elas explicitam e valorizam sob nova luz elementos bíblicos e aspectos da tradição e da doutrina da Igreja. *Pastoralmente*, criam e agilizam um processo de evangelização e de desenvolvimento da fé e da vida cristã que responde às necessidades da maior parte da população do país. *Institucionalmente*, representam um paradigma de organização eclesial que se distingue dos modelos preexistentes e que tende a repercutir sempre mais sobre o todo institucional da Igreja no Brasil.[107]

Para Dom Helder, os lemas "o pobre deve acreditar no pobre" e "os pobres se encarreguem de evangelizar os pobres" representam a essên-

---

107 AZEVEDO, Marcello de Carvalho. *Comunidades de base e inculturação da fé*. São Paulo: Ed. Loyola, 1986, 15.

cia da CEBs como espaço de partilha de vida e de crescimento pessoal e comunitário.

> Nas CEBs como grupo primário os fatores de crescimento do saber, do poder-serviço e sobretudo do ser são potencializados pela presença radical da experiência do dom. Os modelos são essencialmente antagônicos: não se cresce acumulando, mas compartilhando, não excluindo, mas integrando participações, não competindo, mas colaborando.[108]

Para Helder esse movimento era a "esperança viva de renovação das estruturas da Igreja", semeada dentro das cidades desumanas para promover a humanização por meio da religiosidade que contribuía para a libertação social das camadas populares. Durante a ditadura militar, as CEBs foram o único espaço possível para a manifestação e organização do povo. No movimento Encontro dos Irmãos, assim como nas CEBs, a espiritualidade tem papel fundamental, espaço de tempo para a oração e estudo, e a auto-organização política das comunidades a fim de lutarem por seus direitos.

3.3 Movimento Ação, Justiça e Paz

Um dos grandes sonhos de Dom Helder após o Concílio Vaticano II era o de criar um movimento de "não violência" seguindo o exemplo do pastor Martin Luther King e de Gandhi, preferindo a expressão de Roger Schutz, "a violência dos pacíficos", uma definição que estabelecia a diferença com o "passivismo", expressava a força da pressão moral libertadora e se adequava ao contexto latino-americano. Para "obter que as leis sociais não se tornem letras mortas, ocorre pressão moral, democrática porém forte, para ajudar a vencer a fraqueza humana que é muito compreensível nos grandes poderosos".[109]

---

108 Castro, G. *As comunidades do Dom...*, 189.
109 Camara, H. "Desenvolvimento, um dos nomes da paz" in Cayuela, J. *Hélder Cámara...*, 299.

Em 1968, Dom Helder realizou os primeiros contatos com os sacerdotes de sua diocese e do Brasil para a criação do movimento "Pressão Moral Libertadora", um pacto de não violência. De 12 a 19 de maio, na reunião da comissão de ação social do CELAM, em Salvador, com a presença de dezenove bispos, foram esboçadas as linhas gerais do movimento. Em 19 de julho de 1968, durante a reunião da IX Assembleia da CNBB, 43 bispos assinam o pacto de não violência, entre eles Dom Helder Camara, Dom José Maria Pires, Dom Antonio Fragoso, Dom Jorge Marcos, Dom Waldir Calheiros:

> Bispos do Brasil, movidos pelo amor a Deus e ao próximo; conscientes de ser devedores e de estar atrasados diante das massas latino-americanas, desejosos de colaborar com a libertação de milhões de filhos de Deus que, em nosso país e no nosso continente, vivem às margens da vida econômica, educativa, artística, política, social e religiosa; sentindo que somente uma ação clara, positiva, corajosa e coordenada pode dar uma consistência pratica a documentos quais 'Gaudium et Spes', 'Populorum Progressio', e às 'conclusões de Mar del Plata', assinamos esta decisão de estimular ao máximo a Pressão Moral Libertadora , com o seu inicial programa de exigir a realização concreta dos Direitos fundamentais do homem, sublinhando a libertação de qualquer tipo de escravidão ou de servidão (art. IV) e os direitos à vida, à liberdade, à segurança pessoal (art. III) e ao trabalho (art. XXIII).... A nossa assinatura tem valor de um pacto.[110]

Na proposta da fundação do movimento fazia-se referência a duas datas importantes: 10 de dezembro de 1948, dia da proclamação universal dos direitos do homem, e 2 de outubro de 1968, data de início do centenário de nascimento de Gandhi e data para o lançamento oficial do movimento. Recife era o centro de coordenação geral.

---

110 BROUCKER, J. de. *Helder Camara, la violenza...*, 91.

O histórico do processo de fundação do movimento e seus objetivos, programas e métodos encontram-se em cinco cadernos, que foram distribuídos paulatinamente pelo centro de coordenação geral.

No primeiro caderno vem a definição do movimento, a sua história, seus métodos de ações e o seu programa imediato. Na declaração de princípios afirma que no contexto da América Latina a não violência devia traduzir-se em um comportamento de não conformismo em relação à injustiça, através de uma ação corajosa e permanente para obter reformas estruturais profundas, urgentes e audazes o mais rapidamente possível, como exige a justiça. Propunha como tarefa conseguir adesões para o movimento, pois assim se formaria a minoria definida como abraâmica, capaz de esperar contra toda esperança. O segundo caderno é sobre o Direito do homem, com sugestões para conscientização dos três artigos (III, IV, XXIII) nos quais o movimento será mais empenhado. O caderno número três é sobre Gandhi, sobre pensar a libertação das massas brasileiras e latino-americanas em termos de pressão moral a partir do inspirador exemplo de Gandhi. Para Dom Helder, dois ensinamentos de Gandhi são fundamentais: ter a coragem de aspirar à libertação de todo e qualquer imperialismo e ter sempre presente que o verdadeiro início da libertação é a libertação interior: "como pode, aquele que é escravo de si mesmo, libertar os outros?".[111] Recorda o modelo eficaz da não violência. A sua grande lição de Gandhi, aquele que se torna livre, é o ensinamento, válido em todos os tempos, de que a autêntica não violência é mais forte do que a violência e do que o ódio. O quarto caderno fornece indicações precisas para as aplicações dos princípios. Insiste sobre a necessidade do empenho pessoal. O quinto caderno traz o esboço do regulamento e propostas do movimento, e o novo nome do movimento: Ação, Justiça e Paz. A mudança do nome ocorreu durante a Conferência do Episcopado latino-americano em Medellín. Após consultar os bispos, padres e leigos, procurou-se uma de-

---

111   Ibid., 92.

nominação mais positiva e mais ampla, inspirada no nome da Pontifícia Comissão Justiça e Paz do Vaticano, e a sua finalidade era:

> A humanização de todos aqueles que vivem em condições subumanas por causa da miséria e que são desumanizados pelo egoísmo. Isto trâmite:
> a) A transformação gradual, mas efetiva e rápida, das estruturas econômicas, políticas e culturais da América Latina;
> b) A integração latino-americana, sem ingerência de imperialismos externos ou internos. Esta integração deve começar com aquela de todo o povo em cada país.[112]

Durante a conferência de Medellín conseguiu o apoio de Paulo VI. O lançamento do movimento aconteceu, conforme o previsto, em 2 de outubro de 1968, em Recife, no pátio do Colégio São José. Em seu discurso no lançamento do movimento Ação, Justiça e Paz, Dom Helder fez um resumo das propostas apresentadas em forma de esboço. Referiu-se em primeiro lugar ao contexto de violência institucionalizada que gera a miséria na América Latina, estudado profundamente em Medellín. Diante do contexto apresentado, Dom Helder fez declarações corajosas e ao mesmo tempo perigosas, tendo presente que o país vivia sob o Regime Militar. Afirmou:

> Ação, Justiça e Paz reconhece que, em rigor, as revoluções armadas que cheguem a instalar-se poderão ser consideradas guerras de libertação. Ação, Justiça e Paz não nasce para tratar de calar o não dos oprimidos, e sim para ajudar a imprimir ao não de todos nós, ao protesto de todos nós, um valoroso sentido positivo, um alto e belo sentido construtivo.

---

112 Ibid., 95.

Ação, Justiça e Paz não nasce para ser um movimento cinza, acomodado e contemporizador, porque sabe que Deus vomita aos mornos. Quer ser e será, com a graça divina, a violência dos pacíficos.[113]

No segundo ponto do seu pronunciamento "afirmação de princípios", explicou o nome, os objetivos do movimento, o programa, as linhas práticas e os meios concretos de ação. Quanto ao nome e objetivos, afirmou:

> Ação, Justiça e Paz têm como objetivo a humanização daqueles a quem a miséria põe em estado infra-humano e aqueles a quem o egoísmo desumaniza. E para sua execução propõe: a) a transformação gradual, porém efetiva, das estruturas socioeconômicas, políticas e culturais do Brasil e da América Latina; b) a integração nacional, de maneira que se liberte da existência de áreas infra-humanas dentro de nosso próprio país; c) a integração latino americana sem imperialismos internos e externos. Ação, Justiça e Paz é interconfessional e se abre, amplamente, a todos os homens de boa vontade. Ação, Justiça e Paz considera a ação da não violência como ação positiva, audaz e valorosa de inconformismo frente às atuais estruturas do Brasil e da América Latina.[114]

Dom Helder explicou com mais detalhes o nome do movimento:

> Ação, Justiça e Paz se define por si mesmo, e seu nome nos descobre seus objetivos. Ação: não somente especulação, teoria,

---

113 CAMARA, H. "Violencia de los pacíficos", in TAPIA DE RENEDO, B. *Hélder Câmara proclama...*, 179.
114 Ibid., 179.

discussão, contemplação; Justiça: por todas as partes se descobrem injustiças, por todas as partes há necessidade de justiça; Paz: a justiça é a condição, o caminho, a senda. Somente passando através da justiça se chegará à paz autêntica e verdadeira.[115]

Em referência ao programa confirmou que a declaração dos Direitos do Homem da ONU resumia os pontos básicos do movimento, principalmente os artigos IV (Ninguém será mantido em escravidão ou servidão. A escravidão e o tráfico de escravos serão proibidos em todas as suas formas), III (Todo homem tem direito à vida, à liberdade e a segurança pessoal) e XXIII (Todo homem tem direito ao trabalho, à livre escolha de emprego, a condições justas e favoráveis de trabalho e proteção contra o desemprego). Ao falar sobre as linhas práticas de ação e os meios concretos, delineou como deveriam atuar os membros da Ação, Justiça e Paz. Ao concluir o seu pronunciamento Dom Helder especificou como atuar concretamente e expôs a dura batalha do movimento: "Na luta entre Davi e Golias, quem não haveria assegurado de antemão que o gigante esmagaria o pastor menino que avançou contra os filisteus? Com uma funda e cinco pedras derrubou o gigante. Nossas cinco pedras são: fé em Deus, confiança na verdade, confiança na justiça, confiança no bem e confiança no amor".[116]

O movimento Ação, Justiça e Paz foi lançado em 1968 com o objetivo de lutar pacificamente por mudanças estruturais e pelo cumprimento da declaração dos Direitos do Homem, da ONU; o seu programa visava lutar pela justiça buscando a diminuição de situações de miséria e opressão, mas conservando a paz (ou seja, sem recorrer ao meio da luta armada) e contou com o apoio expressivo de leigos, padres e bispos nordestinos. Mas no mesmo ano, em dezembro, o Governo Militar ditatorial institui o AI-5, e o movimento Ação, Justiça e Paz teve uma vida praticamente impossível.

---

115 Id., *Espiral da violência*. Salamanca: Ediciones Sigueme, 1978, 51.
116 Id., "Violencia de los ...",181.

Somente em 1977 Dom Helder conseguiu, finalmente, fundar na arquidiocese de Olinda e Recife a Comissão Justiça e Paz. A declaração de Dom Helder – "Quem é despertado para as injustiças geradas pela má distribuição da riqueza, se tiver grandeza d'alma captará os protestos silenciosos ou violentos dos pobres. E o protesto dos pobres é a voz de Deus"[117] – sintetizou e norteou a luta da Comissão Justiça e Paz na arquidiocese.

A Comissão Justiça e Paz da Arquidiocese de Olinda e Recife teve os seguintes objetivos:

> Ajudar a defender a pessoa humana, em todas as suas dimensões, e, de modo especial, os pobres, oprimidos e marginalizados; colaborar na organização e conscientização das comunidades, para que se organizem e lutem pelos seus direitos; apoiar os trabalhadores em suas lutas reivindicatórias, através dos órgãos de classe e associações; denunciar o sistema sociopolítico em que vivemos, pelo seu caráter oligárquico, concentrador de riquezas e gerador de injustiças; colaborar com a Igreja local para fazer a leitura da realidade e ter uma visão evangélica dos acontecimentos, isto é, uma tentativa de interpretação cristã dos fatos. Diante desses objetivos terá como prioridade: estimular e apoiar todas as formas de organização do povo.[118]

A comissão justiça e paz dentro da Ditadura Militar se empenhou na defesa dos presos políticos, das vitimas da violência policial e dos sem teto. Recordamos algumas atividades desenvolvidas pela comissão:

---

117 Citado pela Comissão de Justiça e Paz: "A Comissão de Justiça e Paz na arquidiocese de Olinda e Recife – 1979/1983", in POTRICK, M. (Org.). *Dom Helder...*, 109.
118 COMISSÃO DE JUSTIÇA E PAZ. "A Comissão de Justiça e Paz na arquidiocese de Olinda e Recife – 1979/1983", in POTRICK, M. (Org.). *Dom Helder...*, 109.

a) acompanhamento de grupos e comunidades com problemas de habitação, seja invasões ou remoções;

b) casos de violência policial, permanentemente repetidos pelos sequestros, torturas e mortes nos porões policiais;

c) ações ligadas à lei de Segurança Nacional, assumindo algumas causas, como a de Edval Nunes (Cajá), padre Vitto Miracappilo, padre Reginaldo Veloso e outros agentes pastorais;

d) atendimento a estrangeiros com problemas de permanência no país, especialmente padres e religiosos;

e) atendimento na área familiar e trabalhista;

f) apoio aos movimentos populares e sindicatos, inclusive em ocasião de greves;

g) promoção de um seminário sobre solo urbano.

Dentro da perspectiva da luta pela justiça através da não violência, violência dos pacíficos, Dom Helder tentou criar o movimento Minorias Abraâmicas. Para convocar as minorias abraâmicas escreveu o livro "O Deserto é Fértil",[119] com o objetivo de alcançar mudanças de estruturas político-culturais e econômico-sociais tanto nos países subdesenvolvidos quanto nos países desenvolvidos para combater, através da pressão moral libertadora, as estruturas de opressão e exploração que esmagam mais de dois terços da humanidade. Em sua mente Dom Helder pretendia não um movimento fechado, mas criar um vínculo místico que reunisse todas as minorias: "a minoria Abraâmica é muito mais um espírito do que uma organização, muito mais uma mística do que uma rígida articulação".[120]

O nome era uma referência clara a Abraão, o animador das caminhadas, o pai dos crentes: Judeus, Cristãos e Islamitas. Com isso Dom Helder buscava reunir as culturas judaica, cristã e islamita, tornando o movimento universal. Para colocar-se a caminho na construção de um

---

119 CAMARA, H. *O deserto é fértil (roteiro para as Minorias Abraâmicas)*. Rio de Janeiro: Ed. Civilização Brasileira, 1979.
120 Ibid., 77.

mundo mais justo e fraterno é necessário escutar a voz de Deus; segundo Helder, Deus fala através: do clamor dos oprimidos, do clamor dos sem vez e sem voz, dos protestos silenciosos ou violentos dos pobres e da voz dos países injustiçados. As minorias abraâmicas eram a tentativa de reunir, dentro dos mais variáveis grupos humanos, as pessoas que, apesar de todas as dificuldades, lutam pela justiça, capazes de esperar contra toda esperança: "dentro de todas as raças, todas as línguas, todas as religiões, todas as ideologias, há criaturas que nasceram para dedicar-se, para gastar-se ao serviço do próximo, dispostas a não medir sacrifícios para ajudar de verdade e enfim a construir um mundo mais justo e mais humano".[121]

A grande batalha das minorias abraâmicas, para a aproximação dos homens e a construção efetiva da paz, através da justiça e do amor, era combater pela causa do século: "completar a libertação dos escravos sem nome e que são, hoje, dois terços da Humanidade; completar a independência política dos países que conquistaram a própria soberania, encorajando-os a obter a independência econômica, sem a qual de pouco adiantará o próprio ingresso na ONU".[122] Cada pessoa, mantendo sua própria orientação política, ideológica, religiosa, e os próprios líderes e métodos, deveria juntar-se na luta, no combate: a todas as formas de colonialismo, principalmente o neocolonialismo das multinacionais; para superar a marginalização social em seus três níveis: dos benefícios e serviços que decorrem do progresso econômico; da criatividade; das decisões. Para isso era preciso superar o assistencialismo, promover a educação libertadora e a conscientização das massas marginalizadas.

O ponto de partida da ação das minorias abraâmicas era conhecer a realidade: "Documentar injustiças mais gritantes, manifestações mais graves do egoísmo local, nacional, continental e internacional".[123] Para os países subdesenvolvidos, sugeriu: documentar, mostrar e fazer entender o que vem a ser situação subumana, principalmente "a exis-

---

121 Ibid., 9.
122 Ibid., 39.
123 Ibid., 78.

tência ou não de educação libertadora, a existência ou não de trabalho humano e livre, a existência ou não de perspectivas, de abertura, de esperança".[124] Para os países desenvolvidos, constatou a existência de áreas cinzentas de camadas subdesenvolvidas, de criaturas humanas em condições de vida indignas e inaceitáveis que precisam de libertação.

O movimento das minorias abraâmicas não obteve o sucesso esperado por Dom Helder, mas mesmo assim em suas conferências procurava promover a ideia de articular todos os homens de boa vontade que lutam contra as injustiças.

4 PARTICIPAÇÃO EM MEDELLÍN E PUEBLA

Ao analisar a vida de Dom Helder, percebe-se que um dos pontos importantes foi a sua participação dentro da Igreja latino-americana. Sendo assim, queremos visualizar a sua participação em dois documentos essenciais para a Igreja latino-americana, nos quais ela se redefine e busca um novo modo de ser e de atuar: Medellín e Puebla.

A II Conferência Geral do Episcopado Latino-Americano foi realizada em Medellín de 24 de agosto a 6 de setembro de 1968,[125] após o Concílio Vaticano II. No âmbito eclesial encontrava uma parte do episcopado, grupo conservador, desconcertada com a teologia do Vaticano II; de outra parte, um grupo do episcopado desanimado com o modelo desenvolvimentista, grupo progressista, que ficou sem modelo de atuação social diante do fracasso da década desenvolvimentista na América Latina. Na área político-social a Igreja Latino-americana se encontrava dentro de um contexto de fortes conflitos políticos e sociais e teve como objetivo fazer ressoar a voz do Concílio na realidade latino-americana.

---

124 Ibid., 79.
125 Cf. CELAM, Conferência Geral do Episcopado Latino-americano II, A Igreja na atual transformação da América Latina à luz do Concílio, conclusões de Medellín. Petrópolis: Ed. Vozes, 1969.

Diante deste contexto teológico-eclesial e político-social, a tarefa de Medellín

> consistia em erguer uma voz profética em meio a tantas violações dos direitos mais elementares da pessoa humana, fazendo-a tomar consciência de sua dignidade e de seu direito à justiça, fundamento de uma autêntica paz, e de sua condição de filha e de filho de Deus. Competia àquela assembleia, igualmente, chamar a todos a um compromisso solidário com os mais pobres e oprimidos e, assim, renovar os caminhos de fidelidade à mensagem de Jesus.[126]

O documento de Medellín demonstra que a hierarquia eclesial da Igreja latino-americana conseguiu realizar a sua missão de pensar a evangelização a partir da realidade latino-americana à luz do Vaticano II escutando os sinais de Deus e o clamor do Povo. "O grande valor de Medellín refere-se ao fato de ter reconhecido a situação de miséria e os desequilíbrios estruturais do Continente e procurado, à luz do Concílio, encontrar caminhos de libertação e uma forma de presença mais ativa da Igreja no contexto latino-americano. Os bispos reunidos em Medellín estiveram atentos aos sinais dos tempos, conscientes da importância histórica de tal acontecimento".[127]

Medellín assumiu de maneira profética a opção pelos empobrecidos e a libertação integral do homem como missão da Igreja latino-americana.

> Aqui está a originalidade de Medellín: soube pensar a partir do contexto concreto do continente, captando a dor e a esperança dos povos latino-americanos e optando pela libertação integral dos pobres, estamos diante de uma virada histórica. A Igreja, atra-

---

126 GUTIÉRREZ, Gustavo. "Contra toda esperança", in ROCHA, Zildo (Org.). *Helder, o Dom, uma vida que marcou os rumos da Igreja*. Petrópolis: Ed. Vozes, 2000, 149.
127 TEIXEIRA, F. *A gênese das...*, 291.

vés de seus bispos, se propõe a encarnar-se nas classes dominadas e mantidas subalternas.[128]

Ao reafirmar as principais teses do Concílio Vaticano II e também da *Populorum Progressio* propondo uma igreja inserida na realidade, em busca de soluções para os principais problemas sociais que afligem o continente, abriu espaço para um novo modo de ser Igreja.

> As conclusões de Medellín não podem ser atribuídas somente à minoria profética com capacidade de expressão teológica. O que aconteceu foi justamente o contrário. Um grupo profético da Igreja latino-americana tinha conseguido articular teologicamente a aspiração da imensa maioria do povo latino-americano. A imensa ressonância das conclusões não se deve ao brilhantismo de uma teologia das elites, mas ao realismo teológico que manifestava às grandes maioria: aos marginalizados, aos camponeses, aos operários, às pequenas e médias burguesias em crise; às burguesias nacionais oprimidas pela expansão do capitalismo 'central' através das crescentes corporações multinacionais.[129]

A participação do episcopado brasileiro em Medellín foi de predominância moderada. Segundo Beozzo o "perfil da delegação brasileira refletia a composição do episcopado, mas também a forte conjuntura que vivia o país e a Igreja, com forte predomínio das posições moderadas e mesmo conservadoras, depois de doze anos (1952-1964) de

---

128 Matos, Henrique C. J. de. *CEBs, uma interpelação para ser cristão hoje*. São Paulo: Ed. Paulinas, 1985, 19.
129 Dussel, E. *De Medellín a Puebla...*, vol. 1, 71.

hegemonia do grupo nordestino capitaneado por dom Hélder Câmara. O golpe militar de 1964 fechara o espaço do grupo progressista".[130]

A participação de Dom Helder em Medellín foi importante, agindo tantos nos bastidores como no plenário. "Medellín não teria acontecido sem o concílio, nem tampouco sem visionários como Dom Helder e Dom Manuel (falecido dois anos antes de sua realização)."[131] A ideia de realizar a Conferência de Medellín surgiu no discurso de Paulo VI à assembleia do CELAM realizada em Roma em novembro 1965, pouco antes do encerramento do Concílio Vaticano II. A partir desde momento começou o trabalho de articulação de Dom Manuel Larraín e Dom Helder para a sua realização. Infelizmente Dom Manuel Larraín morreu num acidente automobilístico antes da concretização de Medellín. O quadro da participação de Dom Helder durante a preparação e realização de Medellín poderá ser aprofundado com as cartas-circulares escritas aos seus colaboradores, que estão sendo reorganizadas pelo centro de Documentação Dom Helder Câmara (CEDOHC) e, por enquanto, não estão acessíveis aos pesquisadores.

Dom Helder fez parte do grupo que elaborou o texto sobre a paz, juntamente com Monsenhor Carlos Porteli (presidente da comissão), Créspulo Benítez, Ítalo di Stefano e os peritos Pierre Bigo, Monsenhor Gremillion e Gustavo Gutiérrez. No documento sobre a paz, a pobreza foi definida como violência institucionalizada. Na análise do contexto apontaram-se os principais problemas da realidade latino-americana: tensões entre classes e colonialismo interno; tensões internacionais e neocolonialismo externo; tensões entre os países da América Latina (cf. Medellín, Paz, 2-13). Essa realidade constitui uma negação da paz. O Documento afirma que, diante dessas situações, o episcopado

> não deixa de ver que a América Latina se acha, em muitas partes, em face de uma situação de injustiça que pode ser chamada de violência institucionalizada, porque as atuais estruturas vio-

---

130 Beozzo, J. *A Igreja do Brasil...*, 157.
131 Gutiérrez, G. "Contra toda...", 148.

lam os direitos fundamentais, situação que exige transformações globais, audaciosas, urgentes e profundamente renovado-
ras. Não é de estranhar, portanto, que nasça na América Latina
'a tentação da violência'. Não se deve abusar da paciência de
um povo que suporta durante anos uma condição que dificilmente aceitaria os que têm maior consciência dos direitos humanos (Medellín, Paz 16).

O episcopado latino-americano afirmava que a concepção cristã da
paz tem três características básicas: a paz é obra da justiça, que supõe e
exige a instauração de uma ordem justa na qual todos os homens possam realizar-se como seres humanos; a paz é uma tarefa permanente;
a paz é fruto do amor, expressão de uma real fraternidade entre os homens (cf. Medellín, Paz, 14).

Diante da situação dialética de não paz o episcopado latino-
americano afirmou que "não pode deixar de assumir responsabilidades bem concretas, porque criar uma ordem social justa, sem a qual
a paz é ilusória, é uma tarefa eminentemente cristã" (Medellín, Paz,
20), e apontava 13 linhas pastorais, entre elas, "defender segundo
o mandato evangélico o direito dos pobres e oprimidos" (Medellín,
Paz, 22); "denunciar energicamente os abusos e as injustiças, consequências das desigualdades excessivas entre ricos e pobres, entre
poderosos e fracos, favorecendo a integração" (Medellín, Paz, 23);
"diante da ação injusta que, em escala mundial, intentam as nações
poderosas contra a autodeterminação dos povos fracos, que têm de
sofrer os efeitos sangrentos da guerra e da invasão, denunciar o fato,
pedindo aos organismos internacionais competentes ação eficaz e
decidida" (Medellín, Paz, 32).

Para Dom Helder o fato de o documento das conclusões de Medellín ser totalmente aprovado pela Santa Sé foi uma grande vitória para a
pastoral latino-americana:

Foi aprovado tudo, também a nossa denúncia ao colonialismo interno, isto é, o colonialismo praticado no interior de nossos países e do continente pelos grupos privilegiados que mantém a sua riqueza a custa não somente da pobreza, mas da miséria dos seus compatriotas, também a nossa denúncia da injustiça estratificada, isto é, da injustiça que não é somente ocasional, eventual, mas estrutural e que pode ser abolida somente por uma transformação de estruturas; também a nossa decisão de não somente pregar como um ideal, mas também de colocar em obra a Educação Libertadora".[132]

A aplicação das conclusões de Medellín no Brasil, por parte da CNBB, teve grande repercussão e, por assumir os seus ensinamentos em consonância com o ensinamento social da Igreja diante do contexto político, a Conferência foi considerada subversiva; como resumiu Dom Helder, "não ignorávamos que os privilegiados não estariam a escutar sem reagir. A reação era evidente, natural, e chegaria".[133]

A III Conferência Geral do episcopado Latino-Americano[134] realizada em Puebla, México, de 27 de janeiro a 13 de fevereiro de 1979, reafirmou os principais temas presentes em Medellín tanto no que se refere à análise da realidade como à opção pastoral a partir dos empobrecidos, a promoção e a libertação integral através da evangelização libertadora. "A grande preocupação presente em Puebla foi a de pensar a tarefa fundamental da Igreja, a evangelização no momento histórico presente e no lugar geográfico-cultural latino-americano".[135]

A análise da realidade latino-americana feita em Puebla constata que entre Medellín e Puebla a situação de injustiça se agravou, crescen-

---

132 CAMARA, H. *Le conversioni...*, 127.
133 Ibid., 127.
134 Cf. CELAM, Conferência Geral do Episcopado Latino-americano III, Puebla, A evangelização no presente e no futuro da América Latina. São Paulo: Ed. Loyola, 1979.
135 TEIXEIRA, F. *A gênese...*, 294.

do o abismo entre ricos e pobres, e isso é fruto de injustiça e violência institucionalizada.

> O eixo central de referência do Documento de Puebla trata-se da opção clara, profética e solidária pelos pobres. Ao optar pelos pobres, a Conferência de Puebla reassume a posição firmada em Medellín. Tal opção implica necessariamente a conversão de toda a Igreja no sentido de libertação dos pobres. O comprometimento com a causa dos pobres significa optar pela justiça social, ou seja, lutar contra toda e qualquer forma de pobreza existente.[136]

O documento de Puebla consolida a necessidade da opção pelos pobres e a luta contra a injustiça e a miséria do povo.

A atuação de Dom Helder durante a conferência de Puebla aconteceu principalmente nos bastidores, encontrando-se com alguns teólogos, que não tiveram acesso ao lugar da reunião dos bispos, para levar solicitações e procurar ajuda na elaboração dos documentos antes da discussão em plenário. Dom Helder procurou agir com o objetivo de conter o avanço dos conservadores no seio da Igreja latino-americana.

A participação direta no documento de Puebla aconteceu fazendo parte do grupo responsável pelo tema: "evangelização e promoção humana", onde procurou aprofundar o tópico da educação libertadora e da teologia da libertação. Na primeira reunião do grupo, Dom Helder foi nomeado juntamente com Dom Alfonso Lopes Trujillo, arcebispo de Bogotá e secretário-geral do CELAM, para redigir o texto a ser discutido e aprovado pelo grupo antes de ser encaminhado ao plenário. Dom Helder elaborou um texto inicial contendo as sugestões de Dom Cândido Padim e a aprovação de Dom Aloísio Lorscheider, presidente do CELAM. Dom Trujillo também preparou um texto preliminar, mas aprovou o texto de Dom Helder integralmente e concordou em apresen-

---

136 Ibid., 297.

tá-lo ao grupo. O grupo aprovou e o texto de Dom Helder foi exposto em plenário.

5 PROFETA DO TERCEIRO MUNDO

O Concílio Vaticano II[137] proporcionou a Dom Helder uma nova perspectiva a partir do contato com grandes nomes do pensamento teológico e social da Igreja, tanto na participação no grupo da "Domus Mariae" como no grupo da "Igreja dos Pobres", conduzindo-o a um aprofundamento teológico e de novo tipo de ação social e política. Durante e após o Concílio foi um dos principais articuladores das transformações propostas pela Igreja e da sua proposta de diálogo com o mundo. "Depois do Concílio, a partir do grupo dos 'pobres', após a Populorum Progressio (que foi para Manuel Larraín e ele próprio reconhecimento quase oficial do Papa), dom Helder se projetou no mundo e na Igreja católica inteira. A sua conferência no Mutualitè em Paris em 1968 o revelou ao mundo e o consagrou 'profeta do terceiro mundo'".[138] Em sua conferência "A violência. Única opção?"[139], Helder aponta a necessidade de uma revolução estrutural no mundo, tanto no considerado mundo desenvolvido como, principalmente, no mundo subdesenvolvido, onde subsiste a injustiça institucionalizada, que é a violência número um. O caminho não é a violência armada, embora afirme:

> Respeito àqueles que em consciência sentiram-se obrigados a optar pela violência, não a violência demasiado fácil dos 'guerrilheiros de salão', mas daqueles que têm demonstrado sua sinceridade com o sacrifício de suas vidas. Considero que a me-

---

137 O Concílio Vaticano II é considerado por Dom Helder um dos seus cinco mestres, juntamente com Pierre Teilhard Chardin, Alceu Amoroso Lima, Louis Lebret e a sua nomeação como arcebispo de Recife. Cf. GONZALEZ, J. *Helder Câmara il grido...*, 218.
138 COMBLIN, J. "Dom Helder e o novo...", 39.
139 CAMARA, H. "A violência. Única opção?", in Apostila 17/8, 1-6.

mória de Camilo Torres e Che Guevara merece tanto respeito quanto a do pastor Martin Luther King.

Acuso os verdadeiros responsáveis da violência, todos aqueles que, de esquerda ou de direita, ofendem a justiça e impedem a paz.[140]

O caminho da paz é a justiça. A defesa da justiça que conduz à verdadeira dignidade das massas do terceiro mundo. A batalha do Dom Quixote: "Entendo... Amo muito Dom Quixote. É mais realista do que se acredita. (...) Tenho a impressão de que, para um grande número de jovens, falar da mudança de estrutura seja dom quixotesco. No entanto, nisto encontra-se o realismo. Quero quase dizer: o realismo político".[141]

A sua proposta central seria sempre: paz é inseparável da justiça. A Justiça como condição indispensável para o desenvolvimento e libertação dos povos, vinculando-os sempre aos direitos humanos e à integridade do homem e de todos os homens. A justiça é necessária para o homem ser e existir.

Dom Helder iniciou as viagens internacionais, para conferências, no período do Concílio. As amizades dos bastidores do Concílio lhe proporcionaram muitos convites, marcando o início de sua trajetória como prestigiado conferencista internacional. As suas conferências internacionais foram realizadas principalmente nos países industrializados, nos EUA, Canadá, na Europa e no Japão. Nesses países Dom Helder tinha como objetivo sensibilizar para as mudanças estruturais que oprimem dois terços da humanidade. Em suas palavras: "Compreendi que, para operar uma transformação das estruturas que oprimem dois terços da humanidade, urgia sensibilizar os países ricos. Já que, sem profundas modificações da parte destes não pode haver um verdadeiro e próprio desenvolvimento nosso".[142]

---

140 Ibid., 175.
141 BROUCKER, J. de. *Helder Camara, la violenza...*, 106.
142 TOULAT, J. *Dom Helder Camara...*, 83.

Para tal objetivo não se restringia aos assuntos de ordem teológica, abordava a ampla problemática social e econômica do mundo contemporâneo. Os principais temas percorridos por Dom Helder foram: justiça e paz; desenvolvimento e subdesenvolvimento; desequilíbrio no comércio internacional; corrida armamentista; não violência ou a violência dos pacíficos; direitos humanos; multinacionais; denúncia das leis iníquas do comércio internacional; exigência da internacionalização das leis antitrust americanas; recusa da divisão do mundo por blocos: capitalismo e comunismo; busca de um modelo próprio para a América Latina e Terceiro Mundo, rejeitando os modelos comunista soviético e o capitalista dos EUA. Helder sabia que não tinha competência sociológica, econômica e política, baseava-se na sabedoria eclesial e evangélica.

Os seus pronunciamentos tinham como base o ensinamento social da Igreja, através das encíclicas sociais, principalmente três delas: Mater et Magistra, Pacem in Terris (ambas de João XXIII) e a Populorum Progressio (de Paulo VI), que para Helder é a carta magna da justiça social. Da Populorum Progressio Dom Helder sublinhou em seus pronunciamentos: o distanciamento cada vez maior entre o mundo desenvolvido e o subdesenvolvido; a definição do capitalismo liberal; desenvolvimento integral do homem; apoio à teologia do desenvolvimento; alerta contra o perigo da tecnocracia; primado da justiça.

As suas conferências seguiam o modelo ver, julgar e agir: no primeiro momento conduzia o auditório à visão da realidade com seus agravantes da injustiça; no julgar sublinhava os valores dos direitos humanos e os critérios cristãos; no agir enfatizava a ação de todos os homens de boa vontade para a transformação social. Para Helder "é necessário substituir a caridade compassiva pela revolução mediante uma ação direta até a instauração de uma nova sociedade sem opressores nem oprimidos".[143]

---

143 Tapia de Renedo, B. *Helder Camara y la justicia...*, 21.

A elaboração dos textos de suas conferências praticamente seguia um ritual: primeiro Dom Helder fazia um esboço; depois enviava ao Rio de Janeiro para membros da família Mecejanense que liam, faziam emendas, colocando a fundamentação teórica e as indicações estatísticas, e ainda a tradução para o francês e inglês; no terceiro momento o grupo devolvia para Dom Helder para que fizesse um parecer sobre as alterações; no quarto voltava para ao Rio de Janeiro para ser datilografado; e, por último, a versão final era enviada com antecedência para o conhecimento e o aval da autoridade eclesiástica local.

No período de 1964 a 1970 suas conferências tinham como base aquilo que Helder definia como a "mística do desenvolvimento", influenciada, sobretudo, pelas ideias de Louis Lebret, dominicano francês, que defendia a articulação de economia e humanismo, uma economia não baseada na lei da oferta e procura que visa somente o lucro, mas uma economia que se vincule a todas as áreas ligadas ao homem, atenda as suas necessidades e que traga a justiça social. Era também influenciado pelo pensamento da Comissão Econômica para a América Latina – CEPAL, principalmente pelas ideias de Celso Furtado, que defendia o desenvolvimento econômico para a superação das injustiças e como instrumento de humanização do capitalismo.

Voltado para sua missão de colaborar com a humanidade no desenvolvimento integral de todos os homens e do homem todo, Helder analisa, em suas conferências, a situação social, política e econômica do mundo contemporâneo. Segundo Helder o desenvolvimento envolvia uma batalha em vários fronts: a) front pessoal: conscientizar os seres humanos para que combatessem o egoísmo; b) front local: conscientizar as massas no esforço de promoção humana colaborando para que se tornem povo; c) front regional: dada as especificidades da Região Nordeste, seu trabalho seria convencer a sociedade civil e as autoridades governamentais sobre a importância de uma planificação global para a região; d) front nacional: lutar por mudanças estruturais e pela integração entre as várias regiões do país; e) front continental: lutar pela integração da América Latina e combater os imperialismos externos e internos; f) front do terceiro mundo: alertar a humanidade sobre as responsabilidade diante da miséria e da opressão existentes na América e na Ásia; g) front internacional: denunciar os imperialismos capitalistas e socialistas, responsabilizando-os pelas injustiças no Terceiro Mundo, em razão das relações de exploração existentes no comercio internacional.[144]

Dom Helder assim definia e defendia a mística do desenvolvimento:

> Ajudamos a firmar esta linha de pensamento:
>
> O desenvolvimento promete bem-estar, fartura e prosperidade; ao mesmo tempo, destrói certezas, seguranças e convicções íntimas arraigadas.
>
> Por essa razão, nós os apóstolos do desenvolvimento, precisamos de uma sabedoria à altura da nossa ciência.
>
> Necessitamos de sábios e não só de técnicos – de filósofos e até teólogos do desenvolvimento, de poetas, artistas e dramaturgos do desenvolvimento.
>
> É um erro pensar que o desenvolvimento é responsabilidade apenas de técnicos ou administradores. Desenvolvimento concerne à totalidade dos valores humanos e, portanto, requer a mobilização de todas as energias humanas.
>
> Sem uma sabedoria à altura de nossa ciência, o progresso material produzirá, não o desenvolvimento, mas a desumanização dos homens que ainda podem consolar-se com sonhos de um futuro melhor, mas que amanhã não terão o consolo nem dessa ilusão.
>
> Atirai-vos, sobretudo, a infundir, nas jovens gerações, a mística do desenvolvimento.[145]

---

144 Cf. Piletti, N. e Praxedes, W. *Dom Hélder Câmara...*, 367.
145 Camara, H. "Encontro do Nordeste", in Caramuru de Barros, R. e Oliveira, L. de (Orgs.). *Dom Helder: artesão...*, 109.

Dom Helder neste período alimentava o sonho de colaborar na transformação de Recife em cidade do desenvolvimento por sua posição no Nordeste, Brasil, América Latina e terceiro mundo.

O cerne de suas conferências estava em convidar as forças vivas da sociedade a romper o círculo da miséria e o círculo da injustiça, a desmontar as estruturas de injustiça que conduziam à dominação desumanizadora.

O problema está em que Helder defendia uma noção de desenvolvimento diferente daquela que era praticada pelo Brasil e pelos países da América Latina. O desenvolvimento praticado era puramente o crescimento econômico, a realidade era analisada em termos quantitativos, os países desenvolvidos eram o modelo a imitar. O crescimento econômico partia de esquemas economicistas e seus mentores acreditavam que o problema era unicamente o de "desenvolvimento"; a linguagem reduzia-se ao binômio desenvolvimento – subdesenvolvimento, não existia o conflito entre países ricos e países pobres. O desenvolvimento, tal como promovido nos países empobrecidos, levava a uma alienação cultural. Portanto, tal desenvolvimento definia e legitimava o sistema capitalista tendo como objetivo somente superar alguns obstáculos e adaptar o capitalismo dos países desenvolvidos aos países subdesenvolvidos.[146]

A partir da década de 1970, Dom Helder continua combatendo pelo binômio justiça e paz, mas a partir de um novo ponto de vista: libertação. Esta mudança de perspectiva é explicada por ele, em primeiro lugar, como fruto de desilusões. Se ele estava agarrado com todas as suas forças à proposta do desenvolvimento, que carregava em si a esperança da solidariedade e da possível colaboração entre os países desenvolvidos e os países subdesenvolvidos, para cancelar a distância entre eles, percebe que nesta colaboração os países ricos ficavam mais ricos e os pobres mais pobres; não seria este o caminho da solução para o problema dos países pobres. E as ajudas dos países ricos para os

---

146 Cf. IRIARTE, Gregório. *Leitura crítica para a interpretação da realidade.* São Paulo: Ed. Paulinas, 1988, 135-136.

pobres serviam apenas para amenizar a consciência, e esquecer o nó da questão. Outra fonte de desilusão foram às conferências da UNCTAD (Conferência das Nações Unidas para o Comércio e Desenvolvimento), organismo das Nações Unidas para estudar o problema da pobreza. No final, ficou demonstrado, segundo o relatório de Raúl Prebisch, que o caminho seria a justiça. Helder assim explicava a desilusão com o desenvolvimento e a mudança de perspectiva:

> Ah, como me enganei com o desenvolvimento! Porque eu sabia da verdadeira definição de desenvolvimento, a de François Perroult, que Paulo VI tornou célebre, dando-lhe ressonância mundial. Aquela segundo a qual o desenvolvimento só é completo quando há *desenvolvimento do homem todo e de todos os homens*. No entanto, não foi fácil perceber que o desenvolvimento que o Brasil, como outros países, estava procurando promover, era muito mais um crescimento econômico dos grupos privilegiados. Eu me recordo de quando se falava no milagre da economia brasileira – mas aí os olhos já estavam abertos – no escândalo denunciado entre outras oportunidades, na III UNCTAD, em Santiago do Chile, por Mcnamara. Ele quis apresentar a gravidade do fato de haver dentro de cada país um escândalo enorme na diferença entre renda e renda e escolheu como exemplo o caso do Brasil. E com as estatísticas oficiais. Tudo isso se tornou muito evidente, como a pauperização das massas no Brasil, e a fome. Repito, o desenvolvimento era e vem sendo muito mais um crescimento econômico dos grupos privilegiados, de grandes ligações com as multinacionais.[147]

---

147 CAMARA, H. *Le conversioni...*, 184.

Em segundo lugar a mudança de perspectiva ocorreu por uma nova visão determinada por quatro fatores: influências da CEPAL; teoria da dependência; influência da pedagogia de Paulo Freire; o diálogo com os socialistas; e a Teologia da Libertação.

A nova visão de Dom Helder do contexto social e econômico da América Latina foi influenciada pelas teorias surgidas dentro da CEPAL, a teoria da dependência. Segundo a teoria da dependência, os países pobres estão debaixo dos países ricos, em situação de dependência e opressão. Em uma dependência econômica, política e cultural. A dependência econômica caracteriza-se: pelo pagamento insuficiente da matéria-prima; pela deterioração nos termos de intercâmbio; e pela crescente dívida externa. A dependência política é marcada pela ingerência dos países ricos nos assuntos internos dos países pobres, principalmente pelas imposições do Fundo Monetário Internacional – FMI. A dependência cultural acontece através do incentivo ao consumo da produção industrial dos países desenvolvidos; do controle de informação das notícias internacionais e dos programas de educação. Segundo a teoria da dependência, a causa da pobreza é a relação de dependência. Neste contexto de dependência econômica, política e cultural, o objetivo dos países dependentes é libertaram-se das novas formas de domínio neocolonialista e do colonialismo interno. Não basta reformar o sistema, é preciso transformá-lo estruturalmente. O resultado final deve ser a libertação dos mecanismos de opressão, externos e internos.[148]

Em sua visão pedagógica, Dom Helder foi influenciado por Paulo Freire com "a pedagogia do oprimido", que, segundo Helder, é "de alcance decisivo para se obter a medida adequada de conscientização, evitando que o oprimido de hoje se transforme no opressor de amanhã".[149]

Dom Helder buscou dialogar com os socialistas, segundo ele "humanistas ateus". Neste particular, merece destaque o encontro com Roger Garaudy. No encontro de 1967 eles fizeram um pacto "dentro do socialismo ele (Garaudy) trabalharia para provar que não existe víncu-

---

148 Cf. Iriarte, G. *Leitura* crítica..., 139-141.
149 Piletti, N. e Praxedes, W. *Dom Hélder Câmara*..., 410.

lação necessária entre religião e força alienada e alienante, como não existe entre o socialismo e o materialismo dialético".[150] E Helder, por sua vez, se empenharia dentro do catolicismo para acabar com a censura ao termo "socialismo" e lutar pela socialização da sociedade. Para Dom Helder a religião não deve ser alienada e alienante como ópio do povo. Roger Garaudy assim definiu o seu encontro com Helder: "Meu primeiro encontro com Dom Helder é o momento mais importante de minha vida. (...) Dom Helder me havia ensinado o essencial: uma revolução tem mais necessidade de transcendência do que de determinismo".[151]

O principal fator de mudança de perspectiva de Dom Helder foi a Teologia da Libertação (TdL). A TdL nasce sob o influxo do Concílio Vaticano II e Medellín. O Concílio Vaticano II, com sua abertura para o diálogo com o mundo, no qual a Igreja é chamada a agir como sacramento de salvação, derruba os muros objetivos e subjetivos que a afastavam da realidade, superando a dicotomia sagrado-profano a partir da compreensão da encarnação. Medellín, ao refletir sobre o Concílio Vaticano II do ponto de vista latino-americano, abriu espaço para um modo novo de viver a fé, para aqueles que se encontravam empenhados com os pobres e a sua causa de libertação. Segundo Gutiérrez, "falar de uma teologia da libertação significa procurar uma resposta ao interrogativo: que relação existe entre salvação e o processo histórico da salvação do homem".[152]

A TdL tinha duas missões a realizar:

> A primeira a orientava a refletir, à luz da fé cristã, sua realidade de opressão e seus anéis, os movimentos e os desejos de libertação. O povo era assim colocado ao centro da teologia como sujeito. A segunda missão considera a mesma teologia como desprovida de libertação, propõem

---

150 Ibid., 411.
151 GARAUDY, Roger. "Homenagem a Dom Helder Camara", in ROCHA, Zildo (Org.). *Helder o Dom...*, 29.
152 GUTIÉRREZ, G. *Teologia da libertação*. Petrópolis: Ed. Vozes, 1976, 73.

então de transmitir ao cristão uma teologia libertada de tantos esquemas e conceitos ideologicamente opressores. O povo tornava-se neste caso o destinatário e o objeto da teologia.[153]

Na TdL, pela primeira vez, a história eclesial latino-americana encontra uma reflexão própria, encarnada especificamente no contexto latino-americano.

Com a TdL Dom Helder amadurece e clarifica algumas ideias que acalentava, principalmente os dois pontos edificativos da TdL: o pobre e o amar a Deus e ao próximo hoje na América Latina.

A opção pelos pobres é a experiência fundante da TdL, sintonizando-se com a opção de Iahweh e de Jesus de Nazaré, o Cristo.[154] A consciência de que na América Latina se depara com a injustiça institucionalizada, que obriga a maioria da população a viver na pobreza e na miséria, fez surgir a inquietação de como anunciar e viver a Boa-Nova do Reino de Deus, o que implicou um novo modo de ser, pensar e atuar da Igreja. É a redescoberta dos pobres, o amar a Deus e ao próximo a partir dos pobres e a conversão a partir dos pobres. Na TdL redescobriu-se que "falar dos pobres é falar de Cristo, o pobre de Yahweh, e que falar hoje dos pobres significa falar dos homens explorados do terceiro mundo, falar das grandes massas latino-americanas. Na solidariedade de Cristo com os miseráveis da terra se encerra o mistério do homem".[155]

A opção pelos pobres faz redescobrir como amar a Deus e ao próximo no contexto latino-americano. Abrir-se aos pobres permitiu descobrir a sua situação e de viver a experiência de ser evangelizado por eles. O reler a Palavra de Deus a partir da ótica do pobre, dos oprimidos,

---

153 LIBÂNIO, João Batista. "La teologia della liberazione nell'America Latina. La situazione nelle tre ultime decadi", in *Ressegna di Teologia*. Paulus (1998) 648.

154 Para aprofundar o tema da opção pelos pobres, ver: PIXLEY, J. e BOFF, C. *Opção pelos pobres*. Petrópolis: Ed. Vozes, 1986; GUTIÉRREZ, G. *Beber no próprio poço. Itinerário espiritual de um povo* Petrópolis: Ed. Vozes, 1984; ARAYA, V. "Experiencia de Dios. Su lugar en la teología desde el reverso de la historia", in BONIN, G. (Org.). *Espiritualidad y liberación en América Latina*. Costa Rica: Dei, 1982, 105-114.

155 OLIVEROS, R. "Storia della teologia...", 44.

conduziu a sair de seu próprio lugar e entrar no lugar do oprimido, fruto da injustiça, para comprometer-se com a sua causa. O amor a Deus e ao próximo neste contexto adquire um radicalismo real. A missão atual é a de criar uma sociedade fraterna, de amar historicamente. Implica a dimensão social e política; o amar como Jesus é ser subversivo da desordem social e da injustiça institucionalizada. A opção pelos pobres e o amor a Deus e ao próximo comporta a conversão. A "conversão evangélica não é qualquer coisa de puramente sentimental, nem somente a observância dos dez mandamentos do decálogo; mas o fazer-se efetivamente irmão com os pobres, para viver, a partir dali, a fraternidade universal".[156]

Dom Helder em sua reciprocidade com a TdL, por um lado, dela recebeu forte influência; por outro lado, é visto pelos teólogos da libertação como percussor, profeta e símbolo. Frei Betto assim o definiu:

> Nele identifico o principal inspirador da 'opção pelos pobres', compromisso que propôs a um grupo de cardeais e bispos durante o Concílio. Ele é, portanto, o percussor da 'teologia da libertação'.
>
> Dom Helder é para a Igreja o que Paulo Freire representa para a educação e os movimentos sociais. Sem a 'pedagogia do oprimido' não haveria MST, CUT, CNP, PT. Sem Dom Helder talvez não houvesse comunidades eclesiais de base e pastorais sociais, campanhas da fraternidade e grito dos excluídos.[157]

E Libânio lembra a importância de Dom Helder para a TdL:

---

156 OLIVEROS, R. "Storia della teologia...", 48.
157 BETTO, Frei. "Dom Helder, um jovem de 90 anos", in ROCHA, Zildo (Org.). *Helder, o Dom...*, 49-50.

A teologia da libertação (TdL) tem seus grandes teólogos como G. Gutiérrez, L. Boff e outros. Tem também seus profetas. Entres eles, está a pessoa ímpar de D. Helder.

Sabemos que uma causa se legitima muito mais pelos símbolos do que pelas letras. As letras escreveram os teólogos. Em símbolos constituíram-se pessoas e eventos. Não se pode pensar em TdL sem que logo venham à mente pessoas como D. Helder, cardeal D. Paulo Evaristo, D. Pedro Casaldáglia, Mons. Oscar Romero, e eventos marcantes como Medellín, Puebla, encontros eclesiais de base.[158]

Com o tema profeta do Terceiro Mundo, podemos ver o drama de Dom Helder:

> Era o de *uma viva consciência de valores à procura de meios de eficácia*: como transformar em resultados palpáveis e concretos a causa do Desenvolvimento Integral e da Libertação da grande massa de empobrecidos e marginalizados, imperativo irrecusável da consciência humana e cristã, sem, ao mesmo tempo, aderir ao caminho da violência armada, tido na época por muitos como inevitável e único eficaz?[159]

6 O SILÊNCIO DO PASTOR (1985-1999)

Neste último período da vida de Dom Helder, como bispo emérito, explicitaremos quatro momentos: a sucessão, a batalha do Dom (Qui-

---

158 LIBÂNIO, J. B. "Perspectivas e desafios futuros da teologia da libertação", in ROCHA, Zildo (Org.). *Helder, o Dom...*, 137.

159 ROCHA, Zildo. "Posfácio a 3ª edição", in ROCHA, Zildo (Org.). *Helder, o dom...*, 218.

xote) continua, a nova postura pastoral na Arquidiocese de Olinda e Recife e o falecimento de Dom Helder.

6.1 A Sucessão: Sinais dos Tempos, Sinais de Deus

Dom Helder, desde o Concílio Vaticano II, acalentava a ideia de se aposentar aos setenta anos. Em 1977 pensava em indicar como sucessor Dom Lamartine, bispo coadjutor com direito à sucessão. Mas foi dissuadido da ideia por Dom Marcelo Carvalheira, Dom Paulo Evaristo Arns, Dom José Maria Pires, Dom Marty e Dom Suenens, que argumentavam que a cúria do Vaticano não aceitaria tal proposta. Em 1981 Dom Helder enviou ao Vaticano uma lista para sua sucessão indicando três nomes: Dom Lamartine, Dom Carvalheira e Dom Luciano Mendes de Almeida. No mesmo ano a jornalista Divane Carvalho, em reportagem no Jornal do Brasil de 16 de agosto de 1981, escreve sobre o processo sucessório na arquidiocese de Olinda e Recife e afirma que o núncio apostólico Dom Carmine Rocco cogitava enviar à arquidiocese o padre McDowel, reitor da PUC, nomeando-o bispo coadjutor com direito à sucessão, visando afastar a possibilidade de Dom José Lamartine Soares, bispo auxiliar e amigo de Dom Helder, sucedê-lo no arcebispado da arquidiocese.

Em 07 de fevereiro de 1984, ao completar 75 anos, envia carta formalizando o seu pedido de renúncia, segundo norma do direito canônico. Em 1985, o Vaticano nomeia para arquidiocese de Olinda e Recife Dom José Cardoso Sobrinho, bispo de Paracatu – MG, considerado conservador. Dom Lamartine foi nomeado para a Arquidiocese de Maceió e faleceu pouco depois em 18 de agosto de 1985. Assim descreve Hoornaert:

> Dom Helder manifesta ao mundo eclesiástico o jeito de ser brasileiro. Consegue ser bispo sem deixar de ser gente. Possui incomum capacidade de comunicação. Minha simpatia

por ele mescla-se com a que tenho pelo povo que encontrei aqui quarenta anos atrás e do qual ele é fruto e ao mesmo tempo semente. Na hora da nomeação de seu sucessor, ficou patente que as autoridades romanas nunca entenderam seu espírito. Suspeitavam armadilhas e planos subversivos onde havia liberdade e originalidade. Será liberdade sinônimo de subversão? Mandaram um arcebispo que fez questão de desmantelar tudo com irrecuperável prejuízo, principalmente o Instituto de Teologia (ITER) que tinha aprendido com ele a originalidade de abordar a teologia com liberdade e a liberdade de tratar a pastoral com originalidade. Uma reação neurótica arrasou tudo.[160]

Em 15 de julho de 1985 na tomada de posse de Dom José Sobrinho, Dom Helder em sua homilia "1964-1985: Sinais dos tempos, sinais de Deus" faz um balanço de seus 21 anos de arcebispo em Olinda e Recife e, acolhendo Dom José Sobrinho, descreve seus sonhos para um novo tempo que se inicia. No 1° momento "Ontem, iluminado pela 8ª Bem-aventurança", Dom Helder recorda que o seu tempo de pastoreio frente à arquidiocese foi o mesmo tempo da ditadura militar e afirma:

> Foi a Graça divina que permitiu à Igreja de Cristo a coragem, que o Evangelho inspira, de denunciar a injustiça e a opressão, a miséria e a fome, como gritantes pecados sociais.
>
> Não faltou quem nos acusasse de fugir à nossa missão para fazer política, quando a Igreja tentava apenas cumprir a missão do bem comum, dever evangélico de lutar, sem ódio, sem violência, mas com decisão e firmeza, por um mundo mais justo e mais humano.

---

160 HOORNAERT, Eduardo. "Uma lição de liberdade", in ROCHA, Zildo (Org.). *Helder, o dom...*, 61.

Não faltou quem acusasse a Igreja de subversiva e comunista. E toda a nossa subversão era mostrar, com a Fé que a Graça Divina nos concede, que, nas calçadas das grandes Cidades, nas ruas dos grandes Centros, Jesus Cristo, em pessoa, catava e cata restos de comida, no lixo, para comer; dormia e dorme ao relento, debaixo de pontes e viadutos; era e é preso, e perseguido por ser pobre.

Deus concedeu que a Igreja de Cristo, no Brasil, tivesse a coragem dos Cristãos do inicio da era cristã, de testemunhar o Evangelho, à custa da própria liberdade e até da própria vida. Houve perseguições, sequestros e torturas, especialmente de Trabalhadores e Estudantes – Homens e Mulheres – sobretudo Líderes Sindicais e Leigos comprometidos com o Evangelho.[161]

No 2° momento, "Hoje iluminados por um belo arco-íris", fala do novo tempo: tempo de esperança e tempo de continuar a luta pela transformação da realidade, depois da vitória pela democracia política, a necessidade de alcançar a democracia econômica, para a distribuição das riquezas; depois da vitória com a anistia política lutar pela anistia econômica para redimir os que sofrem com a miséria e a fome, lutando pelo direito à vida.

Helder no seu pronunciamento sublinha como missão da Igreja a luta constante pelos direitos humanos. "Defender direitos humanos, criados pelo próprio Deus, foi, é e sempre será missão da Igreja de Cristo. Ela não privilegia sistemas de governo. Busca ajudar a criar um Mundo de mais justiça e amor. E essa é para Ela uma obrigação inarredável, até o fim dos tempos".[162]

---

161 CAMARA, H. "1964-1985: Sinais dos tempos, Sinais de Deus", in CARAMURU BARROS, R. e OLIVEIRA, L. (Orgs.). *Dom Helder: o artesão...*, 340.
162 Ibid., 343.

Destaca que o Brasil vive um novo momento histórico e a Igreja não pode perder a oportunidade de atuar visando a justiça social.

> Não podemos perder esta rara oportunidade histórica para garantir, através da própria Constituição, valores e conquistas que não são apenas aspirações de Cristãos, mas de todos os Homens de boa vontade. Temos de garantir, na Constituinte, a prevalência do **trabalho** sobre o **capital**, do **ser** sobre o **ter**, do **homem** sobre o **dinheiro** e o **lucro**. Temos de garantir, na Constituinte, uma distribuição mais justa da renda e da riqueza nacional, não apenas entre regiões ou entre esferas do poder público federal, estadual e municipal. Mas sobretudo entre pessoas.[163]

No balanço de seu pastoreio à frente da arquidiocese de Olinda e Recife ressalta o seu aprendizado junto ao povo.

> Foi aqui que aprendemos que não basta ao pastor trabalhar **para** o povo. É preciso sempre mais trabalhar **com** o povo, obedecer ao seu ritmo e seu tempo, caminhando junto com ele, sem imposições, com a humildade de quem vem servir e não ser servido. Foi aqui que aprendemos que não basta que cedamos nossa voz e nossa vez ao Povo. É preciso trabalhar para que ele, sim, conquiste sua própria vez e fale por sua própria voz. Foi aqui que tivemos um curso vivo e vivido de teologia, da maior importância, mesmo para quem é doutor, de Verdade, por Universidades Europeias...[164]

---

163 Ibid., 345.
164 Ibid., 347.

No final pede ao povo para ajudar Dom Cardoso em seu ministério: "Ajudem o mais possível Dom José Cardoso a preparar nossa Arquidiocese para festejar, daqui a 15 anos, o Ano 2000 – dois mil anos do Nascimento de Nosso Senhor Jesus Cristo".[165]

6.2 A batalha do Dom (Quixote) Continua

Dom Helder decide continuar em Recife em sua casa na Igreja das Fronteiras dedicando-se a dois projetos: as Obras do Frei Francisco e a Campanha "Ano 2000 sem miséria". Deste modo continua sua batalha pela justiça e pela paz no mundo, principalmente no considerado terceiro mundo, sonhando com um mundo novo, sonhando como Dom (Quixote) irmão dos pobres.

Em 1984, Dom Helder criou a associação "Obras de Frei Francisco", sociedade civil de fins filantrópicos e culturais, com os objetivos:

> Participar, por todos os meios ao seu alcance, de programas, jornadas, campanhas e atividades que – fiéis ao pensamento social da Igreja e ao ideário expresso nos documentos pontifícios – visem a realização da Justiça nas áreas atingidas ou ameaçadas pela extrema pobreza, em particular no Nordeste Brasileiro; realizar pesquisas, promover cursos, seminários e desenvolver diretamente ou em regime de convênio com entidades de fins conexos e correlatos, quaisquer atividades de interesse social ou cultural ligados aos seus objetivos.[166]

Assim Dom Helder continuava a buscar ser instrumento de testemunho evangélico em favor dos pobres, através da luta pela justiça e paz. A Obra de Frei Francisco constituiu-se também em estrutura de

---

165 Ibid., 349.
166 Obras de Frei Francisco, relatório 1985, CEDOHC.

apoio para a pregação evangélica de Dom Helder. Atualmente a Obra de Frei Francisco se constitui em estrutura de apoio para a pregação dos ideais de Dom Helder e é responsável pela organização do acervo de Dom Helder e sobre Dom Helder.

Dom Helder, que desde a década de 1950 lutou contra a miséria, definida por ele como um insulto ao criador, propôs neste sentido: "Chegar ao ano 2.000 sem que nenhuma criatura tenha de envergonhar-se de ver um semelhante, irmão ou irmã, vivendo em situação degradante, em que o mínimo essencial lhe falte para levar uma vida digna e honrada".[167]

Dom Helder em 1992 lança a campanha "Ano 2.000 sem miséria". Realisticamente a campanha não tem a pretensão de acabar definitivamente com a pobreza, mas lutar para garantir condições básicas de sobrevivência para a humanidade e diminuir o abismo econômico e social. "O desejo maior e a motivação foram o de encurtar a distância entre alguns privilegiados do nosso país que tem muito e uma grande massa que não tem nada".[168] A campanha tem como objetivo: sensibilizar e levar todos a uma participação. A campanha busca retirar do ser humano o sentimento de apatia e de inércia diante da situação de miséria. "O grande clamor do Povo é capaz de mudar muita coisa. O ano 2.000, é, antes de tudo, um estimulo ao otimismo, uma crença de que o homem, quando quer, é capaz de fazer. E Deus ajuda e nos é mil razões para viver".[169] Para tal finalidade duas ações, dois princípios básicos: o de denúncias, para provocar sensibilizações, e o de propostas para ampliar a participação da sociedade.

Em 1994 realizou sua última viagem internacional a Paris para a homenagem da UNESCO ao Abade Pierre, fundador do movimento trapeiros de Emaús.

---

167 CAMARA, H.. "Ano 2000 sem miséria", in *Ano 2000 sem miséria*, ano 0, n° 0, Recife 1992, Boletim informativo da campanha lançada por Dom Helder Camara, 1.
168 Ibid., 1.
169 Ibid., 1.

6.3 Uma Nova Postura Pastoral na Arquidiocese de Olinda e Recife

Segundo os historiadores, Dom José Cardoso chegou à arquidiocese de Olinda e Recife com uma missão bastante definida: redirecionar o trabalho realizado por Dom Helder. Em outras palavras, o objetivo de sua "missão" era mudar completamente os rumos até então tomados pela Igreja na Arquidiocese. Dom José passou grande parte de sua vida sacerdotal em Roma: estudou Direito Canônico e trabalhou como Procurador encarregado dos assuntos referentes à ordem Carmelita junto à cúria do Vaticano; antes de Recife foi bispo de Paracatu no estado de Minas Gerais por três anos.

Durante os primeiros anos à frente da arquidiocese, Dom José não fez grandes mudanças. O redirecionamento pastoral pode ser visualizado através de medidas tais como: demissão dos membros da pastoral rural e fechamento do SEDIPO; do afastamento dos padres: Reginaldo Veloso, vigário do Morro da Conceição, Thiago Thorlby, vigário paroquial de Paulista (Pitanga II), Antonio Marie Guerrin, da Pastoral da Juventude da CNBB Nordeste II, Cláudio Dalbon e Mario Felipe, vigários da Macaxeira e Frei Aloísio Fragoso, franciscano; demissão de todos os treze membros que compunham a Comissão Justiça e Paz; foram fechados pelo Vaticano o Seminário Regional Nordeste II (SERENE II) e o Instituto de Teologia do Recife (ITER).[170] Assim descreve Beozzo:

> O caso mais clamoroso é talvez o de Olinda e Recife, onde o substituto de Dom Hélder Câmara, D. José Cardoso Sobrinho, recebido com todo carinho pelo velho arcebispo e por seus auxiliares... dedicou-se a desmontar todo o trabalho anterior, entrando em conflito com as pastorais da terra, da juventude nos meios populares, expulsando-os da sede regional da CNBB; com o Instituto Teológico de Recife (ITER) e com o SERENE II (Seminário

---

170 Sobre a nova postura pastoral na arquidiocese de Olinda e Recife, cf. Rocha A. e Ferreira, G. *Um furacão varre...*, 89-158; Marin, R. *Dom Helder Camara...*, 334-336.

Regional do Nordeste II), fechados a seu pedido; com a comissão de Justiça e Paz, por ele dissolvida; com os vigários, com os lavradores e com o povo do morro da Conceição, paróquia de padre Reginaldo Veloso, por ele suspenso das ordens.[171]

Dom José Cardoso Sobrinho foi eleito presidente do regional Nordeste II da CNBB em outubro de 1987. Em abril de 1988 após a destituição do Padre Hermínio Canova do secretariado geral do Nordeste II CNBB, por não concordar com a nova postura pastoral, assume como secretário-geral o Padre Giovani, integrante do movimento folcolare. Este foi o primeiro caso de mudança no quadro pastoral por divergências de pensamento.

O segundo episódio aconteceu com a demissão de membros da pastoral rural e do SEDIPO. Dom Paulo, encarregado da pastoral rural, apoiado pela comissão episcopal regional, decidiu demitir da equipe de pastoral rural regional: o Pe. Hermínio Canova e três agentes, sob a acusação de desvio de verbas, insubordinação e recusa em fornecerem informações aos bispos. A demissão foi feita pelo presidente da regional Nordeste II da CNBB, Dom José Cardoso Sobrinho. Em agosto de 1988, Dom José Cardoso desarticulou a equipe da pastoral rural no Regional Nordeste II da CNBB, sob o argumento de que o trabalho da pastoral rural era de cunho muito político e vinculado ao Partido dos Trabalhadores - PT. Em reação a este fato as comunidades pastorais do nordeste enviaram varias cartas e telegramas em solidariedade aos demitidos, e os demitidos através de uma nota na imprensa, no mês de agosto, defenderam-se das acusações. O SEDIPO, em solidariedade aos demitidos da pastoral rural, editou o boletim "Atualidade e movimento popular", descrevendo em detalhes todos os acontecimentos. Pela publicação do boletim foram demitidos todos os membros da equipe do SEDIPO. Também por ser solidária aos demitidos, Lúcia Sá Barreto,

---

171 BEOZZO, J. *A Igreja do Brasil...*, 282.

encarregada de traduzir para a linguagem popular os texto da Igreja, foi demitida em 1989.

A nova direção de postura pastoral também atingiu o clero diocesano e vários sacerdotes foram afastados por não se adequarem às normas pastorais da arquidiocese e sob a acusação de desobediência e/ou envolvimento político: Padre Thiago Thorly, escocês, pároco de Pitanga que trabalhava junto aos trabalhadores rurais, Padre Antônio Marie Guerrin, francês, assessor da Pastoral da Juventude, Padre Aluízio Fragoso, sacerdote franciscano que trabalhava no bairro do Coque, Padre Cláudio Dalbom, vigário de Macaxeira, Padre Mário Felipe, vigário de Guariba, Padre Elias Cedraz, vigário da paróquia de Joboatão.

O caso de maior repercussão de desacordo na postura pastoral entre alguns membros do clero e o arcebispo culminou com a suspensão de ordens do padre Reginaldo Veloso. Em 1978 o padre Reginaldo assumiu os trabalhos pastorais no morro da Conceição, principalmente junto às CEBs, encontro de irmãos. Em abril de 1989, Dom José Cardoso convidou o padre Reginaldo, vigário do morro da Conceição e presidente do Conselho Regional de Presbíteros, a renunciar à paróquia argumentando que já estava perto de sua aposentadoria e que viajava muito. Em 12 de dezembro de 1989 foram entregues na casa paroquial duas cartas comunicando a suspensão de ordem do padre Reginaldo, que estava em período de férias em Maceió. Em 1990, padre Reginaldo Veloso foi suspenso das ordens por Dom José Sobrinho. A reação de Helder ao ser entrevistado sobre a suspensão do padre Reginaldo foi com o silêncio e com lágrimas descendo em seu rosto.

Outra consequência da nova postura pastoral foi o fim prático da Comissão Justiça e Paz. Em dezembro de 1989 foram demitidos os treze membros da Comissão Justiça e Paz; segundo alegou Dom José Cardoso, a comissão preocupou-se em defender os padres punidos e não seguia as suas orientações.

A reorientação pastoral também envolveu o campo da formação sacerdotal que culminou com o fechamento do SERENE II e ITER. Ao chegar a Arquidiocese de Olinda e Recife em 1985, Dom José Cardoso Sobrinho assumiu a presidência da equipe de supervisão e a presidência da comissão coordenadora do ITER, Instituto de Teologia para os seminaristas, aberto aos religiosos e leigos, e também a condição de membro da coordenação do SERENE II, que acolhia alunos de quatorze dioceses da região, que viviam em pequenas comunidades inseridas no meio popular. Em 1987 Dom José Cardoso constrói um grande seminário, terminando com a experiência de pequenas comunidades inseridas. No relatório de Dom João Terra, bispo auxiliar da arquidiocese de Olinda e Recife, ao Vaticano, foram enumeradas varias situações e problemas, principalmente que os seminaristas estavam "soltos", sem acompanhamento adequado, dando condições para que o Vaticano ordenasse o fechamento do SERENE II e do ITER motivado pelas irregularidades apontadas. Seis meses antes do decreto, em carta reservada aos bispos, a cúria do Vaticano alertava-os da situação. Os bispos responderam estarem acompanhando as instituições e que não encontravam maiores distorções e não concordavam com as irregularidades apontadas. Em setembro de 1989 foi decretado oficialmente o fechamento do SERENE II e do ITER pelo Vaticano. Dom João Terra telefonou para Dom Helder pedindo para que evitasse se pronunciar sobre decisões da arquidiocese.

Em reação ao fechamento das duas instituições foi realizada uma manifestação de protesto passando um dia de jejum e orações em frente à Igreja do Carmo. O ato contou com a presença de aproximadamente mil participantes. A maioria dos seminaristas que estudavam nestas instituições foi para o seminário de João Pessoa, reaberto por Dom José Maria Pires. Sobre o fechamento do SERENE II e do ITER, Dom Helder assim manifestou-se: "Mas, acho que o Vaticano pode rever a posição de que o ITER não oferece uma formação intelectual adequada aos seus sacerdotes. Poderia dizer onde haveria essa formação, com todo respeito que tenho pela congregação romana".[172]

A situação conflitiva na arquidiocese foi manifestada a João Paulo II em 1991 durante a sua visita a Recife, através de três cartas: a primeira, carta da pastoral da periferia do Recife, entregue ao núncio apostóli-

---

172 DIÁRIO DO PERNAMBUCO, 02/09/1989, Caderno A, 12. Citado por FRAGOSO, Frei Hugo. "Dom Helder, profeta do perdão evangélico", in ROCHA, Zildo (Org.). *Helder, o dom...*, 199.

co, pedindo a destituição de Dom Cardoso; a segunda, assinada por setenta padres e entregue aos assessores do papa, pedindo que João Paulo II olhasse com mais carinho para a arquidiocese, devido aos problemas de relacionamento, criando um clima de discórdia; a terceira, assinada por um grupo de leigos da arquidiocese, entregue ao secretario do papa, onde afirmavam o vazio pastoral na arquidiocese, e que a situação de conflito significava desgaste para a Igreja e que a solução viável seria a exoneração de Dom Cardoso.

Diante da nova postura pastoral assumida por Dom José Cardoso Sobrinho e ao ver o seu trabalho apostólico de vinte e um anos ser praticamente desmontado, a posição de Dom Helder foi sublimemente resumida por Castro: "desde o início de sua aposentadoria dom Helder está silente".[173]

6.4. Falecimento

Dom Helder Pessoa Camara faleceu em 27 de agosto de 1999. Morreu em sua casa nos fundos da Igreja das Fronteiras, vitima de insuficiência respiratória aguda, decorrente de pneumonia. Nos últimos instantes de sua vida o assistiram: as irmãs religiosas que o serviam, a secretária Maria José Duperron Cavalcanti (Zezita) e o pároco José Edvaldo Gomes. Seu corpo foi velado na Igreja das fronteiras. A celebração de corpo presente aconteceu na catedral. O sepultamento ocorreu à noite na catedral da Sé de Olinda, ao lado de Dom Lamartine, seu bispo auxiliar.[174]

---

173 Citado por Piletti, N. e Praxedes, W. *Dom Hélder Câmara...*, 450.
174 Cf. Jornal Igreja Nova. "O dom da libertação", *Jornal Igreja Nova*, Edição especial: o dom da libertação, ano IX – setembro/99, Recife, 1999, 1-6.

Parte II:
EVANGELIZAR NA REALIDADE DE INJUSTIÇA

"A Criatura Humana é Zero,
que se tornou Infinito
Mas é Infinito,
que voltou a Zero
Teve seu Valor Infinito restaurado
Na Criatura Humana
convivem: zero e infinito."[175]

Esta segunda parte tem por objetivo percorrer dois "conceitos-temas" essenciais deste estudo para conhecer o pensamento antropológico e teológico de Dom Helder: a evangelização e a justiça. Conceitos que para ele estão em sintonia constante devido à necessidade dos homens. Não se evangelizam seres abstratos, nem se salvam apenas almas, mas Deus fala e se dá a seres humanos concretos. Esses homens, principalmente no contexto latino-americano e no terceiro mundo, encontram-se na realidade de injustiça, o que impele a estar a serviço da salvação integral da pessoa humana, a começar pelas excluídas e marginalizadas. A articulação evangelização e justiça é, para Dom Helder, elemento essencial no processo de humanização, sem a qual o homem não poderá resplandecer plenamente como imagem e semelhança de Deus.

---

175 CAMARA, H. "Qual é o valor Humano?", in Apostila s/nº/4, 2, 31/03/1981.

Decidimos dividir esta segunda parte em dois momentos, cada um deles focalizando um "conceito-tema", porém não esquecendo (e buscando demonstrar) o vínculo inerente entre eles no pensamento helderiano. No terceiro capítulo refletiremos sobre o primeiro "conceito- tema": evangelizar. No quarto capítulo pontuaremos sobre justiça, o segundo "conceito-tema" essencial de nosso estudo. Em ambos os capítulos o enfoque será a partir dos documentos eclesiais (base e fonte do pensamento helderiano), desde a década de 60 até o início da década de 80, respeitando o corte metodológico de nosso trabalho, e a reflexão sobre os elementos importantes no anúncio do evangelho e sobre a justiça, na perspectiva de Dom Helder. Esta articulação entre a reflexão eclesial, desde a década de 60 até o início da década de 80, e os pronunciamentos de Dom Helder se faz necessária para compreendermos o pensamento antropológico e teológico helderiano.

CAPÍTULO III

EVANGELIZAR PROMOVENDO A HUMANIZAÇÃO

Na evangelização a Igreja reconhece sua graça, vocação própria e a mais profunda identidade (cf. EN 14). Segundo Libânio, a evangelização é o anúncio da salvação em Jesus Cristo mediante palavras e gestos sacramentais e não sacramentais tendo em vista a promoção, libertação, salvação do homem todo e de todos os homens, povos e culturas.[1] Percorrendo o pensamento de Dom Helder sobre evangelização poderemos verificar qual a concepção de Deus anunciada e a concepção do ser humano que recebe o anúncio e é chamado a viver seguindo Jesus Cristo, convocado a continuar o Redentor, orientando-se para o Reino de Deus através da concretização da Boa-Nova em Boa Realidade.

I EVANGELIZAR: O PROCESSO HISTÓRICO DA COMPREENSÃO DO TERMO "EVANGELIZAR"

O termo *evangelização* foi usado pela primeira vez no âmbito protestante por Alexandre Duff (1806-1878) no congresso missionário de Nova York em 1854, significando os meios, as atividades, kerigmática e docente, que transmitem fielmente o evangelho. O termo volta com vigor no congresso ecumênico sobre as missões estrangeiras realizado

---

1 Cf. Libânio, João Batista. *Evangelização e libertação*. Vida Religiosa: temas atuais 3. Petrópolis: Editora Vozes, 1975, 13-33.

em Nova York em 1900. Após este congresso reforçam-se o uso das expressões: evangelização, evangelização do mundo e evangelismo. No âmbito católico, o termo começa a ser usado a partir de 1940.[2]

O conceito *evangelização* refere-se à missão da Igreja como mensageira da ação salvífica de Deus em Cristo. O processo de compreensão do termo "evangelização" teve quatro momentos: 1°) o anúncio da realidade salvífica de Jesus Cristo para aqueles que não o conhecem; 2°) o anúncio da realidade salvífica de Jesus Cristo dirigido seja para aqueles que não o conhecem como para aqueles que o conhecem; 3°) o anúncio da realidade salvífica de Jesus Cristo através de palavras e gestos sacramentais; 4°) o anúncio da realidade salvífica de Jesus Cristo através de palavras e gestos sacramentais e não sacramentais visando a salvação-libertação integral do homem todo e de todos os homens. No processo, o termo adquiriu progressivamente maior amplitude. Em cada momento novos elementos foram inseridos, resultantes do desenvolvimento da autoconsciência da Igreja e do contexto histórico-vivencial.

Durante este processo de ampliação de sentido do termo evangelização, partindo da atividade missionária 'ad gentes', destinada à propagação da fé e conversão dos pagãos, até explicitar a riqueza teológico--pastoral, tornando-se palavra-chave para a ação da Igreja, designando a sua identidade, sua essência e missão, houve toda uma caminhada de reflexão eclesiológica na qual contribuíram, decisivamente, o Concílio

---

2 Sobre o processo histórico do termo evangelização: LOPES-GAY, J. "Evolución histórica de la 'Evangelización'", in DHAVAMONY, M. *Evangelisation*, Documenta Missionalia 9, Università Gregoriana Editrice, Roma 1975, 181-190; COMBLIN, J. *Os sinais dos tempos e a evangelização...*, 204; COMBLIN, J. "Medellín: vinte anos depois. Balanço temático", in *REB* 48 (1988), 806-829; COMBLIN, J. "Sujeito e horizontes novos", in SUESS, P. (Org.). *Queimada e semeadura...*, 225; LIBÂNIO, J. B. *Evangelização e Libertação...*, 13-33; MELLO, A. A. de. *A Evangelização no Brasil...*, 64-66; QUEIROZ, A. C. "A reflexão eclesial sobre a evangelização. Sínodo dos bispos – 1974", in HORTAL, J. (Org.). *Evangelização no Brasil hoje: conteúdo e linguagem...*, 97-99; CARVALHEIRA, M. P. "Introdução", in CARVALHEIRA, M. P. et alii. *O Sínodo de 1974...*, 6-7; CARVALHEIRA, M. P. "A ação evangelizadora na pastoral orgânica da igreja particular", in CARVALHEIRA, M. P. et alii. *O Sínodo de 1974...*, 51-52; CARVALHEIRA, M. P: et alii. *O sínodo de 1974*, 19-32 e 51-70; CARVALHEIRA, M. P. "A libertação humana e evangelização", in CARVALHEIRA, M. P. et alii. *O Sínodo de 1974...*, 34-36; CARVALHEIRA, M. P. "A ação do Espírito Santo na evangelização", in CARVALHEIRA, M. P. et alii. *O Sínodo de 1974...*, 41-49; MOESCH, O. *A Palavra de Deus: teologia e práxis da evangelização...*, 138; NETO, L. *Fé Cristã e cultura latino-americana...*, 133-134.

Vaticano II, a Conferência de Medellín, o Sínodo Episcopal de 1974, a Exortação Apostólica *Evangelii Nuntiandi* e a Conferência de Puebla.

O CONCÍLIO VATICANO II. A proposta de evangelização oriunda do Concílio Vaticano II[3] deve ser vista a partir da visão global do projeto eclesial desse Concilio. O diálogo com o mundo moderno: "que é comum a todos e o que foi a alma do Vaticano, foi o reconhecimento da existência de um mundo moderno, uma cultura moderna que a Igreja não controlava e que não procedia dela. Esse mundo não é considerado inimigo do qual é preciso defender-se, mas interlocutor que é preciso evangelizar. Evangelizar não é retornar ao passado, mas enfrentar realidade nova".[4]

Entre as contribuições do Vaticano II para a compreensão do significado do conceito "evangelização" ressaltamos: a) evangelização é o anúncio de Jesus Cristo pelo testemunho e pela palavra, nas condições comuns do contexto histórico do século, principalmente em referência ao múnus profético dos leigos; b) a Igreja, ao anunciar a realidade salvífica de Jesus Cristo, o faz dentro de conceitos, linguagens e formas de sabedoria dos povos a quem proclama o Evangelho. Deste modo, faz-se necessário o intercâmbio com as diversas culturas – o que permanece como lei de toda a evangelização; c) a evangelização é a pregação do Evangelho, dever fundamental de todo o Povo de Deus (bispos, padres, religiosos e leigos), cada qual segundo seu carisma e responsabilidade. Sendo assim, a evangelização se dá mediante inúmeras e variadas iniciativas; d) a evangelização abrange todo o conjunto das atividades da Igreja, (a pregação, a vida sacramental, principalmente a eucaristia, e o apostolado em geral). Tudo na Igreja é evangelização, porque a Igreja cumpre sua missão em tudo o que realiza; e) a evangelização dos pobres é um sinal da continuação da ação de Jesus.

---

3 O termo "evangelização" encontra-se nos documentos conciliares: LG 35; GS 44; AG 6, 14, 20, 23, 27, 29, 30, 35, 36, 38, 39, 40, 41; CD 6; PO 5, 6, 19; AA 2, 6, 19, 26.

4 COMBLIN, J. "Evangelização na atualidade", in SILVA, A. A. da. *América Latina 500 anos de evangelização, reflexões teológico-pastorais*. São Paulo: Ed. Paulinas, 1990, 43.

Percebemos com destaque o aparecimento de dois temas relevantes para a Igreja latino-americana: a opção preferencial pelos pobres e o intercâmbio cultural – inculturação.

A CONFERÊNCIA DE MEDELLÍN. O documento de Medellín[5] contém explícita e implicitamente uma concepção integral de evangelização na qual se unem o anúncio do Evangelho, a resposta da fé, a pertença à Igreja, o compromisso de ação em favor da justiça, da promoção humana e da libertação autêntica. O documento de Medellín favoreceu a criação de um projeto original e específico para a evangelização na Igreja latino-americana, tendo como ponto de partida a percepção da realidade.

Destacamos as principais contribuições do Documento de Medellín: a) a reflexão sobre a evangelização da Igreja fez-se vinculando a fé e o contexto histórico do homem latino-americano, buscando o encarnar a evangelização na história, assumindo a realidade e os seus processos históricos. A partir disso, Medellín discerne os valores, as ambiguidades e os pecados desta história, que faz parte da história da salvação; b) a partir da percepção dos 'sinais dos tempos' que constituem lugares teológicos e interpelações de Deus na realidade latino-americana, na qual a questão social é a manifestação por excelência dos sinais dos tempos, o episcopado fez uma análise realista mostrando que, na América Latina, vem à tona a situação de injustiça e o processo de desumanização social. Esta perspectiva fez com que o episcopado optasse por uma evangelização visando a libertação integral dos pobres e dos oprimidos contra o pecado social, assumindo e acompanhando, numa perspectiva de evangelização, todos os esforços de libertação e de humanização dos povos do continente (Medellín introdução 6-7); c) Medellín integrou a evangelização e a libertação em sua única missão: Igreja servidora e pobre, e o fez compreendendo a evangelização

---

5 A palavra "evangelização", no documento de Medellín, encontra-se em: Introdução, 8, Pastoral Popular, 6, 2; Pastoral das Elites: 7, 13; Catequese, 8, 9, 10, 17; Liturgia, 9,5; Movimento de Leigos, 10, 11; Religiosos, 12, 15. 16; Formação do Clero, 13, 33; Pastoral de conjunto, 15, 10; Meios de comunicação social 16, 6.

como serviço preferencial pela libertação dos pobres e dos oprimidos, como resposta da fé ao resultado da análise dos 'sinais dos tempos' na realidade do continente (Medellín Pobreza da Igreja 8); d) a partir do pobre, Medellín enfatiza a ação evangelizadora como formadora de cristãos adultos na fé, uma fé interiormente formada e operante, capaz de confrontar-se com os desafios presentes; em seguida, afirma que a evangelização exige testemunho pessoal e comunitário, ou seja, exige o compromisso com a realidade, explicitação da justiça e da fraternidade em orientação escatológica. Portanto, o fulcro da evangelização é uma Igreja-sinal, em condições de tornar-se evangelizadora no conjunto de suas atividades.

O SÍNODO EPISCOPAL DE 1974. O Sínodo de 1974 refletiu sobre a evangelização no mundo contemporâneo. A reflexão sinodal teve como primeiro pano de fundo os documentos conciliares, principalmente a *Gaudium et Spes* e a *Lumen Gentium*. Dentro da visão eclesiológica conciliar alguns temas foram relevantes para as reflexões: a teologia da Palavra de Deus (DV 2), a índole missionária da Igreja (AG 2 e 5), a encarnação como suprema lei da evangelização (GS 44), a natureza e a modalidade do testemunho cristão no mundo (AG 11-14), a vida em comunhão como sentido para a Igreja e para o mundo (LG 8; GS 23), juntamente com as reflexões e perspectivas abertas pelo Concílio na teologia e na pastoral. O segundo pano de fundo importante para as reflexões sinodais foram as preocupações trazidas pelos bispos a partir do contato com a realidade do contexto histórico-vivencial, tornando-se temas orientadores: 1) a indigenização, que se refere à mútua relação entre Evangelho e a vida ou cultura de um povo, tema acentuado pelos bispos da África; 2) as religiões não cristãs, trazido pelos bispos da Ásia; 3) a libertação, no sentido teológico, ético e social, trazido pelos bispos da América Latina; 4) a secularização ou a tendência para o secularismo e a sociedade de consumo, tema proposto pelos bispos da Europa Ocidental e da América do Norte; 5) o ateísmo programático e a total negação de um lugar para o Evangelho e a religião, tema apresentado pelos bispos dos países comunistas. Partindo da eclesiologia conciliar e das preocupações contextuais, o episcopado, em sua reflexão, contribuiu de forma significativa para o sentido e a importância da evangelização. Dentre as contribuições destacam-se: a importância da Igreja particular, a libertação humana e a presença do Espírito Santo na evangelização.

A Igreja Particular é a unidade geradora da missão: "o 'Ide, ensinai a todos os povos' só se torna realidade à medida que a Igreja é capaz de 'ensinar' um povo concreto, de começar a partir de um povo".[6] A Igreja particular em comunhão com a Igreja Universal e, ao mesmo tempo, possuindo uma fisionomia própria, tem direito à legítima autonomia no que concerne à evangelização: na transmissão da fé, na catequese, na criação de gestos e sinais litúrgicos, na elaboração de uma linguagem teológica, na instituição de normas disciplinares, organizações e ministérios.

A reflexão sobre evangelização e libertação humana marca o reencontro com o homem concreto e seu destino histórico: "Ao falar de libertação o Sínodo estava empregando um conceito global dinâmico de grande conteúdo bíblico. Trata-se de libertação integral e não de qualquer tipo de superação de situações históricas. Libertação em Cristo pela luta e superação de tudo aquilo que prende o homem a si, a seu egoísmo, e ao egoísmo dos outros homens".[7] Os bispos preferiram usar o termo libertação ao invés de promoção humana; segundo Dom Germán Schmitz, Bispo auxiliar de Jínio Pem, o termo promoção humana poderia ser compreendido como "ter mais"; o termo libertação explicita com mais intensidade o "ser mais", atinge o núcleo da dignidade humana, exprime o valor evangélico da liberdade e demonstra o conflito existencial que a humanidade vive e a necessidade de ruptura e transformação das estruturas da sociedade; portanto o termo libertação, compreendido no seu sentido integral, é inerente ao desígnio salvífico de Deus e deve ser levado à pratica no processo de evangelização.[8]

---

6 CARVALHEIRA, M. P. "A ação evangelizadora na pastoral orgânica da igreja particular"..., 51.
7 QUEIROZ, A. C. "A reflexão eclesial sobre a evangelização...", 101.
8 Cf. SCHMITZ, Dom Germán. "Da 'Libertação do homem' como elemento constitutivo do divino desígnio sobre a salvação dos homens", in CARVALHEIRA, M. P. et alii. O Sínodo de 1974..., nota 3, 76.

A evangelização não se identifica com o progresso e a promoção humana, mas existe uma íntima conexão entre evangelização e libertação humana. A partir da fé, o compromisso pela libertação humana faz parte integral da ação evangelizadora da Igreja. Sendo assim, ela busca libertar o homem do pecado e de suas consequências pessoais e sociais, pois visa à libertação integral, a salvação plena e total da humanidade. Nesta perspectiva a reflexão episcopal buscou superar dois riscos na ação evangelizadora: a dicotomia entre evangelização e libertação e a politização da fé. A reflexão sinodal enfatiza a dimensão escatológica inerente à evangelização: "a Boa-Nova convida a assumir os projetos históricos de libertações, mas a ultrapassá-los igualmente para abrir-se à libertação plena que não se realiza nos contornos históricos, mas só na superação da própria história".[9] Enfim o vínculo evangelização e libertação engloba, no anúncio da Boa-Nova, a totalidade da vida humana e, a partir da situação concreta da história, visa à libertação de todas as formas de opressão, escravidão e desumanização do homem. Por conseguinte, mais do uma simples conclusão prática da evangelização, promoção humana e libertação constituem um lugar teológico.

A presença do Espírito Santo no mundo antecede e é condição para a ação da Igreja, o Espírito prepara o campo para a semeadura. A presença do Espírito na evangelização acontece de forma tríplice: nos evangelizadores, nos evangelizados e nas ações de evangelização. O fruto desta presença é o nascimento da comunidade de fiéis no e pelo Espírito. A presença e ação do Espírito Santo no mundo exige que a Igreja esteja atenta aos sinais dados por Ele – a todo bem e a toda verdade que existe ao redor de nós. Estes "sinais dos tempos" são acontecimentos históricos que, por sua densidade, universalidade e globalidade, representam toda a humanidade, sinais que marcam o encontro do Evangelho com a condição humana e com seus anseios de salvação. Os "sinais dos tempos" devem ser vivenciados em quatro momentos: ver, a visão dos acontecimentos; julgar, o julgamento dos sinais segundo

---

9 QUEIROZ, A. C. "A reflexão eclesial sobre a evangelização...", 101.

suas possíveis significações; discernir, a distinção dos sinais e o discernimento dos espíritos que neles aparecem, à luz do Evangelho; agir, a aplicação dos sinais às várias necessidades. Ou seja, a partir dos "sinais dos tempos", os homens compreendem a história, descobrem caminhos e tomam decisões. Discernir tais sinais é descobrir as próprias pulsações da história, enquanto marcadas pela ação do Espírito e pela liberdade humana, e, à luz da fé, assumi-las no plano divino da salvação em Cristo (GS 11).

A EVANGELII NUNTIANDI. Em 08 de dezembro de 1975, Paulo VI promulgou a *Evangelii Nuntiandi*. Reflete os trabalhos do Sínodo dos Bispos de 1974, dedicado ao tema da evangelização e no qual emergiram as preocupações e contribuições do episcopado mundial. A *Evangelii Nuntiandi,* mais do que dar uma definição de evangelização, busca abranger numa visão de conjunto suas dimensões essenciais (cf. EN 17).

A *Evangelii Nuntiandi* afirma que o fundamento da evangelização é Jesus Cristo, modelo da evangelização, o "primeiro evangelizador" (EN 7). Sua atividade evangelizadora abrange toda a sua vida: a encarnação, a pregação e os sinais do Reino, o chamado dos discípulos, o envio dos Doze, a morte na cruz, a ressurreição e a continuação, sob a nova maneira de sua presença (cf. EN 6-12). Jesus Cristo "anuncia em primeiro lugar um Reino, o Reino de Deus, de tal maneira importante que, em comparação com ele, tudo o mais passa a ser 'o resto' que é 'dado por acréscimo" (EN 8). A partir do seguimento a Jesus Cristo a missão da Igreja é acolher e propagar a Boa Nova do Reino (cf. EN 13-16).

A Igreja nasce da ação evangelizadora de Jesus e dos Doze apóstolos e, por sua vez, é enviada a evangelizar. Evangelizar constitui a missão, a essência e a identidade da Igreja: "Foi com alegria e reconforto que nós ouvimos, no final da grande Assembleia de outubro de 1974, estas luminosas palavras: 'Nos queremos confirmar, uma vez mais ainda, que a tarefa de evangelizar todos os homens constitui a missão essencial da Igreja'; tarefa e missão que as amplas e profundas mudanças da sociedade atual tornam ainda mais urgentes. Evangelizar constitui, de fato, a graça e a vocação própria da Igreja, a sua mais profunda identidade" (EN 14).

Ressaltamos alguns pontos essenciais propostos pela *Evangelii Nuntiandi:* a) em sua missão evangelizadora a Igreja deve ser fiel ao conteúdo essencial da evangelização, o testemunho dado ao amor do Pai: salvação – transcendente e escatológica – em Jesus Cristo (cf. EN 25-39); esperança nas promessas, que exigem amor a Deus e aos homens em sua história (cf. EN 25-28); a salvação em Jesus Cristo, sua promessa de vida eterna e seus reflexos na história – é indispensável o anúncio explicito de Jesus (cf. EN 22) e a proclamação da boa nova (cf. EN 21); b) o valor do testemunho na evangelização (cf. EN 41); c) o universalismo da ação evangelizadora: envolve o conjunto das atividades eclesiais, a ação pastoral em suas diversas formas; como ato eclesial exige a comunhão com a Igreja e seus pastores – a ação evangelizadora acontece na perspectiva da Igreja universal e na perspectiva da Igreja particular (cf. EN 49-58); d) todos somos evangelizadores e todos somos evangelizados, a evangelização possui uma destinação universal, a igreja se evangeliza e evangeliza a todos: crentes e não crentes, cristãos e não cristãos, praticantes e não praticantes (cf. EN 15); e) a evangelização abrange a totalidade do ser humano e em sua ação evangelizadora a Igreja deve ir na profundidade do ser humano da sociedade e da cultura (cf. EN 18-20; 40). Diante disso deve levar em conta, no processo evangelizador, a cultura (cf. EN 20), a libertação humana (cf. EN 30-39) e o ecumenismo (cf. EN 53); f) a evangelização prossegue sob a inspiração do Espírito Santo e a proteção de Maria, estrela da Evangelização (cf. EN 75).

A *Evangelii Nuntiandi* influenciou profundamente o trabalho do episcopado na América Latina e em outros continentes e é considerada a carta magna sobre evangelização.

A Conferência de Puebla. Em Puebla o episcopado latino-americano teve como fundamento principal de sua reflexão a *Evangelii Nuntiandi*. A partir dos conteúdos e dos elementos da reflexão evangélica presentes na *Evangelii Nuntiandi*, se pode compreender o processo e as propostas de Puebla para a evangelização da América Latina. A partir dos princípios e dos conceitos teológicos presentes na *Evangelii Nuntiandi*, Puebla leva em consideração: a) a totalidade da pessoa humana;

b) a cultura (as culturas) latino-americana e as implicações que ela traz na compreensão do homem concreto e situado que deve ser evangelizado pela Igreja; c) dentro de uma visão antropológica global e integrada afirma a necessidade de libertação na perspectiva de atuação do Reino de Deus, presente 'já agora' na história, no mundo, compreendendo, porém, que esta presença 'ainda não' é completa e definitiva, mas acontecerá em plenitude na eternidade. Dom Luciano sublinha que: "em Puebla procurou-se, então, salvaguardar a força inspiradora do tema bíblico da libertação e mostrar, de modo explícito, o termo a que tende o processo libertador".[10]

Outra fonte de inspiração para o documento de Puebla foi o discurso do Papa João Paulo II, a partir do qual retoma a tríplice verdade que fundamenta a evangelização: a verdade sobre Jesus Cristo (cristologia), a verdade sobre a Igreja (eclesiologia) e a verdade sobre o homem (antropologia) vinculando-as com a realidade latino-americana, seus problemas e suas esperanças (cf. PUEBLA 162-339).

O documento de Puebla compreende por evangelização: "Toda atividade da Igreja pela qual suscita e alimenta a fé, provoca a conversão e conduz à participação no mistério de Cristo. Este mistério é proclamado no Evangelho e realizado na Igreja pela existência cristã. Reconhecida como 'mistério', a evangelização é uma realidade divina transcendente e salvífica, que se faz visivelmente presente entre os homens".[11] Puebla, diante da realidade latino-americana, vai reafirmar que o empenho em favor da justiça social constitui uma dimensão essencial na evangelização.

Ao refletir sobre o processo de evangelização na América Latina, Puebla reconhece os erros do passado e reafirma a universalidade da evangelização – destina-se a todo o gênero humano: abrange pessoas e povos, conversão pessoal e transformação social. Ao evangelizar, a Igreja cuida daquele que é seu primeiro serviço na formação das comu-

---

10 ALMEIDA, D. Luciano Mendes de."A evangelização à luz de Puebla", in SUESS, P. (Org.). *Queimada e semeadura...*, 219.
11 MELLO, A. A. de. *A Evangelização no Brasil...*, 74-75.

nidades: o amadurecimento dos cristãos na fé, alimentando-os com a catequese e a liturgia, a fim de que eles se tornem evangelizadores. Para Puebla, o processo de evangelização realiza-se pelas seguintes etapas: testemunho dos evangelizadores; anúncio da Boa Nova de Jesus Cristo através da pregação e catequese progressiva; fé-compromisso; pertença à comunidade eclesial e participação em sua vida; envio dos evangelizados agora como evangelizadores (cf. PUEBLA 356-361). No contexto latino-americano, as situações mais necessitadas de evangelização são: situações permanentes – indígenas e afro-americanos muitas vezes em difícil condição social, além de insuficientemente evangelizados; situações novas – emigrantes, grupos expostos às seitas e às ideologias; situações particularmente difíceis – universitários, militares, operários, jovens, comunicadores sociais e outros. Ação evangelizadora realiza-se dentro da dimensão de esperança.

Dentre as contribuições de Puebla ressaltamos: a) o viver a fé a partir dos desafios históricos, socioculturais e eclesiais do continente latino-americano (cf. PUEBLA 87-89); b) a evangelização é serviço salvífico e humanizante do homem: partindo da pessoa, a evangelização deve atingir experiência e modelos de vida, culturas e ambientes, orientando-os rumo a um novo modo de ser, julgar, viver e conviver (cf. PUEBLA 85); c) a opção pelo pobre perpassa todo o processo evangelizador (cf. PUEBLA 1134); d) a defesa e a promoção da dignidade da pessoa humana, especialmente a defesa dos pobres (cf. PUEBLA 1254, 1283); e) a ação evangelizadora compete a todo o Povo de Deus em seus membros e instituições. Evangelizador, o Povo de Deus é ao mesmo tempo evangelizado; f) aprofunda a questão da cultura e da evangelização das culturas latino-americanas (cf. PUEBLA 395); g) os vínculos que unem salvação, promoção humana, desenvolvimento e libertação estão baseados no anúncio da salvação que dá sentido às aspirações e realizações humanas, ao mesmo tempo em que as questiona e excede, salvação que começa na história e atinge sua plenitude na eternidade; a ação salvífica realiza-se sob o influxo do Espírito (cf. PUEBLA 340-355).

Dom Helder vivencia todo este processo eclesial de reflexão sobre a evangelização desde o Vaticano II até a conferência episcopal de Puebla. Em alguns momentos demonstra impaciência, como por exemplo, no início dos debates teológicos em que se discutia se o processo de humanização fazia parte da evangelização ou era apenas uma etapa de pré-evangelização: "Às vezes nossos maiores teólogos me dão a impressão de viverem na lua. É necessário que se encarnem na realidade. Por exemplo, emaranham-se em discussões como esta: 'temos que fazer primeiro a humanização e depois a evangelização'. Não temos que fazer nada primeiro! Temos que fazer tudo de vez, sem perguntarmos o que vem primeiro e o que vem depois. Temos que fazer tudo junto e todos juntos".[12] Durante o processo de reflexão sobre a evangelização sempre se levantavam questões como: evangelização ou humanização, horizontalismo ou verticalismo, amor a Deus ou amor ao próximo; nestes momentos Helder se inquietava, pois para ele estes temas estão vinculados e integrados no primeiro e segundo mandamento, o que tornava de certo modo uma perda de tempo discutir. Dentro deste processo de reflexão eclesial três aspectos são importantes para Dom Helder: o diálogo com o mundo, a opção pelos pobres e a dimensão da esperança.

Para Dom Helder, o grande passo importante na reflexão da ação evangelizadora da Igreja foi dado pelo Concílio Vaticano II na busca do diálogo com o mundo: "Importantíssima, também, é a decisão de presença no mundo. Em lugar de pecar por omissão, em lugar de julgar e condenar de longe, em lugar de ser espectadora, a Igreja quer encarnar-se como o Cristo, assumindo todas as alegrias e esperanças, todos os problemas e anseios dos homens".[13] A partir desta presença no mundo a Igreja, em sua ação evangelizadora, revela a importância e o papel do homem na história: "a antropologia cristã nos leva a incitar o homem a sentir-se Cocriador, a portar-se não como objeto, mas como sujeito da História; a romper o desânimo, a apatia e o medo e agir como quem recebeu de Deus a missão de dominar a natureza e completar a Criação. A visão da encarnação do Cristo é lição viva de engajamento para os

---

12 Entrevista de Dom Helder a Oriana Fallaci, in *Primeira Plana* 198 (1966), 34-41, in TAPIA DE RENEDO, B. *Helder Camara y la justicia...*, 26.
13 CAMARA, H. *Revolução dentro da paz...*, 70.

cristãos".[14] Em terceiro lugar, neste diálogo com o mundo, supera-se a imagem da Igreja como força alienada e alienante, ópio do povo, vinculada ao poder econômico e social que mantêm uma situação de injustiça e opressão:

> A religião é tida pelos marxistas como a grande força alienada e alienante. Tenhamos a lealdade de reconhecer que, preocupados com a vida eterna, facilmente andamos esquecendo a vida terrena; preocupados com a ordem social, nem sempre percebemos que no mundo subdesenvolvido, não raro, ela é sinônimo de injustiça e de ordem estratificada; preocupados com evitar mudanças profundas e bruscas, usamos e abusamos da prudência e, quase sempre, mais fomos freio do que acelerador. Para levar a lealdade até o fim, reconheçamos que foi e continua sendo uma tentação para nós um imponderável que interfere em nossos julgamentos e em nossas ações: a circunstância de recebermos dos ricos e do governo ajudas para as nossas obras sociais, quando não para o próprio culto.[15]

Sempre a partir do exemplo da encarnação de Cristo, somos convocados a unir a realidade histórica e a vontade salvífica de Deus:

> Na hora que o cristianismo, sem esquecer a transcendência, guardando todos os valores de eternidade, começa, na prática, a aprender a lição da Encarnação Redentora; na medida em que nos engajamos na realidade; na medida em que admitimos, sem medo, que o próprio Deus quis o homem como agente da história, encarregando-o de dominar a natureza e completar a Criação; na medida em que os cristãos

---

14 Ibid., 72.
15 Ibid., 69.

dessolidarizamos de vez o Cristianismo de todo e qualquer regime econômico ou político; na medida, sobretudo, em que esta atitude dos cristãos os leva a perder os favores dos Poderosos e dos Governos, e a ser mal vistos, mal julgados e perseguidos (...).[16]

A Igreja ao evangelizar deve também viver o processo de ser evangelizada e o processo de conversão. Dentro desta perspectiva, para Helder, era fundamental que a Igreja se desvinculasse das alianças com o poder político-econômico e social para ter a força do testemunho; sem esta reformulação de posições e atitudes da Igreja que implicam conversão profunda, ela jamais descobrirá a força libertadora do Evangelho e ficará prisioneira de instituições e interesses.

Quando, na prática, se começa a ver o que significa livrar-se das estruturas vigentes; abrir mão de privilégios e vantagens; adotar novo estilo de vida e de pregação; passar a ser incômodo, mal-julgado, mal-visto ao invés de ser o centro de atenções e do prestígio, compreende-se que, sem conversão profunda e pessoal, jamais se é instrumento para a conversão do Mundo.

Se os cristãos fôssemos livres, o testemunho cristão talvez libertasse o Mundo da miséria que subumaniza e da má abundância que desumaniza.[17]

Para Helder, no diálogo com o mundo, a Igreja, continuadora de Cristo em sua missão essencial do anúncio da salvação, necessita ter

---

16 Id., "'Os jovens exigem e constroem a paz'. Uma realidade nos interpela", in Apostila, 17/7, 4.
17 Id.,, "A pobreza na abundancia", in Apostila, 17/6, 5.

um forte senso de realismo para saber descobrir o que lhe cabe especificamente fazer nas circunstâncias de tempo e de lugar em que se encontra, em face da obrigação sagrada de trabalhar para que todos tenham vida e vida em abundância. "Se Deus conduz a história com a participação dos homens e se a Igreja é o Cristo vivente e operante na vida dos homens, diante de uma realidade social que se opõe aos desígnios de Deus, esta Igreja deve encarnar-se como Cristo na força do Evangelho para a promoção Integral do homem que faz ao homem mais imagem de Deus".[18]

O segundo aspecto fundamental na ação evangelizadora da Igreja, para Helder, é a opção pelos pobres; neles encontra-se a face de Cristo:

> Aceleremos, sem perda de tempo, como obra cristã de evangelização, o esforço do desenvolvimento. De nada adiantará venerarmos belas imagens de Cristo, digo mais, nem bastará que paremos diante do pobre e nele reconheçamos a face desfigurada do Salvador, se não identificarmos o Cristo na criatura humana a ser arrancada do subdesenvolvimento.
>
> Por estranho que a alguns pareça, afirmo que no Nordeste Cristo se chama Zé, Antônio, Severino... Ecce Homo: eis o Cristo, eis o Homem! Ele é o homem que precisa de justiça, que tem direito à justiça, que merece justiça.[19]

E a Igreja deve trabalhar não só para, mas com os pobres. "Parece-me exigência do Evangelho, parece-me fidelidade ao Cristo – quaisquer que sejam as interpretações em contrário – que a Igreja, enquanto puder falar, enquanto não for sufocada, clame pelas mudanças de estruturas desumanas, que estão impedindo o desenvolvi-

---

18 Citado por Tapia de Renedo, B. *Hélder Câmara y justicia...*, 23.
19 Camara, H. *Revolução dentro da paz...*, 186.

mento integral dos nossos Povos e mantendo-os em situação indigna da condição de filhos de Deus".[20]

O terceiro aspecto importante na ação evangelizadora é a dimensão da esperança. A Igreja deve ser portadora da verdadeira esperança:

> É complexa e válida a posição do cristão em face da esperança.
>
> Nem nos alienamos das esperanças terrenas com olhos postos exclusivamente na esperança eterna, nem nos afogamos no efêmero, esquecendo a eternidade.
>
> Nem perdemos de vista que o Criador confiou ao homem o direito e o dever de dominar a natureza e completar a criação, nem esquecemos que somos apenas coCriadores e que nossas esperanças deitam raízes na magnanimidade e na largueza do Pai, que nos quis à sua imagem e semelhança, e nos faz participar da sua própria natureza divina.
>
> Nossa esperança não é ingênua e não teme enfrentar obstáculos. Tem coragem de vê-los de perto, trabalha para superá-los, contando com a própria força e não esquecendo que o Filho de Deus se fez Homem e já iniciou o trabalho da libertação do homem, que a nós nos cabe, com a ajuda divina, levar a termo.
>
> Será audácia excessiva, será sonho irrealizável, será esperança vã pensar em 'esperança em uma comunidade Mundial'?
>
> Que é audácia é, que é sonho é, mas tal seja a decisão e o realismo com que enfrentarmos os obstáculos que se levantam na caminhada, o projeto se poderá transformar da esperança de hoje, em realidade de amanhã.[21]

---

20 Id., "Esmagados por uma tríplice violência", in CAMARA, H. *Utopias peregrinas...*, 55.
21 Id., "Esperança em uma comunidade mundial", in Apostilas, 30/1, 1.

2. FINALIDADE: EVANGELIZAR É ANUNCIAR A TODOS A SALVAÇÃO CONVOCANDO PARA A CONVERSÃO E LIBERTAÇÃO

A finalidade da evangelização é levar a todos os homens a proposta de salvação que deve ser assumida num processo constante de conversão e de libertação. A salvação-conversão-libertação constitui a base fundamental da ação evangelizadora da Igreja.[22]

SALVAÇÃO. Jesus Cristo anunciou o evangelho, a Boa-Nova da salvação libertadora: "como núcleo e centro de sua Boa Nova, Cristo anuncia a salvação, esse grande dom de Deus que é libertação de tudo aquilo que oprime o homem, e que é libertação sobretudo do pecado e do maligno, na alegria de conhecer a Deus e de ser por ele conhecido, de o ver e de se entregar a ele" (EN 9).

A salvação é dom, é ação do amor de Deus para com os homens: Deus que se doa livre e gratuitamente ao homem, criando-o a sua imagem e semelhança; redimindo-o, em Cristo; santificando-o, no Espírito Santo. A Salvação é antes de tudo Graça, isto é, dom, oferta, misericórdia de Deus para com o homem. A salvação é, também, conquista, exige a resposta do homem: um sim livre e total, que aceita entregar todo o seu ser a Deus. A salvação consiste no encontro de duas liberdades: a liberdade de Deus, que livre e gratuitamente se doa ao homem, e a liberdade do homem, que livre e amorosamente dá o seu 'sim' a Deus.

O empenho pela salvação consiste na adesão-seguimento a Jesus Cristo e a sua proposta, o Reino de Deus (cf. EN 10). Seguir Jesus implica, em primeiro lugar, converter-se, aderindo à pessoa de Jesus e às exigências do Reino de Deus. A salvação é dom e conquista: é assumir o seguimento de Cristo como resposta ao Reino de Deus que Ele anunciou e iniciou na história humana; é vivenciar o processo conversão pessoal e comunitária como efetivação do seguimento de Jesus e buscar

---

22 Sobre a finalidade da evangelização: MOESCH, O. *A Palavra de Deus...*, 175-180; CODINA, V. *Ser cristão...*, 17-21; LIBÂNIO, J. B. *Evangelização e libertação...*, 55-90; AGOSTINI, N. *Nova Evangelização e opção comunitária...*, 193-204.

a libertação integral de todo homem e de todos os homens. Enfim colaborar para que surja uma nova humanidade e nova sociedade.

Conversão. A conversão supõe, em primeiro lugar, um movimento em direção a si mesmo, um debruçar-se sobre si mesmo, numa percepção de seu próprio modo de pensar, de querer, de agir. Pressupõe que o homem se reconheça pecador. Helder alerta para a dificuldade do reconhecer-se necessitado de conversão: "como é fácil pretender converter os outros e como é difícil enfrentar de verdade a própria conversão...".[23] Em segundo lugar, supõe que aceitemos sermos questionados por um outro, por uma realidade diferente do nosso eu e que nos provoca à tomada de consciência e confronto com essa realidade. Assim sendo, a conversão torna-se uma metanoia, mudança: mudança interior, a mudança do coração sob a perspectiva da Palavra de Deus e do Reino; mudança de caminho na vida; é o assumir uma nova via. Implica dar novo sentido à existência impulsionado pelo novo itinerário. O homem nunca está totalmente convertido. A conversão é um peregrinar constante sempre em direção a Cristo e ao Reino de Deus, é um movimento permanente de uma realidade de pecado para uma realidade de graça. É neste itinerário visando o Reino de Deus que vamos assumindo as novas conversões que, para Helder, devem ser permanentes como a fraqueza humana: "Claro que jamais poderemos esquecer a vida eterna: só que ela começa e se prepara agora e aqui. Os pecados pessoais exigem, exigem e sempre exigirão conversões pessoais. Eu disse conversões: como a fragilidade humana nos acompanhará até à morte, não basta uma conversão. As conversões devem ser permanentes como a fraqueza humana".[24]

A conversão deve ser assumida a nível cristológico, pneumatológico e eclesiológico: a) no nível cristológico, é diante de Cristo; questionar radicalmente a nossa existência, aceitando que Cristo se torne o absoluto de nosso ser, de nossa vida e do nosso agir; é aceitar a proposta

---

23 Camara, H. "Um só e grande amor?...", Apostila, 35/1, 1.
24 Id., "Abertura fraterna de diálogo...", in Potrick, M. B. (Org.). *Dom Helder: pastor e profeta...*, 164.

de salvação realizada por Cristo, assumindo e colocando em prática os seus ensinamentos, a sua Boa-Nova: o amor a Deus e ao próximo, principalmente aos mais necessitados, oprimidos e marginalizados. Converter-se para Cristo é querer ser-totalmente-para-o-outro. b) no nível pneumatológico, é deixar-se conduzir pelo Espírito Santo que ilumina, instrui, unge no caminho, efetivando o plano de Cristo. "É um caminho que exige discernimento para se ir recriando a cada instante da história as atitudes de Jesus e os chamados do Espírito. Por tudo isso, ser cristão, na América Latina, exige hoje uma postura concreta de seguimento de Jesus";[25] c) no nível eclesiológico, é o assumir a pertença à comunidade de fé, é alimentar-se da palavra e do pão eucarístico, sentir-se responsável um pelo outro, em constante união com Cristo, testemunhar Cristo com palavras e fatos. Implica aceitar uma Igreja-missão, Igreja-desafio, Igreja-para-o-mundo e, arriscando toda segurança, colaborar no serviço para o próximo, para-o-mundo, a fim de poder salvá-lo.

E este caminho de discernimento, do assumir o seguimento de Cristo – ser totalmente para o outro – e de uma Igreja para o mundo, que se deixe impulsionar pela ação do Espírito Santo através dos sinais dos tempos, incita Dom Helder a falar da necessidade de uma conversão também social: "mas a Igreja, que é Continuadora de Cristo, sem esquecer os pecados pessoais que exigem conversões pessoais, chama sempre mais a atenção para os pecados sociais, que exigem conversão social. Impossível o Mundo continuar com estruturas que esmagam, de maneira injusta, mais de dois terços da Humanidade".[26] O seguimento de Jesus Cristo exige constante conversão, uma mudança radical de opção fundamental, tanto a nível pessoal como a nível social. "Ajudemo-nos, mutuamente, a enfrentar e a ajudar a enfrentar, com a graça divina, a conversão em face dos pecados pessoais de cada um, e a conversão em face dos pecados coletivos das estruturas injustas que, não raro,

---

25 CODINA, V. *Ser cristão...*, 21.
26 CAMARA, H. "Abertura fraterna de diálogo...", 164.

bradam aos céus.... As duas conversões, longe de se excluírem, se integram, se completam".[27]

A LIBERTAÇÃO. A evangelização, ao possibilitar a caminhada rumo à salvação, traz, como fruto, a libertação integral do homem todo e de todos os homens, que têm em Cristo a causa, a fonte e o cume da realização (cf. EN 27-38). A evangelização se realiza diante do homem concreto situado historicamente, não se realiza de forma extrínseca ao homem, nem de forma dicotômica; sendo assim, a evangelização inclui um sentido transcendente e uma realização histórica. Trata-se de duas realidades inseparáveis e integradas: "A unidade profunda que existe entre o plano salvífico de Deus, realizado em Cristo, e as aspirações do homem; entre a história da salvação e a história humana; entre a Igreja, povo de Deus, e as comunidades temporais; entre a ação reveladora de Deus e a experiência do homem; entre os dons e carisma sobrenaturais e os valores humanos" (Medellín, Catequese 4).

A íntima conexão entre evangelização e salvação integral ou plena libertação foi afirmada pelo Sínodo episcopal de 1974 ao refletir sobre a tarefa evangelizadora da Igreja, que consiste em "anunciar a salvação integral do homem, isto é, sua plena libertação, e que deve começar desde agora a realizá-la, embora sua realização plena se situe 'além dos limites desta vida'".[28] E também foi assumida por Paulo VI na *Evangelii Nuntiandi,* afirmando que entre evangelização e promoção humana existem laços de ordem antropológica, de ordem teológica e de ordem evangélica. Esses laços profundos conduzem a evangelização a compreender o ser humano condicionado por uma realidade marcada por situações de injustiças sociais e econômicas contrárias à proposta do Reino de Deus, a ser restaurada através da caridade, promovendo a justiça e a paz (cf. EN 31).

Dom Helder, que defendia anteriormente o vínculo entre evangelização e desenvolvimento integral da pessoa humana seguindo a linha da *Populorum Progressio* – desenvolvimento do homem todo e de todos

---

27 Id., "Evangelização no início do 4° século da diocese de Olinda...", 135.
28 SÍNODO DOS BISPOS. "Declaração final", in *SEDOC* 7 (1975), 738.

os homens –, também assumiu o termo libertação. Esta mudança do conceito de desenvolvimento integral para libertação é motivada pelo desgaste do termo desenvolvimento e por alguns equívocos de sentido e compreensão. O termo libertação, para Helder, expressa com maior clareza a luta pela justiça e pelas mudanças de estruturas de escravidão, exploração e opressão.[29] Esta mudança de terminologia, para Dom Helder, está radicada na escuta dos sinais dos tempos: "nossa mudança de atitude não é prevenção contra ninguém, nem fruto de ressentimentos, nem nascida de ideologias esquerdizantes, nem busca de popularidade. São os sinais dos tempos e os sinais de Deus que estão exigindo de nós posições serenas e firmes, sem sombra de ódio, mas também, sem sombra de covardia";[30] e está radicada, principalmente, na busca de fidelidade ao Evangelho: "É em nome do evangelho que nós cristãos queremos transformações pacíficas, mas profundas e rápidas das estruturas da sociedade".[31]

A libertação integral contém dois elementos complementares e inseparáveis: a "libertação de" e a "libertação para". De um lado, "libertação de todas as servidões do pecado pessoal e social, de tudo o que transvia o homem e a sociedade e tem sua fonte no egoísmo, no mistério da iniquidade"; de outro, "libertação para o crescimento progressivo no ser, pela comunhão com Deus e com os homens, que culmina na perfeita comunhão do céu, onde Deus é tudo em todos e não haverá mais lágrimas". (PUEBLA 482).

Para Dom Helder a libertação do egoísmo, fonte de infelicidade e de todos os males, acontece através da adesão ao Cristo verdadeiro:

> O egoísmo, eis o inimigo e a fonte de infelicidade. Egoísmo individual, egoísmo familiar, egoísmo regional, egoísmo nacional, egoísmo continental, egoísmo internacional.

---

29 Cf. CAMARA, H. "Pacto digno de coroar vossa marcha", in Apostila 36/1, 5-6, 05/11/1972.
30 Id., "Evangelização no início do 4° século da diocese de Olinda...", 134.
31 Id., "Cristianesimo tra socialismo e capitalismo", in Id., *Violenza dei pacifici...*, 14.

Chegou a hora mais dramática das encruzilhadas a ser enfrentada pelo homem: tanto ele é capaz de vencer a miséria e assegurar a toda humanidade um padrão de vida compatível com a dignidade humana, como é capaz de aniquilar no mundo a vida humana. Se o egoísmo vencer, chegaremos ao caos. Se o egoísmo for vencido, superado, chegaremos à civilização harmônica e solidária com que sonhou, até o fim, o grande Pe. Lebret.

A melhor das pistas para vencer o egoísmo é aproximar-se do Cristo. Não do Cristo deformado pela nossa fraqueza de cristãos. O Cristo nas suas verdadeiras dimensões, tal como o mostra o Evangelho e tal como está emergindo do Concílio Vaticano II. Só Ele pode livrar o homem do egoísmo e saciar a fome de divindade que existe em nós. Só Ele pode levar a Humanidade a realizar-se plenamente, tal como previsto nos planos do Criador e Pai.[32]

Como vemos, Dom Helder afirma que o egoísmo não é monopólio de ninguém e acontece em vários níveis, escravizando o homem e a sociedade, e o caminho para a libertação em todas as suas dimensões é e será a reconciliação-comprometimento com Jesus Cristo para realizar o desígnio de Deus. E esta libertação realiza-se no nosso percurso histórico que envolve todas as dimensões humanas. "É uma libertação que se vai realizando na história, a libertação de nossos povos e a nossa própria pessoal, e abrange as diversas dimensões da existência: o social, o político, o econômico, o cultural e o conjunto das relações. Em tudo isso há de circular a riqueza transformadora do Evangelho, com sua contribuição própria que se deve salvaguardar" (PUEBLA 483). E, para Helder, uma das principais libertações necessárias, porque impede o testemunho evangélico dos cristãos, é a do vínculo com o mundo capitalista: "Infelizmente, os Cristãos – e penso de alto a baixo em todo

---

32 Id., Revolução dentro da paz..., 112.

o Povo de Deus – estamos longe de estar livres da engrenagem capitalista, o que retira muito de nossa força moral ao condenar as estruturas injustas e ao exigir que elas sejam reformadas".[33]

A evangelização dentro do processo de libertação integral da pessoa humana exerce uma tarefa de conscientização para construir o homem, um "ser-em-relação" consciente, crítico e responsável, um cristão adulto na fé. Para Helder a conscientização na ação evangelizadora se dá através de uma educação libertadora: "Mas quando se tenta medir o sentido profundo da afirmativa-chave de que 'a verdade vos libertará', observa-se, constata-se que a educação parece, em grande parte, fora da realidade, da verdade, pois não está libertando. E precisamos vitalmente, urgentemente, da coragem de nos unirmos para a educação libertadora. Eis a missão máxima do homem de nossos dias e a tarefa imensa que deve dar razão de vida às Minorias Abraâmicas".[34] A educação libertadora, segundo Dom Helder, deve recordar algumas verdades salvadoras; entre elas destacamos: todo homem, cada homem, é responsável pelo destino da humanidade; o fundamento básico é a afirmação de que Deus fez o homem à sua imagem e semelhança; é urgente solidarizar profundamente o ter e o ser.[35]

A tarefa de conscientização consiste no colaborar para que o ser humano faça uma reflexão crítica e uma ação responsável e engajada em seu tempo e seu espaço, ou seja, para que a pessoa se torne capaz de discernir, numa determinada situação, a interação entre os vários elementos desta situação. Este processo atinge a própria consciência, possibilitando sua plena expansão e abrindo o caminho para uma consciência crítica. "A evangelização conscientizadora permite associar o ser humano em todas as suas dimensões ao crescimento responsável segundo o Espírito de Deus que atua no mundo. O homem responsável só pode ser aquele que sabe discernir. E o discernimento só pode florescer no progressivo crescimento da cons-

---

33 Id., "A pobreza na abundância", in Id., *Utopias peregrinas*..., 46.
34 Id., O Deserto é fértil..., 57.
35 Cf. Ibid., 57.

ciência humana para sua maturidade crítica".[36] Para Dom Helder, o esforço de conscientização deve ser realizado tanto nas massas marginalizadas como no grupo dos privilegiados; sem este trabalho sério e profundo continuarão a aumentar as injustiças sociais, políticas e econômicas.[37]

> É preciso esforço enorme e inteligente de conscientização das massas marginalizadas (tanto dos países subdesenvolvidos como dos países desenvolvidos), preparando-as para arrancar-se da situação subumana em que se acham, mas preparando-as também indispensavelmente para que não se instalem na vida, não se aburguesem, não caiam na mentalidade que hoje condenam e da qual sofrem consequências.
>
> Simultaneamente, é preciso esforço enorme e inteligente para conscientizar os privilegiados, tanto dos países de abundância, alertando-os para as zonas de subdesenvolvimento de seus próprios países e para o neocolonialismo que ajudam, consciente ou inconscientemente, a implantar no mundo; como dos países subdesenvolvidos, onde são implantadores e mantenedores do colonialismo interno.
>
> A conscientização dos privilegiados é dificílima e supõe muita virtude de quem a vai tentar: o ideal a conseguir é verdade na caridade, força na suavidade, decisão e firmeza sem quebra de amor.[38]

3 CONTEÚDO

A evangelização confere a identidade à Igreja. Em sua missão evangelizadora a Igreja continua na história a missão de Jesus Cristo –

---

36 N. AGOSTINI, Nova Evangelização e opção comunitária..., 220.
37 Cf. CAMARA, H., O Deserto é fértil..., 64-66.
38 Ibid., 65-66.

o "primeiro evangelizador", o "evangelho do Pai" – o Reino de Deus. O anúncio da realidade salvífica de Jesus (compreendido em sua totalidade: Filho de Deus feito homem, morto e ressuscitado, que se oferece à salvação de todos os homens, como dom e misericórdia de Deus (cf. EN 27, PUEBLA 351) dá sentido à vida e ao mundo, que se orientam para o Reino de Deus (do qual a Igreja é sacramento).[39]

Na evangelização a Igreja encontra-se com Deus e o homem e possibilita o encontro do homem com Deus. Diante de Deus o homem assume uma atitude de fé. Fé em Deus que no agir salvífico de Jesus nos promete o Reino. Na fé o homem encontra o sentido do seu agir. A partir de sua fé o homem é chamado a agir para a construção do Reino que se inicia em sua história presente, e acredita no cumprimento da promessa divina. Em sua ação evangelizadora a Igreja encontra-se com o homem em sua totalidade e proporciona ao homem encontrar-se. Ao encontrar-se com o homem a Igreja age na história onde deve articular a radical proposta do Reino de Deus e suas exigências, com os passos possíveis no presente histórico. Na evangelização a Igreja assume uma forma de presença no mundo através da qual responde aos desafios da história presente. O grande desafio no mundo contemporâneo é realizar a unidade de fé e vida na evangelização, a presença da vida cristã como fermento da nova sociedade, do Reino de Deus. Portanto, a Igreja é chamada a, diante do clamor da história humana, libertar o homem de tudo aquilo que o impede de viver de acordo com a proposta divina. Na dinâmica da evangelização a Igreja, ao levar a Boa-Nova, evangeliza e é evangelizada. Dentro desta perspectiva três temas-dimensões impor-

---

39   Sobre o conteúdo da evangelização: LIBÂNIO, J. B. *Evangelização e libertação*..., 55; COMBLIN, J. "Temas doutrinais...", 196-202; STREIDER, I. "Evangelização e Palavra de Deus", in HORTAL J. (Org.). *Evangelização no Brasil hoje: conteúdo e linguagem*..., 85; CALIMAN. "Aproximação, solidariedade e identificação (Uma leitura cristológica do Documento de Santo Domingo)", in PINHEIRO, J. E. (Org.). *Santo Domingo: uma leitura pastoral.* São Paulo: Ed. Paulinas, 1993, 79-87; BOFF, L. "Exigências teológicas e eclesiológicas para uma Nova Evangelização", in SUESS, P. (Org. *Queimada e semeadura*..., 135-140; ECHEGARAY, H. *Utopia e Reino*..., 10-15; DUPUIS, J. *Introduzione alla Cristologia*..., 64; DUPONT, J. "A Igreja e a pobreza"..., 438; CATÃO, F. "A universalidade da salvação e a evangelização...", 65.

tantes fazem parte do anúncio salvífico: Deus uno e trino, o homem e a Igreja.

3.1 O Anúncio da Santíssima Trindade. Dimensão Trinitária

A Igreja em sua ação evangelizadora busca transmitir o projeto salvífico de Deus; para isso faz-se necessário refletir sobre Deus. "No mistério do Deus Uno e Trino e de seu agir junto aos homens, se encontram o princípio primeiro da evangelização, tanto a nível histórico--salvífico quanto a nível pessoal-comunitário, e a meta onde ela atinge o acabamento, a plenitude".[40] Em sua reflexão trinitária convoca a todos a seguir Jesus Cristo na unidade do Espírito Santo, a realizar a vontade de Deus Pai. Dom Helder, em suas reflexões, destaca a humildade da Santíssima Trindade. Humildade que, para Helder, significa: "longe de ser virtude de escravos... Humildade é sinônimo de verdade, a propósito das virtudes que possuímos ou julgamos possuir".[41] E sobre a humildade da Trindade afirma: "Deus não esquece e não nega que é infinita sua inteligência. Sua humildade consiste em procurar conviver com a medida humana, com a pequenez humana, como um Pai que diminui suas passadas ao caminhar com um filho pequeno, ainda incapaz de passos largos".[42]

3.1.1 Deus Criador e Pai

Para Dom Helder a maior revelação da humildade de Deus Criador e Pai, em primeiro lugar, foi a criação do homem, chamando-o à vida: "A culminância da humildade divina na criação foi quando Deus, tendo diante de si apenas criaturas, escolheu a criatura humana para fazer do homem cocriador: encarregado de

---

40 MELLO, A. A. de. *A Evangelização no Brasil...*, 84.
41 CAMARA, H. Quem não precisa de conversão..., 63.
42 Ibid., 64.

completar a criação e de ajudar a natureza a explicitar todas suas potencialidades".[43] Em segundo, quando o homem em sua prepotência quis ocupar o lugar de Deus, Deus Pai, em sua humildade, responde ao mal com uma resposta estonteante e apaixonante, ao enviar seu Filho:

> O homem sentiu-se tão grande que cedeu à tentação de imaginar que um passo à frente o levaria a tornar-se Deus.
>
> O Criador poderia esmagar a criatura humana. Poderia suprimir de todo a raça humana sobre a Terra.
>
> Muito ao contrário. Foi estonteante, foi divina a resposta de Deus!
>
> O Filho de Deus, sem quebra da filiação divina, encarnou-se, isto é, recebeu um corpo igual ao nosso e um espírito igual ao nosso, no seio puríssimo de Maria, por obra do Espírito Santo.[44]

3.1.2 Humildade na encarnação redentora

Em sua ação evangelizadora a Igreja anuncia a Boa Nova com a finalidade de que os homens façam um encontro pessoal com Jesus Cristo e O reconheçam como o Senhor da totalidade da vida, e no seguimento busquem ser homens novos e colaborem para a criação de uma nova humanidade. Dom Helder, ao explicar o porquê falar de Jesus nos dias de hoje, revela a atualidade da proposta de Jesus e a importância da identificação de Jesus com os pobres:

> Porque esse homem marcou para todo o sempre a história da humanidade, porque ele continua vivo dentro dessa histó-

---

43 Ibid., 15.
44 Ibid., 26-27.

ria. Eu o reencontro todos os dias, sempre atuante, a cada passo que dou. Ele se identificou um dia com todos aqueles que sofrem, com os humilhados e ofendidos. Nos dias que atravessamos, em que mais de dois terços da humanidade vivem em condições subumanas, é facílimo encontrá-lo em toda parte, perfeitamente vivo.

(...). Repito que me encontro com ele todos os dias, e com ele me integro no bojo da comunidade humana.[45]

Para Helder no encontro pessoal com Cristo se faz necessário a entrega total:

Quanto na oração, sobretudo em comum, nos tornamos sempre mais um com Cristo; quando a unidade em Cristo se aprofunda na Celebração Eucarística, as maiores dificuldades, as maiores provações tornam-se fáceis de ser enfrentadas e vividas.

De um lado, nos emprestamos a Cristo: Ele vê pelos nossos olhos, escuta pelos nossos ouvidos, fala pelos nossos lábios, caminha pelos nossos pés, age pelas nossas mãos.... Se nos ajudamos mutuamente, para que a rotina não estrague o exercício permanente de nossa unidade no Cristo, podemos acabar dizendo como S. Paulo: 'Já não sou eu quem vive: é Cristo que vive em mim'.

De outro lado, descobrimos, com Cristo e em Cristo, sempre mais, o Cristo em nosso próximo, sobretudo no pobre, no oprimido, no irmão que precisa de ajuda para a própria libertação.[46]

A partir de Medellín a Igreja latino-americana em sua ação evangelizadora busca superar uma cristologia desvinculada da ação histórica

---

45 Id., *O Evangelho do Dom...*, 13.
46 Id., Palavras e reflexões..., 92.

de Jesus de Nazaré, o Cristo, para compreender o significado da filiação divina em Jesus Cristo e o seu seguimento no contexto latino-americano, partindo da compreensão de Jesus de Nazaré, o Cristo, e da proposta do Reino de Deus que interpela a vida concreta, pessoal e social, dos homens:

> A evangelização não seria completa se ela não tomasse em consideração a interpelação recíproca que se fazem constantemente o Evangelho e a vida concreta, pessoal e social, dos homens. É por isso que a evangelização comporta uma mensagem explícita, adaptada às diversas situações e continuamente atualizada: sobre os direitos e deveres de toda a presença humana e sobre a vida familiar, sem a qual o desdobramento pessoal quase não é possível; sobre a vida em comum na sociedade; sobre a vida internacional, a paz, a justiça e o desenvolvimento; uma mensagem sobremaneira vigorosa nos nossos dias, ainda sobre a libertação (EN 29).

Na encarnação Jesus de Nazaré, o Cristo – Filho de Deus, assumiu a humanidade em sua totalidade, exceto no pecado, e viveu como homem integrado na sua época, na sua cultura e na sua religião. Dom Helder assim descreve:

> Quando o Filho de Deus se encarnou, a Encarnação constou, sem dúvida, em assumir, por obra do Espírito Santo, no seio de Maria, uma natureza humana igual à nossa.
>
> Mas, a Encarnação importou, também, em que o Filho de Deus, vindo à Terra para a salvação de todos os Homens, de todas as Raça, de todos os Lugares e de todos os Tempos, teve a humildade de inserir-se em uma cultura particular: adotou uma Raça, um País, uma Língua, uma Tradição. Fez-se Judeu. Nas-

ceu em Belém de Judá. Falou aramaico. Nasceu da linhagem de Davi. Foi tido e havido como filho do Carpinteiro José.

Inserir-se em uma cultura particular não era, de modo algum, para Cristo, falhar à sua missão messiânica, ligada à salvação de todas as Criaturas, de todos os Lugares e de todos os Tempos.

Cristo, para cumprir sua missão universal, quer que todos os Cristãos de todos os lugares e de todos os tempos prolonguem a Encarnação e, imitando o que Ele fez, se insiram no espaço e no tempo – na cultura, que a Providência Divina escolheu para cada um de nós.[47]

Dom Helder assim recorda o ensinamento da Igreja sobre a encarnação redentora: "A fé cristã ensina que o Filho de Deus se fez Homem – Homem-Deus – para tornar *seus* os pecados de todas as criaturas humanas de todos os lugares e de todos os tempos: sofrer, morrer e ressuscitar pela nossa salvação".[48]

O processo da encarnação coloca Jesus de Nazaré, o Cristo, no centro da vida humana. Identificando-se com cada ser humano, revela-nos o valor e a dignidade divinos. Somos filhos no Filho. Ao assumirmos a vida como filhos de Deus marcamos o nosso seguimento a Jesus Cristo, comportando-nos segundo os seus ensinamentos: o desígnio de Deus deve envolver toda a realidade, toda experiência humana, perpassando todas as situações; ou seja, em tudo perceber a realização ou a negação da vontade de Deus. Dom Helder sublinha, em primeiro lugar, a filiação divina de toda a humanidade: "Deus é e quer ser Pai de todas as Criaturas Humanas, de todas as Raças, de todos os Tempos, de todas as Cores, de todas as Línguas, de todas as Crenças e de todas as Ideologias..."[49], e assinala, em primeiro lugar, que Deus se fez homem para que o homem se divinizasse: "longe de irritar-se com o homem, o Pai envia à terra o

---

47 Id., "Abertura fraterna de diálogo...", 162.
48 Id., Quem não precisa de conversão..., 37.
49 Id., "Prêmio Roma-Brasília cidade de Paz, 1986", in Id., *Utopias peregrinas...*, 123.

seu Filho Divino. Medindo a sede do homem de tornar-se Deus, sabendo que, apesar de tão grande, o homem ficaria sempre a uma distância infinita da vida divina. O Filho do Deus se fez Homem, Homem-Deus, para tornar possível ao homem seu sonho de tornar-se Deus".[50] E em segundo lugar, assinala que a filiação divina nos convoca a superar todas as barreiras que nos impedem de vivermos como filhos e filhas de Deus, pois pertencemos a uma só família humana: "Ao invés de 1° Mundo, 2° Mundo, 3° Mundo, 4° Mundo, um só Mundo, uma só Família sem Opressões, sem Oprimidos uma família de autênticos Irmãos e Irmãs porque todos somos Filhos e Filhas do mesmo Criador e Pai".[51] Outro ensinamento importante a partir da encarnação de Cristo, para Helder, é continuar essa encarnação:

> O Cristo veio colocar-se ao dispor de todos os homens, de todos os tempos. Mas decidiu que a melhor maneira de o fazer seria através da escolha de um pequeno território, de um pequeno povo, uma pequena cultura, uma língua pouco difundida. Eis uma grande lição para todos nós, que estamos encarregados de continuar a presença viva do Cristo sobre a face da Terra. Não fomos criados para viver no vazio, antes para nos encarnarmos em todo e qualquer canto do mundo, onde quer que nos determinem a vontade ou os desígnios de Deus![52]

Dom Helder continua este argumento dando um exemplo concreto a partir do qual fica claro que, para ele, encarnação, na linguagem hodierna da Igreja, equivale a inculturação: "Em meu próprio canto, o Brasil, encontro a cada instante missionários vindos de todos os países, padres, religiosos, leigos. Eles chegam até nós imbuídos desse espírito da encarnação. Assumem nossa cultura, passam a falar a nossa língua,

---

50 Id., "Revolução dentro da paz...", 9.
51 Id., "Pertinência de uma aparente impertinência", in Id., *Utopias peregrinas...*, 131.
52 Id., O Evangelho com Dom Hélder..., 16.

mergulham de tal maneira nas características de nosso povo que se tornam verdadeiros irmãos nossos. Dedicam-se com fervor a nossos problemas, nem sempre para resolvê-los sozinhos, mas para nos ajudarem na busca de soluções para eles. É através de tais exemplos e tal solidariedade, que a todos nos mobiliza, que a encarnação – assim como a redenção – continua".[53]

Jesus de Nazaré, o Cristo, anunciou através de palavras e ações o projeto salvífico de Deus Pai, o Reino de Deus (Mc 1,15; Lc 4,43), esta Boa-Nova é o sentido vital e definitivo para a humanidade. O centro da Boa-Nova é o Reino de Deus, que define a vontade salvífica e libertadora de Deus, e a sua instauração acontece através da conversão que conduz às rupturas necessárias para a transformação da realidade.[54]

No anúncio salvífico Jesus parte da realidade do povo e de sua esperança maior: a proposta do Reino, onde está contida a esperança do povo de Deus, que traduz a utopia mais alta: "uma transformação radical de todas as relações dentro da criação de tal sorte que Deus mostra ser de fato senhor, gerador de vida e plena realização do ser humano. Depois, começa por atender às rupturas existenciais mais sentidas e sofridas".[55] Para Helder, Jesus, ao traduzir sua doutrina sublime em humildes parábolas, revela novamente a sua simplicidade e humildade: "Cristo ensinava sua doutrina divina contando, ao gosto dos humildes, parábolas fáceis de guardar e que jamais haverão de envelhecer...".[56] E para Helder esta transformação da realidade em sintonia com a proposta de Jesus Cristo tem como alicerce a justiça:

> Ninguém se iluda com o Cristo. Ele veio sem dúvida trazer
> a paz aos homens. Mas não a paz dos pântanos, a paz baseada
> na injustiça, a paz que seria o inverso do desenvolvimento. Em

---

53 Ibid., 16.
54 Cf. CARVALHEIRA, M. P. "A caminhada...", 315.
55 BOFF, L. "Exigências teológicas e eclesiológicas para uma Nova Evangelização...", 137.
56 CAMARA, H. Quem não precisa de conversão..., 31.

casos assim, o próprio Cristo proclamou que veio trazer a luta e a espada.

Ai dos inapetentes, dos saciados, dos que perderam a fome e a sede de justiça. Ai dos que se agarram à própria fama, à própria honra e à própria comodidade. Cristo coroou as bem-aventuranças, considerando felizes entre os felizes os que sofrem perseguição por amor da Justiça.[57]

A partir de Jesus de Nazaré, o Cristo, o Reino de Deus deve ser visualizado em sua dimensão escatológica, terá sua plena realização para além dos estreitos horizontes da história humana; e também em sua dimensão histórica, ele penetra na história, fecundando seus projetos, exigindo a realização da justiça, afirmando a dignidade e os direitos dos pobres e dos pecadores. (Mt 8,11; Lc 17,21; Jo 18,36). Jesus não só anuncia o Reino de Deus como futuro, mas instaurou o seu início com a sua presença e atuação. Para Helder, o vínculo entre a vida eterna e a vida terrena, entre a dimensão escatológica e a dimensão histórica, tem como base os mandamentos do amor a Deus e ao próximo e, a partir deles, se faz o seguimento a Jesus Cristo, manifestação maior do amor de Deus pelos homens – cabendo a eles a concretização deste amor no espaço e tempo de sua história. A proposta de Jesus deve perpassar toda a realidade humana: o social, o político, o econômico, o religioso e o cultural. "Nossos povos desejam unir o amor a Deus e o amor à Criatura Humana, a Libertação eterna e a Libertação terrena".[58]

O anúncio do Reino orienta-se para a totalidade da pessoa (Mt 4,17) e destina-se a todos; portanto, a destinação do Reino de Deus é universal, abrange todo o homem e todos os homens. O Reino de Deus deve ser compreendido a partir de sua motivação fundante: a missão de Jesus de Nazaré, o Cristo, entre os "anawin" (os pobres, os marginalizados, os oprimidos, os excluídos) de Israel.

---

57 Id., Revolução dentro da paz..., 177.
58 Id., "Prêmio Roma-Brasília cidade de Paz, 1986", in Id., *Utopias peregrinas*..., 123.

A universalidade do Reino só pode ser compreendida através da opção e compromisso com os pobres: aos enviados de João que vinham perguntar se ele era o Messias esperado, Jesus respondeu: "Ide contar a João o que vistes e ouvistes: os cegos veem, os coxos andam, os leprosos ficam limpos; os surdos ouvem; os mortos ressuscitam; e o Evangelho é pregado aos pobres" (Mt 11,4-5). Helder ressalta, em primeiro lugar, a sensibilidade de Jesus Cristo diante da necessidade do povo: "O que me toca é ver o Senhor se mostrar tão sensibilizado com as necessidades do povo. Ele tem olhos para ver que ele está com fome e ouvidos para ouvir o seu clamor. Não temos, assim, o direito de dizer depois dele que a nós nos incumbe anunciar sua Palavra, mas que da alimentação não nos precisamos ocupar: nossa alimentação é celestial! Não! Não somos apenas pastores de almas, somos pastores de homens, almas e corpos. Com tudo o que isso implica. (...) Se há pessoas com fome, temos que nos ocupar de problema da fome!"[59] E em segundo, a identificação de Jesus com o pobre a tal ponto que Cristo é reconhecido no rosto do pobre.[60]

Outro ponto sempre presente na reflexão Dom Helder sobre o seguimento a Jesus Cristo é a necessidade de conversão constante. Jesus no seu anúncio salvífico manifesta a instauração do Reino de Deus possibilitando a salvação de todos os homens, salvação que exige a atitude da caridade concreta e universal, praticada na conversão constante, no deixar-se envolver e transformar-se pela vontade divina, sintetizada no amor a Deus e ao próximo, que não podem e não devem ser separados. "A nós, Povo de Deus, nos cabe a responsabilidade de prolongar a Encarnação, sendo presença viva do Cristo e inserida, no espaço e no tempo, a igreja una e eterna do Mestre. A nós, Povo de Deus, nos cabe a responsabilidade de continuar a libertação iniciada pelo Redentor:

---

59   Id., O Evangelho com Dom Hélder..., 110.
60   Cf. Id., "Mensagem na tomada de posse como arcebispo de Olinda e Recife...", 91.

libertação do pecado individual e do pecado coletivo, libertação do egoísmo e das consequências do egoísmo....".[61] E esta responsabilidade de continuar a encarnação de Jesus Cristo nos leva a fazer uma revisão crítica de nossa atuação como cristãos: "Tenhamos a lealdade de reconhecer que, segundo os critérios estabelecidos pelo próprio Cristo, é terrível o balanço de aproveitamento que nós, cristãos, estamos fazendo da ajudas incomparáveis que Cristo conquistou para nós, para sermos uma autêntica família humana, tendo como Pai comum o nosso Criador e nosso Deus".[62] Para Dom Helder os critérios estabelecidos por Cristo são os dois mandamentos: o amor a Deus e ao próximo, e o balanço terrível é devido às situações de injustiça que conduzem dois terços da humanidade a viverem em condição infra-humana, condições de animais.[63]

A partir da vida e obra de Jesus de Nazaré surgem alguns critérios para a ação evangelizadora da Igreja, dentre os quais pontuamos aqueles presentes na reflexão helderiana. A ação evangelizadora deve: a) conduzir à mística, ajudando o povo a contemplar a presença de Deus em todas as dimensões da existência e a partir dela interpretar a realidade, ou seja, em tudo perceber a realização ou a negação da vontade de Deus; b) assumir o outro, e assumi-lo integralmente; dado que a encarnação conduz a um processo análogo ao da inculturação, a partir de dentro, permitir o florescimento de uma síntese entre o dado cultural e a mensagem cristã; c) tornar transparente o mundo tocado pela fé, realizando o processo de purificação; d) unir fé e vida, inserindo e contrapondo a vontade de Deus dentro da dramaticidade da existência humana para que ela não se torne alienante e alienada; e) partir da realidade do povo, principalmente de sua grande esperança, contribuindo para uma solução global e definitiva de todos os problemas e rupturas existenciais mais sentidos

---

61 Id., Palavras e reflexões..., 92.
62 Id., Quem não precisa de conversão..., 37-38.
63 Cf. Ibid., 38-39.

e sofridos; f) ser libertadora das angústias históricas (produzidas por distorções estruturais e voluntárias), para humanizar a existência, criando uma comunidade fraternal; g) ter como destinatário prioritário o pobre, envolvendo-o na construção de uma sociedade nova a partir de sua causa, suas lutas, suas esperanças; h) e deve trazer uma potenciação maior de vida transformando as estruturas sociais e colaborando com a humanização.

3.1.3 Humildade do Espírito Santo

A missão evangelizadora da igreja no seu caráter trinitário "se origina da missão do Filho e da missão do Espírito Santo segundo o desígnio do Pai" (AG 2). Em sua ação evangelizadora a Igreja deve sempre perceber a imagem de Jesus Cristo e uni-la com a presença e a ação do Espírito Santo. Jesus Cristo e o Espírito Santo "estão sempre e em toda parte unidos na realização da redenção" (AG 4). O primeiro missionário e evangelizador é o próprio Deus-Trindade: "O missionário chega sempre atrasado; antes dele chegou Deus-Trindade que sempre está se revelando na consciência, na história, nas sociedades, nos fatos e no destino dos povos".[64] Dom Helder sublinha que o Espírito Santo inspira o homem a exercer o seu papel de cocriador do universo para realizar a vontade de Deus: "A face da terra será renovada, sem dúvida, pela inspiração do Espírito de Deus, mas pelo trabalho do homem a qual o Criador e Pai confiou o encargo de dominar a natureza e completar a criação".[65]

Para Dom Helder "o Espírito Santo aproveita todas as oportunidades favoráveis para, com seu sopro, ensinar a viver fazendo o bem e evitando o mal".[66] O Espírito Santo age na história humana: susten-

---

64 Boff, L. "Exigências teológicas e eclesiológicas para uma Nova Evangelização...", 134.
65 Camara, H. "La degradazione dei mondi e l'urgente rinnovamento della faccia della terra", in Camara, H. Violenza dei pacifici..., 89.
66 Id., Quem não precisa de conversão..., 47.

tando a fé, a esperança e o amor; sustentando a coragem dos mártires; suscita vocações; suscita modelos na hora precisa; suscita e sustenta a coragem dos oprimidos.[67] Helder sublinha que o Espírito Santo em sua ação orienta os homens para que correspondam o mais possível ao plano salvífico do Pai.[68] E a grande inspiração recebida pela Igreja foi a de aprender a trabalhar com o povo, principalmente nas comunidades eclesiais de base, ajudando-o a resgatar a vida e a descobrir a força de sua união:

> Não temos o direito de abusar da paciência de nossa gente! Foi e é o Espírito Santo quem ensina a ir mais longe, muito mais longe que apenas trabalhar para o povo, mas sim com o povo.
>
> É ele quem nos autenticou Comunidades Eclesiais de Base, ensina inclusive a pessoas humildes, muitas vezes sem grandes estudos, nem mesmo os estudos religiosos, a saber ensinar e provar que ninguém nasceu para ser escravo, como também ninguém nasceu para ser mendigo!
>
> E vem o trabalho admirável que completa o slogan 'o povo unido jamais será vencido' pela afirmação verdadeira e mais cristã: o povo unido e organizado – o povo unido e contando com a graça de Deus – se arrancará da miséria sem ódio nem violência, mas com decisão e coragem.[69]

O Espírito Santo nos momentos decisivos da história humana inspira, suscita, convoca e dá força para que o homem possa realizar a vontade salvífica do Criador e Pai: "estou convencido de que o Espírito de Deus, nos momentos decisivos, produz relâmpagos em nossa consciência, pois está sempre empenhado em vencer a batalha do amor...".[70]

---

67 Cf. Ibid., 41-60.
68 Cf. Ibid., 53.
69 Ibid., 60.
70 Id., O Evangelho com Dom Hélder..., 103.

3.2 Dimensão Antropológica

Principalmente a partir do Concílio Vaticano II, em sua ação evangelizadora, a Igreja contempla a pessoa humana em sua totalidade tendo como fundamento que "na realidade o mistério do homem só se torna claro verdadeiramente no mistério do verbo encarnado. Com efeito, Adão o primeiro homem era figura daquele que haveria de vir, isto é, de Cristo Senhor. Novo Adão, na mesma revelação do mistério do Pai e de seu amor, Cristo manifesta plenamente o homem ao próprio homem e lhe descobre a sua altíssima vocação" (GS 22). O impulso teológico dado pelo Concilio Vaticano II para a compreensão do homem é assim explicitado por Dom Helder:

> Em boa hora, está a Teologia pondo em plena luz o papel exato do homem na Criação. A circunstância de não termos tirado dos textos bíblicos toda a riqueza da missão que o Criador e Pai entrega ao homem também na vida terrena levou o marxismo à ideia errada de que a Religião aniquila o homem diante de Deus, a ponto de a morte de Deus parecer o preço inevitável da libertação do homem.
>
> Hoje a Teologia continua, sem dúvida, a ensinar que o homem é chamado à comunhão com Deus, em Cristo; é chamado a participar da felicidade de Deus e da própria natureza divina, sendo portanto capaz de conhecer e amar a Deus. Mas a Teologia lembra também que o homem, senhor da criação, deve dominar a terra, com tudo o que ela contém, e completar a criação. Mais, a Teologia não vacila em ensinar que o homem é centro e ponto culminante de tudo o que existe na terra; autor, centro e fim de toda a vida econômica e social; princípio, sujeito e fim de todas as instituições sociais. É verdade que, realisticamente, a Teologia observa as contradições e fraquezas que o homem carrega em si, pelo que o reconhece como mistério que só se revolve à luz de Cristo.

O fato de proclamarmos, abertamente, que, chamado à eternidade, o homem deve viver em plenitude sua existência terrena; o fato de não termos o menor receio de reconhecer o homem como sujeito da história e condutor da aventura humana encontra uma ressonância imensa nos meios agnósticos e ateus.[71]

Como percebemos, para Dom Helder, a visão do homem proporcionada pela teologia do Concílio e pós-Concílio possibilita o diálogo com todos os homens nos seus mais variados modos de pensar. Recordamos ainda que Dom Helder enfatiza a importância do Concílio Vaticano II para a compreensão antropológica e teológica do homem, afirmando que a Igreja após o concilio Vaticano II, em seu diálogo com o homem, demonstra uma atitude de respeito: "acontece que a Igreja, nesta fase de após o Vaticano II, respeita como nunca o homem, este sócio de Deus. Respeita-lhe de modo especial o pensamento".[72] E o mais importante, uma atitude de fé, de confiança no homem e em suas potencialidades: "A Igreja do Vaticano II aprendeu com Deus a confiar no homem. Longe de julgá-lo petulante, audacioso e de irritar-se, vendo como se lança, com incrível ousadia em todas as direções, a Igreja exulta e proclama que, agindo assim, o homem apenas cumpre a ordem divina de dominar a natureza e completar a criação".[73]

Nesta perspectiva percebe-se que a pessoa humana só pode ser entendida a partir de Deus e com referência a Ele; esta referência determina a totalidade das dimensões da condição humana. A referência do ser humano a Deus é fundamentada na encarnação de Jesus Cristo, homem-Deus, um com o Pai e membro da raça humana; nele se revela o ser homem em sentido pleno. Reconhecendo em Jesus Cristo o referencial absoluto e o horizonte último, pode-se falar de pessoa humana sem reducionismos.

---

71 Id., "Eu sou o caminho", in Apostilas, 17/3, 2-3, 07/03/1968.
72 Id., *Revolução dentro da paz...*, 20.
73 Ibid., 22.

Criado à imagem e semelhança de Deus, o homem é um ser em relação segundo três dimensões: em relação com Deus, em relação com o outro e em relação com o mundo.[74]

O HOMEM É UM SER EM RELAÇÃO COM DEUS. Em sua relação com Deus o homem deve reconhecê-lo como Criador e Senhor. Para Helder, na relação do homem com Deus, o homem deve sempre se reconhecer como criatura dependente e necessitada de Deus, amada de Deus. Deus tem pelo homem uma predileção especial: criou-o à sua imagem e semelhança, o fez participar de sua natureza e o chamou ser cocriador do universo:

> Na criação, Deus revelou uma enorme predileção pelo homem: resumiu nele vários mundos.
>
> Somos irmãos dos minerais: ocupamos lugar no espaço e somos sensíveis à lei de atração. Somos irmãos dos vegetais: também nós nascemos, respiramos, alimentamo-nos, crescemos e morremos. Somos irmãos dos animais: de vez em quando, temos a surpresa de ver o animal despertar dentro de nós. Somos irmãos dos anjos: nosso corpo carrega um espírito, irmão dos espíritos celestes. Participamos da própria natureza de Deus, de sua inteligência e de seu poder criador. Fomos elevados à glória e à responsabilidade de cocriadores. Temos notas especificamente humanas, como nossa maneira inconfundível de sorrir.[75]

Para Dom Helder o amor de Deus ao homem na criação revela ao mesmo tempo a audácia e a humildade divina: "... que o Criador teve a audácia e a humildade de fazer o Homem, uma simples Criatura, o Cocriador. Fez o Homem participar da inteligência divina e

---

74 Sobre a dimensão antropológica: MOESCH, O. *A Palavra de Deus...*, 156-157; COMBLIN, J. *Antropologia Cristã...*, 246-251; MELLO, A. A. de. *A Evangelização no Brasil...*, 162-286; CATÃO, F. "A universalidade da salvação e a evangelização"..., 62-64; COLUSSI, L. "A prática evangelizadora da Igreja hoje: situação e perspectivas pastorais"..., 143.
75 CAMARA, H. Quem não precisa de conversão..., 15.

do poder criador. Encarregou o homem de dominar a Natureza e de completar a Criação".[76] Amor que é demonstrado pela Santíssima Trindade não somente na criação, mas durante toda história humana, na qual Deus uno e trino participa ativamente: "Creio em um Criador e Pai, que quis o homem como coCriador e lhe deu inteligência e imaginação criadora para dominar o Universo e completar a Criação. O Criador e Pai, para ajudar o homem, quis que o seu próprio Filho, se fizesse homem e envia, constantemente, o seu Espírito que fecunda a mente humana, como fecundou as águas no início da Criação".[77]

Para Dom Helder, na relação do homem com Deus, a Igreja em sua ação evangelizadora deve contribuir para que esta relação seja verdadeira: de um lado, transmitindo o Deus verdadeiro, purificando a imagem de Deus anunciada anteriormente e verificada na religiosidade popular: um Deus ciumento, vingativo, ingênuo, mágico; "Falseamos a ideia do Deus vivo e verdadeiro e, depois, nos enchemos de pavor quando caem nossas meias verdades e meias ilusões. Ainda hoje há pânico, em certos setores, diante de fatos como o evolucionismo e a constatação da idade real do universo..."[78]; do outro, contribuindo para a humanização do homem, para que o homem seja verdadeiramente como Deus o quis em sua infinita bondade: homens-homens e não homens-cactus, sombra de homens:

> As massas infra-humanas são levadas a atribuir à bondade divina o que lhes acontece e a interpretar como castigo divino o que lhes ocorre de mal. As secas, as enchentes, as pragas que dizimam o gado ou a plantação, as enfermidades que atingem o

---

76 Id., "Apelo fraterno à Universidade Livre de Amsterdam", in Id., *Utopias peregrinas...*, 75.
77 Id., "Força do Direito ou direito da força!?...", in Caramuru Barros, R. e Oliveira, L. (Orgs.). *Dom Helder: O artesão da paz...*, 168.
78 Id., Revolução dentro da paz..., 14.

homem, se não são provação divina, são coisa feita, mau-olhado, arte do Maldito.

Chegou a hora de purificar a religião dos humildes, lembrando aos nossos irmãos que Deus existe, é claro; como é claro que tem poder de interferir no Universo e na vida humana; mas que também é claro, claríssimo, que Deus deu ao homem o direito e dever de dominar a natureza, subjugá-la, completando a Criação.

Cabe ao homem vencer a seca e as cheias, superar as pragas, curar as enfermidades. Com isto, Deus em nada se diminui. Ao contrário, só faz crescer aos nossos olhos. Quanto mais longe o homem for, mais os seus feitos cantarão a glória do Criador e Pai.

Severino, filho de Severino, neto de Severino, tem vida Severina, que já é morte em vida. Mais vegeta do que propriamente tem vida humana. E vegeta não como árvore frondosa, de raízes saciadas, como o cacto, seu irmão. Até hoje não se rebelou. Aprendeu, com os pais analfabetos e na capela de seu patrão e senhor, a ter paciência como filho de Deus, tão injustiçado e que morreu na cruz para salvar-nos. Conclui, a seu modo, que a vida é assim mesmo. Numa escola de cristianismo e fatalismo, acha que uns nascem ricos, outros nascem pobres, por vontade Deus.[79]

O HOMEM É UM SER PARA O OUTRO. A partir da Criação e ao longo de toda a história da Salvação, o outro é igual em dignidade, o outro é pessoa, o outro é irmão. A igualdade e a dignidade do ser humano em valores, direitos e deveres é alicerçada em sua imagem e semelhança de Deus, "o homem não nasceu pra ser escravo de Deus e tanto menos para ser escravo de outro homem".[80] Para Dom Helder a luta pela dig-

---

79 Ibid., 17-18.
80 Id., "Cristianesimo, socialismo, marxismo si fronteggiano e si interrogano", Id., *Violenza dei pacifici...*, 30.

nidade do outro é uma das grandes causas do mundo atual. "A criatura humana tem fome de sede e de justiça, de ser tratada como criatura humana, de cumprir certamente os deveres, para que veja respeitados os seus direitos. Afirmar que existem milhões de criaturas humanas que não provam esta fome essencial ou esta sede ardentíssima é a maior das humilhações para a nossa supercivilização que permitiu a nossos irmãos, a filhos de Deus como nós, a homens como nós uma condição infra-humana".[81] E toda ação contra a dignidade do outro é uma ação contra Deus:

> Hoje, o mundo exige com tenacidade e firmeza o reconhecimento da dignidade humana em toda a sua plenitude, a igualdade social de todas as classes. Os cristãos e todos os homens de boa vontade não podem deixar de aderir a este movimento, ainda que supondo que devam renunciar a seus privilégios e suas fortunas pessoais em favor da comunidade humana, no processo de socialização progressiva... A Bíblia e o evangelho denunciam como pecado contra Deus qualquer atentado contra a dignidade do homem, criado a sua imagem e semelhança. Seguindo este imperativo de respeito à dignidade humana, hoje se produz o encontro histórico entre os ateus de boa fé e os crentes, em comum serviço à humanidade, na busca da justiça e da paz.[82]

O HOMEM É UM SER EM RELAÇÃO COM E PARA O MUNDO. Cabe ao homem, frente à criação, segundo a vontade divina, ser cocriador, responsável pelo mundo, no senhorio que exerce sobre todas as outras criaturas (senhorio no mundo, não senhorio do mundo). Para Helder, como cocriador, o homem é designado a completar a criação e a ajudar a natureza a explicitar todas as suas potencialidades.[83] O homem é um

---

81 Id., "Anche nei paesi ricchi vi sono strutture da cambiare", in Id., *Violenza dei pacifici...*, 50.
82 BLAZQUEZ, F. *Ideario de Hélder Câmara...*, 28.
83 Cf. CAMARA, H. Quem não precisa de conversão?..., 15.

ser em relação com o mundo e para o mundo; isto significa, outrossim, que Deus deu o mundo ao homem para que ele seja desenvolvido, aperfeiçoado, transformado (cf. Gn 1, 28). O mundo é para todos, deve estar a serviço de todos. Em sua relação com o mundo e atuando como cocriador o homem é sujeito da história: "A antropologia cristã nos leva a incitar o homem a sentir-se coCriador; a portar-se não como objeto, mas como sujeito da história; a romper o desânimo, a apatia, o medo e a agir como quem recebeu de Deus a missão de dominar a natureza e completar a Criação. A visão da encarnação do Cristo é lição viva de engajamento para os cristãos".[84] Dom Helder sublinha que a Igreja, em sua ação evangelizadora atual, identifica a verdadeira relação do homem com o mundo e o papel do cristão em sua atuação no mundo. Em Jesus Cristo somos convocados a sermos homens novos assumindo o projeto salvífico de Deus. "Na prática, esquecemo-nos de que somos Criaturas como tudo o que foi arrancado do nada pelo poder criador. Em lugar de lidar com as Criaturas com respeito, gratidão e amor, nossa tendência é usar as Criaturas, como se elas fossem nossas escravas. Eis um primeiro passo indispensável: mudar, em profundidade, nossa atitude de Senhores de escravos, de feitores, e mesmo dominando a natureza, dominá-la com amor".[85]

Em sua missão evangelizadora a Igreja visa a totalidade da existência humana, sem deixar de fora qualquer uma de suas dimensões, contribuindo para a descoberta de caminhos mais condizentes com a dignidade humana e com a vocação do homem em Cristo. Nesta perspectiva a Igreja, em sua ação evangelizadora, procura cooperar para a libertação e promoção humana.

Em primeiro lugar, para que o homem se liberte. Libertação, enquanto redenção e salvação do pecado; das projeções sociais e interpessoais do pecado; dos desdobramentos do pecado na cultura, na história e na sociedade. E para Helder o pecado do egoísmo sintetiza os gran-

---

84 Id., "Imposições da solidariedade universal", Apostila 12/4, 6.
85 Id., "São Francisco, Santo do nosso tempo", in Id., *Utopias peregrinas...*, 93.

des problemas humanos; é dele, em primeiro lugar, que o homem deve libertar-se:

> É o egoísmo que, através das diversas revoluções industriais continua colocando a tecnologia a serviço de grupos sempre mais restritos, com esmagamento real ou disfarçado de massas sempre mais numerosas; é o egoísmo que faz a abolição do Colonialismo político parar a meio-caminho, deixando de atingir o essencial que seria a abolição do Colonialismo econômico; é o egoísmo que alimenta a farsa do embate entre Socialismo e Capitalismo e leva ao entendimento dos dois sistemas rivais quando se trata da partilha da Terra; é o egoísmo que dificulta reconhecer nas injustiças, de que somos coniventes, a matriz de todas as violências; é o egoísmo que leva a fabricar não apenas armamentos, mas guerras, alimentando vidas à custa de milhões de estropiamentos e de mortes...[86]

Em segundo lugar, busca contribuir pela força transformadora do Evangelho para a promoção humana (cf. EN 31). Para Helder a promoção humana deve, em primeiro lugar, buscar superar as situações de opressão e injustiça sob as quais se encontram dois terços da humanidade, e isto só acontecerá quando se reconhecer o primado do homem; em segundo, na realização dos bens e valores humanos: bens vitais (saúde, alimentação moradia, vestuário), valores socioculturais (educação, trabalho, lazer), valores éticos (dignidade, liberdade, justiça, paz), valores políticos e econômicos (movimentos sociais, sindicatos, partidos políticos).[87] Para Helder o processo de promoção humana é um desafio apaixonante em dois fronts: o "que será mais difícil e mais apaixonante: humanizar sub-homens, aviltados pela miséria, ou humanizar super-homens desumanizados pelo excesso de conforto? As duas tarefas se

---

86 Id., "Conversa fraterna com os ingleses", in Apostila 35/7.
87 Cf. BLAZQUEZ, F. *Ideario de Hélder Câmara...*, 27.

completam, a ponto de uma só ser de todo possível com a realização da outra".[88]

Para Helder a Igreja tem um papel fundamental no processo de humanização do homem: fazer emergir o homem novo a partir da concepção cristã do homem:

> A Igreja deve preocupar-se pelo homem novo que está por nascer e pelo sentido da evolução social. É neste particular que a concepção cristã do homem pode ajudar a encontrar uma solução. O homem novo não pode ser um gigantesco produtor-consumidor, órgão de uma sociedade-máquina, embora consiga o domínio de toda natureza exterior. A meta a atingir é a de um ser livre e consciente, uma progressiva liberação de mil servidões, para que possa crescer sua liberdade fundamental: ser livre, até libertar-se de si mesmo e poder doar-se aos demais. Assim se aperfeiçoará a sociedade de homens livres e mutuamente respeitosos no dom desinteressado ao próximo.[89]

3.3 Dimensão Eclesiológica

Para compreendermos uma determinada proposta de evangelização faz-se necessário perceber o modelo de Igreja que temos como base.[90] A partir da relação constitutiva entre Igreja e evangelização "entende-se que, conforme o modelo e compreensão que se tenha da Igreja, tal será

---

88 CAMARA, H. *Revolução dentro da paz...*, 53.
89 Id., *Palavras e reflexões...*, 113.
90 Sobre a dimensão eclesiológica: SOBRINHO, J. *A ressurreição da verdadeira Igreja...*, 255-300; TABORDA, F. "Nova evangelização e vida religiosa", in VV. AA. *Nova Evangelização e vida religiosa no Brasil*, CRB, RJ, 1989, 50-171; MELLO, A. A. de. *A Evangelização no Brasil...*, 138; BARREIRO, A. "Superação do dualismo entre fé cristã e compromisso terrestre, atualidade de um tema centras da Gaudium et Spes", in *PerTeol* 27 (1995), 357; CARVALHEIRA, M. P. "A caminhada do Povo de Deus na América Latina", in *REB* 38 (1978), 300-341; BOFF, L. "Exigências teológicas e eclesiológicas para uma Nova Evangelização...", 144-145; LATOURELLE, R. "Evangélisation et témoignage", in DHAVAMONY, M. (ed.), *Evangélisation...*, 77-110.

a evangelização. E vice-versa: o modo de evangelizar denunciará o modelo de Igreja que se vive ou propugna. Daí a ambiguidade da palavra 'evangelização'".[91]

Recordamos que Dom Helder Camara viveu a primeira fase do seu ministério sacerdotal sob forte influência do modelo eclesial da "Igreja Sociedade Perfeita". No modelo "Igreja sociedade perfeita", a evangelização é o anúncio da doutrina usando principalmente o método apologético e codificando a doutrina em catecismos. A evangelização é doutrinária e está praticamente a cargo da hierarquia; o clero é o principal, senão o único, sujeito da evangelização. A missão principal se constitui no zelar pela pureza da doutrina, ortodoxia; tudo é previsto, tudo pré-fabricado, tudo imposto, sem levar em conta o destinatário: "Esse modelo de evangelização poderia ser designado como evangelização doutrinal. Em conformidade com as linhas gerais da eclesiologia que lhe é subjacente, a Boa-Nova sempre aparecerá como corpo estranho na cultura do outro. Não importa. A unidade da doutrina, em conformidade com o único centro eclesiológico de irradiação, é mais importante que qualquer outro valor".[92]

O Concílio Vaticano II, ao refletir sobre a Igreja, propõe um novo modo eclesial de ser – a Igreja Povo de Deus. Após o Concílio Vaticano II, dois modelos perpassam pela linguagem helderiana: "Igreja Povo de Deus" e, principalmente, "Igreja servidora e pobre" ou "Igreja dos pobres".

O modelo "Igreja Povo de Deus" tem sua origem no Concílio Vaticano II, principalmente no documento *Lumen Gentium*. Este modelo tem como núcleo a realidade da Igreja-comunhão à luz do mistério da Trindade, que é fundamentalmente comunhão (cf. LG 2-4; AG 2-6); ressalta a dimensão histórica da Igreja, peregrina na história, onde deve descobrir seu caminho e as formas do seu agir. Na ação evangelizadora todos são chamados ao serviço da Boa Nova, do projeto salvífico: todos são evangelizados e todos evangelizam, respeitando as funções e os

---

91 Sobrino, J. *A ressurreição da verdadeira Igreja...*, 260.
92 Taborda, F. "Nova evangelização...", 70.

carismas. Neste modelo a relação fundamental é a fraternidade, a igualdade de todos perante Deus, assumindo o sacerdócio comum diante do sacramento do batismo. A missão é constitutiva da Igreja vivenciada na história em conformidade com o seguimento de Jesus e em continuidade com a Tradição.[93]

O modelo "Igreja servidora e pobre" ou "Igreja dos pobres" vincula-se ao modelo de "Igreja Povo de Deus", porém ressaltando dois elementos essenciais: a opção preferencial pelos pobres (Lc, 4, 18-19) e a realidade, a situação de pobreza e miséria em que se encontra a maioria do Terceiro Mundo. Esta opção é feita a partir do seguimento a Jesus Cristo que se fez pobre, e é a partir dos pobres que a Igreja deve repensar sua maneira de ser, de evangelizar. Em sua maneira de ser, propõe que, a partir do pobre, a Igreja se questione e redescubra o seguimento a Jesus Cristo, e além de optar pelos pobres, propõe que a Igreja deve fazer-se pobre e simples para tornar-se mais servidora, caminhando lado a lado com os pobres. Dom Helder vê com certa angústia a riqueza patrimonial da Igreja, fruto da imersão no sistema capitalista tendo como efeito um contra-testemunho: "as 'riquezas' do Vaticano são uma das tristes consequências do sistema capitalista em que somos imersos. O problema de ver-se livres da engrenagem do dinheiro não existe somente para Igreja católica. Unicamente quando for possível dar vida a estruturas humanas e justas no mundo em que vivemos seria possível, para órgãos centrais como o Vaticano, libertar-se das 'riquezas'".[94] Dom Helder esclarece que, além da tentação econômica, a Igreja precisa superar a tentação do prestígio e do poder: "Falou-se muito, durante o Concílio Vaticano II, da Igreja pobre e servidora. Estava em pleno debate tanto o problema das relações entre a Igreja e o poder econômico quanto os sinais exteriores de sua riqueza. Parece-me, no entanto, que mais importante do que a tentação do dinheiro é a tentação do poder

---

93 Cf. Ibid., 62.
94 GONZÁLEZ, J. Helder Câmara il grido dei poveri..., 312.

e do prestígio. Como nós termos esquecido destas palavras de Cristo: 'Não vim para ser servido, mas para servir!'".[95]

Na ação evangelizadora, a Igreja dos pobres tem como meta a transformação social e a libertação integral, assim expressa por Helder:

> Qualquer, porém, que tenha sido o curso da história, encontra-se a Igreja hoje efetivamente presente na América latina em vias de desenvolvimento. Esta situação humana de uma sociedade em crise exige dela uma tomada de consciência e um esforço decidido de ajudar o Continente a realizar sua libertação do subdesenvolvimento.
>
> O cumprimento desta missão exige da Igreja um esforço radical de purificação e conversão. Suas relações com as massas subdesenvolvidas, com os grupos mais diversos, com as organizações de todos os tipos, são chamadas a ser cada vez mais relações de serviço. Sua força deve ser cada vez menos a força do prestígio e do poder, para tornar-se cada vez mais a força do Evangelho a serviço dos homens. Por este caminho poderá revelar, aos homens deste Continente angustiado, a verdadeira face de Cristo.[96]

Dentro deste modelo o sujeito por excelência da evangelização é o pobre, trabalhando não só para o pobre, mas com o pobre, valorizando o seu testemunho evangélico através da partilha, da solidariedade, da fraternidade.

A partir do Concílio Vaticano II a Igreja latino-americana, ao refletir sobre si dentro da perspectiva de sua ação evangelizadora, enfatiza três temas importantes que fundamentam suas opções: a Igreja e o Reino de Deus; a Igreja e o mundo; a Igreja e o compromisso de libertação. Temas estes que são alicerce no pensamento de Dom Helder e que aparecem de forma subjacente em suas reflexões.

---

95 CAMARA, H. *O Evangelho com dom Helder...*, 151.
96 Id., *Palavras e reflexões...*, 118-119.

Igreja e Reino de Deus. Anunciadora e continuadora da obra salvífica de Jesus Cristo, o Reino de Deus, a Igreja "constitui já na terra o germe e o princípio desse Reino" (LG 5); ela "é o sinal do Reino, nela se manifesta de modo visível o que Deus está realizando silenciosamente, no mundo inteiro. (...) A Igreja é também o instrumento que introduz o Reino entre os homens, para conduzi-los à sua meta definitiva" (Puebla, 227). O vínculo entre a Igreja e o Reino de Deus é assim explicitado por Puebla: "Este Reino, sem ser uma realidade separável da Igreja (LG, 8a), transcende seus limites visíveis. Porque se realiza de certo modo onde quer que Deus esteja reinando mediante sua graça, seu amor, vencendo o pecado e ajudando os homens a crescer até conseguir a grande comunhão que lhes é oferecida em Cristo". (Puebla, 226). Portanto, O Reino de Deus ultrapassa os limites da Igreja. A Igreja não se identifica e não se reduz a algo exterior ao Reino de Deus, mas a Igreja está intimamente vinculada ao Reino por sua participação ao evento salvífico: Jesus Cristo.

A Igreja-Povo de Deus se reconhece como peregrina em êxodo permanente a caminho do Reino, sempre olhando para o futuro em vista da construção e solidificação do Reino de Deus. No vínculo entre Reino de Deus e Igreja vemos, de um lado, a salvação como desígnio universal de Deus e, do outro, a Igreja como sacramento-sinal desta vontade. Ao ser sinal do Reino, a Igreja adquire sua identidade e o sentido do ser cristão como serviço à humanidade inserida na história a caminho da salvação. Para Helder é importante sempre recordar a proposta salvífica de Deus, buscando vivenciar toda a riqueza da Boa-Nova anunciada por Jesus Cristo:

> Nós, cristãos, estamos longe de retirar toda a riqueza das verdades que ensinamos. Quem está convicto de que todos somos irmãos pelo fato de todos termos o mesmo Pai Celeste? Quem sabe que Deus quis o homem como cocriador, destinando-o a dominar a natureza e completar a Criação; quem crê que cabe à Igreja, como continuadora de Cristo, encarnar-se como Verbo de Deus que se fez Carne e habitou entre nós –

tem forças poderosíssimas a deflagrar em bem da unidade e do mundo e da redenção terrena do homem, sinal e anúncio da Redenção eterna.[97]

IGREJA E MUNDO. A partir do Concílio Vaticano II a Igreja entra em diálogo com o mundo, redimensionando sua ação evangelizadora baseada no mandato universal: anunciar e testemunhar a Boa-Nova colaborando na construção de uma nova humanidade. O Concílio Vaticano II afirma que através do diálogo entre a Igreja e o mundo percebe-se a reciprocidade de ganhos. A Igreja, de sua parte, ressalta que no diálogo com o mundo descobre a maneira apropriada para expressar a Boa-Nova de Jesus Cristo, lei fundamental de toda evangelização (cf. GS 44). No diálogo com o mundo a Igreja reencontra o seu lugar na história como portadora, dentro da história humana, da proposta salvífica para que ela seja encarnada, vivenciada e desenvolvida na unidade com a história da salvação. Salvação oferecida por Deus como dom gratuito a todos os homens e, ao mesmo tempo, conquista humana (cf. GS 41). Seguindo esta linha de pensamento do Concílio Vaticano II, Dom Helder ressalta a importância de a Igreja estar vinculada à realidade humana, continuando a proposta de Cristo e concretizando os mandamentos do amor a Deus e ao próximo para que o homem possa realizar-se verdadeiramente como homem, à imagem e semelhança de Deus, superando a desumanização causada tanto pela miséria como pela abundância.

A Igreja, como continuadora de Cristo, sente-se no direito e no dever de estar no meio dos homens, no coração dos acontecimentos. Claro que não pretenderá a função do Super-Governo ou de Super-Técnica. Deseja apenas servir e, quando se fizer necessário, emprestar a voz aos sem-voz.

---

97 Id., *Revolução dentro da paz...*, 124.

Impossível ficar na Sacristia. Impossível parar no amor a Deus. O amor a Deus nos impele a amar os homens. Amar, não só com palavras, mas com atos e de verdade, nos leva a assumir os problemas dos irmãos. E, como fechar os olhos, os ouvidos, a consciência, ante injustiças que deixam mais de 2/3 dos homens sub-humanizados pela miséria e o restante da Humanidade correndo o risco de desumanizar-se pelo excesso de conforto e do egoísmo?[98]

IGREJA COMPROMISSO DE LIBERTAÇÃO. Agindo no mundo e para o mundo em sua ação evangelizadora, a missão própria da Igreja é de ordem religiosa, não política, econômica ou social. Mas, dentro da missão religiosa, a Igreja pode e deve promover atividades destinadas ao serviço de todos para o bem de todos (cf. GS 42). Para Dom Helder a preocupação com o bem comum é um dever do cristão no seu seguimento do Evangelho: "Que o cristianismo se preocupe com o bem comum é não um direito mas um dever, uma consequência do Evangelho. Neste sentido, alto e profundo, o cristianismo não deve temer, em nenhum modo a acusação de fazer política".[99]

Dentro desta perspectiva a Igreja, em sua ação evangelizadora, visa à promoção-libertação humana, segundo a proposta de Medellín e da *Evangelii Nuntiandi*, vinculando sempre o projeto salvífico de Deus, anunciado e instaurado por Jesus de Nazaré, o Cristo, com a realidade social. Assume, assim, o empenho em prol da pessoa humana e da sociedade, das necessidades espirituais e materiais do ser humano, dos direitos humanos fundamentais. Em sua relação com o mundo e a partir de sua missão evangelizadora, um dos aspectos mais importantes para a Igreja é a questão da justiça social. Dom Helder sublinha que o compromisso de libertação por parte da Igreja se faz a partir do seguimento de Jesus Cristo em sua encarnação redentora. Cumprindo sua missão no campo da luta pela justiça social, a Igreja quer fazer-se presente e dar

---

98   Id., "A Igreja em face das injustiças dos nossos tempos", in Apostila 35/6, 24.
99   Id., "Cristianesimo tra socialismo e capitalismo", in Id., *Violenza dei pacifici...*, 21.

sua colaboração concreta a partir daquilo que a constitui em sua essência: ser Povo de Deus, continuadora do projeto salvífico de Jesus Cristo.

> Em lugar de pecar por omissão, em lugar de julgar e condenar de longe, em lugar de ser espectadora, a igreja quer encarnar-se como Cristo, assumindo todas as alegrias e esperanças, todos os problemas e ânsias dos homens....
>
> A pregação enquanto evangelização não é somente completar o anúncio falado de Cristo, mas sim ajudar os homens a sair de sua situação infra-humana para que cheguem a um nível mais digno de filhos de Deus...[100]

Em sua ação evangelizadora a Igreja assume a sua apostolicidade, comunhão, diaconia e *martyria*. Nessas dimensões, ressaltaremos apenas os aspectos explicitados por Dom Helder sempre em consonância com os documentos eclesiais.

APOSTOLICIDADE. Em sua apostolicidade a Igreja vive a dupla dimensão da ação evangelizadora: evangelizar e ser evangelizada. "A Igreja tem sempre necessidade de ser evangelizada... ela começa por se evangelizar a si mesma". (EN 15). No diálogo com o mundo a Igreja deve deixar-se evangelizar pela sociedade, abrindo-se às mais distintas formas de participação. No contexto do terceiro mundo, principalmente na América Latina, a Igreja aprendeu a deixar-se evangelizar pelos pobres (cf. Puebla 1147), na medida em que eles mostram valores evangélicos que já vivem e ajudam a Igreja a ser mais pobre e comprometida com a justiça e as transformações sociais que a instauram. Em cada contexto busca descobrir em que está sendo chamada à conversão, à renovação, a fim de que, fiel ao Evangelho que proclama, anuncie a Boa Nova ao mundo com credibilidade. Helder ressalta o papel de todos os cristãos na vivência dos valores evangélicos, atuando na história e assumindo a responsabilidade de testemunhar o Cristo.

---

100 Helder Camara em entrevista à Primera Plana, in BLÁZQUEZ, F. *Hélder Camara, il grido...*, 151-152.

A Igreja não se marginaliza da história. Ela vive no coração da história por meio de seus leigos livres, adultos e responsáveis.

Cristo deu à hierarquia uma missão específica de evangelização. Mas, de modo algum, afastou a comunidade cristã da grande aventura do desenvolvimento. Pelo contrário, o laicato cristão deve assumir suas responsabilidades na primeira linha. Nossa confiança é grande para com os cristãos que se comprometem com o real e aí dão testemunho de Cristo.[101]

COMUNHÃO. A evangelização visa suscitar a adesão à proposta cristã ao nível pessoal e expressar esta fé na comunidade[102]; não visa somente a pessoa tomada individualmente, mas a pessoa como relação social e comunitária. Portanto o seu objetivo é criar uma comunidade de fé, capaz de caminhar como Povo de Deus para colaborar na realização do projeto salvífico de Deus, o Reino de Deus. Como comunidade de fé deve vivenciar a comunhão de vida, de serviços e ministérios. Dom Helder sublinha a necessidade da colegialidade em todos os níveis para que, na corresponsabilidade, anunciem e testemunhem a proposta de Cristo. "Mas em nossa Arquidiocese, a colegialidade Episcopal se completará pelo presbitério, comunidade entre o bispo e seus sacerdotes diocesanos, em união sincera e sobrenatural com os sacerdotes do clero religioso. Que os meus padres saibam que, com a graça divina, chegaremos a uma fraternidade total e a um clima de corresponsabilidade, confiança, diálogo adulto e serviço".[103]

DIACONIA. A Igreja, como comunidade de fé, deve existir para o serviço aos outros, continuadora da missão de Cristo: trazer vida e vida em abundância (Jo 10,10). Ao ser serviço, sua ação evangelizadora

---

101 CAMARA, H. "Mensagem na Tomada de posse como arcebispo de Olinda e Recife...", 88.
102 Cf. Id., "A Igreja dos pobres", in CARAMURU DE BARROS, R. e OLIVEIRA, L. (Orgs.), *Dom Helder, o artesão da paz*..., 318.
103 Id., "Mensagem na Tomada de posse como arcebispo de Olinda e Recife...", 94.

deve ser "feita dentro de uma visão mística e no respeito à evangelização primeira que o Espírito e o Verbo fizeram no coração das pessoas e das culturas".[104] Em sua diaconia, deve anunciar a Boa-Nova a toda a humanidade, em continuidade com a iniciativa do Pai e com as missões do Filho e do Espírito Santo, participando como Povo de Deus em sua dúplice condição de, simultaneamente, histórico e escatológico: imerso num contexto histórico, situado, ao mesmo tempo em que vive da memória e da espera de Jesus. Para Helder o grande serviço que a Igreja deve prestar na realidade do terceiro mundo é resgatar a pessoa humana em todas as suas dimensões. "A Igreja não quer dominar a marcha dos acontecimentos. Quer servir aos homens, ajudando-os em sua libertação. E ela estará aí para dizer que essa libertação, que começa no tempo, só poderá ter seu acabamento completo quando o filho de Deus voltar, no fim dos tempos, que é o verdadeiro começo".[105]

Testemunho – Martyria. O testemunho tem na ação evangelizadora um papel essencial. Evangelizar é em primeiro lugar testemunhar (cf. EN 15, 21). Ele é o primeiro meio de evangelização (cf. EN 41). O modelo supremo de testemunho é Cristo: "Cristo, primeiro evangelizador e testemunha fiel, evangeliza dando testemunho verdadeiro do que viu junto do Pai e faz as obras que vê o Pai fazer, suas ações dão testemunho de que veio do Pai" (Puebla 967). Em Jesus Cristo existe a identificação entre a sua pessoa e o seu anúncio, entre o dizer, o fazer e o ser. É desta autenticidade de vida que a sociedade hodierna tem sede e necessita (cf. EN 76). O testemunho é coerência, autenticidade de vida, sendo sinal-anúncio da presença de Deus, ao mesmo tempo em que é compromisso da testemunha e, também, o despertar a confiança.

Dom Helder, em consonância com a *Evangelii Nuntiandi*, Medellín e Puebla, sublinha alguns pontos necessários para que os cristãos possam testemunhar cada vez mais de forma autêntica a proposta de Jesus Cristo. Em primeiro lugar, testemunhar exige viver num constante processo de conversão: "a Igreja que se evangeliza por uma conversão

---

104 Boff, L. "Exigências teológicas e eclesiológicas para uma Nova Evangelização...", 145.
105 Camara, H. "Mensagem na Tomada de posse como arcebispo de Olinda e Recife...", 88-89.

e uma renovação constantes, a fim de evangelizar o mundo com credibilidade" (EN 15);[106] em segundo, testemunhar exige jamais separar os mandamentos do amor a Deus e ao próximo (cf. EN 41, Puebla 970) e, a partir destes mandamentos, assumir posições corajosas e proféticas em face da injustiça institucionalizada e da distorção do poder político, econômico e dos meios de comunicação social; posições que exigem viver a abnegação e a liberdade frente ao poder, ao prestigio e às riquezas, numa atitude de despojamento, simplicidade, humildade e pobreza evangélicas (cf. EN 41; PUEBLA 975), anunciando com coragem e destemor a Palavra de Deus; em terceiro, testemunhar exige o vínculo afetivo e efetivo com o povo, principalmente os pobres, trabalhando não somente para o povo, mas com o povo, e buscando descobrir e valorizar nele os valores evangélicos (cf. EN 53; GS 22; PUEBLA 974-975). Para que o testemunho seja cada vez mais eficaz Helder aponta os compromissos necessários:

> O Cristianismo não teme e não treme diante da ousadia do homem, que despedaça o átomo, supera os mais arrojados sonhos dos alquimistas, semeia estrelas pelas alturas, prepara-se para as viagens espaciais e está em vésperas de proezas ainda mais estonteantes. O cristianismo exulta, vendo o homem cumprir a ordem divina de dominar a natureza e completar a Criação.

---

106 Assim reflete Dom Helder sobre a necessidade constante de conversão: "Cuidado com o farisaísmo de nos julgarmos os puros, os santos, os salvadores. Fôssemos santos e a Igreja do Cristo estaria sendo cada vez menos a Sociedade Perfeita, ciosa de seus direitos, e cada vez mais o mistério do Corpo Místico de Cristo. Fôssemos santos e já teríamos encontrado o caminho do efetivo diálogo fraterno. Fôssemos santos e em lugar de perder-nos em ridículas querelas internas, dignas continuadoras das discussões sobre o sexo dos anjos, e estaríamos unidos, ajudando a Igreja na tarefa dificílima de arrancar-se das engrenagens capitalistas. Fôssemos santos e, sem cair em partidarismos políticos, não temeríamos a missão da verdade e do amor, de denunciar tanto as distorções terríveis do Socialismo, como os esmagamentos sutis, sofisticados, mas reais, a que leva o Capitalismo. Fôssemos santos e sem esquecer a salvação eterna, estaríamos ajudando a construir um Mundo mais justo e mais humano, sem o escândalo das guerras, do racismo, da miséria e da fome. Vinde Espírito de Deus, convertei-nos para que, como presença viva de Cristo, ajudemos a converter os homens, nossos irmãos!". CAMARA, H. "Um só e grande amor?...", in Apostila, 35/1, 2.

O cristianismo não se prende a nenhum sistema econômico, social ou político; exige apenas a salvaguarda do bem-comum e a prática da justiça e da caridade. Mais concretamente, o cristianismo não tem compromisso com o capitalismo nem com as estruturas econômicas e sociais que, em muitos casos, não permitem a participação e integração de grandes massas, que permanecem à margem das instituições empresariais, políticas, sociais e culturais.

O cristianismo, salvaguardando o direito natural à propriedade privada, considera necessário afirmar que o direito fundamental de todos ao uso dos bens materiais é anterior à propriedade privada e que é preciso corrigir, com sabedoria e firmeza, o acúmulo da propriedade em mãos de poucos.

O cristianismo se aflige, vendo que a distância entre o mundo desenvolvido e o mundo subdesenvolvido, em lugar de diminuir, cresce de maneira terrível e lamentável; aflige-se, vendo que termina, de modo melancólico, a década do desenvolvimento, proclamada pela ONU para o período de 1960-1970; angustia-se, observando que a situação só se fará agravar, enquanto os países ricos timbrarem em manter suas relações com os países subdesenvolvidos em termos de ajudas, quando o problema é de justiça em escala mundial.

O cristianismo sabe que sem justiça, não haverá paz entre os homens...[107]

---

107   Id., Revolução dentro da paz..., 96-97.

4 O SUJEITO DA EVANGELIZAÇÃO

A ação evangelizadora tem sua origem no mistério da Trindade. Evangelizar é participar em comunhão com a Trindade. "A comunhão é a origem da missão. A comunhão é igualmente seu termo, seu objetivo. Mas também é, de algum modo, o próprio caminho e a condição da missão. Já o lembrava aos primeiros cristãos o evangelista João com as palavras da oração de Jesus: 'Que todos sejam um. Como tu, Pai, estás em mim e eu ti, que eles estejam em nós, para que o mundo creia' (Jo 17, 21)'" (CNBB, Doc. 40, n. 50).[108]

O primeiro e principal sujeito do anúncio salvífico é o próprio Deus, que escolhe os mensageiros da Boa Nova. Segundo Libânio a ação evangelizadora

> encontra sua origem na vontade salvífica de Deus Pai e na obediência ao mandato de Cristo e se realiza pela força do Espírito Santo. Por meio desta ação, a Igreja prolonga na história a presença salvífica de Jesus Cristo. Por isso, ela procura que a mensagem de Cristo se torne inteligível e eficaz para os homens de hoje. Para que a evangelização seja possível, é necessário, da parte do evangelizador, um processo contínuo de conversão a fim de poder dar testemunho de vida, anunciar a palavra, celebrar o sacramento e promover a justiça social.[109]

Jesus Cristo, o evangelho de Deus (cf. Mc 1,1), foi o primeiro e o maior dos evangelizadores (cf. EN 7). A vida de Jesus é um evangelho vivo, uma boa-nova: sua encarnação (o seu modo de ser e de conviver e agir, seus ensinamentos, seu amor preferencial pelos pobres), sua paixão, morte e ressurreição. A sua autoridade de evangelizador consiste

---

108   Sobre o sujeito da evangelização: MOESCH, O. *A Palavra de Deus...*, 163-168; COMBLIN, J. "Sujeito e horizontes novos"..., 225-227.

109   LIBÂNIO, J. B. *Evangelização e libertação...*, 55.

no vínculo coerente que há entre aquilo que Ele faz e aquilo que Ele é. Ele é o evangelizador e ao mesmo tempo o Evangelho. Pela ação do Espírito Santo, Cristo continua evangelizando através da Igreja, de todos os cristãos. Em Cristo toda a Igreja é chamada para evangelizar por vocação e, segundo o mandato de Cristo, toda a Igreja é sujeito da evangelização segundo diferentes tarefas. Por vocação e missão toda a Igreja evangeliza.

O Espírito Santo foi enviado por Cristo para "que o Evangelho se encarne na história" (Puebla 199). O Espírito Santo confere força e coragem para que a evangelização seja realmente o anúncio da salvação libertadora (cf. EN 8; 75). O Espírito Santo é o principal evangelizador da Igreja, é ele que anima a todos os evangelizadores e os assiste para que anunciem a verdade total, sem erros nem limitações (cf. Puebla 202). A *Evangelii Nuntiandi* enfatiza a ação do Espírito Santo por ser o agente principal e por impulsionar para o anúncio do Evangelho; agindo no mais íntimo das consciências, proporciona o acolhimento da Palavra da Salvação, e também, por ser o termo da evangelização, suscitando a nova criação, o objetivo da evangelização. Portanto, através da ação do Espírito Santo, o Evangelho penetra no coração do mundo, fazendo discernir os sinais dos tempos como sinais de Deus dentro da história. (cf. EN 75).

O mandato de Cristo atinge toda a Igreja, evangelizar constitui sua identidade e missão essencial. Toda a Igreja é chamada e enviada por Cristo, pelo Espírito Santo, para evangelizar. Portanto todos os cristãos sob a ação do Espírito Santo são sujeitos do anúncio salvífico, segundo diferentes tarefas. "Toda a Igreja, portanto, é chamada para evangelizar; no seu grêmio, porém, existem diferentes tarefas evangelizadoras que hão de ser desempenhadas. Tal diversidade de serviços na unidade da mesma missão é que constitui a riqueza e a beleza da evangelização" (EN 66).

A Igreja latino-americana, diante do contexto do continente, vem ressaltando a importância dos pobres como sujeitos de evangelização. O pobre proclama o evangelho através de seu clamor: "clamor do povo oprimido que vive sua esperança e a sua fé no meio da crucifixão.... o clamor do povo de Deus, o clamor dos pobres e dos oprimidos ainda é a expressão da esperança. O povo dos pobres oprimidos ainda hoje vive na esperança e da esperança".[110] Dom Helder sempre buscou demonstrar esta união entre o clamor dos oprimidos e a vontade salvífica de Deus:

> Quem vive em áreas onde milhões de criaturas humanas vivem de modo subumano, praticamente em condições de escravidão, se não tiver surdez de alma, ouvirá o clamor dos oprimidos. E clamor dos oprimidos é a voz de Deus.
>
> Quem vive em países desenvolvidos e ricos, onde existem zonas cinzentas de subdesenvolvimento e de miséria, se tiver antenas espirituais, ouvirá o clamor silencioso dos sem-vez e sem-voz. E o clamor dos sem-vez e sem-voz é a voz de Deus.
>
> Quem é despertado para as injustiças geradas pela má distribuição da riqueza, se tiver grandeza d'alma, captará os protestos silenciosos ou violentos dos pobres. E o protesto dos pobres e á voz de Deus,
>
> Quem acorda para as injustiças nas relações entre países pobres e impérios capitalistas ou socialistas, nota que, em nosso tempo, as injustiças já não ocorrem apenas entre indivíduos e indivíduos, ou entre grupos e grupos, mas entre países e países. E a voz dos países injustiçados é a voz de Deus.[111]

Os pobres proclamam o evangelho pelo seu sofrimento em suas dores e angústias, mas, acima de tudo, são clamor de esperança de quem coloca a fé em Deus como base de seu viver em busca de justiça e libertação. "No meio de sua miséria, conseguem ainda viver valores fundamentais da utopia de Jesus: a solidariedade, a partilha,

---

110 COMBLIN, J. "Sujeito e horizontes novos"..., 226.
111 CAMARA, H. *O deserto é fértil...*, 23-24.

a fraternidade, a paciência histórica, a fé na providência e a esperança contra toda esperança. Destas realidades vive a existência cristã. É esta vivência dos pobres que evangeliza a hierarquia e a todos os demais cristãos que não perderam o sentido de observação e a sensibilidade para os valores evangélicos".[112] E dentro deste anúncio da boa-nova realizada pelos pobres aos pobres encontra-se uma das grandes esperanças de Dom Helder: o pobre acreditar no pobre:

> Procurai medir todo o alcance do canto do povo: "eu acredito que o mundo será melhor, quando o menor que padece acreditar no menor".
>
> O povo está sabendo que os direitos humanos foram proclamados pelas Nações Unidas, mas são criação de Deus, que os inscreveu em nossa carne e em nosso espírito.
>
> O povo sabe que forças humanas podem pisar estes direitos, mas que não existe força humana capaz de aboli-los.
>
> O povo sabe que é loucura enfrentar, com violência e com armas, seus professores, e está decidido a não aceitar provocações.
>
> O povo sabe que sua arma é sua união pacífica, não para pisar nos direitos de outros, mas para não permitir que ninguém venha pisar direitos que ele não recebeu de governos, nem de ricos, mas do próprio Criador e Pai.
>
> O povo sabe que o povo unido é Deus com o povo. Vamos completar nossa independência política, com nossa independência econômica e nossa independência cultural.[113]

Para Dom Helder outro sujeito importante na ação evangelizadora é o jovem. Dom Helder sublinha que, na ação evangelizadora, o evan-

---

112 BOFF, L. *Nova evangelização...*, 58-59.
113 CAMARA, H. "Pedagogia e humanismo", in CARAMURU DE BARROS, R. e OLIVEIRA, L. (Orgs.). *Dom Helder: o artesão da paz...*, 227.

gelizador deve unir a dedicação ao reino de Deus com a sensibilidade à esperança do povo, agindo sempre numa perspectiva de diálogo e de coragem profética.

5 DESTINATÁRIOS

A evangelização, a proclamação do anúncio salvífico de Deus, segundo o mandato de Cristo, é destinada a toda humanidade: "Ide por todo o mundo, proclamai o Evangelho a toda a criatura" (Mc 16,15). O projeto salvífico de Deus, radicado em Cristo, quer salvar a todos os homens: Cristo, encarnando-se, tornou-se solidário com toda humanidade, é o salvador do mundo (cf. Jo 1, 29, 1Jo, 2,2). Pela atuação do Espírito Santo a proposta salvífica deve ir a toda a humanidade. Portanto, a ação evangelizadora da Igreja se destina a todos, em todos os tempos, até os confins da terra, para que todos participem da proposta de Deus e tenham vida e vida plena.[114]

Dentro da universalidade da evangelização a Igreja defronta-se com interrogações e situações que marcaram e marcam o rumo de suas opções e atuações. (cf. EN 50-57 PUEBLA, 365-367). No contexto latino-americano a Igreja, a partir de Medellín, diante da realidade assume uma opção no que se refere aos destinatários e faz a opção preferencial pelos pobres. Opção que se faz considerando a evangelização fundamentada no encontro entre a fé (plano salvífico de Deus) e a realidade (contexto latino-americano). "Diante dos sofrimentos de nossa gente, humilhada e oprimida, há tantos séculos em nosso País, vemo-nos convocados pela Palavra de Deus a tomar posição. Posição ao lado do povo. Posição juntamente com todos aqueles que, com o povo, se empenham pela

---

114 Sobre os destinatários da evangelização: MOESCH, O. *A Palavra de Deus...*, 168-175; AGOSTINI, N. *Nova evangelização e opção comunitária...*, 177; PIXLEY, J. e BOFF, C. *Opção pelos pobres...*, 248-275; GUTIÉRREZ, G. "A irrupção do pobre na América Latina e as comunidades cristãs populares", in TORRES, S. *A Igreja que surge da base*. São Paulo: Paulinas, 1982, 198; SANTOS, Beni dos. "Introdução a uma leitura do documento a partir da opção preferencial pelos pobres" in CELAM, *Conclusões da Conferência de Puebla*. São Paulo: Paulinas, 1984[6], 57.

verdadeira libertação...".[115] Uma fé que implica no acreditar em Deus e assumir o homem na totalidade de sua existência e nas situações e desafios da história; ela resgata o homem em sua totalidade, em todas as suas dimensões. E no encontro com a realidade latino-americana vê uma situação marcada pela pobreza e miséria, opressão e exploração, que não é visualizada apenas como a soma de fatos isolados, mas analisada criticamente, compreendida a partir dos mecanismos que mantêm e reproduzem uma condição de injustiça institucionalizada. A fidelidade ao Evangelho significa neste contexto engajar-se do lado pobre, do lado da libertação, por uma transformação progressiva, profunda e radical das estruturas sociopolítica e econômica.

> É claro que, cônscios das nossas frequentes omissões e desacertos, ao longo da história da nossa igreja no Brasil, sentimo-nos impotentes e intimidados frente a tão grande tarefa. Repetimos espontaneamente a queixa de Moisés a Javé: 'Quem sou eu para ir ter com Faraó?' Mas sentimos também a força do Alto, a graça daquele que nos enviou. 'Eu estarei contigo, respondeu Deus' (Êx 3,11-12).
>
> Não se diga, entretanto, que não nos cabe falar concretamente da realidade humana, relegando-nos assim a um suposto plano espiritual. Para nós o plano espiritual abrange o homem todo, em todas as suas dimensões, desde que seja visto à luz do inapelável julgamento de Deus, e sob a ação totalizante de seu Espírito.
>
> É, pois, também nosso direito e nosso dever tratar, como pastores, de problemas humanos; por conseguinte, de questões econômicas, políticas e sociais, na medida em que nelas o homem está em jogo e Deus está comprometido.
>
> Na verdade, nosso compromisso, se formos fiéis ao Evangelho, é com o povo. Com sua esperança. Com sua libertação.

---

115 Bispos e superiores religiosos do Nordeste. "Eu ouvi os clamores do meu povo", in *SEDOC* 6 (1973).

Por ventura, não foi com ele que Deus se comprometeu? (...) A nossa responsabilidade de pastores continua a este homem, dentro do seu contexto histórico. Somos servidores, ministros da libertação.[116]

Percebemos, ainda nesta declaração dos bispos e superiores do Nordeste, que o vínculo entre a evangelização e a opção preferencial pelos pobres é uma questão essencial, vital para a Igreja que procura ser fiel a Jesus Cristo, num contexto onde milhões de pessoas em situação subumana têm a vida ceifada não por flagelos naturais, mas por causa da organização e estruturação social.

A Igreja latino-americana ressaltou que a sua opção pelos pobres é uma opção preferencial e não exclusiva, pois a exclusividade retiraria a força histórica de tal opção, assim descrita por Gutierrez:

> O que tornou a opção pelos pobres insuportável para muitos foi precisamente a pretensão de anunciar o Evangelho na dialética de uma universalidade e que passa por uma particularidade, por uma preferência. A partir dessa preferência o Evangelho torna-se uma palavra dura e exigente para os privilegiados de uma ordem social injusta, ao passo que a 'exclusividade' os deixaria à margem desse anúncio, que se reveste de uma denúncia de tudo aquilo que explora e oprime o pobre. O Evangelho dirige-se a todo ser humano, mas demonstra uma predileção pelo pobre – e é por isso que ele é proclamado a partir da solidariedade com os oprimidos.[117]

É uma opção evangélica, alicerçada no fato de que ele é amado preferencialmente por Deus, por sua condição de pobre.

---

116 Ibid., "Eu ouvi os clamores do meu povo", in *SEDOC* 6 (1973).
117 GUTIERREZ, G. *A força histórica dos pobres...*, 198.

O compromisso evangélico da Igreja, como disse o papa, deve ser como o de Cristo: um compromisso com os mais necessitados (cf. Lc 4, 18-21; Discurso Inaugural III, 3). Por conseguinte, a Igreja deve ter os olhos em Cristo quando se pergunta qual há de ser a sua ação evangelizadora. O Filho de Deus demonstrou a grandeza deste compromisso ao fazer-se homem, pois identificou-se com os homens tornando-se um deles, solidário com eles e assumindo a situação em que se encontram, em seu nascimento, em sua vida e, sobretudo, em sua paixão e morte, na qual chegou à expressão máxima da pobreza (PUEBLA 1141).

É uma opção evangélica que tem uma consequência política, pois os pobres são fruto de uma estrutura sociopolítica e econômica e resultado de um processo conflitivo, foram e são criados pelos mecanismos opressores. (cf. PUEBLA 1136). Dom Helder em sua linguagem particular diz que os "pobres foram 'fabricados' pela abundância"[118] para designar que na América Latina "há privilegiados cuja fortuna é mantida à custa da miséria de milhões".[119]

Portanto, esta realidade de pobreza não é a pobreza evangélica; "a pobreza que Cristo incluiu entre as Bem-aventuranças é a condição de quem só tem o essencial para viver com sua Família – mas tem o essencial; e de quem pode tentar melhorar de condição de vida, mas sem cair na ganância, na aflição, no egoísmo, sem perder a tranquilidade e a paz".[120] Pobreza evangélica consiste na disponibilidade para acolher a Deus e ao próximo, através de um estilo de vida sóbrio e na liberdade existencial frente à riqueza. Sobre a liberdade existencial diante da riqueza Dom Helder reflete: "Cheguei a pensar, em minha infância, que Cristo talvez tivesse exagerado ao falar do perigo da riqueza. Hoje, sei que é dificílimo ser rico e conservar entranhas humanas. O dinheiro

---

118 CAMARA, H. "A pobreza na abundância", in Id., *Utopias peregrinas...*, 41.
119 Ibid., 41.
120 Id., "O outro desenvolvimento e os pobres", in Id., *Utopias peregrinas...*, 116.

costuma pôr perigosas escamas nos olhos e costuma gelar as criaturas (as mãos, os olhos, os lábios e coração resfriam perigosamente). Daí a convicção de que é democrático e cristão ajudar a fraqueza humana com uma equilibrada, firme e justa pressão moral na base de uma ação não violenta".[121]

A pobreza de que falávamos é uma pobreza antievangélica, "sinônimo de exploração, de opressão, de situação desumana. Trata-se da pobreza de dimensão sociopolítica, isto é, generalizada e estrutural".[122] Para Helder esta pobreza precisa de um nome diferente: "as nações Unidas se viram na contingência de falar em pobreza absoluta, e, em nossos Países Latino-americanos, não vacilamos em chamar de miséria".[123]

Outro aspecto da opção preferencial pelo pobre é que esta não designa apenas o indivíduo, mas a classe social explorada, a raça marginalizada, excluída.[124] Pobre "são os que sofrem de fundamental carência econômica. São os que estão privados dos bens materiais para uma existência digna. (...) A pobreza hoje é uma questão social, estrutural e massiva. Pobres são classes, massas e povos inteiros. Isso dá na vista sobretudo nos centros urbanos do 'Terceiro Mundo', são favelas, os bairros populares e também a zona rural abandonada".[125] Dom Helder assim descreve a realidade de carência econômica para uma vida digna:

> Miséria, ou Pobreza absoluta é a condição de quem nada possui: falta emprego, falta dinheiro, falta casa, falta comida, falta roupa, falta transporte, falta um mínimo que ajude a salvaguardar respeito à dignidade humana. Falta instrução, falta saúde....

---

121 Id., Revolução dentro da paz..., 193-194.
122 Santos, B. dos. "Introdução a uma leitura do documento...", 57.
123 Camara, H. "O outro desenvolvimento e os pobres...", 116.
124 Poeticamente assim expressa Dom Helder essa realidade: "Samaritano /Bom Samaritano/ reparastes/ quem está caído/ à beira da estrada,/ espoliado, abatido/, semimorto?// É o próprio Terceiro Mundo./ Ótimo/ que lhe ponhas nas feridas/ óleo e vinho/ Ótimo/ que o leves à hospedaria / e lhe pagues a assistência.// Faze mais, Samaritano./ faze o principal:/ denuncia os espoliadores,/ que afirmando-se/ e provavelmente julgando-se/ amigos e protetores/ são responsáveis/ pelo estado em que encontras/ o Mundo Subdesenvolvido". Id., *Palavras e reflexões...*, 97.
125 Pixley, J. e Boff, B. *Opção pelos pobres...*, 19.

Adulto passar fome ainda se aguenta. Ver, ouvir Criança chorando com fome e, sem compreender o que se passa, querer pão, querer pão, é de levar ao desespero. Não raro, o Homem prefere partir para tentar trabalho seja onde for.

Não raro, o Homem parte para assaltos e Adultos iniciam Crianças nestes assaltos e surgem entre os Menores Abandonados os Pivetes que, no Brasil, chamamos de Trombadinhas.

Há os pobres da rua, que procuram comida no lixo, dormem onde há algum espaço vazio, não raro no patamar das Igrejas...

Crianças se prostituem: há casos de gravidez em idade que se diria infantil e há prostituição de Meninas para satisfazer a impotência de Velhos...[126]

Optar envolve uma ação prática efetiva, uma concreta ação de libertação. Ação esta que para Helder deve ser feita

sem esquecer fraquezas e pecados sociais de ontem e de hoje, pecados dos quais, até como Povo, temos a responsabilidade de sentirmo-nos chamados a ajudar a superar absurdos terríveis que mantêm 2/3 da humanidade em condições de vida infra-humana, como: a miséria; a Negação da Liberdade humana em suas manifestações de fé, de pensamento, de arte, de cultura, inclusive de relações humanas...; o Racismo; a Guerra...; a Corrida Armamentista...; a Avidez dos Imperialismos de ontem, de hoje e de amanhã...[127]

Evangelizando os pobres a Igreja é também por eles evangelizada. No processo de evangelização os pobres participam não como destinatários passivos, um simples objeto de ajuda sem nada a dar ou a parti-

---

126 CAMARA, H. "O outro desenvolvimento e os pobres...", 116-117.
127 Id., "Prêmio Roma-Brasília cidade de Paz, 1986...", 123.

lhar, mas como sujeitos de sua história e de sua libertação, saindo de uma acomodação deliberadamente mantida, quando não reforçada, e de visão religiosa fatalista e mágica. Para Dom Helder neste processo vivido pela Igreja, de evangelizar e ser evangelizada pelos pobres, está uma das maiores riquezas da opção preferencial pelos pobres, na qual a inspiração divina fez com que se descobrisse a importância do trabalhar com os pobres e não apenas para os pobres:

> O sopro de Deus que leva a Igreja a não apenas trabalhar para os pobres, mas com os pobres, parece diferença pequena; no entanto é enorme. Quando trabalhamos apenas para os pobres, nós somos os inteligentes, os que temos ideias, projetos, o prestígio, o dinheiro e vamos ajudar aquela pobre gente.... Quando trabalhamos com os pobres, nós os ajudamos a sentirem-se gente, mesmo quando as condições em volta são subumanas, nós os ajudamos a sentirem-se filhos de Deus: nós fazemos questão de provar que sabemos que, mesmo quando não sabem ler, nem escrever, sabem pensar e conhecem, rapidamente, o meio onde se acham e têm ideias de como melhorar o lugar de seus barracos e até de descobrir algum trabalho ou subtrabalho.[128]

A participação do pobre no seu processo evangelizador proporcionou e proporciona à Igreja latino-americana descobrir o potencial evangelizador dos pobres. "O compromisso com os pobres e oprimidos e o surgimento das Comunidades de Base ajudaram a Igreja a descobrir o potencial evangelizador dos pobres, enquanto estes a interpelam constantemente, chamando-a à conversão, porque muitos deles realizam em sua vida os valores evangélicos de solidariedade, serviço, simplicidade e disponibilidade para acolher o dom de Deus" (PUEBLA, 1147). Neste potencial evangelizador encontra-se o esforço para viver comunitaria-

---

128 Id., "A Igreja dos pobres", in CARAMURU, R. BARROS e OLIVEIRA, L. (Orgs.). *Dom Helder: O artesão da paz...*, 316.

mente a fé e a Igreja procura levar os pobres a unirem-se na fé e agirem pela fé: "E é na fé que são vividos os direitos humanos que o povo aprende como sendo criação de Deus. E é na fé que os pobres aprendem a unir-se; a ser, de fato, comunidade, família de Deus".[129]

Em sua ação evangelizadora, além da opção pelos pobres e baseada nela, Dom Helder sempre demonstrou uma atenção especial em evangelizar os jovens, os universitários e os intelectuais – com destaque para o seu carinho especial pelos jovens. Dom Helder faz uma distinção entre a verdadeira e falsa juventude. Para ele, 'falsa juventude' é quando "um jovem ou uma jovem, mesmo na flor da idade, (...) contempla o mundo como feito de liquidação, como mágica idiota, como absurdo sem saída e sem fim, já é um velho (...)".[130] A verdadeira juventude é quando o "jovem-jovem, jovem de verdade, tem sede de conhecer os grandes problemas humanos. Não os teme. Não entra em pânico. E vibra por viver em tempos nos quais a comunicação supõe medidas profundas e ciclópicas, de aproximação não só entre homens ou entre classes, mas também entre mundos...".[131] E ressalta que a grande qualidade do jovem é a busca de coerência e não tolerar a hipocrisia: "uma das razões de os jovens se entenderem tão facilmente com Jesus Cristo – sempre que lhes é apresentado o Cristo do Evangelho, e não uma distorção, uma caricatura do Mestre –, uma das afinidades entre os jovens e Cristo é que o Cristo, tão generoso e largo com os pecadores, não tolera farisaísmo".[132] Dom Helder assim demonstra sua esperança na força da juventude:

> O que ando procurando entre os jovens são as novas lideranças de amanhã, capazes de unir, sem de modo algum unificar, estas minorias famintas e sedentas de justiça. Ando procurando

---

129 Id., "A Igreja dos pobres...", 318.
130 Id., "Comunicação, juventude, participação", in Caramuru de Barros, R. e Oliveira, L. (Orgs.). *Dom Helder: o artesão da paz...*, 245.
131 Ibid., 245.
132 Id., "Só a verdade vos libertará!", in Caramuru de Barros, R. e Oliveira, L. (Orgs.). *Dom Helder: o artesão da paz...*, 264.

os jovens que irão descobrir o segredo de entrosar, articular, em torno de objetivos prioritários, as minorias diversas, mas todas tendo o denominador comum de desejar, sem violência, mas com decisão, a mudança de estruturas que oprimem mais de 2/3 da humanidade.[133]

Para Dom Helder a grande causa que a juventude deve abraçar, dedicando-lhe a vida é "completar a libertação dos escravos sem nome e que são, hoje, dois terços da Humanidade; completar a independência política dos países que conquistaram a própria soberania, encorajando-os a obter a independência econômica, sem a qual de pouco adiantará o próprio ingresso na ONU".[134]

Para Dom Helder, em sua ação evangelizadora junto aos jovens, a Igreja é convocada de um modo especial a converter-se: "é urgente evitar que os jovens se convençam de que a Igreja é mestra em preparar grandes textos e sonoras conclusões, sem a coragem de levá-las à prática".[135]

Outra preocupação de Dom Helder é o diálogo ecumênico. O Ecumenismo em sentido amplo: "o Espírito Divino sopra sobre todas as Religiões, convidando-as a olhar muito mais o que une do que o que divide e separa, e isto diante da necessidade de somar esforços para ajudar a preparar um Mundo sem tanta violência, sem tanto ódio, sem tanta injustiça: um Mundo mais justo e mais humano...".[136] Neste seu buscar descobrir o que une, Dom Helder sublinha:

> Compartilhamos: uma convicção da unidade fundamental da família humana e da igualdade e dignidade de todos os seres humanos; um sentido do sagrado em cada indivíduo e sua consciência; um sentido do valor da comunidade humana; a

---

133 Id., "Força do Direito ou direito da força!?...", in Caramuru de Barros, R. e Oliveira, L. (Orgs.). *Dom Helder: o artesão da paz...*, 169.
134 Id., O Deserto é fértil..., 39.
135 Id., "São Francisco, Santo do nosso tempo", in Id., *Utopias peregrinas...*, 95.
136 Id., "Pertinência de uma aparente impertinência", in Id., *Utopias peregrinas...*, 128.

compreensão de que força não é razão; que o poder humano não é autossuficiente e absoluto; uma crença de que o amor, a compaixão, o desprendimento, e a força interior da veracidade e do espírito têm, essencialmente, maior poder do que o ódio, a inimizade, o egoísmo; um sentido de obrigação de ficar ao lado do pobre e do oprimido, contra o rico e o opressor; e a profunda esperança de que a boa vontade finalmente prevalecerá.[137]

Portanto, Dom Helder ressalta a importância do diálogo religioso para poder criar um mundo mais justo e mais humano através da luta pela justiça ao lado do oprimido.

6 CONTEXTO

A partir de Medellín a Igreja latino-americana, diante da realidade do continente, constatou uma contradição existencial, intrínseca e inegável: a coexistência da extrema pobreza, miséria e marginalização da maioria da população latino-americana em uma realidade estruturada em valores antievangélicos num continente que se diz cristão, católico (cf. Puebla, 28; 29; 437; 542; 1129).[138] Esta realidade de pobreza, miséria, marginalização e exclusão social "aumenta não apenas quantitativamente mas também qualitativamente, num processo escandaloso de miséria e exclusão social, étnica e cultural. É dentro dessa realidade conflitiva e excludente que devemos dar nossa resposta à interpelação da fé".[139] É neste contexto que a evangelização conclama os cristãos a um testemunho explícito da fé, através do compromisso com mudanças qualificativas em função da libertação das massas empobrecidas.

---

137 Id., "Colaboração do Budismo para a Paz Mundial", in Id., *Utopias peregrinas...*, 104.
138 Sobre o contexto da evangelização: CARVALHEIRA, M. P. "A caminhada...", 309; NETO, L. *Fé cristã e cultura latino-americana*, 101-102; FREITAS, M. C. de. "América Latina: 500 anos de evangelização", 33-35; MOESCH, O. *A Palavra de Deus...*, 135-136.
139 CALIMAN, C. "Aproximação, solidariedade e identificação...", 39.

Dom Helder analisa esta realidade de contradição com os valores cristãos de forma ampla - a sua reflexão engloba o nordeste, região mais pobre do Brasil; o Brasil; a América Latina e o Terceiro Mundo -, afirmando que 2/3 da população mundial que vive em situação subumana vive sob a influência do cristianismo. Para Helder esta situação de miséria é tão grave como a guerra nuclear ou aquela bioquímica,[140] que esmaga a pessoa humana, a ponto de não ser possível incluir no mundo livre os dois terços da humanidade que vegetam em situação infra-humana,[141] fruto de um sistema capitalista que age geralmente de maneira sutil e sofisticada – "em todas essas manobras e artifícios, meio misteriosos, algo fica bem claro: é pouco ou nenhum o interesse pela pessoa humana. Nas operações destinadas a conseguir o máximo de lucro, o custo humano não entra nas considerações".[142] O sistema capitalista cria uma enorme distância entre os países pobres e ricos, "existe uma fissura sísmica, profundamente rasgada na crosta sociológica do Mundo. Está produzindo e produzirá, certamente, violentos abalos e silenciosos tremores de terra, se as Nações Ricas não fizerem um esforço muito mais profundo para tentar fechar esta brecha que divide a metade Norte e próspera do Mundo, da metade Sul, devorada pela fome. Ninguém se poderá sentir seguro, mesmo dispondo dos maiores depósitos de bombas".[143] E segundo Helder "é injusto afirmar que são países pobres porque são países de pessoas de cor, sem inteligência, sem vontade de trabalhar, sem honestidade, e prolíficos como coelhos. Os países pobres tornam-se sempre mais pobres porque a ambição capitalista comete injustiças desumanas na política econômica comercial".[144]

Dentro deste contexto, para Helder, dois grandes problemas precisam ser superados: o colonialismo interno e o colonialismo externo.

---

140 Cf. CAMARA, H. "Esmagados por uma tríplice violência", in Id., *Utopias peregrinas...*, 50.
141 Cf. Id., Revolução dentro da paz..., 112.
142 Cf. Id., "Mais perto ou mais longe da paz?", in Id., *Utopias peregrinas...*, 61.
143 Frase de Roberto MacMara, ex-Secretário de Defesa dos EUA e presidente do Banco Mundial citada por CAMARA, H. "A Igreja na América Latina: hoje", in Id., *Utopias peregrinas...*, 85.
144 CAMARA, H. "Cristianesimo tra socialismo e capitalismo...", 15-16.

A afirmação de Dom Helder sobre o colonialismo interno é baseada no documento de Medellín, onde os bispos latino-americanos afirmam que o colonialismo interno cria, "tanto nas zonas rurais, como nas urbanas, marginalizações sociais, econômicas, políticas, culturais, raciais e religiosas". (Medellín, Paz 6). Dom Helder cita sempre como exemplo o caso do Brasil: "o Brasil tem dentro das próprias fronteiras uma síntese do mundo: o Sul, desenvolvido, se afoga dentro do Nordeste, do Norte e do Centro-Oeste, em desenvolvimento. No dia em que sensibilizarmos a inteligência e o coração dos empresários do Sul, levando-os a entender, na prática, a necessidade de ajudar fraternalmente o Brasil em desenvolvimento, nesse dia teremos força moral para falar ao mundo desenvolvido".[145] E, principalmente, a marginalização agrária. Hoje se fala na realidade de exclusão social e da necessidade de inclusão; Dom Helder, na época, usa o conceito de desintegração e de luta pela integração.[146] O colonialismo interno, que, para Dom Helder é a violência número 1, é a violência instalada pelos opressores: "um pequeno grupo de privilegiados, cuja riqueza é mantida sobre a miséria de milhões de concidadãos"[147]. O que, embora seja um fenômeno mundial, no continente latino-americano assume uma dimensão particularmente agressiva, gerando desigualdades excessivas que impedem sistematicamente a satisfação das legítimas aspirações das massas.[148]

O colonialismo externo, a violência número 2, é exercido pelo mundo desenvolvido contra o mundo subdesenvolvido, criando uma marginalização política, econômica e social. Segundo Dom Helder apenas a independência política, sem a independência econômica, é uma independência nula.[149]

A soma do colonialismo interno e do colonialismo externo gera uma situação subumana:

---

145 Id., *Revolução dentro da paz...*, 156,
146 Cf. Id., *Revolução dentro da paz...*, 154-155.
147 Id., "Esmagados por uma tríplice violência....", 50.
148 Cf. Ibid., 50.
149 Cf. Id., Revolução dentro da paz..., 111.

No terceiro mundo, as massas vegetam em condições infra-humanas e não serão capazes de uma resposta autêntica. Esmagados contemporaneamente pelo colonialismo interno e do neo-colonialismo, estes 'sub-homens' estão submersos no fatalismo, na desesperação e no medo. São incapazes, para o momento, de compreender em sua plenitude o dom divino da liberdade. Atrofiados pela miséria e domesticados pela 'cultura do silêncio', se sentem mais próximos do cactos do que dos homens. A liberdade, para eles, é ainda um desejo não expresso e condenado a permanecer assim. Sem dúvida, são potencialmente verdadeiros homens, dotados de inteligência, mas neles a consciência social e a ideia da liberdade são apenas um vislumbre.[150]

E paira no ar um clima de angústia, de insatisfação, de pré-revolução:

As Massas latino-americanas – mal alimentadas, mal vestidas, sem habitação, sem um mínimo de condições de educação e de trabalho, vivendo uma religião fatalista e mágica – não tinham sequer condições de rebelar-se. Mas assim como os Negros norte-americanos foram impelidos à violência, vive-se, na América Latina, um clima de pré-revolução, consequência da cegueira e do egoísmo de Governos e Poderosos. Há leis de ordem de base que ficam no papel. Há órgãos para aplicar as leis, órgãos que parecem feitos para adiar ou desfigurar as mudanças profundas e rápidas que se impõem. Há entraves práticos, por pavor anticomunista, ao funcionamento eficaz dos instrumentos de promoção social como o sindicato, a cooperativa, a educação de base.[151]

---

150 Id., "Uomo, vuoi essere libero?", in Id., *Violenza dei pacifici...*, 148.
151 Id., "A pobreza na abundância", in Id., *Utopias peregrinas...*, 41-42.

Enfim, Dom Helder, diante do contexto latino-americano e ampliando-o para o terceiro mundo, critica o sistema capitalista ao constatar que a distância entre os países pobres e ricos cresce cada vez mais, e acredita que a solução para superar este estado de marginalidade econômica, política e social se dará através da superação do colonialismo interno e do colonialismo externo, ou seja, da independência política e da independência econômica. Para Helder a ordem social tem necessidade de profundas revisões, pois a ordem econômica instituída é criadora de escravos e a ordem política, enganadora e comprometida; somente a verdadeira ordem (social, econômica, política) nos salvará da desordem e do caos.

Diante desta visão angustiante da realidade a Igreja latino-americana procura responder ao desafio – que a vida vença a morte que ronda e golpeia, antes do tempo, milhões de seus filhos, por pura injustiça social, ou seja, que a vivência da Boa-Nova supere a realidade de pecado estrutural. E, a partir de Medellín, a Igreja latino-americana assume e busca realizar um projeto de evangelização pertinente à sua realidade, respondendo aos desafios e sendo uma palavra libertadora, a partir de uma opção decorrente da Boa-Nova do Reino – a opção preferencial pelos pobres –, com uma estratégia pastoral correspondente: a opção pela evangelização libertadora. Portanto, a partir de Medellín, é feita a opção prioritária pela Boa-Nova, o Evangelho, desvinculada de qualquer tipo de interesse relacionado ao poder político e econômico, e como consequência assume-se a opção preferencial pelos pobres.

Dom Helder entende que, diante do desafio de anunciar a Boa-Nova e fazer com que a vida vença a morte, a Igreja deve, em primeiro lugar, fazer uma reflexão sobre sua ação evangelizadora, reconhecendo que a Igreja de Cristo é santa e pecadora: "É santa, em seu Divino Fundador Jesus Cristo e no Espírito Divino, que a acompanha sem cessar. Mas é entregue à nossa fraqueza humana, e precisa sempre de reformas e conversão. A Igreja de Cristo não precisa de nossas piedosas mentiras. Ela aprendeu, com o seu Fundador e Mestre, que só a verdade nos libertará...",[152] e quando a fraqueza humana danifica a Igreja o Espírito Santo atua, convocando-a a converter-se: "Quando estamos quase comprometendo a Igreja de Cristo, o Espírito Santo interfere, arrancando-a da engrenagem em que a metemos. Ela sai machucada, ferida, mas bela como nunca...".[153] E para isso é necessário olhar o passado para entender o presente e discernir as ações futuras.

Dom Helder olha o passado "sem julgar, porque não podemos julgar, e, ainda menos, sem julgar o passado com a visão de hoje"[154], e observa que houve algumas conivências dolorosas, a primeira no período da descoberta e da colonização da América Latina: "com as melhores intenções, a Igreja acompanhou os descobridores, presenciou o esmagamento de culturas e a escravidão. De acordo com a mentalidade da época, aceitou impor a fé aos Nativos, como consolo e promoção...".[155] Dom Helder propõe visualizar as "descobertas" a partir do ângulo do continente latino-americano: "O Continente Latino-Americano não estava vazio. Milhões de Nativos o povoavam, com suas culturas, seus sistemas de vida e convivência, suas crenças, sua economia. Quando, partindo da Península Ibérica, chegaram os 'Descobridores', o Homem branco, civilizado e cristão, considerou como inexpressivo e sem valor todo o passado dos Nativos. Houve a 'descoberta' e só a partir daí Povos e Terras começaram a existir".[156] E neste processo "foram impiedosamente esmagadas as culturas dos nativos, mesmo no caso de culturas avançadas como as dos Maias e

---

152 Id., "A Igreja na América Latina: hoje", in Id., *Utopias peregrinas*..., 84.
153 Id., "Evangelização no início do 4º século da diocese de Olinda", in Potrick, M. B. (Org.). *Dom Helder: pastor e profeta*..., 132.
154 Id., Palavras e reflexões..., 87.
155 Id., "A Igreja na América Latina: hoje", in Id., *Utopias peregrinas*..., 84.
156 Id., "A Igreja na América Latina: hoje", in Id., *Utopias peregrinas*..., 79.

dos Astecas".[157] E, às que sobreviviam, "a tendência foi ou a de escravizar os Nativos, ou, quando eles reagiam e não aceitavam a escravidão, haver guerras de extermínio".[158] E neste período "a religião, era praticamente imposta como consolo e promoção".[159]

A segunda conivência dolorosa foi a estreita ligação com o governo e com os ricos, o que levou a Igreja, em sua ação evangelizadora, a ter como grande preocupação a manutenção da ordem social e da autoridade.[160] Esta aliança teve como consequências: a) uma forte preocupação com as consolidações temporais do poder eclesial central;[161] b) ser suporte do colonialismo interno e o não perceber as injustiças;[162] c) um cristianismo apoiado no poder econômico e em uma vida de prestígio,[163] criando no povo um sentimento passivo, fatalista e mágico[164], proporcionando aos ricos uma consciência tranquila; ou seja, foi apresentando à nossa gente um cristianismo sem clamar por justiça e sem defender o direito dos pobres,[165] agindo muitas vezes como ópio do povo.[166] Para Helder, não deixa de ser "curioso (...) que neste tempo, que se prolongou até os nossos dias, ninguém acusava a Igreja de fazer política. Parecia normal que a Igreja tivesse sido criada para ajudar a manter a Autoridade e a Ordem Social".[167] Dentro da mentalidade da época houve alguns pontos positivos; destacamos os dois principais,

---

157 Ibid., 79.
158 Ibid., 80.
159 Id., "O ano 2000. Desafio tremendo", in CARAMURU BARROS, R. e OLIVEIRA, L. (Orgs.). *Dom Helder: O artesão da paz...*, 231.
160 Cf. Id., "Abertura fraterna de diálogo...", in POTRICK, M. B. (Org.). *Dom Helder: pastor e profeta...*, 163.
161 Cf. Id., *Palavras e reflexões...*, 83.
162 Cf. Ibid., 87-88.
163 Cf. Id., "Evangelização no início do 4° século da diocese de Olinda...", 133.
164 Cf. Id., "A pobreza na abundância...", 46.
165 Cf. Id., "Resposta da Igreja à pobreza e à miséria, especialmente na América Latina", in CARAMURU BARROS, R. e OLIVEIRA, L. (Org.). *Dom Helder: O artesão da paz...*, 197-200.
166 Cf. Id., *Violenza dei pacifici...*, 113.
167 Id., "A Igreja na América Latina: hoje...", 84.

para Helder: o enraizamento da fé no povo e o socorro à pobreza e à miséria.[168]

Diante da situação de contradição do continente latino-americano e da interrogação '*que cristianismo é este?*', buscou-se escutar o clamor do povo (às vezes através de um gemido silencioso de dois terços da população latino-americana) gritando por justiça e por libertação. Surgiu um novo projeto de evangelização, insistindo na mensagem-testemunho do Evangelho com vistas à transformação social e não somente no seu aspecto doutrinal, como nos modelos anteriores da cristandade e da neocristandade. Este novo projeto proporcionou um resgate da credibilidade da ação evangelizadora da Igreja do continente.

Esta proposta de evangelização tem uma tríplice base: a) evangelizar significa anunciar uma boa notícia como seguimento a Jesus Cristo, que anunciou o Reino de Deus, principalmente aos necessitados: a Igreja proclama a Boa-Nova como mensagem universal e válida para todos os povos de todos os tempos, até quando o Reino anunciado se torne plenitude em toda a sua abrangência e significado escatológico. Diante da realidade latino-americana o Evangelho deve tornar-se a Boa-Nova, boa notícia principalmente para os pobres, os marginalizados, principais destinatários do anúncio salvífico de Cristo, e a cada dia tornar-se Boa Realidade; b) a partir da realidade do pobre, o empobrecido, a Igreja latino-americana muda de lugar social, o que lhe permite ler a realidade a partir do reverso da história e captar assim, de maneira mais pertinente, as exigências concretas da sua missão evangelizadora dentro do contexto do continente; c) um novo modelo eclesiológico seguindo a concepção de Igreja do Concílio Vaticano II, de Medellín e Puebla, o que supõe uma conversão dos velhos modelos eclesiais.

Para Dom Helder a evangelização tem como base a fidelidade à palavra de Deus e ao povo. A partir desta fidelidade a Igreja deve assumir uma posição de liberdade diante dos sistemas: *político* (através da comunidade cristã solidária, do povo, em que a Igreja toma corpo

---

168 Cf. Id., "Resposta da Igreja à pobreza e à miséria, especialmente na América Latina...", 197.

– apoiando e respeitando as revoluções que promovam os direitos humanos e sejam portadoras dos valores proclamados pelo Evangelho, dos quais deve ser testemunha a própria Igreja); *econômico* (a vocação cristã de serviço ao bem comum exige que a Igreja não esteja vinculada ao imperialismo econômico. Em consequência, ela não pode vincular-se a privilégios sociais ou ao dinheiro); e *social* (o cristianismo se reconhece solidário de todos os que buscam construir uma sociedade mais justa dentro do respeito da dignidade do homem e de seu trabalho).[169]

Para Dom Helder a ação evangelizadora da Igreja após o Concílio Vaticano II e Medellín, infelizmente, ocorre com um atraso de três séculos:

> A Igreja, ao menos na América Latina, tem a necessidade de rever a própria visão de triunfalismo das coisas: ela tem pecados de omissões a redimir....
>
> Hoje chegamos a uma visão talvez mais humilde e mais realística: se o cristianismo é a grande força espiritual do Continente, agora nós temos a nossa parte de responsabilidade na situação da América. O que nós fizemos para impedir que um pequeno grupo de privilegiados acumulasse as próprias riquezas a preço da miséria da grande massa? Que coisa fizemos para impedir que milhões de filhos de Deus caíssem em um condição de vida subumana?
>
> Se hoje nós damos às vezes a impressão de pressa, é porque na América Latina, para os cristãos, o nosso atraso é já de mais de três séculos....[170]

Em sua ação evangelizadora a Igreja deve purificar a religiosidade do povo – passiva, fatalista e mágica – e não apenas trabalhar para o povo, mas com o povo, no processo de conscientização, unindo o povo

---

169 Cf. Id., "15 obispos se comprometen en favor del tercer mundo", documento dos bispos, in Tapia de Renedo, B. *Hélder Câmara, Proclama a la Juventud...*, 134-136.

170 Camara, H. "Ingiustizia su scala mondiale", Id., *Violenza dei pacifici...*, 15.

e sendo força de resistência e libertação para transformar a realidade social a partir da fé. Dentro desta perspectiva Dom Helder elogia o trabalho das CEBs na América Latina: "não para pisar nos direitos dos outros, mas para não permitir que Ninguém pise nos direitos deles, que não são presente nem dos Governos, nem dos Ricos, mas do Criador e Pai, povo unido assim é invencível, porque é Deus com o Povo. E aqui se abre o trabalho maravilhoso das Comunidades de Base, em que buscamos viver e fazer viver, de modo pessoal e comunitário a nossa fé".[171]

Uma ótima síntese da proposta de Dom Helder sobre a ação evangelizadora encontramos nas diretrizes de evangelização na arquidiocese de Olinda e Recife:

> Ajudemo-nos, mutuamente, a viver a opção prioritária e sem exclusivismos pelos Pobres, dentro da linha do Vaticano II, de Medellín e da CNBB, tendo em vista, especialmente:
> - o empenho de, sempre mais e de verdade, preferir servir a ser servido;
> - o cuidado de sempre mais trabalhar com o Povo, em lugar de apenas trabalhar para o Povo;
> - tempo, inteligência e coração gastos para ajudar o Povo a libertar-se das tristes lições do egoísmo, individualismo e divisões, recebidas dos grandes;
> - o esforço de ajudar nossa Gente a acreditar no próprio valor, a caminhar com os próprios pés e a usar a própria cabeça;
> - o acompanhamento encorajador de toda autêntica evangelização popular e do toda tentativa autêntica de conscientizar o meio independente, para a necessária mudança de estruturas injustas, lembrados da palavra de Cristo, de que o impossível para os homens não é impossível para Deus....

---

171 Id., "A Igreja na América Latina: hoje...", 87.

Ajudemo-nos, mutuamente, a enfrentar e a ajudar a enfrentar, com a graça divina, a conversão em face dos pecados pessoais de cada um, e a conversão em face dos pecados coletivos das estruturas injustas que, não raro, bradam aos céus.... As duas conversões, longe de se excluírem, se integram, se completam.[172]

Para Helder o encontro da Igreja latino-americana com o povo pobre é sinal de esperança e de alerta para a Igreja: "A realidade duríssima vivida pelos nossos povos nos vem ajudando a abrir os olhos e a tomar posição decidida em favor dos Pobres. Como continuar sendo um dos principais suportes da 'Ordem Social' quando as Nações Unidas proclamam que mais de 2/3 da Humanidade se acham em condição subumana, de miséria e de fome?...".[173] Este olhar a realidade a partir da ótica do pobre permite à Igreja visualizar o aprendizado que esse faz no seu processo de libertação e na busca de seus direitos.[174]

Dentro da realidade latino-americana, sempre ampliando a reflexão para o contexto do terceiro mundo, torna-se cada vez mais evidente que a Igreja, apesar de todos os obstáculos e dificuldades, deve fazer prevalecer o seu direito de anunciar a Boa-Nova aos pobres, anúncio vinculado ao processo de humanização:

O nosso direito e dever de evangelizar, no sentido amplo e total da missão que Cristo confiou à sua Igreja. Não podemos reconhecer ao Estado o direito de encantonar a Igreja na Sacristia, admitindo apenas uma Evangelização desencarnada, separada da Humanização. Não podemos reconhecer ao Estado o direito de julgar nossa missão evangelizadora, incriminando-a de subversão e

---

172 Id., "Evangelização no início do 4° século da diocese de Olinda...", 135.
173 Id., "A Igreja na América Latina: hoje...", 85.
174 Cf. Id., "Apelo fraterno à Universidade Livre de Amsterdam", in Id., *Utopias peregrinas...*, 77.

comunismo. É muito cômodo procurar encobrir assim a denúncia de injustiças que oprimem a maior parte de nossa Gente.[175]

Esse direito deve ser exercido tendo como fundamento que se evangeliza a pessoa humana em sua totalidade e a vida do povo depende deste anúncio: "Temos o direito e a obrigação de dar todos os alertas que nos parecem necessários; de apresentar as denúncias que, em consciência, precisam ser feitas; de estimular, de perguntar, de sugerir, de entristecer-nos, de alegrar-nos, de interpelar os homens e de falar de Deus. A raiz do nosso direito está precisamente na convicção de que aqui se joga o destino da gente, que é nossa, carne de nossa carne, sangue de nosso sangue".[176]

Para exercer sua ação evangelizadora a Igreja deve superar algumas dificuldades: a reação por parte daqueles que não aceitam a Igreja envolvendo-se na problemática social a partir da ótica do povo;[177] a perda de prestigio social;[178] a tentação de uma Igreja verticalista ou horizontalista[179] e, principalmente, a circunstância de que "O que aflige da parte dos Países de abundância (e das Camadas de abundância dos Países de miséria) é a pobreza de visão, a pobreza de sentimentos e a pobreza de coragem".[180]

Enfim, para Helder, no contexto latino-americano de injustiça que conduz à morte, anunciar o evangelho significa anunciar a possibilidade de vida levando à humanização: "em nome de

---

175 Id., "Evangelização no início do 4° século da diocese de Olinda...", 134.

176 Id., *Revolução dentro da paz...*, 194.

177 Cf. Id., "Recrudescenza delle strutture di oppressione", in Id., *Violenza dei pacifici...*, 65.

178 Cf. Id., "A pobreza na abundância...", 47.

179 Na definição de Dom Helder, Igreja verticalista é aquela "que se ocupa inteiramente com Deus, com a vida eterna, com a oração, com os sacramentos, com a conversão dos pecados, com a catequese". E a horizontalista é uma Igreja que "a pretexto de amar o próximo, afoga-se em problemas econômico-sociais que não lhe pertencem, que se mete em política que não é capaz, que acaba se envolvendo com esquerdistas e agitadores perigosos, fazendo o jogo do Comunismo". Para vencer essas tentações é necessária a junção do vertical e horizontal, "tal como Cristo uniu os dois mandamentos, amor a Deus e amor ao próximo, que, juntos, resumem toda a lei e os Profetas". Id., "A Igreja na América Latina: hoje...", 88.

180 Id., "A pobreza na abundância...", 43.

Cristo, fazendo evangelização, em regiões como a nossa, chegamos, de cheio, à humanização. Os limites entre os dois campos são puramente teóricos, o que importa não esquecer é, que, teologicamente, a tarefa de evangelização não se confunde com a de humanização".[181] A vida em abundância trazida por Cristo deve iniciar na realidade histórica do povo.[182] A promoção humana que é uma exigência do evangelho exige que a Igreja colabore com o povo para a passagem de uma situação desumana para uma realidade verdadeiramente humana. Este processo é assim descrito por Dom Helder:

> Porque não haveremos, como povo, de dar o exemplo de viver o desenvolvimento como passagem de toda a população nacional e cada uma das frações que a compõem, de uma fase menos humana para uma fase mais humana?
>
> .... Fase menos humana é expressão que abrange todas as carências que afetam a humanidade: das carências materiais às carências morais e espirituais. Fase menos humana é expressão que se estende a qualquer tipo de estruturas opressivas: quer se trate de abusos do poder ou abusos da posse; de corrupção administrativa; de exploração por trabalhadores; de injustiça nas transações, do jogo de especuladores...
>
> Fase mais humana é sinônimo de obtenção do mínimo vital em alimento, saúde, habitação, vestimentos, educação, condições de trabalho, atendimento espiritual. Fase mais humana é, também e especialmente, a crença no Pai Celeste, a fé em Cristo, o exercício da caridade.[183]

---

181 Id., "Inauguração que vale um símbolo", in R. CARAMURU BARROS – L. OLIVEIRA (Orgs.), *Dom Helder: O artesão da paz...*, 99.
182 Cf. Id., "A Igreja na América Latina: hoje...", 89.
183 Id., Revolução dentro da paz..., 153-154.

7 EVANGELIZAR E HUMANIZAR

Em sua ação evangelizadora a Igreja transmite a fé na Santíssima Trindade e a verdade sobre o homem, anunciando o projeto salvífico de Deus não como proposta paralela ao projeto histórico da humanidade, mas como sua realização plena, articulando o projeto salvífico de Deus anunciado por Jesus Cristo, o Reino de Deus, a todas as dimensões do projeto histórico da humanidade. Na realização do projeto salvífico a Igreja, Povo de Deus, caminha na partilha e na comunhão de vida e de fé, busca a dignidade e a liberdade não somente dos cristãos, mas de todos os filhos de Deus, imagem e semelhança de Deus, através do mandamento do amor a Deus e ao próximo. A Igreja continuadora e seguidora de Jesus Cristo em sua obra redentora faz a opção evangélica pelos pobres, os empobrecidos, buscando realizar sua libertação integral, se faz servidora e pobre.

A Igreja em sua ação evangelizadora busca estabelecer a promoção humana. Promoção humana compreendida como processo global, envolvendo a totalidade da pessoa e da sociedade em busca de uma realização mais humana, na perspectiva do projeto salvífico de Deus, o Reino de Deus, e não como mero desenvolvimento de dimensões setorizadas da pessoa humana (social, política, econômica, cultural, etc.). A promoção humana é uma dimensão intrínseca da evangelização, estabelecida por meio do ensinamento social da Igreja, cujo princípio pertence à missão evangelizadora e é instrumento de evangelização.

A Igreja latino-americana em Medellín busca articular a compreensão de Jesus Cristo e a sua Boa-Nova, o Reino de Deus, com a realidade de injustiça institucionalizada do continente, mostrando que a evangelização deve ser feita na perspectiva da libertação integral. A *Evangelii Nuntiandi* afirma que o vínculo entre evangelização e libertação integral é de ordem antropológica, teológica e de caridade. Em Puebla continua-se a proposta de Medellín e da *Evangelii Nuntiandi*, reafirmando-se a libertação integral, principalmente na centralidade da opção preferencial pelos pobres no conjunto do serviço da ação evangelizadora da Igreja. Na reflexão teológica latino-americana, prefere-se usar o termo libertação integral ao invés de humanização: "dentro da tradição teológico-pastoral do continente, o conceito que melhor expressa o que se entende por 'promoção humana' é o conceito de 'libertação integral', entendido quer como processo histórico quer como meta a ser alcançada. Essa é a perspectiva de libertação que perpassa as conclusões de Medellín e de Puebla e define nossa tradição recente da reflexão teológica".[184] Dom Helder, em suas reflexões, conferências e meditações, usa dois termos – desenvolvimento integral e humanização – como sinônimo de libertação integral, isto compreendido dentro do desenvolver da reflexão da Igreja e do pensamento de Dom Helder.

Dom Helder, ao refletir sobre a presença da Igreja no mundo e no esforço do homem para humanizar o mundo, afirma: "a ninguém espanta a expressão humanizar: se o homem se liga a Deus, através do Homem-Deus, humanizar o mundo é tirar de toda a Criação os sinais do pecado, para que o homem atinja sua dimensão mais profunda".[185] E reflete ainda: "a simples expressão humanismo, no sentido de necessidade de esforço para torna o homem humano, importa em humilhação para a espécie humana. Então, o homem tende a desumanizar-se? A animalizar-se? A coisificar-se? A robotizar-se?"[186]

Para que a humanização do homem e do mundo aconteça, a Igreja, em sua ação evangelizadora, age na totalidade das dimensões humanas. O processo evangelizador visando à humanização abrange três dimensões: cultual – o povo de Deus é chamado em Jesus Cristo pelo Pai e amado pelo Espírito Santo; comunitária – o povo de Deus se constitui na unidade e identidade fundamentais da filiação divina; e fraternidade cristã e histórica – o povo de Deus é peregrino na história.[187]

---

184 CALIMAN. "Aproximação, solidariedade e identificação...", 83.
185 CAMARA, H. *Revolução dentro da paz...*, 53.
186 Id., "Humanizar o homem", in CARAMURU BARROS, R. e OLIVEIRA, L. *Dom Helder: O artesão da paz...*, 159.
187 Sobre "evangelizar é humanizar": LIBÂNIO, J. B. *Evangelização e libertação...*, 139-151; BOFF, L. "O sentido teológico das libertações sociohistóricas", in BOFF, L. e BOFF, C. *Da Libertação...*, 26; PASTOR, F. A. "O Deus dos Pobres", in *A 'Teologia da libertação' no Brasil*, Brot. 5 (1985), 389-391; João XXIII, em AAS 54 (1962) 682; AGOSTINI, N. *Nova Evangelização e opção comunitária...*, 193-

7.1 Relação com Deus

Na relação com Deus enfatiza-se a comunhão com a Trindade. O povo de Deus é chamado em Jesus Cristo pelo Pai e amado pelo Espírito Santo. A Igreja em sua ação evangelizadora visa à promoção humana, a libertação integral, o promover o crescimento do homem a metas sempre mais altas, a sua maturação. Homem maduro, completo, finito/perfeito. O homem deve desenvolver harmonicamente todas as próprias potencialidades a começar das mais altas, ou seja, a partir de sua relação com Deus. Dom Helder afirma que não existe verdadeiro humanismo senão o aberto à transcendência divina; para ele, o humanismo total é:

> Que vem ele a ser senão desenvolvimento integral do homem todo e de todos os homens? Poderia aparentemente triunfar um humanismo limitado, fechado aos valores do espírito e a Deus, fonte do verdadeiro humanismo. O homem pode organizar a terra sem Deus, mas 'sem Deus' só pode organizar contra o homem. Humanismo exclusivo é humanismo desumano.
>
> Não há, portanto verdadeiro humanismo senão o aberto ao Absoluto, reconhecendo uma vocação que exprime a ideia exata do que é a vida humana. O homem, longe de ser a norma última dos valores, só pode realizar a si mesmo ultrapassando-se. Segundo a frase exata de Pascal: 'o homem ultrapassa infinitamente o homem.[188]

A Igreja é sacramento de salvação e alimenta-se, consolida-se na vida sacramental. "O principal compromisso que a Igreja tem com o

---

195; MEDELLÍN. *Pobreza da Igreja*, 4-6.

188 CAMARA, H. "A pobreza na abundância...", 41-45.

mundo é de ser Igreja".[189] Para Dom Helder é através dos sacramentos, principalmente a eucaristia, que o homem refaz a sua unidade interior, sua unidade com Deus, e somente a partir de uma mística cristã vivenciada plenamente e agindo na intercomplementaridade é que se promoverá o humanismo.[190] Mas Dom Helder chama a atenção a que a Igreja, para favorecer a relação do homem para com Deus, deve rever os erros do passado e transmitir a verdadeira imagem de Deus, purificando, principalmente, a religiosidade dos humildes e pobres que tem a visão de um Deus mágico, ingênuo e vingativo, causando uma percepção fatalista da história e favorecendo a continuação de uma estrutura social que cria sub-homens:

> Sinto que deve haver ressonância no espírito de todos, especialmente dos técnicos, para o novo humanismo cristão que nos leva a querer, pela palavra e pelo exemplo, anunciar o Deus verdadeiro. Não o Deus ingênuo, mágico e vingativo da crença supersticiosa de nossa pobre gente. Mas o Criador e Pai que, ao invés de desconfiar do homem, temer-lhe a sombra e fazer questão de interferir pessoalmente para criar cada ser – o elefante e a formiga, as estrelas e a minhoca –, impeliu a evolução criadora e abriu ao homem, criado à sua imagem e semelhança, um crédito quase ilimitado de participação no poder criador.
>
> Não o Deus do fatalismo das massas infra-humanas, mas o Deus único e verdadeiro, que havendo criado todo e qualquer homem à sua imagem e semelhança, não admite ao lado de homens-homens, homem-cacto, sombras de homens.[191]

---

189 LIBÂNIO, J. B. *Evangelização e libertação...*, 149.
190 Cf. CAMARA, H. *Palavras e reflexões...*, 84.
191 Id., Revolução dentro da paz..., 19.

7.2 Dimensão Comunitária

A missão essencial da evangelização é a formação do povo de Deus constituído na unidade e identidade da filiação divina e da irmandade cristã. Nesta dimensão a evangelização convoca a participar "na comunhão trinitária" e a participar "dos gemidos do Espírito que quer libertar a criação inteira" (Puebla, 218-219). Para Dom Helder, a partir do Concilio Vaticano II, os cristãos foram convocados a viver como povo de Deus, assumindo o mandamento do amor ao próximo na inspiração da comunhão trinitária; assim, o homem deve amadurecer-se no mais autêntico respeito da dignidade pessoal de cada um e na mais afetuosa colaboração de todos com cada um e cada um com todos, dignidade baseada na imagem e semelhança de Deus. E sublinha ainda que o Espírito Santo iluminou a Igreja a descobrir uma coisa essencial na vida comunitária do povo de Deus: a diferença entre trabalhar para o povo e trabalhar com o povo, "a sempre mais não apenas trabalhar para o povo, mas com o povo",[192] e "a busca de viver e fazer viver, de modo pessoal e comunitário a nossa fé".[193] Para Helder estas situações são vivenciadas de modo exemplar pelas Comunidades Eclesiais de Base.[194]

7.3 Dimensão Histórica

A dimensão histórica leva em conta o homem concreto inserido dentro da história, vinculando o projeto salvífico ao projeto histórico. A salvação não se realiza fora da história ou somente no final da história, mas acontece no processo histórico culminando na eternidade, como processo de êxodo, de libertação de situações contrárias ao projeto salvífico.[195]

---

192 Id., "A Igreja na América Latina: hoje...", 86.
193 Ibid., 87.
194 Cf. Id., "Minorias abraâmicas e estruturas da Igreja", 145-146.
195 Cf. Boff, L. "O sentido teológico das libertações sociohistóricas"..., 26.

Puebla proporciona a chave teológico-pastoral para este processo evangelizador: "A Igreja tem conquistado a consciência cada vez mais clara e profunda de que a evangelização é sua missão fundamental e de que não é possível o seu cumprimento sem que se faça o esforço permanente para conhecer a realidade e adaptar a mensagem cristã ao homem de hoje, de forma dinâmica, atraente e convincente". (Puebla, 85).

Para Dom Helder este processo só pode ser compreendido na vinculação total dos dois primeiros mandamentos: o amor a Deus e ao próximo:

> O essencial para nós continua e continuará sendo sempre a história da Salvação: Deus criou o homem à sua imagem e semelhança; o homem usa a inteligência e a liberdade, dons divinos, contra o Criador e Pai; o Pai Celeste, ao invés de abandonar o homem, envia seu filho, que se torna o Homem-Deus, Jesus Cristo, o Salvador dos homens. Nada importa tanto como unir-se a Cristo e com Ele e nEle amar e fazer amar o Pai, amar e fazer amar os homens.
>
> Acontece, no entanto, que estes dois amores – a Deus e aos homens – em rigor são um só e mesmo amor. Mente a si mesmo quem pensa amar a Deus, a Quem não vê, sem amar o homem, a quem vê. E o homem não é apenas alma; é também corpo; é espírito mergulhado na matéria, conquista a eternidade vivendo no tempo.[196]

Dentro desta dimensão surgem algumas linhas mestras importantes para a compreensão do processo evangelizador e que estão presentes nas reflexões de Dom Helder: a cultura; a compreensão do contexto histórico de pecado social; o processo permanente de conversão-libertação; a opção preferencial pelos pobres.

---

196 CAMARA, H. Revolução dentro da paz..., 29.

A primeira linha refere-se a, na linguagem helderiana, "continuar a encarnação de Jesus Cristo" e, na reflexão teológica, à inculturação: "uma vez que cada um dos homens nasce no seio de uma cultura, a Igreja procura alcançar, por meio de sua ação evangelizadora, não só o indivíduo senão também a cultura do povo" (Puebla 394). Usando de modo analógico o princípio da 'encarnação', a evangelização se traduz num processo de consolidação e de fortalecimento dos valores, que pretende ser uma contribuição ao crescimento dos 'germes do Verbo' presentes nas culturas (cf. GS 57). Esta 'encarnação' exige que a Igreja se esmere por adaptar-se, "realizando o esforço de transvasamento da mensagem evangélica para a linguagem antropológica e para os símbolos da cultura em que se insere" (Puebla 404), e por denunciar a presença do pecado nas culturas para dele libertá-las (cf. Puebla 405).

Para Dom Helder a grande proposta de Cristo é o respeitar o devido lugar do homem na criação: "entendendo, pedindo aqui uma análise mais aprofundada de todos e de cada um, que o avanço da modernidade não deve ser cristalizado sobre alicerces que escravizam o homem, razão de ser de todo o processo de construção do Reino, onde não se deveria ter medo de coisa alguma (Lc 5, 10). Nem medo da fome, nem medo da violência, nem do hoje, tampouco do amanhã",[197] e, referindo-se à *Pacem in Terris*, Helder afirma: "A pessoa humana não só não pode ser considerada como mero objeto ou elemento passivo da vida social, mas, muito pelo contrário, deve ser tida como o sujeito, o fundamento e o fim da sociedade".[198]

A segunda linha de considerações para a compreensão do processo evangelizador refere-se ao contexto de pecado social e exige da Igreja que sua evangelização se oriente fundamentalmente no sentido de converter, ao mesmo tempo, a consciência pessoal e coletiva dos homens: a vida, o meio concreto que lhe é próprio e a atividade em que agem (cf. EN 9, 18, 36). Por pecado social ou estrutural entende-se todo o atentado à justiça, aos direitos humanos e ao bem comum; o pecado

---

197   Id., *Palavras e reflexões...*, 84.
198   Id., Revolução dentro da paz..., 76-77.

que penetra no íntimo do homem impregna também as estruturas que, por sua vez, corrompem e pervertem as consciências. O contexto de injustiça estratificada não é resultado de determinismo, mas do pecado como negação do dom de Deus e como negação do próximo, do outro, ruptura da fraternidade com os irmãos.

Para Helder a Igreja, neste aspecto, precisa, em primeiro lugar, fazer alguns atos de contrição e reconhecer os erros de uma ação evangelizadora. O primeiro erro foi o querer manter a "ordem social" e a "autoridade":

> Preocupados em manter a ordem social e o princípio de autoridade, pregávamos a obediência, a paciência, a aceitação dos sofrimentos em união com os de Cristo. Claro que se trata de virtudes de valor permanente: mas, no contexto em que eram apresentadas, faziam o jogo dos privilegiados, conduziam à passividade, predispunham ao fatalismo. E nem nos ocorria indagar se se tratava de ordem autêntica, ou de desordem estratificada.
>
> A lealdade em não querer negar nossa falha nos dá força moral para obter respeito, ao menos, dos jovens marxistas, na hora em que tentamos viver e fazer viver uma religião que nada tem de ópio para o Povo, nem de força alienada e alienante, mas pretende encarnar-se como o próprio Cristo.[199]

O segundo erro é devido ao testemunho antievangélico dos cristãos em relação a riqueza: "o escândalo antievangélico e profundamente constrangedor de ser cristã, ao menos de origem, a minoria de menos de 20% da Humanidade que retém, egoisticamente, nas mãos, mais de 80% dos recursos da terra. Aí sim: como teremos força moral para abrir

---

199 Id., "Posição em face do marxismo e do socialismo", in Apostilas, 33/5, 1.

a boca, a não ser para um sincero ato de contrição, com medidas concretas de profunda e rápida conversão?"[200]

O terceiro é que a Igreja não conseguiu aplicar os seus grandes ensinamentos na área social:

> Um dos sinais alarmantes de que é tempo de uma raspagem em regra no limo que se foi juntando no casco da barca de Pedro – barca de Cristo, com Pedro ao leme – é ver grandes e admiráveis textos, proclamados solenemente pela Igreja, ficarem praticamente sem aplicação. Quantas Dioceses levam realmente à prática as grandes lições do Vaticano II ou de Encíclicas como 'Pacem in Terris', 'Mater et Magistra', 'Populorum Progressio'?
>
> O que é mais grave é que se tem a impressão de sabotagem ao Concílio Vaticano II, partindo de onde pareceria absurdo que ela pudesse surgir.[201]

Segundo Dom Helder, em sua ação evangelizadora, a Igreja deve, diante do contexto de injustiça social, reconhecer e superar os erros e colaborar para a conversão fazendo emergir em seu seio "homens novos",[202] fortemente convertidos à Boa-Nova – ao projeto salvífico –, conscientes da necessidade de atuar nos processos de transformação social para criar uma "nova sociedade",[203] através da denúncia das causas reais das injustiças e dos seus responsáveis e também por ações concretas:

---

200   Id., "Minorias Abraâmicas e estruturas da Igreja", in Apostila, 35/4, 12.
201   Ibid., 13.
202   "Parece impossível a conversão da estrutura opressora. Mas, dentro dela, há margem para conversões pessoais. E estas só serão possíveis na medida em que houver alertas claros e denúncias na linha do que disse Cristo sobre o perigo das riquezas." Id., *Palavras e reflexões...*, 91.
203   Helder afirma: "A Igreja não pode ficar indiferente... Por vocação divina nós pertencemos à cepa daqueles homens que têm que se comprometer com os marginalizados, por quanto também nós formamos parte da raça humana, estamos cercados de enfermidades". BLAZQUEZ, F. *Ideário de Hélder Camara...*, 136.

O cristão interpreta a ordem recebida de Deus de dominar a natureza e completar a criação como um comando que inclui a necessidade de construir, já na terra, um mundo mais justo e mais humano!... O verdadeiro cristianismo rejeita a ideia que alguns nascem pobres, outros nascem ricos, e os pobres têm o dever de aceitar a pobreza como vontade de Deus; enquanto, ao invés, a verdade é que as injustiças humanas são um nosso problema que vai ser solucionado entre os homens, sabedores de que Cristo não admite opressores e oprimidos, mas quer todos a nível humano, nem infra-humanos pela miséria, nem desumanizados pela riqueza.[204]

A missão essencial de toda evangelização é a gestação da comunhão e da participação dos homens entre si e dos homens com Deus. O homem participa através de um processo de conversão-libertação, no qual se liberta de tudo o que impede e bloqueia a comunhão e a participação, para vivê-las plenamente. Esta linha de ação está intrinsecamente ligada à formação do povo de Deus e ao seu agir para a construção de uma nova sociedade, justa e fraterna. O processo permanente de conversão-libertação contribui para a humanização do homem.

Para Dom Helder a evangelização está fortemente vinculada à humanização justamente por não ser possível separar o amor a Deus do amor ao próximo; assim, a conversão a Jesus Cristo e a sua proposta salvífica, o Reino de Deus, têm como dimensão fundamental o amor ao próximo que exige a vivência da e na justiça. E é na luta pela justiça que o evangelho mostrará sua eficácia: dando testemunho de uma justiça que tem sua origem no amor ao próximo e libertando-se dos antitestemunhos na situação de injustiça. Este processo de conversão-libertação, para Dom Helder, exige em primeiro lugar a superação do egoísmo, raiz

---

204 CAMARA, H. "Cristianesimo, socialismo, marxismo se fronteggiano e se interrogano", Id., *Violenza dei pacifici...*, 31.

de todos os pecados[205], exige a audácia e a coragem de confrontar-se com uma sociedade que combate os que lutam pela humanização[206], exige por parte da Igreja uma ação evangelizadora que supere o simples assistencialismo[207] e promova a conscientização dos oprimidos, através da evangelização (educação) libertadora, para que saiam da condição de massa e se tornem povo, e colaborem para que as pessoas humanas usem a inteligência, a liberdade e a consciência. Para Helder o processo de conscientização implica em perceber que a alienação tem duas faces, tanto pelo esquecimento e abandono do tempo em nome da eternidade, quanto pelo esquecimento e abandono da eternidade em nome do tempo. A conscientização deve ser libertadora, colaborar para que as massas infra-humanas tornem-se povo. Sem o trabalho de conscientização a libertação não durará. E Helder faz um alerta para a Igreja:

> As massas latino-americanas – conosco, sem nós ou contra nós – abrirão os olhos. Hoje não há mais povos trancados, não há muralhas. Os meios de comunicação riem de qualquer tentativa de isolamento. Ora, no dia em que os olhos se abrirem, ai do cristianismo, se as massas guardarem a impressão de terem sido abandonadas pela conivência com os grandes e poderosos....
>
> Independente, no entanto, do risco de perder prestígio junto às massas (o problema não é de prestígio; a obrigação é de servir) cabe-nos como dever humano e cristão ajudar filhos de Deus a sair da situação infra-humana em que se acham. A miséria degrada a pessoa humana e é injúria ao Criador e Pai.[208]

---

205 Cf. Id., Violenza dei pacifici..., 22.
206 Cf. Id., "Estruturas a mudar, também, nos países ricos?", in Apostila 35/9, 35.
207 Cf. Id., Revolução dentro da paz..., 180.
208 Id., Palavras e reflexões..., 111.

A OPÇÃO PELOS POBRES. Esta opção nasce da interpelação recíproca e constante entre Evangelho e a vida, pessoal e social. A partir de Medellín a Igreja latino-americana assumiu a opção clara e profética, preferencial e solidária pelos pobres dentro da perspectiva de sua libertação integral, como busca de ser fiel aos apelos do Evangelho e ao clamor silencioso vindo de uma realidade de pobreza e miséria (cf. PUEBLA 327; 1134). Dom Helder, pessoalmente, faz a sua opção pelos pobres durante o Concílio Vaticano II, a partir da visão do grupo "Igreja servidora e pobre" e busca, durante o exercício de seu ministério, assumir os compromissos inerentes a esta opção, preferencial e não exclusiva. Dom Helder afirma:

> Igreja pobre e servidora (...) Igreja servidora dos pobres. Fazer uma opção pelos pobres não implica automático desprezo pelos ricos. Não temos o direito de desprezar, ou até mesmo de deixar de lado a quem quer que seja. Por que uma preferência pelos pobres? Porque os ricos creem não precisar de nós? Temos que ajudá-los fraternalmente. Também, sem julgá-los e sem os condenarmos, a abrirem os olhos, os ouvidos e a consciência... mesmo que nada nos peçam. Os pobres, os oprimidos, esses sim, têm necessidade de nós e devemos ajudá-los custe-nos o que custar!
>
> Servidora e pobre, servidora dos pobres... Não me canso de repetir: a grande caridade nestes nossos dias tão repletos de injustiça é, precisamente, fazer justiça! E a grande pobreza significa, para a Igreja, ter a coragem de enfrentar os julgamentos tendenciosos, de arriscar-se a perder prestígio e reputação, de ser tratada como subversiva, revolucionária e até comunista! Eis a nossa verdadeira pobreza, a pobreza que Jesus espera de sua Igreja nestes duros tempos em que vivemos...[209]

---

209 Id., O Evangelho com dom Helder..., 151.

A partir desta opção a Igreja latino-americana busca aprofundar a compreensão das causas da pobreza e da miséria: "o melhor serviço do irmão é a evangelização que o dispõe a realizar-se como filho de Deus, o liberta das injustiças e o promove integralmente" (Puebla, 1145). Dom Helder, em sintonia com o pensamento eclesial latino-americano, afirma que as estruturas socioeconômicas do continente são injustas e exigem mudança rápida e profunda e, para isso, se faz urgente completar, pela independência econômica, a independência política de nossos países, e também completar a abolição dos escravos. Mas, ao mesmo tempo, a Igreja não pode e não deve se eximir de considerar-se corresponsável pela triste situação de injustiça institucionalizada, pois ao menos em parte, como a força espiritual do continente que se diz cristão, poderia e deveria ter contribuído para uma situação mais humana e justa.[210]

A opção pelos pobres leva a Igreja a fazer-se presente onde está o homem para descobrir o verdadeiro rosto de Jesus Cristo, que leva sua mensagem aos pobres por meio dos mesmos pobres. E somente será instrumento salvífico desta missão colaborando para que a situação de pobreza não resvale para a situação de miséria e tratando de reerguer a criatura humana já marcada de geração em geração pela situação de injustiça e miséria, dependente em tudo dos outros, objeto de assistencialismo protecionista. Trata-se de colaborar para que o pobre seja sujeito de sua história. Para que isso aconteça, Dom Helder propõe que a Igreja mude de estratégia, pois a anterior, na qual se vinculava aos governos e aos ricos para ajudar os pobres, não contribuiu para a emancipação dos pobres; bem pelo contrário, a Igreja era usada para manter o sistema de injustiça.[211] Somente agindo verdadeiramente a partir dos pobres pode ajudá-los, e isso implica a coragem de arriscar ser perseguida, difamada: "Quando dou comida para os pobres sou chamado de santo. Mas quando pergunto por que os pobres não têm comida sou chamado de comunista".

---

210 Cf. Id., *Revolução dentro da paz...*, 144-145.
211 Cf. Id., "A Igreja e a propriedade", in Caramuru Barros, R. e Oliveira, L. (Orgs.). *Dom Helder: O artesão da paz...*, 252.

CAPÍTULO IV

A JUSTIÇA COMO FUNDAMENTO DA PAZ

A realização da justiça hoje, na sociedade pós-moderna, é um grande desafio para o qual se necessita de espírito crítico e inovativo. A justiça é critério axiológico normativo na ética da sociedade e do indivíduo, tendo como fundamento a pessoa humana em correlação com a sociedade.[1]

Na perspectiva cristã a justiça é vista a partir do evento histórico salvífico no qual a mediação reveladora é a palavra de Deus e, como consequência, o pensamento teológico leva à plenitude o sentido humano da Justiça. Para Dom Helder a necessidade de lutar pela justiça social é inspirada nos princípios do cristianismo, ou seja, o empenhar-se pela justiça é um evento de fé. Na reflexão sobre a justiça confrontamo-nos com o problema da realidade de miséria, de opressão, em que faltam condições mínimas e básicas para a vida humana, o que conduz à alienação – realidade estrutural definida como injustiça institucionalizada na qual surge a necessidade da luta pela libertação.

A nossa reflexão trabalhará sobre seis pontos. No primeiro refletiremos sobre a perspectiva de Dom Helder ao falar sobre justiça: mística. Dom Helder, ao falar sobre a necessidade de justiça social, parte de duas bases: primeira, o ensinamento social da Igreja e as reflexões eclesiais (segundo ponto); e, segunda, do elemento questionador: o

---

1 Cf. Cozzoli, M. "Giustizia", in Compagnoni, Francesco; Piana, Giannino e Privitera, Salvatore (a cura di). *Nuovo dizionario di teologia morale*. Roma: Ed. San Paolo, 1990, 500-505.

contexto de injustiça brutal em que vive o povo (terceiro). No quarto momento verificaremos os fundamentos e princípios eclesiais nos quais Dom Helder se apoia para falar em justiça social. No quinto ponto, trataremos da promoção da justiça social e da contribuição cristã diante da realidade de injustiça institucionalizada. E no sexto momento, explicitaremos a justiça como fundamento da paz.

I DOM HELDER: ATUAR PELA JUSTIÇA – PERSPECTIVA MÍSTICA

Para compreendermos o pensamento de Dom Helder Camara sobre a ação da Igreja na promoção da justiça devemos colocar-nos a partir de sua perspectiva, que tem como característica principal a espiritualidade.[2] Dom Helder em primeiro lugar foi um místico, mística vivenciada no ministério sacerdotal e episcopal, atuando como guia da Igreja no Brasil, como defensor dos pobres e como profeta do terceiro mundo, lutando e promovendo a justiça e os direitos humanos. A espiritualidade é o núcleo da personalidade de Dom Helder; tudo o que fez foi a partir dela.

A espiritualidade de Dom Helder inicia-se em sua formação familiar, principalmente com os ensinamentos de sua mãe, e tem como alicerces o catolicismo tradicional e o catolicismo vivencial do contexto cultural religioso do Nordeste, principalmente do Ceará. Do catolicismo tradicional destacam-se as suas devoções: à Eucaristia, o milagre da presença de Cristo sensível; a Nossa Senhora, a mãe de todos e de cada momento, o refúgio universal, o consolo universal; e ao Papa. Dentre elas destaca-se a eucaristia. Para Dom Helder, a celebração eucarística

---

2 Sobre a espiritualidade de Dom Helder, ver: Nelmo Roque Ten Kathen, *Uma vida para os pobres: espiritualidade de Dom Hélder Câmara*. São Paulo: Ed. Loyola, 1991; Castro, Marcos de. *Dom Hélder, misticismo e santidade*. Rio de Janeiro: Ed. Civilização Brasileira, 2002; Paulsell, William O. *Tough minds, Tender Heards: Six prophets of social justice*. New York / Mahwah: Paulist Press, 1990, 155-188; Comblin, "Espiritualidade de Dom Helder", in Antonio Montenegro, Joseph; Soares, Edla e Tedesco, Alcides (Orgs.). *Dom Helder: peregrino da utopia, caminhos da Educação e da política*. Recife: Prefeitura do Recife – Secretaria de Educação, 2002, 29-42.

era o ponto culminante de cada dia, momento intensamente vivido, a renovação da entrega de toda a sua existência em Cristo, oferecendo e abraçando a humanidade inteira na comunhão.

Do contexto nordestino desenvolveu, a partir da religiosidade tradicional do povo cearense, a mística nordestina. Nos místicos nordestinos, padre Ibiapina, Antônio Conselheiro, padre Cícero, entre os quais se inclui a figura de Dom Helder, sobressaem algumas características comuns a todos: a) a ação – todas as suas atividades estavam impregnadas de mística e olhavam para o mundo com um amor ativo; b) visionários – olhavam para o futuro com confiança e acreditavam no advento de um mundo novo, de uma nova sociedade, de amor e de paz, "esperar contra toda esperança"; c) visionários práticos, organizadores – buscavam as condições materiais e realizaram obras válidas e eficazes no seu tempo. Eram ao mesmo tempo sonhadores e realistas. As suas realizações estavam impregnadas da perspectiva do advento do Reino de Deus. Segundo Comblin: "Por ser tão nordestina, não se pode atribuir nenhuma fonte literária a essa mística. Dom Helder não foi discípulo de nenhum outro místico. A sua fonte era a religiosidade tradicional do povo cearense, era a mística presente na vida de tantos cearenses e de outros nordestinos. Ele não pertence a nenhuma escola, mas bem que poderia ser o começo de uma nova escola, se é que seus escritos se divulgam".[3]

Para favorecer a compreensão da mística e da ação de Dom Helder em prol da justiça usaremos os critérios fornecidos por Rambla ao analisar a espiritualidade cristã e a luta da justiça.[4] Rambla, primeiro, nos alerta sobre o impacto que pode causar o ver relacionadas a espiritualidade e a justiça, "porque durante muito tempo a espiritualidade foi para o comum dos cristãos um fenômeno sem cor e escassamente interessante, longe da vida e das preocupações agudas dos homens".[5]

---

3 Comblin, J. "Espiritualidade de Dom Helder...", 31.
4 Rambla, J. M. "Espiritualidad cristiana y la lucha por la justicia...", in Faus, J. Ignácio et alli. *La justicia que brota de la fe (Rm, 9 30)*, Santader: Sal Terrae, 1982, 179-199.
5 Ibid., 179.

A espiritualidade cristã precisa ser compreendida como a prolongação da ação do Espírito que envolve toda a existência humana. Sendo assim, não a enclausuramos na visão estreita que a focaliza somente na interioridade ou a faz derivar da atividade do espírito do homem. Toda ação humana iluminada, marcada ou condicionada pelo Espírito de Jesus é uma ação espiritual. "Falar, pois, de espiritualidade não é somente falar de uma parte da vida, senão de toda a vida; é referir-se, mais do a um simples acréscimo, a uma qualidade que o Espírito imprime nos seres com quem se comunica; é tratar fundamentalmente da ação sob o impulso do Espírito Santo, uma ação que compromete a consciência e a liberdade do homem".[6]

Rambla elenca algumas dimensões significativas da ação do Espírito: experiência de Deus; integração; alteridade; historização; conflitividade.

A EXPERIÊNCIA DE DEUS. É viver a vida segundo o Espírito de Deus que permite ao homem transcender-se e transbordar-se ao vivenciá-lo como absoluto e incondicionado, que transcende o mundo e a história desde dentro e não desde a margem. É um abrir-se realmente ao Espírito de Deus colocando toda nossa existência à disposição de um Deus que se entrega e atua em nosso mundo. Comblin sublinha que a obra literária de Dom Helder é uma ótima fonte para conhecer a sua experiência de Deus. Nela encontramos um testemunho da mística helderiana: "Daí constatar que a sua vida estava absorvida em Deus. Enxergava tudo em Deus e a partir de Deus. Vivia intensamente essa vivência em Deus, sem nenhum esforço, com a maior naturalidade, porque era um místico e vivia no invisível, mais do que no visível, ou melhor dito, enxergava o invisível no visível: daí as longas horas passadas nessa vivência do invisível, que, para ele, era realmente sensível e imediato".[7]

INTEGRAÇÃO. A ação do Espírito é integradora do mundo material e imaterial. A capacidade de receber o influxo do Espírito é o que faz com que estas realidades possam chegar a ser espirituais; deste modo

---

6 Ibid., 181.
7 COMBLIN, J. "Espiritualidade de Dom Helder...", 29.

supera-se a tentação de setorizar a vida espiritual a uma perspectiva parcial da existência humana, a intimidade. Dom Helder vivenciou esta capacidade integradora do Espírito de Deus através de características marcantes de sua personalidade: a sensibilidade e a intuição, aliadas ao elemento poético.[8]

ALTERIDADE. A experiência do Espírito de Deus nos introduz a uma fraternidade humana que tem a Cristo como irmão maior, conduzindo-nos à abertura ao outro, ao próximo. Dom Helder vivenciava a alteridade para com o próximo a partir de sua afetividade capaz de desarmar toda apreensão e criar um forte vínculo e cumplicidade. Demonstrava um grande interesse aos que encontrava, fazendo com que se sentissem valorizados como pessoa. Esta sua capacidade de criar vínculos afetivos e de valorizar o outro fez com que encontrasse companheiros e colaboradores para os seus projetos que visavam a construção do Reino de Deus no aqui e agora.

HISTORIZAÇÃO. Jesus Cristo foi conduzido pelo Espírito Santo ao serviço da humanidade através de palavras e atos que não se fecharam no âmbito privado da vida humana, mas que contribuíram para a construção da história. A dimensão mística é informada pela dimensão profética. Ao seguir o caminho de Jesus, o cristão somente poderá ser espiritual contribuindo para a criação da história de hoje como Jesus fez com a de seu tempo. Trata-se de um dinamismo criador, de uma interação entre o homem e o mundo, de intervenção no curso da sociedade e toda sua rede de relações e estruturas. Assim a vida espiritual é marcada pelo futuro e pela esperança. Ao homem espiritual compete promover uma história nova segundo o Espírito de Deus. Em Dom Helder percebemos que o amor a Deus e ao próximo o conduz a agir na história; para ele cada momento era decisivo na história e devia ser assumido com consciência profética. Unindo vida mística e vida profética, buscou colaborar para a realização das promessas da Boa-Nova, marchando para

---

8 Cf. Ibid., 31.

um mundo novo, uma sociedade nova a partir do Recife, do Terceiro Mundo.

CONFLITIVIDADE. Partindo do exemplo de Jesus Cristo, vemos que sua vida, suas palavras e ações o conduziram ao calvário. A espiritualidade cristã, seguimento de Jesus Cristo sob a guia do Espírito, segue o mesmo itinerário de Jesus: deixar-se ser conduzido por caminhos de contradição. Segundo Rambla três fatores produzem a conflitividade: promover a justiça do Reino de Deus na sociedade injusta; fazer que seja a Deus superando as concepções e limitações humanas; combater as forças antievangélicas. Neste sentido, a espiritualidade cristã é espiritualidade de vida e de ressurreição, e é também espiritualidade de cruz, que surge no processo do seguimento de Jesus Cristo.[9]

Dom Helder, mesmo sendo de caráter pacifico, soube aceitar e enfrentar as situações de conflito derivadas de sua luta pela justiça. Em sua luta pela justiça sempre defendeu a não violência ativa, "violência dos pacíficos", por acreditar no amor universal e por querer realizá-lo.

Segundo Rambla, as dimensões da ação do Espírito fazem da relação com os pobres sua realização concreta. A experiência de Deus passa através da mediação dos pobres (Mt 25, 31-46). Ao agir em favor dos pobres: o cristão integra a grande variedade de elementos que compõe a trama de nosso mundo; envolve a comunhão até um compromisso muito concreto, com toda a riqueza do amor cristão; converte a espiritualidade cristã na espiritualidade da cruz, sem buscar o conflito; experimenta a sorte dolorosa dos oprimidos da sociedade, com os quais Cristo se identificou. A espiritualidade vivenciada de maneira concreta na história do nosso tempo tem nos pobres o ponto de partida desde onde optar, lutar e construir. Dom Helder assumiu a opção pelos pobres através de um processo progressivo: tendo sempre como base a identificação e a presença de Jesus Cristo nos pobres vai, ao longo de sua vida, buscando dar respostas concretas para a situação de pobreza e miséria. Primeiro, na descoberta e "conversão" aos pobres das favelas

---

9 RAMBLA, J. M. "Espiritualidad cristiana y la lucha por la justicia...", 186-187.

do Rio de Janeiro, agindo de forma assistencialista para solucionar as necessidades (Cruzada São Sebastião, Banco da Providência, Feira da Providência); percebe, depois, a complexidade da situação de pobreza fruto da estrutura socioeconômica e política, acredita e batalha pelo desenvolvimento integral do homem e de todos os homens; percebe a opressão dos pobres e luta pela sua libertação lutando por um novo sistema econômico, político e social – Medellín e Puebla. O amor de Deus se expressa no amor aos pobres.

Para Rambla a relação entre espiritualidade e justiça acontece por que, em primeiro lugar, a justiça é interior à experiência de Deus, caracterizando a forma de amar no mundo injusto e a de buscar a construção do Reino de Deus; em segundo lugar, por ser a opção real pela justiça que marca a vida interior dos cristãos como experiência de fé no Deus libertador, que escuta o clamor dos pobres, que são critério fundamental de discernimento e de estilo de vida de Jesus: em terceiro, a espiritualidade, ou é espiritualidade pela justiça, ou não é cristã.[10]

Assim, sendo a estrutura essencial da experiência espiritual compreendida como relação com Deus e não uma reflexão sobre Deus, na luta pela justiça ocorre o processo de unificação de toda a existência, na busca eficaz da justiça do Reino de Deus. A busca do Reino de Deus se realiza a partir do amor aos irmãos. Principalmente aos mais pobres e marginalizados. A luta pela justiça como compromisso cristão deve ser o centro articulador de toda experiência espiritual; compromisso ao lado dos pobres é a perspectiva que marca toda a vida interior e impulsiona a missão de construir uma nova sociedade mais justa e mais fraterna.

Dom Helder, no compromisso do Reino Deus, não teme defender, firme e claramente, as transformações necessárias para a instauração de uma ordem social justa e lutar por condições de vida humana digna. A meta de Dom Helder era a de mobilizar os povos na participação ativa da luta pela justiça e pela paz. E o caminho proposto por ele não era

---

10 Cf. Ibid., 189.

de modo algum o de ajudas, senão o de transformações fundamentais – social, política e econômica – em escala internacional, já que sem justiça não haverá paz. Defendia a conscientização como norma de ação, de uma ação transformadora e libertadora, por proporcionar uma visão objetiva, real dos problemas e uma tomada de consciência das soluções viáveis e salvíficas, e também que ofereçam o potencial de entrega e a força motora na luta pela justiça como indivíduos na relação e responsabilidade com o processo histórico. "Tenho fome e sede de paz: a paz de Cristo que se apoia na justiça. Tenho fome e sede de diálogo: por isso corro aonde quer que me chamem, à procura de quanto possa aproximar os homens em nome do essencial".[11] Surgem minorias abraâmicas, grupos comprometidos em um programa de ação por mundo mais justo e mais humano.

2 PROMOVER A JUSTIÇA – MISSÃO DA IGREJA

Em sua missão evangelizadora, a Igreja necessita interpretar criticamente a perspectiva salvífica e a realidade para encontrar o comportamento evangelizador capaz de fazer germinar no mundo a fé, a esperança e o amor. Diante da realidade social a situação de injustiça é desafio concreto na realização e operação salvífica na história. A situação de injustiça que sofrem 2/3 da humanidade é vista como grande negação da vontade salvífica de Deus e contrária ao conteúdo da fé, por negar a soberania de Deus e por negar ao homem viver na dignidade segundo a sua vocação plena, chamado a ser imagem e semelhança de Deus. "Os pobres e a pobreza injustamente imposta, as estruturas sociais, econômicas e políticas que são a base, as complicadas ramificações sob forma de fome, doenças, prisões, torturas, assassinos, etc., são a negação do reino de Deus e não se pode pensar em um anúncio sincero do Reino

---

11 CAMARA, H. Fame e sete di pace con giustizia..., 9.

que volte as costas a esta realidade ou coloque sobre esta um manto para cobrir as vergonhas".[12]

Dom Helder ao falar sobre justiça parte sempre dos princípios essenciais do Ensinamento Social da Igreja, sua fonte de inspiração: as encíclicas *Mater et Magistra, Pacem in Terris, Populorum Progressio*; o Concilio Vaticano II, principalmente a *Gaudium et Spes*; e as reflexões eclesiais: o Sínodo dos Bispos de 1971: a justiça no mundo; Medellín e Puebla. Busca aplicar o ensinamento social no contexto político, social e econômico, refletindo sobre os principais problemas da humanidade, visando o compromisso com a transformação através do processo de conscientização: despertar as consciências para a sede e fome da justiça, antes que seja tarde.[13] Seguindo a postura eclesial proposta pelo Concílio Vaticano II, a Igreja presente no mundo, defende a ideia de que a Igreja não pode continuar em uma perspectiva histórica já superada por imobilismo ou por excessiva prudência, manter-se à margem, como espectadora passiva das injustiças sociais, mas deve fazer-se presente no processo histórico de transformação das realidades estruturais para a realização da solidariedade universal no caminho da concretização do Reino de Deus. Segue o critério do ensinamento social da Igreja no qual a justiça social é norma ética e opta por uma postura eclesial que vê a justiça social como exigência do evangelho, mesclada com sua postura mística personalíssima.

Para Helder, o realizar sua missão social em defesa da justiça aproximando-se do povo não é uma questão estratégica para não perder o povo, mas exigência da tomada de consciência dos problemas sociais, das exigências provenientes das encíclicas sociais, e do viver o Evangelho.[14]

Uma breve panorâmica dos princípios no ensinamento social da Igreja e nas reflexões eclesiais sobre a justiça social nos ajudará a compreender os elementos que influenciaram o pensamento de Dom Helder.

---

12 ELLACURÍA, I. "La storicità della salvezza cristiana…", 314.
13 Cf. CAMARA, H. *Revolução dentro da paz…*, 72.
14 Cf. Id., *Le conversioni…*, 90-92.

O tema da justiça está englobado na missão social da Igreja e é uma das reflexões do ensinamento social do magistério eclesial.[15]

MATER ET MAGISTRA. João XXIII, em suas encíclicas sociais, estabelece uma nova fase no ensinamento social da Igreja, implantando-se e dialogando no núcleo dos grandes problemas do mundo contemporâneo. Na *Mater et Magistra* os conflitos sociais, econômicos e políticos são analisados dentro do contexto mundial, entre povos desenvolvidos e subdesenvolvidos, e não somente da perspectiva da situação nacional como tensões de classes, mas enquanto fenômeno de exploração das nações pobres pelas nações ricas que, para tanto, se servem de seus capitais e de novas formas sutis de colonialismo (cf. MM 121).

Destacamos alguns pontos relevantes:

a) as exigências de justiça nas relações entre países de diferente progresso econômico: o problema da época moderna são as relações entre as comunidades políticas economicamente desenvolvidas e as que se encontram em vias de desenvolvimento econômico (cf. MM 156): auxílios de urgência (cf. MM 160-161), cooperação cientifica e técnica (cf. MM 162-164); evitar os erros do passado; e a exigência do progresso social: repartir equitativamente a riqueza produzida conforme a justiça (cf. MM 165-167), respeito às características próprias de cada comunidade (cf. MM 168-169), obras desinteressadas (cf. MM 170-173), respeito pela hierarquia de valores (cf. MM 174-176);

b) a sensibilidade às exigências do bem comum (cf. MM 146-148); os problemas dos desequilíbrios internos das ações e a necessidade da promoção humana nas zonas subdesenvolvidas (cf. MM 149-155);

c) a contribuição da Igreja: estar e ser presente (cf. MM 177), obrigação de melhorar as estruturas e as condições da ordem temporal, por respeito à dignidade humana (cf. MM 178).

---

15 Sobre o ensino social da Igreja: PONTIFÍCIO CONSELHO "JUSTIÇA E PAZ". *Compêndio da Doutrina Social da Igreja*. Paulinas: São Paulo, 2005; BIGO, P. e ÁVILA, F. B. de. *Fé cristã e compromisso social...*, 191-195; CALVEZ, J-Y. *Fé y justicia, la dimensión social de la evangelización...*, 21; AGUIRRE, R. e VITORIA, F. J. CORMENZANA. "Giustizia...", 974; ANTONCICH, R. e SANS, J. M. M. *Ensino social da igreja...*, 270-271; AGUIRRE, R. VITORIA CORMENZANA, F. J. "Giustizia...", 973.

Para Díez-Alegría a maior novidade da *Mater et Magistra* é que, "ao invés de reafirmar a necessidade de conservar aquelas formas e toda aquela margem de propriedade privada dos meios de produção, que sejam condizentes com a salvaguarda da pessoa humana, insiste na necessidade de personalizar por outros caminhos a vida de todos aqueles que têm que trabalhar incorporados nos complexos gigantes, na que a função personalizadora da propriedade privada não pode lograr-se".[16]

PACEM IN TERRIS. Nesta encíclica, João XXIII mostra que a paz fundamenta-se no respeito aos direitos naturais de todos os homens. Refletindo a partir da Declaração dos direitos humanos dentro de uma prospectiva nova, baseia os direitos da pessoa humana na própria dignidade do homem fundada no Direito Natural (cf. PT 8-10),[17] e não em um positivismo jurídico de inspiração liberal; relacionando os direitos aos deveres; considerando os direitos individuais e coletivos, e não apenas os direitos de indivíduos isolados (liberalismo): os direitos de associações comunitárias (pequenas, nacionais, internacionais); o direito e o dever da solidariedade internacional.

Dom Helder sublinha em suas conferências a preocupação de João XXIII ao afirmar que o problema social mais grave dos nossos tempos é a falta do diálogo entre o mundo desenvolvido e o mundo subdesenvolvido. Para Helder, neste ponto encontra-se em jogo uma concepção de vida e toda uma filosofia do desenvolvimento.[18] Outro ponto que Helder destaca é a denúncia do neo-colonialismo:

> Mas os jovens estão alertas para o neo-colonialismo denunciado pelo Papa João XXIII: sabem que a independência política sem independência econômica não vale quase nada; sabem que atribuir o baixíssimo nível econômico do Terceiro Mundo

---

16 DÍEZ-ALEGRÍA, J. M. Actitudes cristianas ante los problemas sociales..., 84.

17 Dom Helder citou este princípio do ensinamento de João XXIII e o aplicou à realidade do trabalhador rural no Brasil, analisando a relação patrão-trabalhador e demonstrando a violação dos direitos. CAMARA, H. *Revolução dentro da paz...*, 74-77.

18 Cf. CAMARA, H. *Revolução dentro da paz...*, 161.

à incapacidade, à preguiça e à desonestidade dos Povos de cor é tentar despistar injustiças gravíssimas cometidas pelos Povos desenvolvidos contra os Povos subdesenvolvidos (haja visto os preços sempre mais baixos impostos às matérias-primas dos Países pobres e os preços sempre mais altos exigidos pelos produtos industrializados dos Países de abundância).[19]

Concílio Vaticano II. O Concílio, em sua vontade de dialogar e de cooperar com todos os homens, sublinha o valor e a dignidade do homem em seu caminhar histórico no seio do plano da salvação. Dialoga com um mundo no qual a justiça precisava ser revalorizada. O Concílio fala muitas vezes de justiça e também de injustiças, que é um aspecto muito significativo, em diversos documentos, principalmente na *Gaudium et Spes*. Destacamos alguns pontos marcantes desse documento:

a) em seu diálogo com o mundo contemporâneo afirma participar das aspirações humanas, pessoais e coletivas, de justiça e igualdade para todos (cf. GS 9); e que o exercício da dignidade da pessoa humana é inseparável de suas condições de vida, por isso a defesa da pessoa é a defesa da vida (cf. GS 27); aponta para a estreita relação entre a promoção da justiça pela fé e a missão evangelizadora da Igreja (cf. GS 34), perspectiva que encontra sua luz na proposta da "Igreja dos pobres", que ligará de modo incisivo fé e justiça;

b) afirma a igualdade essencial entre todos os homens e a necessidade da justiça social. Igualdade de direitos que nascem da condição pessoal do ser humano que é negada pelas discriminações: social, cultural, sexual, racial, cor, condição social, religiosa (cf. GS 29); igualdade que se de forma eminente pelo respeito à criação de condições para a responsabilidade e participação em todos os níveis sociais (cf. GS 31b); a responsabilidade e a participação devem ser exercidas na busca do bem comum (cf. GS 26);

---

19 Id., "Em 'resposta à crise', que deveis fazer?", in Apostila 29/1, 2, 08/04/1969.

c) sobre as injustiças, constata que não só entre indivíduos, mas também entre nações – ricas e pobres –, se dão enormes desigualdades, distâncias que não fazem mais que crescer, e cresce, também, a dependência, inclusive a dependência econômica; e constata, também, que já são numerosos, hoje, os que tomam clara consciência das injustiças e das desigualdades na repartição dos bens (cf. GS 9); as injustiças ferem gravemente os direitos das pessoas e dos grupos sociais (cf. GS 75,3); e causam as discórdias entre os homens e alimentam as guerras (cf. GS 83);

d) a Igreja diante das injustiças: os cristãos, participando da missão da Igreja, sabedores da comum vocação humana, a fraternidade, e unidos a quantos amam e praticam a justiça, têm uma imensa missão para realizar (cf. GS 92-93) na construção de um mundo novo, expressão da realização do Reino de Deus (cf. GS 26); como resposta ao clamor do povo e sobretudo do pobre (cf. GS 1; 8; 63); o Concílio propôs a criação de um organismo universal da Igreja com o objetivo de 'estimular a comunidade católica para promover o desenvolvimento dos países pobres e a justiça social internacional' (cf. GS 90,3).

Dom Helder, ao refletir sobre a presença da Igreja no desenvolvimento da América Latina[20], relembrou e pediu a aplicação dos princípios da *Gaudium et Spes*: a) sobre a conversão do continente latino-americano: promoção humana; desigualdades gritantes; necessidade de conversão; grave pecado para com o bem comum; b) sobre a presença cristã no terceiro mundo: distância que só faz aumentar; oposição que se agrava; desenvolvimento sob a decisão do homem; as causas das discórdias e seus remédios; c) sobre o fermento cristão no Mundo desenvolvido: cooperação internacional no campo econômico; indispensável uma profunda modificação Comércio Internacional; comunidade Internacional que regule o Comércio Mundial.

---

20   Cf. Id., "Presença da Igreja no Desenvolvimento da América Latina", in Apostila 12/1, 8.

POPULORUM PROGRESSIO. Os pronunciamentos sociais de Paulo VI repercutem no novo contexto eclesial preparado por João XXIII e assumido pelo Concílio Vaticano, especialmente na *Gaudium et Spes*, sobre a Igreja no mundo de hoje. Destacamos, entre outros, alguns pontos marcantes da *Populorum Progressio*:

a) a tomada de consciência da questão social nos confronta com as questões planetárias da injustiça (cf. PP 1-4);

b) analisa a situação da injustiça no mundo e propõe um desenvolvimento solidário da humanidade (cf. PP 6): as injustiças exigem transformações audazes, profundamente inovadoras, que cumpre realizar sem mais esperas (cf. PP 32). O objetivo maior é o de um humanismo que seja total expressão de exigências éticas diante de um desenvolvimento compreendido em termos exclusivamente econômicos e da tentação das revoluções violentas (cf. PP 30-34); propõe o autêntico desenvolvimento: o humanismo total, o desenvolvimento integral do homem e de todos os homens (cf. PP 42). O desenvolvimento integral do homem não pode realizar-se sem o desenvolvimento solidário da humanidade; isto exige um tríplice dever dos países desenvolvidos diante dos países subdesenvolvidos: o dever de solidariedade (o auxílio que as nações ricas devem prestar aos países em via de desenvolvimento); o dever de justiça social (a retificação das relações comerciais defeituosas, entre povos fortes e povos fracos); o dever de caridade universal (a promoção, para todos, de um mundo mais humano e onde todos tenham qualquer coisa a dar e a receber, sem que o progresso de uns seja obstáculo ao desenvolvimento dos outros) (cf. PP 44), para a construção de um mundo novo e solidário (cf. PP 47).[21]

---

21 Sobre a solidariedade universal, ideia nuclear, Dom Helder comentou: "Diante desta ideia-mestra da Encíclica, diante desta preocupação angustiante de Paulo VI, tentemos pensar em três linhas de aproximação, capazes, cada uma de seu ângulo, de contribuir decisivamente para a solidariedade universal, que chega a parecer a própria razão do surgimento da Populorum Progressio. A Humanidade só teria a lucrar com a tríplice aproximação que examinaremos aqui: Entre o mundo dito Cristão e o mundo socialista. Entre o mundo desenvolvido e o mundo subdesenvolvido. Entre todas as religiões, o que importaria em abertura definitiva do Ecumenismo". Id., *Revolução dentro da paz...*, 60-61.

c) ressalta o vínculo entre amor cristão e justiça, afirmando que combater a miséria é lutar contra a injustiça, sublinhando a conexão entre justiça e paz que não se reduz a uma ausência de guerra (cf. PP 76). Para Paulo VI, o "desenvolvimento é o novo nome da paz" (cf. PP 87).

Dom Helder em suas conferências, ao falar sobre a necessidade da justiça social, tem um enorme carinho pela *Populorum Progressio*, para ele, a Carta Magna do ensino social da Igreja; cita-a constantemente, seja de forma explícita ou implícita. Esta encíclica o estimulou ainda mais na promoção da justiça social. Destacamos a ideia da *Populorum Progressio* sobre a presença e o papel da Igreja na sociedade, proposta assumida por Dom Helder:

> A encíclica *Populorum Progressio* determina de uma maneira feliz o papel da Igreja a respeito do temporal:
>
> "A Igreja sem pretender de modo algum imiscuir-se na política dos Estados, tem apenas um fim em vista: continuar sob o impulso do Espírito Consolador, a obra própria de Cristo, vindo ao mundo para dar testemunho da verdade, para salvar, não para condenar, para servir, não para ser servida". E "vivendo na história, a Igreja deve estar atenta aos sinais dos tempos e interpretá-los à luz do Evangelho". "Propõe aos homens o que possui como próprio: uma visão global do homem e da humanidade". E estremecendo perante os gritos de angústia dos homens de hoje, "convida a cada um a responder com amor ao apelo de seu irmão".
>
> A evangelização do povo, e especialmente da classe operária, vai depender essencialmente da resposta dos cristãos ao apelo da Igreja, para um engajamento no espírito do Evangelho.[22]

---

22 Id., "Resposta à agroindústria do açúcar de Pernambuco: exceção que se impõe", in Apostila 21/5, 5.

MEDELLÍN. Com o objetivo de refletir as propostas do Concílio e impelido pela *Populorum Progressio*, considerou a situação latino-americana e mundial partindo da prospectiva latino-americana e do terceiro mundo. Entre seus documentos, Medellín dedica um ao tema da justiça e outro ao tema da paz. Pontos de destaque:

a) os bispos definem a situação de subdesenvolvimento da América Latina como "uma situação de pecado" (Medellín, Paz 1), porque "onde se encontram injustas desigualdades sociais, políticas, econômicas e culturais, há uma rejeição... do Senhor mesmo" (Medellín, Paz 14); nesta rejeição se encontram características de "injustiça que pode chamar-se violência institucionalizada" (Medellín, Paz 16), uma injusta situação promotora de tensões que conspiram contra a paz;

b) a realidade de injustiça institucionalizada resulta na miséria do povo e ao mesmo tempo provoca tensões e conflitos: tensões entre classes e colonialismo interno (marginalização: socioeconômica, política, cultural, racial e religiosa; desigualdades excessivas entre classes sociais; poder exercido injustamente por setores dominantes e privilegiados; crescente tomada de consciência dos setores oprimidos); tensões internacionais e neocolonialismo externo: a nível econômico (distorção crescente do comércio internacional, fuga de capitais econômicos e humanos; evasão de impostos e envio de lucros e dividendos; endividamento progressivo; monopólios internacionais e o imperialismo internacional do dinheiro); nível político (o imperialismo de qualquer matiz ideológico, que se exerce na América Latina, em forma indireta e até com intervenções diretas); tensões entre os países da América, Latina (nacionalismo acentuado em alguns países e armamentismo). Toda esta situação traz um sério problema para a América Latina: a violência (cf. Medellín, Paz 1-13);

c) A Igreja, diante desta realidade de injustiça institucionalizada que provoca a miséria, que 'brada aos céus' (cf. Medellín, Justiça 1), escuta e opta por uma presença eficaz nos processos de libertação de tais misérias através: da denúncia profética das injustiças, da evangelização conscientizadora, da opção pelos pobres e pela sua libertação, da renovação das estruturas pastorais, etc. (cf. Medellín, Justiça 3-7). A opção evangelizadora na participação nos processos de libertação é vista como continuidade da missão de Cristo. A libertação da escravidão, da opressão e marginalização é vista como uma manifestação da libertação do pecado e passa em primeiro lugar pela conversão do homem; do homem novo surgirá a nova sociedade (cf. Medellín, Justiça 3-5).

Para Dom Helder: "Medellín é o símbolo do esforço de aplicar ao nosso Continente as grandes conclusões do Concílio Ecumênico Vaticano II. Medellín é o símbolo da visão corajosa de nossa realidade continental, contemplada à luz dos nossos compromissos cristãos. Medellín é o símbolo da opção continental da Igreja do Cristo, que está na América Latina, em face da problemática do pedaço do Mundo e da hora em que Deus nos permite viver e nos chama a trabalhar".[23] Especificamente sobre os documentos Justiça e Paz de Medellín, Dom Helder afirma:

> O documento sobre Justiça alude a uma condição de miséria coletiva – "que constitui injustiça que clama aos céus"; refere-se à "frustração universal de legítimas aspirações, que cria o clima de angústia coletiva que já estamos vivendo"; lembra "verdadeiros pecados cuja cristalização aparece evidente nas estruturas injustas que caracterizam a situação da América Latina"; afirma que muitos de nossos trabalhadores experimentam uma situação de dependência "ante os sistemas e instituições econômicas inumanas, situação que para muitos deles significa escravidão e não apenas física, mas profissional, cultural, cívica e espiritual".
>
> O documento sobre Paz se baseia na análise de tensões que criam o perigo para a paz: não vacila em usar a expressão de "colonialismo interno", de vez que pequenos grupos de latino-americanos mantêm a própria riqueza sobre a miséria de milhões de concidadãos; denuncia o neocolonialismo externo,

---

23 Id., "Conflitos sociopolíticos na América Latina! Situação atual e perspectivas, de ângulo pastoral", in Caramuru de Barros, R. e Oliveira, L. de. *Dom Helder: o artesão da paz...*, 189.

aludindo à distorção crescente do comércio internacional, à fuga de capitais econômicos e humanos, à evasão de impostos e fuga de lucros e dividendos, ao endividamento progressivo, a monopólios internacionais e ao imperialismo internacional do dinheiro.[24]

Dom Helder, em suas conferências, ao defender a luta pela justiça social e a libertação da realidade de miséria latino-americana e do terceiro mundo, usa a análise da realidade e os conceitos de Medellín, principalmente colonialismo interno e neo-colonialismo externo. Por exemplo, ao falar do colonialismo interno:

> Disse o Papa Paulo VI, em Mosquera, na Colômbia: 'Sabemos que o desenvolvimento econômico-social tem sido desigual no grande Continente da América Latina; e, embora haja favorecido aos que o promoveram, descurou, de modo geral, das Massas da população nativa, quase sempre abandonadas a um nível indigno de vida e, às vezes, tratadas e exploradas duramente'.
>
> Os bispos da América latina, reunidos em Medellín (Colômbia), estudando o problema da paz, aludem expressamente ao colonialismo interno exercido no Continente por privilegiados, que criam 'tanto nas zonas rurais, como nas urbanas, marginalizações sociais, econômicas, políticas, culturais e religiosas'. Lembram que o fenômeno é universal – mas que assume, na América Latina, 'dimensão particularmente agressiva'. E dão a razão que lhes parece óbvia: 'as desigualdades excessivas', que 'impedem, sistematicamente, a satisfação das legítimas aspirações das Massas'".[25]

---

24 Id., "Ou todos, ou nenhum", in Caramuru de Barros, R. e Oliveira, L. de. *Dom Helder: o artesão da paz...*, 126.
25 Id., "Esmagados por uma tríplice violência", in Id., *Utopias peregrinas...*, 50.

OCTOGESIMA ADVENIENS. Desta carta apostólica de Paulo VI ao Cardeal Maurício Roy, presidente do Conselho dos Leigos e da Comissão Pontifícia de Justiça e Paz, sublinhamos alguns pontos marcantes:

a) a Igreja, ao caminhar no seio da história juntamente com a humanidade, compartilha de seu destino. No anúncio da Boa-Nova, a Igreja ilumina a atividade humana com a luz do Evangelho e colabora para que os homens correspondam aos desígnios divinos do amor e realizem a plenitude das suas aspirações. Nesta perspectiva a Igreja, em sua ação à justiça social, visa colaborar com o homem na busca de respostas às necessidades novas de um mundo em transformação (cf. OA 1). Diante dos graves problemas a humanidade se interroga a si mesma sobre o seu futuro e sobre as transformações que estão se operando, e ao mesmo tempo se sente a aspiração à justiça e a paz, no respeito entre os homens e os povos (cf. OA 2);

b) a importância do discernimento e do compromisso perante a justiça nas comunidades locais: analisar com objetividade a situação própria do país e procurar iluminá-la com a luz do Evangelho; haurirem princípios de reflexão, normas para julgar e diretrizes para a ação e discernirem as opções e compromissos (cf. OA 4);

c) critérios para a opção do agir social e o discernimento cristão diante das ideologias e movimentos históricos (cf. OA 26-36); o critério da opção pelos pobres (cf. OA 42); o agir na realidade de injustiça (cf. OA 51). A *Octogesima Adveniens* sublinha a importância das comunidades cristãs diante das exigências do agir social em busca da justiça usando as fontes do discernimento cristão, diante dos diversos sistemas ideológicos e movimentos históricos (cf. OA 36), um discernimento destinado a promover o engajamento político, sem compromisso com sistemas ou ideologias de esquerda (cf. OA 31) e de direita (cf. OA 35), entendido como uma das formas mais exigentes de viver o compromisso cristão, assumindo seu compromisso a partir do pobre, do injustiçado, agindo principalmente onde há mais necessidade, na realidade de injustiça (cf. OA 46).

SÍNODO DOS BISPOS DE 1971: *A justiça no mundo*. O Sínodo dos Bispos segue a perspectiva do Concílio Vaticano II, da *Populorum Progressio* e de Medellín, e reflete o tema da justiça em conexão estreita com a missão evangelizadora da Igreja: "A ação em favor da justiça e a participação na transformação do mundo aparece-nos claramente como uma dimensão constitutiva da pregação do evangelho, que o mesmo é dizer, da missão da Igreja, em prol da redenção e da libertação do gênero humano de todas as situações opressivas" (SBJM, 6). Portanto, é uma afirmação explícita da relação entre luta por justiça e anúncio do evangelho. Sublinhamos alguns pontos chaves:

a) os bispos, ao interrogarem-se sobre a missão do povo de Deus na promoção da justiça no mundo, buscaram escutar os "sinais dos tempos", descobrir o sentido do curso histórico, compartilhando as aspirações e as interrogações de todos os homens e, principalmente o clamor dos oprimidos (cf. SBJM, 5-6), para a construção de um mundo mais humano;

b) no diagnóstico da situação do mundo se deparam: com a crise da solidariedade universal e a vida humana dentro de um temível paradoxo: por um lado a luta pela igualdade e dignidade humana, do outro o aumento das forças de divisão (cf. SBJM, 7); com a injustiça econômica e a falta de participação social que frustram o homem e o impedem de exercitar seus direitos fundamentais (cf. SBJM, 8); denunciam uma série de injustiças sem voz que constituem o núcleo dos problemas da sociedade, sofridas: pelos emigrantes, pelos operários e trabalhadores rurais, pelos exilados, pelos perseguidos por razões raciais, étnicas e religiosas (cf. SBJM, 10-12); diante desta situação os bispos propõem o diálogo como mediação necessária (cf. SBJM, 12);

c) a Igreja diante da situação do pecado da injustiça: os bispos sentem, ao mesmo tempo, a responsabilidade e a impotência das próprias forças; se faz necessária a escuta da Palavra de Deus para descobrir novos caminhos para a promoção da justiça (cf. SBJM, 13); a ação da Igreja orienta-se pelo mandamento do amor, que é intrinsecamente ligado à justiça e visa à libertação integral do homem a partir de sua existência terrena (cf. SBJM, 14). Os bispos, sobre a missão da Igreja diante da justiça, afirmam:

> A Igreja recebeu de Cristo a missão de pregar a mensagem evangélica, que comporta a vocação do homem para se converter do pecado para o amor do Pai, e a fraternidade universal e, por consequência, a exigência da justiça no mundo. Esta é a razão porque a Igreja tem o direito e ao mesmo tempo o dever de proclamar a justiça no campo social, nacional e internacional, bem como de denunciar as situações de injustiça, sempre que os direitos fundamentais do homem e a sua própria salvação o exijam. A Igreja não é a única responsável pela justiça no mundo; cabe-lhe, no entanto, uma responsabilidade própria e específica, que se identifica com a sua missão de testemunhar diante do mundo a exigência do amor e de justiça contida na mensagem evangélica; testemunho que deve, contudo, verificar-se nas instituições eclesiais e na vida dos cristãos (SBJM, 14).

Para a realização da justiça, o Sínodo propõe: o testemunho do cristão; a preferência pela ação não violenta, a iniciar-se no próprio âmbito eclesial; educar e conscientizar para a justiça; denunciar as injustiças. Estas ações devem ser realizadas na colaboração entre as igrejas locais, na colaboração ecumênica (cf. SBJM, 17-22).

Puebla. Seguindo a linha de Medellín, analisa a realidade de injustiça social a partir da ótica latino-americana. Ressaltamos os pontos marcantes:

a) análise da realidade: a situação de miséria se agravou na maior parte dos países latino-americanos; o abismo crescente entre ricos e pobres é produzido pela "apropriação, por uma minoria privilegiada, de grande parte da riqueza, assim como dos benefícios criados pela ciência e cultura (...); a pobreza de uma grande maioria, com a consciência de sua exclusão e do bloqueio de suas crescentes aspirações de justiça e participação" (Puebla, 1208). É um fato inegável e é definido como 'injustiça institucionalizada' (cf. Puebla, 28), consequência de um determinado modelo econômico (cf. Puebla, 50); isso concretamente significa situação de pobreza desumana e de miséria (cf. Puebla, 29; 1135), e cria um grave conflito estrutural (cf. Puebla, 1209); esta situação contradiz uma das mais claras aspirações de nossos povos: "uma distribuição maior dos bens e das oportunidades; e trabalho justamente remunerado, que permita o sustento digno de todos os membros da família e que reduza a brecha entre o luxo desmedido e a indigência" (Puebla, 133);

b) realidade de pecado estrutural: esta visão ética sociopolítica à luz do evangelho e do magistério julga as realidades históricas e busca realizar a vontade de Deus na promoção da dignidade humana (cf. Puebla, 475). A situação de injustiça tem sua raiz no pecado, um pecado de injustiça que se encarna nas estruturas da sociedade: "as angústias e frustrações, se as considerarmos à luz da fé, têm por causa o pecado, cujas dimensões pessoais e sociais são muito amplas" (Puebla, 1258), e que se tornam "estruturas de pecado". O pecado é a "raiz e fonte de toda opressão, injustiça e discriminação" (cf. Puebla, 517).

c) a Igreja latino-americana diante desta realidade: os bispos latino-americanos, em primeiro lugar, apontam o escândalo da injustiça na sociedade cristã: proclamar a fé, por um lado, e viver na injustiça, por outro, é um escândalo e uma contradição (cf. Puebla, 28). Os cristãos não têm praticado integralmente o mandato da caridade e a Igreja deve reconhecer os seus erros e os seus pecados que obscurecem o rosto de Deus nos seus filhos (cf. Puebla, 209). A realidade dos povos do continente é uma interpelação para a consciência eclesial: "A realidade latino-americana faz-nos experimentar amargamente, até aos extremos limites, esta força do pecado que é a contradição flagrante do plano de Deus" (Puebla, 186). Em segundo lugar, apontam a necessidade de conversão, a começar pela própria Igreja, e que deve chegar até o coração dos homens, mas exige também transformações profundas das estruturas (cf. Puebla, 30). A Igreja deve converter-se em "escola de forjadores da história", seguindo o ensinamento de Jesus Cristo (cf. Puebla, 274-279). A dinâmica evangelizadora da Igreja deve buscar a transformação social, consciente de que a realização histórica desse serviço evangelizador será árdua e dramática, porque o pecado, força de ruptura, buscará impedir a sua realização. Nesse sentido, a luta pela transformação social na realidade de miséria e injustiça exige do cristão um autêntico heroísmo no compromisso evangelizador, a fim de superar os obstáculos para buscar a verdadeira libertação. (cf. Puebla, 281).

Ao fazermos esta breve panorâmica dos documentos eclesiais que influenciaram o pensamento e a ação de Dom Helder podemos visualizar, também, o processo vivenciado pela Igreja, após João XXIII e o Concílio Vaticano II, ao dialogar e inserir-se na vida concreta dos homens e dos povos, enfrentando um dos mais sérios problemas da humanidade: o tema da 'justiça' e, por consequência, da libertação da injustiça. A luta pela justiça visa à construção do Reino de Deus, a partir do aqui e agora. A relação entre a promoção da justiça e o serviço ao Evangelho como missão própria da Igreja em sua ação evangelizadora buscando a promoção humana, é vista como prova crucial na qual se decide a validade histórica e a autenticidade cristã. Nesta visão geral três eixos condutores do pensamento eclesial se sobressaem: o primado da vontade de Deus, a pessoa humana e a sociedade.

O PRIMADO DA VONTADE DE DEUS. A Igreja em sua missão evangelizadora, no seguimento e na continuidade da missão de Jesus Cristo, tem como primeiro compromisso interpretar e colaborar na realização da vontade salvífica de Deus. O primado da vontade de Deus é de importância crucial para a missão da Igreja no diálogo com o mundo; interpretando criticamente a vontade de Deus, a Igreja se interroga. Ao responder, a Igreja ilumina com a luz da fé o caminho do homem na história, história de salvação. Portanto, vemos que esta breve panorâmica nos ajuda a perceber que, ao refletir sobre a justiça no mundo, a Igreja ocupa-se de questões práticas no mundo, mas, em última instância, se interessa pela conformidade à vontade de Deus para a pessoa humana e a sociedade.

A PESSOA HUMANA. O segundo eixo, sempre presente por estar ligado intrinsecamente à vontade salvífica de Deus, é a dignidade da pessoa humana, "a dignidade pessoal do homem, imagem de Deus, e a tutela de seus direitos inalienáveis" (Puebla 475). A dignidade da pessoa humana baseia-se no evento de ser criada à imagem de Deus (cf. GS 12), garantia dos valores humanos para todos. Deste modo o homem é chamado a ser filho de Deus e a participar da vida divina, fundamento da fraternidade. O conceito do ser humano criado à imagem de Deus nos revela que todos os homens são chamados a ser filhos de Deus e irmãos em Cristo; assim, todos têm o mesmo valor sem nenhuma discriminação. Deste modo torna-se injustificável, do ponto de vista cristão, o domínio de um ser humano por outro ou a sua subordinação ao progresso econômico-social. E, também, estão implícitos o ideal de comunhão e participação; assim, a dignidade da pessoa humana deve ser assumida na relação com o outro (como entrega ao outro na reciprocidade), com a vida e com o mundo. Afirma-se, pois, a superioridade do homem sobre as outras criaturas do mundo (cf. GS 14). A dignidade da pessoa é inseparável de suas condições de vida; por isso, a defesa da pessoa é a defesa da vida (cf. GS 17c). O reconhecimento da igualdade essencial entre todos os homens (igualdade de direitos que nascem da condição pessoal do ser humano) se dá de forma eminente pelo respeito à criação de condições para a responsabilidade e participação e é negada pelas discriminações de qualquer espécie (cf. GS 29-31).

Dentro desta perspectiva da dignidade da pessoa humana surge uma preocupação: a dignidade do pobre. Toda pessoa humana tem uma intrínseca dignidade, que é preservada na possibilidade de participar na sociedade; enquanto os pobres não puderem fazer isto, deve-se fazer por eles uma opção preferencial. O critério da preocupação com os pobres (cf. ES 31) tem como fator motivacional a presença e a identificação do próprio Jesus nos pobres, revelação máxima do amor de Deus aos pobres (oprimidos, marginalizados da história, anawins). "Neste amor há uma denúncia implícita de todas as formas de violação dos direitos de cada pessoa. Este amor anuncia uma sociedade na qual todos os seres humanos sejam reconhecidos como sujeitos da mesma dignidade essencial, sem discriminação alguma".[26] Ao escutar os pobres em seu clamor, o clamor impetuoso dos que sofrem os males da sociedade e são suas vítimas e exigem justiça, clamor pelos direitos, sobretudo o de serem pessoas, sujeitos responsáveis da história, ao ouvi-los, pois, a Igreja assume, a partir de uma atitude pastoral, o dever de estar atenta às aspirações e anseios dos pobres, aos seus esforços e lutas, com as quais quer ser solidária. O fermento de toda transformação é introduzido sempre pelos que sofrem as opressões de um sistema.

Medellín e Puebla contribuem neste processo eclesial de escuta ao clamor do pobre oferecendo uma nova maneira de ver a realidade: ao escutar o clamor do pobre, fazem uma opção por ele e leem a história humana a partir da ótica do pobre.[27] A opção preferencial pelos pobres fez com que a Igreja latino-americana assumisse sua missão evangelizadora na perspectiva libertadora e conscientizadora, assumindo os pobres e sua causa e colaborando no seu processo libertador, contribuindo para a sua conscientização. Neste processo os pobres são os protagonistas, sujeitos da história e da transformação social, e devem estar conscientes de sua força social.

A SOCIEDADE. Em sua ação evangelizadora a Igreja, ao anunciar o Evangelho, a Boa-Nova do Reino de Deus, não se limita apenas aos indivíduos em sua interioridade, mas alcança toda a sociedade e as relações sociais. Há a necessidade da coerência entre a visão de fé e suas implicações sociais.

Ao refletir sobre a justiça a Igreja não se situa no nível doutrinal, mas no nível pastoral. Faz uma reflexão histórica para aclarar compromissos históricos à luz da fé, para superar as situações negativas e

---

26 BIGO, P. e ÁVILA, F. B. de. *Fé cristã e compromisso social...*, 95.
27 Ver: MEDELLÍN: Pobreza 2, 3, 6, 7, 8; PUEBLA: 89, 93, 1207, 77, 28, 18, 20, 1137, 1244, 1245, 135, 505, 46, 44, 1163, 77, 1220.

colaborar na transformação da sociedade segundo a vontade de Deus. Em sua reflexão, usa critérios ético-sociais, orientados para a ação e não apenas para a informação de fatos ou para o assentimento de crenças, e trata um campo especifico da ética, em estreita conexão com mediações científicas. Analisa a história como uma realidade que deve ser transformada por exigências éticas. Oferece imperativos para a ação a partir da ética e dos valores religiosos.

No ensino social da Igreja, o Magistério, à luz da fé, interpretando a vontade salvífica de Deus, julga as realidades históricas. A contribuição da Igreja para a solução dos problemas sociais consiste exatamente no juízo ético da vida humana, da pessoa e da sociedade. O problema da justiça no mundo não se reduz apenas a aspectos técnicos no campo social, econômico ou político, como problema humano, mas tem também dimensões éticas. A fé forma a consciência do ser humano para assumir suas tarefas históricas com abertura ao transcendente. Por isso a fé apoia a ordem social, robustecendo o sentido moral das pessoas. Por esta razão, ao falar sobre justiça, a Igreja afirma que as injustiças sociais têm sua origem e raiz no pecado dos homens, na organização social, política e econômica que ignora e até contradiz as exigências do evangelho e éticas. As consequências dos problemas sociais se refletem nas condições desumanas de vida e impedem a realização da pessoa humana, a sua vocação à salvação integral, implicam um grave desprezo da pessoa e geram uma visão e concepção materialista da vida. A Igreja propõe um conceito cristão da vida, que inclui a interpelação recíproca entre evangelho e vida social.

A justiça que nasce de uma visão de fé, que se fundamenta no Evangelho, não é alheia à evangelização, porque pertence a um de seus conteúdos essenciais: a interpelação entre vida humana pessoal e social e o Evangelho; devido ao vínculo antropológico, porque o homem que recebe o Evangelho quer viver na justiça; devido à redenção, porque esta chega até à injustiça que deve ser combatida e à justiça que deve ser restaurada; porque o amor não pode ser anunciado sem se promover a paz e a justiça; porque todo esforço que se fizer para realizar a justiça na sociedade humana inclui-se na libertação integral por Cristo, que aperfeiçoa e supera o trabalho humano, suas metas e aspirações, dando-lhes um sentido integral e absoluto.

Para Helder, os ensinamentos sociais da Igreja não nascem para serem aplaudidos e louvados apenas, mas para levar a consequências, para repercutir na prática. "Tentemos inspirar-nos em documentos como 'Mater Magistra' e 'Pacem in Terris', 'Gaudium et Spes' e 'Populorum Progressio', mas com o realismo de descobrir maneiras práticas de levar à concretização a bela doutrina da Igreja. Cristianismo não é doutrina para ser admirada e aplaudida, mas vivida".[28] E para serem aplicados com urgência, pois o tempo corre contra; não bastam simplesmente "os conselhos fraternos, apelos líricos, para que tombem estruturas socioeconômicas, como ruíram os muros de Jericó".[29] Sublinha que não é possível e é até um absurdo esperar pelas reformas para depois começar o processo de conscientização tanto das massas como das elites, pois não adiantará pensar em reforma de estruturas socioeconômicas, de estruturas externas, enquanto não houver mudança profunda em estruturas interiores, conversão de vida e de mentalidade, pois a Igreja já esta com alguns séculos de atraso.[30]

Em seu realismo, Helder adverte que, embora a aplicação dos ensinamentos sociais seja necessária e urgente, isso não acontecerá sem enfrentar obstáculos, tanto por parte dos grupos privilegiados econômica e politicamente, que se definem como verdadeiros e únicos defensores da civilização cristã, com suas acusações de práticas de marxismo e maoísmo dentro da Igreja,[31] quanto por parte de grupos eclesiais através de acusações, sabotagem e falta de apoio.[32] Mas diante da realidade do povo, os bispos e pastores não têm o direito de ser ingênuos.[33] Em consonância com João XXIII e Paulo VI, para Helder, o grave problema social a ser enfrentado é a distância entre o

---

28 CAMARA, H. "Igreja e construção do Mundo", in Apostila 12/8, 2.
29 Id., Revolução dentro da paz..., 36-37.
30 Cf. Id., *Revolução dentro da paz...*, 36-37.
31 Cf. Id., *Le conversioni...*, 126-127.
32 Cf. Id., "A não violência, força libertadora na América Latina", in Apostila 33/3.
33 Cf. Id., *Le conversioni...*, 127.

mundo desenvolvido e o subdesenvolvido, problema raiz de injustiças sociais. "João XXIII reitera na Pacem in Terris que o mais grave problema social do nosso tempo é a distância, cada vez maior, entre o mundo desenvolvido e o mundo subdesenvolvido. E Paulo VI ao indicar na Populorum Progressio que o fato mais importante, de que todos devem tomar consciência, é que a questão social adquiriu uma dimensão mundial".[34]

3 CONTEXTO DE INJUSTIÇA

O segundo parâmetro usado por Dom Helder para falar e lutar pela justiça social é a realidade brutal em que vive o povo latino-americano e do terceiro mundo. Para Helder, as injustiças institucionalizadas mais gritantes em nossos dias são o colonialismo interno e o neocolonialismo. A injustiça social, interpelação para o ser cristão diante da tomada de consciência da injustiça social institucionalizada que provoca as profundas diferenças sociais, a pobreza, a miséria e a violação dos direitos humanos, surge como elemento questionador para a consciência eclesial por não estar de acordo com a vontade salvífica. A posição eclesial em favor da luta pela justiça nasce de duas perspectivas: o sofrimento concreto do povo e as convicções da fé.

3.1 A Situação de Injustiça Institucionalizada

3.1.1 Problema social: injustiça institucionalizada em escala mundial

Dom Helder em suas conferências denuncia a existência da injustiça em escala mundial, afirmando que ela não é monopólio dos países subdesenvolvidos: acontece também nos países desenvolvi-

---

34 Id., "Encíclica a responder com atos", in Apostila s/nº, 1, 22/04/1967.

dos, seja no bloco capitalista, seja no socialista; nos países ricos, há extratos subdesenvolvidos, que são chamados "zonas cinza". Injustiças de diferentes naturezas e de diferentes graus, porém, ao fim, injustiças.[35] Existem camadas de pobreza e, por consequência, de marginalizados, "que priva do progresso, da criatividade e da decisão a mais dos dois terços da humanidade",[36] e que acontece nos países desenvolvidos como, por exemplo, no caso de estrangeiros que chegam em busca de trabalho, aposentados, pensionistas, desempregados, subempregados.[37] Mesmo que as condições infra-humanas nos países desenvolvidos não sejam exatamente as mesmas que nos países subdesenvolvidos, a distância entre a pobreza e a riqueza, dentro dos países ricos, apresenta duros contrastes.[38] Helder afirma que a situação infra-humana, de miséria, responsável por mais mortes que as guerras sangrentas, produz: "transtornos físicos (basta pensar em Biafra), transtornos psicológicos (há muitos retardados mentais fruto da fome) e transtornos morais (os que passam por uma situação de escravidão não oficial, porém real, vivem sem perspectivas e sem esperanças e caem em um certo fatalismo e em uma mentalidade de mendigos)".[39] Dentro deste contexto mundial, seguindo o ensinamento de João XXIII na *Octogesima Adveniens* 4, Dom Helder afirma:

> A complexidade do mundo é tão grande que seria simplesmente ridículo alguém aparecer como dono de uma formula

---

35 Cf. Id., Espiral de violência..., 13-14.

36 Id., "Contribuição fraterna às comemorações do Bi-centenário", in Apostila 43/3, 1, 16/05/1976.

37 Cf. Id., *O deserto é fértil...*, 52. Helder citou, como exemplo de injustiça no mundo desenvolvido, o caso dos Estados Unidos, onde "o ex-presidente Lindon Jonhson, ao lançar a Great Society, declarou que viviam 40 milhões de norte-americanos em condições indignas de seres humanos. E, entre eles, 15 milhões de origem hispânica – principalmente porto-riquenhos – sofrem tragicamente esta situação". Id., "Retiro com os sacerdotes de língua espanhola que trabalham nos EUA – 2ª Palestra: Espiral da violência e suas eventuais saídas", in Apostila 36/4, 6, 24-27/04/1972.

38 Cf. Id., *Espiral de violência...*, 14.

39 Ibid., 13-14.

aplicável a todas as situações, de todas as raças, de todas as regiões, de todos os países e de todos os continentes.

Mas acontece que, para além das diversidades (e notas individuantes), há problemas que atingem, praticamente, a humanidade inteira, embora em proporções diversas e de ângulos especiais.

Onde, em que lugar no mundo, não há injustiças, contrastes, divisões? Onde as injustiças não funcionam como violência mãe de todas as violências? Aonde a violência, chegando à rua e ameaçando a ordem publica e a segurança nacional, não provoca a reação do governo?

Um pouco por toda parte, não falta, sobretudo entre os jovens, quem chegue à conclusão de que, para corrigir as injustiças, o único recurso válido é levantar os injustiçados, os oprimidos, preparando-os a abrir, pela força, caminho para a justiça e dias melhores.[40]

3.1.2 Distância entre mundo desenvolvido e subdesenvolvido

Para Helder, seguindo o ensinamento social da Igreja, o mais grave problema social da sociedade atual é a distância entre o mundo desenvolvido e o mundo subdesenvolvido. A consciência desta realidade faz com que batalhe pela urgência da revisão da perspectiva das relações econômicas entre os países desenvolvidos e os países subdesenvolvidos, não mais em termos de ajuda mas em termos de justiça. Dom Helder, citando a *Mater et Magistra* e o Concílio Vaticano II, afirma:

---

40 Id., O deserto é fértil..., 3-4.

Na Mater et Magistra, o Papa João XXIII deu avisos precisos sobre relações entre mundo desenvolvido e mundo subdesenvolvido. Diz textualmente:

"Os Estados economicamente desenvolvidos, ao virem em auxilio dos países em via de desenvolvimento, devem velar com o maior cuidado para evitar a grande tentação de aproveitar essa cooperação técnico-financeira a fim de obter vantagem política, com espírito de domínio. Se isso chegasse a acontecer, deveria ser denunciado em alta voz, pois seria o estabelecimento de um colonialismo de gênero novo, velado sem dúvida, mas não menos dominador do que aquele do qual numerosas comunidades políticas saíram recentemente. Daí resultaria mal-estar para as relações internacionais e ameaça e perigo para a paz no mundo".

Por maior que seja, no entanto, a grande Encíclica Mater et Magistra para, como na época não podia deixar de parar, na esperança de que os países de abundância aumentem suas ajudas aos países economicamente fracos.

Já o Concílio Ecumênico Vaticano II, na Constituição Pastoral sobre a presença da Igreja no mundo, afirma sem vacilação que nas relações entre os dois mundos – o desenvolvido e o subdesenvolvido – não bastam ajudas: é preciso chegar até à revisão, em profundidade, da política econômica internacional do comércio.

Os dados que vão ser apresentados justificam as preocupações de João XXIII e confirmam, plenamente, o acerto da posição adotada pelos Padres Conciliares.[41]

Para Dom Helder as injustiças abriram um abismo, que tende a crescer cada dia mais, entre os países desenvolvidos (da abundância) e os países subdesenvolvidos (da miséria).[42]

---

41 Id., Revolução dentro da paz..., 36-37.
42 Cf. Id., *Espiral da violência...*, 11-15.

As injustiças chegaram a abrir um abismo, cada dia mais dilatado e mais profundo, entre os países da abundância e os países da miséria. A consciência desta realidade o faz assumir três considerações: a) o problema maior não é a divisão entre mundo capitalista e mundo comunista, mas a divisão entre os países ricos e os países pobres, dois universos separados por uma distância instransponível; b) a independência política dos países subdesenvolvidos (terceiro mundo) pouco vale sem a independência econômica; c) a percepção de uma lógica e de uma estrutura desumana e desumanizante que submetem o homem a uma situação infra-humana.

3.1.3 Injustiça Institucionalizada: a injustiça no nível das estruturas

Para Dom Helder, as injustiças institucionalizadas "atingem camadas inteiras da população, se repetem, e se estratificam como decorrência de estruturas montadas, estruturas de opressão".[43] Segundo Miranda:

> O que oprime hoje são as estruturas injustas da sociedade onde se vive, o arbítrio dos que detém o poder político e econômico, a divisão dos homens em oprimidos e opressores, a concentração crescente do capital com o consequente aumento da miséria, a ênfase no consumo, na eficácia da produção e no desenvolvimento às custas de valores humanos superiores, a marginalização de enormes faixas da população que não participam do progresso apesar de serem as mais exigidas por ele...[44]

---

43 Id., "Retiro-debate com padres de língua espanhola que vivem e trabalham nos USA. 2ª palestra: Espiral da violência e suas eventuais saídas", in Apostila 36/4, 2.
44 MIRANDA, M. de F. Libertados para a práxis da justiça..., 96.

Na realidade de injustiças institucionalizadas no nível estrutural da sociedade, as injustiças se alimentam umas às outras: a injustiça política tonifica a econômica, resultando em uma rede de injustiças. O resultado claro da teia de injustiças é precisamente a desumanização do povo e a humilhação do ser humano.[45]

Neste contexto, a pobreza e a miséria do povo não são casuais, mas produto de situações e estruturas econômicas, sociais e políticas, embora haja também outras causas, que exigem dos setores mais pobres um custo social realmente desumano, tanto mais injusto quanto não é compartilhado por todos (cf. PUEBLA, 30; 50; 509; 562). Segundo Dom Helder, a riqueza de uns poucos é alimentada pela pobreza e miséria das massas. Segundo Gutiérrez, o pobre, ao ser "sistematicamente e legalmente despojado de sua humanidade", foi convertido em uma "não pessoa";[46] em linguagem helderiana, esta injustiça institucionalizada cria sub-homens.

Diante deste contexto de injustiça institucionalizada, o oprimido, o marginalizado anseia pela sua libertação, pela supressão deste contexto que o escraviza, pela mudança das condições injustas de existência, apesar das legislações em vigor.

3.1.4 O pecado social da injustiça institucionalizada e suas consequências

Dom Helder, seguindo a ótica eclesial, analisa a realidade de injustiça institucionalizada a partir não da perspectiva técnica, mas da perspectiva pastoral, que busca as causas éticas como raiz das estruturas sociais, econômicas e políticas injustas. A causa é definida como pecado de injustiça que se encarna nas estruturas da sociedade (cf. Puebla,

---

45 Sobre a injustiça institucionalizada: LEBACQZ, K. *Justicia en un mundo injusto...*, 56-57; MIRANDA, M. de F. *Libertados para a práxis da justiça...*, 96; MORENO, F. "Analisis politico del conflicto social em América Latina y compromisso Cristiano...", 104.
46 GUTIÉRREZ, G. *A força do pobre...*, 57.

1258). O pecado de injustiça se manifesta no abismo cada vez maior entre ricos e pobres (cf. Puebla, 28), consequência da "apropriação, por uma minoria privilegiada, de grande parte da riqueza, assim como dos benefícios criados pela ciência e cultura" (Puebla, 1208), o que resulta na "pobreza de uma grande maioria, com a consciência de sua exclusão e do bloqueio de suas crescentes aspirações de justiça e participação" (Puebla, 1208). Tal situação contradiz as aspirações e anseios da pessoa humana, causando angústias e frustrações, cujas dimensões pessoais e sociais são muito amplas (cf. Puebla, 73). O pecado imprime uma marca destruidora nas estruturas que se tornam "estruturas de pecado" (cf. Puebla, 281); enfim, o pecado é a "raiz e fonte de toda opressão, injustiça e discriminação" (Puebla, 517). A injustiça fruto do pecado, principalmente do egoísmo, se expressa nos tipos de opções econômicas e políticas (cf. Puebla, 37-44). Para Marins, "... a situação negativa da realidade da América; e como a comunidade eclesial a considerou como situação de pecado, como estrutura injusta e opressora, porque anula ao homem e não lhe permite realizar o destino individual e comunitário ao qual foi chamado por Deus".[47]

Para Dom Helder, entre as consequências mais graves estão: a marginalização da pessoa humana; a contradição e escândalo; a indiferença; o egoísmo e a espiral da violência.

A marginalização da pessoa humana coloca o indivíduo à margem da vida econômico-social e político-cultural de um país. Para Helder, a marginalização do ter, saber e poder, que impede a pessoa humana de ser, não acontece somente no plano individual, mas no plano continental:

> A marginalização, em nossos dias, já não atinge apenas indivíduos e grupos. Há países e até continentes que, de modo geral, em bloco, estão marginalizados. É o chamado Terceiro Mundo, que abrange a África, a Ásia, a América Latina.

---

47 MARINS, J. "Igreja e conflitividade social na América Latina...", 291-292.

Abriu-se e encerrou-se a Primeira Década do Desenvolvimento: os países ricos se tornaram mais ricos e os pobres, mais pobres. Aumentou a marginalização.

O problema ainda se revela mais complexo quando se leva em conta que a marginalização apresenta, pelo menos, três graus: no primeiro, fica-se à margem dos benefícios e serviços que decorrem do progresso econômico; no segundo, fica-se à margem da criatividade; no terceiro, fica-se à margem das decisões.[48]

A CONTRADIÇÃO E ESCÂNDALO. Ao definir a injustiça institucionalizada como pecado, Dom Helder, seguindo a reflexão da Igreja latino-americana, caracteriza a realidade estrutural social, econômica e política como contraditória às exigências do evangelho. O escândalo surge porque a injustiça estrutural ocorre numa sociedade que se diz cristã e, além disso, muitas vezes se pretende justificar a situação como se fosse cristã, o que é um escândalo maior porque inclui a manipulação do religioso. A negação é total. Segundo Antoncich e Sans, o escândalo surge na recusa do reconhecimento do pecado, em tornar a injustiça "institucionalizada" em nome de Deus, como se a realidade de injustiça fosse "porque Deus quer assim": ao chegar a esse ponto, perverte-se a imagem de Deus, ao afirmar que Deus não é Pai de todos, mas faz acepção de pessoas, ao criar alguns para a salvação e outros para a condenação, à margem da vida. Dessa forma, a injustiça quebra no ser humano a imagem autêntica de Deus como Senhor da comunhão e da vida plena.[49] A injustiça dos cristãos é o ateísmo prático mais grave da história. A gravidade do pecado de injustiça se torna ainda maior quando esta se quer legitimada como situação cristã. Segundo Helder, a Igreja, ao aliar-se com os grupos dominantes, tornou-se apologista do colonialismo e foi utilizada como força

---

48 CAMARA, H. *O deserto é fértil...*, 52.
49 Cf. ANTONCICH, R. e SANS, J. M. M. *Ensino social da igreja...*, 276-277.

para acalmar o ressentimento e a indignação do povo e para promover o passivismo e o fatalismo. Apoiou a autoridade e a ordem social, não vendo as injustiças.[50]

A INDIFERENÇA. Para Helder, nesta situação de injustiça institucionalizada criada pelos países de abundância e pelos grupos de abundância dos países de miséria, existe a pobreza de visão de sentimento e de coragem que os leva a não ver o problema da justiça.[51] Estas atitudes os tornam inimigos de si mesmos: "Os maiores inimigos dos ricos, depois deles mesmos – pois eles mesmos, salvas exceções honrosas, se tornam cegos, surdos, insensíveis e frios –, os maiores inimigos dos ricos são os que dão cobertura à sua ambição desmedida, criadora de misérias".[52] A atitude de indiferença é assim descrita por Dom Helder:

> É curioso como, em pleno Mundo desenvolvido, há de vez em quando quem nos entenda. Ouçamos algumas passagens de Bárbara Wardm, respeitada entre os economistas e, sem dúvida, uma das grandes figuras humanas da hora atual.
>
> Diz ela: "A riqueza, aliada à indiferença, atrai o castigo clássico que é, por indiferença e dureza de coração, perder contato com os anseios das grandes massas da humanidade. Esta perda da sensibilidade pode acontecer a qualquer um, como a história o demonstra. Hoje, porém, presenciamos um novo fenômeno: as Comunidades ricas estão sendo vítimas desta mesma deficiência de compreensão humana".[53]

---

50 Cf. CAMARA, H. *Revolução dentro da paz...*, 18.
51 Cf. Id., "A pobreza na Abundância", in Id., *Utopias peregrinas...*, 43.
52 Id., "Eu tive um sonho", in Apostila 31/8, 36.
53 Id., "Desenvolvimento e humanismo", in Apostila 16/3, 4.

O EGOÍSMO. O pecado base da injustiça institucionalizada, para Dom Helder, é o egoísmo que desumaniza. Ele demonstra sua incidência na realidade do terceiro mundo a partir da Declaração dos Direitos Humanos:

> Egoísmo que desumaniza:
>
> Na Declaração dos Direitos do Homem, sabemos que do art. 22 em diante, figuram direitos sociais, econômicos e culturais, considerados como direitos fundamentais do homem.
>
> É que, já em 1948, e sempre mais – ao lado da proletarização de pessoas e grupos –, há o fenômeno gravíssimo de Nações-proletárias, há o escândalo do Mundo subdesenvolvido que abrange, praticamente, 3 Continentes inteiros e a maioria esmagadora da humanidade.
>
> (...)
>
> O art. 23 põe toda a esperança do desenvolvimento integral – básico para evitar esmagamento da pessoa humana – no esforço nacional e na cooperação internacional, mas há injustiça internacionais que anulam todo e qualquer esforço nacional para arrancar-se do subdesenvolvimento.[54]

A ESPIRAL DA VIOLÊNCIA. Para Dom Helder, uma das mais sérias consequências da injustiça estratificada é a espiral da violência, por se viver em uma situação de conflito histórico nas estruturas sociais, políticas e econômicas. Referindo-se ao Papa Paulo VI, Dom Helder alerta:

---

54 Id., "Os direitos humanos e a libertação do homem nas Américas", in Apostila 25/7, 3.

Paulo VI alude na Populorum Progressio a esta tentação de violência:

"Quando a populações inteiras falta o necessário, vivem uma dependência tal que lhes impede toda iniciativa e responsabilidade, assim como toda possibilidade de promoção cultural e de participação na vida social e política, é grande a tentação de revidar com a violência tão graves ofensas à dignidade humana".

Reconhece o direito à revolução no caso único de "tirania evidente e prolongada que atentasse gravemente contra os direitos do país". Em todos os demais casos, como é natural, o papa desaconselha e desaprova a insurreição violenta e armada. Porém afirma: "Entenda-se bem: a situação presente tem que afrontar-se valorosamente combatendo e vencendo as injustiças que traz consigo. O desenvolvimento exige transformações audazes, profundamente inovadoras". Há que empreender, sem mais demora, reformas urgentes.[55]

3.2 A Injustiça Institucionalizada na América Latina

Dom Helder, diante do contexto latino-americano e do terceiro mundo, de injustiça estratificada que mantém em situação infra-humana dois terços da humanidade, seguindo o ensinamento social da Igreja e as reflexões do episcopado latino-americano, principalmente Medellín, busca denunciar o que, para ele, são as mais graves injustiças do século: colonialismo interno e o neo-colonialismo econômico, que geram o imenso custo social e a crescente desproporção na distribuição da riqueza.

---

55 Id., "A mais valente das encíclicas", in *Fatos e Fotos*, 1967.

3.2.1 Colonialismo interno: minorias privilegiadas e reforma agrária

Para Helder, o colonialismo interno é uma das causas da miséria, sendo responsável pela deformação da personalidade humana no mundo subdesenvolvido. É o pior dos colonialismos e o grande pecado coletivo vivenciado na América Latina.[56] O colonialismo interno é exercido por pequenos grupos de latino-americanos, minoria privilegiada, donas do respectivo país, que mantêm sua própria riqueza, domínio e império de vida e morte "a custas da miséria – não da pobreza, senão da miséria – de milhões de concidadãos".[57] Desta minoria privilegiada que domina a política nacional saem os representantes do país, que se aliam de forma espontânea e natural aos governos dos países desenvolvidos e às empresas multinacionais para o domínio e a exploração da população.[58] Baseando-se na *Populorum Progressio,* afirma:

> Coexistem, dentro de nossas áreas, o século XXI que se inicia e o século XII; a era eletrônica e o feudalismo. Paulo VI, na "Populorum Progressio", deve ter tido os olhos postos, grandemente, na América Latina, quando fala, p. ex., que "enquanto uma oligarquia, em certas regiões, goza de uma civilização requintada, o resto da população, pobre e dispersa, é privado de quase toda possibilidade de iniciativa pessoal e de responsabilidade e, muitas vezes, colocado em condições de vida e de trabalho indignos da pessoa humana". Uma das notas dominantes de sua Encíclica é o cuidado de fazer ver que o tempo corre contra nós. O Papa chega a dizer: "Que nos entendam bem: a situação presente deve ser enfrentada corajosamente. O Desenvolvimento exige transformações audaciosas, profundas e inovadoras. As

---

56 Cf. Id., "Presença da Igreja no desenvolvimento da América Latina", in Apostila 12/1, 3..
57 Id., "Missão dos juristas nos países subdesenvolvidos", in Apostila 25/3, 2.
58 Cf. Id., "Comunidade europeia ou império europeu?", in Apostila 36/2, 2.

reformas devem ser empreendidas, sem nenhuma demora (*sine ulla mora*)".[59]

Para Helder, a expressão colonialismo interno recorda que o meio rural latino-americano continua em plena Idade Média. Para superar este tipo de colonialismo, defende a necessidade urgente da reforma agrária.[60]

Helder entende a reforma agrária como "um processo amplo (no tempo e no espaço) e imediato, conduzindo, com firmeza, sem vacilações, à redistribuição dos direitos sobre a propriedade das terras, promovida pelo governo, com ativa participação dos trabalhadores, objetivando a sua promoção social, econômica e política...",[61] e não a compra de terras, a regularização fundiária, a titulação de terras, a reformulação fundiária. Para Helder, o problema agrário é uma herança das capitanias hereditárias que vem se agravando cada dia com mais intensidade:

> Quando El Rei de Portugal, para colonizar o Brasil, dividiu nosso País em Capitanias Hereditárias, mal sabia que lançava a instituição dos Latifúndios... Pergunte-se ao INCRA pelos milhões de hectares não produtivos e pelos milhões de Brasileiros sem um palmo de terra... Pergunte-se ao INCRA como os minifúndios continuam a ser engolidos pelos Latifúndios. Meça-se como ainda continua intangível o direito absoluto e sagrado da terra. Olhe-se como, ainda hoje, em nosso querido Nordeste, mesmo em hora de calamidades, as ajudas oficiais chegam em termos de os Retirantes se livrarem do êxodo, aceitando serviços oficiais nas terras dos Ricos, serviços pesadíssimos pagos com salários abaixo de salários de fome. Fica-se perguntando até quando autoridades responsáveis dentro do governo conti-

---

59 Id., "Eu sou o caminho...", in Apostila 17/3, 4.
60 Cf. Id., "Presença da Igreja no desenvolvimento da América Latina", in Apostila 12/1, 3.
61 CAMARA, H. "Missão especial confiada à Universidade Federal Rural de Pernambuco", Apostila s/nº/6, 24, 21/09/1984.

nuarão a ter a Reforma Agrária como cogitação de Economistas sem trabalho...

Fica-se perguntando quando o Governo sentirá constrangimento de proclamar como Reforma Agrária a entrega de minifúndios, sem nenhuma das medidas indispensáveis para que a Terra tenha valor efetivo nas mãos do Homem do Campo.

Fica-se perguntando até quando os assassinatos de Trabalhadores Rurais, em luta pacífica por Sindicatos livres e operantes, continuarão sem possibilidade para a Justiça de ir além do Executante, e chegar a atingir o Coronelismo, que sob a aparência de haver desaparecido, continua mais vivo do que nunca, criando inclusive Esquadrões da Morte e Grupos audaciosos como a Mão Branca...[62]

Dom Helder aponta as principais razões da necessidade da reforma agrária. Em primeiro lugar, o problema da distribuição da terra. Dom apresenta os dados estatísticos: no Brasil, 71% dos Proprietários possuem apenas 12% das terras do país; 24% possuem 78% das terras do Brasil; no Nordeste, 76% dos proprietários possuem apenas 19% das terras e 19% possuem 76% e 42 milhões de hectares de terras aproveitáveis estão inexploradas e 240 milhões, mal utilizadas; as Multinacionais já se apropriaram de mais de 35 milhões de hectares de terras do Brasil.[63] E a partir deles afirma:

Imaginai um País que, dispondo de 3.800.000 propriedades, com um total de 400 milhões de hectares, veja quase a metade desta área, exatamente 180 milhões de

---

62 Id., "A Igreja dos pobres", in CARAMURU DE BARROS, R. e OLIVEIRA, L. de. *Dom Helder: o artesão da paz...*, 315-316.
63 Cf. Id., "Missão especial confiada à Universidade Federal Rural de Pernambuco", in Apostila s/nº/6, 22-23, 21/09/1984.

hectares, em mãos de um 1% de proprietários... Imaginai, ainda, que das anteriores 3 milhões e 800 mil propriedades, mais de 2 milhões e meio sejam minifúndios economicamente insustentáveis, presa fácil e tentadora para os latifúndios... Dizei-me: um País assim típico da situação latino-americana está ou não clamando por mudança da estrutura agrária? [64]

Para Helder, se o Brasil já sofria as consequências da má distribuição da terra, da excessiva concentração da propriedade agrária nas mãos de poucos, o problema é agravado pela presença de novos e poderosos latifundiários estrangeiros. As multinacionais adquiriram milhões de hectares de terras no interior do Brasil com o objetivo de fazer do país o "celeiro do mundo", mas os alimentos produzidos não serão para o povo, que não tem poder aquisitivo para tanto, e sim para abastecer os supermercados da sociedade de consumo.[65] O drama da terra continua nas áreas onde as multinacionais compram enormes porções de terra, nas quais famílias de agricultores vivem e trabalham, há dezenas de anos, passados de geração a geração, sem documentos de posse oficiais, devido à mentalidade das gerações anteriores ou pela precariedade da administração pública. Surge a figura dos grileiros, homens pagos pelos "novos proprietários" para obrigar os moradores da terra a sair através de ações intimidadoras e, em alguns casos, com morte. Muitas destas

---

64 Id., "Mensagem fraterna aos juristas católicos", in Apostila 25/3, 4, 05-12/12/1968.
65 Helder apresentou os seguintes dados: "A revista belga Pro Mundi Vita, em seu nº 71, de março-abril de 1978, apresenta as compras de terras realizadas por multinacionais no interior do Brasil e se contenta de apresentar as compras de um ano apenas, 1971.
Vale a pena ouvir os nomes das 6 firmas citadas, com a indicação concreta das quantidades compradas e dos lugares onde a compra se efetuou. Assinalarei, depois, as consequências desumanas desta operação.
Em um ano apenas, 1971, houve as seguintes compras de terra no Brasil: National Bulk Carriers (USA) = 3 milhões e 215 mil hectares no Pará e Amapá; Brasil Land Cattle Packing (USA) = 2 milhões, 881 mil e 53 hectares no Mato Grosso; Comarco (Brasil) = 2 milhões e 110 mil hectares no Maranhão; Frederic Reichecash = 1 milhão, 192 mil e 500 hectares, em Goiás; Robert Lamson (Canadá) = 1 milhão de hectares em Goiás; The Lancashire Gen. Inv, (USA) = 998 mil hectares em Goiás". Id., "Com direitos humanos não se brinca", in Apostila s/nº/3, s/nº página, dezembro de 1978.

famílias, quando expulsas de sua terra e de sua casa, procuram as cidades grandes, "capitais das ilusões", na esperança de encontrar trabalho e moradia. Na maioria dos casos conseguem apenas subempregos e sub--moradias (favelas), mas mesmo nesta situação estão inseguros, pois o governo tem seus planos de urbanização.

Em segundo lugar, Dom Helder aponta as consequências causadas por esta situação: a migração – cresceu para 24 milhões o número de pessoas que migraram para outros Estados, entre 1970 e 1980; o desemprego – existem cerca de 11 milhões de desempregados nas cidades e 12 milhões de camponeses sem-terra; o subemprego – 8 milhões e 700 mil assalariados rurais recebem menos de um salário mínimo; a falta de produção de alimentos – a produção de alimentos por habitantes vem caindo nos últimos 20 anos, em razão do apoio governamental à grande propriedade.[66]

Em terceiro lugar, apresenta os conflitos: entre 1979 e 1983, 269 mil famílias de pequenos Produtores enfrentaram conflitos pela posse da terra; entre 1979 e 1983 foram assassinados camponeses, posseiros, boias-frias, garimpeiros, dirigentes sindicais rurais e advogados, na luta pela posse da terra e na defesa dos direitos dos trabalhadores. Somente nos 3 primeiros meses de 1984, foram assassinadas 17 pessoas, número superior ao de todos os anos de 1980, 1981 e 1982; em 480 anos, os indígenas no Brasil foram reduzidos de 5 milhões para 220 mil, e apenas um terço de seus territórios está oficialmente demarcado.[67]

Dom Helder, diante desta realidade, apresenta os motivos para a Reforma Agrária:

> a) para distribuir os 280 milhões de hectares de terra não exploradas dos latifúndios aos 12 milhões de trabalhadores rurais sem-terra ou com miniterra;

---

66 Cf. Id., "Missão especial confiada à Universidade Federal Rural de Pernambuco", in Apostila s/nº/6, 23, 21/09/1984.
67 Ibid., 23.

b) para multiplicar a área das lavouras, aumentando a produção de alimentos;

c) para ampliar o mercado interno, através da redistribuição da propriedade e da renda agrária;

d) para eliminar a especulação, possibilitando preços justos para pequenos produtores e alimentos mais baratos para a população;

e) para criar novas oportunidades de vida e de trabalho para os desempregados e subempregados nas cidades;

f) para reestimular as atividades econômicas que oferecem mais emprego e são voltadas para o bem-estar da população;

g) para quebrar o monopólio das multinacionais na produção e comercialização agroindustrial e recuperar as terras que estão em suas mãos;

h) para acabar com a especulação de terras;

i) para eliminar as causas da violência contra os trabalhadores rurais e contra povos indígenas;

j) para a implantação da democracia em nosso país, democratizando o acesso à propriedade da terra.[68]

Para Dom Helder, o episcopado brasileiro combateu fortemente em prol da reforma das estruturas sociopolíticas e econômicas, especialmente a reforma agrária. Confirma que existe a iniciativa pessoal de alguns bispos que, em terras da diocese, procuram realizar experiências de promoção humana, mas reconhece que é uma exceção. Exceções, talvez, porque tais experiências enfrentam duas dificuldades principais: não basta dar ao morador a posse da terra sem que haja, ao mesmo tempo, um trabalho complementar de assistência técnica, assistência financeira, assistência social, assistência espiritual; e ao dar o direito de posse, é necessário tomar cuidado com os aproveitadores que compram as terras por uma ninharia, fazendo com que os neoproprietários vivam em situação pior que a anterior.[69]

---

68 Cf. Ibid., 23.
69 Cf. Id., *Revolução dentro da paz...*, 177-178.

Outro problema relacionado à questão agrária é a situação do trabalhador rural. Uma das preocupações da Igreja quanto ao problema agrário foi a de promover a organização sindical, para que os trabalhadores pudessem lutar pelos seus direitos. Dom Helder, referindo-se ao ensinamento social da Igreja, analisa a dificuldade concreta do trabalhador rural no Nordeste: "Tendo presente a distância enorme de posição entre Usineiros e Trabalhadores, é o caso de recordar o aviso de Leão XIII, lembrado oportunamente por Paulo VI: 'Continua a valer o ensinamento de Leão XIII, na Encíclica – 'Rerum Novarum' – em condições demasiado diferentes, o consentimento das partes não basta para garantir a Justiça de contrato. Permanece subordinada às exigências do direito natural a regra do livre consentimento'".[70] Além do vínculo contratual, Helder recorda os perigos inerentes à organização sindical: perigos de dentro do sindicato (os pelegos, os advogados desonestos, e as ajudas perigosas vindas do estrangeiro); perigos de fora (os que exploram a justiça do trabalho, que acaba deixando a impressão de acobertar injustiças, em lugar de condená-las; os que exploram a polícia, que acaba dando a impressão de conivência diante de crimes, que permanecem impunes; os que exploram a democracia, que acaba dando a impressão de incapacidade e falta de coragem).[71] Dom Helder sublinha um dos problemas enfrentados pelo trabalhador rural, a lentidão burocrática: "Se há uma justiça que deva ser rápida é a do Trabalho, pois o Trabalhador não tem resistência para esperar que a Justiça lhe seja feita: não tem casa, não tem alimento, não tem saúde, não tem reserva para esperar nem dois dias sem ganhar salário. No entanto, quando o Trabalhador bota questão na Justiça, perde a esperança de ver resultado antes de dois anos".[72]

Dom Helder defende a reforma agrária para que se cumpra a justiça para milhões de brasileiros. A reforma agrária não significa somen-

---

70 Id., "Resposta à agroindústria do açúcar de Pernambuco: exceção que se impõe", in Apostila 21/5, 2.

71 Cf. Id., "Conversa clara faz bons amigos", in CARAMURU DE BARROS, R. e OLIVEIRA, L. de. *Dom Helder: o artesão da paz...*, 115-117.

72 Ibid., 117.

te a distribuição de parcelas de terra, mas deve vincular-se ao serviço cooperativo de crédito, de compra ou de venda, a assistência técnica e a proibição da venda de lotes a terceiros que não os cultivariam diretamente, para que não tenha como consequência a formação de novos latifúndios. São recursos sem os quais os proprietários seriam obrigados a entregar suas terras por uma quantia irrisória.

O problema agrário, principalmente o latifúndio, traz como consequência o êxodo rural. Nos latifúndios os trabalhadores são reduzidos à condição precária, recebendo, muitas vezes, salários inferiores ao salário mínimo instituído legalmente. Existem casos de trabalhadores rurais que trabalham em latifúndios de caráter semifeudal: vivendo numa casa cedida pelo patrão, obrigados a prestar serviços aos donos da terra sem contratos formalizados legalmente, numa situação de total dependência, sujeitos a uma estrutura de poder originária do período patriarcal, o que, concretamente, significa viver segundo a boa ou má vontade dos senhores de terra. A conclusão é que a exploração do homem do campo é em geral mais grave que a exploração do trabalhador urbano.

3.2.2 Colonialismo externo

Ao pronunciar-se sobre o contexto latino-americano e do terceiro mundo, Dom Helder, seguindo o ensinamento social da Igreja e a reflexão do episcopado da América Latina, principalmente Medellín, afirma que a segunda base da injustiça institucionalizada é a situação de dependência causada pelo colonialismo externo. Medellín, no documento Paz, chama de neocolonialismo e a *Quadragesimo Anno* de imperialismo econômico e imperialismo internacional do dinheiro. Ressaltaremos duas principais situações nos pronunciamentos de Dom Helder: o imperialismo dos Estados e o imperialismo das multinacionais.[73]

---

73 Sobre o colonialismo externo: Bigo, P. e Ávila, F. B. de. *Fé cristã e compromisso social...*, 28-29; Santa Ana, Julio de. "The perspective of economic Analisis", in Fabella y Torres. *Doing theology in a divided Word*, 63; Furtado, Celso. "La hegemonia de los Estados Unidos y el

O Imperialismo dos Estados. Dom Helder visualiza a história do mundo como uma sucessão de impérios, os mais fortes dominando os mais fracos: Babilônia, Assíria, Pérsia, Roma, Portugal, Espanha, Holanda, Inglaterra; impérios que surgiram, afirmaram-se, expandiram-se, atingiram o apogeu, entraram em crise, caíram e novos impérios surgiram.[74] Na história moderna, Helder recorda, os países europeus dividiram entre si colônias na África e na Ásia; em Yalta, as grandes potências decidiram dividir entre si as áreas de influência, antes do final da 2ª guerra mundial.[75] O mundo desenvolvido foi dividido em grandes impérios: um império capitalista, representado pela América do Norte; outro império capitalista, representado pelo mercado comum europeu; um império socialista, formado pela Rússia Soviética, e outro em formação, a China Vermelha; e o mundo subdesenvolvido, abarcando três mundos (a América Latina, a África e a Ásia). Cada um é um mundo de mundos.[76] Helder afirma: "Império – em qualquer época e qualquer latitude – faz surgir oprimidos, subvidas, injustiças institucionalizadas, escravidão".[77] Dentro deste contexto de impérios,

as religiões se preocupam, necessariamente, com a justiça, como condição básica para a paz. As Religiões concordam em encarar o desenvolvimento como o novo nome da paz.

Como podem, então, contemplar, sem protesto, a insensibilidade com que os Pólos de decisão do Mundo continuam a decidir a sorte dos Países pobres, dividindo-os, como se ainda estivéssemos no século em que o Papa Alexandre VI, para acalmar a Espanha e Portugal, então Senhores do Mundo, traçou, no Mapa-Mundi, a linha imaginária de Tordesilhas!...[78]

---

futuro de América Latina", in *La Dominación de América Latina*. Lima: Moncloa, 1968, 61-62.

74 Cf. Camara, H. "Os mansos possuirão a terra", in Apostila 37/3, 1.

75 Cf. Id., "Esperança em uma comunidade mundial", in Apostila 30/1, s/nº.

76 Cf. Ibid., s/nº.

77 Id., "Os mansos possuirão a terra", in Apostila 37/3, 2, agosto de 1973.

78 Id., "Esperança em uma comunidade mundial", in Apostila 30/1, s/nº, 31/01/1970.

Dom Helder, ao analisar os impérios capitalistas e socialistas, afirma: os impérios capitalistas "têm apenas um arremedo de liberdade, pois o poderio econômico deixa uma aparência de liberdade, mas, de verdade, utiliza meios sofisticados de impor o seu querer, tira do caminho, ou deixa impotentes, os que ousam agir de modo diferente";[79] nos impérios socialistas, "a imposição de um único é mais direta e mais brutal. Há um clima de suspeição, de delação, de força das autocríticas, de exílio, de trabalhos forçados, criando para a URSS e para a China a triste glória de ser os Inquisidores do século XX e do início do século XXI, que já se acha à vista".[80] Mas tanto os impérios capitalistas e socialistas como seus respectivos satélites "estão na corrida armamentista. Entregam-se à corrida espacial, com preocupação dominante de estratégia e de domínio. Assumem, diante dos Países pobres, fornecedores de matéria-prima, a mesma atitude de ambição e de império";[81] e, ainda, "estão por detrás de todas as guerras em que os Pequenos se destroem e se matam";[82] mas estes impérios que "partem, tranquilamente, para a divisão do Mundo e já agora dos espaços, conseguindo deixar, ainda, ingênuos, dos dois lados, com a impressão de que são inimigos irreconciliáveis, que fazem o sacrifício de entender-se nos momentos graves, só para salvar a paz no Mundo...".[83] Com a falsa alegação de defesa do mundo livre, tanto os impérios capitalistas quanto os impérios socialistas estão defendendo o próprio prestígio e o próprio império econômico e a expansão dos impérios nesta guerra de interesses; os países pobres, que se tornaram um "campo de luta, não pertenciam ao Mundo livre, mas ao Mundo escravizado pela miséria. E se escaparem da opressão econômica do Mundo Capitalista, apenas mudarão de órbita, mas continuarão giran-

---

79 Id., "A degradação dos mundos e a urgente renovação da face da terra", in Apostila 36/3, 2, 07/11/1972.
80 Ibid., in Apostila 36/3, 3.
81 Ibid., 3.
82 Ibid., 3.
83 Ibid., 3.

do em torno de Impérios, com a agravante das imposições ideológicas que virão a seu tempo".[84]

O IMPERIALISMO DAS MULTINACIONAIS. O imperialismo exercido pelas multinacionais é ressaltado nos documentos do magistério eclesiástico, demonstrando a tomada de consciência e a preocupação por uma nova forma de poder exercido por elas, como nos demonstra a afirmação de Paulo VI:

> Sob o impulso dos novos sistemas de produção, as fronteiras nacionais explodem e vê-se aparecerem novas potências econômicas, as empresas plurinacionais, que, dada a concentração e a flexibilidade dos seus meios, podem levar por diante estratégias autônomas, em boa parte independentes dos poderes políticos nacionais, e, portanto, sem controle sob o ponto de vista do bem comum. Ao estender as suas atividades, estes organismos privados podem conduzir a uma nova forma abusiva de dominação econômica no campo social, cultural e político. A concentração excessiva dos meios e dos poderes, que era já denunciada por Pio XI, no 40° aniversário da *Rerum Novarum*, reveste-se de um novo aspecto concreto (OA 44).

O episcopado latino-americano, em suas reflexões, demonstra a mesma tomada de consciência e preocupação e analisa o exercício do poder das multinacionais sob a ótica do neocolonialismo exercido na América Latina. Em Medellín, não se fala explicitamente do poder das multinacionais, mas a questão está implícita na reflexão sobre as tensões internacionais e do colonialismo externo, na qual são denunciados os problemas:

---

84   Id., "Obrigações da Scandinávia para com o mundo", in Apostila 31/6, 27.

a) da distorção crescente do comércio internacional;

b) da fuga de capitais econômicos e humanos;

c) da evasão de impostos e envio de lucros e dividendos;

d) do endividamento progressivo;

e) dos monopólios internacionais e do imperialismo internacional do dinheiro (cf. Medellín, Paz, 9).

Em Puebla, a denúncia do episcopado latino-americano é mais explícita. Sublinhamos, entre outras, as seguintes afirmações – as multinacionais:

a) são uma das raízes da dependência econômica, política, tecnológica e cultural do continente: "a presença de grupos multinacionais que muitas vezes velam por seus próprios interesses à custa do bem do país que os acolhe" (Puebla 66);

b) estão no centro do poder, o exercem de forma oculta: "os próprios poderes políticos e econômicos de nossas nações, para além das normais relações recíprocas, estão sujeitos a centros mais poderosos que operam em escala internacional. Agrava a situação o fato de que estes centros de poder se acham estruturados em formas encobertas, presentes em toda parte, e se subtraem facilmente ao controle dos governos e dos próprios organismos internacionais" (Puebla 501);

c) e se sobrepõem ao exercício da soberania das nações e contribuem para o agravamento das distâncias entre as nações ricas e pobres: "o poderio de empresas multinacionais se sobrepõe ao exercício da soberania das nações e ao pleno domínio de seus recursos naturais" (Puebla 1264).

Dom Helder, seguindo o ensinamento social do magistério da Igreja e a reflexão do episcopado latino-americano, afirma a necessidade de se desmascarar, em suas interioridades, a engrenagem das corporações multinacionais, por serem a expressão máxima do egoísmo capitalista responsável pelas estruturas de opressão e por grande parte das injustiças sociais. Mesmo sendo um tema controvertido, complexo e técnico, a denúncia deve ter sido motivada pela preocupação com os dois terços da humanidade que vivem em situação infra-humana e pelo compromisso com a verdade e a justiça.[85] Destacando o poder cada vez maior conquistado pelas multinacionais, muitas vezes superior ao do Estado, qualifica-as como as novas donas do mundo[86]. Dom Helder denuncia os problemas criados pela ação das multinacionais tanto nos países subdesenvolvidos como nos países desenvolvidos.

AS MULTINACIONAIS E OS PAÍSES SUBDESENVOLVIDOS. Sobre o exercício do poder das multinacionais nos países pobres, terceiro mundo, principalmente a América Latina – considerados os produtores de matéria-prima –, sublinhamos as principais características apontadas por Dom Helder. As multinacionais:

a) precisam, e a usam, da colaboração de grupos locais que mantêm a própria riqueza à custa da miséria de concidadãos e reforçam a posição de tais grupos no processo do colonialismo interno;[87]

b) precisam, e a usam, da aliança natural com ditaduras de direita para assegurar os próprios investimentos e interesses; isso explica a interferência, direta ou indireta, com as organizações que tentem livrar o país de governos de esquerda, instalados ou em vias de instalação;[88]

---

85 Cf. Id., "A Igreja em face das injustiças dos nossos tempos", in Apostila 35/6, 24.

86 Cf. Id., "Prêmio 'Artesão da Paz'", in CARAMURU DE BARROS, R. e OLIVEIRA, L. de. *Dom Helder: o artesão da paz...*, 272-274.

87 Cf. Id., "As macroempresas, multinacionais, esfinge de nosso tempo", in Apostila 36/6, 2-3. Dom Helder definia esse grupo de privilegiados como "herodianos" e de "burguesia consular" (por lembrar aqueles cônsules que antigamente eram nomeados em cada país submetidos como representantes do império e do imperador), por fazerem o jogo das grandes empresas, emprestando seu nome e colaboração. Cf. Id., "Iniciativa privada ou trustes internacionais?", in Apostila s/nº, 2, 26/05/1968.

88 Id., "As macroempresas, multinacionais, esfinge de nosso tempo", in Apostila 36/6, 3, 21/05/1973. Um dos exemplos citados por Dom Helder da aliança entre as multinacionais e os grupos conservadores que foram responsáveis por ditaduras militares é o caso da experiência chilena: "A experiência chilena nos ensinou como é espontânea e natural a aliança entre multinacionais e privilegiados locais. Mas o que torna ainda mais ilustrativo o caso chileno é o fato

c) são criadoras e mantenedoras do falso desenvolvimento: como representantes autênticas e naturais do moderno e sofisticado imperialismo econômico, encontram dezenas de maneiras hábeis de bem servir os acionistas estrangeiros e os grupos que, ocultamente, manobram as macro-empresas, ao lado de eventuais ajudas para um pseudo-desenvolvimento;

d) mantêm, em colaboração com os governos de direita, modelos neocapitalistas de desenvolvimento, que visam e têm como resultado não o modelo de desenvolvimento integral do homem e de todos os homens, mas o mero crescimento econômico de grupos privilegiados intimamente ligados às multinacionais, tendo como consequência que os ricos se tornam mais ricos e os pobres, mais pobres;

e) exercem o controle sobre os trabalhadores, assegurando-lhes tudo, com a condição de que eles abram mão do uso da inteligência e da liberdade (duplo luxo burguês);

f) são as principais mantenedores dos Meios de Comunicação Social e através deles promovem os valores da sociedade de consumo;

g) as multinacionais trazem *know-how* estrangeiro, cujo preço, no entanto, os países pobres pagam dupla e pesadamente: através de *royalties* e através da humilhação impostas aos técnicos do país, obrigados a pisar a própria criatividade e a executar os modelos recebidos, de fora.[89]

Para Dom Helder, mesmo os países desenvolvidos, onde as multinacionais têm as suas matrizes, enfrentam problemas criados pelo exercício do poder das multinacionais:[90]

---

de o Governo dos Estados Unidos ter admitido, publicamente, que a CIA, a Central Intelligence Agency, participou das manobras sórdidas para levar ao colapso a economia chilena e finalmente derrubar pela força o Governo de Salvador Allende. Diante do exemplo do Chile, constata-se, nas altas cúpulas das superpotências, a utilização, na política internacional, dos mesmos métodos ilegais, do mesmo desprezo pelo dinheiro dos impostos pagos pelos cidadãos de um país, os USA, como se verificou no caso Watergate, e todas estas manobras são realizadas em benefício dos lucros das multinacionais, à custa do suor do trabalho do homem comum dos USA". Id., "Liberdade e justiça para todos", in Apostila 39/1, 6.

89   Cf. Id., "As macroempresas, multinacionais, esfinge de nosso tempo", in Apostila 36/6, 3.

90   Dom Helder sublinhou que o totalitarismo das multinacionais está fortemente vinculado ao totalitarismo neocapitalista, principalmente dos EUA. Cf. Id., "Contribuição fraterna às comemo-

a) a transferência de fábricas para países de mão-de-obra de preços inexpressivos obriga os trabalhadores dos países pobres a uma concorrência desleal com os trabalhadores dos países desenvolvidos. Os sindicatos norte-americanos começam a preocupar-se com o agravamento do desemprego, como consequência desses deslocamentos de fábricas ou de abertura de fábricas no estrangeiro, por parte de corporações cuja matriz está nos USA;

b) os países desenvolvidos se preocupam ao ver que as multinacionais pretendem ter voz e voto na ONU, como super-Estados, e pensando em um território livre da ingerência de qualquer governo, constituindo novo tipo de Estado, sem sede definitiva, sem estar sujeito a qualquer legislação nacional, e sem ter de fazer frente a qualquer lei internacional que controle suas atividades;

c) as multinacionais se tornam, sempre mais, as donas do mundo, pela manobra dos Meios de Comunicação Social, e obtêm consequente influência decisiva sobre as esferas econômico-sociais, político-culturais e militares.[91]

Portanto, para Helder, o imperialismo, exercido tanto pelos países desenvolvidos quanto pelas multinacionais, forma um neocolonialismo, submetendo as nações do terceiro mundo a uma situação infra-humana pela dependência econômica, principalmente através do controle da política internacional do comércio, devido à desigualdade do comércio entre os países subdesenvolvidos, produtores de matérias-primas, e os países desenvolvidos, fornecedores de produtos industriais; injustiça proveniente do controle dos mecanismos do mercado internacional pelos países desenvolvidos, e pelas multinacionais.

---

rações do Bicentenario", in Apostila 43/3, 3.
91   Cf. Id., "As macroempresas, multinacionais, esfinge de nosso tempo", in Apostila 36/6, 3. Uma das fortes denúncias de Dom Helder contra as multinacionais é a participação na corrida armamentista, com base na declaração do presidente Eisenhower, que denunciou o complexo industrial militar e que nessa corrida armamentista cresce o endividamento dos países. Cf. Id., "Liberdade e justiça para todos", in Apostila 39/1, 5.

4 FUNDAMENTOS E PRINCÍPIOS ECLESIOLÓGICOS PARA A JUSTIÇA SOCIAL

4.1 Fundamentos

4.1.1 Fé

Se o contexto social de injustiça institucionalizada, por um lado, questiona a consciência eclesial e a sua práxis de fé, por outro, a vida de fé ilumina a práxis da justiça, colaborando na percepção de aspectos falsificados, ignorados ou encobertos pela mentalidade e pela astúcia ideológica dos impérios.[92] Em primeiro lugar, a vivência da fé ajuda a analisar e compreender a realidade de injustiça contrária à vontade salvífica de Deus. Em segundo, a vivência da fé gera e anima projetos libertadores empenhados na transformação da história, buscando realizar a proposta do Reino de Deus, anunciado por Jesus Cristo, pelo resgate, da situação de miséria e injustiça, de pessoas vítimas do poder e do pecado (da injustiça). Em terceiro lugar, a experiência da fé em Deus revela que a humanização do homem e da história é mais garantida com o Deus da vida que sem ele. Em quarto, a vivência da fé nos faz recordar a dimensão da caridade (amor), sem a qual facilmente nos desviamos para uma ideia abstrata da dignidade humana, individualizando-a e esquecendo a relação essencial com os outros e com a transformação da realidade. Em todos esses casos, vê-se que a exigência da práxis de justiça se apoia e se radicaliza nas Bem-aventuranças. A justiça supõe a busca constante da conversão, que deve se efetuar dentro do homem e se expressa de modo visível na atuação comunitária e social. A vivência da fé fundamenta-se na Palavra de Deus, e Deus se revela na história.

---

92 Sobre a fé como fundamento para a justiça social, ver: AGUIRRE, R. e VITORIA CORMENZANA, F. J. "Giustizia...", 983-984; ANTONCICH, R. e SANS, J. M. M. *Ensino social da igreja...*, 15-28; VIVES, J. "El ídolo y la voz. Reflexiones sobre Dios y su justicia...", 71-119; SIVATTE, Rafael. "La práctica de la justicia, critério de discernimiento de la verdadeira experiencia de fe, según el Antiguo Testamento...", 35; WREN, B. *Educación para la justicia...*, 95-98; ELLACURIA, I. "Fe y justicia...", 128-168.

No processo histórico da salvação, no Antigo Testamento, Deus se revela inicialmente como libertador do povo israelita submetido à escravidão no Egito. Continuando e aprofundando, ao longo da história do povo, esse empenho de libertação, Deus aparece, sempre, como protetor frente aos poderosos de outros impérios que buscavam subjugar Israel; e também frente aos poderosos internos, Deus é o protetor dos fracos, é quem lhes faz justiça. O processo histórico da salvação do povo de Deus nos revela que a justiça salvadora de Deus não é somente individual, mas engloba todo o povo e todas as dimensões da vida do povo: política, econômica, social, cultural, religiosa e histórica. Deus é o Senhor da história, atua para estabelecer a justiça, não é um Deus ausente ou neutro. O Antigo Testamento nos revela também um Deus que ama a justiça: a experiência de Deus se realiza no compromisso de justiça: no fazer justiça ao próximo; através da ação de justiça, da solidariedade, do amor ao fraco, ao oprimido (viúva, órfão, pobre), reconhece-se a Deus e se é fiel à aliança com Ele. Outro aspecto importante na narração do Antigo Testamento é o binômio justiça-injustiça: a justiça contrapõe-se à negatividade da injustiça histórica, o pecado como ofensa ao homem e a Deus. Deste modo, há unidade entre história e salvação, opressão e pecado, justiça e libertação.

No Novo Testamento, Jesus nos revela, em primeiro lugar, por sua presença no meio de nós, que Deus amou tanto este mundo que veio habitar nele; e ama tanto aos pobres homens que disse que o que fazemos ao menor deles, o fazemos a Ele mesmo. Apresenta-se como a interpelação ao compromisso com este mundo. Jesus vincula de modo inseparável o mandamento do amor a Deus e o mandamento do amor ao próximo, e a justiça a uma forma do amor em um mundo de pecado e opressão. Anuncia-nos a Boa Nova, o Reino de Deus, superação de todas as injustiças e de todos os males; para participar desse Reino é necessário a ele converter-se já, desde aqui e agora, entrar em comunhão com Deus e com o próximo. Nas bem-aventuranças é revelado que o Reino de Deus é dos pobres, marginalizados, oprimidos e dos que praticam a justiça: esses são os preferidos. A construção do Reino no aqui e agora visa a conseguir que esta criação e esta humanidade tenham sentido e sejam boas. Se Deus é o criador e último responsável dos tempos e da história, não pode deixar de exigir que o tempo e a história tenham sentido. Jesus, ainda, nos revela um amor que vai mais além da justiça e que ama ao não virtuoso, ao injusto e ao inimigo. Identificar ao Deus de Jesus Cristo, o Deus que faz justiça, que nos exige fazer justiça, é identificar a Deus por aquilo que ele mesmo revelou como sua função mais essencial e primária. Portanto, vulnerar e massacrar a justiça nas relações humanas converte-se em uma espécie de negação da justiça de Deus, a negação de Deus em sua função mais essencial.

A vivência da fé em Deus que se revela e atua na história por amor ao homem e buscando salvá-lo, resgatá-lo e libertá-lo de toda injustiça que existe nas relações entre os homens, entre as classes sociais e entre as nações, exige a prática da justiça. Em primeiro lugar, a fé reconhece o movimento inicial do Deus Justo, presente na história da salvação, e, como segundo momento, o desejo de encontrá-lo, através da conversão-resposta ao chamado de Deus, que provoca um compromisso atuante pela justiça. Em segundo lugar, a fé exige a compreensão da nossa realidade, para interpretá-la na ótica do conhecimento da justiça e do amor de Deus. Se a nossa realidade de injustiça institucionalizada resulta no sofrimento e na opressão da maioria da humanidade, a práxis de justiça inspirada na vontade divina deverá transformar as estruturas que geram e mantém a injustiça. E, em terceiro lugar, a justiça como compromisso histórico da salvação engloba todas as dimensões da vida, na conexão da história da salvação com a salvação da história. Logo, o histórico permanece como sinal vivo e lugar real da presença e da manifestação de Deus.

Dom Helder afirma que a atitude de fé já seria suficiente para transformar as relações humanas e construir um mundo mais justo: "Se todos os que acreditamos em Deus, O víssemos, de verdade, como Pai e Pai de todo nós, sem exceção de ninguém, o Mundo já seria diferente. Quem tem o mesmo Pai é irmão. É fácil, nas funções litúrgicas, nos abraçarmos como irmãos. De verdade, é raro, é exceção levar às últimas consequências nossa irmandade, por termos em comum o mesmo Pai".[93] E, para ele, a ética cristã é fundamentalmente o assumir e viver o amor a Deus e ao próximo:

> Já seria decisivo viver a convicção de Deus, Pai de todos nós.
>
> Cristo disse que no amor a Deus e no amor ao Próximo, se resumem a Lei e os Profetas.
>
> Seria complemento precioso considerar o 2º mandamento igual ao 1º.
>
> Cristo disse que o 2º mandamento – amar o Próximo – é igual ao 1º - amar a Deus. Que podemos nós Criaturas fazer para tornar Deus mais poderoso, mais cheio de glória e mais feliz?... Mas ao Próximo podemos e devemos ajudar fraternalmente.[94]

E afirma a necessidade de vivenciar os dois mandamentos no reconhecimento de Cristo no próximo, principalmente o necessitado: "Cristo ensinou que onde houver um Pobre passando fome e sede, nu, doente, preso, estrangeiro, Ele está sofrendo naquele Pobre. Como Cristo ficará conosco até o fim dos tempos, Cristo está sofrendo desemprego, sendo despejado, reduzido a uma condição subumana, uma vez que esta é a situação de mais de 2/3 da Humanidade".[95]

---

93 CAMARA, H. "Importância de interpretar bem e viver de verdade a ética cristã", in Apostila 45/1, 1.
94 Ibid., 1.
95 Ibid., 1.

4.1.2 Caridade

Segundo o Ensinamento Social da Igreja, o relacionamento humano apoia-se em duas bases: a caridade e a justiça, que não podem ser separadas.[96] O Sínodo dos Bispos de 1971 afirma:

> O amor cristão ao próximo e a justiça não podem se separar. Porque o amor implica uma exigência absoluta da justiça, isto é, o reconhecimento da dignidade e dos direitos do próximo. A justiça, por sua vez, alcança sua plenitude interior somente no amor. Sendo cada homem realmente a imagem do Deus invisível e irmão de Cristo, o cristão encontra em cada homem o próprio Deus e a exigência absoluta de justiça e de amor que é própria de Deus (SBJM, 66).

Deste modo aparece claramente que a caridade ao próximo é o princípio da justiça e contém em si a exigência da justiça, conduz à práxis da justiça para regular as relações sociais e eliminar as causas dos conflitos sociais. Amar é mais amplo que fazer justiça; porém, o fazer justiça vem exigido certamente pelo amor; ao agir justamente motivado pela caridade, o cristão busca a fraternidade entre os homens, que certamente se fundamenta, em última instância, no amor a Deus. Deste modo, deve-se desejar fazer justiça, ser justo, e não simplesmente reivindicar seus próprios direitos. Para Colom: "Se a justiça considera o próximo como outro, a caridade o considera como outro eu, se identifica com ele, com as suas esperanças e com os seus problemas; uma identificação que tem lugar, antes de tudo, na interioridade, mas que se projeta também no exterior".[97]

A caridade deve ser compreendida na profunda unidade entre o amor a Deus e o amor ao próximo, e esta é a relação entre o amor a Deus e o amor aos homens: na resposta do homem ao chamado que vem

---

96 Ver: GS 21/6, 30/2, 72/1-2, 76/5, 77/2, 78/1-2 e 93/1; QA 87/2, 109, 124, 137; MM 42; PP 44; LE 8/5. Sobre a caridade como fundamento para a justiça, ver: LUCIANI, Alfredo. *La carità política*..., 104-108. Cf. CALVEZ, J-Y. *Fé y justicia, la dimensión social de la evangelización*..., 110-130.
97 COLOM, Enrique. *Chiesa e società*..., 326.

de Deus, o amor a Deus não se realiza sem o amor aos homens. "Quem não ama a seu irmão, a quem vê, não pode amar a Deus, a quem não vê" (1Jo 4, 20), e o amor ao próximo já é o amor a Deus, por sua implicação radical ou ontológica. Sendo assim, a caridade torna-se uma boa notícia porque é o testemunho do amor de Deus, que amou e continua amando o mundo. E como manifestação do amor de Deus, a caridade impulsiona a ultrapassar as possibilidades humanas, buscando o horizonte do Reino de Deus.

No agir da justiça motivado pela caridade ao próximo, a justiça torna-se sinal do amor de Deus. A caridade impulsiona a descobrir novas exigências da justiça, por estar sempre atenta às necessidades do próximo e trabalhar pelo reconhecimento de sua dignidade. A caridade e a justiça não são fixas e imutáveis. Segundo Vidal, na estreita relação entre a caridade e a justiça, impulsiona-se a caridade cristã a superar a ingenuidade e inocência do idealismo para descobrir suas implicações políticas. Esta mudança de perspectiva orienta a caridade para superar os estreitos limites personalistas e parte para uma teoria crítica da sociedade. A militância política da caridade orienta o *ethos* dos cristãos para horizontes de compromisso preferentemente social.[98]

Para Helder, a relação entre a caridade e justiça se faz a partir do vínculo estreito entre o primeiro e segundo mandamento: amar a Deus e ao próximo, e ser capaz de amar a Cristo no próximo, sendo capaz de comprometer-se levando até as últimas consequências o mandamento evangélico. Para Helder, através da caridade, se dá a revalorização da justiça: "O Santo era chamado simplesmente o Justo. Urge revalorizar a Justiça. Nesta hora em que mais de 2/3 da Humanidade se acham em situação subumana, é urgente superar o paternalismo, é urgente descobrir que a grande Caridade do nosso tempo consiste em ajudar a fazer justiça, sem perda de amor".[99]

---

98 Cf. Vidal, M. *Moral de Atitudes III...*, 97.
99 Camara, H. "Importância de interpretar bem e viver de verdade a ética cristã", in Apostila 45/1, 2.

4.2 Princípios

4.2.1 Igualdade

Um dos princípios básicos para a compreensão da justiça segundo o Ensinamento Social da Igreja é o principio da igualdade fundamental entre todos os homens. Segundo a *Gaudium et Spes,* a dignidade da pessoa humana fundamenta-se no fato de ser criada à imagem de Deus e se expressa em valores humanos: igualdade, liberdade e solidariedade (cf. GS 12). Sobre a igualdade, a *Gaudium et Spes* afirma:

> Dotados de alma racional e criados à imagem de Deus, todos os homens têm a mesma natureza e a mesma origem; redimidos por Cristo, todos gozam da mesma vocação e destinação divina: deve-se portanto reconhecer cada vez mais a igualdade fundamental entre todos. Na verdade nem todos os homens se equiparam na capacidade física, que é variada, e nas forças intelectuais e morais, que são diversas. Contudo qualquer forma de discriminação nos direitos fundamentais da pessoa, seja social ou cultural, ou funde-se no sexo, raça, cor, condição social, língua ou religião, deve ser superada e eliminada, porque contrária ao plano de Deus. É de lamentar realmente que aqueles direitos fundamentais da pessoa não sejam ainda garantidos por toda parte... além disso, ainda que haja entre os homens justas diferenças, a igual dignidade das pessoas postula que se chegue a uma condição de vida mais humana e equitativa. Pois as excessivas desigualdades econômicas e sociais entre os membros e povos da única família humana provocam escândalo e são contrárias à justiça social, à equidade, à dignidade da pessoa humana e à paz social e internacional (GS 29).

E em outro parágrafo diz: "Para satisfazer as exigências da justiça e da equidade, deve-se esforçar vigorosamente para que, respeitando-se os direitos das pessoas e o caráter próprio de cada povo, se suprimam, o mais depressa possível, as acentuadas diferenças econômico-sociais que hoje existem e crescem com frequência ligadas à discriminação individual e social" (GS 66 a).

A partir da reflexão sobre a igualdade natural, o magistério da Igreja demonstra sua preocupação pela desigualdade social, denunciando-a e questionando-a. Em nível internacional, João XXIII preocupa-se com a questão da relação entre os Estados, que deve ser regida pelas normas da justiça, implicando tanto o reconhecimento recíproco dos direitos como o cumprimento dos deveres. (cf. PT, 89-94).

E Paulo VI, além desta preocupação de caráter internacional, afirma a necessidade da igualdade dentro da mesma pátria: "Dentro da mesma pátria comum, todos devem ser iguais perante a lei, poder encontrar acesso igual à vida econômica, cultural, cívica ou social, e beneficiar-se de uma equitativa repartição da riqueza nacional" (OA, 16). E em outro parágrafo afirma que uma das formas de se verificar hoje a dignidade e a liberdade do ser humano é a aspiração à igualdade e à participação na sociedade (cf. OA, 22).

Na reflexão episcopal latino-americana, Medellín afirma, seguindo Paulo VI, que na desigualdade provocada pela injustiça os homens tornam-se objetos e não agentes da própria história. Tal desigualdade atenta contra a paz, que é obra da justiça, e, por isso, supõe e exige a instauração de uma ordem justa na qual os seres humanos possam buscar a sua realização (cf. Medellín, Paz, 14). E em Puebla o episcopado latino-americano afirma a necessidade de revalorizar os traços da verdadeira imagem da pessoa humana, pois sua dignidade e igualdade fundamentais estão, muitas vezes, ameaçadas nos processos econômicos e políticos (cf. Puebla, 334-335).

Ao analisarem a situação do mundo contemporâneo, os documentos eclesiais mostram que a igual dignidade de todos os homens exige transformações fundamentais para a realização da justiça. Em primeiro lugar, sublinha-se a igualdade entendida como possibilidade social para que o homem desenvolva sua vocação existencial e não como a igualdade de qualidades humanas. Em segundo, que as desigualdades sociais foram produzidas por estruturas sociais, políticas e econômicas que não permitem ao homem realizar a sua vocação, aspirações e qualidades conforme os desígnios de Deus, pois não têm como ponto focal atender às necessidades e aspirações da pessoa humana (cf. GS, 26).

Dom Helder, seguindo o Ensinamento Social da Igreja e a reflexão do episcopado latino-americano, afirma que a justiça é o divisor de águas no mundo contemporâneo, mas que a reflexão sobre a justiça enfrenta sérias resistências.

> Tudo corre bem, enquanto não se fala em justiça. Quando se fala a uma pessoa rica ou a um País rico, e o problema é colocado em termos de ajudas, em face de situações de pobreza ou até de miséria, o entendimento é relativamente fácil. Costuma haver boa vontade e até generosidade.
>
> O entendimento se torna desentendimento, o encontro vira desencontro, quando se tem a audácia de colocar os temas em termos de direitos a reivindicar e de justiça a exigir.
>
> Tolera-se ouvir falar nas injustiças dos outros.
>
> Ainda é possível encontrar atenção, curiosidade e até entendimento, enquanto se fala em injustiças de outros e de terceiros. Quando estão em jogo injustiças praticadas pela pessoa ou pelo País com que se fala, o nível de entendimento costuma baixar a zero ou abaixo de zero. [100]

Acompanhando o Magistério e, principalmente, Paulo VI, Dom Helder sublinha dois pontos: a igualdade de dignidade e valor de todas as pessoas humanas, por serem criadas à imagem e semelhança de Deus; e o bem comum. Quanto ao primeiro, salienta que injus-

---

100 CAMARA, H. "A Igreja em face das injustiças dos nossos tempos", in Apostila 35/6, 23.

tiças não existem somente entre indivíduos e indivíduos ou entre grupos e grupos, mas entre Países e Países, e até entre Continentes e Continentes, entre Mundos e Mundos; sem justiça, jamais teremos paz autêntica e duradoura.[101] Sobre a igualdade social, Dom Helder defende a igualdade como possibilidade de participação social: "justiça não significa impor a todos a mesma quantidade de bens. Isto seria atroz. Seria como se tivessem o mesmo rosto, o mesmo corpo, a mesma voz. Creio no direito de ter rostos e corpos diferentes. Eu entendo por justiça uma melhor distribuição dos bens, a escala nacional e internacional".[102]

4.2.2 Bem Comum

O segundo princípio importante na reflexão do ensinamento social da Igreja e que está ligado intrinsecamente ao primeiro é o princípio do bem comum. Segundo Vidal: "O Bem comum é o bem das pessoas enquanto estão abertas entre si na realização de um projeto unificador que beneficia a todos. A noção do Bem comum assume a realidade do bem pessoal e a realidade do projeto social na medida em que as duas realidades formam uma unidade de convergência: a Comunidade. O Bem comum é o bem da comunidade".[103]

João XXIII afirma que a concepção exata do bem comum "compreende o conjunto das condições sociais que permitem e favorecem nos homens o desenvolvimento integral da personalidade" (MM, 65) e que as estruturas sociais, políticas e econômicas devem regular-se pelas exigências do bem comum a nível nacional e universal favorecendo a família humana. Na encíclica *Pacem in Terris* afirma que "o bem co-

---

101 Cf. Ibid., 23.
102 Helder Camara em entrevista a Oriana Falaci, em 07/10/ 1970, in Blazquez, F. *Ideário...*, 52.
103 Vidal, M. *Moral de Atitudes III...*, 117.

mum consiste sobretudo no respeito aos direitos e deveres da pessoa humana" (PT, 60).

O Bem comum diz respeito ao homem todo, às necessidades do corpo e do espírito (cf. PT, 57-59), e todos devem estar empenhados na sua realização: os cidadãos, grupos intermediários e os poderes públicos, ajustando os próprios interesses às necessidades dos outros e às exigências das condições históricas, segundo as normas da justiça (cf. PT, 53-54). O Bem comum deve ser a base do exercício da estrutura social, política, econômica e cultural, e a *Pacem in Terris* sublinha, ainda, que o desenvolvimento econômico deve estar em harmonia com o progresso social, favorecendo a participação de todos como agentes da história (cf. PT, 63-66).

A *Gaudium et Spes* seguindo o ensinamento de João XXIII afirma a primazia do bem comum na vida social contemporânea. O bem comum é compreendido como "o conjunto daquelas condições de vida social que permitam aos grupos e a cada um de seus membros atingirem de maneira mais completa e desembaraçadamente a própria perfeição – torna-se hoje cada vez mais universal e implica por consequência direitos e deveres que dizem respeito a todo gênero humano (GS, 26). O bem comum é moderado em seus princípios fundamentais pela lei eterna (cf. GS, 78); é fundamental para a vida política verdadeiramente humana (cf. GS, 73); e é a fonte dos direitos primordiais e próprios do Estado (cf. GS, 74). Por isso, todos devem contribuir para a realização do bem comum (cf. GS 26), que norteia os deveres dos cidadãos (cf. GS, 75) e dos estadistas (cf. GS, 73). Ao bem comum nunca é licito antepor o interesse próprio (cf. GS, 75). Dentro de nossa perspectiva sublinhamos, ainda, que o bem comum regula a destinação dos bens terrenos (cf. GS, 69): a propriedade privada, a inversão dos capitais e a expropriação (cf. GS, 70-71).

Na reflexão do episcopado latino-americano vemos que, em Medellín, os bispos, aplicando os ensinamentos do Concílio Vaticano II para a realidade latino-americana, afirmam que o bem comum total deve orientar a vida humana e a transformação social para a construção de uma nova sociedade (cf. Medellín, Justiça,

7). E, para Puebla, o bem comum é a base de toda convivência humana, que consiste na realização fraterna da dignidade e que exige a não instrumentalização do ser humano; por isso, condena todo o menosprezo, diminuição e atentado contra a vida humana (cf. Puebla, 317-318).

Nesta breve panorâmica do bem comum nos documentos analisados, ressaltamos algumas características:

a) a prevalência do bem comum, objeto e fim da justiça social, sobre os interesses particulares, em consonância com a igualdade e a dignidade da pessoa humana, codificados no direito natural e nos direitos humanos inalienáveis;

b) colaborar para o bem comum é função de todos, de modo especial dos que governam a sociedade;

c) o bem comum, como base do projeto social, inclui todo ser humano, concilia e integra, e deve ser concretizado nas estruturas sociais, econômicas, políticas, culturais, religiosas, jurídicas, etc.

Dom Helder ao falar sobre o bem comum cita os documentos eclesiais. Destas citações, destacamos: primeiro, quando sublinha a participação de todos para o bem comum e ao mesmo tempo a importância da pessoa humana, citando João XXIII:

> O Papa João, entre os direitos fundamentais do homem, registra os de caráter político. A criatura humana tem o direito de participar ativamente da vida pública e de trazer sua contribuição pessoal ao bem comum dos cidadãos.
>
> "A pessoa humana não só não pode ser considerada como mero objeto ou elemento passivo da vida social, mas, muito pelo contrário, deve ser tida como o sujeito, o fundamento e o fim da sociedade".[104]

---

104 CAMARA, H. Revolução dentro da paz..., 74.

Segundo, ao falar do grave pecado para com o bem comum na realidade latino-americana, citando a *Gaudium et Spes:* "Sobretudo nas regiões economicamente menos desenvolvidas, onde todas as riquezas devem ser urgentemente usadas, colocam o bem comum em grave perigo aqueles que deixam os próprios recursos sem dar frutos ou – respeitando o direito pessoal de migração – privam a própria comunidade dos auxílios materiais ou espirituais dos quais ela necessita".[105]

E, ao afirmar que a finalidade do bem comum é o desenvolvimento integral do ser humano, cita as diretrizes enunciadas por Paulo VI na *Populorum Progressio:*

> Levando mais longe o pensamento de Seus Predecessores, Paulo VI sublinhou:
>
> Que a finalidade a atingir, em nosso trabalho pelo bem comum, é o desenvolvimento integral, isto é, o desenvolvimento do homem todo e de todos os homens;
>
> Que, em nossos dias, não há apenas indivíduos e grupos pobres, mas Países e Continentes, que mergulham no subdesenvolvimento e na miséria;
>
> Que as ajudas dos Países ricos são necessárias, mas que elas não bastam: é preciso atingir o âmago do problema – as injustiças na política internacional do comércio.[106]

Relacionado ao tema do bem comum surge o tema da propriedade privada. Para compreendermos a posição de Dom Helder, recorremos à sua fonte e base: o ensinamento social do magistério e as reflexões eclesiais.

João XXIII, na encíclica *Mater et Magistra,* reafirma o direito da propriedade: "O direito de propriedade privada, mesmo sobre bens produtivos, tem valor permanente, pela simples razão de ser um direito natural fundado sobre a prioridade ontológica e finalista de

---

105 Id., "Presença da Igreja no Desenvolvimento da América Latina", in Apostila 12/1, 8.
106 Id., "Contribuição da Igreja para a vida social na América Latina", in Apostila 32/3, 1.

cada ser humano em relação à sociedade. Seria, aliás, inútil insistir na livre iniciativa pessoal em campo econômico se a essa iniciativa não fosse permitido dispor livremente dos meios indispensáveis para se afirmar" (MM, 109). Para João XXIII "a propriedade privada seja garantia da liberdade essencial da pessoa humana e elemento insubstituível da ordem social" (MM, 111). Essa afirmação segue o ensinamento de Pio XII, ao defender o princípio da propriedade privada, tendo em vista um fim ético e social. Ao analisar a realidade do crescimento econômico e do aumento da eficiência produtiva, João XXIII afirma que esses exigem a justiça e a equidade; sublinha, principalmente, a remuneração do trabalho, de importância primordial para a vida do trabalhador para que possa poupar e constituir um patrimônio, elemento essencial de estabilidade para a família e para o pacífico desenvolvimento na convivência social (cf. MM, 112). E incisivamente afirma: "Não basta afirmar que o caráter natural do direito de propriedade privada se aplica também aos bens produtivos; é necessário ainda insistir para que ela se difunda efetivamente entre todas as classes sociais" (MM, 113). E novamente seguindo Pio XII, afirma que a dignidade da pessoa humana "'exige normalmente, como fundamento natural para a vida, o direito ao uso dos bens da terra, ao qual corresponde a obrigação fundamental de conceder uma propriedade privada, na medida do possível a todos (...); entre as exigências que derivam da nobreza moral do trabalho, encontra-se também 'a da conservação e do aperfeiçoamento de uma ordem social que torne possível e assegure a todas as classes do povo a propriedade privada, embora seja modesta'" (MM, 114).

Portanto, João XXIII afirma a função ética e social da propriedade privada, segundo a qual, no plano da criação, os bens da terra são primordialmente destinados à subsistência digna de todos os seres humanos; porém, a relaciona com a necessidade da equidade e justiça, principalmente no mundo do trabalho.

O Concílio Vaticano II, na Constituição Pastoral *Gaudium et Spes* reflete sobre a propriedade particular a partir da perspectiva da destinação universal dos bens terrenos a todos os homens: "Deus destinou a terra, com tudo que ela contém, para o uso de todos os homens e povos, de tal modo que os bens criados devem bastar a todos, com equidade, sob as regras da justiça, inseparável da caridade" (GS, 69). A partir deste conceito básico a *Gaudium et Spes* afirma, quanto à propriedade particular:

a) sua função para o bem da pessoa e sua participação na sociedade e na economia: (cf. GS, 71).

b) suas relações com o bem comum: "... compete à autoridade pública precaver-se para que ninguém abuse da propriedade particular contra o bem comum" (GS 71).

c) sua índole social: "A mesma propriedade particular, com efeito, por sua natureza, possui uma índole social, fundada na lei da destinação dos bens à comunidade inteira. Negligenciando esta função social, acontece transformar-se a propriedade, muitas vezes, em ocasião de ambição e desordens graves: assim se oferece aos adversários o pretexto de colocarem em causa o próprio direito de propriedade" (GS 71).

d) o bem comum, principalmente nas regiões economicamente menos desenvolvidas, diante do problema dos latifúndios pouco cultivados e a necessidade de reforma urgente para o crescimento de melhores condições de trabalho e de vida (cf. GS 71).

Paulo VI, na encíclica *Populorum Progressio*, baseando-se na Palavra de Deus e no ensinamento dos Padres da Igreja, declara que a propriedade privada não é um direito incondicional e absoluto e que ninguém tem o direito de reservar para si o que lhe é supérfluo e é necessário para outros; a propriedade privada sempre está condicionada ao bem comum (cf. PP, 23). E, seguindo o critério do bem comum, demonstra que em certos casos a expropriação se faz necessária para que possa conduzir à prosperidade de todos, quando certos domínios são obstáculos à prosperidade coletiva e produzem a miséria (cf. PP, 24).

Na reflexão do episcopado latino-americano, sublinhamos a declaração dos bispos reunidos em Puebla sobre os homens e os bens da terra. Recordam: que os bens da terra, segundo a vontade divina, são para o serviço e utilidade de todos; o direito primário, fundamental e inviolável aos bens; sua destinação ao bem comum visando a dignidade da pessoa humana (cf. Puebla, 492). Sobre a propriedade privada, Puebla ainda afirma que:

a) há um direito de acesso (cf. Puebla, 1271);

b) não é um direito absoluto (cf. Puebla, 542);

c) sua hipoteca social (cf. Puebla, 1224);

d) e denuncia o abuso da propriedade privada (empresarial, rural e urbana) concentrada nas mãos de poucos (cf. Puebla, 1263).

Esta breve síntese dos princípios da reflexão eclesiológica sobre a propriedade privada nos leva a perceber que:

a) a propriedade privada foi tratada sempre a partir da visão do bem comum e da destinação universal de todos os bens para todos os homens, o que aponta para sua dupla função: individual e social;

b) o direito de acesso à propriedade privada visa a defender a dignidade e a liberdade de cada pessoa, para assegurar à pessoa e à família um espaço vital.

Por ser um tema complexo e de muita importância, tanto para a realidade da América Latina como para o terceiro mundo, Dom Helder analisa a questão da propriedade privada em suas conferências. Em uma delas encontramos uma panorâmica histórica sobre a Igreja e a propriedade; em sua síntese, parte da concepção bíblica, reconhece a fraqueza humana da Igreja em relação à propriedade, recorda a reflexão teológica, principalmente em S. Tomás de Aquino e no ensinamento do Magistério moderno.[107]

---

107 Cf. Id., "A Igreja e a propriedade", in CARAMURU DE BARROS, R. e OLIVEIRA, L. de. *Dom Helder: o artesão da paz...*, 251.

Dom Helder faz dois questionamentos sobre a propriedade privada. O primeiro sobre a exploração em torno do direito à propriedade, como se fosse um direito absoluto: "é tempo e mais que tempo de pôr termo às explorações em torno do direito da propriedade. Até quando, com desprezo do que nos ensinam a respeito os Padres da Igreja e com exploração da doutrina de São Tomás de Aquino, até quando a propriedade será apresentada como um absoluto, como o mais firme e importante dos dogmas, como fundamento da Civilização Cristã?"[108] O segundo, sobre o sentido social ou função social do direito de propriedade:

> A expressão 'sentido social' ou mesmo 'função social' do direito de propriedade está longe de ajudar a impedir, concretamente, abusos como menos de 10% de brasileiros serem mais ricos em prejuízo do restante da População ou, em plano mundial, mais de 2/3 da Humanidade em condição subumana de miséria e de fome. Será exagero comparar, em termos de ineficácia prática, o sentido social do direito de propriedade à famosa doação do supérfluo.[109]

Os principais princípios defendidos por Dom Helder sobre a propriedade privada emanam do ensinamento de Paulo VI na *Populorum Progressio*: "Ora, Paulo VI, na 'Populorum Progressio' afirma, abertamente, que 'a propriedade privada não constitui para ninguém um direito incondicional e absoluto'; ensina, com todas as letras, que 'ninguém tem direito de reservar, para seu uso exclusivo, aquilo que é supérfluo, quando a outros falta o necessário'. E diz, e sustenta, e propala: 'A terra foi dada a todos e não apenas aos

---

108 Id., "Conflitos sociopolíticos na América Latina! Situação atual e perspectivas, de ângulo pastoral", in CARAMURU DE BARROS, R. e OLIVEIRA, L. de. *Dom Helder: o artesão da paz...*, 192-193.
109 Id., "A Igreja e a propriedade", in CARAMURU DE BARROS, R. e OLIVEIRA, L. de. *Dom Helder: o artesão da paz...*, 253.

ricos'".[110] E em estilo próprio afirma: "Será mais difícil agora, mas será indispensável levar a entender que a propriedade privada não constitui, para ninguém, um direito incondicional e absoluto; levar a entender que ninguém tem direito de reservar para seu uso exclusivo aquilo que é supérfluo, quando a outros falta o necessário; levar a entender, por mais que custe, que a terra foi dada a todos e não apenas aos ricos".[111] E continua a sua reflexão relembrando o *Magnificat*:

> Quem estiver se tomando de espanto e de revolta, se for cristão, lembro o aviso tremendo que Nossa Senhora deu há 2 milênios e que muitos repetem e cantam sem medir o que dizem: "Minha alma engrandece ao Senhor e meu espírito exulta em Deus, meu Salvador, porque olhou para a humildade de sua serva, por isso, doravante, todas as gerações me chamarão bem-aventurada, porque me fez grandes coisas Aquele que é poderoso e Santo, sobre os que o temem. Manifestou o poder de seu braço; dispersou os soberbos, cujo coração é cheio de orgulho. Depôs do trono os poderosos e exaltou os humildes. Encheu de bens os famintos e aos ricos deixou vazias...".
>
> Nem queremos tanto. Não temos nem sombra de ódio contra os ricos e poderosos. Eles é que se odeiam quando fecham os olhos à luz. Não queremos que os Opressores passem a oprimidos: que ninguém oprima ninguém e que haja para todos e cada um condições de realizar-se plenamente segundo os planos de Deus.[112]

---

110 Id., "Igreja e construção do Mundo", in Apostila 12/8, 4.
111 Id., "Razões de esperar", in Apostila 25/4, 3-4.
112 Ibid., 4.

5 REALIZAÇÃO DA JUSTIÇA

5.1 Desafio: Promover a Justiça nas Estruturas Sociais

Ao constatar que o problema da injustiça na América Latina e no terceiro mundo é uma situação estrutural a nível social, político, econômico e cultural, que se tornaram estruturas de pecado e opressoras, Dom Helder afirma que se exige do cristão compromisso e empenho para transformá-las. A partir de Medellín, o episcopado latino-americano expressou este compromisso transformador das estruturas como libertação integral, na qual o homem deve estar no centro de todo planejamento estrutural; as estruturas devem visar o bem comum, o que implica o reconhecimento da dignidade, da igualdade e dos direitos humanos para todos; exige a participação de todos, principalmente dos pobres, no processo de transformação estrutural.

Díez-Alegría afirma que diante do mundo estrutural, profunda e substancialmente injusto, os cristãos, que se encontram multiplamente implicados nas estruturas funcionalmente injustas, consolidadoras e condicionantes de injustiça, necessitam ter a esperança de que será possível caminhar até a justiça, não podem deixar-se esmorecer e desanimar acomodando-se na injustiça social, incompatível com a Boa-Nova. E que, por mais que seja difícil realizar neste mundo uma justiça perfeita, não se pode admitir que a injustiça estrutural seja um dado irredutível da história ou seja vista como normativa divina (o que seria uma blasfêmia!). O cristão impulsionado pelo Espírito Santo, que liberta de egoísmos de cobiças e abre ao amor da fraternidade, se sentirá prisioneiro da trama das estruturas do mundo atual e tenderá a lutar pela transformação. Na contribuição para a transformação estrutural da sociedade, emerge o caráter revolucionário do cristianismo.[113]

Ao reconhecer a força das estruturas sociais, políticas, econômicas e culturais, e também suas leis e mecanismos, o empenho evangélico

---

113   Cf. Díez-Alegría, J. M. Teología frente a sociedad histórica..., 53-57.

não pode dispensar-se de uma ação competente sobre essas estruturas injustas. A transformação das estruturas visa à libertação integral do homem, principalmente daqueles que são as vítimas das estruturas injustas. A promoção da justiça somente é possível com o compromisso social. Diante da injustiça estrutural a Igreja não pode permanecer neutra ou omitir-se. A maioria da população está sendo subjugada, oprimida. A Igreja tem a missão de defendê-la.

Dom Helder, seguindo o ensinamento social do magistério eclesiástico e as reflexões do episcopado latino-americano, considera a realidade como de injustiça estratificada, institucionalizada, por não ser somente circunstancial, eventual, mas estrutural. Isso exige uma resposta ativa e organizada, não apenas uma resposta reformista, fazendo somente algumas correções superficiais. Diante de um sistema estrutural que é substancialmente injusto e ineficaz, que não garante a dignidade, a igualdade e os direitos de todos a uma vida digna, esta estrutura social, política e econômica deve ser transformada, não pela insurreição revolucionária violenta, e sim pela violência dos pacíficos, não violência. As estruturas mudam-se com estruturas; os problemas de organização social são resolvidos com forças sociais, pelo esforço dos homens de boa vontade, as minorias abraâmicas. Por isso a busca constante de mobilizar a todos, e, principalmente, o povo para a participação ativa na luta pela justiça e pela paz. Para Helder, Deus conduz a história com a participação dos homens, e, se a Igreja deve dar o testemunho do seguimento a Jesus Cristo ante uma realidade social que se opõe aos desígnios de Deus, esta Igreja deve encarnar-se como Cristo na força do evangelho para a promoção integral do homem.

Helder acreditava que uma atitude apenas assistencialista, feita de bons conselhos e de uma caridade romântica, não ataca nem soluciona, realmente, as causas estruturais da injustiça e os seus consequentes problemas. Faz-se necessário agir mais profundamente através de uma ação transformadora, buscando a justiça estrutural para a instauração de uma sociedade nova sem opressores nem oprimidos. Propôs a ação transformadora – profunda, audaz e urgente – nas estruturas socioeconômicas, capaz de criar uma infraestrutura econômica e planificar o desenvolvimento por condições de vida humana digna.

Ao defender a promoção da justiça lutou pela libertação de todas as escravidões, tanto as devidas ao excesso de prosperidade (abundância) como as devidas à situação de dependência: colonialismo interno e externo, pois, para ele, a injustiça acontece em escala mundial.

Seguindo a reflexão eclesial latino-americana, Dom Helder sublinhou:

a) a responsabilidade de todos na luta pela justiça;

b) a necessidade de justiça nas estruturas sociais, políticas, culturais e, principalmente, econômicas;

c) que a injustiça estrutural nega a dignidade e os direitos do homem, imagem de Deus e irmão de Cristo, constituindo um ateísmo prático, uma negação de Deus.

E, diante de situações humanamente intoleráveis e para as quais é preciso buscar soluções, e que podem ser fruto de ações explicitamente injustas, propôs:

a) a luta por justiça, porque a condição de subumanidade não pode ser eliminada de outra maneira;

b) que, como condição de sua eficácia, a ação pela justiça identifique claramente as causas da injustiça;

c) a mudança do projeto social vigente, substituído por um projeto social em consonância com a vontade de Deus – um projeto em que não podem existir opressores e oprimidos; pelo que, adverte: de nada terá adiantado a luta se "os oprimidos de hoje se tornarem os opressores de amanhã".

5.2 Contribuição Cristã na Promoção da Justiça

A participação na transformação das estruturas pode acontecer de diversas maneiras e não se realiza de uma vez só. O compromisso cristão diante da transformação da estruturas injustas tem suas características próprias.

O Sínodo dos Bispos de 1971 mostra a complexidade da realidade de injustiça no mundo e aponta algumas pistas do caminho a se realizar na promoção da justiça:

a) diante das injustiças encontram-se o sentimento de responsabilidade e, ao mesmo tempo, o sentimento de impotência. Faz-se necessária a escuta da Palavra de Deus para discernir o caminho na promoção da justiça: "Perante esta situação do mundo hodierno, marcado pelo grande pecado da injustiça, sentimos a nossa responsabilidade nela, ao mesmo tempo que experimentamos a nossa impotência para superá--la, com as nossas forças. Tal situação leva a colocar-nos, com coração humilde e sincero, à escuta da Palavra de Deus, que nos mostra novos caminhos para a ação em prol da justiça no mundo" (SBJM, 13).

b) à luz da fé, diante da situação atual do mundo, requer um retorno ao núcleo da mensagem cristã e urge a missão e o compromisso pela libertação integral do homem de modo eficaz (cf. SBJM, 14).

c) a Igreja tem a sua missão específica na exigência e realização da justiça no campo social, nacional e internacional e o dever de denunciar as situações de injustiças. Esta missão específica se identifica com a missão de testemunhar no mundo a exigência de amor e de justiça contida na mensagem evangélica, o que implica na defesa e promoção da dignidade e dos direitos fundamentais da pessoa humana (cf. SBJM, 14-15).

Na realidade de injustiça a contribuição específica da Igreja é a luz e a força espiritual no seguimento de Jesus Cristo, através do qual ela busca transformar a humanidade para vivenciar a vontade salvífica, libertando-a de toda situação que a impeça de viver a sua plena vocação: igualdade e dignidade humanas, justa distribuição de bens, participação política, econômica, social, cultural e religiosa. Para isso se faz necessário a conversão pessoal, comunitária e institucional; requer-se uma mudança das estruturas. Os meios que a Igreja utiliza para realizar tal objetivo são: o testemunho de vida dos cristãos; o anúncio do Evangelho; a denúncia da injustiça; o método da não violência, as ações inspiradas no amor ao próximo, especialmente no serviço aos mais necessitados. Através de sua ação a Igreja busca contribuir para a formação de um homem novo e de uma nova sociedade, oferecendo valores fundamentais para a criação de uma nova mentalidade.

Dom Helder, fundamentando-se no ensinamento do magistério eclesial, principalmente na encíclica *Populorum Progressio*, afirma:

> A encíclica Populorum Progressio determina de uma maneira feliz o papel da Igreja a respeito do temporal:
>
> "A Igreja sem pretender de modo algum imiscuir-se na política dos Estados, tem apenas um fim em vista: continuar sob o impulso do Espírito Consolador, a obra própria de Cristo, vindo ao mundo para dar testemunho da verdade, para salvar, não para condenar, para servir, não para ser servido". E vivendo na história, a Igreja deve estar atenta aos sinais dos tempos e interpretá-los à luz do Evangelho. "Propõe aos homens o que possui como próprio: uma visão global do homem e da humanidade." E estremecendo perante os gritos de angústia dos homens de hoje, "convida a cada um a responder com amor ao apelo de seu irmão".
>
> A evangelização do povo, e especialmente a classe operária, vai depender essencialmente da resposta dos cristãos ao apelo da Igreja para um engajamento no espírito do Evangelho.[114]

Dom Helder acredita que a Igreja deve estar presente no processo histórico da realidade contemporânea, e não à margem, como espectadora passiva, das injustiças sociais. Para tanto, ela atua como força libertadora, pois a Igreja não é ópio do povo, nem alienada e alienante, senão que pretende encarnar-se como Cristo e afrontar as realidades

---

114 CAMARA, H. "Resposta à agroindústria do açúcar de Pernambuco: exceção que se impõe", in Apostila 21/5, 5.

precárias; despertar a consciência do povo, ajudando-o a deixar de ser massa para tornar-se povo; buscar a promoção humana, ajudando aos filhos de Deus a sair da miséria e da injustiça, e lutando para que as criaturas se libertem da miséria o mais rápido possível; assumir a consciência da necessidade da transformação radical e rápida para completar a independência política com a independência econômica e social e, também, completar a abolição da escravidão – e agir para a consecução de tais fins.[115] Em sua missão a Igreja deve ter a coragem de proclamar os princípios cristãos, sem provocar ódios e reconhecendo seus erros do passado, sem ar de superioridade e sem a pretensão de ser mestre,[116] assumindo, assim, a responsabilidade pastoral que consiste em salvar homens concretos em situações concretas e não espíritos desencarnados.

Para Dom Helder, a presença da Igreja na promoção da justiça, principalmente na América Latina e no terceiro mundo, só terá sentido e eficiência na medida em que fizer parte de um esforço total de presença no mundo, participando na construção de um mundo novo aproveitando o prelúdio de transformações substanciais na América Latina, continente a cujo passado histórico a Igreja está indissoluvelmente ligada, no que concerne a seus valores, suas conquistas e seus momentos de apogeu, mas também a seus fracassos, seus contra-valores. Este vínculo histórico confere à Igreja uma responsabilidade indiscutível, em face aos novos desafios, e lhe coloca exigências inadiáveis. A Igreja é convocada a preservar os autênticos valores de nossa civilização, que ela ajudou a criar, e, também, a denunciar o pecado coletivo, as estruturas injustas e estagnadas, não apenas como alguém que julga de fora, mas como alguém que reconhece sua parcela de responsabilidade e culpa. A Igreja deve sentir-se responsável pelo presente e pelo futuro do continente em transformação e libertação.

O cumprimento desta missão exige da Igreja um esforço radical de purificação e conversão. Suas relações com as massas

---

115 Cf. Id., *Iglesia y desarrollo*..., 22-26.
116 Cf. Ibid., 32.

subdesenvolvidas, com os grupos mais diversos, com as organizações de todos os tipos, são chamadas a ser cada vez mais relações de serviço. Sua força deve ser cada vez menos força do prestígio e do poder, para tornar-se cada vez mais a força do Evangelho a serviço dos homens. Por este caminho poderá revelar, aos homens deste Continente angustiado, a verdadeira face de Cristo.[117]

Dom Helder propõe que a Igreja latino-americana:

a) estimule o desenvolvimento integral do homem todo e de todos os homens;

b) tome abertamente posição a favor das massas subdesenvolvidas, ajudando-as a transformar-se em povos;

c) em caso de que possua terras, especialmente improdutivas, delas se desfaça em favor de uma promoção humana e social;

d) leve seu apoio moral, se for o caso, a um movimento de ação não violenta capaz de alterar as condições medievais de existência e colonialismo interno;

e) estimule dentro dos países o diálogo entre as zonas desenvolvidas e as zonas subdesenvolvidas, superando o colonialismo interno.[118]

5.2.1 Conversão

A concepção cristã parte do princípio de que os problemas sociais devem ser transformados a partir homem, na liberdade e na conversão, pois cada ser humano é e deve ser responsável pela sua história e pelo seu destino (amadurecimento e salvação), e, em última instância, é o homem o responsável pelas estruturas sociais, estruturas marcadas pelo egoísmo que nasce do homem – é, portanto, no coração dos homens que

---

117 Cf. Id., Revolução dentro da paz..., 32.
118 Cf. Id., "Autocrítica", entrevista a Manchete, 25/12/1965.

se encontram as causas últimas do conflito estrutural.[119] "É necessária uma conversão pessoal e comunitária das consciências e dos comportamentos individuais e coletivos; requer-se uma mudança das estruturas que impõem as regras de jogo contrárias à justiça, à liberdade, à qualidade de vida".[120]

Segundo Díez-Alegría, dois conceitos estão intrinsecamente relacionados: Reino de Deus e 'metanoia' – conversão. O Reino de Deus, acontecimento escatológico, revolucionário e comprometedor, da vinda de Jesus e do seu anúncio. A metanoia (conversão) é a resposta, única positiva possível, ao chamado do Reino, é a total revolução da existência pessoal, é uma revolução radical da pessoa e de sua vida, de sua existência. Metanoia é revolução na pessoa, como resposta à revolução acontecida na historia da salvação.[121] E afirmou:

> O cristianismo não é uma religião de evasão, senão de encarnação. A metanoia cristã desemboca na vida segundo o Espírito, que é realizadora de justiça no âmbito das relações humanas. Não há empecilho algum a que o cristão possa ser, também, revolucionário de tipo social, histórico (...). O Cristão, se é autêntico e consequente, terá uma posição "aberta" frente à revolução social.[122]

Portanto, a conversão pessoal impulsiona e estabelece um vínculo no agir comunitário, conduzindo a um compromisso social para transformar as estruturas injustas. A conversão implica o respeito ao direito e às exigências da manutenção de estruturas justas e a ausência de participação social denuncia a falta de respeito à dignidade do homem.

Dom Helder, tendo como base os ensinamentos do Concílio Vaticano II, insiste na conversão de mentalidade,[123] pois a transformação da

---

119 Sobre a conversão, ver: ANTONCICH, R. e SANS, J. M. M. *Ensino social da igreja...*, 192-193.
120 BIGO, P. e ÁVILA, F. B. de. *Fé cristã e compromisso social...*, 132-133.
121 Cf. DÍEZ-ALEGRÍA, J. M. *Teología frente a sociedad histórica...*, 55-56.
122 Ibid., 57.
123 Cf. CAMARA, H. "Presença da Igreja no Desenvolvimento da América Latina", in Apostila 12/1, 8.

realidade exige a conversão pessoal e estrutural: "Para pecados pessoais, bastam conversões pessoais. Para pecados coletivos, para estruturas de injustiças, o Espírito de Deus nos ensinará o caminho de conversões comunitárias".[124] Sublinha, também, a necessidade da conversão da própria Igreja, acreditando que sem a reformulação de posições e atitudes que implicam uma conversão profunda, jamais a Igreja de hoje redescobrirá a força libertadora do evangelho.[125]

> A revolução social de que o mundo precisa exige conversão e até conversões? Quem não necessita de contínua conversões? A pergunta vale não apenas para os indivíduos, mas também para os povos, que todos, sem exceção, precisam de conversão contínua. Não há povos inocentes e povos pecadores. Há diferenças de concretização dos pecados, que todos – como no caso de indivíduos – nascem do egoísmo.
>
> A revolução social de que o mundo precisa não é o golpe armado, não são guerrilhas, não é guerra. É mudança profunda e radical que supõe graça divina e um movimento mundial de opinião publica, que pode e deve ser ajudado e estimulado pela Igreja da América Latina e de todo o mundo. Ódio não constrói. E há todo um mundo novo a construir.
>
> (...)
>
> A Igreja... é chamada também a denunciar o pecado coletivo, as estruturas injustas e estagnadas, não apenas como alguém que julga de fora, mas como alguém que reconhece sua parcela de responsabilidade e culpa. Deve ela ter coragem de solida-

---

124 Id., "A palavra que Deus disse, iluminada e completada pela palavra que ele diz hoje e aqui", in Apostila 44/5, 3.
125 Cf. Id., "A pobreza na abundância", in Apostila 17/6, 4.

rizar-se com este passado, e sentir-se assim mais responsável pelo presente e pelo futuro.[126]

Para Dom Helder, diante da injustiça estrutural, faz se necessária tanto a conversão pessoal como a comunitária para assumir o compromisso social da transformação e libertação. Somente através do esforço comunitário organizado poderão ser modificadas as estruturas que favorecem e alimentam a vivência do egoísmo.

5.2.2 A primazia da caridade

O cristianismo exclui o ódio como motivação para a transformação da sociedade por ser contrário à opção de fé. Em Medellín o episcopado latino-americano afirma que o amor, mandato supremo do Senhor, é o dinamismo que deve mover os cristãos a realizar a justiça no mundo (cf. Medellín, Justiça, 4). Tendo o amor ao próximo como fator motivador, o cristão é convocado a pensar não nos próprios interesses, mas na necessidade do outro de forma dinâmica e universal, buscando cumprir para com todos a justiça, prioritariamente aos necessitados, aos fracos, aos oprimidos.[127] A primazia do amor, que constitui o conteúdo do 'Manifesto' cristão, define a posição de seus signatários e se expressa em atitudes pessoais e comunitárias; na exigência de uma leitura realista e objetiva das situações e processos históricos; e num compromisso sociopolítico que realize os princípios e valores do Evangelho. Marins recordou que:

> O próximo não é unicamente o homem individual, é o homem em situação e em processo social histórico, em suas coordenadas econômicas, culturais, sociais, familiares, políticas, etc.

---

126   Id., Revolução dentro da paz..., 30-32.
127   Sobre a primazia da caridade, ver: Díez-Alegría, J. M. *Teología frente a sociedad histórica...*, 198; Moreno, F. "Analisis politico del conflicto social em América Latina y compromisso Cristiano...", 116; Barragan, J. L. "Compromisso cristiano nos conflicto sociales en América Latina...", 246.

Assim, pois, o amor é comunhão, identificação com os homens que sofrem miséria e exploração (como pessoas e comunidades humanas). Identificação com seus interesses e combates. Inserção no processo libertador para desde ali viver e anunciar o amor libertador de Cristo.[128]

O grande desafio do amor ao próximo na realidade de justiça é tornar-se eficaz, comprometendo-se com o próximo que se encontra em situação subumana, de miséria e de injustiça, para resgatá-lo desta situação; e se o próximo não é unicamente o homem individual, mas os homens em situação de miséria provocada pela injustiça estrutural, esse amor exige a transformação da realidade.

Para Helder, o amor ao próximo como motivação deve ser amor efetivo, não simplesmente teórico. Não é possível amar verdadeiramente ao próximo, e principalmente aos sub-homens, sem se preocupar pelos problemas que os envolvem, problemas que exigem e incluem a promoção pela justiça. O cristão deve ser motivado pelo amor ao próximo e agir promovendo a justiça através do esforço pelo desenvolvimento e a libertação integral do ser humano. Deste modo dá-se o vínculo entre a dimensão vertical e a dimensão horizontal do amor cristão: o amor a Deus e ao próximo é um só e idêntico amor. Dom Helder afirma a sua descrença: "Não creio na violência, não creio no ódio, não creio em insurreições armadas"[129], e o seu acreditar:

> Ninguém se alarme: longe de pregar o ódio, prego o amor. Ao invés de conspiradas guerrilhas, teimo em acreditar nos métodos democráticos. Talvez esteja faltando justamente aos defensores do direito, da justiça, da liberdade, da pessoa humana, acreditar mais, muito mais, na força das ideias e na irresistibilidade de convicções que somam o serviço de Deus e dos homens.[130]

---

128 Marins, J. "Igreja e conflitividade social em América Latina...", 290.
129 Camara, H. *Revolução dentro da paz...*, 36-37.
130 Ibid., 74.

5.2.3 Não violência

Em seu empenho pela justiça a Igreja defende o método da não violência, vinculando-o à primazia da caridade, do amor.

A *Gaudium et Spes*, ao falar sobre a paz, sublinha o dever cristão de promover a justiça na caridade; a não violência é louvada, e ela está ao alcance dos mais fragilizados (cf. GS 78).

Paulo VI, na encíclica *Populorum Progressio,* ao analisar a realidade mundial de injustiça, afirma que o desequilíbrio econômico crescente é fruto de mecanismos específicos (cf. PP, 8); que os conflitos sociais propagaram-se em dimensões mundiais; que, ao mesmo tempo, surge uma tomada de consciência cada vez maior e que uma violenta inquietação se apoderou das classes pobres, principalmente nos países em via de desenvolvimento; e que a tudo se soma o escândalo de desproporções revoltantes na posse e distribuição dos bens e, mais ainda, no exercício do poder (cf. PP, 9). Diante deste contexto, torna-se mais violenta a tentação de buscar soluções através de messianismos fascinantes, mas construtores de ilusões que daí resultam, ou de agitações revolucionárias e de reações populares violentas, ou, ainda, de um resvalar para ideologias totalitárias (cf. PP, 11). Sobre a tentação da violência e a insurreição revolucionária afirma:

> Certamente há situações cuja injustiça brada aos céus. Quando populações inteiras, desprovidas do necessário, vivem numa dependência que lhes corta toda a iniciativa e responsabilidade, e também toda a possibilidade de formação cultural e de acesso à carreira social e política, é grande a tentação de repelir pela violência tais injúrias à dignidade humana.
>
> Não obstante, sabe-se que a insurreição revolucionária - salvo casos de tirania evidente e prolongada que ofendesse gravemente os direitos fundamentais da pessoa humana e prejudicasse o bem comum do país - gera novas injustiças, introduz novos desequilíbrios, provoca novas ruínas. Nunca

se pode combater um mal real à custa de uma desgraça maior (PP, 30-31).

O Papa Paulo VI, no discurso inaugural na II conferência episcopal latino-americana em Medellín, sublinha a situação do continente, o compromisso pela justiça e com os pobres, enfatizando que o ódio e a violência não são os motores que impulsionam a transformação social para o cristão, mas a caridade:

> Se nós devemos favorecer todo esforço honesto para promover a renovação e a elevação dos pobres e de quantos vivem em condições de inferioridade humana e social, se nós não podemos ser solidários com sistemas e estruturas que encobrem e favorecem desigualdades graves e opressoras entre as classes e os cidadãos de um mesmo país, sem pôr em ação um plano efetivo para remediar as condições insuportáveis de inferioridade que frequentemente padece a população menos abastada. Nós mesmos repetimos, a respeito disso, mais uma vez: nem o ódio nem a violência são a força de nossa caridade. Entre os diversos caminhos para uma justa regeneração social, nós não podemos escolher nem o do marxismo ateu, nem o da rebelião sistemática, e muitos menos o do derramamento de sangue e o da anarquia...[131]

Na reflexão episcopal latino-americana segue-se a linha do magistério eclesial e do Concílio Vaticano II: a rejeição do método violento para buscar a transformação estrutural e a justiça.

Em Medellín o episcopado latino-americano, ao analisar a situação da América Latina, vê a violência como um grave problema e, apoiando-se em Paulo VI, afirma que a violência não é cristã e

---

131 Paulo VI, Discurso de abertura de Medellín.

nem evangélica. Mesmo diante de uma violência institucionalizada, a verdadeira transformação para a justiça somente ocorrerá através de meios pacíficos. Diante do contexto de injustiça, violência institucionalizada, o episcopado latino-americano convoca a todos os cristãos para a promoção da paz, faz um apelo aos governantes, à classe dirigente e aos que tem maior participação na riqueza, no poder e na cultura, para serem sensíveis à necessidade do povo, para favorecerem as transformações necessárias e não usarem de meios violentos para impedi-las, e faz uma crítica severa aos que se omitem quanto à justiça (cf. Medellín, Paz, 15-18); defende a conscientização e organização do povo como meio eficaz para a promoção da justiça: "A justiça e consequentemente a paz conquista-se por uma ação dinâmica de conscientização e de organização dos setores populares, capaz de urgir os poderes públicos, muitas vezes, impotentes nos seus projetos sociais, sem o apoio popular" (Medellín, Paz, 18). E ainda dirige-se aos que acreditam na violência como método de ação e são motivados pelos valores nobres de justiça e solidariedade demonstrando sua inviabilidade para a latino América (cf. Medellín, Paz, 19).

Em Puebla o episcopado latino-americano novamente constatou a situação de violência fomentada pela injustiça institucionalizada:

> Essa violência é gerada e fomentada tanto pela injustiça que se pode chamar institucionalizada em diversos sistemas sociais, políticos e econômicos, quanto pelas ideologias que a transformam em meio para a conquista do poder (Puebla, 509).

E sublinhou a responsabilidade cristã de promover a paz e a justiça por meios pacíficos, buscando a transformação das estruturas (cf. Puebla, 533-534).

O cristianismo, diante da realidade de injustiça estrutural contrária ao desígnio de Deus e ao seu Reino, busca a promoção da justiça excluindo a violência como método para a transformação das estruturas e a construção de uma nova sociedade. Segundo Moreno, o método da violência constitui um atentado à primazia do amor e contraria a concepção cristã da eficácia temporal.[132]

Para Dom Helder, a não violência como meio para combater a injustiça não significa passividade ou ineficiência, mas uma profunda dedicação cristã à causa da justiça com firmeza e clareza, um profundo empenho em pronunciar a palavra profética e uma séria procura de todos os meios dos princípios cristãos para construir um futuro sem violências. O método da não violência é o meio eficaz de dizer a verdade: "Temos que encontrar meios e modos de afirmar e defender isto sem ferir ou ferindo com amor, de modo salutar, como quem corta e opera para salvar e curar. Não é amigo quem esconde a verdade".[133] Somente através da proclamação da verdade se encontrará a verdadeira libertação.[134] Em segundo lugar, através da não violência, combatendo as injustiças estruturais pela força das ideias, se sai da espiral da violência: a violência número 1, das injustiças institucionalizadas, a violência número 2, da contestação, e a violência número 3, das autoridades que empregam a força e métodos repressivos, a utilização de torturas morais e físicas, para frear a contestação.[135]

A novidade é que Dom Helder afirma que a não violência passa pela socialização:

> Socialização que respeite, efetivamente, a pessoa humana e não apele para a ditadura.
>
> Haverá quem se espante se eu afirmar que nada há a esperar do capitalismo – nem mesmo em suas mais modernas formas – dado que é incurável sua fome pelo lucro, a ponto de o capital valer mais do que qualquer preocupação humana?

---

132 Cf. Moreno, F. "Analisis politico del conflicto social em América Latina...", 117.
133 Camara, H., "Presença da Igreja no desenvolvimento de América Latina", in Apostila 12/01, 3.
134 Cf. Id., "A verdade vos libertará", in Apostila 37/6, 1.
135 Cf. Id., *Espiral de violência...*, 15-20.

Haverá quem se espante se eu afirmar que a linha de esperança da não violência passa pela socialização: não como se realiza nos presentes modelos socialistas, dignos de modelos capitalistas, mas socialização que respeite, efetivamente, a pessoa humana e não apele para ditadura?[136]

O socialismo desejado por Helder é um socialismo:
a) uno em seus grandes objetivos gerais, mas com variantes que visam às aspirações, às necessidades e à cultura de cada povo
b) não imposto pela força;
c) que supõe a socialização do ter, do saber e do poder;
d) e no qual a realização plena de cada pessoa esteja a serviço de todos.[137]

Enfim, um socialismo humanitário, pluralista, liberal, inspirado no Evangelho:

Nos encontramos em um atoleiro.
A única saída possível está em um socialismo no qual a plena realização se adapte às inspirações e culturas dos distintos povos.
Um socialismo "humanitário", "pluralista" e "liberal" que respeite o ser humano e se inspire no evangelho.
Meu socialismo é justiça.[138]

Outro ponto importante é o vínculo da primazia da caridade e o método da não violência a partir da ótica da opção pelo pobre. Tendo como fator motivacional o amor ao próximo e acreditando

---

136 Id., "A não violência, força libertadora na América Latina", in Apostila 33/3, 15.
137 Id., "Cristianismo entre socialismo e capitalismo", in Apostila 35/2, 10.
138 Entrevista de Dom Helder a Oriana Fallaci, citado por TAPIA DE RENEDO, B. *Hélder Câmara y la justicia...*, 185.

na não violência como método para a transformação da situação de injustiça institucionalizada, a Igreja latino-americana, a partir de Medellín, tem como critério hermenêutico a opção pelo pobre e atua a partir da perspectiva dos pobres, buscando ouvir seu clamor que é impetuoso e exige justiça. Em sua ação evangelizadora a Igreja procura estar atenta e torna-se solidária às aspirações, aos esforços e às lutas do pobre – um clamor pelos direitos, principalmente o de serem pessoas, sujeitos responsáveis da história, começando por serem eles mesmos protagonistas do processo transformador e libertador, conscientes de sua força social. A opção pelos pobres é uma exigência do amor cristão e este amor deve tornar-se obra da justiça para os oprimidos.

Dom Helder não se satisfaz somente com uma opção global pelos pobres e com fazer um amplo espaço à promoção da justiça; detalha e discute diversas condições e aspectos determinados desta opção: solidariedade e inserção com os pobres, recurso à análise social e participação na transformação das estruturas, incluindo implicações políticas, sociais e econômicas. A solidariedade com os pobres é efeito do sentimento de proximidade e partilha, que impulsiona também a inserção; a opção aparece mais radicalmente fundamentada na forma em que se olha a condição concreta da vida dos homens, princípios da encarnação; a opção pelos pobres é considerada como algo que envolve a vida inteira, não somente as tarefas que se desempenham. O recurso da análise serve para contribuir na promoção da justiça buscando conhecer de perto as situações de injustiça e perceber as exigências da justiça, porque a missão evangelizadora exige um compromisso em favor da justiça, uma participação no combate contra a injustiça e, por sua vez, buscar as causas da injustiça existente. Enfim a opção pelos pobres leva à solidariedade para com os sem voz e sem poder; ao empenho pela promoção da justiça, como exigência da fé em Jesus Cristo e pela missão de anunciar o Evangelho.

5.2.4 Conscientização

Diante da realidade de injustiça institucionalizada e na luta pela transformação desta realidade estrutural tendo como fundamento a primazia do amor e o método da não violência, e partindo da perspectiva do pobre, o episcopado latino-americano, a partir de Medellín, opta por uma educação conscientizadora e libertadora.

Através da conscientização o ser humano se interroga de forma crítica dentro de sua ação transformadora e firma seus objetivos pessoais e comunitários essenciais na história: descobre a realidade em que vive (o conjunto, a globalidade) através do reconhecimento e da crítica dos aspectos parciais da mesma realidade; vê como as partes estão integrando no conjunto, e que metas se impuseram.[139] A conscientização é a tomada de consciência crítica da realidade e das possibilidades de atuação histórica buscando solucionar os problemas; respondendo às exigências concretas de uma ação transformadora das estruturas sociais e da própria história, tornando-se protagonista, sujeito da história.

Através da consciência crítica o cristão:

a) descobre a importância das causas segundas e se interroga sobre as consequências dos problemas, suas raízes históricas, as estruturas sociais;

b) sublinha a verdade de que todos os homens são fundamentalmente iguais, chamados a uma comunhão verdadeira de irmãos, segundo a qual as diferenças são muito acidentais e não justificam as discriminações raciais, culturais, econômicas, etc...;

c) o homem deve viver e salvar-se em comunhão. Deve participar nas decisões de seu destino social. Deve caminhar junto com os demais, se preocupando com que ninguém seja esquecido;

---

139 Sobre a conscientização como contribuição cristã na promoção da justiça, ver: MARINS, J. "Igreja e conflitividade social em América Latina...", 305-310; WREN, B. *Educación para la justicia...*, 105-148.

d) a política em seu sentido geral de comprometer-se com o bem comum é considerada como consequência lógica da fé cristã. O compromisso partidário é compromisso de todo homem;

e) há que exigir a participação de cada um em seu processo de educação, assumindo os problemas de hoje, dando-lhes respostas de hoje, não de ontem.

A conscientização é um direito original de toda pessoa humana, e que lhe é negado na realidade de injustiça institucionalizada. A realidade de injustiça institucionalizada tem como consequência a opressão do povo no nível social, político, econômico e cultural. O povo se sente privado da participação, tornando-se objeto das decisões de outros. O objetivo do processo conscientizador é favorecer, através do desenvolvimento da consciência crítica, que "o povo saia de seu silêncio, encontre sua própria voz e se converta em sujeito plenamente consciente e capaz de intentar a mudança das condições de vida nas quais se desenvolve sua própria existência".[140]

O processo conscientizador visa conscientizar tanto o pobre, vítima da realidade de injustiça, como os privilegiados desta realidade, mas sem ignorar o abismo que os separa.

O processo de conscientização colabora para que o pobre, o oprimido supere a imagem de inferioridade, muitas vezes inculcada pelo opressor e pela dinâmica social. O oprimido, em muitos casos, se sente inferior, inútil, fracassado, por não ter acesso à alfabetização ou por não ter qualificação e nem papeis que o garantam socialmente. A vítima da injustiça assume, dentro de si mesmo, a convicção, que lhe foi imposta de fora, de que não serve e é ignorante, sentindo-se dependenta e vivendo na 'cultura do silêncio', na apatia e no fatalismo, desprovida de metas futuras ou de aspirações na vida, com pouca estima de si mesmo, vivendo na vergonha e na culpabilidade de ser pobre, na carência de êxitos passados com que contar, a lógica da sobrevivência, do momento

---

140 WREN, B. Educación para la justicia..., 20-21.

após momento, desesperançado. O processo de conscientização deve favorecer ao povo oprimido:

a) o acreditar em si;

b) o acreditar no outro;

c) organizar-se como povo e trabalhar visando à transformação estrutural.

Por outro lado, o processo conscientizador ajuda os privilegiados que venham a trabalhar com os despossuídos a superarem uma necessidade psicológica de acreditar que os discriminados de toda ordem sejam de categoria inferior, que a pobreza tenha por causa a inferioridade dos pobres; esta é, de resto, a autojustificação da injustiça – a crença na qualidade inferior das vítimas de uma sociedade injusta. Em suma, sem um processo de conscientização, aqueles que se beneficiam com a institucionalização da injustiça são incapazes não só de corrigi-las, mas também de descobrir que os pobres são seres de dignidade idêntica à sua própria.

Quem está comprometido no processo de conscientização:

a) acredita que as desigualdades sociais e econômicas deveriam ser tratadas de uma forma tal que sua existência garantisse necessariamente um máximo de benefícios para os mais carentes;

b) crê que as desigualdades naturais de talento e outras habilidades tenderiam que ser consideradas como um capital comum, e não como patente de impunidade para toda classe de ganâncias pessoais; e que as instituições e estruturas da sociedade deveriam demonstrar um respeito ao valor e dignidade de todos seus membros;

c) considera todas as pessoas, e crê que a sociedade deveria considerá-las, como sujeitos racionais assistidos do direito de emitir sua voz própria;

d) pressupõe que as pessoas mais oprimidas e "incapazes" têm conhecimentos e outras potencialidades;

e) considera a fé no povo como uma profecia que chega a realizar-se;

f) considera necessária e justa, como primeiro passo do processo de transformação, a inquietação – manifestada pela demonstração da contradição social e pela explicitação da meta a ser alcançada.

Helder parte da Declaração dos Direitos do Homem, no artigo 1º: "Todos os homens nascem livres e iguais em dignidade e direitos. São dotados de razão e consciência, e devem agir, em relação aos outros, com espírito de fraternidade". Helder destaca que, em países desenvolvidos, milhares de pessoas vegetam acomodadas às condições de inferioridade, e cumpre despertá-las, ou seja, como ele diz, despertar-lhes a consciência. E, para Helder, isto só é possível pelo processo de conscientização, que consiste em acordar-lhes o espírito de iniciativa, o sentido do trabalho em equipe, a liderança. Através deste trabalho de conscientização, luta-se para que não haja sub-homens, arrastando uma sub-vida e amarrados a um sub-trabalho.[141]

Dom Helder sublinhou algumas características do processo da conscientização:

a) acredita na aplicação rigorosa da trilogia de Cardjin: "ver", "julgar", "atuar";[142]

b) diante da urgência exigida pela situação de injustiça social, não se pode e não se deve esperar que as transformações aconteçam para, só depois, conscientizar as massas; duas conscientizações se impõem, simultaneamente: a das massas e a das elites, das classes dirigentes, governantes e empresários, para que percebam a situação do povo e sejam capazes de ver e julgar pela ótica do povo;[143]

c) a conscientização favorece a mudança de mentalidade, a conversão: mudança profunda em nossas estruturas interiores;

---

141 Cf. CAMARA, H. "Os direitos humanos e a libertação do homem nas Américas", in Apostila 25/7, 1, 26/01/1969.
142 Cf. TAPIA DE RENEDO, B. *Hélder Câmara y la justicia...*, 235.
143 Cf. CAMARA, H. *Revolução dentro da paz...*, 36-37.

d) a educação conscientizadora age como força capaz de mudar as estruturas econômico-sociais do subdesenvolvimento e de levar o mundo desenvolvido a compreender que precisa também de revolução social.

Afirmou: "O que é feito sem trabalho educativo, sem formação de mentalidade, não tem raízes. Se não é entendido por quem é violentado, gera amargura, ressentimento. Se não é entendido por quem é beneficiado, amanhã dará em nada, pela falta de preparação interior para utilizar o que recebeu".[144] E sublinhou a necessidade da conscientização no processo libertador:

> Não basta lutar pelos pobres, morrer pelos pobres: há que "conscientizar" aos pobres de seus direitos e de sua miséria. É necessário que as massas compreendam a urgência de libertar-se e não de ser libertadas por uns poucos idealistas que se enfrentam à tortura, como os cristãos enfrentavam aos leões no Coliseu. Deixar-se comer pelos leões serve muito pouco, se as massas seguem sentadas contemplando o espetáculo.[145]

5.2.5 Libertação

A realidade latino-americana, de injustiça institucionalizada, é claramente visualizada na falta radical de participação do povo a nível social, econômico, político e cultural, excluído dos processos decisórios e de seus benefícios.[146] Situação definida como realidade de pecado por manter o homem em condição subumana: explorado, dependente,

---

144 Ibid., 123.
145 Entrevista de Dom Helder a Oriana Fallaci. Fallaci, Oriana. *Entrevista con la historia*..., 550.
146 Sobre a libertação como contribuição cristã para a justiça, ver: Moreno, F. "Analisis politico del conflito social em América Latina y compromisso Cristiano...", 104-117; Marins, J. "Igreja e conflitividade social em América Latina...", 279-294.

escravo, dominado, subdesenvolvido, sendo-lhe negada possibilidade de viver segundo a imagem e semelhança de Deus.

A Igreja latino-americana, analisando esta realidade e encarnando-a, faz uma nova leitura interpretativa "captando-a não como algo já 'terminado', 'definido', 'acabado', 'irreversível', 'destino imutável, ainda que doloroso', senão como questionável e transformável".[147] Encarnando-se, lendo e analisando a realidade do Continente a partir da ótica do pobre, do oprimido, a Igreja pôde compreender melhor esta realidade de injustiça institucionalizada, de pecado estrutural, olhando não somente os acontecimentos atuais e conjuntos, mas percebendo a proposta histórica da realidade global – econômica, política, social e cultural. Julgou-a sob a luz da fé, do seguimento a Jesus Cristo e da proposta do Reino de Deus, a fez pronunciar-se sobre esta realidade readquirindo sua voz profética: de denúncia e anúncio. Nesse novo compromisso libertador a Igreja também é necessitada de conversão.

O compromisso social que visa à transformação da realidade e à libertação do povo, fundamentado na opção e no seguimento de Jesus Cristo (sua pessoa, sua vida, sua proposta: o Reino de Deus), busca ser um compromisso realista; consciente da fé e da esperança escatológica de salvação e ao mesmo tempo fiel ao essencial, atuante e eficaz no plano da ação determinando seus objetivos e seus meios no marco das exigências éticas mais fundamentais – da dignidade, da igualdade, do bem comum e da solidariedade –, através da inserção na realidade de injustiça institucionalizada e assumindo um projeto de transformação das estruturas, mediante o resgate do homem e a promoção da sua participação na vida social e política e econômica. Enfim, impulsionada pela mensagem evangélica, contrária à realidade injusta e alienante do continente, a Igreja latino-americana busca libertar o homem, criando um novo homem, encarnando-se e comprometendo-se com o homem concreto, anunciando, denunciando, conscientizando e dando tes-

---

147 Marins, J. "Igreja e conflitividade social em América Latina...", 281.

temunho do homem novo, vivenciado e testemunhado por Jesus Cristo. Libertar a sociedade das estruturas injustas para criar uma nova sociedade.

Esse processo libertador acontece com a participação de todos no desenvolvimento de uma história comum, como resposta à vocação salvífica e superação da alternativa do pecado individual e estrutural, um processo de libertação total do povo, à luz do Evangelho, à luz dos sinais dos tempos, dos problemas e potencialidades que se abrigam na conjuntura e na globalidade social contemporânea.

Para Dom Helder, esse processo visa a libertar:

a) do pecado e das consequências do pecado; do egoísmo e das consequências do egoísmo; das injustiças da política internacional do comércio, que, entre outras coisas, eleva sempre mais os preços dos produtos industrializados dos países ricos e baixa, sempre mais, os preços das matérias-primas dos países pobres; das guerras; da corrida armamentista; da venda de armas; dos depósitos de armas; dos abusos em nome da segurança nacional, que consomem somas fabulosas, mais do que suficientes para permitir enfrentar, em termos de justiça e honestidade, os grandes problemas humanos;

b) libertar o chamado terceiro mundo, produtor de matérias-primas, em cujas entranhas deita raízes a riqueza dos países prósperos; libertar o chamado quarto mundo, composto da maior parte dos países do terceiro mundo e que se acham sem nenhuma possibilidade de arrancar-se da fome e da miséria; libertar as minorias mantidas em situação subumana, dentro dos países ricos.[148]

> Queremos liberdade, porém somente para defender a justiça como caminho da paz. Queremos liberdade, porém para emprestar nossa voz aos sem-voz. Sem pretensões de atuar como força controladora de governos ou orientadora de técnicos, que-

---

148 Cf. CAMARA, H. "Libertação, expressão equívoca?", in Apostila 39/5, 21.

remos trabalhar por um mundo sem super-homens, sem oprimidos e sem opressores, sem racismos e sem guerras.[149]

Para Dom Helder, diante da injustiça institucionalizada, o processo de libertação no contexto latino-americano deveria empenhar-se para transformar a realidade libertando tanto do colonialismo interno, grande pecado coletivo da América Latina, como do colonialismo externo, a começar pela realidade interna dos países desenvolvidos.[150] Dom Helder sublinhou a libertação econômica por uma questão realística:

> Longe de nós o pensamento de parar no desenvolvimento econômico. Começamos por aí porque o Pai não nos entregou puros espíritos. E se somos obrigados a não deixar simplesmente aos leigos um trabalho que normalmente seria de presença cristã no temporal, é que sentimos, diante da cegueira, da frieza e da prepotência de alguns senhores, necessidade de prestar cobertura moral a um trabalho de elementar defesa de direitos humanos. E se a bispos da Santa Igreja, entregues à missão cristianíssima de defender pessoas humanas esmagadas, se tem a audácia de chamar de comunistas, o que ocorreria a nossos padres e, sobretudo, a nossos leigos, se os abandonássemos à própria sorte?
>
> Mas se começamos, quase sempre, pela necessidade prática de ajudar o desenvolvimento econômico, nossas convicções religiosas e nosso amor às criaturas nos levam a querer chegar muito além do econômico e até do simplesmente social. Nosso lema de desenvolvimento é a pa-

---

149 Id., "Retiro-debate com padres de língua espanhola que vivem e trabalham nos USA – 2ª Palestra: Espiral da violência e suas eventuais saídas", in Apostila 36/4/2, 3.
150 Cf. Id., *Fame e sete...*, 20.

lavra de Cristo: "Venho para que tenham vida e vida em abundância".[151]

Segundo Dom Helder, para que a Igreja possa colaborar efetivamente no processo de libertação, ela precisa, em primeiro lugar, passar de força alienada e alienante a força de libertação:

> Como transformar a Igreja de Cristo, de força alienada e alienante em que a encontramos para ter nela a força libertadora que ela deve ser para a humanidade?... E deixemos bem claro: libertação não só do pecado, mas também das consequências do pecado; libertação não só para a alma, mas para o homem todo; libertação para a eternidade, mas eternidade que começa agora e aqui.[152]

Em segundo lugar, a missão de libertação exige da Igreja: "Libertar-se das estruturas vigentes triunfalistas; renunciar a privilégios e vantagens; adotar um novo estilo de vida; passar a ser incômoda, mal julgada, mal vista, em lugar de ser centro de atenções e prestígio".[153] Helder sublinha que não basta somente denunciar, mas é preciso testemunhar. Por isso defende a necessidade de a Igreja sair das engrenagens capitalistas:

> Seria de enorme efeito moral se a Pontifícia Comissão de Justiça e Paz, apoiando-se em especialistas, apresentasse sugestões concretas para que as Denominações Cristãs, a começar pela nossa, se desembaraçassem, quanto antes, da engrenagem capitalista. Já seria um sinal, de larga repercussão, que nossas Denominações conseguissem livrar-se de ter sistemas bancários próprios;

---

151 Id., *Revolução dentro da paz...*, 52-53.
152 Id., "Importância de interpretar bem e viver de verdade a ética cristã", in Apostila 45/1, 3.
153 Id., "A pobreza dentro da abundância", in Apostila 17/6, 5.

Seria de enorme efeito moral se a Pontifícia Comissão de Justiça e Paz encorajasse a Hierarquia do Mundo inteiro a livrar, concretamente, a Igreja de dar suporte a estruturas de escravidão, a pretexto de ajudar a manter a ordem social e a autoridade![154]

Para Dom Helder o testemunho da Igreja pela justiça deve iniciar-se saindo do mecanismo da sociedade capitalista:

Todas as Religiões, preocupadas com recursos para assegurar sua obra missionária, seu trabalho de assistência ou sua ação social, praticamente caíram na engrenagem capitalista.

Os cristãos ficamos envergonhados vendo que nossas Denominações fazem investimentos em Empresas, algumas da quais se acham em plena fabricação de armamentos e praticamente todas se encontram em vertiginosa prosperidade, que deita raízes na exploração de Países, fornecedores de matérias-primas. O Banco, em nossos dias, é mola-mestra do sistema capitalista e é duro para os cristãos vermos nossas Igrejas diretamente ligadas a Bancos.[155]

6 A JUSTIÇA COMO FUNDAMENTO DA PAZ

Dom Helder, seguindo o ensinamento social do magistério eclesiástico e as reflexões do episcopado latino-americano, acredita que a promoção da justiça na realidade do continente e do terceiro mundo, marcados pela injustiça institucionalizada, é, ao mesmo tempo, promover a paz. Seguindo a lógica metodológica da nossa expo-

---

154 Id., "A Igreja em face das injustiças dos nossos tempos", in Apostila 35/6, 23-24.
155 Id., "Cristianismo, socialismo, marxismo se defrontam e se interrogam", in Apostila 35/3, 1.

sição, em primeiro lugar veremos as principais reflexões nos documentos eclesiais *(Pacem in Terris, Gaudium et Spes, Populorum Progressio e Medellín)* que influenciaram o pensamento de Dom de Helder sobre a justiça como fundamento da paz e, no segundo momento, sublinharemos suas afirmações sobre a justiça como fundamento da paz.

PACEM IN TERRIS. O papa João XXIII inicia afirmando a paz como anseio da humanidade e vontade salvífica: "A paz na terra, anseio profundo de todos os homens de todos os tempos, não se pode estabelecer nem consolidar senão no pleno respeito da ordem instituída por Deus" (PT, 1).

Destacamos mais dois pontos importantes que influenciam o pensamento de Dom Helder. Primeiro, sobre a necessidade do desarmamento:

a) a consideração da corrida armamentista e dos sacrifícios impostos por ela aos povos (cf. PT, 109);

b) a falsidade da justificação da corrida armamentista pela concepção da paz como equilíbrio de forças, criando uma tensão mundial que faz com que os povos vivam na psicose do medo e do terror (cf. PT, 110-111);

c) o fim da corrida armamentista como exigência da justiça, da reta razão e do sentido da dignidade humana (cf. PT, 112).

Segundo, sobre a paz:

a) a verdadeira paz tem como base a confiança mútua e não o equilíbrio de forças (cf. PT, 113);

b) as relações entre os indivíduos, sociais e internacionais, devem ser orientadas pelo uso da reta razão baseada na verdade, na justiça e na solidariedade ativa (cf. PT, 114-116);

c) a consolidação da paz na terra exige a conversão pessoal e o empenho de todos, e, sobretudo, dos governantes das nações, para que o curso dos acontecimentos humanos sejam conforme a razão e a dignidade do homem (cf. PT, 164-165);

d) a paz, aspiração humana e vontade salvífica, é construída na justiça: "Mas a paz permanece palavra vazia de sentido, se não se funda na ordem que, com confiante esperança, esboçamos nesta nossa carta encíclica: ordem fundada na verdade, construída segundo a justiça, alimentada e consumada na caridade, realizada sob os auspícios da liberdade" (PT, 166).

GAUDIUM ET SPES. Os padres conciliares, em primeiro lugar, afirmam a necessidade de conversão como ponto de partida para a vivência e a práxis da paz, bem como o dever de todos os cristãos em empenharem-se pela paz fundamentada na justiça e no amor (cf. GS, 77).

Em segundo lugar, traz uma definição de paz, na qual rejeita as concepções negativas (nas quais a paz é vista como ausência de guerra ou ao equilíbrio de forças entre adversários), e afirma que a paz é obra da justiça; fruto do amor; efeito da paz de Cristo e é um contínuo construir (cf. GS, 78). Este texto, no qual se faz a coligação estreita entre a paz, a justiça, a primazia da caridade e a fraternidade, convocando os cristãos a atualizar a paz de Cristo no mundo, num processo a construir permanente no mundo ferido pelo pecado, principalmente pela injustiça, será a base da reflexão eclesial latino-americana e, também, de Dom Helder.

Em terceiro lugar, a *Gaudium* propõe enfrentar a questão da guerra com mentalidade completamente nova, e também propõe a paz universal como um desafio histórico a ser construído em caráter de urgência: a paz não pode ser assegurada pela corrida armamentista (cf. GS, 80-82); a paz deve nascer da confiança mútua entre os povos; para não chegar à horrenda paz da morte:

> Não nos engane a falsa esperança. Pois sem abandonar as inimizades e os ódios e sem concluir no futuro pactos firmes e honestos de paz universal, a humanidade, que já se encontra em situação mui crítica, apesar de ser dotada de ciência admirável,

talvez fatalmente seja levada ao momento em que outra paz não experimente senão a horrenda paz da morte (GS, 82).

POPULORUM PROGRESSIO. Paulo VI, seguindo a *Gaudium et Spes*, afirma que a paz não se reduz a uma ausência de guerra, fruto do equilíbrio sempre precário das forças, mas se constrói na busca da vontade salvífica, que traz consigo a justiça para a humanidade. Segundo Paulo VI: o desenvolvimento é o novo nome da Paz, o verdadeiro desenvolvimento que combata a miséria e lute contra a injustiça e promova o bem comum da humanidade. Para que isso aconteça é necessário a colaboração internacional (cf. PP, 76-78).

Diante do drama da realidade contemporânea, a construção da paz é responsabilidade de todos os homens:

> Neste caminhar, todos somos solidários. A todos, quisemos nós lembrar a amplitude do drama e a urgência da obra que se pretende realizar. Soou a hora da ação: estão em jogo a sobrevivência de tantas crianças inocentes, o acesso a uma condição humana de tantas famílias infelizes, a paz do mundo e o futuro da civilização. Que todos os homens e todos os povos assumam suas responsabilidades (PP, 80).

MEDELLÍN. O episcopado latino-americano, fundamentando-se na reflexão conciliar da *Gaudium et Spes,* na *Pacem in Terris,* na *Populorum Progressio* e nas mensagens de Paulo VI, afirma que três notas caracterizam a concepção cristã da paz. Primeira, a paz é obra da justiça, que exige a construção de uma ordem justa na qual todo o ser humano possa realizar-se. Segunda, a paz é uma tarefa permanente, superando os desafios para criar um mundo mais humano. Terceira, a paz é fruto do amor, expressão de uma verdadeira fraternidade entre os homens (cf. Medellín, Paz, 14-16).

Nesta breve visão dos documentos eclesiais que fundamentaram o pensamento de Dom Helder, vemos:

a) a rejeição das concepções negativas da paz: não é, somente, a ausência de guerra, nem se reduz ao simples equilíbrio de forças entre adversários, nem é resultado de opressão;

b) a paz é: obra da justiça; um trabalho permanente e fruto do amor;

c) a paz é aspiração humana e vontade salvífica para a humanidade: inicia-se no coração do homem em processo constante de conversão e se amplia para a dimensão social e universal;

d) a paz é a meta da transformação social através da superação de todos os conflitos, seja da violência bélica, seja da violência estratificada pela injustiça institucionalizada;

e) a paz constrói-se com os valores básicos da liberdade, da igualdade, da dignidade, englobando todos os direitos da pessoa humana, favorecendo a participação social, política, econômica, cultural e religiosa visando ao bem comum e, principalmente, no drama hodierno da sociedade, exige a justiça socioeconômica;

f) diante do drama social a busca da paz deve ser compromisso de toda a humanidade e exige uma reformulação da civilização.[156]

Dom Helder, seguindo os princípios cristãos apontados pela reflexão eclesial, combateu em busca da paz afirmando a primazia do amor fraterno e usando o método da não violência ativa, violência dos pacíficos, percebendo a paz como meta da transformação e libertação de toda forma de escravidão (social, econômica, política, cultural) que submete a maioria da humanidade a uma vida subumana. Para tal objetivo, acredita ser necessário a superação de todos os conflitos, de todas as violências bélicas: a guerra armada e a guerra da miséria, ambas instituídas pela injustiça e pelo egoísmo humano. Dom Helder, em seus pronunciamentos, sublinha que a paz deve iniciar-se no coração dos

---

156 Sobre a concepção de paz cristã, ver: VIDAL, M. *Moral de Atitudes III...*, 772. MATTAI, G. "Pace e pacificismo", in COMPAGNONI, Francesco; PIANA, Giannino e PRIVITERA, Salvatore (a cura di). *Nuovo dizionario di teologia morale*. Milão: Ed. Paoline, 1990, 873.

homens: rejeita a ideia da guerra justa e a ideia da paz baseada nos desequilíbrios sociais.[157]

Em primeiro lugar, sublinharemos alguns de seus pronunciamentos sobre a guerra bélica:

a) definição de Dom Helder da violência bélica: "As lutas armadas, as guerras, não são mais do que a manifestação de distúrbios psíquicos de desorganizações sociais, expressão de falsos valores culturais, passíveis de superação";[158]

b) a guerra no mundo atual é cada vez mais um absurdo, revoltante e covarde, que conduz a humanidade a extremos inaceitáveis como a indústria da guerra e a corrida armamentista:[159]

> Até quando se falará em guerra-justa, mesmo depois das maiores atrocidades cometidas sob este pretexto?
>
> Até quando se continuará a aceitar o massacre de seres humanos sob a alegação de defesa da humanidade, quando se sabe que deflagrar, hoje, uma guerra, é correr o risco de provocar o desaparecimento da vida da face da Terra?
>
> Até quando haverá quem entoe hinos à guerra, pretendendo idealizar a carnificina, o assassinato das populações mais jovens, a destruição maciça de crianças, de velhos?
>
> Até quando seremos obrigados a escutar a macabra e mentirosa alegação de que a guerra permite descobertas da maior importância para a Humanidade e deixando entrever que ela é a única solução para a explosão demográfica, fenômeno real, que se vem prestando a explorações sem conta?

---

157 Cf. CAMARA, H. "Se queres a paz, prepara a paz!", in Apostila s/nº/10, 39; Id., "Mensagem sobre justiça e paz", apostila s/nº/08, 1, 07 e 08/09/1985; Id., *Espiral de violência*..., 15-19.
158 Id., "Mais perto ou mais longe da paz?", in Id., *Utopias peregrinas*..., 59.
159 Id., "Escolas superiores de Paz", in Id., *Utopias peregrinas*..., 67-68.

A verdade é que a guerra sempre foi absurda: por que concluir que tem razão, quem vence pela força, pela técnica ou pela astúcia? Até quando vencer, vai valer mais do que convencer?

A guerra sempre foi absurda, torna-se, sempre mais, revoltante e covarde. Bombas, eletronicamente dirigidas, são disparadas à distância, e atingem, com precisão matemática, os alvos previstos. Quem não sabe que as guerras de hoje matam mais a população civil e desarmada do que soldados, com armas na mão?[160]

c) rejeita algumas soluções propostas, afirmando serem falsas e ilusórias:

Quem não se recorda de soluções ilusórias como a Linha Maginot?

Pensou-se, também, que em face do poderio destruidor imenso da guerra bioquímica e da guerra nuclear, o homem deixaria, de lado, o brinquedo estúpido da guerra.

As guerras continuam. De repente, os Pequenos são arrastados a elas, se devoram, se estraçalham, enquanto, na retaguarda, os Grandes, os Senhores do Mundo medem forças, experimentam armas novas e sempre mais mortíferas, como argumentos decisivos para direitos mais amplos na partilha do Mundo.[161]

d) proposta de solução: "A solução para os problemas que levam aos conflitos armados – o terrorismo e sua expressão mais ampla, a guerra – não será encontrada ampliando ondas de violência através da repressão policial, e das chamadas guerras justas. As soluções serão encontradas através da busca constante, da pesquisa mais profunda, das

---

160 Id., "Mais perto ou mais longe da paz?", in Id., *Utopias peregrinas...*, 58.
161 Id., "Mais perto ou mais longe da paz?", in Id., *Utopias peregrinas...*, 58-59.

raízes dos distúrbios psíquicos, das desorganizações sociais, de pseudo-valores de culturas, em fase de superação".[162]

Em segundo lugar, destacaremos alguns pronunciamentos sobre a guerra da miséria:

a) para Helder: "se a injustiça domina o Mundo, a paz é impraticável!"[163];

b) a raiz de toda a violência é a injustiça institucionalizada que produz a guerra da miséria: "Na raiz das violências que sacodem o Mundo, é preciso não esquecer que a violência n° 1 são as injustiças da política internacional do comércio. A miséria decorrente destas injustiças merece ser equiparada a uma verdadeira guerra mesmo porque já está matando mais do que matariam guerras hipotéticas, nucleares ou bioquímicas";[164]

c) injustiça causada principalmente pela lei do comércio internacional:

> Se o egoísmo continua manobrando a política internacional do comércio; se os monopólios de ontem são substituídos pelos habilíssimos oligopólios de hoje; se dentro dos Países subdesenvolvidos, os Privilegiados locais, aliando-se às Macroempresas, multinacionais, criam discriminações de renda revoltantes, mal encobertas pelo índice ultraequívoco que é o Produto Nacional Bruto; se entre os Países industrializados e Países fornecedores de matéria-prima e mão-de-obra barata, a distância aumenta a cada ano.[165]

---

162 Ibid., 59.
163 Ibid., 60.
164 Id., "Escolas superiores de Paz", in Id., *Utopias peregrinas*..., 69.
165 Id., "Mais perto ou mais longe da paz?", in Id., *Utopias peregrinas*..., 61-62. Para Helder, as multinacionais eram as primeiras responsáveis por essa injustiça "Mais grave e mais devastador, o perigo da guerra da miséria, consequência, hoje, sobretudo das multinacionais. Complexos em face dos quais, o complexo industrial-militar é apenas uma parcela". "Escolas superiores de Paz", in Id., *Utopias peregrinas*..., 68.

Para Dom Helder a busca da paz através da justiça é um dever de todos, principalmente dos homens de boa-vontade, minorias abraâmicas, através do desenvolvimento da consciência crítica, da conscientização. Destacamos dentro do pensamento helderiano dois setores sociais que devem empenhar-se na busca e na concretização da paz lutando pela justiça: educação e religião.

No setor educacional encontramos duas propostas-sonhos de Dom Helder que, de certa forma, sintetizam seu pensamento na busca da paz através da realização da justiça, e os focos principais de ação: a "Escola Superior da Paz" e a Cadeira de Justiça na faculdade.

O sonho-proposta de Dom Helder para a criação da "Escola Superior da Paz" tinha como objetivo colaborar na busca de soluções para "os terríveis impasses, para os quais a humanidade está marchando a passos acelerados": a corrida armamentista e as injustiças sociais.[166]

A segunda proposta-sonho de Dom Helder, demonstrando, novamente, o seu acreditar na educação humanizadora e conscientizadora, sugere a criação da "Cadeira da Justiça" na universidade como força mobilizadora da sociedade, assim por ele justificada:

> São tantas e tão graves as injustiças em nosso tempo, que uma Cadeira de Justiça, sozinha, isolada, quase nada poderia fazer. Ela seria – e, espero em Deus, será – uma mobilizadora de Pessoas capazes, sensíveis e de boa vontade...[167]

A "Cadeira de Justiça", segundo dom Helder, deve atuar promovendo a reflexão sobre a justiça em quatro planos principais: em plano regional; em plano nacional; em plano continental; em plano mundial.[168]

---

166 Id., "Escolas superiores de Paz", in Id., *Utopias peregrinas...*, 65-66.
167 Id., "Universidade Católica e humanização do homem", in Apostila s/n°/1, 1. Essa proposta de Dom Helder estava em sintonia com a proposta do Sínodo dos Bispos de 1971, no qual afirmaram a necessidade na sociedade contemporânea da educação para justiça. Cf. SBJM 19-20.
168 Id., "Universidade Católica e humanização do homem", in Apostila s/n°/2, 22/03/1983.

No setor religioso, a proposta de Dom Helder expressa a convicção da necessidade de um ecumenismo não somente teórico e de cúpula, mas de um ecumenismo prático em que todos colaborem para a realização da justiça e da paz.

> Nós, os que acreditamos em Deus, levamos séculos nos combatendo mutuamente, apregoando a ilusão de que Deus se prestava ao papel ridículo de deixar-se monopolizar por nossa minúscula facção. Um dia, por muito favor e a muito custo, passamos a admitir um ecumenismo sob medida, entre Religiões que nos pareciam mais nobres e menos distantes da nossa. Mas, quando muito, conseguimos um ecumenismo de cúpula, enquanto nossas respectivas bases continuavam a ver, nos outros, a encarnação do Espírito do Mal.[169]

Citando a Declaração de Kyoto feita após a "Conferência Mundial sobre Religião e Paz", em 1970, Dom Helder manifesta os dois "fronts" de ação para a realização da paz: a luta contra a corrida armamentista e a luta contra as injustiças sociais: "(...) É evidente que a PAZ é posta em perigo pela sempre acelerada corrida armamentista, pelo grande vácuo existente entre ricos e pobres dentro das nações e entre as nações, e pela trágica violação dos direitos humanos por todo o mundo".[170]

Em seu convite para que todas as religiões colaborem pela paz, enfatiza o vínculo entre paz e justiça e a necessidade de as religiões defenderem o homem:

> Sem justiça, a paz não passará de palavra sonora.
> Percamos, de vez, o medo de parecer abandonar o terreno religioso e de invadir o terreno político e a área técnica.

---

169 Id., "Mais perto ou mais longe da paz?", in CAMARA, H., Utopias peregrinas..., 63

170 Id., "Colaboração do budismo para a Paz mundial", in CAMARA, H., *Utopias peregrinas...*, 105.

Percamos, de vez, o medo de parecer meter-nos em problemas internos de países estrangeiros.

Reivindiquemos, juntos, o direito e o dever de defender a criatura humana, a pessoa humana, o bem comum. Se isso é política, não é política partidária, é defesa do homem, nosso irmão; é defesa da justiça, sem a qual a paz não passa de palavra sonora. Reivindiquemos, juntos, o direito de tratar dos problemas internos de todo e qualquer país, na medida em que estes problemas só na aparência são internos, pois, de fato, acabam tendo consequências para outros países, e, não raro, repercussão para o mundo todo.[171]

Para Helder, a construção da paz através da realização da justiça está intrinsecamente ligada à missão evangelizadora da Igreja, que, na obediência à vontade salvífica de Deus, busca ser sinal operativo da força libertadora, que salva o homem de toda forma de escravidão. A paz como fruto da justiça é alicerçada na primazia do amor a Deus e ao próximo e é um contínuo construir.

A construção da paz no mundo contemporâneo constitui um desafio supremo, que, segundo a proposta cristã, inicia-se na conversão do homem. Em linguagem helderiana, é necessário "desarmar" o "íntimo" (coração) de cada um nós, através da educação permanente e de uma consciência crítica, criando a alternativa de um "íntimo" pacífico: solidário e comprometido com o próximo. Outro ponto importante, para Dom Helder, é que as "forças vivas" da sociedade, os homens de boa-vontade (minoria abraâmica), principalmente no setor religioso e educacional, criem canais para a construção da justiça que tornem possível o fruto da paz. O principal canal, ressaltado por Dom Helder, é a educação para a justiça e a paz: sublinha a estreita aliança entre procura

---

171 Id., "Se queres a paz, trabalha pela justiça", in CARAMURU DE BARROS, R. e OLIVEIRA, L. de. *Dom Helder: o artesão da paz...*, 138-139.

da justiça e da paz, a ação para a justiça e a paz e a educação à justiça e à paz, que exige:

a) a análise estrutural da sociedade, principalmente da "espiral da violência": injustiça institucionalizada (colonialismo interno; neocolonialismo externo; abismo entre o mundo subdesenvolvido e o mundo desenvolvido; a lei do comércio internacional e a corrida armamentista);

b) a promoção do método da não violência ativa, violência dos pacíficos, e a colaboração com os grupos que buscam a transformação social e a libertação de toda forma de escravidão, visualizando a dignidade e os direitos da pessoa humana.

Portanto, para Helder, a dimensão universal da justiça e da paz (paz fruto da justiça) passa pelo respeito aos direitos da pessoa humana e dos povos, fundados não sob armas, mas sob a força da verdade, sob a primazia do amor a Deus e ao próximo e sob a força da não violência ativa; exige: o diálogo entre os povos; a práxis da solidariedade e a transformação social da realidade de injustiça social.

PARTE III

CONSTRUINDO A PAZ ATRAVÉS DA JUSTIÇA

"Só homens que realizam em si a unidade interior, só homens de visão planetária e de coração universal serão instrumentos válidos para o milagre de ser violentos como os Profetas, verdadeiros como o Cristo, revolucionários como o Evangelho, sem ferir o amor."[1]

Após refletirmos sobre a evangelização e a justiça percebemos que, para Dom Helder, a realidade mundial está marcada pela injustiça institucionalizada, principalmente no continente latino-americano e no terceiro mundo, que impede o homem de viver plenamente a sua dignidade, na qual foi criado segundo a imagem de Deus. Dentro deste contexto, a evangelização é impelida, mais do que nunca, a lutar pela salvação integral da pessoa humana, a começar por aquelas que são excluídas e marginalizadas. Seguindo este fio condutor, nesta terceira parte o nosso objetivo é refletir sobre o caminho proposto por Dom Helder para construir a paz através da justiça, aprofundando duas questões que orientam o seu pensamento: o que deve ser feito para a transformação

---

1 CAMARA, H. "Única opção, a violência?", in Apostila 17/8, 6.

desta realidade de injustiça? Com quem contar na tarefa da transformação da realidade?

Decidimos dividir esta terceira parte em dois momentos, focalizando, em cada um deles, uma dessas questões.

No quinto capítulo refletiremos sobre a primeira dúvida: o que deve ser feito para a transformação desta realidade de injustiça? Dom Helder propõe a urgência de revoluções que transformem as estruturas para possibilitar uma vida verdadeiramente humana e digna para todos – as revoluções necessárias. Deste modo, veremos as propostas concretas de Dom Helder para a construção de uma nova sociedade baseada na justiça e na vivência do Evangelho.

No sexto capítulo focalizaremos sobre a questão: Com quem contar na missão da transformação da realidade? Para Dom Helder a transformação da realidade de injustiça é missão de todos os homens, mas, concretamente, nem todos os homens querem ou veem a necessidade de transformação da realidade; sendo assim, é preciso encontrar as pessoas marcadas pela fome de justiça e sede de paz, homens de boa vontade que lutem pela justiça e pela paz, "esperando contra toda esperança" – Minorias Abraâmicas: construtores da nova sociedade.

CAPÍTULO V

REVOLUÇÕES NECESSÁRIAS

I. REVOLUÇÃO DENTRO DA PAZ

No período pré-conciliar e pós-conciliar a Igreja, no diálogo com o mundo contemporâneo, em sua reflexão, constata a situação de injustiça institucionalizada gerada pela violência estrutural. A partir desta constatação surge o questionamento sobre a necessidade da mudança social que possibilite ao homem viver a dignidade com a qual Deus o criou e que lhe foi arrebatada ao longo da história; e sobre qual o melhor caminho a percorrer para tais mudanças. A convicção de Dom Helder, de que na América Latina e, também, no terceiro mundo, para que a realidade social, política e econômica possibilite aos seus habitantes uma vida digna, seja necessário um processo de "reforma audaz, profunda e rápida" de suas estruturas sociais, econômicas, políticas, é, talvez, uma convicção partilhada por muitos. Esta convicção indica que a situação atual da América Latina e do terceiro mundo é muito grave. Porém, ao longo da reflexão e da proposta de mudanças surgem as divergências, que podem ser sintetizadas em três posições principais. A primeira posição é a dos que pedem reformas no interior das estruturas, considerando, contudo, que seriam suficientes algumas reformas para corrigir e solucionar os problemas existentes e propõe, pois, mudanças superficiais sem mexer nas estruturas. A segunda posição, assumida por Dom Helder, parte de um diagnóstico no qual se afirma que o problema da sociedade latino-americana e do terceiro mundo é um mal estrutural que requer, por isso, transformações estruturais advindas de uma revolução estrutural através de meios pacíficos, da não violência ativa

– "violência dos pacíficos". Uma terceira posição defende a transformação estrutural através da revolução armada.

1.1 Mudança Social: Reforma, Evolução, Revolução?

Na reflexão do magistério eclesiástico, os documentos *Pacem in Terris, Gaudium et Spes e Populorum Progressio* afirmam implicitamente, mas muito claramente, a exigência de uma verdadeira revolução das estruturas socioeconômicas ao proporem que a destinação fundamental dos bens da terra é comunitária e que um sistema de propriedade privada é essencialmente subordinado a esta destinação comunitária. Estas propostas, voltadas para a essencial igualdade dos homens, são necessárias para superar as discriminações que atingem os direitos da pessoa humana (os direitos da liberdade formal e os direitos de conteúdos socioeconômicos). Estes direitos são invioláveis, e é uma exigência radical e absoluta colocar em prática a realização de tais direitos, o que, por sua vez, exige uma verdadeira revolução das estruturas. E, contudo, na hora de definir as vias práticas para a realização destas mudanças, esses mesmos documentos apontam para processos reformistas.[1]

A visão eclesiástica de condenar as injustiças de que é vitima a maioria da humanidade, principalmente o terceiro mundo, tem uma

---

1 Sobre mudança social, ver: Olivar, Tomás. "La violencia revolucionaria en la doctrina social de la Iglesia", in VV. AA., *Cristianos en una sociedad violenta, analisis y vias de accion*. Santander: Editorial Sal Terrae, 1983, 145-149; Diez-Alegria, José. "Magistero e rivoluzione", in Masina, E.; Diez-Alegria, J. Chiavacci, E. *Rivoluzione: magistero, teologia e mondo contemporaneo*. Bolonha: Edizioni Dehoniane Bologna, 1970, 64-65; Vidal, M. *Moral de atitudes III...*, 648-658; Toaldo, Ernesto. *Chiesa e rivoluzione nel terzo mondo*, Milão: Editrice Missionaria Italiana, 1971, 34; Blanco, Miguel Francisco. "La vocazione rivoluzionaria del Cristiano", in Joannes, Fernando Vittorino (a cura di). *Vangelo Violenza Rivoluzione*. Verona: Arnaldo Mondadori Editore, 1969, 12-17; Masina, Ettore. "Rivoluzione e mondo contemporaneo", in Masina, E.; Diez-Alegria, J. e Chiavacci, E. *Rivoluzione: magistero, teologia e mondo contemporaneo*. Bolonha: Edizioni Dehoniane Bologna, 1970, 15-21; Wendland, Heinz Dietrich. "Vangelo e Chiesa come forza revoluzionaria", in Joannes, Fernando Vittorino (a cura di). *Vangelo Violenza Rivoluzione*. Verona: Arnaldo Mondadori Editore, 1969, 56-60; Gerest, Regis-Claude. "Perché le chiese furono generalmente antirivoluzionaire", in Ruiz, Gonzale; Gerest; Griffin e Maspero. *Il Cristiano e la rivoluzione*. Turim: Ed. Piero Gribaudi Editore, 1968, 49-55.

grande ressonância que é rompida, contudo, quando se trata de equacionar a melhor estratégia e os meios concretos para colocar fim às injustiças. Diante da necessidade da mudança da estrutura social, as posições significantes são: evolução-reforma, revolução pacífica e revolução armada. Estes conceitos: "reforma", "evolução" e "revolução" não são um jogo de palavras, mas significam, sobretudo, uma escolha fundamental de um projeto e de uma proposta da organização social, econômica, política e cultural e, porque não dizer, também, eclesial.

Os que postulam a *evolução* acreditam que a sociedade está no caminho certo e que, no desenvolvimento progressivo e orgânico do sistema social, procedendo por etapas, algumas reformas podem corrigir os problemas. Estas reformas seriam algumas mudanças superficiais e controladas pelo poder constituído, portanto, sem questionar a ordem existente e sem inverter o sistema social.

Os que acreditam na revolução propõem uma ruptura de continuidade e com a ordem precedente. Esta ruptura visa à mudança qualitativa do sistema social em sua lógica e em seus fundamentos, para alcançar uma nova estruturação social através de uma mudança rápida e radical dos valores fundamentais da sociedade; portanto, a transformação estrutural é um meio para modificar o sistema de relações entre pessoas e grupos, e uma referência a uma nova escala normativa de valores.

Na reflexão eclesial o termo "revolução" encontra dois obstáculos principais para a sua aceitação: a visão da ordem e a visão negativa do termo revolução.

O primeiro obstáculo para a aceitação do termo "revolução" é o significado atribuído à ordem estabelecida. Na reflexão social da Igreja prevalece uma concepção da "ordem" estabelecida, herança de uma concepção teocêntrica e ontocêntrica da sociedade, que deve ser respeitada em suas bases fundamentadoras, pois a "ordem" é natural enquanto necessidade da condição humana no que tem de mais profundo; e ela é dada por Deus. A classe dirigente ocupa esta posição por uma organização providencial das coisas, e a ela cabe zelar pelo funcionamento do sistema social, procurando que a maioria da população participe o mais equitativamente possível dele. Se por acaso ocorrem injustiças na "ordem" reinante, a Igreja, agindo com caridade cristã, deve desempenhar o papel de mediação para solucionar os desajustes, através da colaboração e do diálogo com os dirigentes. Desta forma a ação é paliativa; não questiona a "ordem" e não recorre a transformações radicais; e, inclusive, busca apaziguar a tentação de rebelião.

Partindo deste ponto de vista, é claro que a revolução precisa ser julgada como uma ação a ser condenada, pois é diretamente contra Deus e a humanidade, por ser contra a "ordem" universal por Deus estabelecida e, pois, para sempre inamovível. Sendo assim, não existe espaço para a ação revolucionária e, menos ainda, para a revolução armada, que deseje reverter a "ordem" estabelecida. Impõe-se o colaboracionismo mediado pela caridade cristã, entre a classe dirigente e o povo. Portanto, a rejeição da revolução por parte daqueles que assumem esta visão é um juízo religioso, e não somente uma postura ética ou política, pois toda transformação-revolução, seja pacífica ou armada, é contra a "ordem estabelecida", é contra a vontade de Deus, é contra o Reino de Deus, é contra a humanidade.

A partir do Concílio Vaticano II, a mentalidade da "ordem" estabelecida foi fortemente questionada, por resultar no conformismo e no fatalismo vivencial dos cristãos diante do respectivo contexto social, econômico e político, consequência necessária daquele equacionamento de igualdades sucessivas – a ordem estabelecida é igual à ordem natural que é, por sua vez, igual à vontade de Deus. A reflexão eclesiástica, conciliar e pós-conciliar, em primeiro lugar, abre caminho para o desenvolvimento da consciência histórica dos cristãos e, neste compromisso histórico, o homem deve desempenhar o papel de coCriador; em segundo lugar, proporciona uma nova leitura do Evangelho, que se pode e se deve interpretar muito mais como uma força de contestação que como uma força de benção da "ordem" estabelecida injusta; em terceiro, a afirmação conciliar de que a Igreja não é e não deve estar vinculada a nenhum regime econômico, político e social, abre espaço para que o cristão, por motivos religiosos, conteste a conservação de uma "ordem" estrutural estabelecida na qual emergem a injustiça e a violência institucionalizadas.

Para Helder a atual "ordem" estabelecida da sociedade é, na verdade, uma "desordem" e um "caos" que somente a verdadeira ordem poderá solucionar. Em nome da "ordem" se cometem enormes "desordens". Para Helder, a ordem "é a disposição das pessoas e das coisas no lugar que lhes cabe"[2], reconhece que, se para as coisas é relativamente fácil perceber a quebra da ordem[3], o mesmo não acontece quanto à pessoa humana – "como saber que lugar lhes cabe?"[4] Analisando o contexto atual afirma que: a) a revisão profunda da ordem social incide principalmente sobre a situação dos subtrabalhadores (estrangeiros) nos países ricos, e dos subproletários em países pobres, ambas frutos da mesma causa, o egoísmo que provoca injustiças; b) a ordem econômica é criadora de escravos. No capitalismo e no neo-capitalismo, onde o lucro é o grande motor do progresso econômico e a concorrência a lei suprema da economia, o regime não sobrevive sem escravos e sem colônias. É impossível curar o regime capitalista, pois nele a prosperidade de uma minoria fundamenta-se em escravidões, da maioria. As super-potências socialistas, como a URSS e a China, forçadas pela concorrência capitalista, desmoralizam o socialismo, criando países-satélites, montando impérios e impondo o modelo único de socialismo e o materialismo dialético, e agindo da mesma forma que as superpotências capitalistas em face dos países subdesenvolvidos, com egoísmo e frieza; c) a ordem política, enganosa e comprometedora. Diante de um capitalismo que constrói seu esplendor às custas da miséria e das condições subumanas de mais de 2/3 do mundo e do socialismo, na prática repetidor do capitalismo, é impossível uma escolha. Portanto, para Helder, olhando de perto e por dentro nos dois regimes vigentes, capitalismo e socialismo, verifica-se que: em ambos, quando se trata de ordem social, ordem econômica ou ordem política, sob a aparência de 'ordem' revelam-se

---

2 CAMARA, H. "Alemanha, deveis mais um exemplo ao mundo", in Apostila 33/1, 1.
3 Citou um exemplo simples: "se eu pusesse os sapatos nas mãos e os óculos nos pés, estaria quebrando a ordem". Ibid., 1.
4 Cf. Ibid., 1-2.

desordem e injustiça estratificadas. Em nenhum dos dois modelos, capitalismo ou socialismo, é possível aceitar a "ordem".[5]

O segundo problema de fundo é a visão negativa do termo "revolução", que, nos documentos do Ensino Social da Igreja e na reflexão eclesial, emerge associado à insurreição sangrenta e à violência armada.[6]

Para Helder o conceito "revolução" não está vinculado a "rebelião" e ao uso de armas; adquire uma visão positiva, significando o romper com um sistema que não assegura mais o bem comum e a instauração de uma nova ordem mais adapta a procurá-lo.[7]

1.2 A Revolução Armada

A proposta da revolução armada nasce da convicção de que na América Latina e, também, no terceiro mundo, diante da situação de injustiça, é necessária uma transformação estrutural radical: social, política e econômica, que viabilize uma vida digna à população. A interrogação é sobre o caminho para realizar a revolução estrutural que a América Latina e o terceiro mundo necessitam; pela via pacífica, não violência ativa ou revolução violenta, armada? Há os que postulam que a revolução violenta é o único meio possível para libertar-se da opressão e da injustiça.[8]

Nas décadas de 60 e 70 do século XX, a proposta da revolução violenta-armada na América Latina como meio de se alcançar a independência política, econômica e cultural estava em voga, principalmen-

---

5 Cf. Ibid., 2-4.

6 Cf. Vidal, M. *Moral de atitudes III...*, 662-663.

7 Cf. "15 obispos se comprometen en favor del tercer mundo", in Tapia de Renedo, B. *Hélder Câmara: proclama a la juventud...*, 135.

8 Sobre a revolução armada, ver: Ruiz-Giménez. "Frente a la violencia, justicia y esperanza", in VV. AA. *Cristianos en una sociedad violenta, analisis y vias de accion*. Santander: Editorial Sal Terrae, 1983, 274; Maspero, Emilio. "L'urlo della fame", in Gonzalez Ruiz; Gerest Griffin e Maspero. *Il Cristiano e la rivoluzione*. Turim: Piero Gribaudi Editore, 1968, 84-98; Diez-Alegria, J. "Magistero e rivoluzione...", 75; Vidal, M. *Moral de atitudes III...*, 712-714; Alberdi, R. "Violência e poder político...", 154; Alberdi, R. "Violencia en la vida economica", in.VV. AA. *Cristianos en una sociedad violenta, analisis y vias de accion*. Santander: Editorial Sal Terrae, 1983, 104.

te, com os exemplos de Che Guevara, Fidel Castro e Camilo Torres. A maioria dos países latino-americanos estava sob o regime da ditadura militar e sob o medo do comunismo.

Os que postulam a revolução armada – revolução violenta – como caminho para a superação da situação de injustiça estratificada e de violência institucionalizada, afirmam que este é o único caminho possível para desenvolver todas as possibilidades humanas (naturais, econômicas, políticas e sociais) da América Latina, para criar uma sociedade capaz de satisfazer as mais elementares necessidades humanas e dar ao homem a possibilidade de realizar-se dignamente. Diante do contexto de violência institucionalizada, a violência revolucionária é a expressão do direito de autodefesa do povo oprimido, e pode ser, também, a expressão histórica do amor ao próximo. A paz cristã não deve servir de justificação ao imperialismo. Os defensores da revolução armada discordam da revolução pacífica – não violência ativa – argumentando que esta proposta e este modo de agir contradizem a realidade histórica, pois a sociedade latino-americana é violenta e sua violência não tem como causa a ação dos oprimidos, mas sim a ação dos opressores.

Na reflexão do Ensinamento Social da Igreja sobre a revolução armada sublinhamos dois documentos que servem de base para o pensamento de Dom Helder. O primeiro, *Pacem in Terris,* afirma claramente a não aceitação da revolução (cf. PT, 160-161). O segundo, *Populorum Progressio,* reconhece que há situações de injustiça que clamam aos céus, e que estas propiciam a tentação da violência (cf. PP, 30); adverte sobre o perigo de tal solução e desaconselha a revolução armada, por ser fonte de novas injustiças: "gera novas injustiças, introduz novos desequilíbrios, provoca novas ruínas. Nunca se pode combater um mal real à custa de uma desgraça maior" (PP, 31). Sublinha, contudo, uma exceção relevante, principalmente se se trata da realidade e da perspectiva latino-americana: "salvo casos de tirania evidente e prolongada que ofendesse gravemente os direitos fundamentais da pessoa humana e prejudicasse o bem comum do país" (PP, 31). O caminho apontado para a superação das estruturas injustas são as reformas: audaciosas, profundamente inovadoras e urgentes (PP, 32). Paulo VI, em Bogotá, durante o Congresso Eucarístico, na abertura da Conferência Episcopal Latino-Americana de Medellín, afirma com mais intensidade: "A violência não é cristã nem evangélica". Sintetizando, a reflexão eclesial recusa a revolução armada:

a) por não ser evangélica e nem cristã;
b) pelos danos maiores que provoca;
c) por não ser eficaz.

Para Dom Helder, a análise da violência revolucionária armada deve ser realizada a partir de uma visão global da sociedade, que nos é fornecida pela perspectiva da espiral da violência. Na dinâmica da violência social existem três momentos: a violência estrutural (violência número 1), que engendra a violência subversiva (violência número 2), a qual, por sua vez, gera a violência repressiva (violência número 3), com a qual se retorna ao ponto de origem, à violência estrutural, iniciando novamente o movimento circular da violência. Produz-se assim a "espiral da violência": opressão-subversão-repressão. Esta perspectiva sublinha a estreita relação das violências e enfatiza a importância privilegiada da violência estrutural na gênese da espiral da violência,[9] a violência revolucionária como consequência e o perigo da radicalização na espiral da violência:

> Vedes a radicalização se apoderar, sempre mais, da Terra. Por que vosso gênio político não ajuda a mostrar que a violência nº 1 são as injustiças, que existem em toda parte e não são monopólio de Povo algum?
>
> Por que não mostrais e demonstrais que a reação dos Oprimidos – ou dos Jovens em nome dos Oprimidos – é a violência nº 2, seguida da nº 3, a reação dos Governos que,

---

9 Cf. CAMARA, H. "Conflitos sociopolíticos na América Latina: situação atual e perspectivas, de um ângulo pastoral", in CARAMURU DE BARROS, R. e OLIVEIRA, L. *Dom Helder: o artesão da paz...*, 192-193.

dentro da lógica da violência, dentro da escalada da violência, pode, facilmente, chegar a arbitrariedades, a torturas e até a regimes de exceção? Já vistes, já sentistes como ditaduras de direita e de esquerda se confundem na adoção de métodos inumanos?

Por que não chamais a atenção para a necessidade de ir à raiz do mal, denunciando a violência-mãe de todas as violências: as injustiças?

Por que não dais o aval de vossa experiência à denúncia de que sem justiça jamais haverá paz?[10]

A violência estrutural é o conjunto de "estruturas econômicas, sociais, jurídicas e culturais que causam a opressão do homem e impedem que o homem seja libertado desta opressão".[11] E Vidal precisa: "a violência estrutural é a objetivação da diferença entre o que 'deveria ser' e aquilo que 'é'. Aumenta-se a violência estrutural quando se faz aumentar a distância entre o atualmente possível e o atualmente realizado".[12] A partir desta visão da violência estrutural, abre-se um novo caminho de avaliação ao se perceber o enorme horizonte em que esta violência está instalada e se manifesta, praticamente em todos os campos e nos diferentes níveis. Sublinhamos algumas características da violência estrutural que aparecem nas conferências de Dom Helder: universalidade, globalidade, intensidade, perceptibilidade.

A UNIVERSALIDADE: acontece em todas as regiões do mundo.[13] Se a violência estrutural é constatada de forma evidente e ofuscante na América Latina e no Terceiro Mundo, tanto no interior dos países (colonialismo interno) como em suas relações com países desenvolvidos (neo-colonialismo), também existem manifestações da violência estru-

---

10 Id., "Conversa fraterna com os ingleses", in Apostila 35/7, 28.
11 Diez Alegria, J. *Processo a la violencia*, Madri 1978, 10-11. Citado por Vidal, M. *Moral de atitudes III...*, 713.
12 Vidal, M. *Moral de atitudes III...*, 713-714.
13 Cf. Camara, H. "Única opção, a violência?", in Apostila 17/8, 1.

tural no interior dos países desenvolvidos (zona cinzenta), tanto nos de regime capitalista como nos países de regime socialista.

A GLOBALIDADE: manifesta-se em todos os estratos sociais e em todas as dimensões da vida econômica, social, política e cultural. No econômico, na relação dentro da empresa - a injusta distribuição da riqueza, as alienações, a opressão da classe trabalhadora; nas relações entre países desenvolvidos e subdesenvolvidos. No político, que discrimina os cidadãos por diversas razões ou segrega domínio de uns países sobre outros – violência dos poderes nacionais no campo internacional e também dos poderes supranacionais. No cultural, por razões de acesso à cultura e de conteúdos da mesma.[14]

A INTENSIDADE: a causa de sua tecnificação, empregam meios técnicos que o homem inventou para melhorar a convivência humana, mas que, porém, colocam-se ao serviço da violência, aumentando sua intensidade destruidora.

A PERCEPTIBILIDADE: somos cada vez mais conscientes da violência estrutural devido à compreensão maior da dignidade do homem. A violência é de sempre, porém agora é mais maciça do que nunca, tanto no mundo desenvolvido quanto no "terceiro mundo".[15]

Após recordarmos a perspectiva global que nos oferece a visão da espiral da violência, dentro do pensamento de Dom Helder, apontamos as suas considerações sobre a violência revolucionária:

a) a violência revolucionária (violência número 2) surge em face da violência instalada (violência número 1) e dá origem à violência repressiva (violência número 3).[16]

---

14 Cf. Ibid., 1.
15 "É verdade que a violência é de todos os tempos. Mas, talvez, hoje, ela se apresente mais maciça do que nunca. Como foi lembrado, recentemente, ela está por toda parte – onipresente e multiforme: brutal, aberta, sutil, insidiosa, dissimulada, racionalizada, científica, condensada, solidificada, consolidada, anônima, abstrata, irresponsável...". Ibid., 1.
16 "No momento de perguntar se a revolução estrutural de que o Mundo precisa, supõe, necessariamente, a violência, é preciso observar que a violência já existe e é exercida, de modo inconsciente algumas vezes, por aqueles mesmos que a denunciam como flagelo para a sociedade." Ibid., 4.

b) ante a violência instalada compreende-se que surjam na América Latina a tentação e o fato da violência revolucionária. Chama a atenção a paciência de um povo que suporta durante anos uma condição que dificilmente aceitariam aqueles que têm maior consciência dos direitos humanos. A violência revolucionária surge porque muitos dentre os melhores, especialmente jovens, perdem a paciência e são movidos por valores nobres: a busca da justiça e a solidariedade com o povo.[17]

c) questiona o condenar ou insuflar de longe a violência revolucionaria, sem estar comprometido em suas causas ou em suas consequências. [18]

d) questiona aqueles que, simplesmente, condenam a violência revolucionária sem questionar a violência estrutural, procurando ocultá-la ou diluí-la em sua importância objetiva e impedindo a tomada de consciência da violência estrutural, atribuindo a origem da violência à revolução-violenta. Portanto, para Helder, as duas formas de violência (dos opressores e dos oprimidos) não devem ser aceitas.[19]

e) risco de provocar a intervenção das potências estrangeiras, risco de um "novo Vietnam", pois as grandes potências não deixariam acontecer uma nova Cuba na América Latina.[20]

f) são ineficazes as mudanças de estruturas sem mudança de mentalidades. Tais mudanças significam antes um assalto ao povo, se não tiverem o próprio povo por autor.[21]

Sintetizando a posição de Dom Helder em face à revolução-violenta, temos que, em primeiro lugar, considera impossível obter mudanças de estruturas nos países subdesenvolvidos sem mudanças de estruturas nos países desenvolvidos; segundo, por motivos religiosos e por moti-

---

17 Cf. Id., "Ou todos, ou nenhum", in R. Caramuru de Barros – L. Oliveira, *Dom Helder: o artesão da paz...*, 131-132.
18 Cf. Id., "Única opção, a violência?", in Apostila 17/8, 1.
19 Cf. Id., "Os homens morrem, não as ideias", in Apostila 31/7, 32.
20 "A opção para a não violência, se ela se enraíza no Evangelho, baseia-se, também, na realidade. Quereis realismo? Então eu vos digo: se em qualquer canto do Mundo, mas sobretudo na América Latina, uma explosão de violência rebentar, podeis estar seguros de que, imediatamente, os Grandes chegarão. Mesmo sem declaração de guerra, as Superpotências estarão lá e teremos um novo Vietnã...". Id., "Única opção, a violência?", in Apostila 17/8, 5.
21 Cf. Ibid., 5.

vos de eficácia, é contra a violência armada em consequência de convicções profundas; essa, embora pareça realista e prática, é na verdade romântica, utópica e contraproducente.[22]

> Minha vocação pessoal é a de peregrino da paz, seguindo o exemplo de Paulo VI: pessoalmente, prefiro mil vezes ser morto a matar.
>
> Esta posição pessoal se baseia no Evangelho. Toda uma vida de esforço para compreender e viver o Evangelho me leva à convicção profunda de que se o Evangelho pode e deve ser chamado revolucionário, é no sentido de que ele exige uma conversão de cada um de nós. Não temos o direito de fechar-nos no egoísmo; devemos abrir-nos ao amor de Deus e dos homens. Mas basta pensar nas Bem-aventuranças – quintessência da Mensagem Evangélica – para descobrir que a escolha para os cristãos parece clara: nós, cristãos, estamos do lado da não violência que, de nenhum modo, é escolha de fraqueza e de passividade. Não violência é crer mais na força da verdade, da justiça e do amor, do que na força da mentira, da injustiça e do ódio.[23]

1.3 Revolução Pacífica (Violência dos Pacíficos)

Dom Helder através da posição da revolução pacífica – não violência ativa – acredita no não conformismo diante das estruturas de injustiças institucionalizadas e entende que a ação para transformar as estruturas dá-se pelo processo de conscientização e organização das massas, levando à pressão moral libertadora sobre os responsáveis pelas situações de injustiça e à busca de modelos próprios adaptados aos

---

22 Cf. Id, "Os homens morrem, não as ideias", in Apostila 31/7, 29.
23 Id., "Única opção, a violência?", in Apostila 17/8, 5.

países subdesenvolvidos. É assim, em seu entender, que se construirá uma nova ordem social.[24]

Quanto à pergunta sobre qual a mudança a ser realizada em primeiro lugar – a subjetiva, pela conversão dos corações, ou a objetiva, pela transformação das estruturas –, Dom Helder a considera uma interrogação mais acadêmica do que vivencial. Discorda dos que entendem que a transformação subjetiva deva ter precedência e justificam tal entender com o argumento de que a verdadeira revolução é a revolução das consciências. Subjacente a esta escolha, identifica a convicção de que a verdadeira revolução é aquela das consciências porque, tão logo atinja o homem todo, torná-lo-á capaz de, gradualmente, transformar toda a sociedade em que vive; e de que uma revolução externa, na qual se buscam transformar as estruturas da sociedade, permanecerá ineficaz se os homens não estiverem preparados para construir uma sociedade nova. Para Dom Helder, tais argumentos não se sustentam, pois a violência estrutural que sofre a maioria da humanidade tem sua origem tanto no plano ético-moral (o pecado, principalmente o egoísmo), quanto nas estruturas: socioeconômicas (injusta distribuição de riqueza, luta de classes etc.) e socioculturais (sistemas de educação que formam para a luta, doutrinas como a da "guerra justa" que chegou a legitimar a guerra). Então, as duas transformações devem ocorrer simultaneamente (são os dois fronts da revolução pacífica). Sobre a revolução subjetiva, afirma:

> A revolução social, de que o Mundo precisa, exige conversão contínua dos indivíduos e dos Povos.
>
> Quem não precisa de conversão e até de conversões? Quem não necessita de contínua conversão? A pergunta vale não apenas para os indivíduos, mas também para os Povos, que todos,

---

24 Sobre revolução pacífica, ver: VIDAL, M. *Moral de atitudes III...*, 655; TOALDO, E. *Chiesa e rivoluzione...*, 13-35; RUIZ-GIMÉNEZ, J. "Frente a la violencia, justicia y esperanza...", 277; MÚGICA, Guillermo. "Entre cristianismo y revolucion ¿hay contradicion?", in *Pastoral misionera 163, Cristianismo y revolucion*, Madri: Editorial Popular, 1989, 38; MASINA, E. "Rivoluzione e mondo contemporaneo...", 17-18.

sem exceção, precisam de conversão contínua. Não há Povos inocentes e Povos pecadores. Há diferenças de concretização dos pecados, que todos – como no caso dos indivíduos – nascem do egoísmo.

A revolução social, de que o Mundo precisa, não é o golpe armado, não é guerrilhas, não é guerra. É mudança profunda e radical que supõe graça divina e um movimento mundial de opinião pública que pode e deve ser ajudado e estimulado pela Igreja da América Latina e de todo o Mundo. Ódio não constrói. E há todo um Mundo novo a construir.

E é tanto mais urgente agir quanto se vê que alguns dos melhores, mais idealistas e mais puros, especialmente entre os jovens, perdem a paciência e atiram-se a movimentos de radicalização e violência.[25]

Para Dom Helder a revolução estrutural no mundo é necessária; somente através dela se poderá impedir que 2/3 da humanidade vivam na miséria. Em suas conferências, faz algumas interrogações relevantes, entre elas sublinhamos: fala-se tanto em estruturas, na necessidade e urgência de remover estruturas injustas que favorecem grupos privilegiados, sempre mais restritos. Que estruturas são estas? Quem está conduzindo o Mundo? Quem responde e em que medida pelas estruturas que esmagam mais de 2/3 da Humanidade? A partir de que instante as estruturas se tornam opressivas e clamam por mudança? Quais as mais pesadas estruturas do momento? Estará errado pensar que no complexo industrial-militar está a raiz das estruturas mais opressivas dos nossos tempos? Como tentar agir sobre parceiros, de força desigual, que interferem, de modo maior ou menor, na presente situação do Mundo? Adianta qualquer atuação sobre os aludidos parceiros ou a solução é

---

25 CAMARA, H. "Presença da Igreja no desenvolvimento da América Latina", in Apostila, 12/1, 12-13.

tentar atingir diretamente nas estruturas? É impossível abrir, pacífica mas corajosamente, uma brecha nestas estruturas de opressão?[26]

Com esses questionamentos sobre as estruturas, Dom Helder não pretende indicar uma ideologia e nem uma doutrina e nem uma fórmula, uniforme e dogmática, para resolver os problemas da América Latina e do terceiro mundo. "Não venho aqui apenas levantar interrogações. Claro que não tenho a pretensão de trazer no bolso soluções para os grandes problemas com que se enfrenta o mundo hoje".[27] Reconhece que se caminha nas sombras, buscando respostas, saídas e soluções.[28] A sua reflexão sobre a revolução estrutural é feita a partir do compromisso com o povo e busca ser a voz dos sem vez e sem voz,[29] e a partir deles acenar pistas para a construção de uma nova sociedade.[30]

Para que ocorra a revolução social dois pressupostos são necessários: uma situação estruturalmente injusta e a tomada de consciência, da parte do homem, de tal injustiça. A revolução pressupõe a existência de uma estrutura social, política e econômica injusta, na qual a maioria da população não participa dos benefícios que a sociedade na qual vive oferece – na qual, portanto, a ordem estabelecida, a ordem existente, revela-se de fato um estado de desordem. Uma injustiça social poderia, talvez, ser resolvida através de uma reforma ou da evolução social. Mas uma sociedade injusta em sua estrutura exige e deve ser transformada radicalmente. Esta injustiça institucionalizada, característica fundamental da sociedade contemporânea, faz com que certas situações sejam pré-revolucionárias, dignas de serem destruídas, para um novo início.

---

26 Cf. Id., "Nova ordem econômica internacional e perspectivas de supressão das desigualdades sociais", in Apostila 43/1, 1-5.
27 Id., "Justiça social e desenvolvimento", in CARAMURU DE BARROS, R. e OLIVEIRA, L. de. *Dom Helder: o artesão da paz...*, 186.
28 Cf. Id., "Nova ordem econômica internacional e perspectivas de supressão das desigualdades sociais", in Apostila 43/1, 2.
29 Cf. Ibid., 2.
30 Cf. Id., "Justiça social e desenvolvimento", in CARAMURU DE BARROS, R. e OLIVEIRA, L. de. *Dom Helder: o artesão da paz...*, 186.

O segundo pressuposto para a revolução é a tomada de consciência: é necessário que o homem tome consciência da injustiça na qual vive, da opressão da qual é objeto. Essa tomada de consciência é um movimento progressivo e claramente cultural. Trata-se da parte do homem, de uma descoberta de novos valores.

Apontaremos as principais características da revolução pacifica acenadas por Dom Helder:

Em primeiro lugar, a revolução deve ser uma transformação universal. O mundo inteiro tem necessidade de uma revolução estrutural, no mundo subdesenvolvido e no mundo desenvolvido, tanto no regime capitalista como no regime socialista. Sem a revolução estrutural do mundo desenvolvido é impossível e ineficaz realizá-la no mundo subdesenvolvido.[31]

Em segundo lugar, a revolução é uma transformação total: tecnológica, política, econômica, social, cultural. O mundo, principalmente o terceiro mundo, mundo subdesenvolvido, precisa de uma mudança global, para que se desenvolva plenamente – a começar por uma revolução científico-tecnológica integrada à revolução econômico-social. Helder afirma que, na América Latina (como, de resto, para o Terceiro Mundo), a missão de encontrar novos caminhos para o desenvolvimento-libertação, superando o contexto de dependência e alienação em seus múltiplos aspectos (econômico, político e cultural), se faz pela formulação de uma teoria social que seja a expressão autêntica da realidade do continente; inspirada na originalidade da cultura latino-americana e aberta à assimilação crítica do desenvolvimento científico geral. Deste modo, a revolução científica e tecnológica é condição indispensável para as revoluções: econômica, política e social. A revolução científica e tecnológica deve se caracterizar pela mudança das prioridades atuais, visando às necessidades e aspirações do homem latino-americano e, a partir deste critério fundamental, deve escolher os temas e aplicá-los visando à promoção do crescimento autônomo e autofinanciado das

---

31 Cf. CAMARA, H. "Única opção, a violência?", in Apostila 17/8, 1-3.

economias latino-americanas, para que se assegure uma autêntica transformação das estruturas e se possibilite a redistribuição e o crescimento da renda.[32]

Afirmar a totalidade da revolução significa que esta visa à transformação radical em toda a estrutura social, política, econômica, cultural e religiosa e não somente a transformação econômica, objetivo buscado por uma mentalidade desenvolvimentista. Nesta ação humana sobre a totalidade da sociedade para transformá-la, colocam-se em jogo e se elucidam os problemas-limite, as alternativas fundamentais para a vida e o destino das pessoas. Dom Helder afirma: "No mundo subdesenvolvido esta verdade parece uma evidência. Se se olha o Mundo subdesenvolvido, de qualquer ângulo – econômico, científico, social, religioso –, chega-se a compreender que uma revisão sumária, superficial, não bastará de modo algum. Deve-se ter em vista uma revisão em profundidade, uma mudança profunda e rápida – não temamos a expressão – deve-se chegar a uma revolução estrutural".[33]

Na totalidade da ação revolucionária, sublinhamos, agora, duas revoluções importantes para Dom Helder: a revolução política e a revolução cultural. A revolução política deve colaborar para que o povo participe efetivamente na tomada das decisões participando do processo político. A incorporação das massas, trabalhadoras e campesinas, aos benefícios sociais deve acontecer de forma autêntica nas transformações reais nas estruturas de produção e na estrutura do poder superando a alienação nos frutos do trabalho e a ausência no poder político.[34] Neste ponto Dom Helder, sonhando alto, afirma que: "não basta que o povo internamente participe das estruturas de poder. Nossos Países, em

---

32 "Condição, hoje, para as revoluções econômica, política e social que o desenvolvimento da América Latina implica é a revolução científica e tecnológica e nela têm papel decisivo as Universidades. Trata-se de, nos estudos científicos, mudar as prioridades atuais, em benefício de uma focalização intensiva e sistemática daqueles problemas da ciência contemporânea que se ligam mais profundamente com as necessidades e aspirações do homem desta área continental subdesenvolvida." Camara, H. "A universidade e as revoluções de desenvolvimento necessárias à América Latina", in Apostila 29/3, 2.

33 Camara, H. "Única opção, a violência?", in Apostila 17/8, 2-3.

34 Cf. Id., "A universidade e as revoluções de desenvolvimento necessárias à América Latina", in Apostila 29/3, 3.

nível internacional, devem poder participar, como sujeitos ativos, do processo de decisões mundiais".[35] A Revolução cultural deve romper o sistema de valores burgueses baseados no egoísmo e na realização individual. Para superar esta situação, a partir das transformações sociais, deve buscar uma nova expressão, um novo humanismo.[36]

Em terceiro lugar, a revolução é uma transformação profunda e rápida. Em sua profundidade, a revolução é uma ruptura com a ordem precedente. Segundo Gonzalez Ruiz, uma revolução é verdadeiramente necessária quando o mecanismo estrutural da sociedade é tão intrínseca e radicalmente corrompido que tal corrupção não será superada com reformas, pois estas não atingirão a profunda realidade das coisas.[37] Na reforma o processo de mudança é parcial e não toca o essencial do sistema social e político, a base continua intocada; na revolução se propõe uma nova base social, um novo fundamento do sistema. Em sua rapidez, a revolução se diferencia da evolução na qual o processo de mudança acontece lentamente e em continuidade, sem a ruptura com o passado e sem a participação militante. Portanto, a revolução é uma ruptura de continuidade, uma transformação qualitativa do sistema em sua lógica e em seus fundamentos, agindo de forma rápida e eficaz. Helder afirma: "E se a revolução é sinônimo de transformação profunda e rápida, eu sou revolucionário porque desejo reformas de base sem mais perda de tempo. Já estamos com séculos de atraso".[38]

Em quarto lugar, a revolução é um processo de desenvolvimento--libertação. É um grito angustiado da humanidade que clama aos céus desejando participar com pleno direito da vida econômica, social, política, intelectual do respectivo país. Neste ponto encontramos a meta da revolução: desenvolvimento integral do homem e de todos os homens e libertação de todas as escravidões. Desenvolvimento-libertação visando a promoção humana:

---

35 Ibid., 3.
36 Cf. Ibid., 3-4.
37 Cf. Gonzalez Ruiz, J. "La Rivoluzione...", 12-13.
38 Cayuela, J. *Vietnam católico...*, 204.

Que Deus nos ajude a ver claro nesta hora de bruma e cerração. Que Deus nos dê a coragem necessária para por a nu se haverá ou não condições de desenvolvimento do homem todo e de todos os homens, ou se, ao contrário, desenvolvimento deverá ser entendido como progresso econômico de grupos sempre mais restritos com o sacri-fício total de Massas sempre mais numerosas. Que Deus nos ajude a descobrir caminhos de esperança concreta e de desenvolvimento autêntico, pois partimos do pressuposto de que fomos criados para construir e não para destruir e estamos convictos de que o Amor tem condições de vencer o Egoísmo.[39]

Em quinto lugar, a revolução deve ser e acontecer a partir da ótica dos pobres: suas necessidades e suas esperanças. O escutar o grito, o clamor dos pobres diante do silêncio dos satisfeitos. "O dia que tiver-mos o valor, a confiança de ser nós mesmos, o dia em que acreditar-mos na forças das ideias e na justiça; o dia em que nos dedicarmos a exigir pacificamente a transformação das estruturas socioeconômicas e político-culturais que são a praga do nosso país e do nosso continente, nesse dia estaremos no fim do começo, se não for no começo do fim".[40]

Dom Helder assim sintetiza o seu pensamento sobre a revolução estrutural necessária na América Latina e ao terceiro mundo:

Ao proclamar esta revolução estrutural, penso em uma par-ticipação consciente e deliberativa do povo no controle do poder e na distribuição da riqueza e da cultura. Que sejam os homens os sujeitos do progresso social; que chegue a so-ciedade a um alto nível de ciência e de amplitude profissional; que o homem seja livre, protagonista da sociedade e cada vez

---

39 CAMARA, H. "Justiça social e desenvolvimento", in CARAMURU DE BARROS, R. e OLIVEIRA, L. de. *Dom Helder: o artesão da paz...*, 181.
40 TAPIA DE RENEDO, B. *Hélder Câmara y la justicia...*, 121.

mais solidário, a plano local, regional, nacional, continental e mundial; que o estado, como autoridade subsidiária, respeite a responsabilidade de cada indivíduo e sua participação plena na vida da sociedade; que o estado respeite as minorias e favoreça, sem discriminação, uma maior harmonia entre os grupos étnicos, ideológicos, religiosos; que as estruturas do Estado se projetem até uma socialização cada vez mais ampla onde existam e funcionem organizações de base e instituições intermediárias independentes, responsáveis e organizadas. Que se chegue a uma planificação racional e funcional e, no plano internacional, a uma autodeterminação dos povos a uma integração equilibrada.[41]

Segundo Dom Helder, para a criação de uma nova realidade que favoreça o "desenvolvimento do homem todo e de todos os homens", duas revoluções são necessárias: a revolução socioeconômica e a revolução sociopolítica.

2 Revolução socioeconômica

Dom Helder, fundamentando-se nos ensinamentos da reflexão eclesial e na perspectiva da reflexão de Lebret, propõe uma revolução socioeconômica – uma *"Nova ordem econômica internacional e perspectivas de efetivo respeito aos direitos humanos universais"*.[42]

Em primeiro lugar, sublinhamos alguns aspectos da reflexão eclesial sobre a realidade econômica contemporânea usados por Helder como parâmetros. A reflexão eclesial sobre economia tem como ponto de partida o amplo contexto da questão social, percebendo que a si-

---

41 Ibid., 122.
42 Cf. CAMARA, H. "Nova ordem econômica internacional e perspectivas de supressão das desigualdades sociais", in Apostila 43/1, 1-5.

tuação socioeconômica criada pelo capitalismo e neocapitalismo cava um abismo entre ricos e pobres, que tende a tornar-se cada dia mais profundo. Helder tem como base os princípios apontados pela *Mater et Magistra*, pela *Gaudium et Spes* e pela *Populorum Progressio*. Recordamos os principais pontos que norteiam sua reflexão:

A encíclica *Mater et Magistra*, ao descrever a realidade, constata as profundas transformações que a vida socioeconômica sofreu no interior dos países e na esfera de suas relações (cf. MM 48-49), e reflete sobre a iniciativa privada e a intervenção dos poderes públicos no campo econômico; propõe uma crescente socialização, uma renumeração justa no trabalho; e reflete também sobre a função da empresa de propriedade privada e pública. A *Mater et Magistra* sublinha a necessidade da reflexão sobre as relações "que medeiam entre os diversos setores da economia, entre zonas de diversos níveis de riqueza no interior de cada nação e dentro do plano mundial, entre os países que se encontram em diferentes graus de desenvolvimento econômico e social" (MM, 122). Propõe caminhar para um desenvolvimento harmônico entre as zonas de desigual desenvolvimento de um país (cf. MM, 150) e entre países de desigual desenvolvimento econômico, através da colaboração e ajuda (cf. MM, 157).

A *Gaudium et Spes,* ao refletir sobre a situação socioeconômica mundial (cf. GS, 63-72), partindo de uma visão humanista e cristã, constata que existem grandes progressos e grandes desigualdades. Enfatiza que os desequilíbrios causados pela ordem socioeconômica perturbam a paz e impõem mudanças profundas, apontando os critérios necessários para estas mudanças (cf. GS, 63): a) o desenvolvimento a serviço do homem (cf. GS, 64); b) o desenvolvimento econômico deve estar sob a decisão do ser humano, não pode ser deixado ao desígnio dos interesses de poucas pessoas ou de grupos economicamente poderosos; e, nas relações internacionais, é necessário que todas as nações participem ativamente. Portanto, a economia não pode ser colocada sob "processo mecânico de ação econômica" (GS, 65); c) a supressão das acentuadas diferenças econômico-sociais para satisfazer as exigências da justiça e da equidade (cf. GS, 66). Aponta, também, alguns princípios que devem reger o conjunto da vida econômico-social sobre: o trabalho, suas condições e o descanso (cf. GS, 67); a participação nas empresas, no conjunto da economia e conflitos no trabalho (cf. GS, 68); destinação dos bens terrenos a todos os homens (cf. GS, 69); as inversões de capitais e problemas monetários (cf. GS, 70); acesso à propriedade e ao domínio particular dos bens; os latifúndios (GS, 71); a atividade econômico-social e o Reino de Cristo (cf. GS, 72).

A *Populorum Progressio,* ao analisar a situação socioeconômica contemporânea: a) crítica a colonização, que nem sempre foi em tudo positiva, pois deixou debilitadas as economias dos países colonizados (cf. PP, 7-8); b) questiona a fuga do capital, pois evidencia uma ideologia materialista, que se constitui no "imperialismo internacional do dinheiro" (cf. PP 24); c) afirma que o progresso industrial, tão conveniente em muitos aspectos, foi utilizado como mecanismo de exploração pelo liberalismo sem freio (cf. PP, 26); d) assinala o problema da desigualdade de condições, no intercâmbio entre os países desenvolvidos e subdesenvolvidos (cf. 58-61). Dentro da visão global do "desenvolvimento do homem todo e de todos os homens", propõe como princípios fundamentais para o desenvolvimento econômico-social:

a) realização prática de um autêntico desenvolvimento, que requer um conjunto de medidas em nível nacional e internacional (cf. PP, 14);

b) uma concepção de desenvolvimento que oriente os esforços da humanidade para melhorar suas condições de vida (cf. PP 21).

Para isso, se faz necessário tornar reais determinados princípios e suas consequências:

1) os bens da terra têm destino universal (cf. PP, 22);

2) a propriedade privada não constitui para ninguém um direito incondicional e absoluto (cf. PP, 23);

3) equidade na distribuição e uso da renda (cf. PP, 24);

4) a industrialização é sinal e fator de desenvolvimento, mas é necessário discernir o sistema econômico construído sobre ela (cf. PP, 25-26);

5) o desenvolvimento integral do homem não se pode dar sem o desenvolvimento solidário do homem (cf. PP, 43).

Em segundo lugar, sublinhamos os principais princípios apontados por Lebret. Lebret e o grupo "Economia e Humanismo" propõem uma economia a serviço do homem – uma economia de necessidades, em oposição à do lucro. Propõem como objetivo socio-econômico central o desenvolvimento integral do homem. Segundo Lebret, a satisfação das necessidades humanas é o fim supremo da economia. Esta visão da necessidade como reguladora da economia se opõe substancialmente à de uma economia baseada no lucro como o grande motor do progresso econômico e a concorrência como lei suprema: "a economia deve modelar-se sobre a necessidade cuja satisfação constitui precisamente seu objeto... Uma economia regulada unicamente pela oferta e demanda corresponde à formula: 'cada qual conforme seus meios'. Por isso não chega a satisfazer as exigências da humanidade em seu ponto de consciência e de aspirações. Impõe-se, portanto, buscar o modo no qual a economia possa modelar-se sobre as necessidades".[43]

Segundo Vega-Centeno, a atividade econômica de uma sociedade deve ter como objetivo: criar e produzir os bens e serviços que requerem seus integrantes para satisfazer suas necessidades: básicas de subsistência, sociais ou culturais de convivência e pessoais de superação. O critério da necessidade orienta os princípios de:

a) suficiência (deve envolver a todos na sociedade, oferecer e assegurar a possibilidade de participação de todos os que estão aptos para fazê-lo);

b) eficiência (deve produzir o que todos necessitam, e deve utilizar correta ou adequadamente os recursos e as capacidades concernidas);

c) equidade (deve responder as necessidades e aspirações legítimas, ao mesmo tempo que recompensar ou retribuir, razoavelmente,

---

43 J-LEBRET, L. e CELESTIN, C. *Jalons pour une economie dês besouns: Economie et humanisme 13* (1954), 1-2, citado por VIDAL, M. *Moral de atitudes III...*, 335.

os aportes e os esforços diversos que recebe; o lucro produzido na atividade econômica deve ser repartido equitativamente, a fim de que a economia tenha por beneficiário todos os homens).

Estas condições, suficiência, eficiência e equidade, são as que, conjuntamente, devem constituir o critério básico de juízo para avaliar a estrutura e o desempenho de uma economia. O não cumprimento dessas condições – ou de alguma delas – é a origem dos distintos problemas econômicos, como são: a pobreza, a desigualdade, o desemprego e outros que refletem a privação, a exclusão e o despojo que sofrem, em graus diferentes, pessoas e grupos em nossas sociedades. Os problemas econômicos estão referidos necessariamente à população, que é, ao mesmo tempo, sujeito de necessidade e agente de transformação.[44] Para Vidal, a necessidade humana deve ser o critério da atividade econômica; a economia justa é uma economia configurada pela satisfação das necessidades humanas. Se, por um lado, a necessidade deve ser o motor tanto da atividade econômica do homem como das diversas relações sociais que se inserem nela, por outro lado, hoje se faz imperativo "para que a necessidade seja critério de uma economia justa é necessário humanizar o próprio conceito de necessidade".[45]

Dom Helder, ao propor uma revolução socioeconômica – uma *"Nova ordem econômica internacional e perspectivas de efetivo respeito aos direitos humanos universais"*,[46] afirma que falta o efetivo respeito aos direitos humanos, e isto acontece pela não percepção de que o "homem é o autor, o centro e o fim de toda atividade econômico-social" (cf. GS, 63) e esta deve estar ao seu serviço (cf. GS, 64). Em linguagem helderiana, "que a ordem econômica é estabelecida por homens

---

44 Cf. VEGA-CENTENO, Máximo. "Los problemas y aspiraciones economicas de América Latina. Un desafio a la ensenänza y a la praxis cristiana", in HUNERMANN, Peter (Ed.). *Enseñanza de la Iglesia em América Latina*. Madri: Promoción Popular Cristiana, 1991, 177-179; LENTIN, Albert Paul. "Le tappe della rivoluzione nel terzo mondo", in JOANNES, Fernando Vittorino (a cura di). *Vangelo Violenza rivoluzione*. Verona: Arnaldo Mondadori Editore, 1969, 186-187.
45 VIDAL, M. *Moral de atitudes III...*, 335.
46 Cf. CAMARA, H. "Nova ordem econômica internacional e perspectivas de supressão das desigualdades sociais", in Apostila 43/1, 1-5, 19-23/01/1976.

e para homens, o que exige repulsa a tudo o que seja anti-humano".[47] A ordem econômica deve estar vinculada aos aspectos sociais: se, por um lado, os problemas econômicos exigem tratamento científico, por outro, devem ser considerados a partir da ética.[48] Para que isso aconteça é preciso superar o economicismo, através de uma visão que vincule a economia ao humanismo, valorizando o homem como centro e o fim da atividade econômica.

Para Dom Helder existe no capitalismo um economicismo suicida que, dentro da lógica do lucro como motor essencial do progresso humano e a concorrência como lei suprema da economia, se esconde dentro de dados econômicos, objeto de equívocos e meias-verdades, como por exemplo: o "produto bruto nacional", a "superprodução", o "desenvolvimento", analisados somente na perspectiva de crescimento econômico, principalmente nos países pobres, que apresentam, às vezes, um grande crescimento econômico a serviço efetivo de 2% ou 3% da população, grupos de privilegiados, enquanto o povo sofre pesados sacrifícios e deve se contentar em receber, paternalisticamente, as migalhas que sobram do festim dos privilegiados, em nome do crescimento econômico do país, sem poder participar dos seus benefícios e serviços. Para Helder, há, em economia, numerosos outros casos e índices clamando por uma interpretação humana.[49]

---

47 Id., "Nova ordem econômica internacional e perspectivas de supressão das desigualdades sociais", in Apostila 43/1, 4.
48 Cf. Ibid., 4.
49 Cf. Id., "Se queres a paz, trabalha pela justiça", in CARAMURU DE BARROS, R. e OLIVEIRA, L. *Dom Helder: o artesão da paz*...,137-138. Dom Helder convoca os economistas a colaborar na transformação da sociedade: "Mas os economistas têm um lugar especial nesse movimento, pois a eles caberá fornecer dados, interpretar fatos, descobrir argumentos válidos, pois os principais embates se travarão em seu campo específico. Nada lhes dará tanta autoridade como livrarem-se do economicismo e chegarem a descobrir uma aliança natural e indestrutível entre desenvolvimento e humanismo. (...)
Querem os economistas um bom começo para a revolução a empreender contra o econômico pelo econômico, que levará os países ricos a se tornarem sempre mais ricos e os pobres sempre mais pobres? Passem a bater-se pelo reconhecimento de que os mais rentáveis investimentos são os vinculados diretamente à formação do homem. Valorizem o homem como centro e o fim da atividade econômica". Id., *Revolução dentro da paz*..., 164-165.

Dom Helder enumera algumas exigências da "nova ordem econômica" para que seja verdadeiramente humana:

a) Elaborada por homens e para homens: "Exijam que qualquer Ordem Econômica (local, regional, nacional e internacional) elaborada por homens e para homens nada encerre de anti-humano".[50] Esta exigência realizada por Dom Helder – em consonância com "O homem é o autor, o centro e o fim de toda atividade econômico-social" (GS, 63), que visa o "desenvolvimento de todos os homens e de todo o homem" e é a lei fundamental do desenvolvimento econômico (cf. GS, 6, PP, 34) – especifica o valor supremo do homem na vida econômica. A atividade econômica deve ter como finalidade servir à realização do homem. Qualquer outra finalidade da vida econômica que se contraponha à valorização do homem pode e deve ser considerada como uma violência infligida (atitude anti-humana) aos membros da sociedade que resultam prejudicados.

b) Ter como prioridade os pobres e os países pobres:

> Exijam que, em qualquer projeto (desde o âmbito local até o internacional), haja atenção para evitar que o progresso continue sendo pago, pesadamente, em esmagamento de criaturas humanas. Merecem atenção especial: 1) a circunstância de os Pobres serem varridos para cada vez mais longe (varridos do meio rural pela agroindústria; varridos do meio urbano pela especulação imobiliária); 2) o colonialismo interno que, nos Países pobres, leva Grupos privilegiados a manter a própria riqueza à custa de concidadãos mantidos em situação subumana; 3) as injustiças da política internacional do comércio, como condição essencial para a validade

---

50 Id., "Nova ordem econômica internacional e perspectivas de supressão das desigualdades sociais", in Apostila 43/1, 4.

da nova Ordem Econômica Internacional que exige uma mudança profunda e rápida.[51]

Esta segunda exigência tem como ponto de partida a situação de desequilíbrio injusto em que se encontram as nações e a economia internacional (cf. PP, 6-11). Uma nova proposta econômica deve impedir que os custos socioeconômicos recaiam desproporcionalmente sobre os mais fracos; deve organizar-se de forma que, em uma sociedade e época histórica determinadas, todos os membros tenham acesso a uma suficiente quantidade de bens materiais, culturais e espirituais (cf. GS, 64-66).

c) A vida econômica deve ter o homem como centro: "É anti-humana toda e qualquer ordem econômica que pretenda estabelecer o lucro como preocupação dominante ou até única. É insuficiente e continua anti-humana a ordem econômica que, na aparência, coloca o lucro a serviço do homem, mas de fato, o coloca apenas a serviço de grupos privilegiados – que, consciente ou inconscientemente, continuam esmagando a milhares e até milhões de criaturas humanas".[52]

d) Participação ativa do povo na vida econômica:

> É anti-humana qualquer ordem econômica que, partindo do principio da incapacidade do povo, seja elaborada na cúpula e por ela imposta à maioria considerada incapaz de pensar, de falar, de apresentar e defender seus pontos de vista. É equívoca e inaceitável uma pretensa participação do povo, quando seus representantes são dos grupos dominadores ou a eles estão profundamente vinculados. Igualmente inaceitável e equivoca é a participação dos oprimidos através de oprimidos de ontem que, segundo o modelo único que tinham

---

51 Ibid., 4-5.
52 Ibid., 5.

em mente, se transformaram ou se estão transformando em opressores.[53]

e) Favorecer a criação de comunidades e respeitar suas necessidades:

> Para a salvaguarda dos direitos de todos e do cumprimento dos deveres de todos, é preciso partir das comunidades de dimensão humana, das comunidades de base. Entrosando-se entre si, poderão exigir o acesso de todos a uma casa, ao ensino, à defesa da saúde, ao trabalho, aos meios de comunicação social; ao transporte; ao lazer; ao culto, segundo a preferência de cada um.[54]

Tendo em vista estas exigências encontramos em Dom Helder algumas propostas para uma "nova ordem econômica internacional" em nível mundial e a nível continental.

No plano mundial, em primeiro lugar, Dom Helder defende uma transformação na estrutura da relação entre o mundo desenvolvido e o mundo subdesenvolvido (Norte-Sul) para superar a relação de dependência econômica.

Dom Helder, refletindo a relação entre o mundo desenvolvido e o mundo subdesenvolvido, afirma que a relação econômica de dependência criou e sustenta a divisão entre o 1º, o 2º, e o 3º mundos, e já se fala em 4º mundo, ou até em um 5º mundo;[55] mesmo vivendo após na 3ª ou 4ª revolução industrial, percebe-se que os países industrializados (desenvolvidos e em número reduzido) se tornam sempre mais ricos e se distanciam, sempre mais, de países não industrializados que, de modo geral, se tornam sempre mais pobres e sem perspectivas e sem saída. O problema grave é que a riqueza dos países sempre mais ricos é construída à custa da pobreza dos países sempre mais pobres. O preço deste

---

53 Ibid., 5.
54 Ibid., 5.
55 Cf. Ibid., 4-5.

enriquecimento astronômico dos países desenvolvidos continua sendo pesadamente pago pelos famintos, pelos pequenos, pelos humildes; desde a 1ª revolução industrial, esta situação fomenta desigualdades sociais gritantes, estruturas que esmagam mais de 2/3 da humanidade e que comprometem a presente ordem econômica internacional.[56]

A condição essencial para a "nova ordem econômica internacional" é atingir diretamente estas estruturas que exigem uma transformação profunda e rápida para superar as injustiças da política internacional do comércio; portanto, se faz necessário reorganizar o comércio internacional.[57] Para Dom Helder, as principais injustiças a serem superadas eram:

a) o poder aquisitivo dos países subdesenvolvidos, que diminui progressivamente como resultado da desvalorização das matérias-primas;

b) a dívida externa dos países subdesenvolvidos se vê agravada seriamente;

c) a dificuldade cada vez maior da absorção, por parte dos países subdesenvolvidos, da tecnologia moderna, dada a insuficiência de recursos que não permitem lançar novas técnicas que exigem altos níveis de capital e mão de obra especializada;

d) o estancamento da produção de alimentos por parte dos países subdesenvolvidos para atender os acordos econômicos – em contraste com o rápido crescimento demográfico –, o que agravou a situação de fome e desnutrição de suas populações;[58]

e) a política externa dos países desenvolvidos que, sob a aparência de ajuda ao desenvolvimento do terceiro mundo e de defesa do "mundo livre", é pragmática, imperialista e capaz de utilizar quaisquer meios para obter seus fins.[59]

---

56 Cf. Ibid., 2-3.
57 Cf. CAMARA, H. "O colonialismo interno", in Apostila s/nº, 2-3, agosto de 1966.
58 Cf. Id., *Revolução dentro da Paz*, 51.
59 Cf. Id., "Nova ordem econômica internacional e perspectivas de supressão das desigualdades sociais", in Apostila 43/1, 4-5.

Dom Helder propõe, como ponto de partida para a "nova ordem econômica internacional" no relacionamento entre os países desenvolvidos e subdesenvolvidos, a destituição, pelos "pequenos", dentro da ONU, do direito de veto, assumido por superpotências, visto ser tal direito antidemocrático, discriminatório e absurdo: funda-se na definição de todos os demais países membros como menores e incapazes;[60] e é a garantia de que prevaleçam sempre os interesses políticos e econômicos das superpotências.

Mas quem não sabe que a mesma ONU, que há vinte anos viveu o momento excepcional da proclamação dos Direitos do Homem, continua a estar sem força moral para proclamar se não outro o direito nº 1? Como se pode afirmar que "Todos os homens nascem livres e iguais em dignidade e direitos" se, dentro da própria ONU, os Estados-Membros não são iguais em dignidade e direitos? Enquanto houver Estados fortes e Estados fracos no seio das Nações Unidas, enquanto houver alguns Membros com direito de veto:

– a Declaração dos direitos do homem não passará de belas frases sonoras criadoras de ilusões;

– a Declaração não será atualizada como deveria ser para que pudesse assegurar o efetivo desenvolvimento integral do homem e desenvolvimento solidário da humanidade;

– a Declaração não comportará nada que fira os abusos das Super-Potências que continuarão a promover a corrida armamentista, a escalada espacial com fins estratégicos, guerras sempre mais desumanas, bloqueios econômicos, aparências de ajuda e proletarização em escala mundial.

---

60 Cf. Ibid., 5.

E por isto seria melhor que a ONU mantivesse a discriminação dos Estados com ou sem veto: seria um farisaísmo a menos. Os Estados fortes não admitirão jamais, na prática, que os seus interesses venham a ser sacrificados: não o farão pela simplicíssima razão que nem mesmo os Estados mais fracos admitem uma oposição àqueles que consideram os pontos fundamentais de sua política.

Enquanto o direito apoiar-se na força para ser respeitado, a sociedade de nações conseguirá somente, com enorme desperdício de dinheiro e paciência, vitórias que podem parecer maravilhosas, mas que não serão senão uma gota d'água. Enquanto o direito deva apoiar-se na força para ser respeitado, a sociedade das nações falirá nos momentos decisivos cada vez que se enfrentarem com os interesses das superpotências.[61]

Com referência, ainda, a um novo relacionamento na comunidade internacional, Dom Helder propõe: a) a integração de Cuba na Comunidade Americana, respeitando-lhe a opção política e a autonomia de nação soberana; e afirma que: quanto mais persistirem o bloqueio econômico e a excomunhão continental, mais fortemente estará acuado um povo que já deu provas suficientes de heroísmo e capacidade de sofrer; e que esta atitude somente enrijece posições que não levarão a um melhor relacionamento entre os povos, fomentando uma atitude de ódio estéril e condenando uma nação inteira a viver num gueto; b) a admissão da China "Vermelha" na ONU, para o que usa dois argumentos: foi este um dos apelos levados à ONU pelo Papa Paulo VI; não faz sentido deixar de fora das Nações Unidas um país-continental, cuja população é fração ponderável da população do Mundo.[62]

Outro ponto sublinhado por Dom Helder é a necessidade de rever o poder das multinacionais – expressão máxima do egoísmo capitalista

---

61 Id., *Fame e sete di pace con giustizia...*, 26-29.
62 Cf. Id., "Os direitos humanos e a libertação do homem nas Américas", in Apostila 25/7, 3-5.

– "a face nova do Imperialismo econômico"[63]: "A impressão é a de que mesmo aparentemente os Estados mais fortes pensam que governam e decidem, mas vivem sob pressões de forças que decidem e governam, da sombra".[64] Afirma que nos países desenvolvidos as multinacionais manobram quatro colossos – a América do Norte (Estados Unidos e Canadá); a Europa Ocidental; o Japão a União Soviética – utilizando técnicas especiais para cada um. E já se esboça a instalação de um 5° Colosso – a China.[65]

Nos países subdesenvolvidos (Sul – terceiro mundo), a dominação realizada pelo império econômico das multinacionais é mais evidente e agrava terrivelmente as estruturas de opressão que pesam sobre mais de 2/3 da Humanidade. As multinacionais:

a) através do controle da política internacional do comércio fixam os preços das matérias-primas dos países do Sul, não raro não renová-veis e que a sociedade de consumo dilapida e esbanja, de modo crimi-noso;

b) promovem a transferência de novas tecnologias para o Sul, ou o empréstimo de máquinas com pagamento de *royalties*, responsáveis em larga parte pelas dívidas externas;

c) devastam e degradam a biosfera dos países do Sul e, explo-rando suas terras cultiváveis, suas pastagens, suas florestas e sua fauna oceânica, são responsáveis pela desertificação, que já atinge 1/10 da América Latina, 1/5 da África e 1/5 da Ásia.[66] Citando a ex-periência da presença das multinacionais na América Latina, Dom Helder é ainda mais enfático sobre o poder do império econômico dessas:

---

63 Id., "Nova ordem econômica internacional e perspectivas de supressão das desigualdades sociais", in Apostila 43/1, 3.
64 Ibid., 3.
65 Cf. Id., "Prêmio 'Artesão da Paz'", in CARAMURU DE BARROS, R. e OLIVEIRA, L. de. *Dom Helder: o artesão da paz...*, 270-275.
66 Cf. CAMARA, H. "Fome: que resposta?", in Id., *Utopias peregrinas...*, 97-100.

com toda uma aparência de injeção de capital – embora, com sangria efetiva das pequenas economias locais – as Macroempresas, que vieram salvar a América Latina da Cubanização, de fato deixam o Continente Latino-Americano ainda mais escravo:

– com a colaboração preciosa da CIA, especialista em descobrir e alardear infiltrações comunistas, obtêm o adiamento das reformas de base ou sua realização apenas nominal;

– com a colaboração preciosa do Fundo Monetário Internacional, obtêm a adoção, pelos Países subdesenvolvidos, de modelos neo-capitalistas de desenvolvimento, que nada têm de desenvolvimento autêntico e promovem apenas o crescimento econômico de grupos privilegiados, quase sempre testas-de-ferro do capital internacional;

– com a colaboração preciosa de Internacionais, dedicadas a estimular o Sindicalismo chamado livre, estimulam falsas lideranças trabalhadoras, que se acomodam, se instalam, traem a classe trabalhadora, fazendo tudo para trocar o ímpeto revolucionário de sentido democrático e construtivo, por atividades paternalistas;

– com a colaboração preciosa de Bancos Comerciais, de Bancos de Investimentos, de Companhias de Seguros e de Fundos Mútuos de Investimentos, mantém uma falsa mística de desenvolvimento, com esmagamento efetivo da autêntica educação libertadora e da verdadeira promoção humana.[67]

E descreve a dificuldade que os países do terceiro mundo encontram para libertarem-se da engrenagem do império econômico das multinacionais:

---

67 Id., "Agravamento das estruturas de opressão", in Apostila 35/5, 19.

Mas, se um País do Terceiro Mundo tem a audácia de expropriar, mesmo pagando, empresas capitalistas, que vivem explorando os Países pobres contando com a aliança de nacionais que colaboram com os exploradores, só excepcionalmente e em casos de Países excessivamente fracos, é que há desembarque de "Marinheiros": regra geral, para quebrar veleidade de libertação, basta manobrar Órgãos como o Fundo Monetário Internacional. As Macroempresas fazem funcionar seus Conglomerados: fecha-se o crédito mundial; somem os transportes; desaparecem possibilidades de armazenamento; não se encontram compradores... E as Macroempresas facilmente comandam manobras de preços que levam ao desespero o País que ousou escapar da engrenagem capitalista.[68]

O poder das multinacionais sobrecarrega, ainda mais, a opressão e a exploração sofridas pelos pobres:

Os pobres sentem e pressentem que as estruturas de opressão pesam cada vez mais sobre eles e se perguntam – ao verem multiplicar-se os conglomerados gigantescos, as macroempresas, multinacionais – se engenhos tão maravilhosos terão que ser rebentados, destruídos ou se haveria meios de ficarem a serviço de todos e não apenas de grupos privilegiados, cuja riqueza está cimentada em sangue, suor e lágrimas de mais 3/4 da humanidade.[69]

Para uma "nova ordem econômica internacional" é necessária, dentro da transformação das estruturas socioeconômicas, transformação do sistema empresarial. Dom Helder propõe as transformações ne-

---

68 Ibid., 20.
69 Id., "Mensagem fraterna a uma universidade viva", in CARAMURU DE BARROS, R. e OLIVEIRA, L. *Dom Helder: o artesão da paz...*, 155-156.

cessárias ao sistema empresarial citando o documento da Conferência Episcopal Latino-americana de Medellín:

> E vem o apelo dos bispos: "Fazemos, por isso, um chamado urgente aos empresários, às suas organizações e às autoridades políticas, para que modifiquem, radicalmente, a valorização, as atitudes e as medidas com respeito à finalidade, organização e funcionamento das empresas".
>
> "Esta transformação será fundamental para o desencadeamento do verdadeiro processo de desenvolvimento e integração latino-americana. Muitos de nossos trabalhadores... experimentam uma situação de dependência ante os sistemas e instituições econômicas inumanas, situação que para muitos deles – como lembramos – significa escravidão não apenas física, mas profissional, cultural, cívica e espiritual".
>
> Concluem os bispos: "Com a lucidez que surge do conhecimento do homem e de suas aspirações, devemos reafirmar que nem o montante dos capitais, nem a implantação das mais modernas técnicas de produção, nem os planos econômicos serão eficazes para os trabalhadores a serviço do homem se eles não tiverem a unidade necessária de direção e não estiverem incorporados, com todo o empenho de seu ser humano, mediante a ativa participação de todos na gestão da empresa, seguindo formas estabelecidas com acerto, assim como nos níveis da macroeconomia, decisivos no âmbito nacional e internacional.[70]

No plano Continental, para Helder, a América Latina precisa encontrar caminhos próprios para a "nova ordem econômica", e isso deve acontecer tendo como base predominante: o esforço dos povos latino-

---

70 Id., "Ou todos, ou nenhum", in Caramuru de Barros, R. e Oliveira, L. *Dom Helder: o artesão da paz...*, 128-129.

-americanos, sua capacidade de criação, sua atuação organizada e consciente e sua decisão de superar o atual contexto de dependência e marginalização econômica, política e cultural e todas as implicações desta dependência.[71] A "nova ordem econômica" no contexto latino-americano deve começar por dois pontos principais: favorecer a superação do colonialismo interno e possibilitar a integração do mercado comum latino-americano.

a) *Superação do colonialismo interno.*

O colonialismo interno que, nos países latino-americanos, leva grupos privilegiados a manter a própria riqueza à custa de concidadãos mantidos em situação subumana, mantendo, ainda, um regime semifeudal, sob aparência de vida patriarcal, não proporciona ao povo os direitos da pessoa humana e mantêm o trabalhador, principalmente rural, em regime de escravidão.[72]

b) *Mercado comum latino-americano.*

O Mercado comum latino-americano deve favorecer a independência econômica dos países do continente; através da complementaridade o continente poderá ter um diálogo efetivo com o mercado europeu e o da América do Norte.

> Nenhum País latino-americano, sozinho, poderá enfrentar os grandes Blocos econômicos que pretendem dividir, entre si, o Mundo. Ou todos se complementam mutuamente, ou todos se unem como irmãos, ou o Continente não arrancará do subdesenvolvimento. (...):
> – de nada valerá o Mercado Comum Latino-Americano se ele surgir como satélite de quem quer que seja;

---

71 Cf. Id., "A universidade e as revoluções de desenvolvimento necessárias à América Latina", in Apostila 29/3, 4-5.

72 Cf. Id., "Nova ordem econômica internacional e perspectivas de supressão das desigualdades sociais", in Apostila 43/1, 3-5.

– de nada valerá o Mercado Comum Latino-Americano se qualquer dos Países maiores do Continente pretender repetir sobre vizinhos menores o imperialismo cujas consequências nos causam e causarão, por muito tempo ainda, prejuízos e amargura.[73]

O Mercado comum latino-americano deve evitar o risco de novos imperialismos dentro do continente e não se impor como império diante de outros países do terceiro mundo; não deve ser realizado dentro da perspectiva neocapitalista;[74] deve superar as diferentes formas de marginalidade do homem e das sociedades latino-americanas, não apenas no campo econômico e internacional, mas também no interior de cada uma das sociedades latino-americanas; deve ser ponto de apoio do entendimento efetivo entre todo o Terceiro Mundo.[75]

Portanto, para a "nova ordem econômica" e para alcançar a independência econômica, é necessário promover a integração da América Latina – Mercado Comum Latino-Americano, que supõe:

a) a integração de comunidades nacionais, mudança de estrutura em cada nação superando o colonialismo interno;

b) o esforço do desenvolvimento autônomo dos países;

c) evitar fazer a integração com critérios neo-capitalistas, o que levaria a concentrar as inversões, aumentando os desequilíbrios entre países e regiões e ocasionando imperialismos intracontinentais;

d) ser social, política e cultural e não somente uma integração puramente econômica;

e) estar aberto para uma maior solidariedade com os demais países do mundo, principalmente para com os países do terceiro mundo.

---

73 Id., "Recife e Milão, irmãs em responsabilidades em face do desenvolvimento", in Id., *Utopias peregrinas...*, 33-34.
74 Cf. Id., "Presença da Igreja no desenvolvimento da América Latina", in Apostila, 12/1, 12-13.
75 Cf. Ibid., 13.

Enfim, o Mercado Comum Latino-Americano deve favorecer a superação do neocolonialismo econômico e o colonialismo interno.

Dom Helder ao propor uma revolução socioeconômica – uma *"Nova ordem econômica internacional e perspectivas de efetivo respeito aos direitos humanos universais"* –, fundamenta-se na reflexão do magistério eclesial e na proposta de Lebret e, a partir da perspectiva da América Latina e do terceiro mundo, analisa a situação econômica dentro do quadro de dependência econômica gerada na relação Norte-Sul (países desenvolvidos e países subdesenvolvidos) na qual sublinha, em nível mundial, a desigualdade crescente entre os grupos humanos, ocasionada pela possessão e controle do poderio econômico.

A revolução socioeconômica deve ter como fundamento, acima de tudo, o valor do homem, como "autor, centro e fim de toda a vida econômico-social", uma economia baseada não no lucro e na competitividade, mas na solidariedade e na justiça. Deste modo o nível econômico favorece ao homem não apenas "ter mais", porém "ser mais". Para isso os países do continente latino-americano e do terceiro mundo, politicamente independentes, devem lutar por sua independência econômica e obter uma autonomia em referência ao sistema capitalista internacional; e, internamente, a transformação das estruturas econômicas deve superar o colonialismo interno.

> – o ideal para os países pobres não pode ser se arrancar da presente situação de miséria para integrar-se na sociedade de consumo, em cuja engrenagem estão apanhados os países ricos. Não é ideal lançar populações inteiras na sofreguidão de ter e parecer ter, que leva a comprar o que se quer e o que não se quer, o que é útil e o que será perfeitamente inútil;
>
> – o ideal não pode ser correr atrás de um desenvolvimento dentro de estruturas e impelido por um sistema em que, necessariamente, as rendas se concentrem em mãos sempre mais restritas, restando apenas o consolo enganoso, provocador e

irônico de ver crescer o Produto Bruto Nacional, sem nenhum sentido efetivo para a massa que se subproletarizará, que ficará ainda mais pobre, enquanto uma parte mínima da população se tornará sempre mais rica.[76]

3 REVOLUÇÃO SOCIOPOLÍTICA

A segunda revolução necessária, para Dom Helder, é a revolução sociopolítica. Ele refere-se à oposição das ideologias, capitalismo e socialismo-marxista, que cria divisão do mundo compreendida a partir do eixo Leste-Oeste. Esta revolução sociopolítica sublinha os problemas de discernimento das ideologias, das concepções do homem e da sociedade.

Dom Helder, refletindo a partir da cosmovisão da fé cristã e dos contextos latino-americano e do terceiro mundo, ao propor esta revolução, assume uma postura profética: crítica e utópica. Profético-crítica por ter como ponto de partida a denúncia radical da ordem mundial dos modelos ideológicos propostos (capitalismo e socialismo-marxista), questionando o desencontro de interesses nos conflitos entre Leste e Oeste e a imposição destes modelos para os países latino-americanos e do terceiro mundo, sempre mais dependentes e sistematicamente empobrecidos, vivendo no processo de perda de identidade, em virtude da atitude imitativa do sistema sociopolítico, econômico e cultural, que torna mais sólida a sua dependência e a sua escravidão. Profético-utópica ao anunciar e propor a busca de modelo alternativo próprio, tendo como fundamento o homem como centro e fim de todas as dimensões da vida humana: social, política, econômica e cultural.

---

76 Id., "Mensagem fraterna a uma universidade viva", in CARAMURU DE BARROS, R. e OLIVEIRA, L. *Dom Helder: o artesão da paz...*, 155-156.

3.1 Capitalismo

O sistema ideológico capitalista – estrutura econômico-social e política – pode ser definido pela prioridade e utilização da economia para exercer o poder político e social; caracteriza-se por três leis essenciais: o lucro, a competitividade e a racionalidade.[77] A primeira lei, motor do sistema econômico capitalista, é a procura do lucro, a maximização do benefício centrado no desejo de obter ganhos crescentes e a sua apropriação. A segunda, a competitividade: é a luta dentro da concorrência do mercado para conseguir os maiores ganhos possíveis, buscando a concentração dos instrumentos de produção e da produção mesma, e se possível com a busca do monopólio "que representa o máximo de liberdade própria e o máximo da limitação alheia";[78] esta lei demonstra uma mentalidade de grande individualismo. A racionalidade, a terceira lei, é a consideração de todas as possibilidades baseando-se em cálculos efetuados pelos critérios de rendimentos e custos com vistas à prioridade do mercado; entre outros exemplos, a progressiva redução das taxas para assegurar o primado da concorrência.

A reflexão eclesial sobre o capitalismo, por um lado, reconhece os seus frutos positivos, principalmente no desenvolvimento da sociedade: "é necessário reconhecer com toda a justiça o contributo insubstituível da organização do trabalho e do progresso industrial na obra do desenvolvimento" (PP, 26). Nesta mesma linha a reflexão eclesial latino-americana na conferência episcopal de Puebla sublinha como valor do capitalismo a sua "força que infunde à capacidade criadora da liberdade humana e que foi o propulsor do progresso" (PUEBLA, 542), bem como as melhoras e as reformas feitas em alguns países.

Por outro lado, aponta os pontos negativos do capitalismo liberal. As principais críticas da reflexão eclesial ao sistema capitalista referem-se à sua ideologia liberal econômica (cf. QA, 88, 105-109; 128; 133;

---

77 Sobre o capitalismo e a Igreja, ver: VIDAL, M. *Moral de atitudes III...*, 353-354; GONZALEZ RUIZ, J. "La Rivoluzione...", 15-16.
78 VIDAL, M. *Moral de atitudes III...*, 353-354.

PP, 26, 58; GS, 65) por favorecer a acumulação de riquezas nas mãos de uma minoria privilegiada: "acumulação de riquezas em mãos de um pequeno número e a pobreza da imensa maioria" (RN 6), gerando o despotismo econômico; e por seus abusos sobre a pessoa humana – "os fracos são explorados pelos fortes menos escrupulosos" (MM, 55) – e sobre as coisas (cf. RN, 59).

Sublinhamos na reflexão do ensinamento eclesial, nos documentos que norteiam o pensamento de Dom Helder, as principais interpelações ao capitalismo:

A *Gaudium et Spes* ao refletir sobre o capitalismo (cf. GS, 63-65): questiona o liberalismo econômico condenando o espírito de lucro (cf. GS, 63; 85), que não pode ser a finalidade fundamental da produção (cf. GS, 64); condena o sistema dos trustes e condena os latifúndios improdutivos (cf. GS, 65; 71).

A *Populorum Progressio* interpela os princípios ideológicos do capitalismo: o lucro como motor essencial do progresso econômico, a concorrência como lei suprema da economia, a propriedade privada dos bens de produção como direito absoluto sem limite nem obrigações sociais correspondentes. A partir desses princípios o liberalismo conduziu à ditadura do "imperialismo internacional do dinheiro", fonte de sofrimentos, injustiças e lutas fratricidas (PP, 26).

A *Octagesima Adveniens*, em primeiro lugar, adverte que, antes de aderir a um sistema ideológico, o cristão precisa examiná-lo pelos critérios da fé e da sua concepção de homem; e que na ideologia liberal existem pontos contrários à visão cristã ao estimular a busca exclusiva do interesse e do poder e ao não considerar a solidariedade social como fim e critério da organização social (cf. OA, 26). Em segundo lugar, embora reconheça o valor da busca da renovação da ideologia liberal, adverte que, em sua raiz, a ideologia liberal possui uma cosmovisão e uma antropovisão errôneas, e é necessário um discernimento atento por parte do cristão (cf. OA, 35).

Na reflexão eclesial latino-americana, Puebla, em conformidade com Medellín (cf. MEDELLÍN, Justiça 10), questiona o capitalismo liberal por atentar contra a dignidade humana, por: a) ter "como pressuposto a primazia do capital, seu poder e sua discriminatória utilização em função do lucro" (Puebla, 550), não considerando "o homem como centro da sociedade" (Puebla, 64), mas o considerando como instrumento de produção e objeto de consumo (cf. Puebla, 311); b) antepor o capital ao trabalho, o econômico ao social, produzindo mecanismos de dependência e opressão nacional e internacional e permanecendo cego diante das exigências da justiça social (cf. Puebla, 47, 312), gerando contrastes entre o luxo e a pobreza (cf. Puebla, 494), e institucionalizando a injustiça (cf. Puebla, 495); c) por fim, do ponto de vista teológico, define o sistema capitalista liberal como "um materialismo individualista" (Puebla, 55) e como verdadeiro "ateísmo prático" (Puebla, 542, 546).

Dom Helder, seguindo a reflexão do magistério e da Igreja latino-americana, questiona os princípios ideológicos do sistema capitalista: o lucro motor essencial do progresso econômico; a concorrência, como lei suprema da economia; a propriedade dos bens de produção, como direito absoluto, sem limites nem obrigações sociais correspondentes. Para Dom Helder "esses princípios, que parecem inerentes à própria essência do capitalismo, conduzem a absurdos e injustiças revoltantes que comprometem o desenvolvimento do homem todo e de todos os homens (e sabemos que o desenvolvimento é o novo nome da paz, como sabemos, também, que sem justiça não existirá desenvolvimento autêntico, portanto não existirá paz)".[79] E considera que, diante dos frutos do capitalismo, a América Latina e o terceiro mundo não conseguirão sair da situação de miséria, pois tal sistema cria e consolida a miséria das populações mantendo a riqueza de poucos privilegiados:

> Se, para o capitalismo, o lucro é o motor essencial do progresso econômico, que podem os Países subdesenvolvidos esperar dos Países capitalistas, além de migalhas que caiam das mesas dos banquetes? Se, para o capitalismo, a concorrência é a lei suprema da economia, o lógico é

---

79 Camara, H. "Os jovens exigem e constroem a paz, uma realidade nos interpela", in Apostila 17/7, 1.

que surjam, ao lado de sociedades pré-industriais, as sociedades altamente industrializadas e até sociedades post-industriais.

Se, para o capitalismo, a propriedade privada importa em direito absoluto e sagrado, o anticomunismo e a defesa do Mundo livre serão ótimo pretexto para guerras como a do Viet-Nam, que mal escondem a preocupação em manter e expandir áreas de influência e de prestígio político e militar.[80]

Para Dom Helder, o capitalismo deve ser considerado como uma ideologia materialista por dar primazia ao capital e ao lucro, ao invés de ao homem:

> É indispensável esclarecer que, embora o Capitalismo tenha a habilidade de jamais proclamar-se materialista, na realidade ele tem entranhas materialistas. Entre o capital e o homem, o Capitalismo nem vacila em abraçar o capital, em preocupar-se com o lucro, mesmo que para isto tenha de esmagar dezenas, milhares ou milhões de criaturas humanas.
>
> (...) programas de ajudas não conseguem encobrir a realidade: a prosperidade dos Países ricos tem como preço a proletarização e a miséria crescentes do Terceiro Mundo. O que é dado com a mão direita é incomparavelmente menos do que o que é tirado com a mão esquerda.[81]

Dom Helder questiona, a partir da situação real da América Latina, a malícia intrínseca do sistema capitalista e a mentira ideológica da aparente liberdade democrática que o acompanha, legitima e acoberta e se transforma em instrumento de ocultamento e, não raro, de opres-

---

80 Ibid., 3.
81 Id., "A Igreja em face das injustiças dos nossos tempos", in Apostila 35/6, 25.

são. A liberdade é aparente, pois a falta de liberdade é mais sutil e mais sofisticada, como por exemplo: a liberdade de expressão nos meios de comunicação social e a liberdade religiosa.

Quanto à liberdade de imprensa, nas áreas controladas pelos Impérios Capitalistas, é liberdade muito relativa. Os Impérios Capitalistas quando lhes convém, admitem e estimulam ditaduras de direita, em nada diferentes das ditaduras de esquerda, no que concerne à abolição total de liberdade dos meios de comunicação social. Mas, mesmo sem ditadura, experimente alguém, mesmo nos USA ou em País do Ocidente europeu, tomar posição aberta contra os interesses básicos do Capitalismo e o programa de Rádio ou de TV será amavelmente supresso, como será dispensada a coluna de jornal ou secção de revista.

Liberdade religiosa nos Países capitalistas, existe na medida em que a Religião, preocupada em manter a ordem social e a autoridade, defende a situação existente. Se, em consciência, denuncia injustiças e estruturas de opressão, a Religião é tida como perigosa, subversiva e comunista; a Religião é convidada a ficar na Sacristia, a limitar-se ao culto, e a fazer Evangelização sem intrometer-se em problemas sociais. De novo, aqui, a maneira de agir é diplomática e farisaica: contra leigos e sacerdotes que estão criando problemas, há apelos aos Bispos, a quem são lembradas as ajudas financeiras oferecidas para o trabalho social da Igreja e o desejo sincero de ainda mais colaborar para o futuro. Se quem cria problemas é o próprio Bispo, o hábito é tentar pressionar a Nunciatura e a própria Cúria Romana...[82]

---

82   Id., "Agravamento das estruturas de opressão", in Apostila 35/5, 20.

Outro ponto questionado por Dom Helder é a exploração do anti-comunismo. Ele considera a exploração do anticomunismo como uma das três maiores explorações do capitalismo: a propriedade privada como direito absoluto; o ocultamento das injustiças sociais como a violência número 1 e a enfatização da violência da revolução armada.[83] Ao explorar o anticomunismo, o sistema ideológico capitalista, em primeiro lugar, considera o comunismo como o mal dos males, não considerando que existem vários tipos de socialismo em evolução, assim como existem vários tipos de capitalismo.[84] Em segundo lugar, esta mentalidade dá respaldo à corrida armamentista como necessária à defesa do mundo livre e da sociedade cristã. Isto neutraliza (e impossibilita) a guerra contra a miséria, o mais grave problema social de nossos tempos, aumentando sempre a distância entre povos ricos e povos miseráveis, mantidos em situações infra-humanas pelas injustiças da política internacional do comércio. Em terceiro lugar, usando o argumento de combater o comunismo, alia-se à ditadura de direita, sob o pretexto de defesa da ordem social e da segurança nacional, cometendo arbitrariedades e torturas.

O Capitalismo explora o anticomunismo para manter situações infra-humanas; explora a explosão demográfica, para distrair a atenção do âmago do problema, as gravíssimas injustiças da política internacional do comércio; apresenta-se como campeão da liberdade, mas a pretexto de combater o comunismo, alia-se a ditaduras de direita, em tudo dignas das ditaduras de esquerda; a pretexto de defesa da ordem social e da seguran-

---

83 "É tempo e mais que tempo de por termo à exploração do anticomunismo. Em nome do anticomunismo, defende-se o capitalismo como suporte e defesa da Civilização Cristã.
Se toda defesa dos direitos mais líquidos e sagrados, se toda defesa da Justiça for interpretada como manifestações do comunismo, acaba havendo propaganda do comunismo". Id., "Conflitos sociopolíticos na América Latina: situação atual e perspectivas, de um ângulo pastoral", in CARAMURU DE BARROS, R. e OLIVEIRA, L. *Dom Helder: o artesão da paz...*, 192-193.
84 Cf. Id., "Educação para a mudança", in Apostila s/nº, 4, 10/02/1967.

ça nacional, não vacila em cometer arbitrariedades e, inclusive, torturas.

O Capitalismo é incapaz de viver sem corrida armamentista e sem guerra, dia a dia, mais absurdas e vergonhosas. O Capitalismo é responsável pela pior das guerras: a da miséria, que leva milhões de criaturas humanas à morte e leva os que se salvam – inclusive através de campanhas como a de combate à mortalidade infantil – a deformações físicas, psíquicas e morais, em nada menos graves do que as consequências da guerra bioquímica e da guerra nuclear.[85]

3.2 Socialismo Marxista

O sistema ideológico econômico, político e social do socialismo surge como proposta alternativa ao capitalismo, tendo como objetivo superar as leis do mercado econômico e, principalmente, as diferenças sociais e econômicas entre os membros da sociedade – uma sociedade sem divisão de classes sociais. Através da propriedade coletiva dos meios de produção por parte do Estado, busca-se satisfazer os desejos e as necessidades dos indivíduos.

A reflexão eclesial sobre o socialismo marxista afirma a sua negação radical, fundamentando-se principalmente em: seu materialismo histórico e a negação à realidade transcendente; sua negação da liberdade individual e da propriedade privada, que não é reconhecida como direito natural do homem. Desta forma, argumenta a reflexão eclesial, o socialismo marxista cria e mantém uma concepção de vida na qual a realização do homem dá-se na vida terrena, com parâmetros de libertação econômica.

---

85 Id., "A Igreja em face das injustiças dos nossos tempos", in Apostila 35/6, 25-26.

Seguindo a postura do ensinamento do magistério na encíclica *Quadragesimo Anno*, João XXIII, na *Mater et Magistra,* afirma que entre o comunismo e cristianismo a oposição é radical e não é admissível aos católicos aderir ao socialismo moderado devido à concepção da vida restrita no temporal tendo como objetivo supremo da sociedade o bem-estar; por defender uma organização social tendo a produção como fim único e pela falta do princípio da verdadeira autoridade social (cf. MM, 34).

A *Gaudium et Spes,* ao refletir sobre o comunismo, por um lado o questiona. Em primeiro lugar, faz uma crítica-condenação por esse definir-se como ateu e propor a libertação do homem pela libertação econômica e social; e por perseguir veementemente a religião, difundindo o ateísmo, servindo-se, sobretudo na educação da juventude, dos meios de pressão (cf. GS, 20). Em segundo lugar, denuncia o erro do socialismo econômico que quer entregar ao poderes públicos o desenvolvimento econômico, antepondo a organização coletiva da produção aos direitos fundamentais das pessoas particulares e dos grupos (cf. GS, 65). Por outro lado, é interessante perceber que, a partir do Concílio Vaticano II, a Igreja se reconcilia com o socialismo e com ele dialoga, mas não propõe um "socialismo cristão", como historicamente aconteceu ao reconciliar-se com a democracia ("democracia cristã").[86]

Paulo VI, na encíclica *Octagesima Adveniens,* ao refletir sobre as ideologias e a liberdade humana, adverte que a ideologia marxista traz consigo o materialismo ateu, a dialética da violência e uma concepção de liberdade individual que é absorvida na coletividade, negando toda e qualquer transcendência ao homem e à sua história, pessoal e coletiva (cf. OA, 26).

Paulo VI, seguindo o pensamento de João XXIII na *Pacem in Terris*, faz uma observação relevante sobre os movimentos históricos concretos, mostrando que, se por um lado são resultantes das ideologias, por outro lado são distintos delas. A doutrina, uma vez formula-

---

86 GONZALEZ RUIZ, J. "La Rivoluzione…", 22.

da, permanece imutável, ao contrário dos movimentos que, por terem como objeto as condições concretas e mutáveis da vida, sofrem o influxo dessa evolução. E conclui sublinhando que se os movimentos históricos, em conformidade com as normas da reta razão, interpretam as justas aspirações humanas, há neles elementos positivos e dignos (cf. OA, 30).

A segunda distinção refere-se aos diversos tipos de socialismos (cf. OA, 31-34). Paulo VI, em primeiro lugar, faz algumas considerações importantes:

a) constatação da atração por parte de alguns cristãos pelo socialismo, motivados pelos ideais do socialismo (OA, 31);

b) a necessidade de discernimento, que deve: 1°) evitar risco de idealização; 2°) reconhecer o grau de ligação concreta entre o movimento histórico e a ideologia; 3°) salvaguardar os valores da visão integral da pessoa humana, principalmente a liberdade, a responsabilidade e a abertura à transcendência.

Em segundo lugar, Paulo VI aponta alguns traços da evolução histórica do marxismo que "até agora se apresentava como uma ideologia unitária, explicativa da totalidade do homem e do mundo no seu processo de desenvolvimento e, portanto, ateia" (OA, 32). O desmembramento das correntes do socialismo se revela por questões:

a) *ideológicas*, no questionamento do pensamento dos fundadores,

b) *políticas*, nas oposições de partidos que nascem derivados da mesma fonte ideológica;

c) *metodológicas*, na separação dos seus elementos distintos.

A partir deste quadro, Paulo VI aponta quatro níveis do marxismo, compreendido (cf. OA, 33):

a) como uma prática ativa da luta de classes;

b) como exercício coletivo do poder político e econômico, sob a direção do partido único;

c) como ideologia socialista, à base do materialismo histórico e de negação de tudo que é transcendente;

d) como atividade científica, um método rigoroso de exame da realidade social e política, ou ainda, como a ligação racional e experimentada pela história, entre o conhecimento teórico e a prática da transformação revolucionária.

O Cristão, diante desses níveis do marxismo, deve discernir sua reflexão e ação, sem esquecer a ligação entre o movimento histórico e a ideologia marxista, principalmente os aspectos da luta de classes e a possibilidade da sociedade totalitária e violenta (cf. OA, 34). O seu discernimento deve realizar-se tendo como base os princípios e critérios das fontes da fé e do ensino eclesial para a transformação positiva da sociedade (cf. OA, 36).

Na reflexão eclesial latino-americana, a Conferência de Puebla reconhece o valor da ideologia socialista pela busca de maior justiça social (cf. Puebla, 48) e sua "luta permanente contra as consequências injustas" (Puebla, 313) do liberalismo econômico, na qual realiza a "crítica positiva ao fetichismo do comércio e ao desconhecimento do valor humano do trabalho" (Puebla, 543). Contudo, seguindo Medellín (cf. Medellín, Justiça, 10), afirma-se que o sistema marxista se contrapõe à dignidade da pessoa humana. "Embora ideologicamente sustente um humanismo visa antes ao homem coletivo e, na prática, se traduz numa concentração totalitária do poder do Estado" (Puebla, 550). A dignidade do homem é aviltada:

a) por uma visão coletivista quase messiânica do homem; a redução do homem à sua existência social (às estruturas externas) que formam a sua consciência, despojando-o do arbítrio interno (cf. Puebla, 313);

b) por serem as realizações históricas desta ideologia entendidas como concretizáveis no âmbito dos regimes autoritários, fechados a toda possibilidade de crítica e de correção (cf. Puebla, 544);

c) por inspirar estruturas geradoras de injustiça (cf. PUEBLA, 437);

d) porque, embora buscando a justiça social, "na prática, suas estratégias têm sacrificado muito dos valores cristãos e, portanto, humanos ou caído em irrealismos utópicos, inspirando-se em políticas que, ao utilizar a força como instrumento fundamental, incrementam a espiral da violência" (PUEBLA, 48). Do ponto de vista teológico, os bispos afirmam que o marxismo: como sistema está marcado pelo pecado; professa sistematicamente um ateísmo militante (cf. PUEBLA, 546); é uma idolatria da riqueza em sua forma coletiva (cf. PUEBLA 543); e é uma ilusão pensar que se possa ser marxista em nome da fé (cf. PUEBLA, 561).

Dom Helder, seguindo os princípios eclesiásticos do magistério e da reflexão do episcopado latino-americano, em primeiro lugar, cita alguns aspectos positivos do socialismo-marxista. Reconhece que diante dos abusos realizados pelo capitalismo no terceiro mundo, submetendo 2/3 da humanidade a viver em condições subumanas, o socialismo surge como esperança de libertação para a humanidade.[87] Com o sistema socialista, tanto a Rússia como a China conseguiram grandes êxitos. A Rússia saiu do sistema do contexto semifeudal dos Tzares e transformou-se em uma superpotência capaz de competir com os USA. A China, em tempo mais restrito, mesmo com uma grande população e com seus problemas multimilenares, transformou-se em um império concorrendo com a URSS e os USA.[88]

Em segundo lugar, faz algumas interpelações ao socialismo-marxista, principalmente por sua prática, entre as quais sublinhamos as incongruências entre a teoria do humanismo científico e a prática das nações que aderiram a esse sistema ideológico.

Teoricamente o marxismo tem seus valores: "Teoricamente, o marxismo se define como humanismo e, até, como o único humanismo

---

87 Cf. CAMARA, H. "Cristianismo entre socialismo e capitalismo", in Apostila 35/2, 4-7.
88 Id., "Cristianismo, socialismo, marxismo se defrontam e se interrogam", in Apostila 35/3, 9-11.

científico. Teoricamente, o socialismo se baseia em valores profundamente humanos: a paz, a solidariedade e a fraternidade entre os homens, a emancipação do trabalho e, consequentemente, a constituição de uma sociedade de homens verdadeiramente livres e iguais".[89] Mas, se examinarmos a prática do marxismo que se diz humanizante e libertador do homem, veremos que, nos países marxistas,

1°) a pessoa humana é esmagada pela imposição de um modelo único; o respectivo modelo socialista, amarrado ao materialismo dialético, é imposto pela força e, posto a serviço de um ateísmo militante, cria um intolerável clima de suspeição, de medo e de delação do qual resulta a marginalização de quem quer que não aceite o materialismo científico;[90]

2°) é impossível a convivência e o diálogo com outras formas de pensamento, seja sociopolítico, seja religioso, criando-se separações e incompreensões. "Na prática, o socialismo, a pretexto de defender-se do regime capitalista, levantou a Cortina de Ferro e o Muro da Vergonha. Na prática, durante décadas, o pensamento de Marx virou dogma, inclusive quanto à visão sobre a essência alienada e alienante da Religião. Donde o ateísmo militante, a perseguição religiosa, e na melhor das hipóteses, a vida religiosa cerceada exclusivamente ao interior dos Templos";[91]

3°) não se conseguiu superar a fase da luta de classes, continuando a ditadura do proletariado;[92]

4) devido à coerção da liberdade de expressão, ideologicamente tem sido grande a dificuldade para desenvolver-se[93] e as pessoas vivem em clima de suspeição e denúncia, delação, força das autocríticas,

---

89   Id., "Os jovens exigem e constroem a paz, uma realidade nos interpela", in Apostila 17/7, 1-4.
90   Cf. Id., "A degradação dos mundos e a urgente renovação da face da Terra", in Apostila 36/3, 1-5.
91   Id., "Os jovens exigem e constroem a paz, uma realidade nos interpela", in Apostila 17/7, 3.
92   Ibid., 3.
93   "Continua a falta de liberdade criadora para artista e pensadores. Quando a Hungria pretendeu pensar com a própria cabeça e exprimir-se pela própria voz vimos como foi esmagada." Ibid., 3.

487

exílio, trabalhos forçados, acabando-se por criar, para a URSS e para a China, a triste glória de serem os Inquisidores do século XX e do início do século XXI;[94]

5º) em nível de relacionamento internacional o sistema possui os mesmos defeitos dos impérios capitalistas, principalmente pela criação de satélites, corrida armamentista e a incompreensão para com o terceiro mundo. "Na prática, a URSS tem satélites cuja ligação e controle ainda são mais rígidos do que os existentes para os satélites do regime capitalista: a URSS, em Assembleias como a UNTACD, assume posição tão egoística e revela tanta incompreensão para com o Terceiro Mundo como os USA; a URSS e a China Vermelha se entreolham e se combatem como dois impérios capitalistas".[95]

Portanto, para Helder, tanto a URSS como a China, exemplos clássicos do socialismo marxista, conduziram o socialismo a graves distorções que comprometem o humanismo socialista.

A URSS esqueceu o ideal socialista e montou um império; internamente não se livrou do dualismo *partido e povo* e, mesmo após a superação do período de Stalin, continua vigorando a tecnoburocracia stalinista. Em sua relação com os outros países, a URSS atua no mesmo modelo de uma superpotência capitalista relativamente aos países satélites: a) politicamente, impõe o seu modelo de socialismo – único possível; toda proposta de inovação é eliminada pela força, como, por exemplo, no caso da Hungria e da Tchecoslováquia;[96] b) economicamente, obriga os países satélites a fornecerem, à Rússia, seus produtos industrializados por preços vis.[97] "Depois de mais de 50 anos de Revolução, sente-se amortecer a mística de austeridade e de sacrifício: o velho e invencível egoísmo humano está firmando, na URSS, a sociedade de consumo, de que é símbolo a implantação da Fiat,

---

94 Ibid., 3.
95 Ibid., 3.
96 Cf. Id., "Cristianismo, socialismo, marxismo se defrontam e se interrogam", in Apostila 35/3, 9-11.
97 Cf. Ibid., 9-11.

em pleno território soviético".[98] A Rússia está longe de completar a socialização do ter, com a do saber e, sobretudo, a do poder.[99]

A China, através da revolução cultural, internamente busca a quebra dos dualismos (partido e povo, técnicos e trabalhadores, intelectuais e massa) e eliminar os madarinatos.[100] Mas baseia-se na divinização de Mao-Tse-Tung que, sendo promovida através de violências sociais e esmagamento terríveis, impõe, pela força, o modelo chinês – considerado único; e a revolução cultural tem praticado pesados esmagamentos da população. Externamente, mesmo denunciando o imperialismo dos USA e da Rússia, não se compromete efetivamente com o Terceiro Mundo, com seus problemas e suas esperanças.[101]

Sendo assim, para Helder, "não é justo julgar o socialismo pelo que se passa, de distorção, na Rússia e na China"[102], pois são impérios que agem e atuam do mesmo modo que os impérios capitalistas, esmagando o povo internamente e discutindo a divisão de zonas de influência no mundo:

> Se, em teoria, é justo falar em humanismo marxista – no sentido de que, em teoria, o marxismo põe o homem acima do capital –, na prática, para realizar prodígios como na URSS (País tzarista e subdesenvolvido, em 50 anos transformado em rival dos USA) e na China vermelha (que, em menos de 50 anos, virou o espantalho não só dos USA, mas da própria URSS), o socialismo marxista esmaga, como o capitalismo. Ainda está para ser descoberta a maneira de arrancar um País do subdesenvolvimento e da miséria sem apertos de cinto que levam ao esmagamento de milhões. E o mais grave é que não se trata de período passageiro: a con-

---

98   Ibid., 9.
99   Cf. Id., "A Igreja em face das injustiças dos nossos tempos", in Apostila 35/6, 24-26.
100 Cf. Id., "Cristianismo, socialismo, marxismo se defrontam e se interrogam", in Apostila 35/3, 9-10.
101 Cf. Ibid., 9-10.
102 Id., "Cristianismo entre socialismo e capitalismo", in Apostila 35/2, 3.

corrência dentro do Mundo capitalista, e entre o Mundo capitalista e o Mundo socialista, acaba criando superpotências dos dois lados, impérios dos dois lados. Quem não sabe que, nas duas tentativas de diálogo entre Países pobres e Países ricos (Assembleia das Nações Unidas sobre Comércio e Desenvolvimento: em Genebra e em Nova Delhi), a URSS e os USA rivalizaram em egoísmo, frieza e desinteresse em face do Mundo subdesenvolvido?

Enquanto os ingênuos, na base, matam e morrem em nome do comunismo e anticomunismo, os USA conversam tanto com a URSS, como com a China Vermelha.[103]

3.3 Alternativa entre Capitalismo e Socialismo

O Ensinamento Social da Igreja assume uma postura crítica diante dos dois sistemas ideológicos – estrutura política, econômica e social –, capitalismo liberal e socialismo estatal. A rejeição, tanto da ideologia do capitalismo liberal como do socialismo estatal, tem como fundamento o materialismo. O capitalismo, mesmo não tendo uma formulação materialista teórica explícita, assume a característica materialista ao colocar como primazia o lucro e a competitividade e, ainda, por sua lógica interna que explora e oprime a pessoa humana. O socialismo marxista por seu materialismo dialético, mesmo tendo como objetivo valorizar o homem acima do capital e recuperar a dimensão social dando um sentido solidário à liberdade, nega ao homem a dimensão de liberdade pessoal e a transcendência.[104]

---

103   Id., "Posição em face do Marxismo e do socialismo", in Apostila 33/5, 2.
104   Sobre a alternativa entre capitalismo e socialismo: Cf. Antoncich, R. e Sans, J. M. M. *Ensino Social da Igreja...*, 244-245; Ellacuría, I. "Utopia e profetismo...", 371.

O Ensinamento Social da Igreja não propõe uma "terceira via", mas incentiva a superar os modelos do capitalismo liberal (neo-capitalismo) e do socialismo marxista. Portanto, busca transformações dos atuais dinamismos e estruturas do neo-capitalismo e do socialismo marxista, tendo como alicerces a justiça, a equidade e a liberdade com vistas ao bem comum. Entre o capitalismo (individualismo) e o socialismo marxista (coletivismo), busca um novo modelo de sociedade que supere o desregramento do primeiro e a imposição e domínio do segundo e seja capaz de, eficazmente, conduzir à superação da estrutura de injustiça institucionalizada.

Dom Helder afirma a inviabilidade desses modelos de sociedade – tanto o capitalismo como o socialismo marxista – para a América Latina e para o Brasil por considerá-los inumanos. Assume uma posição igualmente crítica diante dos dois modelos vigentes e a sua proposta se orienta para a busca de um modelo global alternativo. Podemos definir a sua postura como crítico-utópica: crítica diante dos modelos existentes e utópica enquanto projeta outro modelo social alternativo, na qual o homem seja o valor central e acima de qualquer realidade terrena, apoiado sobre os valores básicos dq\a justiça e da liberdade, as quais se realizam mediante o exercício de igualdade e participação, a serviço do bem comum. Na busca deste modelo alternativo, combate por duas grandes causas: a causa da justiça e da liberdade econômica, diante do desequilíbrio entre países desenvolvidos e subdesenvolvidos e do desequilíbrio interno dos países subdesenvolvidos, principalmente na América Latina; e a causa da paz diante da iníqua corrida armamentista.

> Os cristãos têm o dever de mostrar que o autêntico socialismo é o cristianismo integralmente vivido na justa repartição dos bens e na igualdade fundamental de todos os homens.
> Invés de opor-se, saibamos aderir com alegria a uma forma de vida mais conforme ao espírito evangélico e mais aderente ao nosso tempo.

Deus está sempre do lado daqueles que procuram promover uma sociedade mais justa e mais fraterna na grande família humana.[105]

Para Dom Helder, diante do capitalismo e socialismo os cristãos devem fazer alguns discernimentos. Em primeiro lugar, diante da mentalidade de que o mundo capitalista é sinônimo de civilização cristã, é preciso ver que, em nome da defesa do mundo livre, jovens são sacrificados, como, por exemplo, na guerra do Vietnam; devido à ambição do regime capitalista que comete injustiças desumanas na política internacional do comércio, aumenta sempre mais a distância entre países ricos e países pobres, obrigando 2/3 da humanidade a viver em condições infra-humanas. E ainda, do mesmo modo que o regime socialista, nos países de regime capitalista existe a carência de liberdade, de modo mais sutil e mais sofisticado.[106]

Em segundo lugar, diante do capitalismo e do socialismo, optar pelo capitalismo argumentando com o "mal menor" é, para Helder, um grande equívoco, pois o capitalismo condena grande parte da humanidade a uma subvida; mantém a miséria, e a riqueza de uma minoria privilegiada é construída à custa da miséria de grande parte da população; países ricos constroem a prosperidade à custa da miséria de países e continentes.[107]

Em terceiro, quanto ao slogan "o capitalismo se socializa e o socialismo se capitaliza", Helder afirma que tal pensamento é apenas um subterfúgio para encerrar as reflexões. A socialização no regime capitalista significa apenas a "democratização" das empresas, e o "socialismo se capitaliza" é uma distorção do socialismo, que entra na sociedade de consumo.[108]

---

105 Cf. "15 obispos se comprometen en favor del tercer mundo", in TAPIA DE RENEDO, B. *Hélder Câmara: proclama a la juventud...*, 139.
106 Cf. CAMARA, H. "Cristianismo entre socialismo e capitalismo", in Apostila 35/2, 4-5.
107 Cf. Ibid., 5-6.
108 Cf. Ibid., 6.

492

Em quarto lugar, para julgar o socialismo, é necessário corrigir alguns equívocos, purificando-o de graves distorções.

O primeiro equívoco é confundir o socialismo com o regime praticado pela URSS e China. Para Helder, tanto a URSS como a China conduziram o socialismo a graves distorções. A URSS internamente não se livrou do dualismo *partido e povo* e, mesmo após a superação do período de Stalin, continua vigorando a tecnoburocracia stalinista. Em sua relação com os outros países, a URSS atua no mesmo modelo que uma superpotência capitalista, ou seja, aos países satélites:

a) politicamente, impõe o seu modelo de socialismo – único possível; toda proposta de inovação é eliminada pela força, como, por exemplo, no caso da Hungria e da Tchecoslováquia;

b) economicamente, obriga os países satélites a fornecer, à Rússia, seus produtos industrializados por preços vis. A China, através da revolução cultural, busca, internamente, a quebra dos dualismos, de que é símbolo o mandarinato. Mas baseia-se na divinização de Mao e impõe, pela força, o modelo chinês – considerado único. Externamente, mesmo denunciando o imperialismo dos USA e da Rússia, não se compromete efetivamente com o Terceiro Mundo, com seus problemas e suas esperanças. Portanto, para Helder, "não é justo julgar o socialismo pelo que se passa, de distorção, na Rússia e na China".[109]

O segundo equívoco: tomar por socialismo "o neocapitalismo que, em alguns países, se veste de Socialismo ou Partidos de clientela, rotulados de socialismo".[110]

Terceiro equívoco: a identificação entre Socialismo e anticristo – o mal do males. Esta visão errônea do socialismo tem como causa, em primeiro lugar, a habilidade do capitalismo e do neo-capitalismo de, mesmo tendo em sua essência a característica materialista e anti-humana de colocar o capital e o lucro acima do homem, jamais se de-

---

109   Ibid., 3.
110   Ibid., 3.

clararem materialistas. Em segundo lugar, desde Karl Marx continua a impressão, segundo Helder errada, de que a religião necessariamente tem como vínculo a alienação, por pregar a paciência e a aceitação das injustiças e explorações, contando com a recompensa transcendente – deste modo somente o materialismo dialético pode ser alicerce científico ao Socialismo.[111]

Dom Helder discute também a posição do cristão diante dos sistemas econômicos e partidos políticos. A partir do slogan "acima e fora de sistemas econômicos e partidos políticos", afirma, primeiramente, que, se o cristianismo não se identifica com nenhum sistema econômico ou partido político, isto não significa desinteresse pelo humano ou alienação diante dos problemas sociais. A preocupação política dos cristãos é entendida aqui como a preocupação pelo bem comum; diferenciando-se da política partidária, a preocupação pelo bem comum é um direito e também uma obrigação em decorrência do seguimento ao Evangelho.[112] Em segundo lugar, o estar "acima e fora de sistemas econômicos e partidos políticos" não deve ser compreendido como subterfúgio para não denunciar as injustiças reinantes na sociedade e para omitir-se diante da desordem estratificada:

> Distorções da fórmula: "Acima e fora..."
> Curiosa é a cegueira de cristãos da extrema direita que aceitam, sem sustos e medos, a participação para manter a ordem social vigente – o que importa em conivência com as injustiças – mas se alarmam e se escandalizam se vêm cristãos que, em consciência, se sentem na obrigação de denunciar injustiças e de ajudar os esforços de educação libertadora e de promoção humana.
> Será que, de fato, a Igreja se mantém acima e fora dos sistemas econômicos e dos partidos políticos? Será que não estamos presos na engrenagem capitalista? Será que não continu-

---

111   Ibid., 4.
112   Cf. Ibid., 6-7.

amos a pecar por omissão, admitindo a confusão entre ordem social e desordem estratificada, e servindo, na prática, de suportes a estruturas de escravidão.[113]

Para Dom Helder, diante do socialismo, é necessário reconhecer que o cristianismo, não raro, deu e, talvez, continue dando razão a Marx, ao viver e propor uma religião ópio para o povo, força alienada e alienante, ao preocupar-se em manter a ordem social e o princípio de autoridade conduzindo à passividade e ao fatalismo.

> Nossa experiência de cristianismo na América Latina obriga-nos à humildade de reconhecer que, na prática, os cristãos fizemos da religião, em grande parte, ópio do Povo e fomos coniventes com tremendas injustiças que ainda persistem, esmagando as Massas do nosso Continente. Erros como este, da parte de cristãos, levaram Marx a imaginar que era da essência da religião ser alienada e alienante.
>
> Na hora em que o Cristianismo, sem esquecer a transcendência, guardando todos os valores de eternidade, começa, na prática, a aprender a lição da Encarnação Redentora; na medida em que nos engajamos na realidade; na medida em que admitimos, sem medo, que o próprio Deus quis o homem como agente da história, encarregando-o de dominar a natureza e completar a Criação; na medida em que os cristãos dessolidarizamos de vez o Cristianismo de todo e qualquer regime econômico ou político; na medida, sobretudo, em que esta atitude dos cristãos os leva a perder os favores dos Poderosos e dos Governos, e a ser mal vistos, mal julgados e perseguidos – há marxistas, sempre mais numerosos, que

---

113 Ibid., 7.

começam a rever o conceito ou preconceito de religião em geral e de religião cristã em particular.

Isto, aliás, coincide com uma tendência a demitizar o Marxismo e a tornar efetivo o pluralismo dentro do regime socialista.[114]

Ao dialogar com o socialismo, o cristianismo com consciência crítica deve perceber claramente que: se, por um lado, o marxismo praticado nos países socialistas, principalmente Rússia e China, impôs distorções, contradições e divisões no mundo marxista, por outro lado, é visível que os cristãos têm dificuldade em viver o Evangelho anunciado por Cristo e que, ao menos de nome e de origem, é cristã a minoria mínima que, de maneira injusta, detém a quase totalidade dos recursos da terra, deixando mais de dois terços da humanidade em situação infra-humana e, ainda, que a Igreja é atingida pela engrenagem capitalista e com uma sobrecarga de estruturas (hierárquica, burocrática-administrativa) a rever.[115]

Para Helder, existem, também, novas atitudes que precisam ser analisadas para um verdadeiro diálogo. Uma nova atitude da Igreja está provando que o vínculo entre religião e alienação não é ligação necessária e imutável: "há minorias decididas a viver e levar a viver Religião engajada na libertação do homem, não apenas depois da morte, em uma eternidade longínqua e misteriosa, mas já aqui na terra, em plena vida".[116] Uma nova postura de socialismo está provando que o vínculo entre socialismo e materialismo dialético não é ligação necessária e imutável: "há Socialismos espiritualistas em marcha, agora que se sabe que acreditar no espírito não quer dizer esquecer o corpo, como acreditar em Deus não é ver o homem como marionete manejada pelo Criador: o homem é um cocriador, encarregado por Deus de dominar a

---

114 Id., "Os jovens exigem e constroem a paz, uma realidade nos interpela", in Apostila 17/7, 4.
115 Cf. Id., "Que faria S. Tomás de Aquino, o comentador de Aristóteles, diante de Karl Marx?", in M. Bernarda POTRICK, *Dom Helder Pastor e profeta*, 155-160.
116 Id., "Cristianismo, socialismo, marxismo se defrontam e se interrogam", in Apostila 35/3, 10.

Natureza e completar a Criação".[117] Portanto, neste diálogo, os preconceitos precisam ser revistos: por parte dos marxistas, o duplo preconceito de religião sinônimo de alienação, e de socialismo necessariamente ligado ao materialismo dialético; dos cristãos, constatarem a existência de um neomarxismo que rejeita as distorções do socialismo e descobre, no cristianismo, uma forte inspiração para a socialização do ter, do poder e do saber.[118]

Helder reconhece a dificuldade dos cristãos em usar o termo "socialismo", porque o cristianismo oficialmente não liberou o nome socialismo, preferindo e tendo o cuidado de usar o termo "socialização". Referindo-se a João XXIII e à *Gaudium et Spes* (cf. GS, 25), afirma: "Claro que tenho o maior respeito pelas diretrizes da Igreja. Mas sendo evidente que não há mais socialismo no singular e que há socialismos não materialistas, anseio pelo dia em que a expressão socialismo entre no vocabulário da Igreja, como aconteceu, no correr dos tempos, com expressões como república, democracia, liberdade, evolução".[119]

Dom Helder, refletindo a partir do contexto latino-americano, acredita que nenhum dos modelos ideológicos sociopolíticos e econômicos hoje atuantes possa solucionar os problemas da América Latina, principalmente a injustiça institucionalizada.[120] Mas tem esperança na busca de um modelo próprio de socialismo, que respeite a pessoa humana e as peculiaridades de cada povo; concretize a socialização do ter, do poder e do saber; não seja imposto pela força; em que a plena realização de cada um esteja a serviço da plena realização de todos; uno em seus grandes objetivos gerais, mas com variantes que atendam às aspirações, às necessidades e à cultura de cada povo.

---

117 Ibid., 11.
118 Cf. Ibid., 11.
119 Id., "Posição em face do Marxismo e do socialismo", in Apostila 33/5, 3.
120 Cf. Id., "Posição em face do Marxismo e do socialismo", in Apostila 33/5, 3.

Autêntico Socialismo supõe a socialização do ter, do saber e do poder. É, também, de sua essência não pretender imposições pela força.

Quem pergunta, cheio de ironia, em que lugar do Mundo esta utopia já foi tentada, dá a impressão triste de não ter imaginação criadora, de não ter espírito inventivo e de só saber caminhar pelos caminhos da rotina.

Diante do impasse a que está chegando o Mundo – com o Capitalismo quase nas consequências extremas de suas premissas antievangélicas do lucro como lei suprema, fora e acima da moral, e com o Socialismo desvirtuado por distorções gravíssimas, é legítimo e razoável pensar em um Socialismo em que a plena realização de cada um esteja a serviço da plena realização de todos; pensar em um Socialismo uno em seus grandes objetivos gerais, mas com variantes que atendam às aspirações, às necessidades e à cultura de cada Povo.[121]

Para Dom Helder, a criação de um modelo alternativo possibilitará romper com a divisão Leste-Oeste do mundo. No final da 2ª Guerra Mundial, os Estados Unidos, a Inglaterra e a França reuniram-se com a União Soviética, em Yalta, para dividir as zonas de influências nos vários Continentes. Fato que se repete continuamente[122]: a divisão, em plano mundial, das zonas de influência dos Estados Unidos e da Rússia, com as sementes do Pacto de Varsóvia e da Aliança Atlântica, e a constituição implícita do eixo Leste X Oeste, responsável pela divisão do mundo e pela corrida armamentista.[123] É preciso ver com clareza a situação do 1º mundo, o capitalista, e ver a que extremos está conduzindo o sistema capitalista; olhar o 2º mundo, o socialista, e enfrentar

---

121 Id., "Cristianismo entre socialismo e capitalismo", in Apostila 35/2, 4.
122 Cf. Id., "Justiça social e desenvolvimento", in CARAMURU DE BARROS, R. e OLIVEIRA, L. *Dom Helder: o artesão da paz...*, 181-187.
123 Cf. Id., "Prêmio 'Artesão da Paz'", in CARAMURU DE BARROS, R. e OLIVEIRA, L. *Dom Helder: o artesão da paz...*, 270-275.

as distorções do socialismo realizadas nas superpotências socialistas, a URSS e a China; olhar o 3º mundo, os países subdesenvolvidos, e ter a coragem de constatar como dele está destacando o 4º Mundo – fruto do egoísmo tanto do 1º e do 2º Mundos como dos países do 3º Mundo.[124]

Para Dom Helder, na prática, verifica-se uma farsa no embate socialismo *versus* capitalismo. A semelhança entre os impérios capitalistas e os impérios socialistas é evidente.

Em primeiro lugar, ambos são "hábeis em explorar as mútuas divergências e ainda mais hábeis em entender-se na hora das periódicas redistribuições das partilhas das zonas de influência no Mundo".[125] Os impérios socialistas e capitalistas realizam o esmagamento de pessoas e de povos usando o pretexto de agir em nome da liberdade. Uma situação drástica, nascida de equívocos, que ambos têm interesses em alimentar. O capitalismo, sagrando-se defensor do mundo livre, e o socialismo querendo dominar o Mundo, esmagando a fé e a liberdade.[126] De um lado, os USA representando os impérios capitalistas; de outro, a Rússia e a China, como impérios socialistas. Os dois lados usam o pretexto de combater pela liberdade, mas de verdade lutam pela expansão imperial. De um lado, Rússia e China alegam que o capitalismo escraviza os povos e que são movidos pelo desejo de ajudar vítimas da exploração capitalista a libertar-se da miséria, da fome, do analfabetismo, da situação infra-humana. Do outro lado, as superpotências capitalistas veem no comunismo o mal dos males, o esmagamento total da liberdade, especialmente da livre empresa, da liberdade de expressão, da liberdade religiosa, e de todas as tradições ligadas à fé. Declaram-se defensores do mundo livre e da civilização cristã.[127]

Em segundo lugar, tanto os impérios capitalistas como os socialistas têm seus países satélites, que são controlados pela força, de modo explícito ou implícito, e não podem ultrapassar a estreita linha

---

124 Cf. Id., "A degradação dos mundos e a urgente renovação da face da terra", in Apostila 36/3, 1-2.
125 Id., "Conversa fraterna com os ingleses", in Apostila 35/7, 28.
126 Cf. Id., "A Igreja em face das injustiças dos nossos tempos", in Apostila 35/6, 23-24.
127 Ibid., 24.

de autonomia e de liberdade que lhes é concedida.[128] Se o uso da força dos impérios socialistas é menos farisaico e mais direto, o esmagamento da liberdade pelos impérios capitalistas, em geral, é mais sutil e sofisticado.

Em terceiro lugar, os USA e a URSS demonstram incompreensão semelhante e igual má vontade para com o Terceiro Mundo. As duas Super-Potências – encarnações supremas do capitalismo e do socialismo – permanecem cegas e surdas, fechadas, bloqueadas em seu egoísmo, sendo praticamente impossível evitar o abismo entre o mundo subdesenvolvido e o mundo desenvolvido.[129]

Para Helder, é impossível escolher entre o capitalismo, que constrói seu esplendor às custas da miséria e das condições subumanas de mais de 2/3 da humanidade, e o socialismo, que, na prática, se apresenta como competidor e quase repetidor do capitalismo: "Como estão, não aceitamos nem um, nem o outro. E denunciamos, e combatemos, sem violência e sem ódio, com lucidez, energia e serenidade, os Trusts internacionais como sendo a organização que está sustentando o capitalismo com sua sede de lucro e sua febre de concorrência, e está indiretamente desorientando o socialismo, levando-o praticamente aos mesmos erros e absurdos do capitalismo, agravados por medidas de reação e de medo".[130]

A sua posição é de denúncia. Os impérios se equivalem e é necessário denunciar as explorações e abusos tanto capitalistas como socialistas. E como cristão faz um alerta:

Atenção, Cristãos, meus Irmãos. Atentai para o perigo
de invocar o medo do comunismo como pretexto para evitar
mudanças de estruturas, que mantém em situação infra-humana

---

128 Cf. Id., "Justiça social e desenvolvimento", in Caramuru de Barros, R. e Oliveira, L. *Dom Helder: o artesão da paz...*, 182-183.
129 Cf. Id., "Única opção, a violência?", in Apostila 17/8, 1-2.
130 Id., "Alemanha, deveis mais um exemplo ao mundo", in Apostila 33/1, 3.

milhões de filhos de Deus. Não é sério dizer que tocar nas estruturas é, na certa, cair no comunismo ateu.

Por que os homens, que amamos a justiça e sabemos que, sem ela, não haverá paz autêntica e duradoura, não nos levantamos contra todas as opressões, contra todas as escravidões venham de onde vierem, do Leste ou Ocidente, do Comunismo ou Capitalismo? Que, pelo menos, não invoquemos o nome de Cristo, que veio nos libertar do pecado e das consequências do pecado, do egoísmo e das consequências do egoísmo. Não pretendamos utilizar, abusivamente, o Cristo, Libertador, para escolher entre escravidão e escravidão: nome tão grande, tão profundo, tão largo, tão puro só ser usado contra todas as escravidões!

(...)

Será possível que o medo de perder privilégios leve a tentar despertar, nos Jovens e no Povo, anseios por Ditaduras de direita, dignas irmãs das Ditaduras de esquerda?![131]

---

131 Id., "Agravamento das estruturas de opressão", in Apostila 35/5, 21.

CAPÍTULO VI

MINORIAS ABRAÂMICAS: CONSTRUTORES DA NOVA SOCIEDADE

Dom Helder, diante da injustiça estrutural institucionalizada e da violência estratificada, pensou em um movimento capaz de mobilizar a opinião pública em escala mundial para buscar as necessárias transformações de estruturas econômico-sociais e político-culturais através da não violência, usando a pressão moral libertadora. Esta foi sempre a sua característica pessoal: procurar obter as transformações das estruturas injustas por meio de uma pressão moral libertadora. Como exercer a pressão moral libertadora? Como mobilizar a sociedade para as transformações estruturais necessárias?

Neste capítulo a nossa reflexão acontecerá em dois momentos. No primeiro, veremos o esforço de Dom Helder em busca da forma de realizar a pressão moral libertadora através das Instituições: universidades, religiões, Meios de Comunicação Social, grupos políticos suprapartidários, movimentos de empresários, sindicatos operários, movimentos de jovens. No segundo momento, veremos a grande esperança de Dom Helder: as Minorias Abraâmicas, analisando as características dos seus participantes, o trabalho para unir e interligar as Minorias Abraâmicas a partir de objetivos concretos e do método da não violência, e os obstáculos a serem enfrentados. Sublinharemos, entre as várias Minorias Abraâmicas, três Minorias que constituem grande referencial para Dom Helder: Minorias Abraâmicas nas Instituições Educacionais; Minorias Abraâmicas nas Instituições Religiosas; e os Jovens.

I PRESSÃO MORAL LIBERTADORA ATRAVÉS DAS INSTITUIÇÕES

Dom Helder, por um longo período, alimentou o sonho de que a realização da mobilização da opinião pública aconteceria através das Instituições, como: Universidades, Meios de Comunicação Social, Religiões, grupos políticos suprapartidários, movimentos de empresários, sindicatos operários, movimentos de jovens. Bastaria conscientizá-las e mobilizá-las.

Imaginou, por exemplo, que a mobilização poderia começar pelas universidades. Reunindo duas ou três grandes universidades, que estudariam, através dos respectivos departamentos econômicos e sociais, os relatórios da Assembleia das Nações Unidas sobre Comércio e Desenvolvimento (as reuniões promovidas pela UNTACD), em sua tentativa de estabelecer diálogo entre os países subdesenvolvidos e os países desenvolvidos, ou o relatório de Raul Prebisch. Relatórios que descrevem as injustiças na política internacional do comércio. Se, analisando com competência e autoridade científica, e avaliando a gravidade da denúncia, feita pelos relatórios, de injustiça em escala mundial, grandes Universidades concluíssem que tais documentos fossem realmente coisa séria, de valor e de peso, elas convidariam, para um debate que chamasse a atenção do mundo, outros grandes Institutos e Universidades especializados, no continente europeu – Europa Ocidental ou Europa Oriental – e no continente americano. Este evento deveria contar com a presença dos Meios de Comunicação Social, que o focalizariam dando-lhe ressonância nacional e internacional. Os Meios de Comunicação Social poderiam se interessar pela preparação dos documentos e comentá-los com a participação de seus próprios especialistas que, uma vez sensibilizados, sensibilizariam a opinião pública pela ótica de justiça nas relações entre mundo desenvolvido e mundo subdesenvolvido.

Imaginou, também, outros encontros para o movimento de mobilização da opinião pública, encontros com os:

a) líderes religiosos (católicos, das varias confissões protestantes, do judaísmo, do Islamismo, do Budismo) e humanistas ateus, todos preocupados com a paz, com fome de verdade e sede de justiça, reunidos para elaborar objetivos comuns e conclusões;

b) líderes políticos, com visão suprapartidária e real preocupação com o bem comum;

c) líderes empresariais, preocupados com a voracidade dos Trusts internacionais, formados pelas multinacionais, que fazem praticamente desaparecer a "iniciativa privada";

d) líderes operários: dos países desenvolvidos, alertando-os para o perigo de os trabalhadores se instalarem e se aburguesarem, sem perceber os problemas e dificuldades enfrentados pelos operários estrangeiros nesses mesmos países ricos e, nos países pobres, alertando sobre como os operários são reduzidos, não raramente, a subtrabalhadores e sub-homens;

e) tecnólogos, preocupados com que a técnica não esteja a serviço da ambição e da ganância do sistema;

f) lideres de movimentos de jovens, buscando aproveitar a força e a sede de justiça da juventude para a transformação social sem a radicalização da violência armada.[1]

Em suas conferências pelo mundo, Dom Helder anunciou e divulgou o movimento de mobilização da opinião pública em universidades, junto a líderes religiosos, líderes políticos, empresários, líderes de sindicatos, operários, tecnólogos, e junto aos jovens.

Dom Helder reconhece a sua ingenuidade e, ao mesmo tempo, o fracasso do convite direto e oficial às instituições para que, através de sua força moral, mobilizassem a opinião pública para a transformação das estruturas. Mesmo continuando a respeitar as instituições como as universidades, as religiões, os grupos políticos, os movimentos de empresários, de líderes operários e de jovens, constata que as instituições, enquanto instituições, são massa muito pesada. Não é fácil mobilizar, por exemplo, nem ao menos uma só universidade, o que torna pratica-

---

1 Cf. Id., *Le conversioni...*, 188-189.

mente impossível mobilizar muitas; e o mesmo acontece relativamente às religiões, aos sindicatos, etc. Além disto, conclui que as instituições, enquanto instituições, estão tolhidas por duas dificuldades principais, que as impedem de gestos audazes e decisivos em prol das necessárias transformações estruturais:[2]

a) devem traduzir a média das opiniões, respeitando o conjunto dos pareceres de seus membros e exprimir a média das opiniões;

b) na conjuntura capitalista, foram "obrigadas" a vincular-se, direta ou indiretamente, à engrenagem do sistema capitalista e, não raro, têm compromissos, pois precisam manter-se e, se assumirem posições audaciosas ou independentes, sofrerão consequências por parte dos poderosos, interessados em manter a situação vigente.

E conclui, também, para o caso específico das instituições religiosas, que estas são capazes de chegar a textos admiráveis e formidáveis como a *Populorum Progressio*, de Paulo VI; a *Gaudium et Spes*, as reflexões do Concílio Vaticano II sobre a posição da Igreja no Mundo; as conclusões da reunião da hierarquia episcopal latino-americana, em Medellín, e no mundo Evangélico, por exemplo, as conclusões de Uppsala. Mas, quando alguém tenta levar à prática estas conclusões, não raro, as instituições não têm condições e são incapazes de garantir seu apoio.[3]

Portanto, para Dom Helder, as instituições, enquanto instituições, têm compromissos com a engrenagem econômica capitalista e não é possível contar com elas na luta pela transformação social: "Com elas enquanto instituições; com elas no sentido de pensar em tê-las, globalmente, engajadas em uma luta, mesmo pacífica contra as injustiças, ponto de partida de todas as violências, não poderemos jamais contar".[4] Mas, por outro lado, reafirma a sua esperança nas instituições confiando que, também elas, podem ser revistas e transformadas

---

2 Cf. Id., *O deserto é fértil*, 5.
3 Cf. Id., "A não violência, força libertadora na América Latina", in Apostila 33/3, 12-16.
4 Id., "Joana, será que compreendes e amas a não violência", in Apostila 31/5, 19-20.

a partir de dentro: "Seria erradíssimo concluir que melhor então será largar as Instituições e viver livre de estruturas. Ninguém se livra de estruturas. Precisamos, de tempos em tempos, revê-las, pois vão ganhando uma sobrecarga que as tornam intoleráveis. Mas não é de fora e com ímpeto de destruição que elas devem ser revistas e reformadas: é de dentro e com amor".[5]

2 MINORIAS ABRAÂMICAS

Em sua luta em mobilizar a sociedade para as transformações necessárias que possibilitem o desenvolvimento integral do homem e de todos os homens, Dom Helder constata que, se é verdade que existe uma minoria que se considera dona do poder econômico e político; que explora uma paz enganosa, baseada na apatia e no fatalismo de mais de 2/3 da humanidade, cujo sangue e miséria alimentam a sociedade da abundância e do desperdício; que, inclusive, decide guerras sempre mais mortíferas e covardes; que decide as guerras e fabrica aparências de paz.[6] Se é verdade que existe uma maioria que, muitas vezes, por displicência, comodismo e conformismo, ou por fatalismo e apatia, aceita a situação de injustiça institucionalizada e o esmagamento de povos inteiros, mantidos em condições subumanas; se é verdade que é praticamente impossível contar com as instituições enquanto instituições, pela dificuldade em mobilizá-las por estarem presas na engrenagem do sistema capitalista; se tudo isso é verdade, é verdade, também, que existe uma Minoria com fome e sede de justiça, dentro de todos os países, de todas as raças, de todas as religiões, de todos os grupos humanos, dentro de todas as instituições – até no seio do poder político, econômico e militar. São Minorias despertadas pela situação de violência institucionalizada e injustiça estratificada,

---

5 Id., "A não violência, força libertadora na América Latina", in Apostila 33/3, 14.
6 Id., "Humanizar o homem", in Caramuru de Barros, R. e Oliveira, L. *Dom Helder: o artesão da paz...*, 162-163.

que não aceitam que povos inteiros sejam mantidos em condições subumanas. Para Dom Helder, estas Minorias, sedentas de justiça, são suscitadas pelo Espírito de Deus; e elas acreditam na força da não violência, na pressão moral libertadora, no valor das ideias e buscam a humanização do homem. Minorias presentes por todos os recantos do mundo, que deixaram de ser parte da massa amorfa e desumanizada pelos manipuladores do poder e lutam pela dignidade de todas e cada uma das pessoas humanas.[7]

Descobre-se que dentro de todas as instituições, em todo lugar, em todos os grupos humanos, de qualquer país, raça ou religião, existem minorias com uma enorme diversidade de denominações, lideres e objetivos, que têm em comum uma mesma fome e sede de justiça e acreditam na justiça como o caminho para a paz. Dom Helder denomina tais minorias "Minorias Abraâmicas", em memória de Abraão, o pai de todos aqueles que, através da história, continuam a "esperar contra toda esperança",[8] sublinhando que nada impede que, cada raça, cada religião, cada grupo humano, lhes dê um nome equivalente e que corresponda ao seu modo de ser.[9]

Portanto, nas Minorias Abraâmicas, Dom Helder reencontra a esperança de lutar para que um dia a humanidade possa sentir-se uma só família, alicerce para um mundo mais justo e mais humano, construído pela superação das misérias, das escravidões e de tudo que impede o homem de viver a sua dignidade.[10]

---

7 Cf. Id., "A verdade vos libertará", in Apostila 37/6, 4.
8 Id., Le conversioni..., 189-190. Dom Helder admitiu que procurou um modo mais universal de designá-las: os judeus, os mulçumanos e os cristãos conhecem Abraão, mas Abraão não tem nenhum significado para o Oriente. Cf. Ibid., 190.
9 Id., O deserto é fértil..., 15.
10 Cf. Id., "Esperança em uma Comunidade Mundial", in Apostila 30/1, 4.

2.1 Características dos participantes das minorias abraâmicas

Dom Helder aponta algumas características dos participantes das Minorias Abraâmicas. Para ele, as pessoas que pertencem às Minorias Abraâmicas nasceram com incurável vocação e desejo de servir, para dedicar-se e gastar-se ao serviço do próximo; e pela sede e disponibilidade de ajudar a construir um mundo mais humano e mais justo:[11] "minorias, cuja vocação é doar-se!...".[12] São fáceis de identificar porque: são perseverantes na esperança, a ponto de esperarem contra toda a esperança; são generosas a ponto de preferir compreender a serem compreendidas, amar a serem amadas; são corajosas e enfrentam o ódio com armas de amor.[13]

Os membros das Minorias Abraâmicas são pessoas humanas vinculadas e inseridas no meio em que se encontram, mas têm a capacidade de ampliar os vínculos e sentirem-se membros da família humana superando todas as possíveis barreiras (de raça, de língua, de país, de religião, de classe social, de cultura, etc...), encarando a todos e amando-os como irmãos e irmãs.[14] Eis o primeiro passo para participar das Minorias Abraâmicas e atuar na construção de um mundo mais justo e mais humano: acreditar na pessoa humana (imagem e semelhança de Deus, e acreditar que Deus pode atuar através dos homens, especialmente dos mais fracos); e sentir-se membro da família humana, superando as barreiras e unindo-se.[15]

> O fundamental é firmar-se na opção de alargar pensamento e coração.
>
> É compreensível e desejável que haja amor prioritário pelo que chamamos a "pequena família", o grupo humano dentro do qual nos veio a vida.

---

11 Cf. Id., *O deserto é fértil...*, 5-6.
12 Ibid., 10.
13 Id., "A não violência, força libertadora na América Latina", in Apostila 33/3, 13-14.
14 Id., *O deserto é fértil...*, 9.
15 Cf. Id., *Espiral de violência...*, 54.

Seja qual for sua condição de vida, pense em si e nos seus, mas torne-se incapaz de fechar-se no círculo estreito de sua pequena família. Adote, de vez, a Família Humana.

É compreensível e desejável que haja amor prioritário pela pátria, pela raça, pela língua, pela religião.

Amando sua pátria e todo o contexto humano e espiritual que particularmente o afeta, não se sinta estrangeiro em lugar nenhum do mundo. Sinta-se um homem no meio dos homens. Seja sempre uma consciência humana. Uma voz humana. Que nenhum problema de nenhum povo lhe seja indiferente. Vibre com as alegrias e esperanças de qualquer grupo humano. Adote como seus os sofrimentos e humilhações de seus irmãos de humanidade. Sua escala seja a Terra ou, melhor ainda, o Universo.[16]

E sentindo-se membros da família humana, os participantes das Minorias Abraâmicas buscam escutar a voz de Deus nos acontecimentos no tempo e na realidade histórica, no aqui e agora. Voz de Deus que se expressa, principalmente, através do clamor dos oprimidos, do clamor dos sem-vez e sem-voz na sociedade, do protesto silencioso ou violento dos pobres, do clamor dos países injustiçados. Ao escutar a voz de Deus no clamor do empobrecido e do excluído, os membros das Minorias Abraâmicas não param, simplesmente, em atitudes emotivas de compaixão; são impulsionados a arrancar-se do comodismo, a quebrar barreiras interiores e exteriores, decidindo-se a exigir de maneira pacífica, mas enérgica e atrevida, a justiça como condição de paz.[17]

Quem vive em áreas onde milhões de criaturas humanas vivem de modo subumano, praticamente em condições de escravidão, se não tiver surdez de alma, ouvirá o

---

16 Id., *O deserto é fértil...*, 21.
17 Cf. Ibid., 25.

clamor dos oprimidos. E o clamor dos oprimidos é a voz de Deus.

Quem vive em países desenvolvidos e ricos onde existem zonas cinzentas de subdesenvolvimento e de miséria, se tiver antenas espirituais, ouvira o clamor silencioso dos sem-vez e sem-voz. E o clamor dos sem-vez e sem-voz é a voz de Deus.

Quem é despertado para as injustiças geradas pela má distribuição da riqueza, se tiver grandeza d'alma, captará os protestos silenciosos ou violentos dos pobres. E o protesto dos pobres é a voz de Deus.

Quem acorda para as injustiças nas relações entre países pobres e impérios capitalistas ou socialistas, nota que, em nossos tempos, as injustiças já não ocorrem apenas entre indivíduos e indivíduos, ou entre grupos e grupos, mas entre países e países. E a voz dos países injustiçados é a voz de Deus.[18]

Para Dom Helder, os participantes das Minorias Abraâmicas devem possuir, ainda, como características pessoais: a unidade interior, a visão planetária e o coração universal: "Só homens que realizam em si a unidade interior, só homens de visão planetária e de coração universal serão instrumentos válidos para o milagre de ser violentos como os Profetas, verdadeiros como o Cristo, revolucionários como o Evangelho, sem ferir o amor".[19] Deste modo são capazes de descobrir as causas concretas do sofrimento do próximo, de vincular-se com outras pessoas ou grupos conscientes e, juntos, colaborar para a construção de um mundo mais justo e mais humano:

A Pessoa Humana cuja consciência descobre as causas estruturais do sofrimento do irmão não mais se deixa isolar na

---

18 Ibid., 23-24.
19 Id., "Única opção, a violência?", in Apostila 17/8, 6.

solidão da revolta estéril. Procura quem tenha preocupações semelhantes, se identifica com outras Pessoas já conscientes. É o início do processo de "conscientização": descobre o papel do Homem construtor da história, percebe que é possível a humanização do mundo.

As inteligências das Minorias as levam a encontrar os caminhos mais de acordo com os seus talentos e suas possibilidades de ação. (...)

É verdade que o resultado da atuação dessas Minorias ainda é modesto. Porque não ampliar esse esforço? Na medida em que as Minorias, sedentas de justiça, provarem à Maioria da Humanidade que a "massa" pode se transformar em povo consciente e livre, o jogo mudará.[20]

Com o "movimento" das Minorias Abraâmicas, Dom Helder busca reunir todos os homens de boa vontade, convencidos de que só os caminhos da justiça conquistados com a pressão moral libertadora conseguirá ajudar a humanidade a escapar ao ódio e ao caos e construir um mundo mais justo, mais humano e mais respirável.[21] São convidados a participar das Minorias Abraâmicas todos os que têm fome e sede de justiça e alimentam a esperança de transformar a realidade caótica e injusta do mundo: os oprimidos, que sofrem a injustiça, tanto dos países subdesenvolvidos como dos países desenvolvidos; os ricos e privilegiados que não aceitam a injustiça institucionalizada e a reconhecem como a violência nº 1; as autoridades e os políticos que compreendem a urgência da violência dos pacíficos para exigir a justiça para todos.[22]

---

20 Id., "Mais perto ou mais longe da paz?", in Id., *Utopias peregrinas*, 62.
21 Cf. Id., *Espiral de violência*..., 49.
22 Cf. Ibid., 47-48.

2.2 Unir e interligar as minorias abraâmicas

Dom Helder sublinha como fator primordial de esperança a existência verificável das Minorias Abraâmicas – elas não precisam ser inventadas, não precisam ser criadas, elas já existem: em todas as raças, em todas as religiões, em todos os países, em todos os continentes, em todo grupo humano e em todas as instituições. O trabalho fundamental é localizar e interligar as Minorias Abraâmicas, dentro de cada cidade, de cada região, de cada país, de cada continente e em plano internacional.[23]

Para Helder, quando as Minorias Abraâmicas conseguirem ligar-se e interligar-se, dentro de cada localidade, de cada região, de cada país, de cada continente e em plano internacional – grupos de países ricos e de países pobres, de países do Norte e países do Sul, do Leste e do Oeste –, as Minorias serão invencíveis,[24] pois a sua união desencadeará "na linha social e para explosões de amor, o equivalente à descoberta da energia nuclear, que dormiu milênios no seio dos átomos..."[25], e "terá sido deflagrada a força nuclear do Bem, a força solar do Amor".[26]

Com o movimento de união e articulação das Minorias Abraâmicas, não se trata de unificar os grupos com sede de justiça como caminho para a paz e os variados movimentos de não violência; a proposta é de uni-los, ligá-los e interligá-los em torno de prioridades comuns.[27] Para Dom Helder seria um absurdo pensar em unificar as Minorias na tentativa de criar um novo partido político ou uma nova seita religiosa: "a Minoria Abraâmica é muito mais um espírito do que uma organização, muito mais uma mística do que uma rígida articulação".[28]

Cada Minoria Abraâmica deve manter sua própria identidade, bebendo de sua própria fonte, nas respectivas religiões ou no humanismo

---

23 Cf. Id., "A não violência, força libertadora na América Latina", in Apostila 33/3, 15.
24 Cf. Id., "Pela paz e pela justiça entre as Américas", in Apostila 33/2, 9.
25 Id., *O deserto é fértil...*, 6.
26 Id., "Escolas Superiores de Paz", in Id., *Utopias peregrinas...*, 73.
27 Cf. Ibid., 72-73.
28 Id., *O deserto é fértil...*, 77.

ateu, a necessária força para manter fidelidade à libertação pacífica dos oprimidos e excluídos do mundo inteiro, sejam quais forem as consequências.[29] Cada Minoria Abraâmica deve manter seu próprio nome, seu próprio método, seus próprios líderes e seus próprios objetivos. Dom Helder reconhece que, muitas vezes, foi solicitado para liderar um movimento que reunisse todos os movimentos de não violência, tornando-se, por assim dizer, o líder dos líderes. Proposta com que não concordou e não aceitou. Para Dom Helder, aquilo que falta não é um líder; o que dará a força às Minorias Abraâmicas não será a ação de um homem ou de uma organização, mas o Espírito Santo que tornará eficazes os vários grupos que estão presentes em todos os cantos do mundo. Portanto, aquilo que falta é o modo de criar um liame entre as Minorias Abraâmicas, de uni-las – sem unificá-las – sob os objetivos comuns.[30]

As Minorias devem se articular respeitando-se mutuamente e aceitando a colaboração de todas as pessoas de boa vontade que desejam contribuir para a construção de um mundo mais respirável, mais justo e humano: "Soou a hora de reunir todos aqueles que amam o homem, e que, amando a humanidade inteira, sem restrições, sem fronteiras, nem territoriais, nem ideológicas, desejam salvar o Mundo das injustiças, para arrancar todas as raízes da violência e encontrar, para a paz, alicerces válidos".[31]

A articulação das Minorias favorecerá a aquisição do maior número de dados, capazes de abrir os olhos das pessoas de boa vontade. Dados que os serviços oficiais não têm o menor interesse de colher. Favorecerá também a difusão destes dados, que os Meios de Comunicação Social, em regra, muito dependentes do poderio econômico, não divulgam.[32] Deste modo, surge uma grande missão para as Minorias Abraâmicas: completar a realidade. Trazer a tona o outro lado da realidade que não costuma ser focalizado pelos Meios de Comunicação Social devida-

---

29   Cf. Ibid., 82-83.
30   Cf. Id., *Le conversioni...*, 191.
31   Id., "Meditação e prece,...", in Apostila 31/1, 13.
32   Cf. Id., "Pela paz e pela justiça entre as Américas", in Apostila 33/2, 9.

mente controlados pelo poderio econômico. Ao mesmo tempo em que estarão colaborando para revelar a totalidade da realidade, as Minorias Abraâmicas estarão conscientizado a humanidade sobre a real situação do mundo contemporâneo e criando vínculos entre si e entre os homens de boa vontade, que lutam por um mundo melhor, acreditando na justiça como verdadeiro caminho para a paz:

> – só as Minorias Abraâmicas conseguirão dados e estatísticas que os Serviços Oficiais não colhem, não fornecem e jamais colherão e fornecerão. Por exemplo, em nossos Países subdesenvolvidos, só as Minorias Abraâmicas encontrarão meios de documentar a situação infra-humana das Massas, aviltadas pela miséria; e, nos Países desenvolvidos, só as Minorias Abraâmicas descobrirão como documentar a existência de camadas subdesenvolvidas em plenos Países ricos, bem como injustiças sem nome na política internacional do comércio;
>
> – só as Minorias Abraâmicas conseguirão difundir esses dados e estatísticas que os Serviços Oficiais não têm o menor interesse em divulgar e que, no entanto, poderão ajudar a abrir os olhos de pessoas retas, de boa vontade, iludidas pelas inverdades publicitárias;
>
> – só as Minorias Abraâmicas conseguirão lançar pontes entre os homens de boa vontade para além das divisões das línguas, das raças, das religiões, das ideologias, do egoísmo![33]

A articulação das Minorias deve acontecer no acordo em torno de alguns poucos objetivos, bem claros, a se atingir, e no acordo quanto ao uso do método da não violência, para juntos enfrentarem as injustiças institucionalizadas, tanto nos países pobres como nos países ricos.[34]

---

33 Id., "A não violência, força libertadora na América Latina", in Apostila 33/3, 16.
34 Cf. Id., "Retiro-debate com padres de língua espanhola que vivem e trabalham nos USA – 2ª Palestra: Espiral da violência e suas eventuais saídas", in Apostila 36/4, 9.

A) Objetivos

Dom Helder, buscando propostas concretas para ajudar 2/3 da humanidade que vivem em nível infra-humano a atingir um nível humano de vida, e também para alcançar o desenvolvimento do homem todo e de todos os homens e a libertação de todas as estruturas escravizadoras, aponta alguns objetivos prioritários sobre os quais as Minorias Abraâmicas poderão articular-se:[35] As Minorias Abraâmicas "têm tarefas decisivas a desempenhar para a aproximação dos homens e a construção efetiva da paz, através da justiça e do amor".[36] As Minorias Abraâmicas têm a missão de "mover-se e ajudar muitos outros a moverem-se no sentido de tudo fazer por um mundo mais justo e mais humano".[37]

Para Dom Helder, o objetivo central das Minorias Abraâmicas é promover a libertação: completando a libertação dos escravos e dos excluídos, e que são, hoje, dois terços da humanidade; e completando a independência política dos países subdesenvolvidos, com a independência econômica.[38] "O que há de apaixonante é que, desta vez, o esforço tem de ser de todos, por todos e para todos".[39]

Para Dom Helder, a libertação se faz necessária para superar a marginalização, a exclusão. A marginalização-exclusão, no mundo contemporâneo não envolve somente indivíduos e grupos, mas países e continentes que, de modo geral, em bloco, estão marginalizados. É o chamado Terceiro Mundo, que abrange a África, a Ásia, a América Latina. A marginalização-exclusão que abrange três dimensões da vida humana: o ter (viver à margem e na exclusão dos benefícios e serviços que decorrem do desenvolvimento econômico); o poder (à margem das decisões); o saber (à margem da criatividade). As Minorias Abraâmicas devem colaborar para que toda pessoa humana, através de sua participação efetiva e consciente, criativa e decisiva, seja admitida aos

---

35 Cf. Id., "A não violência, força libertadora na América Latina", in Apostila 33/3, 14-15.
36 Id., O deserto é fértil..., 10.
37 Ibid., 28.
38 Cf. Ibid., 38-39.
39 Ibid., 39.

benefícios e serviços decorrentes do desenvolvimento econômico.[40] As Minorias Abraâmicas devem reivindicar o direito e o dever de defender a pessoa humana e o bem comum:[41] "a pôr o homem de pé: provando que, mesmo em áreas subumanas, criatura humana é criatura humana, filho ou filha de Deus...".[42]

Para atingir o objetivo central, as Minorias Abraâmicas devem lutar, entre outras, por duas causas fundamentais: as transformações das estruturas nos países subdesenvolvidos e nos países desenvolvidos; e por uma socialização que respeite a pessoa humana.

A TRANSFORMAÇÃO DE ESTRUTURAS NOS PAÍSES SUBDESENVOLVIDOS E NOS PAÍSES DESENVOLVIDOS. As Minorias não devem se contentar com pequenas reformas superficiais; devem combater pela transformação das estruturas econômico-sociais e político-culturais, tanto dos países pobres, como dos países ricos. As transformações de estruturas dos países subdesenvolvidos supõem a transformação de estruturas dos países desenvolvidos: seria inútil pretender transformações no Terceiro Mundo sem mudanças profundas nas estruturas dos países desenvolvidos. Deste modo, as Minorias devem estabelecer, clara e decididamente, que o objetivo a atingir não é a reforma periférica e superficial, mas a transformação de estruturas escravizadoras e desumanas, subumanas, onde quer que existam, denunciando as injustiças, presentes por toda parte, como sendo a violência nº 1. Portanto, o objetivo a atingir não é simplesmente alguma pequena reforma, mas trata-se de obter – nos países subdesenvolvidos e nos países desenvolvidos – mudanças de estruturas político-culturais e econômico-sociais.[43]

A SOCIALIZAÇÃO QUE RESPEITE A PESSOA HUMANA. Socialização não como se realiza nos presentes modelos comunistas (URSS e China),

---

40 Cf. Ibid., 52-53.
41 Cf. Id., "Se queres a paz, trabalha pela justiça", in CARAMURU DE BARROS, R. e OLIVEIRA, L. de. *Dom Helder: o artesão da paz...*, 139.
42 Id., "A Igreja dos pobres", in CARAMURU DE BARROS, R. e OLIVEIRA, L. de. *Dom Helder: o artesão da paz...*, 323-324.
43 Id., *O deserto é fértil...*, 4.

segundo Dom Helder, dignos dos modelos capitalistas (USA). Socialização deve respeitar, efetivamente, a pessoa humana e não pode apelar para ditaduras. Agindo deste modo, as Minorias, colaborariam para desmoralizar a exploração anticomunista e denunciar o antipluralismo e o sectarismo dentro do mundo socialista. As Minorias contribuiriam, também, para a descoberta de novos modelos para as realidades onde estão inseridas, afastando a tentação de copiar servilmente modelos de outros países e de outros continentes.[44]

Atuando por estas duas causas, as Minorias Abraâmicas estão: a) denunciando, como a violência número um, as injustiças que existem por toda parte: nos países pobres, nos países ricos, nas relações entre países ricos e países pobres; b) exigindo a transformação das estruturas dos países subdesenvolvidos, principalmente pela superação do colonialismo interno, onde pequenos grupos de privilegiados mantêm a própria riqueza sobre a miséria de milhões de concidadãos; c) exigindo a transformação das estruturas dos países desenvolvidos, para evitar camadas de miséria dentro de países ricos e para por termo ao escândalo de países de abundância manterem seu nível de conforto e de luxo, à custa da miséria que esmaga 2/3 do Mundo; d) exigindo o fim de todos os totalitarismos e imperialismos, políticos e econômicos, capitalistas e socialistas.

B) Método

O método a ser utilizado pelas Minorias Abraâmicas para promover a transformação das estruturas deve ser a não violência, a violência dos pacíficos:[45] "firmar métodos que, sendo clara e indiscutivelmente de não violência, de violência dos pacíficos, mereçam respeito, conquistem confiança como válidos para efetivamente revolverem estruturas desumanas".[46]

---

44 Cf. Id., "A não violência, força libertadora na América Latina", in Apostila 33/3, 15.
45 Cf. Id., "Responsabilidade da França em face da revolução", in Apostila 31/6, 23-24.
46 Id., O deserto é fértil..., 82-83.

As Minorias Abraâmicas devem acreditar que as verdadeiras revoluções fazem-se com a força das ideias e não com a violência armada. A revolução das Minorias inicia-se com pequenos atos de renúncia e afirmação pessoal, com atos de solidariedade ao próximo, principalmente, para com os marginalizados e excluídos: "Essas Minorias já compreenderam que as grandes Revoluções começam com pequenos atos de renúncia e, ao mesmo tempo, com pequenos atos de afirmação pessoal e de solidariedade para com o próximo. Não é o troar de canhões, nem são os grandes massacres que fazem as verdadeiras Revoluções. São as ideias que conduzem os povos: as ideias más, ou as ideias boas. Deus deu inteligência ao ser humano: aos homens cabe usá-la – para o bem, ou para o mal".[47]

Usando a violência dos pacíficos como método, o movimento das Minorias Abraâmicas deve salvaguardar duas características: o pluralismo e a contestação. O ideal das Minorias Abraâmicas deve ser a unidade e não a unicidade, a variedade na unidade. Cada raça, cada língua, cada religião deverá preservar a sua característica.[48] As Minorias Abraâmicas devem ser sinal de contradição: se não fizerem nascer dúvidas, se não suscitarem grandes sacrifícios no mundo marcado pela injustiça, estará na hora de marcar o seu funeral. Buscam colaborar para a transformação do mundo, mas sabem que não possuem a "solução mágica" para todos os problemas da humanidade. Querem apenas auxiliar a humanidade no momento em que todos, tateando, procuram uma saída viável para o caos em que se encontra o mundo.[49]

C) Obstáculos

As Minorias Abraâmicas devem estar conscientes de que em primeiro lugar, diante da complexidade do mundo e dos problemas a serem enfrentados, é impossível possuírem uma "fórmula mágica" apli-

---

47 Id., "A verdade vos libertará", in Apostila 37/6, 4.
48 Cf. Id., *Espiral de violência...*, 67.
49 Cf. Ibid., 68.

cável a todas as situações e em todos os países, mas que lutam unidos colaborando na busca de soluções.

A complexidade do mundo é tão grande que seria simplesmente ridículo alguém aparecer como dono de uma fórmula aplicável a todas as situações, de todas as raças, de todas as regiões, de todos os países e de todos os continentes.

Mas acontece que, para além das diversidades (e notas individuantes), há problemas que atingem, praticamente, a humanidade inteira, embora em proporções diversas e de ângulos especiais.[50]

Em segundo lugar, de que, para sua luta, contam com recursos pobres, mas que devem ser eficazes para atingir a opinião pública e sensibilizar as pessoas de boa vontade.

Há meios pobres de atingir a opinião pública e de atuar, de cheio, sobre a imprensa escrita e falada. Há meios pobres de sensibilizar as Pessoas de boa vontade, que são muito mais numerosas do que se imagina!... Há milhares e milhares de Pessoas, cansadas de ver como se manipula a consciência humana... A TV, entre nós, na visita do Papa, provou que força imensa para o bem pode ser... E muitos olhos se abriram para a exploração do ódio, da violência, do amoralismo, tudo para neutralizar e facilitar que se compre aquilo que a gente não precisa, aquilo que a gente sabe que é matéria-prima nossa, esbanjada pela sociedade de consumo, que é uma sociedade de sangria de nossos valores materiais e morais, e de total desrespeito aos nossos valores culturais.

---

50 Id., *O deserto é fértil*..., 3.

Quereis saber que meios pobres são estes de atingir a opinião pública? Mestre nisto é o próprio povo, completareis o que aprendestes em vossa Universidade com o que vos resta aprender na Universidade da Vida.[51]

E devem estar conscientes, em terceiro lugar, das dificuldades a serem enfrentadas durante o caminho: diante dos grandes, os confrontos e as represálias. Mas é preciso enfrentar a ira dos poderosos (minoria desumanizadora), estar decididos a perder prestígio e favores, aceitando correr riscos maiores para denunciar as injustiças estruturais.

É bom que ninguém se iluda, ninguém aja de maneira ingênua: quem escuta a voz de Deus e faz sua opção interior e arranca-se de si e parte para lutar pacificamente por um mundo mais justo e mais humano, não pense que vai encontrar caminho fácil, pétalas de rosas debaixo dos pés, multidões à escuta, aplausos por toda parte e, permanentemente, como proteção decisiva a Mão de Deus. Quem se arranca de si e parte como peregrino da justiça e da paz, prepare-se para enfrentar desertos.

Os grandes e poderosos desaparecem, cortam toda e qualquer ajuda, passam a represálias. Não raro financiam campanhas, que se tornarão tanto mais rudes, difamadoras e caluniosas quanto mais sentirem perigo à vista.[52]

Diante dos pequenos e oprimidos (maioria), é preciso, sim, enfrentar a timidez e a apatia, mas para ajudá-los a conscientizar-se da realidade e a acreditar em sua força. "Terrível é que os pequenos tendem a intimidar-se. Quem vive em dependência total quanto à casa e emprego; quem sabe que os grandes têm tudo mão (manobram homens e acontecimentos com incrível facilidade), pensa na própria situação e,

---

51 Id., *Palavra e reflexões*..., 18-19.
52 Id., *O deserto é fértil*..., 31.

sobretudo, pensa na família e teme! A reação natural e compreensibilíssima é fugir. Ficam os menos dependentes ou os mais conscientizados, dispostos ao que der e vier".[53] Desta forma, diante das dificuldades e obstáculos, durante o caminho da luta pela libertação para a construção de um mundo mais justo e mais humano, é preciso estarem preparados e sabedores que sentirão solidão e abandono. "Chega-se ao auge do sofrimento: deserto exterior, deserto dentro de si, impressão de abandono pelo Pai. "Meu Pai, meu Pai, por que me abandonaste?! [54]

2.3 Minorias Abraâmicas Decisivas

Entre as Minorias Abraâmicas presentes em todas as raças, em todas as religiões, em todos os países, em todos os continentes, em todas as instituições e em todo grupo humano, sublinharemos três, enfatizadas por Dom Helder durante suas conferências, presentes nas instituições: as educacionais e religiosas; e no grupo humano: os jovens.

2.3.1 Minorias Abraâmicas nas Instituições Educacionais

Dom Helder enfatiza o papel fundamental da educação para a criação de uma nova sociedade, de mundo mais justo e mais humano. As Minorias Abraâmicas devem se unir para favorecer uma educação libertadora: "E precisamos vitalmente, urgentemente, da coragem de nos unirmos para a educação libertadora. Eis a missão máxima do homem de nossos dias e a tarefa imensa que deve dar a razão de vida às Minorias Abraâmicas".[55]

As Minorias Abraâmicas que estão empenhadas no setor educacional são convocadas, por Dom Helder, a questionar-se a partir de uma

---

53 Ibid., 32.
54 Ibid., 33.
55 Ibid., 57.

pergunta nuclear: "a educação que gerou o nosso mundo, liberta ou escraviza?"[56] A partir deste questionamento fica claro, para Dom Helder, que todas as instituições educacionais (familiar, escolar, religiosa) necessitam de transformações profundas:

> Apesar de todos os pais desejarem o bem máximo para os filhos; apesar de a escola pretender ser de vida, pela vida e para a vida; apesar de a Igreja pretender apresentar Deus como Pai e levar os homens a viverem como irmãos, como explicar, que, no balanço geral do esforço educativo, encontramos 20% da humanidade com mais de 80% dos recursos da Terra e, consequentemente, mais de 80% da humanidade com menos de 20% dos recursos da Terra?[57]

Para Dom Helder, o trabalho das Minorias Abraâmicas que estão vinculadas ao setor educativo deve ser na perspectiva de que a educação desempenhe um papel fundamental e decisivo na transformação do mundo em um mundo mais justo e mais humano.

Dentro desta perspectiva, a primeira tarefa das Minorias Abraâmicas no setor educacional é tentar libertar-se e libertar as instituições educacionais das engrenagens que promovem as injustiças e opressões, para lançar-se rumo a uma educação libertadora que promova o homem todo e todos os homens e colabore para construir um mundo mais justo e mais humano:

> Seria razoável pensar se adianta começar a clamar, de modo pacífico, mas decidido e firme, por justiça, enquanto a própria vida ou instituições a que pertença estejam comprometidos com a engrenagem das injustiças e da opressão. Na medida em que houver desejo sincero de encontrar, quanto antes – para si e para

---

56 Ibid., 55.
57 Ibid., 55.

as instituições a que esteja preso – os caminhos da libertação, é ótimo ir-se comprometendo com a verdade e com a justiça.[58]

Para Dom Helder, a educação libertadora deve, em primeiro lugar, sublinhar o papel do ser humano como responsável pelo destino da humanidade, o ser humano construtor de sua história.

Em segundo lugar, a educação deve colaborar no processo de conscientização. A conscientização das camadas marginalizadas ajudando-as e preparando-as para libertar-se da situação infra-humana em que se encontram. Para Dom Helder é necessária a educação dos oprimidos, principalmente os adultos. "Hoje os oprimidos aprendem que só com oprimidos se podem aliar de maneira válida".[59] Deste modo, a educação estará colaborando para que as massas se tornem povo, superando o fatalismo e o desânimo. Para que os oprimidos tomem iniciativas, usem a imaginação criadora e se unam no espírito de comunidade. Ajudando-os a sair da situação de objeto, tornem-se sujeitos de sua história. A conscientização colabora, também, para que sub-homens, degradados pela miséria, possam lutar para atingir um nível humano de vida.[60] Ao mesmo tempo, a educação, deve conscientizar os privilegiados e poderosos, alertando-os para a real situação da realidade e as suas consequências: "A conscientização dos privilegiados é dificílima e supõe muita virtude da parte de quem a vai tentar: o ideal a conseguir é verdade na caridade. Força na suavidade, decisão e firmeza sem quebra de amor".[61]

Em terceiro lugar, a educação libertadora deve favorecer a criação, na pessoa humana, de condições para que ela, através do saber, aprenda a vincular o ser e o ter. Através do saber, o homem deve aprender a vincular o ter e o ser, dimensões que se completam de tal sorte que uma não pode viver sem a outra; embora as distorções que, com frequência, se veem, sejam, possivelmente, o resultado da promoção de uma delas em

---

58 Ibid., 65.
59 Id., *Palavra e reflexões...*, 19-24.
60 Cf. Ibid., 40-48.
61 Id., *O deserto é fértil...*, 66.

prejuízo da outra. Vinculando o ser e o ter, a pessoa perceberá que não deve existir nem a miséria que subumanize, nem excesso de conforto que desumanize.

Dom Helder, acreditando no papel fundamental da Educação como instrumento de promoção humana e da transformação social e na possibilidade de uma "revolução pela educação", expressa a esperança da implantação de uma justiça social verdadeira e consciente usando a não violência. Afirma a seguinte premissa: "a escola proporciona ao indivíduo conhecimentos que o habilitam para o exercício de atividades produtivas capazes de assegurar sua sobrevivência e a dos que dele dependam. Consequentemente, a universalização do ensino com a socialização do saber permitiria a todos disputar, em condições de igualdade, as oportunidades de trabalhos existentes".[62]

Dom Helder continua sua reflexão afirmando que, para que isso se torne realidade, quatro condições devem de ser atendidas:[63]

a) que a economia gere oportunidades de trabalho em quantidade compatível com a de pessoas em idade e condições de trabalhar;

b) que haja na rede de ensino vagas suficientes para absorver toda a demanda gerada pelos jovens em idade escolar;

c) que esses mesmos jovens possam efetivamente dedicar-se ao estudo e nunca encontrar-se na contingência de abandoná-lo em razão de ter que lutar pela sobrevivência;

d) a escola terá que cumprir uma função conscientizadora, formando uma visão crítica dos mecanismos de funcionamento da sociedade, especialmente explicando as complexas relações que dão origem aos inaceitáveis contrastes entre riqueza e pobreza, opulência e miséria.

Em quarto lugar, a educação libertadora e conscientizadora deve formar para a solidariedade e a partilha. Para Dom Helder, a educação deve transmitir valores importantes para o desenvolvimento da pessoa

---

62 Id., *Palavra e reflexões...*, 15.
63 Cf. Ibid., 15-16.

como ser humano, como, por exemplo, a solidariedade e a partilha, colaborando para que a pessoa internalize a noção de indivíduo não como um ser isolado, mas como membro da sociedade e do mundo. Portanto, a educação não dever ser somente formadora de indivíduos, mas da pessoa humana consciente dos direitos e deveres que lhe são inerentes.[64] A educação libertadora deve ajudar o homem a libertar-se

> do egoísmo que leva ao orgulho e faz o homem ter a audácia de imaginar que pode prescindir de Deus ou tomar-lhe, simplesmente, o lugar. Do egoísmo que fecha o homem em si e cria infelicidade, tensões, divisões, separações e choques nos lares, nos sindicatos, nos clubes, nos partidos políticos, no próprio âmbito religioso. Do egoísmo que está atingindo escala planetária e tornando impossível a solidariedade universal dos povos e a paz efetiva entre os homens.[65]

Na base da educação está o respeito real à pessoa humana.

De forma particular, Dom Helder ressalta a importância do trabalho das Minorias Abraâmicas na educação libertadora dentro do continente latino-americano. Trabalhar na educação libertadora na América Latina é colaborar para completar a independência política, não raro existente apenas de nome e externamente, mas comprometida em profundidade, e completar a independência política com a independência econômica e a independência cultural.[66]

Na América Latina, todo educador, e principalmente os participantes das Minorias Abraâmicas, devem estar conscientes da realidade social e histórica do continente: a realidade de injustiça e de miséria; a situação do colonialismo interno e externo; a percepção do poder econômico e político exercido pelas multinacionais; a necessidade de

---

64 Cf. Ibid., 24-25.
65 Id., *O deserto é fértil...*, 61.
66 Cf. Id., *Palavra e reflexões...*, 19-24.

salvar os valores culturais latino-americanos para depois abrir-se para valores culturais de fora.[67]

Dom Helder reflete sobre o papel importante das universidades da América Latina no processo de transformação, seguindo a reflexão do documento de Medellín e do documento elaborado no Encontro Episcopal de Buga, sobre educação universitária. A partir do documento de Buga, cita, a propósito, função da universidade:

a) consciência do processo histórico, onde se torna presente o passado na criação de novas formas de cultura";[68]

b) a consciência da cultura deve ser e estar vinculada no diálogo com a comunidade, colaborando criticamente no processo de personalização e socialização do homem: "Esta consciência da cultura que se expressa no saber, se institucionaliza na comunidade universitária, que em diálogo permanente de seus membros entre si e dela mesma com a sociedade, participa criticamente na personalização e socialização do homem mediante a transformação e a humanização do mundo";[69]

c) a Universidade deve estar comprometida com o processo de libertação:

> Com efeito, todas as tarefas peculiares e permanentes da Universidade, como são, entre outras, a investigação e a formação de profissionais, devem integrar-se, mantendo-se fiéis às suas exigências próprias em sua reflexão comprometida com o processo de libertação, para o que é indispensável um estreito contato com as fontes e formas de cultura popular.
>
> Para isso, a Universidade deve oferecer condições para que os universitários possam assumir criticamente sua responsabi-

---

67 Cf. Ibid., 20-21.
68 Id., "A universidade e as revoluções de desenvolvimento...", in Apostila 29/3, 1.
69 Ibid., 5.

lidade de participação no processo político em vista do bem comum. Neste sentido entendemos a correta politização dos membros da comunidade universitária.

Nesta mesma linha, é também capital que a instituição universitária se esforce em procurar os elementos para promover de uma maneira contínua a independência cultural do Povo em face de qualquer forma de submissão, que provenha quer do interior, quer do exterior. A libertação que se procura deve ser a raiz de uma integração fecunda, tanto dos indivíduos na sociedade como das sociedades latino-americanas em um esforço comunitário.[70]

Dom Helder continua sua reflexão citando Medellín. Sublinha:

a) a crítica feita pelo episcopado latino-americano: "nossas Universidades não tomaram suficientemente em conta as peculiaridades latino-americanas, transpondo, com frequência, esquemas de Países desenvolvidos, não deram suficientes respostas aos problemas próprios de nosso Continente";[71]

b) a necessidade de uma educação libertadora: "educação libertadora de que a América Latina necessita para redimir-se de servidões injustas e, antes de mais nada, do egoísmo de nós mesmos. Esta é a educação exigida pelo nosso desenvolvimento integral";[72]

c) "Como toda libertação já é uma antecipação da plena redenção de Cristo, a Igreja da América Latina se sente particularmente solidária de todo o esforço educativo tendente a libertar nossos Povos'".[73]

---

70 Ibid., 5.
71 Ibid., 5.
72 Ibid., 5.
73 Ibid., 5.

As Minorias Abraâmicas vinculadas às universidades devem contribuir para que essas exerçam uma função importante na sociedade. As universidades devem:

a) incorporar-se ao processo de transformação de que necessita a sociedade, respondendo às mais profundas interrogações do ser humano e da sociedade;

b) assegurar as condições para o desenvolvimento integral do ser humano, principalmente pelo saber;

c) sendo a consciência viva e crítica da comunidade humana – centros de conscientização da realidade histórica –, conscientizar os oprimidos do colonialismo interno e externo;

d) defender e consolidar os valores da nova sociedade;

e) elaborar o projeto histórico para um mundo mais justo e mais humano em colaboração com o povo.

Para Dom Helder a educação libertadora tinha grandes desafios pela frente. Entre eles, destacamos:[74]

a) libertar a técnica do controle exclusivo de governos e do poderio econômico, permitindo que se coloque a serviço do homem todo e de todos os homens;

b) ajudar a superar as ditaduras, políticas e econômicas, de esquerda ou de direita;

c) colaborar para superar a violência institucionalizada, pondo termo às injustiças que existem em toda parte do mundo: nos países pobres e nos países ricos, nas relações entre países desenvolvidos e países subdesenvolvidos;

d) colaborar para superar a marginalização que afasta dos benefícios e serviços, da criatividade e das decisões, mais de dois terços da população;

---

74 Cf. Id., *O deserto é fértil...*, 57-61.

e) colaborar para superar o medo: tanto o medo dos que se julgam irremediavelmente oprimidos porque não têm; como o medo dos que têm e se apavoram com o perigo de perder os próprios bens.

Para Dom Helder, as Minorias Abraâmicas vinculadas à educação devem contribuir para que essa seja libertadora e conscientizadora e possa:

a) estimular a formação da pessoa humana, e não a massificação ou o individualismo;

b) formar o senso de solidariedade social e da partilha, particularmente com relação aos marginalizados;

c) conscientizar: contribuindo para que as massas transformem-se em povo, tomando consciência pessoal e coletiva de sua realidade, de sua dignidade, seus direitos, sua responsabilidade, formando um senso crítico da realidade pessoal e social; ajudá-las a organizar-se; conscientizar, também, os privilegiados;

d) através do saber, vincular o ter e o ser;

e) libertar da alienação e das escravidões, a começar pela libertação da pessoa humana do próprio egoísmo.

Portanto, a educação deve sensibilizar e orientar no processo de mudança, segundo as exigências do bem comum.

2.3.2 Minorias Abraâmicas nas Instituições Religiosas

Para Dom Helder, as Minorias Abraâmicas vinculadas às religiões devem, simultaneamente, colaborar para as reformas internas das estruturas das instituições religiosas e colaborar para a aliança de todas as religiões entre si, para que, unidas, possam clamar por justiça como exigência de fé.

Primeiro, colaborar para as reformas das estruturas pesadas das instituições religiosas. Para Dom Helder, as Minorias Abraâmicas têm como missão colaborar para que as instituições religiosas renovem as suas estruturas, que com o caminhar histórico tornaram-se pesadas e com algumas falhas que enfraquecem a força moral para lutar por um mundo mais justo e mais humano. Enfatizando que não é possível viver sem estruturas, e que elas devem ser renovadas por dentro e com amor, refere-se, como exemplo, concretamente à estrutura da Igreja e enfatiza: "Nós, homens de Igreja, especialmente nós Padres e, ainda mais, nós Bispos, vamos colocando nossas fraquezas humanas na Igreja de Cristo. Chega um momento em que não vemos, humanamente, saídas, ou, se as vemos, não temos coragem de segui-las".[75] Recorda que no passado ocorreram falhas nas estruturas eclesiais, que com muita dificuldade foram superadas, como por exemplo: os Estados Pontifícios.[76] Dom Helder, entre as falhas atuais da estrutura eclesial, sublinha: o vínculo com a engrenagem capitalista, onde, também, estão presas todas as grandes religiões; o excesso de centralização em Roma; e o clericalismo.

No tocante às estruturas eclesiais, Dom Helder recorda o grande desafio enfrentado pelo Concílio Vaticano II de refletir simultaneamente, problemas *ad intra* e problemas *ad extra* da Igreja.[77] E há sinais de sobrecarga perigosa nas estruturas eclesiásticas - os problemas *ad intra*. Reconhece que o Papa Paulo VI empreendeu uma série de medidas para renovar a Cúria Romana. Porém, essas medidas foram ineficazes: "O Santo Padre suprimiu o Santo Ofício: a impressão é a de que, entre o Órgão antigo e o novo, a diferença, quanto ao espírito, é praticamente nula. O Santo Padre tem levado, para a Cúria Romana, Eclesiásticos de primeira classe, cuja nomeação suscitou, em todos nós, esperanças muito fundadas: é tal o peso das estruturas em Roma, que, praticamente, nem se nota sangue novo nas velhas artérias!"[78] Após o Vaticano II, a esperança de Dom Helder era de que, ao mesmo tempo, a ação eclesial

---

75   Id., "Retiro-debate com padres de língua espanhola que vivem e trabalham nos USA – 3ª Palestra: Esperança de renovação nas estruturas da Igreja", in Apostila 36/4, 10.
76   Ibid., 10.
77   Cf. Id., "Minorias abraâmicas e estruturas da Igreja", in Apostila 35/4, 12-14.
78   Id., "Retiro-debate com padres de língua espanhola que vivem e trabalham nos USA – 3ª Palestra: Esperança de renovação nas estruturas da Igreja", in Apostila 36/4, 11.

seria de salvaguarda universal de pontos básicos, e de grande abertura quanto ao respeito às culturas locais e quanto à adaptação às circunstâncias de lugar e de tempo. Mas observa que, na prática, tudo continuou dependente da aprovação romana.

O sonho de Dom Helder era que a Cúria Roma se transformasse de órgão controlador, até do próprio Sumo Pontífice, em órgão centralizador de informações, de trocas de experiências, de apoio mútuo em horas difíceis, a serviço eficiente do Povo de Deus, realizando a corresponsabilidade e a colegialidade.[79] Porém, para Dom Helder, a impressão é "que existe no interior da cúria vaticana o temor das conclusões do Concílio Vaticano II e, na prática, não raro, (o desejo de) sabotá-lo".[80] Ao propor a necessidade de reforma das estruturas eclesiais, Dom Helder está defendendo a passagem de uma Igreja clerical (que sobrepõe o aparato institucional a que os fiéis devem servir; autoritária, que ensina do alto, com pouco diálogo, sem suficiente apreço da liberdade; em que, na relação com a sociedade, predomina a dominação e o prestígio) para uma Igreja comprometida com o povo, principalmente com as massas pobres, com suas angústias e suas esperanças, trabalhando não só para o povo, mas com o povo. Igreja servidora e pobre à luz do evangelho superando o triunfalismo. Ou seja: uma Igreja que se apresente como uma comunidade que vive, respeita e promove os valores humanos. Uma Igreja de participação e diálogo, mais flexível e pobre. Um caminho de esperança, sublinhado por Dom Helder, nesse projeto, é a experiência das Comunidades Eclesiais de Base.[81]

O segundo trabalho das Minorias Abraâmicas nas instituições religiosas é colaborar para a aliança de todas as religiões entre si, para que, unidas, possam clamar por justiça como exigência de fé. Se as Minorias Abraâmicas conseguissem que todas as religiões empenhassem a sua força moral exigindo as transformações das estruturas injustas, tanto nos países pobres como nos países ricos, e o serviço da justiça nas rela-

---

79 Cf. Ibid., 11-12.
80 Id., "Minorias abraâmicas e estruturas da Igreja", in Apostila 35/4, 15.
81 Cf. Ibid., 13-14.

ções internacionais entre países ricos e países pobres, estariam lutando pela possibilidade de obter as condições necessárias para o desenvolvimento do homem todo e de todos os homens e, também, resgatando a dignidade do ser humano e proclamando a justiça como condição de paz para o mundo.[82]

As Minorias Abraâmicas, colaborando para a aliança de todas as religiões e encontrando os meios para que as religiões possam trabalhar juntas, visando a superar as injustiças econômico-sociais e político-culturais, estariam dando um grande passo para a construção de um mundo mais justo e mais humano. O trabalho em conjunto poderia ajudar as religiões a livrar-se de muitas discussões internas para abraçarem juntas os grandes problemas da humanidade; e estariam encorajando uma posição profética diante da violência institucionalizada e corrigindo a ótica dos países ricos em sua visão dos países pobres.

Para Dom Helder esta aliança das religiões, trabalhando em conjunto para o bem da humanidade, deve ser enfocada em três pontos essenciais:

1) sem justiça, não haverá paz: ou seja, a paz só se tornará realidade na medida em que houver justiça;

2) caracterização das mais graves injustiças no mundo: é necessário um esforço conjunto para descobrir, na realidade de cada região, de cada país, de cada continente e do mundo, quais as injustiças mais graves e comprometedoras da paz;

3) união para clamar por justiça como caminho para uma paz duradoura e válida através da não violência: sem medo e com firmeza, denunciar as injustiças como o grande obstáculo para a paz e como a fonte e matriz de todas as violências.[83]

---

82 Cf. Id., "Lições vitais da guerra do Vietnã", in Apostila 30/2, 9-10.
83 Cf. Id., "As religiões e as necessárias mudanças de estruturas no mundo de hoje", in Apostila 32/1, 2.

O empenho comum pela justiça e o amor deverá unir-nos a todos, acima dos antagonismos de classe e diferenças de ideologia e ação política.

Para Dom Helder, as Minorias Abraâmicas vinculadas às instituições religiosas trabalhando, simultaneamente, para as reformas das estruturas religiosas e para a aliança de todas as religiões, a fim de que trabalhem juntas pela justiça, estariam colaborando também para enfrentar alguns desafios: superar a visão da religião alienada e alienante, ópio do povo; superar o verbalismo; desvincular-se, na prática, de todo regime econômico e político; superar o medo de perder o prestígio e o *status*.

O primeiro desafio: superar o estigma de uma religião alienada e alienante, ópio do povo. Para Dom Helder, um desafio para as Minorias Abraâmicas vinculadas à religião é colaborar para que a religião não seja ópio do povo, nem alienada e alienante. A visão de Marx, de que a religião é uma força alienada e alienante, ópio para o povo, é um sinal de alerta permanente para todas as religiões. É preciso reconhecer com humildade que, no passado e, não raro, atualmente, a religião atuou encobrindo as injustiças, agindo como força alienada e alienante, ópio para as massas. Refletindo sobre a experiência concreta do cristianismo, principalmente a partir da perspectiva latino-americana, afirma a necessidade de reconhecer com humildade "que, na prática, os cristãos fizemos da religião, em grande parte, ópio do Povo e fomos coniventes com tremendas injustiças que ainda persistem, esmagando as Massas do nosso Continente".[84]

Embora a maior parte ainda vivencie uma fé alienada e alienante existem, em todas as religiões, pessoas e grupos vivenciando a religião como força de libertação para os oprimidos e como pressão moral libertadora, exercida sobre os opressores. As Minorias Abraâmicas que atuam dentro das varias religiões exigindo, em nome da fé, que se supere a infra-humanização criada pela miséria por causa da injustiça institucionalizada e a desumanização criada pelo excesso de conforto e

---

[84] Id., "Os jovens exigem e constroem a paz, uma realidade nos interpela", in Apostila 17/7, 4.

do egoísmo, comprovam que o vínculo entre religião e alienação não é nem necessário, nem inevitável.[85]

Especificamente, as Minorias Abraâmicas do cristianismo devem vivenciar a mensagem de redenção eterna e as exigências de justiça e de fraternidade. As Minorias Abraâmicas devem colaborar para que o cristianismo, sem esquecer a dimensão transcendente do homem, vivencie a lição de Jesus de Nazaré, o Cristo, assumindo e vivenciando a encarnação redentora; assumindo e ajudando o homem a assumir o seu papel de cocriador, sujeito de sua história com a missão de completar a criação, engajando-se na realidade histórica. A partir da visão de que a eternidade começa agora e aqui, as Minorias Abraâmicas devem viver e fazer viver o esforço permanente de construir a própria história, correspondendo à vontade salvífica de Deus.[86]

As Minorias Abraâmicas devem colaborar para que o cristianismo redescubra a inspiração e força decisiva para a construção de um mundo mais justo e mais humano. Deus Criador não criou o homem para ser seu escravo e, ainda menos, para ser escravo de outros homens. O cristianismo deve libertar o homem de todo pecado: pessoal e social; em referência ao pecado social, deve agir nas estruturas sociais em termos de direito e como exigência de justiça, rejeitando a mentalidade fatalista e passiva de que uns nascem pobres, outros nascem ricos, devendo os pobres aceitar a pobreza como vontade de Deus. As injustiças – origem de todas as misérias – entre os homens são um problema criado pelo próprio homem, a ser resolvido entre os homens, sabendo-se que a vontade salvífica não admite opressores e oprimidos, mas quer todos em nível humano – nem infra-humanizados pela miséria, nem desumanizados pela riqueza.[87]

Portanto, para Dom Helder, as Minorias Abraâmicas vinculadas às instituições religiosas estarão colaborando para superar o estigma de

---

85 Cf. Id., "A Igreja em face das injustiças dos nossos tempos", in Apostila 35/6, 24-25.
86 Cf. Id., "Que faria S. Tomás de Aquino, o comentador de Aristóteles, diante de Karl Marx?", in M. POTRICK, B. *Dom Helder Pastor e profeta...*, 151-160.
87 Cf. Id., "Cristianismo, socialismo, marxismo se defrontam e se interrogam", in Apostila 35/3, 8-11.

uma religião alienada e alienante, ópio do povo, na medida em que contribuírem para que as instituições religiosas se aproximem efetivamente e afetivamente do povo, da humanidade – seus problemas e suas esperanças. Especificamente, as Minorias vinculadas à Igreja devem colaborar para a passagem de uma pastoral desencarnada para uma pastoral de encarnação; aproximando-se, principalmente, dos pobres; superando a dicotomia entre religião e a responsabilidade social, tomando consciência das exigências da realidade socioeconômica, principalmente do terceiro mundo; tendo a fé como fundamento no compromisso de libertação dos excluídos.

O segundo desafio: superar o verbalismo. Para Dom Helder, outra missão importante para as Minorias Abraâmicas é superar o verbalismo, colaborando para que as religiões superem a dívida com a humanidade, contraída na medida em que não souberam ou não puderam aproveitar as mensagens, de que se julgam portadoras, no sentido de ajudarem o homem a superar o egoísmo e a construir um mundo mais justo e mais humano.[88] Portanto, colaborar para que as religiões coloquem em prática e vivenciem as mensagens de que são portadoras e os textos que produzem.

Basta de teoria no momento.

Aludi às Conclusões de Medellín (Reunião da Hierarquia Católica da América Latina), de Upsalla (IV Assembleia do Conselho Mundial de Igrejas) e de Beirute (Conferência da Cooperação Mundial para o Desenvolvimento, organizada, conjuntamente, pelo Conselho de Igrejas e pela Comissão Pontifícia Justiça e Paz). Se juntarmos a esses documentos a "Populorum Progressio", de Paulo VI, poderemos dizer que, para os próximos anos, os cristãos não temos necessidade de novos textos no domínio social. O problema para nós, agora, é levar à prática a nossa bela teoria.

---

88   Cf. Ibid., 10-11.

E aqui surgem dificuldades externas e internas. Externamente, os Privilegiados e os Governos costumam saudar, com efusão, textos como os citados, dizendo-se de acordo com os mesmos. No entanto, na hora em que alguém se decide a levar à prática os textos louvados, é acusado, imediatamente, como subversivo e comunista.[89]

As Minorias Abraâmicas eclesiais devem colocar em prática os grandes e fortes textos: Concílio Vaticano II; *Populorum Progressio, Mater et Magistra,* Medellín e Puebla. E colocá-los em prática exige não cair na tentação de esvaziar, minimizar o ensinamento social da Igreja por medo das consequências.[90] "Se me perguntarem o que conheço de mais válido, de mais forte, de mais eficaz como fermento de revolução cultural à altura da revolução estrutural de que o Mundo precisa, responderei, sem vacilar: o Cristianismo autêntico, tal como emerge do Concílio Ecumênico Vaticano II".[91] Para Dom Helder as Minorias Abraâmicas eclesiais, vivenciando e ajudando a aplicar na realidade os textos eclesiais, estará colaborando para superar o escândalo antievangélico de ser cristã, ao menos de origem, a minoria de menos de 20% da humanidade que retém nas mãos mais de 80% dos recursos da Terra.[92]

O terceiro desafio: desvincular-se, na prática, de todo regime econômico e político. As Minorias Abraâmicas devem colaborar para que as instituições religiosas se dessolidarizem, na prática, de todo e qualquer regime econômico ou político.[93] Para Dom Helder, de forma geral, todas as religiões, preocupadas com recursos para assegurar sua obra missionária, seu trabalho de assistência ou sua ação social, praticamente

---

89 Id., "Projetos de desenvolvimento e preocupação com mudanças estruturais", in Apostila 30/5, 24-25.
90 Cf. Id., "Cristianismo, socialismo, marxismo se defrontam e se interrogam", in Apostila 35/3, 10-11.
91 Id., ""Os jovens exigem e constroem a paz". Uma realidade nos interpela", in Apostila 17/7, 5.
92 Cf. Id., "Minorias abraâmicas e estruturas da Igreja", in Apostila 35/4, 13.
93 Cf. Id., "Os jovens exigem e constroem a paz, uma realidade nos interpela", in Apostila 17/7, 2.

caíram na engrenagem capitalista. Concretamente, o cristianismo está preso nesta engrenagem: por investimentos econômicos em empresas, principalmente as multinacionais, que, não raro, desenvolvem-se economicamente explorando os países pobres, fornecedores de matéria--prima; pelo vínculo com os bancos, mola-mestra do sistema capitalista e, em alguns casos, até possuindo bancos próprios. Para Dom Helder, esse contra-testemunho é tão grande e tão forte que muitos questionam se a Igreja é ou não uma multinacional presente no mundo inteiro. A igreja ser comparada à multinacional é um símbolo da ganância e do supercapitalismo.

As Minorias Abraâmicas, colaborando para que as religiões libertem-se das engrenagens capitalistas, estarão favorecendo o resgate da força moral para exigir as transformações das estruturas, e da isenção para questionar o capitalismo e denunciar-lhe a raiz antievangélica de ter o lucro como preocupação suprema e acima, portanto, do ser humano.[94] Para Helder seria de grande efeito moral se as religiões, principalmente as cristãs, se desembaraçassem da engrenagem capitalista, começando por livrarem-se de ter sistemas bancários próprios; e não dando suporte às estruturas de escravidão, a pretexto de ajudar a manter a ordem social e a autoridade.[95]

As Minorias Abraâmicas eclesiais, colaborando para que a Igreja se liberte das engrenagens capitalistas, estariam favorecendo a Igreja a: superar a imagem de uma Igreja rica, ou a sua imagem de riqueza; superar a imagem de que o regime econômico da Igreja, dentro de suas instituições, reproduz o estilo capitalista; superar a imagem de que a Igreja, especialmente sua hierarquia, está comprometida com os ricos e poderosos, com suas estruturas, com o poder político, e comprometida no mundo dos poderosos, participando de seus privilégios. Ao mesmo tempo, favorecerão a Igreja para readquirir sua liberdade de palavra e ação, e não perdê-la a troco de privilégios e doações para suas obras as-

---

94 Cf. Id., "Cristianismo, socialismo, marxismo se defrontam e se interrogam", in Apostila 35/3, 10-11.
95 Cf. Id., "A Igreja em face das injustiças dos nossos tempos", in Apostila 35/6, 23-26.

sistencialistas; vencer sua timidez em denunciar as injustiças; readquirir sua independência perante os grupos de poder e o sistema capitalista, os ricos, o poder político, as estruturas, para poder anunciar a Boa-Nova aos pobres e aos próprios setores privilegiados.

O quarto desafio: superar o medo de perder o prestígio e o *status quo*. Outra missão importante para as Minorias Abraâmicas é ajudar as religiões a superar o medo de perder o prestígio e o *status quo* diante dos governantes e poderosos, por atuarem buscando um mundo mais justo e mais humano na defesa dos marginalizados e excluídos. As Minorias Abraâmicas cristãs devem colaborar para que as religiões estejam dispostas a abrir mão de prestígio, de posição social, de dinheiro, aceitando os riscos anunciados por Cristo para seus seguidores. Na medida, sobretudo, em que esta atitude dos cristãos os leva a perder os favores dos poderosos e dos governos, e a ser mal vistos, mal julgados e perseguidos, convertendo-se e despojando-se, principalmente, da preocupação de prestígio e de influência social, eles conseguiriam condições para irmanar-se com os oprimidos e exigir justiça, como condição de paz.[96] Segundo Múgica: "Os cristãos não enfrentam a realidade entrincheirados atrás dos interesses da Igreja. A encaram".[97]

2.3.3 Minorias Abraâmicas: Jovens

Ao sublinhar a importância do papel da juventude na construção de um mundo mais justo e mais humano, Dom Helder não esquece a relevância de outros grupos sociais como, por exemplo, a força silenciosa das mulheres que estão redescobrindo a sua importância na sociedade. Para Dom Helder: "O primeiro passo na construção de um mundo mais justo é confiar no ser humano".[98] Especialmente os "mais fracos", os excluídos

---

96 Cf. Id., "Os jovens exigem e constroem a paz, uma realidade nos interpela", in Apostila 17/7, 3-4.
97 MÚGICA, G. "Entre cristianismo y revolución ¿hay contradicion?...", 42.
98 CAMARA, H. "Liberdade e justiça para todos", in Apostila 39/1, 7.

e marginalizados pela sociedade. Nesta perspectiva sublinha o grande papel do "sexo frágil" relegado à situação de inferioridade – na família, no mundo do trabalho, na política, na economia etc.: "Lares que têm como alicerce a opressão de um de seus dois responsáveis só podem gerar uma sociedade opressora. Assim, como veem, o primeiro passo para a justiça e a liberdade não é o grande gesto espetacular, merecedor de manchetes na imprensa. Como já diziam os antigos: a Justiça começa em casa".[99] A força das Minorias Abraâmicas femininas poderá, sem dúvida, contribuir na formação de um mundo mais justo e humano: "E existe, em todo o Mundo, uma minoria silenciosa que começa a se fazer ouvir: as mulheres. Na medida em que as mulheres não se deixarem tratar como seres inferiores, mas como pessoas humanas capazes de educar seus filhos em um lar onde não existe a relação dominador/dominado, as novas gerações terão menor possibilidade de aceitar uma organização social na qual alguns se julgam acima das leis, enquanto à maioria não cabe senão o direito de mendigar um emprego mal pago".[100]

Dom Helder sempre demonstrou em suas conferências esperança e confiança na juventude, tanto dos países pobres como dos países ricos, buscando provocá-la amavelmente para unir-se e participar das Minorias Abraâmicas na luta pacífica por um mundo mais justo e mais humano: "Tenho tanta confiança na juventude, tenho tanta certeza que Deus vos ajudará a concretizar o que os adultos mal chegamos a entrever".[101] Esta confiança-esperança leva Dom Helder a acreditar que o mundo mais justo e mais humano será muito mais um trabalho dos jovens do que dos adultos:

> Na medida por exemplo em que a Paz é construída pelos homens, creio que ela será muito mais trabalho dos jovens, do que propriamente dos adultos. O adulto, em geral, é menos generoso, mais egoísta, mais descrente, mais frio. O olhar do adulto é

---

99   Ibid., 7-8.
100   Id., "A verdade vos libertará", in Apostila 37/6, 4.
101   Id., *Palavra e reflexões...*, 17.

facilmente toldado pelo interesse. Tanto que uma das tentações mais fortes enfrentadas pela juventude é ir vendo o idealismo arrefecer, o entusiasmo esfriar, a capacidade de acomodação dominar na medida em que o jovem se instala na vida, e pensa, como é natural, em casar e ter casa, em ter filhos e cuidar do futuro deles.[102]

Realisticamente, Dom Helder percebe que os jovens estão presentes em todas as divisões de mentalidade: na maioria egoística e comodista, nas minorias de esquerda ou de direita. A sua esperança focaliza-se, principalmente, na juventude que acredita na violência dos pacíficos, na não violência, e que exige a justiça como condição paz.[103] Entre os jovens busca encontrar as "lideranças do amanhã", capazes de unir todos os homens de boa vontade para construir um mundo verdadeiramente humano:

O que ando procurando entre os jovens são as novas lideranças de amanhã, capazes de unir, sem de modo algum unificar, estas minorias famintas e sedentas de justiça. Ando procurando os jovens que irão descobrir o segredo de entrosar, de articular, em torno de objetivos prioritários, as minorias diversas, mas todas tendo o denominador comum, de desejar, sem violência, mas com decisão, a mudança das estruturas que oprimem mais de 2/3 da humanidade.[104]

Dom Helder conclama os jovens, em primeiro lugar, a não condenar apressadamente os adultos, julgando-os incapazes de construir um mundo mais humano: "Os jovens têm duas exigências fundamentais. Eles querem saber se a mente fala, e eles dizem a verdade toda. Não

---

102 Id., "Os jovens exigem e constroem a paz". Uma realidade nos interpela", in Apostila 17/7, 1.
103 Cf. Id., "Impossível desenvolvimento sem juventude", in Apostila 31/1,1.
104 Id., "Força do direito ou direito da força?", in CARAMURU DE BARROS, R. e OLIVEIRA, L. de. *Dom Helder: o artesão da paz...*, 168-169.

aceitam meia-verdade. Os jovens exigem que aqueles que lhes falam pelo menos se esforcem para, em primeiro lugar, falar com a vida, e só depois virem a falar com palavras";[105] em segundo lugar, conclama-os a aprenderem a canalizar o espírito crítico e o protesto, característica própria da juventude, não o usando de maneira imatura e insegura, mas, com firmeza, marchando rumo ao mundo novo; em terceiro lugar, a aprender a ter a "paciência histórica", por cuja ausência muitos jovens sucumbem na revolta ou na violência armada, sem questionar a sua eficácia; finalmente, em quarto lugar, a superar o perigo do comodismo, não se acomodando na vida, não perdendo a chama, a audácia, a sede de trabalhar, mesmo com sacrifício, por um mundo mais respirável e humano, e continuando a se perceber como tendo um sentido e com "mil razões para viver".[106]

Para Dom Helder as Minorias Abraâmicas são portadoras de esperança na construção de um mundo mais justo e mais humano. E o são pela capacidade que têm de sentir-se parte da família humana, superando todas as barreiras e obstáculos (de raça, cor, religião, língua, posição social) que impedem de ver o próximo como semelhante e amá-lo como irmão, que impedem, pois, de sentir todo dentro de si o seu próximo, o seu irmão. Tendo a medida do dever e o sentido comunitário do amor, trazem consigo o vigor capaz de superar o egoísmo pessoal e social. Capacidade de "esperar contra toda a esperança" no compromisso de transformar o mundo, começando – e continuando – a partir de nós.

---

105   Id., "Senhor, fazei de nós artesãos de Vossa paz", in CARAMURU DE BARROS, R. e OLIVEIRA, L. de. *Dom Helder: o artesão da paz...*, 301-302.
106   Cf. Id., "Pacto digno de coroar vossa marcha", in Apostila 36/1, 472.

CONCLUSÃO

Finalizando a pesquisa sobre o pensamento de Dom Helder Camara diante do desafio de evangelizar na realidade de injustiça, percebemos, antes de tudo, a sua visão a partir da ótica latino-americana e do terceiro mundo e a sua inserção, de um modo vital, dentro do processo de libertação do povo latino-americano – buscando que toda teoria ou reflexão parta de uma prática e, principalmente, que leve a uma prática mais consciente e libertadora.

Um tema sempre esteve presente: o ser humano e sua realização. A sua relevância está intrinsecamente ligada ao pensar teológico e antropológico. Para Dom Helder não é possível refletir e evangelizar sem ter em perspectiva o aperfeiçoamento do ser humano, a sua humanização. Tem como pressuposto que a felicidade humana é uma conquista a ser sempre buscada, e que, a partir da visão cristã, ela se realiza plenamente: na dimensão escatológica, assumida como esperança, e na sua realidade histórica, como engajamento na construção do Reino de Deus, que implica uma "proposta-guia". Proposta que coloca diante de nós o futuro como tarefa a ser desenvolvida, a exigir a gestação de projetos históricos viáveis. Diante da proposta-guia da libertação do homem latino-americano, visualiza o novo horizonte que surge no seio do povo, nas angústias, nas esperanças e nas lutas – o horizonte de um mundo mais justo e mais humano – de libertação.

Durante todo o processo do nosso trabalho fomos norteados, por Dom Helder, a questionar-nos: na realidade de injustiça estrutural e institucionalizada, que impossibilita ao homem viver a dignidade na qual foi criado por Deus, emergindo, portanto, a negação da vontade salvífica e a negação humana do homem, que proposta de evangelização colaboraria eficazmente para que o homem, principalmente o marginalizado, pudesse resgatar sua dignidade? Respondendo a esta pergunta, estaremos ao mesmo tempo clareando alguns pontos fundamentais: Como se realiza o processo de impedimento para que o homem latino-americano viva e realize a sua dignidade criacional? Quais as causas da negação do homem? Segundo as características da Boa-Nova, qual a proposta a seguir e sua importância para o homem latino-americano? Para que a proposta da Boa-Nova se concretize, quais as transformações necessárias? Qual tarefa a executar a partir do contexto sociopolítico-econômico-cultural? Quem são os convidados a participar da construção da Boa-Nova?

Durante todo o trabalho, tivemos como pano de fundo, proporcionado por Dom Helder, dois alicerces: a reflexão eclesial e a realidade do contexto latino-americano, alicerces que se entrelaçam e se completam. A reflexão eclesial entre o período de 1964 a 1985 teve forte influência no pensamento de Dom Helder, principalmente os documentos: *Mater et Magistra, Pacem in Terris*, as Conclusões do Concílio Ecumênico Vaticano II, *Populorum Progressio*; Exortação Apostólica *Evangelii Nuntiandi;* os Sínodos Episcopais de 1971 e 1974; e a reflexão da Igreja latino-americana em Medellín e Puebla. Dom Helder, ao falar sobre evangelização e justiça, parte sempre dos princípios eclesiais, sua fonte de inspiração; para ele, os Ensinamentos Sociais da Igreja não nascem para serem aplaudidos e louvados apenas, nascem para levar a consequências, para repercutir na prática.

A realidade de sofrimento, de exploração, dominação do povo latino-americano é, ao mesmo tempo, realidade de esperança a brotar do seio deste mesmo povo. Esperança capaz de romper e mudar o sentido da história. Esperança que o faz acreditar que a proposta-guia, libertação, tornar-se-á algum dia "Boa realidade". "Boa realidade" que está sendo gestada aos poucos nas lutas dos homens de boa vontade – Minorias Abraâmicas – e do povo, rumo à libertação. Ao analisar a realidade a partir da ótica latino-americana, visualizada como situação de dominação e exploração em confronto com a perspectiva da visão do primeiro mundo – eurocêntrica, EUA-cêntrica –, refuta a ótica de dominação e de império, o que não significa que rejeite uma civilização – recusada é a condição de dominação; e, ao mesmo tempo, reafirma e resgata a identidade latino-americana com ideias e projetos próprios, mas com uma visão universal e não latino-cêntrica. Deste modo, percebemos que Dom Helder assume suas opções na inquietude de dar uma resposta concreta ao povo injustiçado e levá-lo à vivência da Boa-Nova – transformar a Boa-Nova em "Boa Realidade" –, seguindo os princípios do Magistério da Igreja, principalmente de seu Ensinamento Social, e das reflexões eclesiais da América Latina.

A reflexão sobre evangelizar na realidade de injustiça, dentro do pensamento helderiano, nos conduziu a perceber que, na evangelização, a Igreja reconhece sua graça, vocação própria e mais profunda identidade (cf. EM, 14), e a realidade de injustiça faz com que a Igreja se questione e interprete criticamente a sua missão de anunciar o projeto salvífico, para que possa, em sua missão evangelizadora, colaborar no processo de humanização do homem e na construção de um mundo mais justo e mais humano baseado nos fundamentos do Reino de Deus.

Dom Helder enfatiza o grande passo que é a reflexão da ação evangelizadora da Igreja a partir do Concílio Vaticano II na busca do diálogo com o mundo, marcando sua presença e continuando a encarnação redentora de Cristo e assumindo todas as alegrias e esperanças, todos os problemas e anseios dos homens. A partir desta presença no mundo a Igreja revela a importância e o papel do homem na história – cocriador – sujeito histórico.

Para Dom Helder, a partir do exemplo da encarnação de Cristo, somos convocados a unir a realidade histórica e a vontade salvífica de Deus. Esta missão de realizar a vontade salvífica na história exige da Igreja um forte senso de realismo para descobrir o que lhe cabe especificamente fazer nas circunstâncias de tempo e de lugar em que se encontra, em face da obrigação sagrada de trabalhar para "que todos tenham vida e vida em abundância", na perspectiva da opção pelos pobres e na dimensão da esperança. Nesta missão de realizar a vontade salvífica de Deus na história, a Igreja vivencia a finalidade da evangelização, que é levar a todos os homens a proposta de salvação assumida num processo constante de conversão e de libertação.

Em sua missão evangelizadora, a Igreja continua na história a missão de Jesus Cristo, o Reino de Deus que dá sentido à vida e ao mundo; e convoca o homem a agir para a construção do Reino, que se inicia em sua história presente. Ao encontrar-se com o homem, a Igreja age na história onde deve articular a radical proposta do Reino de Deus e suas exigências com os passos possíveis no presente histórico, respondendo aos desafios da história presente e conduzindo a presença da vida cristã como fermento da nova sociedade, do Reino de Deus. Portanto, a Igreja é convocada a, diante do clamor da história humana, libertar o homem de tudo aquilo que o impede de viver de acordo com a proposta salvífica. Para Helder é a proposta do Reino de Deus, onde está contida a esperança do povo de Deus, que traduz a utopia mais alta, que se realiza na transformação da realidade tendo como alicerce a busca da justiça.

Para Dom Helder a proposta de Jesus deve perpassar toda a realidade humana: o social, o político, o econômico, o religioso e o cultural: "Nossos povos desejam unir o amor a Deus e o amor à Criatura Humana, a Libertação eterna e a Libertação terrena".[107] Sendo assim, em sua missão evangelizadora, a Igreja visa à totalidade da existência humana contribuindo para a descoberta de caminhos mais condizentes com a dignidade humana e com a vocação do homem em Cristo. Nesta perspectiva, a Igreja, em sua ação evangelizadora, procura cooperar para a libertação e promoção humana: libertação, enquanto redenção e salvação do pecado; das projeções sociais e interpessoais do pecado; dos desdobramentos do pecado na cultura, na história e na sociedade; promoção humana realizada através da força transformadora do Evangelho, buscando superar as situações de opressão e injustiça sob as quais se encontram 2/3 da humanidade, e isto só acontecerá quando se reconhecer o primado do homem. Para Dom Helder, a Igreja tem um papel fundamental no processo de humanização do homem: fazer emergir o homem novo a partir da concepção cristã do homem.

---

107 CAMARA., Helder. "Prêmio Roma-Brasília cidade de Paz, 1986", in Id., *Utopias peregrinas*..., 123.

Segundo Dom Helder, a Igreja, assumindo a proposta do Reino de Deus, assume o compromisso de libertação. Agindo no mundo e para o mundo a Igreja, em sua ação evangelizadora, pode e deve promover atividades destinadas ao serviço de todos para o bem de todos visando ao bem comum. Dentro desta perspectiva, a Igreja visa à promoção-libertação humana vinculando sempre o projeto salvífico de Deus, anunciado e instaurado por Jesus de Nazaré, o Cristo, com a realidade social. Assumindo, assim, o empenho em prol da pessoa humana e da sociedade, das necessidades espirituais e materiais do ser humano. Em sua relação com o mundo e a partir de sua missão evangelizadora, um dos aspectos mais importantes é a questão da justiça social. Dom Helder sublinha que o compromisso de libertação por parte da Igreja se faz a partir do seguimento de Jesus Cristo em sua encarnação redentora. Cumprindo sua missão no campo da luta pela justiça social, a Igreja quer fazer-se presente e dar sua colaboração concreta a partir daquilo que a constitui em sua essência: ser Povo de Deus, continuadora do projeto salvífico.

A Igreja latino-americana, a partir de Medellín e diante da realidade do continente, constatou uma contradição existencial, intrínseca e inegável: a coexistência da extrema pobreza, miséria e marginalização da maioria da população latino-americana em uma realidade estruturada em valores antievangélicos num continente que se diz cristão, católico. É nesta realidade de pobreza, miséria, marginalização e exclusão social que a evangelização conclama os cristãos a um testemunho explicito da fé cristã para o compromisso com transformações qualificativas em função da libertação das massas empobrecidas. Dom Helder, assumindo esta análise e ampliando-a para o Terceiro Mundo, afirma que 2/3 da população mundial que vive em situação subumana vivem sob a influência do cristianismo. Esta situação de miséria esmaga a pessoa humana, a ponto de não ser possível incluir no mundo livre os 2/3 da humanidade que vegetam em situação infra-humana, fruto de um sistema econômico que age de forma sutil e sofisticada.

Dom Helder, seguindo a ótica eclesial, analisa a realidade de injustiça institucionalizada a partir não da perspectiva técnica, mas da perspectiva pastoral que busca as causas éticas como raiz das estruturas sociais, econômicas e políticas, todas igualmente injustas. A causa é definida como pecado de injustiça que se encarna nas estruturas da sociedade. O pecado de injustiça se manifesta no abismo cada vez maior entre ricos e pobres, consequência da "apropriação, por uma minoria privilegiada, de grande parte da riqueza, assim como dos benefícios criados pela ciência e cultura" (Puebla, 1208), o que resulta na "pobreza de uma grande maioria, com a consciência de sua exclusão e do bloqueio de suas crescentes aspirações de justiça e participação" (Puebla, 1208). Tal situação contradiz as aspirações e anseios da pessoa humana, causando angústias e frustrações, cujas dimensões pessoais e sociais são muito amplas. O pecado imprime uma marca destruidora nas estruturas, que se tornam "estruturas de pecado"; enfim, o pecado é a "raiz e fonte de toda opressão, injustiça e discriminação" (Puebla, 517). A injustiça fruto do pecado, principalmente do egoísmo, se expressa nos tipos de opções: econômicas, políticas e sociais.

Diante da visão angustiante da realidade, a Igreja latino-americana procura responder ao desafio – que a vida vença a morte que ronda e golpeia, antes do tempo, milhões de seus filhos, através da injustiça social, e que a vivência da Boa-Nova supere a realidade de pecado estrutural. A partir desta perspectiva, a Igreja latino-americana assume e busca realizar um projeto de evangelização pertinente à sua realidade, respondendo aos desafios e sendo uma palavra libertadora, a partir de uma opção decorrente da Boa-Nova do Reino, a opção preferencial pelos pobres, e com uma estratégia pastoral correspondente, a opção pela evangelização libertadora. No escutar o clamor do povo gritando por justiça e por libertação, nasce um novo projeto de evangelização insistindo na mensagem-testemunho do Evangelho com vistas à transformação social.

Dom Helder entende que, diante do desafio de anunciar a Boa--Nova e fazer com que a vida vença a morte, a Igreja, neste novo projeto de evangelização, tem como base a fidelidade à palavra de Deus e ao povo. A partir desta fidelidade a Igreja deve assumir uma posição de liberdade diante dos sistemas: político, econômico e social; deve purificar a religiosidade do povo: passiva, fatalista e mágica; e não apenas trabalhar para o povo, mas com o povo, no processo de conscientização, unindo o povo e sendo força de resistência e libertação para transformar a realidade social a partir da fé. Para Helder, este olhar a realidade a partir da ótica do pobre permite à Igreja visualizar o aprendizado que esse faz no seu processo de libertação e na busca de seus direitos. A Igreja, apesar de todos os obstáculos e dificuldades, deve fazer prevalecer o seu direito de anunciar a Boa-Nova aos pobres, anúncio vinculado ao processo de humanização. Esse direito deve ser exercido tendo como fundamento que se evangeliza a pessoa humana em sua totalidade e que a vida do povo depende deste anúncio. Enfim, para Helder, no contexto latino-americano de morte, anunciar o evangelho significa anunciar a possibilidade de vida levando à humanização. A vida em abundância trazida por Cristo deve se iniciar na realidade histórica do povo. A promoção humana, que é uma exigência do evangelho, exige que a Igreja colabore com o povo para a passagem de uma situação desumana para uma realidade verdadeiramente humana.

A articulação entre evangelização e justiça, para Dom Helder, é elemento essencial no processo de humanização – humanização sem a qual o homem não poderá resplandecer plenamente como imagem e semelhança de Deus. A evangelização deve contribuir para o desenvolvimento integral do homem e de todos os homens. Neste processo, deve colaborar para libertá-lo de toda forma de escravidão. Deste modo, em primeiro lugar, a Igreja está colaborando com a vontade salvífica, ao contribuir para que o homem seja realmente agente histórico e não objeto. Em segundo lugar, ao colaborar neste processo de desenvolvimento integral do homem – de libertação – a Igreja, em sua ação evangelizadora para promover a transformação social, demonstra que a religião não é o ópio do povo e nem tem uma doutrina alienada e alienante, senão que luta para libertar o homem de toda forma de escravidão. Em terceiro lugar, sublinha que, se a injustiça hoje acontece não somente ao nível de indivíduos e grupos, senão de povos e em escala universal, a justiça precisa ser restabelecida em todos esses níveis, principalmente em nível universal, por transformações urgentes e eficazes das estruturas subumanas; e que a mudança de estruturas dos países subdesenvolvidos supõe, também, mudança de estruturas dos países desenvolvidos. A partir da ótica latino-americana e do terceiro mundo, aponta que o maior problema de injustiça social do nosso tempo é a distância cada vez maior entre o mundo desenvolvido e o mundo subdesenvolvido e, seguindo a linha da reflexão eclesial do documento de Medellín, afirma que a promoção das massas subdesenvolvidas para que se tornem povo exige: a superação do colonialismo interno e do neocolonialismo sociopolítico, econômico e cultural, principalmente do imperialismo econômico que define as leis do comércio internacional. E, em quarto lugar, sublinha que a paz é fruto da justiça; por isso, as relações entre os países desenvolvidos e subdesenvolvidos implicam inegáveis direitos de justiça fundamentais para a paz.

Para Helder, a realidade de injustiça e a prospectiva de justiça são um desafio prático para a missão evangelizadora da Igreja. A situação de injustiça, vista como pecado, é a negação da vontade salvífica de Deus: obscurece a presença libertadora de Deus entre os homens, nega a soberania de Deus na vida e na história do homem; e cria obstáculos para que o homem viva segundo a sua vocação como imagem e semelhança de Deus – negação do homem. A situação de injustiça que sofrem 2/3 da humanidade deve conduzir a Igreja a não permanecer somente nas reflexões teóricas, mas, e principalmente, assumir e aplicar essas reflexões agindo na transformação desta realidade. Em sua ação evangelizadora, a Igreja deve encarnar-se na vida do povo buscando, nos sinais dos tempos da história humana, escutar o apelo de Deus e o clamor do povo, para que, na busca do bem comum, viva as exigências do Evangelho.

Para Dom Helder, a necessidade de lutar pela justiça social é inspirada nos princípios do cristianismo, ou seja, o empenhar-se pela justiça é um evento de fé. Fé em Deus presente na história, que convoca o homem à sua plena realização, e fé na humanidade, que pode converter-se, mudando de mentalidade e mudando o rumo da história, ao assumir a proposta salvífica para concretizar, na realidade pessoal e sócio-histórica, os valores do Reino de Deus. Em sua missão evangelizadora, a Igreja necessita interpretar criticamente a perspectiva salvífica e a realidade para encontrar o comportamento evangelizador capaz de fazer germinar no mundo a vida nova. Portanto, diante da realidade social, a situação de injustiça é desafio concreto na realização e operação salvífica na história.

Dom Helder busca aplicar o ensinamento social no contexto político, social e econômico refletindo sobre os principais problemas da humanidade, visando o compromisso com a transformação através do processo de conscientização – despertar as consciências para a sede e fome da justiça. Segue o critério do ensinamento social da Igreja no qual a justiça social é norma ética e opta por uma postura eclesial que vê a justiça social como exigência do evangelho. Para Helder, o realizar sua missão social em defesa da justiça aproximando-se do povo é uma exigência da tomada de consciência dos problemas sociais, das exigências provenientes das encíclicas sociais, e do viver o Evangelho.

Constata que o problema da injustiça na América Latina e no terceiro mundo é uma situação estrutural em nível social, político, econômico e cultural; são estruturas que se tornaram opressoras e, por serem vistas como estruturas de pecado, exigem do cristão compromisso e empenho para transformá-las. Neste compromisso transformador das estruturas como libertação integral, o homem deve estar no centro de todo planejamento estrutural; as estruturas devem visar o bem comum, o que implica o reconhecimento da dignidade, da igualdade e dos direitos humanos de todos, principalmente dos pobres, que devem participar do processo de transformação estrutural.

Dom Helder considera a realidade do mundo atual como de injustiça estratificada, institucionalizada, por não ser somente circunstancial, eventual, mas estrutural, que exige uma resposta ativa e organizada e não apenas uma resposta reformista, fazendo-se somente algumas correções superficiais: diante de um sistema estrutural que é substancialmente injusto e ineficaz, que não garante a dignidade, a igualdade e os direitos de todos a uma vida digna, esta estrutura social, política e econômica deve ser transformada, não pela insurreição revolucionária violenta, e sim pela violência dos pacíficos, não violência: as estruturas mudam-se com estruturas; os problemas de organização social são resolvidos com forças sociais, pelo esforço dos homens de boa vontade – Minoria Abraâmica. Acredita que uma atitude apenas assistencialista, feita de bons conselhos e de uma caridade romântica, não ataca nem soluciona, realmente, as causas estruturais da injustiça e os seus consequentes problemas; faz-se necessário agir mais profundamente através de uma ação transformadora, buscando a justiça estrutural para a instauração de uma sociedade nova, sem opressores nem oprimidos. Propõe a ação transformadora – profunda, audaz e urgente – nas estruturas socioeconômicas, capaz de criar uma infraestrutura econômica e planificar o desenvolvimento por condições de vida humana digna: a transformação do projeto social vigente, substituído por um projeto social em consonância com a vontade de Deus.

Dom Helder acredita que a Igreja deve estar presente no processo histórico da realidade contemporânea, e não à margem, como espectadora passiva, das injustiças sociais. Para tanto, ela deve atuar como força libertadora, despertando a consciência do povo e ajudando-o a deixar de ser massa para tornar-se povo; buscando a promoção humana, ajudando aos filhos de Deus a sair da miséria e da injustiça; e lutando para que as criaturas se libertem da miséria o mais rápido possível. Para Dom Helder, a presença da Igreja na promoção da justiça, principalmente na América Latina e no terceiro mundo, só terá sentido e eficiência na medida em que fizer parte de um esforço total de presença no mundo, participando na construção de um mundo novo. A Igreja deve sentir-se responsável pelo presente e pelo futuro do continente em transformação e libertação.

Dom Helder visualiza a realidade de injustiça institucionalizada ao mesmo tempo como de angústia e de esperança, como momento forte de discernimento a partir dos critérios da fé cristã e do Ensinamento Social da Igreja diante da necessidade de superar o abismo (entre o mundo desenvolvido e o mundo subdesenvolvido), criando uma passagem que possibilite uma vida mais humana. Caminho de discernimento, provação e opção, decisão. Se o primeiro momento é de angústia, não devemos esquecer que traz em seu bojo a esperança, ou seja, a oportunidade e a possibilidade de novos caminhos e novas situações mais realizadoras. Para Dom Helder, diante da realidade de injustiça, o mundo inteiro está enfrentando um momento crucial em sua história. Ao visualizar o contexto sociopolítico-econômico, a partir dos ideais e esperanças do homem, principalmente do homem latino-americano e do terceiro mundo, percebe o desencanto e a necessidade de novas perspectivas e que é o momento propício para criar o início de uma consciência nova; faz, então, diagnóstico e prognóstico da sociedade, e busca uma nova ordem social em que lhe parece a saída viável para vencer as condições caóticas da sociedade.

Dom Helder assume uma postura profética utópico-critíca. Profético-crítica por ter como ponto de partida a denúncia radical da ordem mundial dos modelos vigentes (capitalismo e socialismo-marxista), questionando: o desencontro de interesses desses modelos e sua imposição para os países latino-americanos e do terceiro mundo, sempre mais dependentes e sistematicamente empobrecidos, vivendo no processo de perda de identidade, em virtude da atitude imitativa do sistema sociopolítico, econômico e cultural, que torna mais sólida a sua dependência e a sua escravidão. A crítica não é um instrumento planificador, mas um momento constitutivo, impulsionador e decisivo para o processo social no próprio contexto objetivo da realidade. O seu interesse pela alteração da praxe social fundamenta-se e se exerce nas tendências de dificuldades objetivas, como interesse prático na decisão do processo de trabalhar para a construção de uma nova sociedade, de um mundo mais justo e mais humano. Profético-utópica ao anunciar e propor a busca de modelo alternativo próprio, tendo como fundamento o homem como centro e fim de todas as dimensões da vida humana (social, política, econômica e cultural), apoiado sobre os valores básicos: da justiça e da liberdade, as quais se realizam mediante o exercício de igualdade e participação, a serviço do bem comum.

A sua proposta tem como ponto de partida a própria realidade, experimentada como urgindo transformação, confrontando-se com a realidade e buscando a transformação. Ao constatar a situação de injustiça institucionalizada gerada pela violência estrutural, surge o questionamento sobre a necessidade da transformação social que possibilite ao homem viver a dignidade com a qual Deus o criou e que lhe foi arrebatada ao longo da história; e sobre qual o melhor caminho a percorrer para tais mudanças. Dom Helder é convicto de que na América Latina e, também, no terceiro mundo, para que a realidade social, política e econômica possibilite ao homem uma vida digna, seja necessário um processo de "reforma audaz, profunda e rápida" de suas estruturas sociais, econômicas, políticas. Dom Helder parte de um diagnóstico no qual afirma-se que o problema da sociedade latino-americana e do terceiro mundo é um mal estrutural que requer, por isso, transformações estruturais advindas de uma revolução estrutural através de meios pacíficos, da não violência ativa – "violência dos pacíficos". Ao acreditar na revolução, propõe uma ruptura de continuidade com a ordem precedente. Esta ruptura visa à mudança qualitativa do sistema social em sua lógica e em seus fundamentos, para alcançar uma nova estruturação social através de uma mudança rápida e radical dos valores fundamentais da sociedade.

Dom Helder, através da posição da revolução pacífica – não violência ativa –, acredita no não conformismo diante das estruturas de injustiças institucionalizadas e entende que a ação para transformar as estruturas dá-se pelo processo de conscientização e organização das massas, levando à pressão moral libertadora sobre os responsáveis pelas situações de injustiça e à busca de modelos próprios adaptados aos países subdesenvolvidos. É assim, em seu entender, que se construirá uma nova ordem social.

Ao propor a conscientização – consciência histórica do homem latino-americano –, indica que o homem pode experimentar o seu sentido na história e não fora ou alheio a ela. Deve enfrentar os acontecimentos da história em busca de uma saída para sua atualidade ameaçadora e na entrega confiante de um futuro a ser transformado. A sua motivação central de atuação histórica e social, nesse contexto, não é a conservação de determinado sistema sociopolítico, mas a transformação da realidade. Exige o saber interpretar a realidade como uma possibilidade de transformação da história, que é contingente, e no processo de vir a ser. Portanto, Dom Helder encara a realidade social, como processo de permanente mutação, que exige resposta responsável e adequada às necessidades, sem medo de operar as rupturas exigidas pela justiça, com os olhos voltados para um novo horizonte. Consciente de que, no momento de rupturas, não existem soluções sem riscos, sem dificuldades a serem enfrentadas. Não existem soluções "mágicas", "perfeitas", existem soluções viáveis e necessárias.

A sua reflexão sobre a revolução estrutural é feita a partir do compromisso com o povo e busca ser a voz dos sem vez e sem voz, e a partir deles acenar pistas para a construção de uma nova sociedade. Segundo Dom Helder a revolução pacífica deve conduzir a uma transformação universal, isto é, o mundo inteiro tem necessidade de uma revolução estrutural: o mundo subdesenvolvido e o mundo desenvolvido, tanto no regime capitalista como no regime socialista; uma transformação total de todas as dimensões da sociedade (política, econômica, social, cultural e tecnológica), visando à transformação radical em toda a estrutura social (política, econômica, cultural e religiosa). Devido à sua necessidade a revolução deve ser uma transformação profunda e rápida; deve ter como meta o desenvolvimento-libertação: o desenvolvimento integral do homem e de todos os homens e libertação de todas as escravidões, visando à promoção humana; deve ser realizada a partir da ótica dos pobres: suas necessidades e suas esperanças.

Na constatação de que a realidade precisa ser transformada, emerge a esperança de se criar uma nova sociedade na América Latina, na qual as condições de vida sejam mais humanas, sem abismos entre as classes sociais, entre os países latino-americanos, e entre os países latino-americanos e o império, destruindo-se o elo de dependência. Somente deste modo se conseguirá superar a negação do homem latino-americano. Para Dom Helder, o objetivo central das revoluções necessárias é promover a libertação: completando a libertação dos escravos e dos excluídos, e que são, hoje, 2/3 da humanidade; e completar, com a independência econômica, a independência política dos países subdesenvolvidos. A libertação se faz necessária para superar a marginalização, a exclusão. A marginalização-exclusão, no mundo contemporâneo, não envolve somente apenas indivíduos e grupos, mas países e continentes, que, de modo geral, em bloco, estão marginalizados. É o chamado Terceiro Mundo, que abrange a África, a Ásia, a América Latina. A marginalização-exclusão abrange três dimensões da vida humana: o ter (à margem e na exclusão dos benefícios e serviços que decorrem do desenvolvimento econômico); o poder (à margem das decisões); o saber (à margem da criatividade). As revoluções necessárias devem colaborar para que toda pessoa humana através de sua participação efetiva e consciente, criativa e decisiva, seja admitida aos benefícios e serviços decorrentes do desenvolvimento econômico, reivindicando o direito e o dever da pessoa humana e o bem comum. Para atingir seu objetivo central, as revoluções necessárias devem combater, entre outras, por duas causas fundamentais: as transformações das estruturas nos países subdesenvolvidos e nos países desenvolvidos; e por uma socialização que respeite a pessoa humana. E esta socialização abrirá caminho para o fim de todos os totalitarismos e imperialismos, políticos e econômicos, capitalistas e socialistas.

Para Dom Helder, as verdadeiras revoluções fazem-se com a força das ideias, e não com a violência armada. A revolução inicia-se com pequenos atos de renúncia e afirmação pessoal, com atos de solidariedade ao próximo, principalmente para com os marginalizados e excluídos. A transformação proposta por Dom Helder vai acontecendo aos poucos, a partir de pequenos grupos com uma nova consciência de solidariedade, com a perspectiva dos marginalizados, com pequenas revoluções.

O construir um mundo mais justo, mais humano, para Dom Helder, não está reservado a super-homens, mas às pessoas normais – homens de boa vontade, com suas dificuldades e seus acertos, capazes de "esperar contra toda esperança", que lutam pela justiça e pela paz buscando criar um mundo mais justo e mais humano; às pessoas despertadas pela situação de violência institucionalizada e da injustiça estratificada e que não aceitam que povos inteiros sejam mantidos em condições subumanas; confiantes na força da não violência, na pressão moral libertadora, no valor das ideias e buscando a humanização do homem; pessoas que nasceram com incurável vocação e desejo de servir, para dedicar-se e gastar-se ao serviço do próximo e com sede e disponibilidade de ajudar a construir um mundo mais humano e mais justo; são pessoas vinculadas ao meio em que se encontram e nele realmente inseridas, mas com a capacidade de ampliar sua vinculação, abraçando toda a família humana e superando todas as possíveis barreiras (de raça, de língua, de país, de religião, de classe social, de cultura etc.) que as impedem de amar. Para Dom Helder, essas pessoas fazem parte de uma minoria, por ele denominada "Minorias Abraâmicas", em memória de Abraão, o pai de todos aqueles que através da história continuam a "esperar contra toda esperança". Minoria cuja existência pode ser constatada dentro de todos os países, de todas as raças, de todas as religiões, de todos os grupos humanos, dentro de todas as instituições; com diversidade de denominações, lideres e objetivos, mas tendo em comum a fome e a sede de justiça.

Para Dom Helder, o trabalho fundamental é localizar e interligar as Minorias Abraâmicas, dentro de cada cidade, de cada região, de cada país, de cada continente e em plano internacional. Com o "movimento" das Minorias Abraâmicas, Dom Helder busca reunir todos os homens de boa vontade, convencidos de que só os caminhos da justiça conquistados através da pressão moral libertadora conseguirão ajudar a humanidade a escapar ao ódio e ao caos e a construir um mundo mais justo, mais humano e mais respirável. Para Dom Helder, a existência das Minorias Abraâmicas é fator de esperança, porque são portadoras de esperança na construção de um mundo mais justo e mais humano; pela capacidade de sentir-se parte da família humana, superando todas as barreiras e obstáculos (raça, cor, religião, língua, posição social) que impedem de ver o próximo como semelhante e amá-lo como irmão, sentindo-o todo dentro de si; por terem a medida do dever e o sentido comunitário do amor. Trazem consigo o vigor capaz de superar o egoísmo pessoal e social e a capacidade de "esperar contra toda a esperança" no compromisso de transformar o mundo, começando a dizer nós.

Dom Helder rompeu o silêncio da cumplicidade e foi ao cerne do problema, ao denunciar a situação de violência institucionalizada, gerada por uma estrutura de dependência colonial e neocolonial. A estrutura opressora foi questionada, principalmente, em virtude da marginalidade social, ou seja, a marginalização da maioria da população nos bens e serviços da sociedade e nas decisões comuns. Dom Helder toma posição diante do futuro; assume a tarefa transformadora e libertadora; engaja-se ao lado do homem latino-americano para forjar uma nova realidade, para transformar as estruturas de morte em estruturas que favoreçam a vida. Ao refletir sobre um caminho para transformar o contexto de injustiça – do continente latino-americano e do terceiro mundo –, buscou escutar o clamor sufocado pelo poder dominante e explorador. O marginalizado clamando por justiça e libertação; marginalizado, fruto não do acaso ou da incompetência, mas fenômeno coletivo, resultado de um processo conflitivo em que vivem as nações latino-americanas. Ao escutar o clamor do marginalizado, Dom Helder analisa a realidade em que está inserido à luz da proposta salvífica e descobre que, do seio do marginalizado, emana um projeto histórico alternativo, um projeto de libertação. Para Helder, não é viável a transformação da realidade latino-americana sem a libertação do homem. O homem latino-americano – e do terceiro mundo – passando a conduzir a história, ao assumir conscientemente o seu destino, resgatando o direito de ser.

ANEXOS

ANEXO I

TÍTULOS

Ao elencar os títulos de Dom Helder, faz-se necessário referir-se ao primeiro e que ele julga muito importante por nascer do carinho do povo: "Certa vez, um padre meu amigo me convidou a pregar numa igreja de Engenho Novo, no subúrbio do Rio de Janeiro. Eu estava muito entusiasmado, e, ao terminar a pregação, o velho pároco referiu-se a mim chamando-me 'o Doutor Padre Helder'. E eu lhe disse baixinho:'Eu não sou doutor'. Aí, ele informou aos fiéis: – 'Ele diz que não é doutor'. Lá do meio do povo, um homem alto, escuro, muito forte, bradou: – 'É doutor, é doutor, é doutor!'".[1] Os títulos recebidos por Dom Helder estão vinculados ao seu compromisso com a justiça e a paz.

---

1 CAMARA, H. *Le conversioni...*, 216.

Títulos Doctor Honoris Causa:

1969: Doctor Honoris Causa – Universidade de Saint Louis, USA.

1970: Doctor Honoris Causa em Teologia – Universidade de Louvain, Bélgica.

Doctor Honoris Causa em Teologia – Universidade de Santa Cruz, Massachussets, USA.

1971: Doctor Honoris Causa em Teologia – Universidade de Fribourg, Suíça.

1972: Doctor Honoris Causa em Teologia – Universidade Católica de Munster, Alemanha.

1974: Doctor Honoris Causa em Direito – Universidade de Harvard, Cambridge, USA.

1975: Doctor Honoris Causa em Direito – Universidade de Paris Pantheon Sorbonne, França.

Doctor Honoris Causa em Direito – Universidade de Cincinnati, Ohio, USA.

Doctor Honoris Causa em Sociologia – Universidade Livre de Amsterdam, Holanda.

1976: Doctor Honoris Causa em Direito – Universidade de Notre Dame, Indiana, USA.

1977: Doctor Honoris Causa em Economia e Comércio – Universidade de Florença, Itália.

1981: Doctor Honoris Causa em Direito – Faculdade e Conselho da Universidade de Manhattan, USA.

Doctor Honoris Causa em Letras Humanas – Universidade de Loyola, New Orleans, USA.

1982: Doctor Honoris Causa – Pontifícia Universidade Católica de São Paulo. (Primeira vez que, no Brasil, lhe é conferido o grau de doutor).

Doctor Honoris Causa – Universidade Santa Úrsula, Rio de Janeiro.

Doctor Honoris Causa em Letras Humanas – Saint Joseph College, Universidade de West Hartford, USA.

1983: Doctor Honoris Causa – Universidade Católica de Pernambuco, Recife, Brasil.

1984: Doctor Honoris Causa – Saint Mary's University – Halifax – Canadá.

Doctor Honoris Causa – Saint Xavier College – Chicago – USA.

Doctor Honoris Causa – Universidade Federal Rural de Pernambuco – Recife (PE) – Brasil.

Doctor Honoris Causa – Universidade Católica de Goiás (GO) – Brasil.

Doctor Honoris Causa – Universidade Metodista de Piracicaba – Piracicaba (SP) – Brasil.

1985: Doctor Honoris Causa – Universidade Federal de Pernambuco – Recife (PE) – Brasil.

1986: Doctor Honoris Causa – Universidade Ottaviensis – Ottawa – Canadá.

Doctor Honoris Causa – Universidade Federal de Santa Catarina – Joinvile (SC) – Brasil.

1987: Doctor Honoris Causa da Humanidade – Saint Mary's College Notre Dame – Indiana – USA.

Doctor Honoris Causa – Universidade Católica de Santos (SP) - Brasil.

Doctor Honoris Causa – Universidade Católica do Paraná – Curitiba (PR) – Brasil.

Doctor Honoris Causa - Universidade do Estado do Ceará – Fortaleza (CE) – Brasil.

1990: Doctor Honoris Causa – Universidade Federal do Pará – Belém (PA) – Brasil.

Doctor Honoris Causa – Universidade Federal do Ceará – Fortaleza (CE) – Brasil.

1991: Doctor Honoris Causa – Pontifícia Universidade Católica do Rio de Janeiro – Rio de Janeiro (RJ) – Brasil.

Títulos de Cidadania:

1967: Cidadão Honorário de Pernambuco.
Cidadão Honorário de Aracaju.
Cidadão Honorário de Sergipe.
Cidadão Honorário da Cidade do Recife.

1968: Cidadão Honorário de Olinda.
Cidadão Honorário de Carpina.

1983: Cidadão Honorário de Timbaúba.
Cidadão Honorário Norte-Rio-Grandense.

1984: Cidadão Honorário de Mossoró.
Cidadão Honorário da Cidade de Paulista.
Cidadão Honorário da Cidade de Caruaru.
Cidadão Honorário da Cidade de Curitiba.

1985: Cidadão Honorário da Cidade de Ribeirão Preto.
Cidadão Honorário de Goiânia.
Cidadão Honorário da Aldeia da Paz na Cidade de São Nicolau (Suíça).

1986: Cidadão Honorário da Cidade de São Salvador.
Cidadão Honorário de Navegantes.
Cidadão Honorário de São Luís.

1987: Cidadão Honorário de Rocamadour (França).

1988: Cidadão Honorário de Fernando de Noronha.

1989: Cidadão Honorário da Cidade de Canindé.

1990: Cidadão Honorário de Itabuna.
Cidadão Honorário de Belo Horizonte.
Cidadão Honorário de Belém.

1991: Cidadão Honorário de Barbacena.
Cidadão Honorário de João Alfredo.
Cidadão Honorário de Valença.

1992: Cidadão Honorário de Cuiabá.
Cidadão Honorário de Garanhuns.

1995: Cidadão Honorário de São José dos Campos.

ANEXO 2

PRÊMIOS

Prêmios da Paz

1962: Prêmio René Sand de Serviço Social – XI Conferência Internacional de Serviço Social, Rio de Janeiro, Brasil.

1970: Prêmio Memorial Juan XXIII 1969 – VII Aniversário da "Pacem in Terris" – Seccion Española de "Pax Christi".
Prêmio Martinho Luter King, Atlanta, USA.
Prêmio da Paz – Prêmio Internacional Viareggio, com o título "O Homem de Terceiro Mundo", Itália.

1973: "Prix Hammarskjoeld", Gran Collar al paternidad y solidariedad universal – Organisation Mondiale de la Presse Diplomatique.

1974: Prêmio Popular da Paz Oslo, Noruega.
Prêmio Popular da Paz Frankfurt, Alemanha.
Prêmio melhor escritor sobre o problema do Terceiro Mundo – Itália.

1975: Prêmio São Francisco – North American Federation Third Order of Saint Francis Cincinnati, Ohio, USA.
Prêmio "Voice of Justice" – Sacred Pipe – oferecido pelos Índios Americanos – Davenport, Indiana, USA.
Prêmio "Pacem in Terris Peace and Freedom Award" – Catholic International Council – Davenport, USA.
Prêmio da Paz Victor Golanez Humanity Award – 1974 – Londres, Inglaterra.
Prêmio Thomas Merton, Pitsburg, Pennsylvania, USA.

1982: Prêmio Artesãos da Paz, oferecido pelo SERMIG (Servizio Missionario Giovani) – Turim, Itália.
Prêmio Ordine al Merito della Pace – oferecido pela prefeitura de Dusino San Micheli – Asti – Itália.
Prêmio Mahatma Ghandi, oferecido pela TV Globo – São Paulo, Brasil.

1983: Prêmio Niwano Peace Prize – Niwano Peace Fondation, Tóquio, Japão.

1985: "IL XIII Prêmio Internazionale Della Testimonianza" – Título "Profeta del Terzo Mundo" – Vibo Valentia – Itália.

1986: "Raoul Follereau" – Associazione Italiana Amici de Raoul Follereau – Roma – Itália.

Prêmio "Roma-Brasília Cidade da Paz" – Prefeitura de Roma – Itália.

1987: Prêmio "Christopher Award for 1987" (maior prêmio dos EUA para livros religiosos) – USA.

1992: Prêmio "Heleno Fragoso" pelos Direitos Humanos – Centro Heleno Fragoso – Curitiba –PR – Brasil.

"Paul VI – Teacher of Peace a Word" – Assembleia Nacional Pax Christ – Minnesota Rochester – USA.

1997: Prêmio "UNIPAZ 1997" – outorgado pela Fundação Cidade da Paz Universidade Holística Internacional – Brasília (DF) – Brasil.

ANEXO 3

ÓRGÃOS DE QUE PARTICIPOU

Durante sua vida episcopal, desempenhou funções e ocupou cargos em nível nacional e internacional, tais como:

Internacional:

1968: Membro do Comitê de Honra da Organization International Justice et Development – França.

1970: Membro do Comitê do Instituto de Viena para o Desenvolvimento Viena – Áustria.

Membro do Curatório do SIPRI (Stockolm International Peace Research) Scientific Council of SIPRI – Suécia.

1971: Membro The World Conference of Religion for Peace – Nova York, USA.

Membro de Honra da Societé Allemande pour la Paix – Alemanha Ocidental.

Membro do Consejo Consultivo Internacional de la Fundacion del Hombre Buenos Aires – Naciones Unidas – XXVI Aniversário da ONU.

Membro do Conseil Academique Université de Paix.

1975: Membro do Comitê de Diretores – World Council of Church – Nova York, USA.

1977: Membro do Curatório "Les Amis de Pax Christi Internatîonal" Comité de Ioutien, Bélgica.

Membro Pleno do The "Third World Forum", México, DF.

1978: Membro do Club de Dakar – França.

1979: Membro de Honra da Fondation Mondiale de Jeunesse Catholique – Bélgica.

Membro da Advisory Editorial Board of Universal Human Rights – a Comparative and International Journal of the Social Sciences Philosophy and Law – USA.

Membro do The North-South Round Table The Society for Intemational Development – USA.

Membro de Honra da Association des Amis du Père Riobé – França.

Membro Consultor Internacional da Revista "Gandhi Marg" – da Gandhi Peace Foundation – Nova Délhi – Índia.

1980: Um dos nove Vice-Presidentes da WIF – Worldview Intemational Foundation – Sri Lanka.

Membro Fundador do Jurnées Universitaires de la Paix – Bélgica.

1981: Membro do The National Geographic Society – USA.

Membro do Curatorium Albert Schweitzer Friedens Zentruql – Alemanha.

Membro da Associación Latino-Americana para los Derechos Humanos, ALDHU.

Membro do Conselho Executivo de Nonviolent Alternatives – Bélgica.

1982: Membro da Música Esperanza – Buenos Aires – Argentina.

1983: Membro do Conselho do "International Center for Integratives Studies" ICIS – USA.

Membro do Comitê de Honra da Foundation International pour la promotion des Droits de l'Home – França.

Membro Titular da "Académie International de Prospective Social" – AIPS – Génève.

1984: Membro do Comité du Premier Festival d'Animation Culturale – Paris – França.

1985: Membro do Committee Bertrand Russel – Amesterdã – Holanda.

1986: Membro do Comité de Parranaige de Congrés Institut African Des Droits de L'Homme – Dakar – Senegal.

Membro do Consejo Directivo de la Associación Latino Americana para los Derechos Humanos – ALDHU – Quito – Equador.

Membro do Comitê de Honra do "The Dana McLean Greeley Foundation for Peace and Justice", Concord, MA – USA.

Membro do Comitê Científico do Centro di Studi e di Formazione sui Diritti dell'Uomo i dei Popoli Universitá di Padova – Facoltà Scienzi Politiche – Itália.

Membro do Comité d'Honneur por L'Organisation du Colloque Albert Memmi – Paris – França.

Membro de Honra do International Holistic University – Paris – França.

Membro do International Committee "The Temple of Understanding" – New York – USA.

1989: Membro do Consiglio Cientifico Internazionale – Fórum on the Problems of Peace and War – Florença – Itália.

1991: Membro do Conselho de Honra do "Institut Interculturel de Montreal" – Quebec – Canadá.

Membro do Conselho "Credo Internacional" – USA.

1992: Membro do Comitê de Honra do CCFD – Comitê Catholique Contre la Faim et Pour le Développement – Paris – França.

1996: Sócio Fundador da "Foudación Raúl Silva Henriquez – Santiago do Chile – Chile.

Em nível **nacional**, participou das seguintes entidades e sociedades:

Membro Fundador do Centro Brasileiro de Cooperação e Intercâmbio de Serviços Sociais – CBCISS – Rio de Janeiro (RJ) – Brasil.

Membro do Conselho da União dos Escoteiros do Brasil – Recife (PE) – Brasil.

Membro do Secretariado Justiça e Não Violência – Sócio Honorário – São Paulo (SP) – Brasil.

Membro do Conselho Científico do Instituto Materno Infantil de Pernambuco (IMIP) – Recife (PE) – Brasil.

Membro do Comitê de Honra da Solidariedade França Brasil – SEB – Rio de Janeiro (RJ) – Brasil.

Sócio da UBE – União Brasileira dos Escritores (PE) – Recife (PE) – Brasil.

BIBLIOGRAFIA

I FONTES

1.1 Magistério Conciliar

Compêndio do Concílio Vaticano II: Constituições – Decretos – Declarações, Ed. Vozes, Petrópolis 1968.

1.2 Magistério Pontifício

João XXIII, Carta Encíclica *Mater et Magistra*, Ed. Vozes, Petrópolis 1961.
——, Carta Encíclica *Pacem in Terris*, Ed. Vozes, Petrópolis 1963.
——, "Discurso aos bispos da América Latina", in *REB* 19 (1959) 176-182.
——, "Carta aos bispos da América Latina", in *REB* 22 (1962) 461-463.
Paulo VI, Carta Encíclica *Populorum Progressio*, Ed. Vozes, Petrópolis 1967.
——, Carta Encíclica *Octogesima Adveniens*, Ed. Vozes, Petrópolis 1971.
——, Exortação Apostólica *Evangelii Nuntiandi*, Ed. Vozes, Petrópolis 1976.
——, "A justiça no mundo, Sínodo dos Bispos (1971)" in *REB* 31 (1971) 963-975.
——, "Discurso de abertura do Sínodo dos Bispos", in *REB* 34 (1974) 929-934.
——, "Discurso de encerramento do Sínodo sobre a Evangelização", in *REB* 34 (1974) 941-947.
——, "Discurso de abertura", in II Conferência Geral do Episcopado Latino-Americano, A Igreja na atual transformação da América Latina à luz do Concílio Conclusões de Medellín, Ed. Vozes, Petrópolis 1969.
João Paulo II, Carta Encíclica *Redemptor Hominis*, Ed. Paulinas, São Paulo 1979.
——, Carta Encíclica *Dives in Misericordia*, Ed. Vozes, Petrópolis 1980.
——, Carta Encíclica *Laborem Exercens*, Ed. Paulinas, São Paulo 1981.
——, Carta Encíclica *Sollicitudo Rei Socialis*, Ed. Paulinas, São Paulo, 1988.
——, Carta Encíclica *Centesimus annus*, Ed. Paulinas, São Paulo 1991.

——, "Discurso Inaugural", in III Conferência Geral do Episcopado Latino-Americano, Puebla A evangelização no presente e no futuro da América Latina, Ed. Vozes, Petrópolis 1979.

——, *Pronunciamentos do Papa no Brasil*, Ed. Vozes, Petrópolis 1980.

1.3 Magistério Episcopal

Sínodo dos Bispos, *A justiça no mundo*, Ed. Vozes, Petrópolis 1972.

——, "Declaração final dos Bispos", in *REB* 34 (1974) 937-941.

Conferência Geral do Episcopado Latino-Americano II, *A Igreja na atual transformação da América Latina à luz do Concílio Conclusões de Medellín*, Ed. Vozes, Petrópolis 1969.

Conferência Geral do Episcopado Latino-Americano III, *Puebla A Evangelização no presente e no futuro da América Latina*, Ed. Loyola, São Paulo 1979.

Conferência Geral do Episcopado Latino-Americano IV, *Nova evangelização – promoção humana – cultura cristã. Conclusões. Santo Domingo*, Ed. Paulinas, São Paulo 1992.

CELAM, *Antropología y evangelización. Un problema de la Iglesia en América Latina*, Ed. Paulinas, Bogotá 1969.

——, *Cristianismo e ideologías en América Latina*, Documentos CELAM 15, CELAM, Bogotá 1974.

——, *Conflicto social y compromiso cristiano en América Latina*, Documentos CELAM 25, CELAM, Bogotá 1976.

——, *Evangelización libertadora y doctrina social católica*, Documentos CELAM 100, CELAM, Bogotá 1987.

——, *Desarrollo humano y crecimiento económico confrontación y dialogo*, CELAM, Bogotá 1989.

——, *Hacia Santo Domingo. Desde la doctrina social de la Iglesia*, CELAM, Bogotá 1992.

——, *Doctrina social de la Iglesia en América: memorias de leer. Congreso latinoamericano de Doctrina Social de la Iglesia*, CELAM, Bogotá 1992.

——, *Rio de Janeiro, Medellín, Puebla, Santo Domingo: documentos pastorales / CELAM*, Ed. San Pablo, Santiago do Chile 1993.

CELAM, *Derechos humanos – primer encuentro latinoamericano y de Caribe de Pastoral de Derechos humanos*, CELAM, Bogotá 1994.

CONFERÊNCIA NACIONAL DOS BISPOS DO BRASIL, *Plano de Emergência*, in Cadernos da CNBB 1, Rio de Janeiro 1962.

——, "Declaração da CNBB sobre a Situação Nacional, Comissão Central da CNBB, maio, 1964" in SOUZA LIMA, Luiz Gonzaga de, *Evolução política dos católicos e da Igreja no Brasil*, Ed. Vozes, Petrópolis 1979, 147-149.

——, *Plano de Pastoral de Conjunto (PPC) 1966-1970*, CNBB, Rio de Janeiro 1966.

——, *Pacem in Terris e a realidade brasileira*, CNBB, Rio de Janeiro, 30/04/1963.

CONFERÊNCIA NACIONAL DOS BISPOS DO BRASIL, "Nossas responsabilidades em face da "Populorum Progressio" e das conclusões de Mar del Plata", in *REB* 27 (1967) 469-474.

——, "Assembleia Geral da CNBB, A evangelização do mundo contemporâneo", in *SEDOC* 6 (1974) 917-928.

——, *Igreja e educação*. Estudos da CNBB 6, Ed. Paulinas, São Paulo 1974.

——, *Pastoral Social*. Estudos da CNBB 10, Ed. Paulinas, São Paulo 1976.

——, "Comunicação Pastoral ao Povo de Deus, Comissão Representativa", in SOUZA LIMA, Luiz Gonzaga de, *Evolução política dos católicos e da Igreja no Brasil*, Ed. Vozes, Petrópolis 1979, 240-254.

——, "Assembleia Geral da CNBB, Exigências cristãs de uma Ordem Política" in SOUZA LIMA, Luiz Gonzaga de, *Evolução política dos católicos e da Igreja no Brasil*, Ed. Vozes, Petrópolis 1979, 255-266.

——, *Por uma sociedade superando as dominações*, vol. 1: a 1ª etapa, Estudos da CNBB 19, Ed. Paulinas, São Paulo 1978.

——, *Igreja e política. Subsídios teológicos*. Estudos da CNBB 2, Ed. Paulinas, São Paulo 1980.

——, *Reflexão cristã sobre a conjuntura política*, Documentos da CNBB 22, Ed. Paulinas São Paulo 1981.

——, *Comissão Justiça e Paz: documentos normativos*, Estudos da CNBB 38, Ed. Paulinas, São Paulo 1983.

CONFERÊNCIA NACIONAL DOS BISPOS DO BRASIL – CENTRO – OESTE, "Marginalização de um povo", in SOUZA LIMA, Luiz Gonzaga de, *Evolução política dos católicos e da Igreja no Brasil*, Ed. Vozes, Petrópolis 1979, 200-239.

CONFERÊNCIA NACIONAL DOS BISPOS DO BRASIL – NORDESTE II, *Em busca de uma Pedagogia libertadora: para agentes de pastoral que atuam junto aos jovens das classes populares*, mimeografado, Recife s.d.

CONFERÊNCIA NACIONAL DOS BISPOS DO BRASIL – NORDESTE II, "Eu ouvi os clamores do meu povo", in SOUZA LIMA, Luiz Gonzaga de, *Evolução política dos católicos e da Igreja no Brasil*, Ed. Vozes, Petrópolis 1979, 168-199.

——, *Diretrizes da ação pastoral da Igreja do Nordeste II*, mimeografado, Recife 1979.

——, *Evangelizando os pequeninos. Em busca de uma catequese libertadora*, Ed. Paulinas, São Paulo 1979.

——, *Em busca de uma catequese libertadora*, Ed. Vozes, Petrópolis 1981.

——, *Indicações para a pastoral do meio popular*, mimeografado, Recife 1981.

1.4 De Dom Helder Camara

1.4.1 Livros:

CAMARA, Helder, *Revolução dentro da paz*, Ed. Sabiá, Rio de Janeiro 1968.

——, *Terzo mondo defraudato*, Ed. Missionaria italiana, Milão 1968.

——, *Fame e sete di pace con giustizia (per arrivare in tempo)*, Ed. Massimo, Milão 1970.

——, *Espiral da violência*, Ed. Poveira, Porto 1971.

——, *O Deserto é fértil*, Ed. Civilização Brasileira, Rio de Janeiro 1979.

——, *Prière pour les riches*, Ed. Pendo Verlag, Zurique 1972.

——, *Violenza dei pacifici*, Ed. Massimo, Milão 1973.

——, *La rebelión de los economistas*, Zero, Bilbao 1973.

——, *Pobreza, abundancia y solidaridad*, Zero, Bilbao 1973.

——, *El grito del Tercer Mundo en un pueblo marginado*, Merayo Editor, Buenos Aires 1974.

——, *Cristianismo, socialismo, capitalismo*, Ed. Sigueme, Salamanca 1975.

——, *Um olhar sobre a cidade*, Ed. Civilização Brasileira, Rio de Janeiro 1976.

——, *Le conversioni di un Vescovo*, Soc. Ed. Internazionale, Turim 1977.

——, *Mil razões para viver. Meditações do Pe. José*, Ed. Civilização Brasileira, Rio de Janeiro 1978.

——, *¿Quien soy yo? Autocrítica*, Ed. Sigueme, Salamanca 1978.

——, *Nossa Senhora no meu caminho – Meditações do Pe. José*, Ed. Paulinas, São Paulo 1981.

——, *Hoping against all hope*, Maryknall, Orbis Book, New York 1984.

——, *Parole ai giovani*, Queriniana, Brescia 1985.

——, *Interrogativi per vivere*, Cittadella Editrice, Assis 1985.

——, *O Evangelho com Dom Helder*, Ed. Civilização Brasileira, Rio de Janeiro 1993.

——, *Indagações sobre uma vida melhor*, Civilização Brasileira, Rio de Janeiro 1986.

——, *Em tuas mãos, Senhor*, Ed. Paulinas, São Paulo 1987.

——, *La preghiera dei poveri*, Ed. Paoline, Roma 1987.

——, *Utopias peregrinas*, Ed. Universitária da UFPE, Recife, 1993.

——, *Palavras e reflexões*, Ed. Universitária da UFPE, Recife, 1993.

——, *Um olhar sobre a cidade... olhar atento de esperança, de prece* , Ed. Paulus, São Paulo 1995.

——, *Rosas para meu Deus*, Ed. Paulinas, São Paulo 1996.

——, *Família – Missão de Amor*, Ed. Paulinas, São Paulo 1996.

CAMARA, Helder, *Ano 2.000 – 500 anos de Brasil: uma visão de fé, esperança e amor nas mensagens fraternas de D. Helder Camara,* Maria do Carmo Pimenta (Org.), Ed. Paulinas, São Paulo 1999.

CAMARA, Helder et alii, *Eu Ouvi os clamores do Meu Povo (Ex. 3,7)*, Ed. Beneditina, Salvador 1973.

CAMARA, Helder – SUENENS, Card. Léon Joseph, *Rinnovamento nello Spirito e servizio dell'uomo – Documento di Malines 3*, Ed. Paoline, Roma 1979.

1.4.2 Artigos

CAMARA, Helder, "Educação Progressiva", in *A Ordem* Ano XII julho-agosto (1933) 544-549.

——, "Metodologia para a nova moral?", *Revista Brasileira de Pedagogia* Ano 1 - n° 2 março (1934) 98-100.

——, "Diretrizes sempre mais firmes para o integralismo", in *O Nordeste*, Fortaleza 25 de outubro de 1934.

——, "Metodologia do ensino de catecismo na escola nova", *Revista Brasileira de Pedagogia* Ano 2 – n° 13 março (1935) 184-2002.

——, "Os católicos e o Plano Nacional de educação", *Revista Brasileira de Pedagogia* Ano 3 – n° 30 novembro (1936) 369-371.

——, "Educação nacionalista: Escola e nacionalismo", *Revista Brasileira de Pedagogia* Ano 4 – n° 31 fevereiro (1937) 37-42.

——, "Em torno da Psicologia da Fé", in *A Ordem* ano XVII, julho (1938) 7-13.

——, "Pedagogia integralista", in O integralismo e a Educação, *Enciclopédia do Integralismo* vol. IX, Livraria Clássica Brasileira S/A, Rio de Janeiro 1960, 29-37.

——, "O Integralismo em face do catolicismo", in Estudos e Depoimentos, *Enciclopédia do Integralismo* vol. IV, Livraria Clássica Brasileira S/A, Rio de Janeiro 1960, 73-98.

——, "Diálogo da Igreja com as massas na América Latina", in *O diálogo missionário nos tempos actuais*, Livraria Moraes Editora, Lisboa 1967, 222-223.

——, "Um informe de D. Helder Camara", in *REB* 34 (1974) 975-980.

——, "Ele na chuva", in *Grande Sinal* 32 (3) Abril (1978) 181-187.

——, "Comunicação, juventude e participação", in OLIVEIRA, Ismar de (Org.), *Juventude e dominação cultural, Ed. Paulinas*, São Paulo 1982, 17-37.

——, "La multinazionale della pace", in "Pax Christi" (Org.), *Comunità cristiane per una cultura di pace*, Ed. Queriniana, Brescia 1983, 84-88.

——, "Opção pelos pobres, dimensão profética e espiritualidade", in ARNS, Paulo Evaristo et Alii, *Opções pelos pobres: educação e nova sociedade*, XIV Congresso Nacional da AEC, Ed. Loyola, São Paulo 1983, 59-82.

——, Helder, "Lo sviluppo è il nuovo nome della pace", in PERRINI, Matteo (Org.), *Primo: I diritti dell'uomo* Quaderni di Humanitas, Ed. Morcelliana, Brescia 1985, 25-33.

——, "Cerchiamo le possibilità di vivere la pace", in SCUOLA DI PACE BOVES (Org.) *Verso la pace – come imparare la pace studiando la storia*, Editrice Elle di Ci, Turim 1988, 181-184.

1.4.3 Pronunciamentos

Pronunciamentos publicados

CAMARA, Helder, "Scambio di idee con alcuni vescovi", janeiro 1963, documento com propostas sobre a reforma da Igreja entregue aos bispos em janeiro de 1963, in CAMARA, Helder, *Fame e sete di pace con giustizia (per arrivare a tempo)*, Ed. Massimo, Milão 1970, 59-95.

——, "Mensagem de Dom Helder Camara na tomada de posse como Arcebispo de Olinda e Recife", Recife, 12 de abril de 1964, in POTRICK, Maria Bernarda

(Org.), *Dom Helder: pastor e profeta*, Ed. Paulinas, São Paulo 1983, 118-128.

——, "Perspectivas de novas estruturas da Igreja", conferência realizada provavelmente na Domus Mariae em 18 de novembro de 1964, in Documentatie Centrum Concilie (DO-C), Novas estruturas da Igreja, (Temas Conciliares IV), Livraria Morais Editora, Lisboa 1966, 7-21.

——, "Inauguração que vale um símbolo", discurso de inauguração do Seminário Regional do Nordeste, Recife, 02 de maio de 1965, in Raimundo CARAMURU DE BARROS – Lauro de OLIVEIRA (Orgs.), *Dom Helder: O artesão da paz*, Senado Federal, Brasília 2000, 97-105.

——, "Encontro do Nordeste", discurso proferido no encerramento do Encontro do Nordeste em Recife de 01-03 de julho de 1965, in Raimundo CARAMURU DE BARROS – Lauro de OLIVEIRA (Orgs.), *Dom Helder: O artesão da Paz*, Senado Federal, Brasília 2000, 107-112.

——, "Quello che il Concilio non poteva dire" discurso pronunciado na "Domus Mariae" durante a quarta sessão do Concílio Vaticano II, Roma, 14 de novembro de 1965, in CAMARA, Helder, *Terzo mondo defraudato*, Ed. Missionaria Italiana, Milão 1968, 47-57.

——, "Dieci proposte per il terzo mondo", discurso durante a II Conferência Europeia dos Jovens dirigentes cristãos de Imprensa, Amsterdã, 28 de novembro de 1965, in CAMARA, Helder, *Terzo mondo defraudato*, Ed. Missionaria Italiana, Milão 1968, 25-35.

——, "Declaración de los obispos del Nordeste", Recife 14 de junho de 1966, in CAMARA, Helder, *Helder Camara, Iglesia Y desarrollo*, Ed. Búsqueda, Argentina 1968, 47-50.

——, "Colonialismo interno", discurso de encerramento do curso do CEPAL, Salvador, agosto de 1966, in CAMARA, Helder, *Fame e sete di pace con giustizia (per arrivare in tempo)*, Ed. Massimo, Milão 1970, 96-105.

——, "Educazione o violenza per trasformare il mondo?", conferência na Princeton University, Princeton, 10 de fevereiro de 1967, in CAMARA, Helder, *Terzo mondo defraudato*, Ed. Missionaria Italiana, Milão 1968, 79-87.

——, "Recife e Milão, irmãs em responsabilidades em face do desenvolvimento", conferência em Milão, 27 de maio de 1967, in CAMARA, Helder, *Utopias peregrinas*, Ed. Universitária UFPE, Recife 1993, 29-38.

——, "15 obispos se comprometen en favor del tercer mundo", documento dos bispos, in TAPIA DE RENEDO, Benedicto, *Hélder Câmara, Proclama a la Juventud*, Ed. Sigueme, Salamanca 1976, 134-142.

——, "Exame de admissão", discurso na Assembleia Legislativa de Recife ao receber o titulo de cidadão pernambucano, Recife, 25 de setembro de 1967, in Potrick, Maria Bernarda (Org.), *Dom Helder: pastor e profeta*, Ed. Paulinas, São Paulo 1983, 138-145.

——, "La rebelión de los economistas", conferência na Faculdade de Ciência Econômica da Universidade Federal do Rio Grande do Norte, Natal, 12 de dezembro de 1967, in Tapia de Renedo, Benedicto, *Hélder Câmara, Proclama a la Juventud*, Ed. Sigueme, Salamanca 1976, 155-159.

——, "Conversa clara faz bons amigos", conferência no encerramento da I Assembleia das federações rurais, Carpina, 26 de Janeiro de 1968, in Raimundo Caramuru de Barros – Lauro de Oliveira (Orgs.), *Dom Helder: O artesão da paz*, Senado Federal, Brasília 2000, 113-120.

——, "Ação não violenta na América Latina", conferência no encontro dos diretores do Secretariado de Ação Social na América Latina, Itapoã, abril de 1968, in *Vozes* 8 (1968) 701-711.

——, "A pobreza na abundância", conferência na 60° semana social Vallona, Liègi, 19 de abril de 1968, in Camara, Helder, *Utopias peregrinas*, Ed. Universitária UFPE, Recife 1993, 39-48.

——, "Il capitalismo contro la pace", intervenção no Congresso Mundial da Federação da Juventude Católica, Berlim, 16-25 de abril de 1968, in Camara, Helder, *Fame e sete di pace con giustizia (per arrivare in tempo)*, Ed. Massimo, Milão 1970, 106-116.

——, "Ingiustizia su scala mondiale", participação na Conferência Canadense sobre "a Igreja e o mundo", Montreal, 26-29 de maio de 1968, Camara, Helder, *Fame e sete di pace con giustizia (per arrivare in tempo)*, Ed. Massimo, Milão 1970, 13-25.

——, "Ou todos ou nenhum", conferência na redação da Folha de São Paulo, São Paulo, 27 de Setembro de 1968, in Raimundo Caramuru de Barros – Lauro de Oliveira (Orgs.), *Dom Helder: O artesão da paz*, Senado Federal, Brasília 2000, 125-134.

——, "Violencia de los pacíficos", discurso na inauguração do Movimento Ação, Justiça e Paz, Recife, 02 de outubro de 1968, in Tapia de Renedo, Benedicto, *Hélder Câmara, Proclama a la Juventud*, Ed. Sigueme, Salamanca 1976, 178-181.

——, "Esmagados por uma tríplice violência", conferência a Round House de Londres, promovida pela "Haslemere Group", Londres, 13 de abril de 1969, in Camara, Helder, *Utopias peregrinas*, Ed. Universitária UFPE, Recife 1993, 49-56.

——, "Quaisquer que sejam as consequências", conferência no Palácio do Esporte de Paris, Paris, 26 de maio de 1970, in Cirano, Marcos, Os caminhos de Dom Helder: perseguições e censura (1964-1980), Editora Guararapes, Recife 1983, 73-79.

——, "Uomo, vuoi essere libero?", conferência durante o Congresso Jubilar da Pax Romana, Friburgo, 17 de julho de 1971, in CAMARA, Helder, *Violenza dei pacifici*, Editrici Massimo, Milão 1973, 148-158.

——, "Se queres a paz, trabalha pela justiça", discurso na Conferência Ecumênica Internacional sobre a guerra do Vietnã, patrocinada pela organização Protestante, Ortodoxa, Católica, e Judeus dos EUA, Kansas City, 15 de janeiro de 1972, in Raimundo CARAMURU DE BARROS – Lauro de OLIVEIRA (Orgs.), *Dom Helder: O artesão da paz*, Senado Federal, Brasília 2000, 135-141.

——, "La violenza dei pacifici", conferência no Encontro Mundial do Movimento da Não Violência, Driebergen, 4 de abril de 1972, in CAMARA, Helder, *Violenza dei pacifici*, Editrici Massimo, Milão 1973, 184-187.

——, "Fame e sete di giustizia", meditação pública depois da celebração eucarística, Tilburg, 9 de abril de 1972, in CAMARA, Helder, *Violenza dei pacifici*, Editrici Massimo, Milão 1973, 188-193.

——, "Los cristianos y las injusticias de hoy", conferência nas aulas de Saint Pancrace, 06 de junho de 1972, in CÂMARA, Hélder, *Cristianismo, socialismo, capitalismo*, Ed. Sigueme, Salamanca 1975, 64-73.

——, "Minorias Abraâmicas e estruturas da Igreja", conferência no Congresso dos colaboradores do "Fresckenhoster Kreises", Alemanha, 22 de junho de 1972, in Raimundo CARAMURU DE BARROS – Lauro de OLIVEIRA (Orgs.), *Dom Helder: O artesão da paz*, Senado Federal, Brasília 2000, 143-150.

——, "¿Desarrollo o liberación?", carta circular as minorias abraâmicas, outubro de 1972, in CÂMARA, Hélder, *Cristianismo, socialismo, capitalismo*, Ed. Sigueme, Salamanca 1975, 74-80.

——, "Mais perto ou mais longe da Paz", discurso ao receber o "Prêmio Popular pela Paz", Oslo, 10 de fevereiro de 1974, in CÂMARA, Helder, *Utopias peregrinas*, Ed. Universitária UFPE, Recife 1993, 57-64.

——, "Humanizar o homem", discurso ao receber o "Prêmio Popular para a paz". Frankfurt, 11 de Fevereiro de 1974, in Raimundo CARAMURU DE BARROS – Lauro de OLIVEIRA (Orgs.), *Dom Helder: O artesão da paz*, Senado Federal, Brasília 2000, 159-163.

——, "Força do direito ou direito da força!?", conferência ao receber o título de Doutor "Honoris Causa" em Direito pela defesa dos direitos humanos Universidade de Harvard, Harvard, 13 de junho de 1974, in Raimundo CARAMU-

RU DE BARROS – Lauro de OLIVEIRA (Orgs.), *Dom Helder: O artesão da paz*, Senado Federal, Brasília 2000, 165-172.

——, "Perché amo la chiesa", conferência às religiosas, Milão, 19 de outubro de 1974, in CÂMARA, Helder, *Parole ai giovani*, Ed. Queriniana, Brescia 1985, 14-21.

——, "Que faria S. Tomás de Aquino, o comentador de Aristóteles, diante de Karl Marx?", conferência na Universidade de Chicago, Chicago 29 de outubro de 1974, in POTRICK, Maria Bernarda (Org.), *Dom Helder: pastor e profeta*, Ed. Paulinas, São Paulo 1984, 151-160.

——, "Escolas superiores de paz", discurso por ocasião da Láurea "Honoris Causa" em Direito conferido pela Universidade Sorbonnne, Paris, 07 de março de 1975, in CÂMARA, Helder, *Utopias peregrinas*, Ed. Universitária UFPE, Recife 1993, 65-73.

——, "Justiça social e desenvolvimento", conferência a convite do Instituto Vienense para o desenvolvimento, Viena, 4 de julho de 1975, in Raimundo CARAMURU DE BARROS – Lauro de OLIVEIRA (Orgs.), *Dom Helder: O artesão da paz*, Senado Federal, Brasília 2000, 181-188.

——, "Conflitos sociopolíticos na América latina: situação atual e perspectivas, de um ângulo pastoral", conferência por ocasião do Encontro sobre "Conflito social na América latina e compromisso cristão" promovido pelo CELAM em Lima (Chacaclaia) de 6 a 13 de setembro de 1975, in Raimundo CARAMURU DE BARROS – Lauro de OLIVEIRA (Orgs.), *Dom Helder: O artesão da Paz*, Senado Federal, Brasília 2000, 189-194.

——, "Giovani di oggi artefici di un modo più giusto?", conferência no encontro com a juventude belga a convite da Comissão de compreensão internacional, Bruxelas, 24 de outubro de 1975, in CÂMARA, Helder, *Parole ai giovani*, Ed. Queriniana, Brescia 1985, 85-90.

——, "Resposta da Igreja à pobreza e à miséria, especialmente na América Latina", conferência durante o 41° congresso eucarístico internacional dentro do ciclo Freedom and Justice conferences: Convention Hall and Civic Center. Filadélfia, 3 de agosto de 1976, in Raimundo CARAMURU DE BARROS – Lauro de OLIVEIRA (Orgs.), *Dom Helder: O artesão da paz*, Senado Federal, Brasília 2000, 195-203.

——, "Evangelização no início do 4° século da diocese de Olinda", mensagem Pastoral de Dom Helder Camara por ocasião do tricentenário da criação da diocese de Olinda. Recife 16 de novembro de 1976, in POTRICK, Maria Bernarda (Org.), *Dom Helder: pastor e profeta*, Ed. Paulinas, São Paulo 1984, 130-136.

——, "Educação libertadora na América Latina", conferência realizada por ocasião do 2° Congresso Nacional de Católicos do Paraná, Paraná, 02 de outubro de 1980, in Raimundo CARAMURU DE BARROS – Lauro de OLIVEIRA (Orgs.), *Dom Helder: O artesão da paz*, Senado Federal, Brasília 2000, 211-218.

——, "Projeto-homem: defender a vida, combater a fome", conferência no estádio de Bérgamo em companhia de Madre Teresa, de Calcutá, Bérgamo (Itália), 10 de outubro de 1980, in Raimundo CARAMURU DE BARROS – Lauro de OLIVEIRA (Orgs.), *Dom Helder: O artesão da paz*, Senado Federal, Brasília 2000, 219-222.

——, "Apelo fraterno à Universidade Livre de Amsterdã" conferência na comemoração do 1° centenário da Fundação, Amsterdã 21 de outubro de 1980, in CÂMARA, Helder, *Utopias peregrinas*, Ed. Universitária UFPE, Recife 1993, 75-78.

——, "Pedagogia e humanismo", Palestra como paraninfo do curso de Pedagogia da UFPE 23 de janeiro de 1981, in Raimundo CARAMURU DE BARROS – Lauro de OLIVEIRA (Orgs.), *Dom Helder: O artesão da paz*, Senado Federal, Brasília 2000, 223-228.

——, "Abertura fraterna de Diálogo", conferência na abertura do ano letivo de 1981 no ITER, Recife 09 de fevereiro de 1981, in POTRICK, Maria Bernarda (Org.), *Dom Helder: pastor e profeta*, Ed. Paulinas, São Paulo 1984, 162-165.

——, "O ano 2000: desafio tremendo", conferência realizada na Catedral de Duran (Inglaterra), no encontro noturno, Duran, 1° de abril de 1981, in Raimundo CARAMURU DE BARROS – Lauro de OLIVEIRA (Orgs.), *Dom Helder: O artesão da paz*, Senado Federal, Brasília 2000, 229-233.

——, "A Igreja na América Latina: Hoje", Aula Magna na Universidade Católica do Sagrado Coração, Milão 02 de abril de 1981, in CÂMARA, Helder, *Utopias peregrinas*, Ed. Universitária UFPE, Recife 1993, 79-89.

——, "São Francisco, santo do nosso tempo", homília na Catedral de Hebreia no 8° centenário do nascimento de S. Francisco 04 de outubro de 1981, in CÂMARA, Helder, *Utopias peregrinas*, Ed. Universitária UFPE, Recife 1993, 91-96.

——, "La multinazionale della pace", conferência no Congresso de Pax Christi internacional, Nassogne 9-11 de outubro de 1981, in PAX CHRISTI, (Org.), *Comunità cristiane per una cultura di pace*, Ed. Queriniana, Brescia 1983, 84-88.

——, "Comunicação, juventude, participação", conferência de abertura do 10° Congresso da UCBC, Florianópolis, 28 de outubro de 1981, in Raimundo

Caramuru de Barros – Lauro de Oliveira (Orgs.), *Dom Helder: O artesão da paz*, Senado Federal, Brasília 2000, 241-250.

——, "A Igreja e a propriedade", contribuição no seminário sobre o solo urbano, Recife 15 de novembro de 1981, in Raimundo Caramuru de Barros – Lauro de Oliveira (Orgs.), *Dom Helder: O artesão da paz*, Senado Federal, Brasília 2000, 251-254.

——, "Tendes, diante de vós, responsabilidades apaixonantes", discurso como paraninfo dos formandos em Engenharia da Universidade Federal de Minas Gerais, Belo Horizonte, 11 de dezembro de 1981, in Raimundo Caramuru de Barros – Lauro de Oliveira (Orgs.), *Dom Helder: O artesão da paz*, Senado Federal, Brasília 2000, 255-260.

——, "Só a verdade vos libertará", discurso proferido ao receber o título de Doutor "Honoris Causa" na Pontifícia Universidade Católica de São Paulo, São Paulo 04 de março de 1982, in Raimundo Caramuru de Barros – Lauro de Oliveira (Orgs.), *Dom Helder: O artesão da paz*, Senado Federal, Brasília 2000, 261-268.

——, "Prêmio "Artesão da Paz"", discurso em ocasião do conferimento da parte do SER.MI.G., unido a Lech Walesa, do prêmio Artigiani della Pace, Turim 18 de abril de 1982, in Raimundo Caramuru de Barros – Lauro de Oliveira (Orgs.), *Dom Helder: O artesão da paz*, Senado Federal, Brasília 2000, 269-278.

——, "Fome: que resposta?", conferência no Centro Cultural PIME, Milão, 19 de abril de 1982, in Câmara, Helder, *Utopias peregrinas*, Ed. Universitária UFPE, Recife 1993, 97-102.

——, "Pecados sociais, que exigem conversões sociais", mensagem ao lhe ser conferido o título de Doutor "Honoris Causa" na Universidade de Santa Úrsula, Rio de Janeiro, 21 de maio de 1982, in Raimundo Caramuru de Barros – Lauro de Oliveira (Orgs.), *Dom Helder: O artesão da Paz*, Senado Federal, Brasília 2000, 279-285.

——, "Colaboração do Budismo para a paz mundial" conferência no 1° prêmio Niwano da Paz, Tóquio Japão 07 de abril de 1983, in Câmara, Helder, *Utopias peregrinas*, Ed. Universitária UFPE, Recife 1993, 103-108.

——, "Senhor, fazei de nós artesãos de vossa paz", conferência na abertura do Simpósio "Crise: oportunidade de mudança", na Assembleia Legislativa do Rio Grande do Sul, Porto Alegre 19 de agosto de 1983, in Raimundo Caramuru de Barros – Lauro de Oliveira (Orgs.), *Dom Helder: O artesão da paz*, Senado Federal, Brasília 2000, 291-313.

——, "A Igreja dos pobres", conferência durante o Jubileu de Ouro de fundação do Seminário Pio Brasileiro, seminário brasileiro de Roma, Roma 15 de março de 1984, in Raimundo CARAMURU DE BARROS – Lauro de OLIVEIRA (Orgs.), *Dom Helder: O artesão da paz*, Senado Federal, Brasília 2000, 316-325.

——, "Direitos humanos, desafio crescente", discurso aos ser homenageado pela Ordem dos Advogados do Brasil (OAB), Rio de Janeiro, 07 de maio de 1984, in Raimundo CARAMURU DE BARROS – Lauro de OLIVEIRA (Orgs.), *Dom Helder: O artesão da paz*, Senado Federal, Brasília 2000, 327-331.

——, "1964-1985: sinais dos tempos, sinais de Deus", mensagem de Dom Helder ao despedir-se como Arcebispo de Olinda e Recife, Olinda, 15 de julho de 1985, in Raimundo CARAMURU DE BARROS – Lauro de OLIVEIRA (Orgs.), *Dom Helder: O artesão da paz*, Senado Federal, Brasília 2000, 339-349.

——, "O outro desenvolvimento e os pobres" – "Para uma economia mais humana", conferência na Fundação Dag Hammarskjold 2° seminário, Toller criação de recursos para o desenvolvimento local, Garanhuns, PE, 30 de junho a 05 de agosto de 1985, in CÂMARA, Helder, *Utopias peregrinas*, Ed. Universitária UFPE, Recife 1993, 115-120.

——, "Prêmio Roma – Brasília cidade da Paz", Roma 17 de dezembro de 1986, in CÂMARA, Helder, *Utopias peregrinas*, Ed. Universitária UFPE, Recife 1993, 121-124.

——, "Pertinência de uma aparente impertinência", Habitat Forum Berlim 87, Conferência Internacional sobre Vivenda e Desenvolvimento Local, processos de urbanização e opções de desenvolvimento, Berlim 01-13 de junho de 1987, in CÂMARA, Helder, *Utopias peregrinas*, Ed. Universitária UFPE, Recife 1993, 125-130.

——, "O papel das Ciências Sociais em fase dos desafios futuros da América Latina", conferência na abertura da XIV Assembleia Geral do Conselho Latino-americano no auditório da Sudene, 16 de novembro de 1987, in Raimundo CARAMURU DE BARROS – Lauro de OLIVEIRA (Orgs.), *Dom Helder: O artesão da paz*, Senado Federal, Brasília 2000, 363-369.

——, "Guerra alla miseria", conferência em Cosenza, 13 de maio de 1991, in CAVAGNA, Angelo (Org.), *Nuove mete dell'azione sociale (La 'Rerum Novarum' tra passato e futuro)*, Ed. Dehoniana Bolonha, Bolonha 1992, 207-209.

——, "Ano 2000 sem miséria", conferência na Assembleia Legislativa de Pernambuco, Recife, 03 de dezembro de 1991, in Raimundo CARAMURU DE BARROS – Lauro de OLIVEIRA (Orgs.), *Dom Helder: O artesão da paz*, Senado Federal, Brasília 2000, 383-385.

Pronunciamentos não publicados

Os seguintes textos encontram-se catalogados e são acessíveis em forma mimeográfica, sem data, no arquivo do Centro de Documentação Helder Camara (CEDOHC) Recife.

CAMARA, Helder, "The priest and the council", 1964, in Apostila s/n°, (64-01).

——, "Mão de filho em chaga sagrada", artigo enviado às revistas estrangeiras, 1964, (64-02).

——, "Petites réformes qué feront grandir le Concile", 1964, in Apostila s/n°, (64-03).

——, "Esquema XIII telstar para o Mundo", conferência no C.C.C.C. em 28 de outubro de 1964, Roma, in Apostila s/n°, (64-05).

——, "L'appel du Tiers-Monde", conferência no Comitê Francês para a campanha mundial contra a fome, Paris, 08 de abril de 1965, in Apostila s/n°, (65-02).

——, "Un après-Concile à la hauteur du Vatican II", Roma, 01 de dezembro de 1965, in Apostila s/n°, (65-07).

——, "Boas Vindas em nome do Nordeste", Discurso na tomada de posse do arcebispo de João Pessoa, João Pessoa, 26 de março de 1966, in Apostila s/n°, (66-01).

——, "Presença da Igreja no desenvolvimento da América Latina", documento apresentado na X reunião extraordinária do CELAM, Mar del Plata, outubro 1966, in Apostila 12/1, 1-14, (66-04).

——, "A Universidade e a integração nacional", conferência na Escola de Ciência Econômica, Campina Grande, 11 de dezembro de 1966, in Apostila 16/2, 1-5, (66-06).

——, "Desenvolvimento e humanismo", conferência na Escola de Ciência Econômica de Belo Horizonte, Belo Horizonte, 13 de dezembro de 1966, in Apostila 16/3, 1-6, (66-07).

——, "I Seminário de Ação comunitária", conferência no encerramento do I Seminário de Ação comunitária da SUDENE, Recife, 16 de dezembro de 1966, in Apostila 16/12, 1-5, (66-09).

——, "Universidade, cristianismo e marxismo", conferência na Escola de Ciência Social de Caruaru, Caruaru, 19 de dezembro de 1966, in Apostila 16/8, 1-5, (66-13).

——, "Nordeste e SUDENE, irmãos siameses", simpósio sobre o III projeto piloto da SUDENE, Recife, janeiro de 1967, in Apostila s/n°, (67-03).

——, "A universidade e a Igreja parceiros em humanização?", intervenção no simpósio da Cornell University, Ithaca – Nova York, 07 a 09 de fevereiro de 1967, in Apostila s/nº, (67-09).

——, "Encíclica a responder com atos", discurso de encerramento do curso CEPAL-BNDE. Aracaju, 22 de abril de 1967, in Apostila s/nº, (67-12).

——, "Nordeste: desenvolvimento sem justiça", alocução na vigília de 1º de maio na proclamação do Manifesto da ACO (Ação Católica Operária), Recife, 1º de maio de 1967, in Apostila 12/2, 1-7, (67-13).

——, "Nossas responsabilidades em face da 'Populorum Progressio' e das Conclusões de Mar del Plata", conferência na VIII Assembleia Geral da CNBB, Aparecida, 06 a 10 de maio de 1967, in Apostila s/nº, (67-14).

——, "Imposições da solidariedade universal", conferência na Pontifícia Universidade Católica de São Paulo, São Paulo 19 de junho de 1967, in Apostila 12/4, 1-7, (67-16).

——, "Igreja e construção do mundo", conferência na I Assembleia geral do MIJARC, Assunção, 02 de agosto de 1967 in Apostila 12/8, 1-7, (67-19).

——, "Balanço de um pastoreio", discurso na Câmara Municipal de Recife ao receber o titulo de cidadão de Recife, Recife, 11 de Setembro de 1967, in Apostila s/nº, (67-21).

——, "Mística do desenvolvimento", conferência na abertura do encontro no Amazonas, promovido pelo Secretariado Nacional de Ação Social da CNBB, Manaus, 04 de Outubro de 1967, in Apostila 17/1, 1-7, (67-23).

——, "Resposta à agro-indústria do açúcar de Pernambuco: exceção que se impõe", entrevista publicada através da imprensa do país, Outubro de 1967, in Apostila 21/5, 1-6, (67-s/nº).

——, "Desenvolvimento: batalha simultânea em vários 'fronts'", conferência no teatro Teodoro, Maceió, 04 de Novembro de 1967 in Apostila s/nº, (67-25).

——, "Carta Aberta a Gilberto Freire", in Apostila 12/8, 1-4, (67-s/nº).

——, "Resposta à interpelação judicial", Recife 09 de fevereiro de 1968 in Apostila 21/2, 1-4, (68-s/nº).

——, "Resposta ao Tribunal de Justiça", Recife 12 de fevereiro de 1968, in Apostila 21/1, 1-4, (68-s/nº).

——, "Eu sou o caminho", aula inaugural do Instituto Teológico de Recife (ITER), Recife, 07 de março de 1968, in Apostila 17/3, 1-6, (68-04).

——, "Os Jovens exigem e constroem a paz – uma realidade nos interpela", intervenção no Congresso Mundial da Juventude feminina Católica e a Federação Internacional da Juventude Católica, Berlim, 23 de abril de 1968, in Apostila 17/7, 1-5, (68-07).

——, "As grandes tentações da Igreja hoje", conferência em Estrasburgo, 24 de abril de 1968 in Apostila s/nº, (68-09).

——, "Única opção, a violência?", conferência na La Mutualitè de Paris. Paris 25 de abril de 1968, in Apostila 17/8, 1-6, (68-11).

——, "A Igreja nas Américas: suas possibilidades, seus deveres, sua missão", estudo, in Apostila s/nº, (68-s/nº).

——, "Os subversivos são os que nos acusam", conferência na escola de Engenharia de Belo Horizonte, Belo Horizonte, 15 de Setembro de 1968 in Apostila s/nº, (68-s/nº).

——, "Mensagem fraterna aos juristas católicos", alocução no IV Congresso Mundial dos juristas católicos, organizado pela Pax Romana, Dakar, 5-12 de dezembro de 1968, in Apostila 25/3, 1-5, (68-17).

——, "Razões de esperar", conferência na Escola de Ciência Econômica de Vitória, Vitória, 14 de dezembro de 1968, in Apostila 25/4, 1-5, (68-18).

——, "Hora da libertação", conferência na Escola de Engenharia da Universidade Federal de Minas Gerais, Belo Horizonte, 15 de dezembro de 1968 in Apostila 25/5, 1-5, (68-19).

——, "Tentando ser claro para agir firme", conferência na Escola de Engenharia da Universidade Católica do Rio de Janeiro, Rio de Janeiro, 16 de dezembro de 1968 in Apostila 25/6, 1-5, (68-20).

——, "Os direitos humanos e a libertação do homem nas Américas'", alocução de encerramento na VI Conferência anual Internacional da CICOP, Nova York, 26 de janeiro de 1969, in Apostila 25/7, 1-5, (69-01).

——, "Forças Armadas e universidade", conferência na Universidade de Harward, Harward, 27 de janeiro de 1969, in Apostila 25/8, 1-5, (69-02).

——, "Em 'resposta à crise', que deveis fazer?", conferência a "Manchester Student Christian Movement", Manchester, 08 de abril de 1969, in Apostila 29/1, 1-5, (69-04).

——, "A universidade e as revoluções necessárias à América Latina", conferência na Universidade Católica do Chile, Santiago, 18 de abril de 1969, in Apostila 29/3, 1-6, (69-06).

——, "Esperança em uma comunidade mundial", conferência na "Western Conference of Priests" Winnipeg (Canadá), Winnipeg, 13 de janeiro de 1970, in Apostila 30/1, 1-5, (70-01).

——, "Resposta fraterna ao 'Black manifesto'", conferência em Detroit (EUA), janeiro de 1970, in Apostila 30/3, 11-16, (70-02).

——, "Lições vitais da guerra do Vietnã", conferência realizada no Canadá, EUA, e Suíça, em janeiro de 1970, in Apostila 30/2, 6-10, (70-04).

——, "Ghandi onde está tua vitória?", conferência realizada no Canadá, EUA, e na Suíça em janeiro de 1970, in Apostila 30/6, 29-32, (70-05).

——, "Projetos de desenvolvimento e preocupação com mudanças estruturais", conferência na "World Consultation and Ecumenical Assistance for Development projects", Montreal, 29 de janeiro de 1970, in Apostila 30/5, 23-28, (70-06).

——, "Impossível desenvolvimento sem juventude" conferência ao Congresso Mundial sobre "Juventude e desenvolvimento", Salisburgo (Áustria), 20 de maio de 1970, in Apostila 31/1, 1-4, (70-08).

——, "Três pedidos a meus colegas e irmãos, os teólogos", conferência a Universidade de Louvaína ao receber o titulo de doutor "Honoris Causa" em teologia, Louvaína, 21 de maio de 1970, in Apostila 31/2, 5-8, (70-09).

——, "Pacto político e militar ou pacto de justiça e amor?", no debate público em Bruxelas presidido pelo Cardeal Suenens, Bruxelas, 22 de maio de 1970, in Apostila 31/3, 9-12, (70-10).

——, "Meditação e prece, durante uma vigília ecumênica, na cidade ecumênica de Lyon", meditação homilia no Palácio do Esporte durante a vigília ecumênica na cidade de Lyon em 24 de maio de 1970, in Apostila 31/4, 13-16, (70-11).

——, "Joana, será que compreendes e amas a não violência?", conferência em Orléans (França), Orléans, 25 de maio de 1970, in Apostila 31/5, 17-20, (70-12).

——, "Responsabilidade da França em fase da revolução", conferência proferida em Paris, 26 de maio de 1970, in Apostila 31/6, 21-24, (70-13).

——, "Obrigações da Escandinávia para com o mundo", conferência na Universidade de Upsla (Suécia), 27 de maio de 1970, in Apostila 31/6, 25-28, (70-16).

——, "Eu tive um sonho", conferência ao receber o Prêmio Martin Luther King, Atlanta, 12 de agosto de 1970, in Apostila 31/8, 35-40, (70-17).

——, "As religiões e as necessárias mudanças de estrutura no mundo de hoje", discurso a "World conference on Religion and Peace", Kyoto (Japão), 20 de outubro de 1970, in Apostila 32/1, 1-3, (70-18).

——, "Contribuição da Igreja para a vida social na América Latina", conferência na Comissão Alemã de "Justitia et Pax", Bonn, 23 de outubro de 1970, in Apostila 32/3, 1-4, (70-20).

——, "Acusações de Dom Geraldo Sigaud a Dom Helder Camara", in Apostila 32/4, 1-5, (70-s/n°)

——, "Alemanha, deveis mais um exemplo ao mundo", discurso a Wurzburg no encontro dos três sindicatos Católicos dos trabalhadores da Baviera, de Baden-Wurttemberg e da Prússia, Wurzburg, 23 de maio de 1971, in Apostila 33/1, 1-5, (71-01).

——, "Pela paz e pela justiça entre as Américas", conferência a "Scarrit College for Christian Workers", Nashville, 27 de maio de 1971, in Apostila 33/2, 6-9, (71-02).

——, "A não violência, força libertadora na América Latina", intervenção na "Conferência para coordenar e planificar a ação da não violência na América Latina", Alajuela, San José de Costa Rica, 30 de maio de 1971, in Apostila 33/3, 10-16, (71-03).

——, "A propósito das acusações do governador Sodré", Recife, novembro 1970, in Apostila 33/4, 17-23, (71-s/nº).

——, "Posição em face do Marxismo e do Socialismo", Recife, novembro de 1970, in Apostila 33/5, 23-26, (71-s/nº).

——, "Posição exata em face da violência", Recife, novembro de 1970, in Apostila 33/6, 27-29, (71-s/nº).

——, "Neutralidade: força ou fraqueza, realidade ou ilusão?", conferência a Ação Católica Suíça, Suíça, 16 de junho de 1971, in Apostila s/nº, (71-04).

——, "É tua vez, é tua hora, América Latina", conferência no I Congresso Latino-americano de "Desenvolvimento Integral do homem", Caracas, 24 de agosto de 1971 in Apostila s/nº, (71-07).

——, "Paz e segurança para o Terceiro Mundo", conferência ao Conselho Científico da SIPRI (Stockolm International Peace Research Institute), Estocolmo, 11 de setembro de 1971, in Apostila s/nº, (71-08).

——, "Estruturas a mudar, também, nos países ricos", conferência na Universidade de Fordham (EUA), Fordham, 17 de janeiro de 1972, in Apostila 35/9, 34-37, (72-02).

——, "La violence de la techinique et la technique de la non-violence", conferência em Haarlem, 5 de abril de 1972, in Apostila s/nº, (72-05).

——, "Religion vivante pour les hommes d'aujourd'hui et de demain", conferência em Haarlem, 6 de abril de 1972, in Apostila s/nº, (72-06).

——, "Um só e grande amor", homília na concelebração presidida pelo Cardeal Julius Döpfner na Igreja de São Miguel, Munique, 20 de junho de 1972, in Apostila 35/1, 1-2, (72-08).

——, "Cristianismo entre socialismo e capitalismo", conferência no Círculo Krone Bau, Munique, 20 de junho de 1972, in Apostila 35/2, 3-7, (72-09).

——, "Cristianismo, socialismo, marxismo se defrontam e se interrogam", conferência na Universidade de Munster, 21 de junho de 1972, in Apostila 35/3, 8-11, (72-10).

——, "Agravamento das estruturas de opressão", conferência na universidade de Friburgo, Friburgo, 23 de junho de 1972, in Apostila 35/5, 17-22, (72-12).

——, "A Igreja em face das injustiças dos nossos tempos", conferência na "Comissão Internacional de justiça e Paz da Conferência Episcopal da Inglaterra e Wales", Londres, 26 de junho de 1972, in Apostila 35/6, 23-26, (72-13).

——, "Conversa fraterna com os ingleses", discurso durante o encontro amigável na "Houses of Parlament", a convite do reverendíssimo Lord McLeod, do Lord Grenwood e de um grupo de membros da Câmara Municipal, Londres, 26 de junho de 1972, in Apostila 35/7, 27-29, (72-14).

——, "Pacto digno de coroar vossa marcha", mensagem aos jovens do Movimento "Mani Tese" na marcha de 1972, Florença, 05 de novembro de 1972 in Apostila 36/1, 1-6, (72-15).

——, "Comunidade europeia ou império europeu?", discurso feito em Turim, Turim, 6 de novembro de 1972, in Apostila 36/2, 1-5, (72-17).

——, "A degradação dos mundos e a urgente renovação da face da terra", discurso feito a Milão, 07 de novembro de 1972, in Apostila 36/3, 1-5, (72-19).

——, "Retiro Debate com padres de língua espanhola que vivem e trabalham nos EUA", Conferências a convite dos Padres associados para os Direitos Religiosos, Educativos e sociais, Tucson, Arizona, de 24 a 27 de abril de 1973, 1° discurso: Grandes linhas de uma teologia da libertação; 2° discurso: Espiral da violência e suas eventuais saídas; 3° discurso: Esperança e renovação nas estruturas da Igreja; 4° discurso: Ministério e sacerdócio ministerial na América Latina do Vaticano II e de Medellín, in Apostila 36/4, 1-17, (73-01).

——, "Responsabilidade dos cristãos em face do mundo de hoje", conferência na sessão Acadêmica preparatória da Oração Ecumênica de Bruxelas, Bruxelas, 19 de maio de 1973, in Apostila 36/5, 1-5, (73-03).

——, "As macro-empresas, multinacionais, esfinge de nosso tempo", conferência / debate realizado em Bruxelas por iniciativa da "Entreprise de Demain", Bruxelas 21 de maio de 1973, in Apostila 36/6, 1-5, (73-04).

——, "Os mansos possuirão a terra", conferência por ocasião da Assembleia Nacional dos Religiosos, Washington, 28 de agosto de 1973, in Apostila 37/3, 1-4, (73-11).

——, "Direitos do homem: Três pontos vitais, entre muitos outros", conferência na comemoração dos 25 anos da Declaração Universal dos Direitos do Homem, Houston, 08 de dezembro de 1973, in Apostila 37/4, 1-5, (73-12).

——, "Empresas transnacionais e mudanças de valores, hoje", conferência no 4° Fórum Europeu dos Empresários, Davos, 06 de fevereiro de 1974, in Apostila 37/5, 1-5, (74-01).

——, "A verdade vos libertará", conferência em Zurique, 09 de fevereiro de 1974, in Apostila 37/6, 1-5, (74-02).

——, "Libertação humana e evangelização" conferência no plenário do Sínodo dos Bispos, Roma, 26 de setembro a 26 de outubro de 1974, in Apostila s/ n°, (74-08).

——, "Porque 'através da paz e do terceiro mundo?'", Mensagem aos jovens de Turim, Turim, 20 de outubro de 1974, in Apostila 38, (74-12).

——, "Liberdade e justiça para todos", conferência na Universidade de Ottawa (Canadá), Ottawa, 01 de fevereiro de 1975 in Apostila 39/1, 1-8, (75-01).

——, "Libertação, expressão equívoca?", alocução dirigida a padres e estudantes de Teologia de Toronto, Toronto 04 de fevereiro de 1975, in Apostila 39/5, 19-22, (75-05).

——, "O 3° mundo, um problema de justiça", conferência no Minneapolis Auditorium por ocasião do "Upper Midwest Catholic Education Congress", 17 de outubro de 1975, in Apostila s/n°, (75-13).

——, "Tentativa de eficácia para os direitos humanos", conferência no "Catholic Institute for International Relations", Leeds, 21 de Outubro de 1975, in Apostila 42, (75-15).

——, "Igreja: condições para que ajude o surgimento de um mundo novo", 25 de outubro de 1975, in Apostila s/n°, (75-17).

——, "Nova ordem econômica internacional e perspectivas de supressão das desigualdades sociais", participação no Colóquio mundial sobre as implicações sociais de uma nova ordem econômica internacional: Instituto Internacional de Estudos Sociais – Genebra, 19 a 23 de janeiro de 1976, in Apostila 43/1, 1-5, (76-01).

——, "Contribuição fraterna às comemorações do bi-centenário", conferência ao receber o doutorado "Honoris Causa" em Direito: Universidade de Notre Dame, Indiana, 16 de maio de 1976, in Apostila 43/3, 1-4, (76-03).

——, "O pão da vida e a subvida do mundo", participação no simpósio sobre a fome mundial, programa oficial do 41° Congresso Eucarístico Internacional (Conventio hall e Civic Center, Filadélfia), Filadélfia 02 de agosto de 1976, in Apostila 43/5, 1-3, (76-04).

——, "Urgência de viver nossos grandes textos!", conferência realizada na cidade de Quebec, 26 de fevereiro de 1977, Apostila s/n°, (77-02).

——, "Nova ordem econômica internacional?", conferência realizada em Toronto, 27 de fevereiro de 1977, Apostila s/n°, (77-03).

——, "Importância de interpretar bem e viver de verdade a ética cristã", participação no painel sobre "Human Ethics" – Second Alternative to Growth world Conference, Woodlands, Texas (EUA), 02 a 04 de outubro de 1977, in Apostila 45/1, 1-3, (77-07).

——, "Porque os países em vias de desenvolvimento estão, em geral, submetidos a ditaduras", participação nas jornadas internacionais sobre "El futuro de la democracia": Radio-France. Atenas, 5 de Outubro de 1977, in Apostila 45/2, 4-6, (77-08).

——, "Democracia e subdesenvolvimento. Existe uma ligação entre bem-estar e liberdade?", Participação nas jornadas internacionais sobre "El futuro de la democracia": Radio-France. Atenas, 6 de Outubro de 1977, in Apostila 45/3, 7-8, (77-09).

——, "Democracia e economia: o agravamento do descompasso entre o poder econômico multinacional e o poder político nacional não corre o risco de gerar um totalitarismo?", participação nas jornadas internacionais sobre "El futuro de la democracia": Radio-France. Atenas, 7 de Outubro de 1977, in Apostila 45/4, 9-10, (77-10).

——, "Liberdade e justiça para todos", conferência na igreja de São Bartolomeu: Bergamo, Bergamo, 25 de novembro de 1977, in Apostila 45/6, 16-18, (77-12).

——, "Com direitos humanos não se brinca", mensagem no encontro comemorativo do 30° aniversário dos Direitos Humanos, promovido em Antuérpia (Bélgica) sob os auspícios da "Pax Christi Internacional", Antuérpia, dezembro de 1978, in Apostila 46/3, 1-5, (78-05).

——, "O terceiro mundo interpela a Europa", palestra conferida na França (Paris, Toulouse e Perpignan) em março de 1979 a convite do Collège de France, in Apostila s/n°/1, 1-7, (79-01).

——, "Morte, onde está tua vitória?", homília na missa comemorativa do 10° ano do martírio do Padre Antônio Henrique Neto, Matriz da Várzea, 27 de maio de 1979, in Apostila s/n°/2, 1-3, (79-s/n°).

——, "Renovação e engajamento", homilia por ocasião da sessão de encerramento do congresso canadense da R.C.C., no estádio olímpico de Montreal, Canadá, 03 de junho de 1979, in Apostila s/n°/3, 1-3, (79-02).

——, "Mensagem ao movimento carismático dos Estados Unidos", conferência no congresso da Renovação Católica Carismática no Yankee Stadium, Nova York, 21 a 32 de setembro de 1979, in Apostila s/n°, (79-04).

——, "As multinacionais nos países subdesenvolvidos" conferência realizada na universidade Studi, Florença, 02 de novembro de 1979, in Apostila s/n°, (79-08).

——, "A universidade e os grandes problemas humanos de hoje", conferência realizada na universidade de Munster, Munster, 05 de novembro de 1979, in Apostila s/n°, (79-09).

——, "Hora propícia para concretizar a reforma agrária", discurso na Câmara Municipal de Campinas – SP e associação Brasileira de Reforma Agrária em comemoração ao 15° aniversário do Estatuto da Terra, Campinas, 27 de novembro de 1979, in Apostila s/n°, (79-11).

——, "O 3° mundo interpela os cristãos da Alemanha", conferência na abertura da semana do 3° mundo, Rechkinhausen – Alemanha, novembro de 1979, in Apostila s/n°, (79-12).

——, "Saudação a João Paulo II", saudação ao papa João Paulo II por ocasião da missa campal concelebrada pelo Santo padre no viaduto da Ilha Joana Bezerra, Recife 07 de julho de 1980, in Apostila s/n°/2, 5, (80-13).

——, "Uma autêntica opção pelos pobres", conferência em Cerimônia Ecumênica realizada na Igreja de São Luis, Glasgow (Escócia), Glasgow, 23 de outubro de 1980, in Apostila s/n°/7, 17-18, (80-20).

——, "Qual é o valor humano?", conferência realizada por ocasião da 1ª Conferência Internacional sobre o valor humano, e seu reconhecimento através de serviços realizado no Hall Rainha Elisabeth, Londres 31 de março de 1981, in Apostila s/n°/4, 11-16, (81-05).

——, "Os Educadores podem construir um mundo diferente", palestra no 78° Congresso da Associação Nacional de Educação Católica, EUA, 20-23 de abril de 1981, in Apostila s/n°/8, 1-4, (81-09).

——, "Desarmamento para desenvolvimento", conferência sob os auspícios do "Tecnology and Culture Series, no MIT (Massachusetts Institute of Technology). Cambridge, 20 de maio de 1981, in Apostila s/n°/9, 32-33, (81-12).

——, "Pressione morale liberatrice", conferência de abertura no 3° encontro internacional das alternativas da não violência ativa, Nassogne – Bélgica, 06 de outubro de 1981, in Apostila s/n°, (81-29).

——, "Osare la pace", discours à la Salle de la Madeleine et dans la Gare Centrale, programme organisé par le Conseil de la Jeunesse Catholique et Entraide et Fraternité, Bruxelas – Bélgica, 08 de outubro de 1981, in Apostila s/n°, (81-31).

——, "Ai do mundo sem sonhos, sem utopias!", mensagem ao lhe ser conferido na Universidade de Yale, doutorado de honra em Teologia, New Haven – Connecticut, 24 de maio de 1982, in Apostila s/n°/6, 22-26, (82-10).

——, "Só a verdade nos libertará", discurso durante a II Sessão extraordinária das Nações Unidas sobre o desarmamento em nome da "Pax Christi Internacional" e de numerosas alternativas de Não Violência Ativa, Nova York, 24 de junho de 1982, in Apostila s/n°/9, 35-38, (82-12).

——, "Se queres a paz, prepara a paz", discurso durante a II Sessão extraordinária das Nações Unidas sobre o desarmamento, Nova York, 24 de junho de 1982, in Apostila s/n°/10, 39-41, (82-13).

——, "Como pode a mulher americana responder, hoje, ao desafio de Jesus Cristo?", homília na eucaristia de encerramento do Congresso Nacional de Mulheres Católicas em Houston (EUA), Houston, 15-17, de outubro de 1982, in Apostila s/n°/16, 60-61, (82-19).

——, "La fame interpella l'uomo", apelo conclusivo no convênio Mani Tese, Florença, 01 de novembro de 1982, in Apostila s/n°, 882-26).

——, "Pastoral da Igreja do Vaticano II", conferência realizada na abertura do ano ecumênico do Instituto Teológico de Assis, Assis, 02 de novembro de 1982, in Apostila s/n°, (82-27).

——, "Non violenza: speranza di un mondo nuovo", conferência realizada na abertura do ano acadêmico do Instituto Teológico em Assis, Assis, 02 de novembro de 1982, in Apostila s/n°, (82-28).

——, "Heureux les artisans de paix", alocução pronunciada a convite da Universidade de Ottawa a l'Overture du Magoshan, Ottawa, 22 de novembro de 1982, in Apostila s/n°, (82-29).

——, "Universidade católica e humanização do homem", discurso ao receber o título de Doutor "Honoris Causa" na Universidade Católica de Pernambuco, Recife, 22 de março de 1983, in Apostila s/n°/1, 1-3, (83-01).

——, "Palavras fraternas à ONU", discurso na ONU ao ser apresentado como 1° laureado do "Niwano Peace Prize", conferido pela "Niwano Peace Foundation", Nova York, 18 de abril de 1983, in Apostila s/n°/5, 1-2, (83-07).

——, "Exame de consciência sobre pecados sociais, de ontem e de hoje", discurso no Congresso Eucarístico Regional, Salvador, 12 a 16 de outubro de 1983, in Apostila s/n°/3, 8-11, (83-15).

——, "La fame interpella l'uomo", conferência no encontro Mani Tese, Milão, 29 de outubro de 1983, in Apostila s/n°, (83-18).

——, "Non c'è comunità cristiana senza impegno della carità", conferência em Biella, s/d., in Apostila s/n°, (83-21).

——, "Missão humana na universidade", discurso como paraninfo geral formatura unificada da UFAL 28 de setembro de 1984, in Apostila s/n°/4, 1-4, (84-18).

——, "Petulância ridícula, ou audácia sagrada?", conferência durante a comemoração dos 25 anos de fundação da Universidade Católica de Goiás, Goiânia, 17 de outubro de 1984, in Apostila s/n°/1, 1-3, (84-20).

——, "Chiesa e teologia della liberazione", mensagem na inauguração da promoção do CEIAL, Verona, 19 de março de 1985, in Apostila s/n°, (85-02).

——, "Segni dei tempi, segni di Dio", mensagem na inauguração do "Centro di Documentazione per L'America Latina", promoção do CEIAL, Verona, 20 de março de 1985, in Apostila s/n°, (85-03).

——, "O cristão como construtor da paz", conferência na celebração da Paz na catedral do Bom Pastor, San Sebastian, Espanha, 27 de setembro de 1985, in Apostila s/n°, (85-29).

——, "O jovem construtor da paz", conferência em Pamplona, 30 de setembro de 1985, in Apostila s/n°, (85-30).

——, "Los derechos humanos en un mundo de injusticia e hambre", mensagem em Salamanca, 07 de outubro de 1985, in Apostila s/n°, (85-32).

——, "Impegno dei cristiani per la giustizia: rapporto Nord-Sud", conferência no Ufficio Pastorale Diocesano Teatro Criollo, Arezzo – Itália, 25 de novembro de 1986, in Apostila s/n°, (86-11).

——, "O que constitui a Paz, partindo das linhas alternativas da Guerra", meditação fraterna no BORAH Simpósio – Moscow – Idaho – EUA, 21 e 22 de março de 1988, in Apostila s/n°, (88-01).

——, "O Papa Paulo VI e a CNBB", depoimento pessoal na Pontifícia Universidade Católica de Campinas – PUCC., Campinas – SP, 19 de setembro de 1988, in Apostila s/n°, (88-07).

——, "A Igreja, o Estado e os Direitos Humanos", conferência no International Press Institute, Berlim, 07 a 10 de maio de 1989, in Apostila s/n°, (89-02).

——, "Il cristiano, il poveri e la politica", conferência a Genova, Genova, 19 de maio de 1989, in Apostila s/n°, (89-03).

——, "La solidarietà, nuovo nome della pace", conferência no Santuário Madonna del Canneto Diocese de Trivento, Trivento, 22 de maio de 1989, in Apostila s/n°, (89-04).

——, "Situación de Brasil y respuesta desde la 'Sollicitudo Rei Socialis'", conferência nas Jornadas Culturain em Santiago de Compostela, Santiago de Compostela – Espanha, 17 de agosto de 1989, in Apostila s/n°, (89-08).

——, "Caminhos para a verdadeira Paz", conferência no 44° Congresso Eucarístico Internacional, Seul – Coreia, 04 de outubro de 1989, in Apostila s/n°, (89-10).

——, "A paz mundial e a Igreja", conferência no 44° Congresso Internacional, Seul – Coreia, 06 de outubro de 1989, in Apostila s/n°, (89-11).

——, "O Desafio da pobreza e a realidade brasileira", conferência no Centro de Cooperação e Intercâmbio de Serviços Sociais (CBCISS), Rio de Janeiro, 07 de novembro de 1989, in Apostila s/n°, (89-14).

——, "Solidarietà e collaborazione", conferência em Ancona, Ancona – Itália, 29 de novembro de 1990, in Apostila s/n°, (90-08).

——, "2000 sem miséria", discurso no lançamento popular da campanha "Ano 2000 sem Miséria" no FAFIRE – Recife, Recife, 10 de dezembro de 1990, in Apostila s/n°, (90-10).

——, "Sopros de não violência e esperança", conferência em Oakland, Oakland – EUA, 12 de março de 1991, in Apostila s/n°, (91-05).

——, "Novo milênio sem miséria", conferência na Faculdade de Direito de Recife, Recife, 11 de setembro de 1991, in Apostila s/n°, (91-10).

——, "Desenvolvimento do Nordeste", conferência no XXI° Encontro Bom Preço, 27 de outubro de 1991, in Apostila s/n°, (91-16).

——, "I et III chaire des droits de l'Homme – Droits de l'Homme", conferência na Universidade de Lyon, Lyon – França, 18 de novembro de 1991, in Apostila s/n°, (91-18).

——, "II Chaire de droits de l'Homme – 'ser cidadão'", conferência na Universidade de Lyon, Lyon – França, 19 de novembro de 1991, in Apostila s/n°, (91-19).

——, "A participação popular como fator de desenvolvimento econômico e social", conferência no Seminário Latino-americano de Espertos sobre Derechos Humanos Democracia y Desarrollo Económico y Social, Santiago do Chile, 12 de dezembro de 1991, in Apostila s/n°, (91-23).

——, "Zumbi dos Palmares", conferência no Centro de Defesa dos Direitos Humanos, Maceió – AL, 25 a 26 de fevereiro de 1992, in Apostila s/n°, (92-02).

——, "500 Anos de Evangelização da América Latina", pronunciamento na abertura da Campanha da Fraternidade 1992 na Paróquia Nossa Senhora do Rosário, São José dos Campos – SP, 07 a 09 de março de 1992, in Apostila s/n°, (92-03).

——, "A espiritualidade como pressuposto da paz", conferência no Congresso Internacional no 75° Aniversário das Aparições de Fátima – Portugal, 06 de abril de 1992, in Apostila s/n°, (92-07).

——, "Declaração contra a fome no mundo", conferência no encontro promovido por Manos Unidas em Sevilha, Sevilha – Espanha, 16 de maio de 1992, in Apostila s/n°, (92-08).

———, "3º mundo: justiça e paz", conferência no Centro Heleno Fragoso pelos Direitos Humanos, Curitiba - PR, 31 de maio a 02 de junho de 1992, in Apostila s/nº, (92-10).

———, "Religião e meio ambiente", conferência no Global Forum of Spiritual and Parlamentary Leaders on Human Survival, Rio de Janeiro, 02 a 08 de junho de 1992, in Apostila s/nº, (92-11).

———, "Prêmio Paulo VI: professor da paz", pronunciamento na Assembleia de Pax Christi, New Jersey – EUA, 08 de agosto de 1992, in Apostila s/nº, (92-16).

———, "Novo milênio sem miséria", conferência no encerramento da Campanha da Fraternidade na Paróquia de São Joaquim do Monte, Bonito – PE, 22 a 23 de agosto de 1992, in Apostila s/nº, (92-17).

———, "500 anos de Evangelização da América Latina", pronunciamento por ocasião dos 70 anos da Paróquia de São Sebastião, Garanhuns - PE, 01 a 02 de setembro de 1992, in Apostila s/nº, (92-19).

———, "Emancipação e identidade da América Latina (1492-1992)", conferência no Encontro Mundial pela Emancipação e identidade da América Latina, Caxias do Sul – RS, 08 a 12 de outubro de 1992, in Apostila s/nº, (92-21).

———, "Os cristãos e a solidariedade", discurso na abertura Feira da Solidariedade, Rio Pardo, RS 06 de novembro de 1992, in Apostila s/nº, (92-23).

———, "Educação para a revolução dentro da Paz", conferência na abertura do ano letivo na Secretaria de Educação de Jaboatão dos Guararapes, Piedade, 02 de fevereiro de 1993, in Apostila s/nº, (93-02).

———, "Mudanças de valores para a sobrevivência global", conferência no Kyoto Global Forum, Kyoto - Japão, 21 de abril de 1993, in Apostila s/nº, (93-09).

———, "Palavras de Dom Helder Camara ao Presidente da República e à Nação", conferência na Instalação do Conselho de Segurança Alimentar, Brasília, 13 de maio de 1993, in Apostila s/nº, (93-11).

———, "Ano 2000 sem miséria e o Cristão na Universidade", discurso na Universidade de Campina Grande, Campina Grande – PB, 18 de maio de 1993, in Apostila s/nº, (93-12).

———, "Fim da miséria", homilia na celebração inter-religiosa pelo fim da miséria na vigília ecumênica da ECO - 92, Rio de Janeiro, 05 de junho de 1993, in Apostila s/nº, (93-14).

———, "Fome, miséria e ciência às vésperas do século XXI", conferência durante o seminário da EMBRAPA, Brasília, 15 de julho de 1993, in Apostila s/nº, (93-18).

——, "Ação da cidadania contra a fome, miséria e pela vida", conferência no Lions Clube do Recife, Recife, 17 de agosto de 1993, in Apostila s/n°, (93-20).

——, "Religião e a América Latina", conferência no Settimo Incontro Internazionale, tema: "degli uomini, invocazioni a Dio", Milão, 19 de setembro de 1993, in Apostila s/n°, (93-27).

——, "Year 2000 without misery", conferência na Igreja de Saint Maurice Lauderdale, Florida – EUA, 25 de outubro de 1993, in Apostila s/n°, (93-33).

——, "Discurso", palavras proferidas por ocasião do Ato Público Contra a Violência na Praça da Independência, Recife, 12 de dezembro de 1994, in Apostila s/n°, (94-24).

1.5 Sobre Dom Helder Camara

1.5.1 Livros

BLAZQUEZ, Feliciano, *Hélder Camara, el grito del pobre*, Sigueme, Madri 1976.

——, *Ideario de Hélder Câmara*, Ed. Sigueme, Salamanca 1981.

BOURGEON, Roger, *Il profeta del terzo mondo (L'arcivescovo delle favelas)*, Ed. Massimo, Milão 1970.

BROUCKER, José de, *Helder Camara, la violenza d'un pacifico*, Saggi Esperienze, Roma 1970.

——, *Dom Helder Camara, Presenté par Françoise de Broucker*, Les Éditions Du Cerf, Paris 1983.

CARAMURU BARROS, Raimundo – OLIVEIRA, Lauro de (Orgs.), *Dom Helder: O artesão da paz*, Senado Federal, Brasília 2000.

CASTRO, Marcos de, *Dom Hélder, o bispo da esperança*, Ed. Graal, Rio de Janeiro 1978.

——, *Dom Hélder, misticismo e santidade*, Ed. Civilização Brasileira, Rio de Janeiro 2002.

CASTRO, Gustavo do Passo, *As comunidades do Dom – Um estudo de CEB's no Recife*, Fundação Joaquim Nabuco – Editora Massangana, 1987.

CAYUELA, José, *Dom Hélder Cámara, Brasile: un Vietnam cattolico?*, Nigrizia, Bolonha, 1970.

CHEETHAM, Neville, *Helder Camara and Brazil*, SCM Press Ltda, Londres 1973.

CIRANO, Marcos, *Os caminhos de Dom Hélder: perseguições e censura (1964-1980)*, Editora Guararapes, Recife 1983.

CLAUDINO, Assis, *O monstro sagrado e o amarelinho comunista*, Ed. Opção, Recife 1985.

FERRARINI, Sebastião Antônio, *A imprensa e o arcebispo vermelho*, Ed. Paulinas, São Paulo 1992.

GONZÁLEZ, José, *Helder Câmara l'arcivescovo rosso*, Ed. Paoline, Roma 1970.

——, *Helder Câmara, Il grido dei poveri*, Ed. Paoline, Roma 1973.

HALL, Mary, *A quest for the liberated christian*, Ed. Lang, Las Vegas 1978.

——, *The impossible dream, the spirituality of Dom Helder Camara*, Orbis Books, New York 1979.

HORNMAN, Win, *El obispo rojo*. Ed. Sigueme, Salamanca 1977.

KENT, Bruce, *The non-violence of Helder Camara*, Catholic Truth Society, Londres 1977.

LUENING, Hildegard, *Helder Camara in: Von Ghandhi bis Camara*, Kreuz – Verlag, Stuttgart 1971.

LIMA, José de Carvalho, *Dom Helder Camara, 50 anos de sacerdócio*, Recife 1981.

MARIN, Richard, *Dom Helder Camara, les puissants et les pauvres: pour une histoire de l'Église des pauvres dans le Nordeste brésilien (1955-1985)*, Les Éditions de L'Atelier, Paris 1995.

MATTA, Fernando R., *Helder Camara, Universidad y revolución*, Ed. Nueva Universidad – Universidad Católica, Santiago do Chile 1969.

MONTENEGRO, Antonio – SOARES, Edla – TEDESCO, Alcides (Orgs.), *Dom Helder peregrino da utopia. Caminhos da Educação e da Política*, Prefeitura do Recife – Secretaria da Educação, Recife 2002.

PALMA, Roberto Valda, *Los obispos rojos de Latinoamérica*, Libréria Studium S. A., Lima 1971.

PAULSELL, Willian O., *Tough minds, tender hearts – six prophets of social justice*, Pauslist Press, New York / Mahwah 1990.

POTRICK, Maria Bernarda et alii, *Dom Helder, pastor e profeta*, Ed. Paulinas, São Paulo 1983.

PRAXEDES, Walter Lúcio de Alencar, *Dom Hélder Câmara e a Educação popular no Brasil*, Universidade de São Paulo, São Paulo 1997.

PRAXEDES, Walter – PILETTI, Nelson, *Dom Hélder Câmara: entre o poder e a profecia*, Ed. Ática, São Paulo 1997.

Rocha, Abelardo da S. Ferreira – Chagas Glauce, *Um furacão varre a esperança: o caso de D. Hélder*, FUNDARPE, Recife 1993.

Rocha, Zildo (Org.), *Helder, o Dom: uma vida que marcou os rumos da Igreja no Brasil*, Ed. Vozes, Petrópolis 1999.

Roma, J. A. de, *Hélder Câmara: el arzobispo rojo*, Ediciones Don Bosco, Barcelona 1971.

——, *Helder Câmara paz del pueblo*, Don Bosco, Barcelona 1971.

Salomão, Jorge, *O diabo celebra a missa*, Loren Editora e distribuidora de livros, São Paulo 1969.

Santangelo, Enzo, *Hélder Câmara: a voz dos que não têm voz*, Ed. Loyola, São Paulo 1983.

Schilling, Paulo R., *Helder Camara*, Biblioteca de Marcha, Montevideo, 1969.

Souto Maior, Mário, *Um menino chamado Helder Camara*, Fundação Gilberto Freire / BCP Edições, Recife 1999.

Tapia de Renedo, Benedicto, *Hélder Câmara, Segno di contraddizione*, Cittadella Editrice, Assis 1977.

——, *Hélder Câmara: proclama a la juventud*, Ed. Sigueme, Salamanca 1976.

——, *Hélder Câmara y la justicia*, Ed. Sigueme, Salamanca 1981.

Toulat, Jean, *Dom Helder Camara*, Cittadella Editrice, Assis 1990.

Ten Kathen, Nelmo Roque, *Uma vida para os pobres: espiritualidade de Dom Hélder Câmara*, Ed. Loyola, São Paulo 1991.

UFRPE, *Dom Helder Camara, doutor "Honoris Causa"*, Imprensa Universitária, Recife 1984.

Valda, Roberto, *Obispos rojos, I – Dom Helder Pessoa Camara*, PPC, Madri 1971.

Veras, Everaldo Moreira, *Dom Helder, ser e viver*, Olinda 1982.

Weigner, Glades – Moosbrugger, Bernard, *La voce del mondo senza voce: Dom Helder Câmara*, PIME, Milão 1973.

1.5.2 Artigos

Araújo, Lorena Maria de, "Depois da partida do Dom", in Montenegro, Antonio – Soares, Edla – Tedesco, Alcides (Orgs.), *Dom Helder peregrino da utopia. Caminhos da Educação e da Política*, Prefeitura do Recife – Secretaria da Educação, Recife 2002, 63-66.

ARNS, Dom Paulo Evaristo, "Dom Helder, nosso mestre", in ROCHA, Zildo (Org.), *Helder, o dom (uma vida que marcou os rumos da Igreja no Brasil)*, Ed. Vozes, Petrópolis 1999, 33-36.

BEOZZO, José Oscar, "Dom Helder Camara e o Concílio Vaticano II", in ROCHA, Zildo (Org.), *Helder, o dom (uma vida que marcou os rumos da Igreja no Brasil)*, Ed. Vozes, Petrópolis 1999, 102-110.

BETTO, Frei, "Dom Helder, um jovem de 90 anos", in ROCHA, Zildo (Org.), *Helder, o dom (uma vida que marcou os rumos da Igreja no Brasil)*, Ed. Vozes, Petrópolis 1999, 47-52.

BOFF, Leonardo, "O magistério do universo", in ROCHA, Zildo (Org.), *Helder, o dom (uma vida que marcou os rumos da Igreja no Brasil)*, Ed. Vozes, Petrópolis 1999, 159-164.

BROUCKER, José de, "Dom Helder narrado a meus netos", in ROCHA, Zildo (Org.), *Helder, o dom (uma vida que marcou os rumos da Igreja no Brasil)*, Ed. Vozes, Petrópolis 1999, 19-26.

CARAMURU BARROS, Raimundo, "Pós-escrito a Dom Helder – Servus Mariae", in ROCHA, Zildo (Org.), *Helder, o dom (uma vida que marcou os rumos da Igreja no Brasil)*, Ed. Vozes, Petrópolis 1999, 202-208.

CARVALHEIRA, "Dom Helder continua falando ao Recife", in MONTENEGRO, Antonio – SOARES, Edla – TEDESCO, Alcides (Orgs.), *Dom Helder peregrino da utopia. Caminhos da Educação e da Política*, Prefeitura do Recife – Secretaria da Educação, Recife 2002, 19-26.

COMBLIN, José, "Dom Helder e o novo modelo episcopal do Vaticano II", in POTRICK, Maria Bernarda, (Org.), *Dom Helder: pastor e profeta*, Ed. Paulinas, São Paulo 1984, 23-45.

——, "Dom Helder, bispo do Terceiro Milênio", in ROCHA, Zildo (Org.), *Helder, o dom (uma vida que marcou os rumos da Igreja no Brasil)*, Ed. Vozes, Petrópolis 1999, 91-94.

——, "Espiritualidade de Dom Helder", in MONTENEGRO, Antonio – SOARES, Edla – TEDESCO, Alcides (Orgs.), *Dom Helder peregrino da utopia. Caminhos da Educação e da Política*, Prefeitura do Recife – Secretaria da Educação, Recife 2002, 29-42.

FALLACI, Oriana, "Helder Camara", in ID., *Entrevista con la historia*, Editorial Noguer, Barcelona 1999[18] 537-555.

FRAGOSO, Hugo, "Dom Helder, profeta do perdão evangélico", in ROCHA, Zildo (Org.), *Helder, o dom (uma vida que marcou os rumos da Igreja no Brasil)*, Ed. Vozes, Petrópolis 1999, 185-200.

GARAUDY, Roger, "Homenagem a Dom Helder Camara", in ROCHA, Zildo (Org.), *Helder, o dom (uma vida que marcou os rumos da Igreja no Brasil)*, Ed. Vozes, Petrópolis 1999, 29-32.

GEBARA, Ivone, "Dom Helder, sinal da glória de Deus", in ROCHA, Zildo (Org.), *Helder, o dom (uma vida que marcou os rumos da Igreja no Brasil)*, Ed. Vozes, Petrópolis 1999, 166-170.

GOMES DE SOUZA, Luiz Alberto, "Dom Helder, irmão dos pobres: um testemunho e uma homenagem", in *REB* 41/163 (1981) 419-425.

GUTIÉRREZ, Gustavo, "Contra toda esperança", in ROCHA, Zildo (Org.), *Helder, o dom (uma vida que marcou os rumos da Igreja no Brasil)*, Ed. Vozes, Petrópolis 1999, 148-156.

HOORNAERT, Eduardo, "Uma lição de liberdade", in ROCHA, Zildo (Org.), *Helder, o dom (uma vida que marcou os rumos da Igreja no Brasil)*, Ed. Vozes, Petrópolis 1999, 61-64.

ISNARD, Dom Clemente, "Dom Helder e a Conferência dos Bispos", in ROCHA, Zildo (Org.), *Helder, o dom (uma vida que marcou os rumos da Igreja no Brasil)*, Ed. Vozes, Petrópolis 1999, 97-100.

JOSAPHAT, Carlos, "Eclesiologia da comunhão e da sacramentalidade, da colegialidade da participação e do compromisso social – 'A Igreja transmite o que ela é, o que ela crê' (Vaticano II, DV, 8)", in ROCHA, Zildo (Org.), *Helder, o dom (uma vida que marcou os rumos da Igreja no Brasil)*, Ed. Vozes, Petrópolis 1999, 124-135.

KRISCHKE, Paulo José, "Um retrato de Dom Helder Camara" in AA.VV., A Igreja e as crises políticas no Brasil, Ed. Vozes, Petrópolis 1979, 13-16.

LIBÂNIO, João Batista, "Perspectivas e desafios futuros da teologia da libertação", in ROCHA, Zildo (Org.), *Helder, o dom (uma vida que marcou os rumos da Igreja no Brasil)*, Ed. Vozes, Petrópolis 1999, 137-147.

MARIN, Richard, "Dom Helder Câmara: um itinerário no catolicismo brasileiro", in MONTENEGRO, Antonio – SOARES, Edla – TEDESCO, Alcides (Orgs.), *Dom Helder peregrino da utopia. Caminhos da Educação e da Política*, Prefeitura do Recife – Secretaria da Educação, Recife 2002, 123-138.

MARQUES, Luiz Carlos Luz, "As muitas facetas da 'figura conciliar' de Dom Helder Camara", in ROCHA, Zildo (Org.), *Helder, o dom (uma vida que marcou os rumos da Igreja no Brasil)*, Ed. Vozes, Petrópolis 1999, 112-122.

MARQUES, Luiz Carlos Luz, "Dom Helder Camara e la sua importanza per la missione universale", in *Ad Gentes* 4/2 (2000) 294-301.

NOLAN, Albert, "Eles me chamam de comunista", in ROCHA, Zildo (Org.), *Helder, o dom (uma vida que marcou os rumos da Igreja no Brasil)*, Ed. Vozes, Petrópolis 1999, 53-56.

OLIVEIRA, Lauro de, "Palavras sobre Dom Helder", in MONTENEGRO, Antonio – SOARES, Edla – TEDESCO, Alcides (Orgs.), *Dom Helder peregrino da utopia. Caminhos da Educação e da Política*, Prefeitura do Recife – Secretaria da Educação, Recife 2002, 51-52.

PINHEIRO, José Ernanne, "Dom Helder Camara, como Arcebispo de Olinda e Recife. Um depoimento pastoral" in POTRICK, Maria Bernarda, (Org.), *Dom Helder: pastor e profeta*, Ed. Paulinas, São Paulo 1984, 46-55.

——, "Dom Helder Camara como arcebispo de Olinda e Recife (1964-1985)", in ROCHA, Zildo (Org.), *Helder, o dom (uma vida que marcou os rumos da Igreja no Brasil)*, Ed. Vozes, Petrópolis 1999, 77-87.

PIRES, Dom José Maria, "'O todo-poderoso fez por mim grandes coisas (Lc 1,49)'", in ROCHA, Zildo (Org.), *Helder, o dom (uma vida que marcou os rumos da Igreja no Brasil)*, Ed. Vozes, Petrópolis 1999, 15-18.

RICHARD, Pablo, "Dom Helder, um profeta que teve razão antes do tempo. Um profeta que nos descreveu o futuro", in ROCHA, Zildo (Org.), *Helder, o dom (uma vida que marcou os rumos da Igreja no Brasil)*, Ed. Vozes, Petrópolis 1999, 172-176.

SOARES, Edla de Araújo Lira, "Educação, coragem e solidariedade: lições do Dom", in MONTENEGRO, Antonio – SOARES, Edla – TEDESCO, Alcides (Orgs.), *Dom Helder peregrino da utopia. Caminhos da Educação e da Política*, Prefeitura do Recife – Secretaria da Educação, Recife 2002, 15-18.

SOARES, Sebastião Armando Gameleira, "'Entre vocês tem de ser diferente...' (Mc 10,43)", in POTRICK, Maria Bernarda, (Org.), *Dom Helder: pastor e profeta*, Ed. Paulinas, São Paulo 1984, 57-83.

SUASSUNA, Ariano, "Dom Helder", in MONTENEGRO, Antonio – SOARES, Edla – TEDESCO, Alcides (Orgs.), *Dom Helder peregrino da utopia. Caminhos da Educação e da Política*, Prefeitura do Recife – Secretaria da Educação, Recife 2002, 27-28.

TEDESCO, Alcides Restelli, "O Dom dos muitos dons", in MONTENEGRO, Antonio – SOARES, Edla – TEDESCO, Alcides (Orgs.), *Dom Helder peregrino da utopia. Caminhos da Educação e da Política*, Prefeitura do Recife – Secretaria da Educação, Recife 2002, 95-100.

2 ESTUDOS

2.1. Livros

AA.VV., *Fé e participação popular*, Ed. Paulinas, São Paulo 1984.

——, *Cristianos en una sociedad violenta, análisis y vías de acción*, Ed. Sal Terrae, Santander 1983.

AGOSTINI, Nilo, *Nova evangelização e opção comunitária. Conscientização e movimentos populares*, Ed. Vozes, Petrópolis 1989.

ALFARO, Juan, *Teologia della giustizia*, Ed. Paoline, Roma 1973.

ALONSO, Isidoro, *La iglesia en América Latina*, Ed. F.E.R.E.S., Madri 1964.

ALVES, Márcio Moreira, *Torturas e torturados*, Ed. Idade Nova, Rio de Janeiro 1967.

——, *Cristo fra i generali*, Arnaldo Mondadori Editore, Milão 1969.

——, *A Igreja e a política no Brasil*, Ed. Brasiliense, São Paulo 1979.

ALVES, Maria H. M., *Estado e oposição no Brasil (1964-1984)*, Ed. Vozes, Petrópolis 1987.

ANDRADE, Manuel Correia de, *Geografia econômica do nordeste*, Ed. Atlas, São Paulo 1970.

ANTOINE, Charles., *L'église et le pouvoir au Brésil (Naissance du militarisme)*, Desclée de Brouwer, Paris 1971.

ANTOINE, Charles, *O integrismo brasileiro*, Ed. Civilização Brasileira, Rio de Janeiro 1980.

——, *Les catholiques brésiliens sous le régime militaire*, Éditions du Cerf, Paris 1988.

ANTONCICH, Ricardo, *Os cristãos diante da injustiça. Para uma leitura latino-americana da doutrina social da Igreja*, Ed. Loyola, São Paulo 1982.

ANTONCICH, Ricardo – MUNARRIZ SANS, José Miguel, *Ensino social da Igreja*, Ed. Vozes, Petrópolis, 1986.

ARNS, Paulo Evaristo (Org.), *Brasil nunca mais*, Ed. Vozes, Petrópolis 1985.

ÁVILA, Fernando Bastos de, *Pequena enciclopédia de Doutrina Social da Igreja*, Ed. Loyola, São Paulo 1991.

ÁVILA, Fernando Bastos – BIGO, Pierre, *Fé cristã e compromisso social. Elementos para uma reflexão sobre a América Latina à luz da doutrina social da Igreja*, Ed. Paulinas, São Paulo 1982.

AZEVEDO, Marcello de Carvalho, *Comunidades eclesiais de base e inculturação da fé. A realidade das CEBs e sua tematização teórica, na perspectiva de uma evangelização inculturada*. Ed. Loyola, São Paulo 1986.

——, *Modernidade e cristianismo. O desafio à inculturação. Um enfoque antropológico-cultural*, Ed. Loyola, São Paulo 1991.

BANDEIRA, Moniz, *O governo João Goulart: as lutas sociais no Brasil, 1961-1964*, Ed. Civilização Brasileira, Rio de Janeiro 1978.

BARAÚNA, Guilherme. (Org.), *A Igreja do Vaticano II*, Ed. Vozes, Petrópolis 1968.

BARREIRO, Álvaro, *Os pobres e o Reino. Do evangelho a João Paulo II*, Ed. Loyola, São Paulo 1983.

BENEVIDES, Maria Victória, *O governo Jânio Quadros*, Ed. Brasiliense, São Paulo 1981.

——, *O governo Kubitschek, desenvolvimento econômico e estabilidade política*, Ed. Paz e Terra, Rio de Janeiro 1986.

BEOZZO, José Oscar, *Cristãos na universidade e na política. História da JUC e da AP*, Ed. Vozes, Petrópolis 1984.

BEOZZO, José Oscar, (Org.), *O Vaticano II e a Igreja latino-americana*, Ed. Paulinas, São Paulo 1985.

——, (Org.), *A Igreja latino-americana às vésperas do Concílio. História do Concílio Ecumênico Vaticano II*, Ed. Paulinas, São Paulo 1993.

——, (Org.), *A Igreja do Brasil: de João XXIII a João Paulo II – de Medellín a Santo Domingo, Igreja do Brasil*, Ed. Vozes, Petrópolis 1994.

BERGER, L., - LUCKMANN, T., *A construção social da realidade*, Antropologia 6, Ed. Vozes, Petrópolis 1976.

BERNAL, Sérgio, *La Iglesia del Brasil y el compromiso social: el paso de la Iglesia de la Cristandad a la Iglesia de los pobres*, EPUG, Roma 1986.

BIANCOFIORE, Franco – SALVUCCI, Frediano, *Alle radici della giustizia: elementi di etica e dottrina sociale cristiana*, Ed. Città Nuova, Roma 2000.

BIGO, Pierre, *La Iglesia y el tercer mundo*, Ed. Sigueme, Salamanca 1975.

BOFF, Clodovis, *Comunidade Eclesial, Comunidade Política: ensaios de Eclesiologia Política*, Ed. Vozes, Petrópolis 1978.

——, *Sinais dos tempos. Princípios de leitura*, Fé e realidade 5, Ed. Loyola, São Paulo 1979.

BOFF, Clodovis – PIXLEY, Jorge, *Opção pelos pobres*, Ed. Vozes, Petrópolis 1986.

BOFF, Leonardo, *O caminhar da Igreja com os oprimidos: do vale de lágrimas à Terra prometida*, Ed. Codecri, Rio de Janeiro 1980.

——, *América Latina: da conquista à nova evangelização*, Ed. Ática, São Paulo 1992.

Boff, Leonardo et alli, *Direitos humanos, direitos dos pobres*, Teologia e libertação V/3, Ed. Vozes, Petrópolis 1991.

Boff, Leonardo – Boff, Clodovis (Orgs.), *A teologia da libertação. Balanço e perspectivas*, Ed. Atica, São Paulo 1996.

Bonin, G. (Org.), *Espiritualidad y liberación en América Latina*, Ed. Dei, Costa Rica 1982.

Bosch, Juan et alii, *Cristianismo y revolución*, Editorial Popular, Madrid 1989.

Bruneau, Thomas, *O catolicismo brasileiro em época de transição*, Ed. Loyola, São Paulo 1974.

——, *Religião e politização no Brasil (A Igreja e o regime autoritário)*, Ed. Loyola, São Paulo 1979.

Callado, Antônio, *Os industriais da seca*, Ed. Civilização Brasileira, Rio de Janeiro 1960.

——, *Tempo de Arraes, padres e comunistas na revolução sem violência*, Ed. José Álvaro, Rio de Janeiro 1964.

Calvez, Jean-Yves, *Fe y justicia, la dimensión social de la evangelización*, Ed. Sal Terrae, Santander 1985.

Camargo, Aspásia de Alcântara, "A questão agrária: crise e poder e reformas de base (1930 – 1964)", in *História geral da Civilização Brasileira*, Tomo III, vol. 3, Editora Difel, São Paulo 1983, 145.

Cambareri, Reginaldo G., *Il cristiano in politica*, la domanda di giustizia nel mondo contemporaneo, Edizione Studio Dominicano, Bolonha 1995.

Caporale, Rock, *Vatican II: Les Hommes du Concile. Étude sociologique sur Vatican II*, CERF, Paris 1965

Caprile, Giovanni (a cura di), *Il Sinodo dei Vescovi. Seconda Assemblea Generale*, Civiltà Cattolica, Roma 1972.

——, *Il Sinodo dei Vescovi. Terza Assemblea Generale*, Civiltà Cattolica, Roma 1975.

Caramuru Barros, Raimundo, *Brasil uma Igreja em renovação*, Ed. Vozes, Petrópolis 1967.

——, *Para entender a Igreja no Brasil: a caminhada que culminou com o Vaticano II*, Ed. Vozes, Petrópolis 1994.

Cardoso, Miriam Limoeiro, *Ideologia do desenvolvimento, Brasil JK – JQ*, Ed. Paz e Terra, Rio de Janeiro 1978.

Carone, Edgard, *A República Nova (1930-1937)*, Ed. Difel, São Paulo 1976.

——, *A república liberal, vol. II, a evolução política (1945-1964)*, Ed. Difel, São Paulo 1985.

CARVALHEIRA, M. P. et alii, *O Sínodo de 1974. A evangelização no mundo contemporâneo. Reflexões teológico-pastorais*, Ed. Loyola, São Paulo 1975.

CASALDÁLIGA, Pedro, - VIGIL, J. M., *A espiritualidade da libertação*, Teologia e libertação III/4, Ed. Vozes, Petrópolis 1973.

CASALDÁLIGA, Pedro – SAUTIÉ, Félix – FORCANO, Benjamín, *Evangelio y revolución*, Ed. Nueva utopía, Madri 2001.

CASTRO, Josué de, *Geografia da fome*, Ed. Brasiliense, São Paulo 1965.

——, *Una zona esplosiva: il Nordeste del Brasile. Un punto chiave nella "geografia della fame"*, Ed. Einaudi, Turim 1966.

CASTRO, Marcos de, *64: Conflito Igreja X Estado*, Ed. Vozes, Petrópolis 1984.

CEHILA, *História da Igreja na América e no Caribe: II conferência geral CEHILA*, Ed. Paulus, São Paulo 1995.

CENTRO DE PASTORAL VERGUEIRO, *As relações Igreja – Estado no Brasil*, 1916-1985, 6 vols., Ed. Loyola, São Paulo 1978-1981.

CERIS, *As responsabilidades da Igreja na América Latina. Aspectos sociológicos e teológicos*, Ed. Vozes, Petrópolis 1966.

CHARLES, Antonie, *L'Église et le pouvoir au Brésil, naissance du militarisme*, Descleé de Brouwer, Paris 1971.

CHASIN, José, O integralismo de Plínio Salgado – forma de regressividade do capitalismo hipertardio, Livraria Editora Ciências Humanas, São Paulo 1978.

CHENU, Marie-Dominique, *La dottrina sociale della chiesa. Origine e sviluppo*, Ed. Queriniana, Brescia 1997.

CODINA Victor, *Ser cristão na América Latina*, Ed. Loyola, São Paulo 1988.

COLOM COSTA, Enrique, *Chiesa e società*, Ed. A. Armando, Roma 1996.

COMBLIN, José, *Os sinais dos tempos e a evangelização*, Teologia hoje 2, Livraria Duas cidades, São Paulo 1968.

——, *A liberdade cristã*, Ed. Vozes, Petrópolis 1977.

——, *A ideologia da Segurança nacional*, Ed. Civilização Brasileira, Rio de Janeiro 1978.

——, *O clamor dos oprimidos, o clamor de Jesus*, Ed. Vozes, Petrópolis 1984.

——, *A Igreja e sua missão no mundo*, Ed. Paulinas, São Paulo 1986.

——, *Antropologia Cristã*, Teologia e libertação III/1, Ed. Vozes, Petrópolis 1988.

COMPAGNONI, Francesco, *I diritti dell'uomo: genesi, storia e impegno cristiano*, San Paolo, Cinisello Balsamo 1995.

CULLMAN, Oscar, *Cristo e política*, Ed. Paz e terra, Rio de Janeiro 1968.

DHAVAMONY, Mariasusay, *Evangélisation*, Documenta missionalia 9, Università Gregoriana, Roma 1975.

Díez-Alegría. José María, *Actitudes cristianas ante los problemas sociales*, Editorial Estela, Barcelona 1963.

——, *Teologia frente a sociedad histórica*, Laia, Barcelona 1972.

Dreifuss, René Armand, *1964: A conquista do Estado*, Ed. Vozes, Petrópolis 1987.

Dupuis J., *Introduzione alla Cristologia*, PIEMME, Casale Monferrato 1994.

Dussel, Enrique, *América Latina dependencia y liberación*, Ed. F. G. Cambeiro, Buenos Aires 1973.

——, *De Medellín a Puebla. Uma década de sangue e esperança*, 3 vols., Ed. Loyola, São Paulo 1981-1983.

——, *Caminhos de libertação latino-americana*, 4 vols., Ed. Paulinas, São Paulo 1985.

——, *História da Igreja latino americana (1930-1985)*, Ed. Paulinas, São Paulo 1985.

Echegaray Hugo, *Utopia e Reino na América Latina*, São Paulo 1989.

Ellacuria, Ignácio – Sobrino, Jon (Orgs.), *Misterium Liberations, i concetti fondamentali della liberazione*, Borla / Cittadella, Roma 1992.

Ellacuria, Ignacio – Sobrino, Jon, *Fe y justicia*, Ed. Desclée de Brouwer, Bilbao 1999.

Ferrari, Alceu, *A Igreja e o desenvolvimento, o movimento de Natal*, Ed. Fundação, Natal 1968.

Fragoso, Antônio B., *Évangeli et révolution sociale*, Cerf, Paris 1969.

——, *O rosto de uma Igreja*, Ed. Loyola, São Paulo 1982.

Fragoso, Antônio B. et alii, *A firmeza permanente: a força da não violência*, Coed. Loyola – Vega, São Paulo 1977.

Freire, Paulo, *Pedagogia do oprimido*, Ed. Paz e Terra, Rio de Janeiro 1971.

Furtado, Celso, *Dialéctica del desarrollo*, Ed. Fondo de cultura economica, México 1965.

——, *Brasil en la encrucijada histórica*, Ed. Nova Terra, Barcelona 1966.

Fuser, Claudia, *A economia dos bispos*, Ed. Bienal, São Paulo 1987.

Garaudy, Roger, *L'alternativa (cambiare il mondo e la vita)*, Ed. Cittadella, Assis 1980.

Gauthier, Paul, *O Concilio e "a Igreja dos pobres"*, Ed. Vozes, Petrópolis 1967.

Gheddo, Piero, *Concilio e Terzo mondo*, Ed. EMI, Milão 1964.

——, *Terzo mondo: perché povero?*, PIME, Milão 1971.

Girardi, Giulio, *Por una pedagogía revolucionaria*, Ed. Laia, Barcelona 1977.

——, *Diálogo, revolución y ateísmo*, Sígueme, Salamanca 1971.

GÓMEZ DE SOUZA, Luiz Alberto, *Classes populares e Igreja nos caminhos da História*, Ed. Vozes, Petrópolis 1982.

GONZÁLEZ, FAUS J. Ignácio et alli, *La justicia que brota de la fe (Rm 9, 30)*, Ed. Sal Terrae, Santader 1982.

GONZALEZ RUIZ – GEREST GRIFFIN, MASPERO – *Il Cristiano e la rivoluzione*, ed. Piero Gribaudi Editore, Turim 1968.

GRINGIANI, Ernesto, *Utopia o fallimento della dottrina sociale della chiesa?: dalla "Rerum Novarum" alla teologia della liberazione: contributo critico al pensiero sociale della chiesa*, G. Arcari, Mantova 1996.

GUIMARÃES, Almir Ribeiro, *Comunidades de Base no Brasil: uma nova maneira de ser Igreja*, Ed. Vozes, Petrópolis 1978.

GUTIÉRREZ, Gustavo, *Teologia da libertação*. Perspectivas, Ed. Vozes, Petrópolis 1976.

——, *A força histórica dos pobres*, Ed. Vozes, Petrópolis 1981.

——, *Beber no próprio poço*, Ed. Vozes, Petrópolis 1985.

——, *Onde dormirão os pobres?*, Ed. Paulus, São Paulo 1998.

HOORNAERT, Eduardo, *Verdadeira e falsa religião no Nordeste*, Editora Beneditina, Salvador 1984.

——, *História do cristianismo na América Latina e no Caribe*, Paulus, São Paulo 1994.

IANNI, Octávio, *Classe e nação*, Ed. Vozes, Petrópolis 1986.

IORI, Vanna, *Chiesa, struttura política e lotte sociale in Brasile*, Jaca Book, Milão 1972.

IRIARTE, Gregório, *Leitura crítica para a interpretação da realidade*, Ed. Paulinas, São Paulo 1988.

JANOTTI, Maria L., *O coronelismo, uma política de compromissos*, Ed. Brasiliense, São Paulo 1986.

JOANNES, Fernando Vittorino (a cura di), *Vangelo Violenza rivoluzione*, Arnaldo Mondadori Editore, Verona 1969.

LATOURELLE, René, *Cristo e la chiesa segni di salvezza, Sulle vie del Concilio*, Cittadella, Assis 1971.

——, *Teologia da revelação*, Paulinas, São Paulo 1972.

LATOURELLE, René, (Org.), *Vaticano II: bilancio e prospettive. Venticinque anni dopo (1962-1987)*, Cittadella, Assis 1988.

LEBACQZ, Karen, *Justicia en un mundo injusto. Bases para un proyecto cristiano*, Editorial Herder, Barcelona 1991.

LEBRET, Louis J., *Princípios para a ação*, Livraria Duas Cidades, São Paulo 1958.

——, *Dimensões da caridade*, Livraria Duas Cidades, São Paulo 1959.

——, *Suicídio ou sobrevivência*, Livraria Duas Cidades, São Paulo 1960.

——, *O drama do século XX: miséria – subdesenvolvimento – inconsciência – esperança*, Livraria Duas Cidades, São Paulo 1966.

——, *L'Economia al servizio degli uomini*, Città Nuova, Roma 1969.

LENZ, Mathias Martinho et alii, *Evangelização no Brasil hoje: conteúdo e linguagem*, Ed. Loyola, São Paulo 1976.

LEPARGNEUR, Hubert, *A Igreja e o reconhecimento dos direitos humanos*, Ed. Cortez e Moraes, São Paulo 1977.

LIBÂNIO, João Batista, *Evangelização e libertação*, Vida Religiosa – temas atuais 3, Ed. Vozes Petrópolis – Rio de Janeiro 1975.

——, *Discernimento e política*, Ed. Vozes, Petrópolis 1977.

——, *As grandes rupturas sócio – culturais e eclesiais*, Ed. Vozes – CRB, Petrópolis 1981.

——, *Pastoral numa sociedade de conflitos*, Ed. Vozes, Petrópolis – Rio de Janeiro 1982.

——, *A volta à grande disciplina. Reflexão teológico-pastoral sobre a atual conjuntura da Igreja*, Ed. Loyola, São Paulo 1983.

——, *Fé e política: autonomias específicas e articulações mútuas*, Ed. Loyola, São Paulo 1985.

LIBÂNIO, João Batista et alli, *América Latina 500 anos de evangelização, reflexões teológico – pastorais*, Ed. Paulinas, São Paulo 1990.

LIMA, Alceu Amoroso, *Os direitos do homem e o homem sem direitos*, Livraria Francisco Alves, Rio de Janeiro 1974.

LINSCOTT, Mary, *Educare alla giustizia*, Ed. Paoline, Roma 1974.

LUCIANI, Alfredo, *La carità politica*, San Paolo, Milão 1994.

LUSTOSA, Oscar de F., *Igreja e política no Brasil*, Ed. Loyola – CEPEHIB, São Paulo 1983.

——, *Os bispos do Brasil e a imprensa*, Ed. Loyola – CEPEHIB, São Paulo 1983.

——, *A Igreja católica no Brasil República*, Ed. Paulinas, São Paulo 1991.

KRISCHKE, Paulo – MAINWARING, Scott, (Org.), *A Igreja nas bases em tempos de transição (1974-1985)*, PM/CEDEC, Porto Alegre 1986.

MAIWARING, Scott, *A Igreja católica e a política no Brasil*, Ed. Brasiliense, São Paulo 1989.

MARITAIN, Jacques, *Humanismo integral – uma visão nova da ordem cristã*, Companhia Editora Nacional, São Paulo 1941.

——, *Cristianismo e democracia*, Livraria Agir Editora, Rio de Janeiro 1945.

——, *Os direitos do homem*, Livraria Agir Editora, Rio de Janeiro 1967.

MARIZ, Vasco. *Temas da política internacional: ensaios, palestras e recordações diplomáticas,* Topbooks Editora, Rio de Janeiro, 2008.

MASINA, E. – DIEZ-ALEGRIA, J. – CHIAVACCI, E., *Rivoluzione: magistero, teologia e mondo contemporaneo,* Edizioni Dehoniane, Bolonha 1970.

MATOS, Henrique C. J. de, *CEBs uma interpelação para ser cristão hoje,* Ed. Paulinas, São Paulo 1985.

MEDINA, A. – OLIVEIRA, Pedro A. R., *Autoridade e participação. Estudo sociológico da Igreja Católica,* Ed. Vozes, Petrópolis 1973.

MELLO Antonio Alves de, *A Evangelização no Brasil. Dimensões teológicas e desafios pastorais, o debate teológico e eclesial (1952-1995),* EPU, Roma 1996.

MIRANDA, Mário França, *Libertados para a práxis da justiça. A teologia da graça no atual contexto latino-americano,* Ed. Loyola, São Paulo 1980.

——, *Um homem perplexo. O cristão na atual sociedade,* Ed. Loyola, São Paulo 1992.

MOESCH, O., *A Palavra de Deus. Teologia e práxis da evangelização,* Ed. Vozes, Petrópolis 1995.

MONTENEGRO, João Alfredo de Souza, *Evolução do catolicismo no Brasil,* Ed. Vozes, Petrópolis 1972.

——, *O integralismo no Ceará: variações ideológicas,* Imprensa Oficial do Ceará, Fortaleza 1986.

MORAIS, João F. R., *Os bispos e a política no Brasil,* Cortes – Autores Associados, São Paulo 1982.

MOUNIER, Emmanuel, *Manifiesto al servicio del personalismo,* Taurus, Madri 1966.

——, *Les certitudes difficiles,* Seuil, Paris 1963.

MUÑOZ, Ronaldo, *Nova consciência da Igreja na América Latina,* Ed. Vozes, Petrópolis 1979.

——, *O Deus dos cristãos,* Ed. Vozes, Petrópolis 1986.

NETO, Laudelino, *Fé cristã e cultura latino-americana. Uma análise a partir das Conferências de Puebla e Santo Domingo,* EPU, Roma 1998.

OLIVEIRA, Pedro Assis Ribeiro de, *Religião e dominação de classe. Gênese, estrutura e função do catolicismo romanizado no Brasil,* Ed. Vozes, Petrópolis 1985.

PASTOR, Felix A., *O Reino e a história. Problemas teóricos de uma teologia da práxis,* Fé e realidade 9, São Paulo – Rio 1982.

PEREIRA, Luis C. B., *As revoluções utópicas,* Ed. Vozes, Petrópolis 1979.

PIEPKE, J. G., *A Igreja voltada para o Homem. Eclesiologia do Povo de Deus no Brasil,* Ed. Paulinas, São Paulo 1984.

PIKAZA, Xabier, *Anunciar a liberdade aos cativos. (Palavra de Deus e catequese)*, Ed. Loyola, São Paulo 1985.

PRANDINI, Fernando – PETRUCCI, Victor A. – DALE, Frei Romeu O. P., *As relações Igreja-Estado no Brasil*, 4 vol., São Paulo 1996.

QUEIROGA, Gervásio Fernandes, *CNBB. Comunhão e corresponsabilidade*, Ed. Paulinas, São Paulo 1977.

QUEIROZ, José J. (Org.), *A Igreja dos pobres na América Latina*, Ed. Brasiliense, São Paulo 1980.

REGAN, David, *Igreja para a libertação. Retrato pastoral da Igreja no Brasil*, Ed. Paulinas, São Paulo 1986.

RIBEIRO DE OLIVEIRA, P. A., *A religião e a dominação de classe*, Ed. Vozes, Petrópolis 1985.

RICHARD, Pablo, *Morte das cristandades e nascimento da Igreja*, Ed. Paulinas, São Paulo 1982.

——, *A Igreja latino-americana entre o temor e a esperança. Apontamentos teológicos para a década de 80*, Ed. Paulinas, São Paulo 1982.

SERBIN, Kenneth P., *Diálogos na sombra: bispos e militares, tortura e justiça social na ditadura*, Ed. Companhia das letras, São Paulo 2001.

SHUTZ, Roger, *La violencia de los pacíficos*, Ed. Herder, Barcelona 1970.

SIMAS, Mário, *Gritos de Justiça*, Ed. FTD, São Paulo 1986.

SILVA, A. Aparecido, (Org.), *América Latina: 500 anos de evangelização. Reflexões teológico-pastorais*, Ed. Paulinas, São Paulo 1990.

SKIDMORE, Thomas, *Brasil: de Castelo a Tancredo*, Ed. Paz e Terra, Rio de Janeiro 1988.

SOBRINO, Jon, *Ressurreição da verdadeira Igreja*, Ed. Loyola, São Paulo 1982.

SORGE, Bartolomeo et alli, *Profeti di giustizia*, Edizionni CdG, Pavia 1995.

SOUZA LIMA, Luís Gonzaga, *Evolução política dos católicos e da Igreja no Brasil*, Ed. Vozes, Petrópolis 1979.

SUESS, Paulo (Org.), *Queimada e semeadura. Da conquista espiritual ao descobrimento de uma nova evangelização*, Ed. Vozes, Petrópolis 1988.

——, *Culturas e evangelização. A unidade da razão evangélica na multiplicidade de suas vozes: pressupostos, compromissos e desafios*, Ed. Loyola, São Paulo 1991.

——, *Evangelizar a partir dos projetos históricos dos outros. Ensaios de missiologia*, Ed. Paulus, São Paulo 1991.

TABORDA, Francisco, *Cristianismo e ideologia. Ensaios teológicos*, Ed. Loyola, São Paulo 1984.

TEIXEIRA, Faustino Luiz Couto, *A gênese das CEBs no Brasil*, Ed. Paulinas, São Paulo 1988.

TOALDO, Ernesto, *Chiesa e rivoluzione nel terzo mondo*, Ed. Missionaria Italiana, Milão 1971.

TORRES, Sérgio (Org.), *A Igreja que surge da base. Eclesiologia das comunidades cristãs de base*, Ed. Paulinas, São Paulo 1982.

TOULAT, Jean, *Esperanza en America del Sur*, Decleé De Brouwer Editions S.O.S., Paris 1968.

VASCONCELLOS, Gilberto, *Ideologia Curupira – análise do discurso integralista*, Ed. Brasiliense, São Paulo 1979.

VIDAL, Marciano, *Moral de Atitudes*, Volume III, Ed. Santuário, Aparecida 1995.

VIEIRA, Evaldo, *Estado e miséria social no Brasil. De Getúlio a Geisel*, Ed. Cortez, São Paulo 1985.

WANDERLEY, Luiz Eduardo, *Educar para transformar; Educação popular, Igreja Católica e política no Movimento de Educação de Base*, Ed. Vozes, Petrópolis 1984.

WREN, Brian, *Educación para la justicia*, Ed. Sal Terrae, Santander 1977.

2.2. Artigos

AGUIRRE, Rafael – CORMENZANA Francisco Javier Vitoria, "Giustizia", in ELLACURÍA, Ignacio – SOBRINO, Jon (Org.), *Mysterium Liberationis. I concetti fondamentali della teologia della liberazione*, Borla/Cittadella, Roma 1990, 955-986.

ALBERDI, Ricardo, "Violencia en la vida económica", in AA.VV., *Cristianos en una sociedad violenta, análisis y vías de acción*, Ed. Sal Terrae, Santander 1983, 91-110.

——, "Violência e poder político", in AA.VV., *Cristianos en una sociedad violenta, análisis y vías de acción*, Ed. Sal Terrae, Santander 1983, 153-169.

ALMEIDA, D. Luciano Mendes de, "A evangelização à luz de Puebla", in SUESS, Paulo (Org.), *Queimada e semeadura. Da conquista espiritual ao descobrimento de uma nova evangelização*, Ed. Vozes, Petrópolis 1988, 219-223.

ANTONCICH, Ricardo, "Evolución del magisterio social de la Iglesia", in CELAM, *Desafíos a la doctrina social de la Iglesia en América Latina, 5 anos después de Puebla*, CELAM, Bogotá 1985, 63-103.

ANTONIAZZI, Alberto, "Análise critica da pastoral da Igreja a partir de um enfoque sociocultural", in CNBB, *A Igreja Católica diante do pluralismo religioso no Brasil I*, Estudos da CNBB 62, São Paulo 1991, 89-118.

ARAYA, V., "Experiencia de Dios. Su lugar en la teología desde el reverso de la historia", in BONIN, G., (Org.), *Espiritualidad y liberación en América Latina*, Ed. Dei, Costa Rica 1982, 105-114.

ARAÚJO SALES, Dom Eugênio de, "A Igreja na América Latina e a promoção humana", in *REB* 28 (1968) 549, 537-554.

ARNS, Dom Paulo Evaristo, "O testemunho da salvação", in CARVALHEIRA, M. P. et alii, *O Sínodo de 1974. A evangelização no mundo de hoje reflexões teológico-pastorais*, Ed. Loyola 1974, nota 11, 87.

BADA, José R., – BETES Luis G., "La sociedad violenta: lugares, formas y mecanismos sociológicos de la violência", in AA.VV., *Cristianos en una sociedad violenta, análisis y vías de acción*, Ed. Sal Terrae, Santander 1983, 15-34.

BARRAGAN, Javier Lozano, "Compromiso cristiano en los conflictos sociales en America Latina (Bosquejo de teología sistemática)", in CELAM, *Conflicto social y compromiso cristiano en América Latina*, Documento CELAM nº 25, CELAM, Bogotá 1976, 241-273.

BARREIRO, Álvaro, "Superação do dualismo entre fé cristã e compromisso terrestre, atualidade de um tema central da Gaudium et Spes" in *Perspectiva Teológica* 27 (1995) 357.

BEOZZO, José Oscar, "A evangelização na América Latina. Uma visão histórica com vistas a Puebla", in *REB* 38 (1978) 208-243.

——, "Medellín: vinte anos depois (1968-1988). Depoimentos a partir do Brasil", in *REB* 48 (1988) 771-805).

——, "Inculturação, evangelização e libertação em Santo Domingo", in *REB* 53 (1993) 801-823.

BLANCO, Miguel Francisco, "La vocazione rivoluzionaria del cristiano", in JOANNES, Fernando Vittorino (a cura di), *Vangelo Violenza rivoluzione*, Arnaldo Mondadori Editore, Verona 1969, 9-20.

BOFF, Leonardo, "Exigências teológicas e eclesiológicas para uma nova evangelização", in SUESS, Paulo (Org.), *Queimada e semeadura. Da conquista espiritual ao descobrimento de uma nova evangelização*, Ed. Vozes, Petrópolis 1988, 130-152.

——, "A nova evangelização: desafio e chance", in *Grande Sinal* 44 (1990) 517-530).

CALIMAN Cleto "Aproximação, solidariedade e identificação (Uma leitura cristológica do Documento de Santo Domingo)", in PINHEIRO, J. Ernanne (Org.), *Santo Domingo: uma leitura pastoral*, Ed. Paulinas, São Paulo 1993, 73-89.

CAMARGO, Aspasia de Alcântra, "A questão agrária: crise e poder e reformas de base (1930-1964)", in AA.VV., *História geral da Civilização Brasileira*, Tomo III, Vol. 3, Ed. Difel, São Paulo 1983.

CARVALHEIRA, M. P., "Introdução", in CARVALHEIRA, M. P. et alii, *O Sínodo de 1974. A evangelização no mundo de hoje. Reflexões teológico-pastorais*, Ed. Loyola 1974, 5-8.

CARVALHEIRA, M. P., "A imagem concreta da Igreja", in CARVALHEIRA, M. P. et alii, *O Sínodo de 1974. A evangelização no mundo de hoje. Reflexões teológico-pastorais*, Ed. Loyola 1974, 9-18.

——, "A caminhada do Povo de Deus na América Latina" in *REB* 38 (1978) 326, 300-341.

——, "Momentos históricos e desdobramentos da Ação Católica Brasileira", in *REB* 43 (1983) 10-28.

CATÃO F., "A universalidade da salvação e a evangelização", in SILVA, A. A. da (Org.), *América Latina 500 anos de evangelização, reflexões teológico-pastorais*, Ed. Paulinas, São Paulo 1990, 62-81.

CODINA, Victor., "La iglesia y el trabajo por la justicia. Claves para una eclesiología solidária", in GONZÁLEZ FAUS, J. Ignacio et alli, *La justicia que brota de la fe (Rm 9, 30)*, Ed. Sal Terrae, Santader 1982, 157-176.

——, "Por uma teologia mais simbólica e popular", in *Perspectiva Teológica* 18 (1986) 149-173.

——, "A fé do povo pobre", in *Perspectiva Teológica* 27 (1995) 169-182.

COLUSSI Luiz, "A prática evangelizadora da Igreja hoje: situação e perspectivas pastorais", in HORTAL, J. (Org.), *Evangelização no Brasil hoje: conteúdo e linguagem*, Ed. Loyola, São Paulo 1976, 137-146.

COMBLIN, José, "La nuova politica della chiesa nel sistema della sicurezza nazionale", Fede e Conflitto Politico", Quaderni ASAL, 31 (1977) Roma.

——, "Medellín: vinte anos depois. Balanço temático", in *REB* 48 (1988) 806-829.

——, "A nova evangelização da América Latina e o caminho da reconciliação", in *Convergência* nov. (1988) 547.

——, "Sujeito e horizontes novos" in SUESS, Paulo (Org.), *Queimada e semeadura. Da conquista espiritual ao descobrimento de uma nova evangelização*, Ed. Vozes, Petrópolis 1988, 224-232.

——, "Evangelização na atualidade", in SILVA, A. A. da (Org.), *América Latina 500 anos de evangelização. Reflexões teológico-pastorais*, Ed. Paulinas, São Paulo 1990, 37-61.

——, "O cristianismo e o desafio da modernidade", in SILVA, A. A. da (Org.), *América Latina 500 anos de evangelização. Reflexões teológico-pastorais*, Ed. Paulinas, São Paulo 1990, 205-274.

DIEZ-ALEGRIA, José, "Magistero e rivoluzione" in MASINA, E.– DIEZ-ALEGRIA, J.– CHIAVACCI, E., *Rivoluzione: magistero, teologia e mondo contemporaneo*, Edizioni Dehoniane, Bolonha 1970, 57-114.

DUSSEL, Enrique, "Do descobrimento ao desencobrimento", in SUESS, Paulo (Org.), *Queimada e semeadura. Da conquista espiritual ao descobrimento de uma nova evangelização*, Ed. Vozes, Petrópolis 1988, 109-118.

ELLACURIA, Ignacio, "Fe y justicia", in ELLACURIA, Ignacio –SOBRINO, Jon, *Fe y justicia*, Desclée de Brower, Bilbao 1999, 111-216.

——, "Utopia e profetismo", in ELLACURÍA, Ignacio –SOBRINO, Jon (Orgs.), *Mysterium Liberationis. I concetti fondamentali della teologia della liberazione*, Borla / Cittadella, Roma 1992, 339-377.

GEREST, Regis-Claude "Perché le chiese furono generalmente antirivoluzionarie", in GONZALEZ RUIZ – GEREST GRIFFIN, MASPERO, *Il Cristiano e la rivoluzione*, Ed. Piero Gribaudi Editore, Turim 1968, 45-62.

GESCHIERE, P. L. – SCHULTE, NORDHOLT H. G., "Ricerca di uma fenomenologia della rivoluzione e della violenza", in JOANNES, Fernando Vittorino (a cura di), *Vangelo Violenza Rivoluzione*, Arnaldo Mondadori Editore, Verona 1969, 21-51.

GONZÁLEZ FAUS, José Ignacio, "Cristo, justicia de Dios. Dios, justicia nuestra. Reflexiones sobre cristología y lucha por la justicia", in GONZÁLEZ FAUS, J. Ignacio et alli, *La justicia que brota de la fe (Rm 9, 30)*, Ed. Sal Terrae, Santader 1982, 129-155.

——, "La opción por el pobre como clave hermenéutica de la divindad de Jesús", in GONZÁLEZ FAUS, J. Ignacio et alli, *La justicia que brota de la fe (Rm 9, 30)*, Ed. Sal Terrae, Santader 1982, 201-213.

GONZALEZ RUIZ, José Maria, "La Rivoluzione", in GONZALEZ RUIZ – GEREST GRIFFIN, MASPERO, *Il Cristiano e la rivoluzione*, Ed. Piero Gribaudi Editore, Turim 1968, 11-43.

GRASSO, Domenico, "Evangelizzazione. Senso di un termine", in DHAVAMONY, Mariasusay, *Evangélisation*, Documenta Missionalia 9, Università Gregoriana, Roma 1975, 21-45.

Grootnaers, J., "Une forme de concértation episcopale au Concile Vatican II – la conférence des Vingt-deux (1962-1965)" in *Revue d'Histoire Ecclésiastique* 91 (1966) 66-112.

Gutiérrez G., "A irrupção do pobre na América Latina e as comunidades cristãs populares", in Torres, Sergio (Org.), *A Igreja que surge da base*, Ed. Paulinas, São Paulo 1982, 186-206.

Hortal, J., "Notas para uma eclesiologia latino-americana", in *Perspectiva Teológica* 9 (1977) 81-90.

IDOC, "America Latina terra di rivoluzione", in Joannes, Fernando Vittorino (a cura di), *Vangelo Violenza Rivoluzione*, Arnaldo Mondadori Editore, Verona 1969, 213-260.

Iualianelli, Jorge Atílio Silva, "'Pega ele Jesus': RCC e CEBs no Brasil, política e modernidade", in *REB* 59/233 (1999) 67-87.

Latourelle R., "Evangélisation et témoignage", in Dhavamony, Mariasusay, *Evangélisation*, Documenta Missionalia 9, Università Gregoriana, Roma 1975, 77-110.

Lentin Albert Paul, "Le tappe della rivoluzione nel terzo mondo", in Joannes, Fernando Vittorino (a cura di), *Vangelo Violenza Rivoluzione*, Arnaldo Mondadori Editore, Verona 1969, 183-211.

Libânio, João Batista, "Sínodo dos Bispos (1974). Evangelização no mundo de hoje", in *Síntese Nova Fase* II/3 (1975) 115-124.

——, "A ação evangelizadora na pastoral orgânica da igreja particular", in Carvalheira, M. P. et alii, *O Sínodo de 1974. A evangelização no mundo de hoje. Reflexões teológico-pastorais*, Ed. Loyola 1974, 51-70.

——, "Introdução", in Silva, A. A. da (Org.), *América Latina 500 anos de evangelização, reflexões teológico-pastorais*, Ed. Paulinas, São Paulo 1990, 7-12.

——, "Os sinais dos tempos em Santo Domingo", in Boff, Clodovis, *Santo Domingo. Ensaios teológico-pastorais*, Ed. Vozes Petrópolis 1993, 122-144.

——, "La teologia della liberazione nell'America Latina. La situazione nelle ultime tre decadi", in *Rassegna di Teologia*, Paulus (1998) 645-681.

Libânio, João Batista – Taborda, Francisco "Ideologia", in Ellacuría, Ignacio – Sobrino, Jon (Orgs.), *Mysterium Liberationis. I concetti fondamentali della teologia della liberazione*, Borla / Cittadella, Roma 1992, 987-1004.

López-Gay, Jesús, "Evolución histórica del concepto de 'evangelización'", in Dhavamony, Mariasusay, *Evangélisation*, Documenta missionalia 9, Università Gregoriana, Roma 1975, 161-190.

Mainwaring, S. "A JOC e o surgimento da Igreja na base (1958-1970)", in *REB* 43 (1983) 29-92.

MARINS, José, "Igreja e conflitividade social en América Latina (Reflexión Pastoral)", in CELAM, *Conflicto social y compromiso cristiano em América Latina*, Documento CELAM n° 25, CELAM, Bogotá 1976, 275-345.

MARTINI, Carlo Maria, "Il vocabolario dell'annuncio", in DHAVAMONY, Mariasusay, Evangélisation, *Documenta Missionalia* 9, Università Gregoriana, Roma 1975, 1-19.

MASINA, Ettore, "Rivoluzione e mondo contemporaneo", in MASINA, E. – DIEZ-ALEGRIA J., – CHIAVACCI, E., *Rivoluzione: magistero, teologia e mondo contemporaneo*, Edizioni Dehoniane Bologna, Bolonha 1970, 11-55.

MASPERO, Emilio, "L'urlo della fame", in GONZALEZ RUIZ – GEREST GRIFFIN, MASPERO, *Il Cristiano e la rivoluzione*, ed. Piero Gribaudi Editore, Turim 1968, 75-98.

MELO, Almeri Bezerra de, "Liberazione rivoluzionaria e visione cristiana della società", in JOANNES, Fernando Vittorino (a cura di), *Vangelo Violenza Rivoluzione*, Arnaldo Mondadori Editore, Verona 1969, 89-103.

MELO, Antonio Alves de, "A Igreja e a justiça", in *REB* 39 (1979) 371-384.

MORENO, Fernando, "Análisis político del conflicto social en América Latina y compromiso Cristiano", in CELAM, *Conflicto social y compromiso cristiano en América Latina*, Documento CELAM n° 25, CELAM, Bogotá 1976, 102-121.

MORENO Juan Ramón, "Evangelizzazione" in ELLACURÍA, Ignacio –SOBRINO, Jon (Orgs.), *Mysterium Liberationis. I concetti fondamentali della teologia della liberazione*, Borla / Cittadella, Roma 1992, 655-670.

MÚGICA, Guillermo, "Entre cristianismo y revolución ¿hay contradición?", in PASTORAL MISIONERA 163, *Cristianismo y revolución*, Editorial Popular, Madri 1989, 37-44.

NOEL, C., "Gli incontri delle conferenze episcopali durante il Concilio. Il 'Gruppo della Domus Mariae'", in FATTORI, Maria Teresa – MELLONI, A. (a cura di), *L'evento e le decisioni – studi sulle dinamiche del Concilio Vaticano II*, Il Mulino, Bolonha 1997, 95-133.

OLIVAR, Tomás, "La violencia revolucionaria en la doctrina social de la Iglesia", in AA.VV., *Cristianos en una sociedad violenta, análisis y vías de acción*, Ed. Sal Terrae, Santander 1983, 141-152.

OLIVEROS, Roberto, "Storia della teologia della liberazione", in ELLACURIA, Ignacio – SOBRINO, Jon (Orgs.), *Misterium Liberations, i concetti fondamentali della liberazione*, Borla / Cittadella, Roma 1992, 41-68.

PASTOR, Felix A., "O Deus dos Pobres", in A 'Teologia da libertação' no Brasil, *Brot.* 5 (1985) 389-391, 389-401.

Pico, Juan Hernández, "Rivoluzione, violenza e pace", in Ellacuría, Ignacio – Sobrino, Jon (Orgs.), *Mysterium Liberationis. I concetti fondamentali della teologia della liberazione*, Borla / Cittadella, Roma 1992, 1005-1021.

Pinheiro, J. Ernanne, "Uma visão a partir de Olinda e Recife. Um depoimento pastoral", in Instituto Nacional de Pastoral, *Pastoral da Igreja no Brasil nos anos 70. Caminhos, experiências e dimensões, Igreja do Brasil*, Ed. Vozes, Petrópolis 1994, 101-125.

Queiroz, Antônio Celso. "A reflexão eclesial sobre a evangelização. Sínodo dos Bispos – 1974", in Hortal, J. (Org.), *Evangelização no Brasil hoje: conteúdo e linguagem*, Ed. Loyola, São Paulo 1976, 95-108.

——, "A libertação humana e evangelização", in Carvalheira, M. P. et alii, *O Sínodo de 1974. A evangelização no mundo de hoje. Reflexões teológico-pastorais*, Ed. Loyola 1974, 33-40.

Rambla, Josep M., "Espiritualidad cristiana y la lucha por la justicia", in González Faus, J. Ignacio et alli, *La justicia que brota de la fe (Rm 9, 30)*, Sal Terrae, Santander 1982, 179-199.

Ruiz-Giménez, Joaquin, "Frente a la violencia, justicia y esperanza", in AA.VV., *Cristianos en una sociedad violenta, análisis y vías de acción*, Ed. Sal Terrae, Santander 1983, 273-282.

Santa Ana, Júlio de, "Economia e Teologia", in Silva, A. A. da (Org.), *América Latina 500 anos de evangelização, reflexões teológico-pastorais*, Ed. Paulinas, São Paulo 1990, 140-154.

Santos, B., "A identidade da Igreja latino-americana de Medellín a Santo Domingo", in *RCT* 2 (1993) 7-17.

Schmitz, Dom Germán, "Da "Libertação do homem", como elemento constitutivo do divino desígnio sobre a salvação dos homens", in Carvalheira, M. P. et alii, *O Sínodo de 1974: a evangelização no mundo de hoje. Reflexões teológico pastorais*, Ed. Loyola, São Paulo 1974, nota 3, 75-76.

Sivatte, Rafael, "La práctica de la justicia, critério de discernimiento de la verdadera experiencia de fe, según el Antiguo Testamento", in González Faus, J. Ignacio et alli, *La justicia que brota de la fe (Rm 9, 30)*, Ed. Sal Terrae, Santader 1982, 13-34.

Streider, I., "Evangelização e Palavra de Deus", in Hortal, J. (Org.), *Evangelização no Brasil hoje: conteúdo e linguagem*, Ed. Loyola, São Paulo 1976, 75-94.

Susin, L. C., ""Cur evangelizare?': as razões da evangelização", in *Perspectiva Teológica* 22 (1990) 11-30.

TABORDA Francisco, "Nova evangelização e vida religiosa", in VV.AA., *Nova Evangelização e vida religiosa no Brasil*, CRB, RJ, 1989, 50-171.

TEPE, Valfredo, "Evangelizar a partir de...", in *Communio* 2 (1983) 62-83.

———, "Liberación a partir del evangelio y doctrina social católica", in CELAM, *Evangelización liberadora y doctrina social católica*, colección documentos CELAM nº 100, Departamento de Pastoral social – DEPAS, Celam, Bogotá 1987, 167-172.

UM GRUPO DE BISPOS E TEÓLOGOS, "A caminhada do Povo de Deus na América Latina", in *REB* 37 (1978) 300-326.

VAZ, H. C. L., "Igreja e sociedade no Brasil", in *REB* 40 (1980) 445-450.

VEGA-CENTENO, Máximo, "Los problemas y aspiraciones económicas de América Latina. Un desafío a la ensenãnza y a la praxis cristiana", in HUNERMANN, Peter (Ed.), *Enseñanza de la Iglesia en América Latina*, Promoción Popular Cristiana, Madri 1991, 177-246.

VÉLEZ CORREA, "Ideologías y resistencias en la aplicación de la doctrina social católica", in CELAM, *Evangelización liberadora y doctrina social católica*, CELAM, Bogotá 1987, 61-92.

VIDAL, Marciano, "Perpectivas éticas de la violencia politico-social", in AA.VV., *Cristianos en una sociedad violenta, análisis y vías de acción*, Ed. Sal Terrae, Santander 1983, 111-125.

VIVES, Josep, "El ídolo y la voz. Reflexiones sobre Dios y su justicia", in GONZÁLEZ FAUS, J. Ignácio et alli, *La justicia que brota de la fe (Rm 9, 30)*, Ed. Sal Terrae, Santader 1982, 63-127.

ZILLES, Urbano, "Funções da linguagem na evangelização", in J. HORTAL (Org.), *Evangelização no Brasil hoje: conteúdo e linguagem*, Ed. Loyola, São Paulo 1976, 121-136.

WENDLAND, Heinz Dietrich. "Vangelo e Chiesa come forza revoluzionaria", in JOANNES, Fernando Vittorino (a cura di). *Vangelo Violenza Rivoluzione*, Arnaldo Mondadori Editore, Verona 1969, 53-85.

Impressão e acabamento
GRÁFICA E EDITORA SANTUÁRIO
Em Sistema CTcP
Rua Pe. Claro Monteiro, 342
Fone (12) 3104-2000 / Fax (12) 3104-2036
12570-000 Aparecida-SP